Thilo Sarrazin

Der Staat an seinen Grenzen

Thilo Sarrazin

Der Staat an seinen Grenzen

Über Wirkung von Einwanderung in Geschichte und Gegenwart

LMV

MIX
Papier aus verantwortungsvollen Quellen
FSC® C014496
www.fsc.org

Satz: Satzwerk Huber, Germering
Druck und Binden: GGP Media GmbH, Pößneck
Printed in Germany
ISBN 978-3-7844-3572-5

www.langen-mueller-verlag.de

Inhalt

Einleitung 9

Kapitel 1
Zur Weltgeschichte der Einwanderung 23
Perspektiven und Sichtweisen 23
Vorgeschichte und frühe Hochkulturen 29
Griechen, Römer und Germanen 43
Der Orient und die islamische Welt 80
Die Deutsche Ostsiedlung 110
Der europäische Kolonialismus 118
Das zentrale Asien und der Ferne Osten 140
Wanderungsbewegungen der Gegenwart 159
Erkenntnisse aus der Geschichte 161

Kapitel 2
Ethnogenese und Identität am Beispiel Deutschlands und Europas 173
Die Anfänge der Deutschen 173
Die Herkunft der Deutschen 176
Prägung durch Geografie und Geschichte 179
Deutscher Geist 183
Deutschland und Europa 191

Kapitel 3
Einwanderung als europäische Herausforderung 195
Frühe Warnungen 197
Der Einschnitt von 2015 204
Die Folgen 207
Die Perspektiven 218
Der Wettbewerb der Erzählungen am Beispiel des UN-Migrationspakts 224

Kapitel 4
Ethische Fragen der Einwanderungspolitik 237
Der vorrationale Charakter politischer Grundeinstellungen 241
Migration im Kontext von Evolution 246
Der politische Blick 248
Ethnische Herkunft, Kultur und Identität 257
Der demografische und ökonomische Blick 266
Einwanderung und moralische Ordnung 270
Gesinnungs- versus Verantwortungsethik 278

Kapitel 5
Die Ursachen von Migrationsdruck und die Wege zu seiner Bekämpfung 283
Bevölkerungsexplosion und Migrationsdruck 283
Die Ebenen der Globalisierung 303
Entwicklungsniveau und Perspektiven der Auswanderungsländer 310
Erfolgsfaktoren wirtschaftlicher und sozialer Entwicklung 325
Entwicklungshemmnisse als kulturelles Problem 340
Schuldzuweisungen 343
Wie sich Entwicklungspolitik künftig aufstellen sollte 350
Kann ein »Marshallplan für Afrika« Fluchtursachen bekämpfen? 352

Kapitel 6
Wie sich Einwanderung steuern lässt 359
Kernerkenntnisse aus den Kapiteln 1 bis 5 360
Zur Rolle mentaler Grundeinstellungen 364
Zur Praxis der Grenzsicherung und Einwanderungspolitik in der Welt 369
Ebenen und Methoden der Steuerung 390
Demografie, Einwanderung und Bevölkerungsaustausch 417

Schlussbetrachtung:
Warum Geburtenbeschränkung und Einwanderungsbegrenzung dem Wohl der Menschheit dienen 421

Dank 425

ANHANG
Anmerkungen 427
Register 465

Einleitung

Das Manuskript zu diesem Buch näherte sich der Vollendung, als Mitte März 2020 die durch das Virus Covid-19 (Coronavirus SARS-CoV-2) verursachte Pandemie ins öffentliche Bewusstsein drang und die Regierungen weltweit damit begannen, die Grenzen zu schließen, die Schulen zu schließen und die Infektionsgefahr durch weitgehende Kontakt- und Ausgehbeschränkungen sowie Reisewarnungen einzudämmen. Gleichzeitig begann ein weltweiter Wettlauf um die Erforschung des Virus, die Ausdehnung von Testmöglichkeiten und die Suche nach einem Impfstoff.

Während die Menschen, nicht nur die Touristen und Migranten, sondern auch die Wissenschaftler und Politiker, das Reisen weitgehend einstellten, verlief der Verkehr der Güter und Waren in der globalisierten Welt nach einer kurzen Schockphase weitgehend ungestört. Auch der intensive Austausch der Forscher und Wissenschaftler über die Eigenschaften und Wirkungen des Virus sowie die Wege zu seiner Eindämmung und Bekämpfung wurde durch die fehlenden Reisemöglichkeiten offenbar nicht behindert.

Staaten, Nationen und Gesellschaften gingen mit der Pandemie unterschiedlich erfolgreich um. In gut organisierten, disziplinierten Gesellschaften mit leistungsfähigen Gesundheitssystemen fiel die Einschränkung der Ansteckungsgefahren leichter, und es gab auch weniger Todesopfer als in Staaten, in denen das Gesundheitssystem in schlechtem Zustand war. Staaten und Gesellschaften waren bei der Bekämpfung der Pandemie und der Minimierung ihrer Folgen jenseits der Belieferung mit Masken und Beatmungsgeräten im Wesentlichen auf ihre eigenen medizinischen und organisatorischen Ressourcen angewiesen. Es gab auch wenig, was man von außen hätte tun können, zumal alle Länder mit denselben Problemen kämpften.

Entscheidend für den Erfolg beim Umgang mit der Pandemie waren nicht internationale materielle Hilfen, sondern die schnelle Wissensverbreitung über Eigenschaften und Wirkungen des Virus und die energische Anwendung dieses Wissens durch die staatlichen Instanzen und die Gesundheitssysteme auf nationaler Ebene. Weder die internationalen Organisationen noch die Europäische Union konnten dabei über den Wissenstransfer hinaus für die Nationalstaaten eine große Hilfe sein. Sie spielten in dieser existenziellen Krise bei der Unterstützung der Nationalstaaten keine wesentliche Rolle. Das wird auch nach Überwindung der Pandemie im kollektiven Weltgedächtnis bleiben.

Die Coronakrise hat gezeigt, dass die arbeitsteilige Gewinnung von Wissen und die arbeitsteilige Warenproduktion in der globalisierten Welt auch dann funktionieren, wenn die Grenzen für den Verkehr der Menschen weitgehend geschlossen sind. Die ungehinderte Wanderung von Wissen und Waren und eine arbeitsteilige weltweite Warenproduktion sind möglich, ohne dass Menschen dazu in größerer Zahl wandern müssen. Das ist für mich eine zentrale Lehre aus der Coronakrise. Eine zweite zentrale Lehre ist, dass die wirksame Kontrolle der Wanderungen von Personen über Staatsgrenzen hinweg auch in der modernen Welt möglich und praktisch umsetzbar ist, wenn der politische Wille dazu besteht.

Im Sommer 2002 schrieb eine große deutsche Volkspartei in ihr Programm zur anstehenden Bundestagswahl:

»Deutschland muss Zuwanderung stärker steuern und begrenzen als bisher. Zuwanderung kann kein Ausweg aus den demografischen Veränderungen in Deutschland sein. Wir erteilen einer Ausweitung der Zuwanderung aus Drittstaaten eine klare Absage, denn sie würde die Integrationsfähigkeit unserer Gesellschaft überfordern. Verstärkte Zuwanderung würde den inneren Frieden gefährden und radikalen Kräften Vorschub leisten.«

Es handelte sich um das Wahlprogramm der CDU/CSU. Die Parteivorsitzende der CDU hieß Angela Merkel und der Kanzlerkandidat der CDU/CSU Edmund Stoiber. In weiten Teilen der SPD dachte man ähnlich. Der ehemalige Bundeskanzler Helmut Schmidt setzte sich in seinen Büchern wiederholt mit der deutschen Zuwanderungspolitik auseinander. 2008 warnte er davor, »unser Geburtendefizit durch Einwanderung aus Afrika und Asien aufzufüllen. [...]

Denn schon bisher [...] haben wir eine kulturelle Einbürgerung nur sehr unzureichend zustande gebracht. Wer die Zahlen der Muslime in Deutschland erhöhen will, nimmt eine zunehmende Gefährdung unseres inneren Friedens in Kauf.«[1]

Seit Helmut Schmidts Warnung ist laut Ausländerzentralregister die Zahl der Ausländer in Deutschland um viereinhalb Millionen gestiegen.[2] Soweit dies durch Zuwanderung von außerhalb der EU geschah, handelte es sich dabei überwiegend um Muslime. Die Zuwanderung seit 2010 war im Jahresdurchschnitt rund viermal so hoch, wie ich seinerzeit bei meinen demografischen Berechnungen in *Deutschland schafft sich ab* zugrunde gelegt hatte. Bei meinen Berechnungen zur Verschiebung der Bevölkerungsanteile hatte ich in *Deutschland schafft sich ab* eine jährliche Zuwanderung von 100 000 Migranten aus dem Nahen und Mittleren Osten sowie Afrika zugrunde gelegt. Zusammen mit der jüngeren Altersstruktur und der höheren Kinderzahl bewirkte dies die von mir berechnete grundlegende Verschiebung der Bevölkerungsanteile innerhalb weniger Jahrzehnte.[3] Die tatsächlich höheren Zuwanderungszahlen bedeuten, dass sich dieser Prozess weitaus schneller vollzieht, als damals von mir beschrieben. Es ist bemerkenswert, dass ich zwar damals viel Kritik für das Ergebnis meiner Projektionsrechnungen erfahren habe, dass mir aber bis heute niemand in meinen damaligen Projektionen einen Denk- oder Rechenfehler nachgewiesen oder sich auch nur darum bemüht hat.

Der innere Frieden wird in Deutschland immer öfter gefährdet, hier lag Helmut Schmidt mit seiner Warnung richtig.[4] Wer aber im Jahr 2020 das Wort Einwanderung mit »Grenzen« oder gar mit »Begrenzung« in Zusammenhang bringt, muss mit Vorbehalten rechnen und steht schnell unter dem Pauschalverdacht einer »rechten« Gesinnung. Ich bin nicht grundsätzlich gegen Einwanderung und habe zudem die feste Überzeugung, dass alle Menschen von ihrer Geburt an die gleiche Würde besitzen und grundsätzlich das individuelle Recht haben, auf den Wegen ihrer Wahl nach Glück zu streben. Allerdings glaube ich nicht, dass Individuen, Religionsgemeinschaften, politische Parteien, gesellschaftliche Gruppierungen, staatliche Regierungen oder internationale Organisationen sowie alle selbst ernannten Retter der Menschheit das Recht haben, sich zum Sprecher und Gewährträger für das Wohl *aller* Menschen aufzuschwingen. Solch ein umfassendes Mandat ist weder konzeptionell darstellbar, noch moralisch vertretbar noch praktisch umsetzbar.

Die Welt kann nur funktionieren, wenn Verantwortlichkeiten begrenzt und Zuständigkeiten respektiert werden. Intensive internationale Kooperation, wo dies in der Sache geboten ist – etwa bei der Sicherung des Friedens, bei der Bekämpfung von Krankheiten oder der Abwehr gemeinsamer Gefahren wie einem unerwünschten, menschengemachten Klimawandel – bleibt notwendig. Sie muss aber sachgerecht erfolgen und Maßstäblichkeit und Machbarkeit beachten – und sie muss Widersprüchlichkeit aushalten. Staaten und deren Regierungen müssen (und dürfen) primär das Wohl der eigenen Bevölkerung und Bürger im Auge haben. Was in Südafrika oder in Somalia schiefläuft, kann nicht in Deutschland oder Europa geheilt werden.

Grundsätzlich kann jedes Land auf der Welt, dessen Verwaltung so korruptionsfrei arbeitet wie in Schweden, dessen Bürger ähnlich gut ausgebildet werden wie die Schweden und dessen Bevölkerung vergleichbar innovativ und arbeitsam ist, nach wenigen Generationen einen vergleichbaren Lebensstandard genießen. Das gilt unabhängig vom Klima, von Bodenschätzen oder der geografischen Lage. Damit jedes Land dieses Ziel erreicht, sind große Wanderungen von Menschen weder notwendig noch unvermeidlich. Es genügt, wenn das Wissen wandert und wenn sich die kulturellen Einstellungen und Mentalitäten so ändern, dass es möglich ist, durch die Arbeit der Bürger Wohlstand vor Ort zu schaffen. Über den Wohlstand eines Volkes bestimmen letztlich nur zwei Elemente:

- Der wirksame Schutz des eigenen Territoriums vor Eroberung, gewalttätiger Einwirkung und unerwünschter Einwanderung von außen.
- Der Charakter der eigenen Kultur, insbesondere Fleiß, Lernwille und Innovationsbereitschaft, Bildungsleistung und die Fähigkeit zur Herausbildung und Aufrechterhaltung stabiler Institutionen.

In gewissem Sinne – von der Wiege bis zur Bahre – sind wir Menschen alle Wanderer auf dieser Welt. Von einem Anfang, an den wir uns nicht erinnern können, schreiten wir in eine ungewisse, hoffentlich verheißungsvolle Zukunft fort und bewegen uns nach einem kurzen Erdenlauf auf ein Ende zu, dessen Umstände so ungewiss sind, wie sein Eintritt sicher ist. Im Verlauf unserer Erdenwanderung treffen wir auf Verhältnisse, die wir nicht geschaffen haben, in denen wir uns einrichten müssen, wenn wir sie nicht ändern können, und auf Menschen, die wir lieben oder hassen, die uns bedrohen oder beschützen, unter denen wir unseren Platz finden oder eben nicht. Wir kämpfen um Anerkennung, Liebe, Macht und Reichtum. Wir suchen nach Selbstbestätigung, Lust und Vergnügen. Wir verlangen nach Sinn und Orientierung, nach Sinnzusammenhängen, die über uns selbst hinausweisen, und suchen sie wahlweise in der Familie, im Wissen, in der Politik, in der Religion, in Ideologien, in allerlei Aberglauben oder der Mischung von allem.

Wir kommen nicht umhin, auszuwählen und zu entscheiden, denn unser Leben ist kurz, und unsere geistigen und seelischen Kräfte sind begrenzt. Unsere natürlichen Gaben und Neigungen sind sehr unterschiedlich. In einem Umfang, der uns gar nicht bewusst ist und der auch kaum rational hinterfragt werden kann, werden wir durch unsere familiäre Herkunft, durch die Gesellschaft, in der wir aufwachsen, und durch den wechselnden Zeitgeist geprägt. Unsere Träume und Wünsche und unser Wollen sind deshalb zu einem großen Teil auch sozial vermittelt. Wir sind Individuen, aber unsere Existenz, unser Überleben und unser Wohlbefinden sind gar nicht zu trennen von der Einbindung in eine konkrete menschliche Gesellschaft. Deren Zustand und Ausgestaltung, deren Zukunft und deren Bedrohung lassen uns regelmäßig nicht teilnahmslos. Daher rührt unser Interesse für Angelegenheiten der Gemeinschaft bis hin zur großen Politik. *Für Deutschland als Nation und für das westliche Abendland insgesamt stellt sich die Frage, wie wir unsere Identität bewahren und weiterentwickeln, dabei moralische Standards beachten und auf dieser Grundlage unsere Rolle in der Welt sehen und wahrnehmen.*

Die Evolution hat uns den Überlebenswert von Gruppensolidarität eingeprägt. Wir fühlen uns zutiefst unwohl, wenn wir nicht die gefühlsmäßige Bindung zu sozialen Strukturen haben, in denen wir uns eingebunden und aufgefangen fühlen. Entwicklungsgeschichtlich waren das die Großfamilie, der Clan, der Stamm, das Dorf, die Stadt, das Volk, der Staat. Biologische Verwandtschaft, ethnische Wurzeln und die Prägung durch kulturelle Nähe fließen hier ineinander. Die gleichen Elemente können im Fall gefühlter Fremdheit auch abstoßend wirken. Die Einwanderung von Fremden und der Konflikt mit ihnen können objektiv bedrohlich sein und haben immer wieder Kulturen und Gesellschaften zerstört. Eine tiefe Ambivalenz und Skepsis gegen die Einwanderung von Fremden in größerer Zahl sind als spontane emotionale Reaktion evolutionsbiologisch gut begründet.

Der menschliche Intellekt befähigt uns jedoch, die Dinge abstrakter zu sehen und unsere Gruppenzugehörigkeit zum Gegenstand einer bewussten Wahl zu machen, bis hin zu dem Extrem, dass man sich als Bezugsgruppe nicht die Familie, den Stamm, das Volk oder den Staat erwählt, sondern die Religionsgemeinschaft oder andere geteilte Überzeugungen und im Extremfall auch die ganze Menschheit. Diese letztere Haltung, die man universalistisch nennen kann, hat sich insbesondere im westlichen Abendland verbreitet. Ich interpretiere sie auch als Ausdruck einer wachsenden Individualisierung: Menschen stellen den Sinn und Wert überkommener traditionaler Bindungen und der auf ihnen aufbauenden Verhaltensmuster durch rationale Überlegung infrage und landen dann schnell jenseits des Individuums bei »der Menschheit« als dem natürlichen Bezug des Räsonierens. Letztlich ist diese Haltung ein natürliches Ergebnis der abendländischen Aufklärung, also der abendländischen Geistesgeschichte der letzten 500 Jahre.

Diese Haltung führte im westlichen Abendland aber auch zu einer freieren Sexualmoral, zu späterer Heirat, höherer Zahl von Alleinstehenden und geringerer Kinderzahl. Dabei bildete sich als stabiles Muster heraus, dass die Zahl der Kinder im Durchschnitt umso geringer ist, je gebildeter die Eltern sind.[5] So kam das natürliche

Wachstum der Bevölkerung in allen westlichen Gesellschaften seit Mitte des vergangenen Jahrhunderts allmählich zum Stillstand und kehrte sich um in einen säkularen Schrumpfungsprozess. Überlagert wurde dies durch die wachsende Lebenserwartung der Bevölkerung. Beides, wachsende Lebenserwartung und schrumpfende Geburtenzahlen, trug zu ihrer Alterung bei. Versuche, in den entwickelten Industriegesellschaften dem Trend sinkender Geburtenziffern entgegenzuwirken, blieben unentschlossen und großenteils auch wirkungslos.[6] Sie waren aber wohl sowieso recht aussichtslos gegen die mental prägende Kraft der Individualisierung. Ein Ausdruck der Individualisierung war ja gerade, dass man offenbar schon die Debatte über ihre demografischen Wirkungen als illegitim empfand.

Aus der Renaissance und der abendländischen Aufklärung ergaben sich seit dem ausgehenden Mittelalter sechs säkulare Trends, die sich gegenseitig beeinflussten und verstärkten:

- die Individualisierung der Lebensentwürfe und kulturellen Einstellungen
- die Explosion der Naturwissenschaften und des technischen Wissens
- die Industrialisierung
- steigender Wohlstand
- sinkende Sterblichkeit und steigende Lebenserwartung
- eine weltweite Bevölkerungsexplosion. Diese war in jenen Teilen der Welt besonders groß und hält dort immer noch an, wo die technisch-wissenschaftlichen Folgen der europäischen Aufklärung überwiegend passiv genutzt werden, ohne das damit verbundene kulturelle Erbe anzunehmen.

Der wirtschaftliche und der sozialpolitische Vorsprung Europas wie auch der westlichen Industriestaaten insgesamt ist ein anhaltender und großer Anreiz für die Menschen Afrikas sowie des Nahen und Mittleren Ostens, ihre Lebensperspektiven durch Auswanderung zu verbessern. Dieser Anreiz wird noch vergrößert durch Bürgerkriege und soziale Unordnung in den Auswanderungsländern und durch die viel intensivere Information und Kommunikation im Zeitalter von Smartphone und Internet. In den geburtenarmen und alternden Ländern Europas glauben umgekehrt viele, dass die Einwanderung ein Beitrag sein könnte, um die wachsende Jugendlücke zu schließen und dadurch den Wohlstand zu sichern. Die letztere Erwartung kann allerdings nur aufgehen, wenn die Einwanderer kulturell ausreichend ähnlich sind und ein soziales Kapital sowie ein Wissensniveau mitbringen, das sie zu ausreichend produktiven Mitgliedern der aufnehmenden Gesellschaften macht. Für die Einwanderung nach Deutschland, das zeigen einschlägige Berechnungen, ist das in fiskalischer Hinsicht jedenfalls nicht der Fall.[7]

Wenn kulturell fremde Einwanderung bestimmte quantitative Grenzen überschreitet, kann es auch geschehen, dass die aufnehmenden Gesellschaften durch Einwanderung negativ verändert werden, sodass nicht nur ihr Wohlstand, sondern auch ihre kulturelle Eigenart langfristig in Gefahr geraten. Um dem vorzubeugen, ist es geboten, ein adäquates Grenzregime vorzuhalten, das Einwanderung nach den Wünschen der aufnehmenden Gesellschaft wirksam steuern und begrenzen kann. *Zu einem adäquaten Grenzregime zähle ich die Summe aller Maßnahmen, die eine wirksame Zugangskontrolle ermöglichen und den Ausschluss unerwünschter Einwanderung zuverlässig und auf Dauer ermöglichen. Diese Art von Grenzregime fasse ich in das symbolhafte Bild des »neuen Limes«.*

Ein wirksames Grenzregime steht dem freien Verkehr von Wissen, Informationen, Gütern und Diensten nicht entgegen. Die beispiellose Integration Chinas in die Weltwirtschaft in nur wenigen Jahrzehnten erfolgte ohne größere Wanderungsbewegungen über die Grenzen Chinas hinweg. Es reichte aus, dass Ideen, Wissen, Rohstoffe und Waren flossen. So wird z.B. das iPhone großenteils in China gebaut, aber in Kalifornien entworfen und vermarktet. Auch ist China mittlerweile der größte Produktions- und Absatzmarkt von Volkswagen, ohne dass es größere Wanderungsbewegungen zwischen Deutschland und China gab.

Im Gegenteil, die Einwanderung nach Deutschland kommt überwiegend aus jenen Ländern, denen es nicht gelingt, als Standort von

Wissensgewinnung, Wissensverwertung oder von Produktion ausreichend attraktiv und leistungsstark zu werden. Etwas zugespitzt lässt sich sagen: *Je geringer der geistige und wissenschaftliche Austausch des Westens mit einem Land ist und je unattraktiver dieses als Standort der Produktion von Wissen und von Gütern ist, umso größer ist die Tendenz der dortigen Bevölkerung, ihr Los dadurch zu verbessern, dass sie die Auswanderung in die westliche Welt anstrebt.* Die damit verbundenen Probleme sind seit vielen Jahrzehnten grundsätzlich virulent. Durch die deutsche unkontrollierte »Grenzöffnung« von 2015 und ihre Folgen wurden sie zugespitzt und drangen noch viel stärker ins öffentliche Bewusstsein. Die dadurch ausgelösten Sorgen beschleunigten in Deutschland den Aufstieg der AfD, in Großbritannien führten sie das Brexit-Votum zum Erfolg. Als indirekte Folge der »Grenzöffnung« von 2015 gab Angela Merkel im Oktober 2018 den Parteivorsitz der CDU auf, während die SPD zeitweise in vielen Umfragen hinter die AfD zurückfiel.

Anfang September 2018 bezeichnete Horst Seehofer auf einer CSU-Tagung Migration als die »Mutter aller Probleme«.[8] Er wurde dafür heftig gescholten. Jasper von Altenbockum schrieb dazu in der *FAZ*, Migration sei »für viele Politiker und Intellektuelle zu etwas Unnahbarem geworden, das es verbietet, überhaupt von einem ›Problem‹ zu sprechen«.[9] In derselben Ausgabe der *FAZ* war zu lesen, dass in Umfragen zur Landtagswahl 2018 in Bayern 44 % der Befragten Zuwanderung und Integration als wichtigstes Problem benannten.[10] Wenige Tage zuvor hatte *Der Spiegel* eine Titelgeschichte über »den unheimlichen Aufstieg der AfD«[11] veröffentlicht und beklagt, diese wüchse zu einer Volkspartei heran. In dem Artikel wurde die enge Verbindung zwischen dem Aufstieg der AfD und der Migrations- und Flüchtlingskrise seit 2015 recht klar beschrieben. Die naheliegende Schlussfolgerung, dass ein Umsteuern in der Migrationspolitik auch den weiteren Aufstieg der AfD bremsen könnte, zog *Der Spiegel* jedoch nicht.

Über die grundsätzlichen Gefahren einer kulturfremden und weitgehend ungesteuerten Masseneinwanderung nach Europa gibt es seit Jahren kritische Literatur von liberalen und konservativen Denkern wie Samuel Huntington,[12] Walter Laqueur,[13] Paul Scheffer,[14] Christopher Caldwell,[15] David Goodhart,[16] Stephen Smith.[17] Das 2017 posthum veröffentlichte Buch des Umwelthistorikers Rolf Peter Sieferle *Das Migrationsproblem*[18] zeigt mit großer Prägnanz die grundsätzliche Unvereinbarkeit von Sozialstaat und Masseneinwanderung auf. Die Erkenntnis dieses Spannungsfelds war nicht neu. Bereits 2007 hatte der niederländische Soziologe Paul Scheffer in seinem Standardwerk *Die Eingewanderten* die Problematik herausgearbeitet. Scheffer bestimmte wesentlich die Debatte in den Niederlanden. In Deutschland wurde sein Buch eher am Rande zur Kenntnis genommen. Als Sieferles Buch 2017 posthum erschien, war dieser renommierte Umwelthistoriker längst in den Ruch rechter Gesinnung geraten, womit man seiner wissenschaftlichen Lebensleistung großes Unrecht tat.[19] Sein Buch verkaufte sich zwar gut, wurde aber in den Medien weitgehend ignoriert. Ähnlich wie Sieferle argumentiert der britische Journalist Douglas Murray, der Europa in einer Kombination von kulturfremder Masseneinwanderung und negativen heimischen Geburtenraten untergehen sieht.[20]

Ins Radikale zugespitzt werden solche Thesen durch den französischen Schriftsteller Renaud Camus, der den Ausdruck vom »Großen Austausch« geprägt hat und in der massenhaften Einwanderung von Völkern Afrikas und des Nahen Osten nach Europa einen planvollen Anschlag der Eliten auf die europäische Kultur und Lebensart sieht.[21] Renauds verschwörungstheoretischer Ansatz hat ihn in den französischen Medien zum Chefdenker der radikalen Rechten gemacht. Generell steht aber jede Tendenz auch gemäßigter Denker, kulturfremde Massenimmigration als Problem zu beschreiben, im Mainstream von Medien und Politik unter einem pauschalen Rechtsverdacht. Der AfD hat das offenbar nicht geschadet. Wie immer ihr Aufstieg zustande kam und wie lange er noch gehen mag – ohne die Abstinenz der hergebrachten Parteien beim Thema Migration wäre ihre Entwicklung anders verlaufen.

Wer in der Politik ein Problem beschreibt, kommt unter Druck, Lösungen anzubieten und für diese auch zu werben. Was aber, wenn die Lösungen die selbst gesetzten oder auch objektiven Grenzen von

Politik zu überschreiten scheinen? Groß ist dann die Versuchung zu beschweigen und zu verdrängen, was man nicht lösen kann oder will.[22] In einem solchen Fall ist es hilfreich, zunächst gar nicht in Kategorien von Problemen und ihrer Lösung zu denken, sondern den Blick zu weiten, sich Mechanismen und Zusammenhänge vor Augen zu führen und sich zu fragen, was man eigentlich will, sowie warum und für wen. Grundsätzlich halte ich es für legitim, dass Individuen, Völker, Staaten und Nationen zunächst ihre eigenen Interessen im Auge haben. Klüger handeln sie allerdings, wenn sie dabei auch immer das Ganze beachten. Als »das Ganze« bezeichne ich in diesem Zusammenhang das Schicksal der Menschheit auf dieser Erde. Ich werde zeigen – paradox genug – , dass nur die Gewährleistung der lokalen Ordnung auch für die Ordnung und das Gedeihen des Ganzen sorgen kann und dass man dysfunktionale lokale Ordnungen am besten einem inneren Veränderungsdruck unterwirft, während Interventionen von außen nur selten hilfreich sind und oft mehr schaden als nutzen.

Migration ist häufig ein Vehikel, mit dem dysfunktionale Gesellschaften einen Teil ihrer Probleme durch Auswanderung auf andere Gesellschaften ableiten. Weitaus seltener ist Migration ein Instrument, mit dem Gesellschaften ihre Sicherheit und ihren Wohlstand durch Einwanderung erhöhen. Jährlich werden auf der Welt rd. 140 Millionen Menschen geboren, und rd. 55 Millionen sterben, sodass die Weltbevölkerung jedes Jahr um rund 85 Millionen Menschen wächst. Allein in Afrika und im Nahen und Mittleren Osten werden im Jahr rund 50 Millionen Menschen geboren, und das Bevölkerungswachstum liegt bei rund 35 Millionen *im Jahr*. Alle zwei Jahre wächst dort also die deutsche Gesamtbevölkerung zu. Auf Europa entfallen gegenwärtig 5 % der weltweiten Geburten, auf Afrika und das Westliche Asien dagegen 36 %. Selbst wenn nur ein kleiner Bruchteil der stark wachsenden Bevölkerung dieser Regionen sich zur Auswanderung nach Europa entschlösse und damit erfolgreich wäre, wäre die Bevölkerung Europas in wenigen Jahrzehnten überwiegend afrikanisch oder arabisch und zudem überwiegend muslimischen Glaubens.

Der »Große Austausch« hätte dann objektiv stattgefunden – aber nicht als Produkt einer Verschwörung, sondern wegen eines Klimas der Gedankenlosigkeit und der Indolenz der aufnehmenden Gesellschaften. Verhindert werden kann dies nur durch eine in der Summe wirksame Steuerung und Beschränkung von Einwanderung. Bei dem gegenwärtigen Geburtenniveau und der extremen Jugend der Bevölkerung in Afrika sowie dem Nahen und Mittleren Osten würde eine wirksame demografische Entlastung der Herkunftsländer sowieso nur stattfinden, wenn sich jedes Jahr mehrere Millionen auf den Weg nach Europa machten. Migrationszahlen, die niedrig genug sind, um für Europa tragbar zu sein, führen dagegen zu keiner wirksamen Entlastung der Herkunftsländer. Umgekehrt würden Zuwanderungszahlen, die die Herkunftsländer wirksam entlasten, in wenigen Jahrzehnten zur Zerstörung Europas führen, so wie wir es bisher kennen.

Bei der politischen Debatte von Migration wird die quantitative Betrachtung zumeist ausgeklammert bzw. unter den Tisch gekehrt. Exemplarisch ist der im Dezember 2018 in Marokko verabschiedete UNO-Migrationspakt: Er erklärt Einwanderung pauschal für segensreich und klammert den Geburtenreichtum der Auswanderungsländer als Ursache für Armut, Krieg und Migration vollständig aus der Betrachtung aus.[23] In dem Text des Migrationspakts ist die Tendenz der UNO zu erkennen, sich als eine Art Weltstaat zu verstehen, der den Bevölkerungen der Überschussregionen grundsätzlich ein Recht auf Auswanderung zubilligt und die geburtenarmen, wohlhabenden Industrieländer umgekehrt in die Pflicht nimmt, Einwanderung aus den rückständigen Überschussgebieten in großem Stil zuzulassen. Der Einwanderungspolitik von Angela Merkel ist in der Rückschau anzumerken, dass die langjährige Bundeskanzlerin längs ähnlicher Linien dachte und handelte. Ob solch eine Haltung und die auf ihr gründende Politik deutschen und europäischen Interessen entspricht und wie eine alternative Politik aussehen könnte, wird im Verlauf des Buches näher behandelt werden.

Nachdem ich in den letzten Jahren wiederholt über Migrationsfragen geschrieben habe, stellte sich für mich am Beginn der Arbeit die Frage nach der Motivation zum vorliegenden Buch. Diesmal stehen für mich weder die deutsche Demografie noch die Mängel der europäischen Integration noch der Islam im Mittelpunkt. *Vielmehr untersuche ich die Frage, wie sich Einwanderung auch langfristig so steuern lässt, dass Deutschland und Europa ihre kulturelle, soziale und wirtschaftliche Zukunft selbstbestimmt gestalten können:*

- In Kapitel 1 untersuche ich die Rolle von Einwanderung in der Menschheitsgeschichte. Geschichte wiederholt sich zwar nicht, dennoch kann man in Bezug auf die Ursachen, Wirkungen und Folgen von Einwanderung sehr viel aus ihr lernen: Wann, für wen und aus welchen Gründen war Einwanderung ein Segen, und wann war sie ein Fluch? Welche Lösungen haben sich historisch entwickelt, um Wanderungsbewegungen zu steuern und zu beherrschen, und was kann man daraus für Gegenwart und Zukunft lernen?
- Die emotionale Einfärbung des Migrationsthemas hat offenbar mit Identitätsfragen und der eigenen Selbstverortung zu tun. In Kapitel zwei befasse ich mich deshalb mit der Ethnogenese der Deutschen und der Frage »Was ist deutsch?« bzw. »Was ist europäisch?« Wie wollen wir kulturelle und nationale Identität bewahren und weiterentwickeln, und vor welchen Gefährdungen wollen wir sie schützen?
- Wie kam es zur Masseneinwanderung in die westlichen Industriestaaten seit den Sechzigerjahren des vergangenen Jahrhunderts, und was für Fragen und Probleme ergeben sich daraus? Hierzu gab es in den letzten Jahrzehnten immer wieder Analysen und Antworten, die ich in Kapitel 3 im Zusammenhang behandle.
- Souveräne Staaten haben aus meiner Sicht das Recht, Einwanderung nach ihren politisch formulierten Bedürfnissen qualitativ und quantitativ zu steuern und zu begrenzen. Diese Sicht ist natürlich durch Werturteile geprägt und entspringt letztlich dem vorrationalen Raum. Das macht sie aber nicht illegitim. In Kapitel 4 diskutiere ich ethische Fragen der Einwanderungspolitik.
- Welchen Einwanderungsdruck haben wir künftig aus wirtschaftlichen und demografischen Gründen aus Afrika und dem Nahen und Mittleren Osten zu erwarten? Wie ist die weitere soziale und

wirtschaftliche Entwicklung in den Ländern Afrikas und des Nahen und Mittleren Ostens einzuschätzen, und was kann man aus westlicher Sicht tun, um dort Fluchtursachen erfolgreich zu bekämpfen? Diese Fragen beantworte ich in Kapitel 5.

- Welchen Weg sollten Deutschland und Europa künftig gehen, um Einwanderung zu steuern und unsere Kultur zu bewahren? Dazu mache ich Vorschläge in Kapitel 6. Sie sind sämtlich wirksam und machbar, wenn der politische Wille dazu besteht.

Kapitel 1
Zur Weltgeschichte der Einwanderung

Perspektiven und Sichtweisen

Für historische Betrachtungen gilt das Wort Helmuth Plessners von »einer offenen Mehrdeutigkeit alles Dahingegangenen, die [...] durch den fragmentarischen Charakter der überlieferten Zeugnisse wie durch den jeweiligen Standort des Historikers in seiner Gegenwart bedingt ist. [...] Geschichte muss immer wieder umgeschrieben werden, weil sie mit jedem Tage, der ihr zuwächst, nicht nur in einem neuen Licht erscheinen kann, sondern faktisch anders wird. Denn das Vergangene ändert sich vom Kommenden her.«[1]

Das gilt auch für die Geschichte von Wanderungsbewegungen. Migrationsprozesse sind als Ereignisketten wie alle komplexen historischen Abläufe sehr facettenreich. Das gilt zunächst für die historische Sicht in der Rückschau: Je nach dem eigenen Standort, dem Umfang der einbezogenen Ereignisse und dem Stand des eigenen Wissens kann ein und dieselbe Wanderungsbewegung mit gutem Recht ganz unterschiedlich beurteilt werden. Aus der Sicht der historischen Akteure gibt es bei Wanderungsbewegungen zwei elementar unterschiedliche Perspektiven:

1. Die Sicht der Einwanderer, die ihr gewohntes Umfeld verlassen oder verlassen müssen und sich in die Fremde begeben. Soweit sie dies freiwillig tun, verbindet sich damit regelmäßig die Hoffnung, durch den Schritt in die Fremde das eigene Los zu verbessern.
2. Die Sicht der indigenen Bewohner jener Landstriche oder Staaten, die das Ziel von Einwanderung sind. Die indigene Sicht gibt es natürlich nur, wenn die Zielräume der Einwanderung bereits besiedelt sind, sodass Einwanderer auf Indigene stoßen.

Mein Fokus liegt in diesem Kapitel auf der letzteren Perspektive, also den Wirkungen, die historische Einwanderungsprozesse auf die in den Zielgebieten bereits ansässige Bevölkerung hatten. Für diese Fragestellung ist aus meiner Sicht eine Reihe weiterer Aspekte so bedeutend, dass ich sie an dieser Stelle hervorhebe:

Anlass und Form von Einwanderung

- Einwanderer als gerufene Gäste im Rahmen staatlicher Siedlungsprogramme
- Einwanderung als Folge einer kriegerischen Auseinandersetzung
- oder als länger andauernder Sickerprozess
- Masseneinwanderung mit dem Ziel oder der Folge einer großen Veränderung der ethnischen Strukturen

Kulturelles und zivilisatorisches Gefälle

- Einwanderung aus einer Region mit überlegenem Entwicklungsstand in eher unterentwickelte Gesellschaften oder Regionen
- Einwanderung aus weniger entwickelten Gesellschaften und Regionen in Staaten und Regionen mit überlegener Kultur und Zivilisation

Arm und Reich

- Wanderung aus armen Regionen und Gesellschaften in reichere Regionen und Gesellschaften
- Wanderung aus reichen Regionen und Gesellschaften in arme Regionen und Gesellschaften

Sozialstaat oder nicht

- Wanderung aus Staaten mit geringer oder fehlender sozialstaatlicher Unterstützung in Staaten mit hoher sozialstaatlicher Unterstützung

- Wanderung aus Staaten mit hohem Absicherungsniveau in Staaten mit niedrigem oder fehlendem Absicherungsniveau

Kulturelle Nähe oder Ferne

- Einwanderung von Gruppen oder Ethnien mit großer Distanz zur Kultur des Zielgebietes
- Einwanderung von Gruppen oder Ethnien mit geringer Distanz zur Kultur des Zielgebietes

Ethnische Nähe und Distanz

- Wanderung zwischen Gruppen mit großer ethnischer Nähe (z.B. Europäer in Europa oder Afrikaner in Subsahara-Afrika)
- oder geringer ethnischer Nähe (z.B. Afrikaner nach Europa oder Europäer nach Subsahara-Afrika)

Einwanderung und Fertilität

- Einwanderung von Gruppen mit überdurchschnittlicher Fruchtbarkeit in Länder mit Geburtenarmut
- Konsequenzen von einwanderungsbedingten Verschiebungen in der ethnischen Zusammensetzung

Integration und Assimilation

- Hohe Neigung zur kulturellen Anpassung und ethnischen Vermischung (z.B. Deutsche in Amerika)
- Hohe Neigung zu Endogamie und kultureller Abschottung (z.B. Muslime in Europa)

Bildungsleistung und wirtschaftlicher Beitrag

- Einwanderung von Gruppen mit hoher Bildungsleistung und hoher wirtschaftlicher Produktivität (z.B. Ostasiaten in den USA)

– Einwanderung von Gruppen mit niedriger Bildungsleistung und niedriger wirtschaftlicher Produktivität (z.B. Afrikaner in Europa)

Die obigen Kategorien überschneiden sich teilweise, aber sie sind nicht deckungsgleich. Generell gilt:

– Die Armen wandern eher zu den Reichen als umgekehrt.
– Die Geburtenreichen wandern eher zu den Geburtenarmen als umgekehrt.
– Die Spannungen und möglichen Konflikte zwischen Einwanderern und aufnehmender Gesellschaft wachsen tendenziell mit der ethnischen und kulturellen Distanz.
– Spannungen entstehen langfristig auch dann, wenn Einwanderer und aufnehmende Bevölkerung wirtschaftlich und bildungsmäßig unterschiedlich erfolgreich sind und sich deshalb langfristig in unterschiedlichen Segmenten der Gesellschaft finden.

Einwanderung, Eroberung und Herrschaft begleiten einander häufig. Mal finden sie gleichzeitig statt, mal geht die Einwanderung voraus. Mal kommt zuerst die Eroberung, dann die Herrschaft, in der Folge die Einwanderung. Nur in der Minderzahl der Fallkombinationen und historischen Ereignisse ist das Ergebnis von Einwanderung für die autochthonen Bewohner des Zielgebiets positiv. Prozesse friedlicher Einwanderung, die in der Summe zum Nutzen der autochthonen Bewohner der Zielregion ausschlugen, gibt es auch, aber sie sind historisch gesehen Ausnahmen, die kaum ins Gewicht fallen.

Insgesamt zeigt sich: *Historisch belegte Einwanderungsprozesse waren überwiegend zum Nachteil der indigenen bzw. autochthonen Bevölkerung.* Häufig bedeutete dies den Verlust von Leib und Leben, Unterdrückung, Verarmung und den Untergang des eigenen Volkes sowie einer schweren und dauerhaften Beeinträchtigung seiner Kultur. Es gibt kaum Fälle, in denen historisch belegte Einwanderungsprozesse für die autochthone Bevölkerung von Vorteil waren. Sehr häufig, fast schon regelmäßig, führte Einwanderung zum Untergang ganzer

Stämme und Völker. Gleichzeitig entstanden so, wenn auch meist in jahrhundertelang währender blutiger Ethnogenese, neue Völker und Staaten, die quasi aus den Trümmern der untergegangenen Völker und den siegreichen Einwanderern ein neues Amalgam bildeten.

Ein verbreitetes Gefühl, dass für die aufnehmende Bevölkerung die Risiken von Einwanderung weitaus größer sind als die Chancen, speist sich nicht nur aus Vorurteilen. Es spiegelt vielmehr die Summe der historischen Erfahrungen. In der überwiegenden Zahl der historisch belegten Einwanderungsprozesse erfuhr die autochthone Bevölkerung durch die Einwanderung schwere Nachteile. Das zeige ich in diesem Kapitel. Und ich zeige auch, wie Völker, Kulturen und Staaten einem unerwünschten Einwanderungsdruck begegnen konnten und tatsächlich auch mit einem oft viele Jahrhunderte anhaltenden Erfolg begegnet sind.

Gesellschaften mit einer differenzierten Zivilisation und vergleichsweise hohem Wohlstandsniveau waren in der gesamten Menschheitsgeschichte stets ein bevorzugtes Ziel der Zuwanderung aus weniger reichen Gesellschaften. Häufig nahm dies gewalttätige Formen an. Wohlhabende und zivilisatorisch fortgeschrittene Gesellschaften überlebten umso eher, je besser sie in der Lage waren, ihre Siedlungsgebiete wirksam zu schützen und militärisch gegen fremde Völkerschaften zu verteidigen. Der römische Limes und die Chinesische Mauer sind der symbolische Kontrapunkt solch groß angelegter Maßnahmen zum Schutz der eigenen Kultur und Zivilisation. Sie sind zudem der Beleg dafür, dass solche Vorkehrungen zum Schutz vor unerwünschter Einwanderung über historisch sehr lange Zeiträume erfolgreich waren.

Umberto Eco unterscheidet zwischen Migration und Immigration: »Immigration haben wir nur, wenn die Immigranten (die aufgrund einer politischen Entscheidung aufgenommen worden sind) in großer Zahl die Lebensweise des Landes, in das sie einwandern, übernehmen. Migration dagegen haben wir, wenn die Ankommenden (die niemand an der Grenze aufhalten kann) die Kultur des Landes tiefgreifend verändern.«[2] Für Europa sieht Umberto Eco eine groß angelegte Migration voraus, die den Kontinent multiethnisch macht,

»blutige Folgen« haben kann und sie nach seiner Überzeugung »in gewissem Maße haben wird. Sie werden unvermeidlich sein und lange anhalten.«[3] Immigrationen hält Umberto Eco für »politisch kontrollierbar, Migrationen nicht, sie sind wie Naturgewalten«.[4]

Den historischen Determinismus und Defätismus, der in Umberto Ecos Einschätzung zum Ausdruck kommt, teile ich nicht. Richtig aber ist, dass Einwanderungsprozesse und Eroberungsvorgänge in der historischen Wirklichkeit kaum voneinander zu trennen sind. Sie waren in der Menschheitsgeschichte häufig mit Zerstörung, Kulturverfall und einer Beeinträchtigung der Lebensbedingungen der aufnehmenden Völker verbunden. Die Sieger und Bevorzugten waren langfristig fast immer die Einwanderer, soweit sie politische Herrschaft und/oder demografisches Übergewicht erreichen konnten. Die autochthone Bevölkerung erfuhr vielfach Unterdrückung und schwere Benachteiligung, soweit sie überhaupt überlebte. Gewisse Ausnahmen und Relativierungen gab es, wenn die Einwanderer kulturell und wissensmäßig überlegen und überdies nicht sonderlich zahlreich waren. So lautet zusammengefasst meine These. Um sie zu überprüfen, mache ich einen Streifzug durch die Menschheitsgeschichte.

Im Folgenden gebe ich für zusammenhängende historische Abschnitte jeweils eine knappe ereignisgeschichtliche Darstellung von Wanderungsbewegungen und ihren Ursachen und beantworte sodann in einem Zwischenresümee folgende Fragen:

- Welche Folgen hatte die Wanderungsbewegung für die indigene und die einwandernde Bevölkerung?
- Welcher Schaden und Nutzen ist für wen entstanden?
- Wie lange dauerte es, bis nach größerer Einwanderung die Integration abgeschlossen war, bzw. bis durch Ethnogenese aus verschiedenen Gruppen ein neues Volk entstanden war?

Vorgeschichte und frühe Hochkulturen

Vorgeschichte – Die Ausbreitung des *Homo sapiens*

Die Wiege der Menschheit ist Afrika. Aus einer langen Entwicklungslinie von Primaten und frühen Menschen verblieb schließlich der moderne Mensch, der *Homo sapiens,* der innerhalb und außerhalb Afrikas alle früheren Menschenarten verdrängte.[5] Erste Spuren von ihm sind für die Zeit vor 200 000 bis 100 000 Jahren in Ostafrika nachgewiesen.[6] In den letzten Jahrzehnten hat die moderne Genanalyse, aufbauend auf der Entschlüsselung des menschlichen Genoms, revolutionäre Fortschritte gemacht. Ein neuer Wissenschaftszweig, die Archäogenetik, hat sich entwickelt.[7] So können aus der Analyse der DNA in historischen Knochenfunden fortwährend neue Erkenntnisse gesammelt werden, die unser Wissen um die genetische Geschichte der Menschheit präzisiert und erheblich vertieft haben: Vor ca. 7 Millionen Jahren gab es in Afrika die letzten gemeinsamen Vorfahren des Schimpansen (unseres nächsten Verwandten in der Tierwelt) und des Menschen. Vor ca. 600 000 Jahren lebte der letzte gemeinsame Vorfahre des modernen Menschen, Neandertaler und Denisovaner in Afrika. Vor ca. 500 000 Jahren wanderten die Vorfahren von Neandertaler und Denisovaner nach Europa und Asien aus.

Die ältesten Fossilien des modernen Menschen, des *Homo sapiens,* sind etwa 160 000 bis 200 000 Jahre alt und stammen aus Äthiopien.[8] Vor ca. 50 000 Jahren verließ eine kleine Gruppe von vielleicht 150 modernen Menschen Afrika und gelangte aus Ostafrika auf die Arabische Halbinsel. Ihre Nachfahren besiedelten im Verlauf von rund 10 000 Jahren Europa, Asien, Australien und später auch Amerika. Von dieser Gruppe stammen alle Menschen außerhalb Afrikas ab. Die Ausbreitung des *Homo sapiens* fand sehr langsam statt. In Australien ist er vor 45 000 Jahren nachweisbar, in Europa und Ostasien vor 40 000 Jahren. Vor ca. 15 000 Jahren gelangte er über die Beringstraße nach Amerika. In Europa und Asien verdrängte der moderne Mensch den Neandertaler und den *Homo erectus.* Diese wurden quasi die ersten Opfer menschlicher Einwanderung und starben aus. Die moderne DNA-Forschung zeigt, dass es eine gewisse Vermischung des eingewanderten *Homo sapiens* mit dem Neandertaler gab, sodass wir heute zu einem geringen Teil Neandertaler-Gene in uns tragen. Heutige Europäer, Asiaten und Australier tragen in 2 bis 2,5 % ihrer Genome Neandertaler-DNA.[9]

Die frühen Menschen waren bis vor ca. 11 000 Jahren Jäger und Sammler. Sie lebten in Gruppen von 50 bis 100 Menschen in einem bestimmten Revier, aber an wechselnden Standorten ohne feste Unterkünfte. Sie prägten unterschiedliche Formen von sozialer Kooperation und Arbeitsteilung aus und lieferten sich mit anderen Gruppen kontinuierlich Revierkämpfe. Ihre Lebensweise ähnelte den Gesellschaften von Jägern und Sammlern, die in moderner Zeit studiert werden konnten, z.B. im südlichen Afrika, in Australien, in Papua-Neuguinea oder in Südamerika. Kennzeichnend für solche Gesellschaften ist ein fortwährender oder wiederkehrender Kleinkrieg zwischen benachbarten Gruppen und Stämmen, der bis zur gezielten Auslöschung und zum Untergang der unterlegenen Gruppe führen kann. Motive sind Nahrungskonkurrenz, aber auch Frauenraub. In den von Anthropologen beobachteten Gesellschaften von Jägern und Sammlern liegt die Todesrate von Männern aufgrund kriegerischer Verwicklungen durchweg bei Größenordnungen von 30 bis 40 %, das ist der Anteil derjenigen, deren Leben durch Gewalt endet.[10] Auch das Leben der Jäger und Sammler war insoweit sesshaft, als sie in einem bestimmten Revier lebten, wo sie geboren wurden, sich fortpflanzten und schließlich starben. Ihre Ausbreitung erfolgte von Generation zu Generation in kleinen Schritten, quasi in fußläufiger Entfernung. Zwischen weiter entfernten Gruppen gab es keine Verbindung. Auch die Vermischung, z.B. durch die Heirat der Frauen in eine andere Gruppe oder durch Frauenraub, erfolgte immer im Nahbereich. Vermischung mit weiter entfernten Gruppen erfolgte kaum oder gar nicht.

Bei der Ausbreitung über die verschiedenen Weltregionen waren die Menschen unterschiedlichen evolutionären Anpassungszwängen ausgesetzt und so entwickelten sie sich auch verschieden, z.B. was die Anpassung an Kälte oder an unterschiedliche Sonneneinstrahlung, die Laktoseverträglichkeit oder die Resistenz gegenüber bestimmten Infektionsgefahren oder Krankheiten angeht. Auch körperliche Fähigkeiten, z.B. das Leistungsvermögen beim Sprint und beim Dauerlauf, entwickelten sich unterschiedlich.[11] Typologisch lassen sich die Menschen anhand genetischer Marker in Großgruppen nach der ursprünglichen Herkunft von einem bestimmten Kontinent einteilen.[12]

Die letzte große Eiszeit, die ca. 6000 Jahre dauerte und vor etwa 18 000 Jahren endete, machte Europa nördlich der Alpen, auch soweit es nicht vom Eis bedeckt war, zu einer unwirtlichen, unbesiedelten Region. In dieser Zeit war menschliches Leben in Zentraleuropa unmöglich. Die Menschen zogen sich, sofern sie überlebten, auf die Iberische Halbinsel und ins südliche Europa zurück. Vom Balkan aus besiedelten sie auch das heutige Anatolien und zogen von dort aus weiter bis nach Nordafrika. So erklärt es sich, dass die heutigen Türken und Kurden sowie die Bewohner Nordafrikas mit den Zentraleuropäern eine genetische Komponente vom Balkan teilen.[13] Nach dem Rückgang des Eises fand vor rund 15 000 Jahren eine erneute Besiedlung durch Jäger und Sammler von der Iberischen Halbinsel und vom Balkan aus statt.

Vor rund 15 000 Jahren begannen Menschen, sich in festen Behausungen niederzulassen, wo sie Vorräte anlegten und Besitz sammelten. Befestigt dienten diese auch zur Verteidigung gegen andere menschliche Gruppen, die diesen Besitz rauben wollten. Das Anlegen von Vorräten, das Wohnen in festen Quartieren und die Verteidigung gegen andere Gruppen führten zu Unterschieden in den Besitzverhältnissen und zu einer komplexeren, stärker hierarchisch verfassten, sozialen Organisation. Die frühesten Zeichen fester Ansiedlung zeigten sich vor 14 000 bis 11 000 Jahren auf dem Gebiet des heutigen Israel, Jordanien und Syrien in der Kultur der Natufier. Aus dem Sammeln von essbaren Gräsersamen, den Wildformen von Weizen, Gerste und Roggen, entwickelte sich mit der Zeit deren Anbau und weitere Züchtung.[14]

Das Gebiet, das vom Jordantal über den Libanon, Syrien und das Einzugsgebiet von Euphrat und Tigris bis zum westlichen Iran und zum Persischen Golf reicht, wird der fruchtbare Halbmond genannt.

Dieses Gebiet war nach dem Ende der Eiszeit durch die Kombination von Wärme und ausreichend Regen klimatisch besonders begünstigt. Vor ca. 11 000 Jahren entwickelte sich im Nahen Osten im fruchtbaren Halbmond allmählich eine Landwirtschaft mit Getreidezucht aus Wildgräsern und mit Viehzucht. Die bessere Ernährung und der Übergang zur Sesshaftigkeit lieferten die wirtschaftliche und soziale Basis für die allmähliche Entwicklung der frühen Hochkulturen des Nahen Ostens. Dort entstand vor etwa 11 000 Jahren aus der Züchtung von Gräsern der Ackerbau, und aus der Domestizierung von Nutztieren entwickelte sich dort vor ca. 10 000 Jahren die Viehzucht. Die neuen Techniken breiteten sich von dort allmählich im Verlauf längerer Zeiträume nach Anatolien aus. Genetische Unterschiede zwischen Ackerbauern und Viehzüchtern einerseits und Jägern und Sammlern andererseits finden sich zu diesem Zeitpunkt in Anatolien nicht.

Die Ausbreitung der Ackerbauern in Europa

Vom fruchtbaren Halbmond aus breiteten sich Ackerbauern und Viehzüchter vor ca. 9000 Jahren über den Balkan nach Europa aus. Dort begannen sie vor etwa 8000 Jahren, die Jäger und Sammler aus den fruchtbaren Landstrichen zu verdrängen. Sie besiedelten schließlich ganz Europa von der Ukraine bis zu den Britischen Inseln.[15] Es bestand 2000 Jahre lang eine regelrechte, wohl auch feindselige Parallelgesellschaft, bei der die Zugewanderten schließlich die Oberhand behielten. Die landwirtschaftliche Ernährungsbasis ermöglichte ihnen offenbar einen größeren Kinderreichtum und höhere Überlebensraten. Friedlich und konfliktfrei war der Übergang von Jägern und Sammlern zu den Ackerbauern jedenfalls nicht, und er war mit einem größeren Bevölkerungsaustausch verbunden. Das zeigen überall in Europa Massengräber, die mit Beginn des Ackerbaus auftreten, und Befestigungsanlagen rund um den bäuerlichen Besitz.[16]

Bis vor einigen Jahren war man davon ausgegangen, dass sich die Neigung und die Fertigkeiten zum Ackerbau von Anatolien aus allmählich auf den Balkan und weiter nach Zentraleuropa ausbreiteten, indem sie quasi an die jeweiligen Nachbarn weitergegeben wurden.[17] Das hat sich als unzutreffend erwiesen. Mittlerweile ist anhand von DNA-Analysen belegt, »dass die Anatolier – beginnend vor rund 8000 Jahren – über den Balkan im Süden entlang der Ägäis und der Adria und im Norden über den Donaukorridor ganz Europa besiedelten, von den Britischen Inseln bis in die heutige Ukraine. Ob die Jäger und Sammler verdrängt wurden oder die Neuen sie einfach zahlenmäßig deutlich übertrafen, ist schwer zu sagen. Auf jeden Fall verloren die Gene der Jäger und Sammler nach der Einwanderung in der Gesamtpopulation Europas dramatisch an Bedeutung. Die Wildbeuter wurden verdrängt in die für Landwirtschaft ungeeigneten Gebiete.«[18] Mit dem Ackerbau brachten die wirtschaftlich überlegenen Einwanderer aus Anatolien auch die Keramik nach Europa. Keramische Gefäße waren eine unerlässliche Voraussetzung für das Anlegen von Vorräten und für die Zubereitung von Speisen.

Die Ackerbauern und die Jäger und Sammler lebten für einige Tausend Jahre in Parallelgesellschaften nebeneinanderher, und sie bekämpften sich auch intensiv, wie Befestigungen der Ansiedlungen der Ackerbauern zeigen. Gelegentliche Vermischungen verliefen recht einseitig. Die Männer von Ackerbauern hatten Nachwuchs mit Frauen von Jägern und Sammlern, kaum aber umgekehrt. Das zeigt, dass die Herrschaft recht eindeutig auf der Seite der Ackerbauern lag.[19] Mit zunehmender Dichte der Besiedlung gab es auch unter den Ackerbauern selber eine steigende Gewaltbereitschaft, wie Befestigungsanlagen, aber auch Massengräber von Getöteten zeigen.[20] Wie die Genanalysen zeigen, konnten sich die Jäger und Sammler in Skandinavien offenbar besser behaupten als im übrigen Europa. Mit verbesserter Technik starteten sie als sogenannte Trichterbecher-Kultur vor rund 6200 Jahren eine Gegenbewegung, die sie bis ins heutige Sachsen-Anhalt und ins westliche Weißrussland brachte.[21]

Sowohl die Einwanderung der Ackerbauern vor ca. 8000 Jahren als auch die Einwanderer der Trichterbecher-Kultur 2000 Jahre später waren, wie die Veränderung der Zusammensetzung der Bevölkerung zeigt, mit den allergrößten Umbrüchen verbunden. Diese gingen zumeist gewaltsam vor sich und brachten den Untergang ganzer Stämme und Völker mit sich. An dem, was der Historiker gerne »Verdrängung« nennt, ist nichts Idyllisches. Die erfolgreiche Einwanderung der Ackerbauern und 2000 Jahre später der Skandinavier brachte der Bevölkerung Zentraleuropas massenhaft Tod und Verderben.

Nach dem Zuzug der Ackerbauern aus dem fruchtbaren Halbmond gab es offenbar im Europa der Jungsteinzeit 3000 Jahre lang keine nennenswerte Einwanderung von außerhalb Europas. Das änderte sich vor ca. 4800 Jahren, als berittene Steppenvölker, überwiegend offenbar alleinstehende Männer aus der pontischen Steppe nördlich des Kaukasus und des Kaspischen Meeres, in großer Zahl nach Europa aufbrachen und einen großen genetischen Umbruch einleiteten. Vermutlich schleppten sie mit ihren Pferden auch eine Form der Pest nach Europa ein, gegen die die Europäer der Jungsteinzeit nicht immun waren und der sie in großer Zahl zum Opfer fielen.

Die Ausbreitung der Arier aus der pontischen Steppe

Die Jamnaja-Kultur in der pontischen Steppe nördlich des Schwarzen und des Kaspischen Meeres war durch die Zuwanderung von Indoeuropäern, den Ariern aus dem Iran, entstanden. Die Steppenbewohner waren Reiter und hatten als Nomaden große Viehherden.[22] Sie ernährten sich von Milch und Fleisch und kannten auch bereits Waffen aus Bronze. Militärisch waren die Einwanderer aus der Steppe den Ackerbauern in Europa weit überlegen. Als Reiter waren sie von einer bis dahin unbekannten Schnelligkeit. »Denn neben dem Pferd brachten sie auch eine neuartige Pfeil-und-Bogen-Technik mit, statt der bekannten Lang- verwendeten sie Kurzbögen. Diese hatten deutlich mehr Schusskraft und konnten wegen ihrer Handlichkeit beim Reiten abgefeuert werden.« Außerdem verwendeten sie Streitäxte. »Zahllose archäologische Stätten erzählen von gewalttätigen Auseinandersetzungen zwischen den alteingesessenen Bauern und den Neuankömmlingen. Die Axt spielte in der Anfangsphase der

Einwanderung wahrscheinlich eine herausragende Rolle, denn sie wurde vor allem in Zentraleuropa zur regelmäßigen Grabbeigabe.« Die Kultur der indogermanischen (oder indoeuropäischen) Einwanderer wurde deshalb seit dem 19. Jahrhundert Streitaxtkultur genannt. Heute bevorzugen viele Historiker den friedlicheren Begriff Schnurkeramikkultur.[23]

Die jungen Männer aus der pontischen Steppe erreichten nach einem Jahrhundert den Raum an Elbe und Saale und nach weiteren zwei Jahrhunderten die Britischen Inseln. In der Summe verlief der Bevölkerungsaustausch zu den indoeuropäischen Eroberern sehr gewalttätig, das zeigt sich an der Dominanz der Steppenbewohner in der DNA der männlichen Vorfahren der heutigen Europäer: Auf dem Gebiet des heutigen Deutschland veränderten die Eroberer 70 % der genetischen Struktur, in Großbritannien waren es sogar mindestens 90 %. Deutlich geringer ist der genetische Einfluss der ehemaligen Steppenbewohner auf der Iberischen Halbinsel, und es dauerte weitere 500 Jahre, bis sie dort ankamen. Im Norden Europas überwiegt heute noch die Genkomponente der ehemaligen Steppenbewohner. Im Süden Europas von Spanien bis in den südlichen Balkan überwiegt dagegen die Ackerbauern-DNA.[24] Mit den Eroberern kamen aber auch zwei kulturelle Neuerungen:

- Aus der Steppe brachten sie eine intensive Viehwirtschaft nach Europa, bei der nicht nur das Fleisch, sondern auch die Milch der Kühe eine wesentliche Ernährungsbasis bildete. Ermöglicht wurde dies durch genetische Veränderungen, die Laktoseverträglichkeit. Diese sorgt dafür, dass auch Erwachsene Milch verdauen können. Menschen, die dies konnten, hatten in einer Gesellschaft mit Viehwirtschaft durch eine bessere Ernährungsbasis einen evolutionären Vorteil.
- Ferner brachten die indogermanischen Eroberer die Fähigkeit zur Bronzeverarbeitung. Das gab neue Möglichkeiten für Waffen und Werkzeuge und förderte zudem den europäischen Fernhandel. Für Bronze braucht man nämlich Kupfer und Zinn. Letzteres war aber nur an wenigen Lagerstätten in Europa vorhanden.

Der Zuzug der Indoeuropäer führte zu einem groß angelegten genetischen Umbruch in Europa. Relativ zur autochthonen Bevölkerung waren sie offenbar in großer Überzahl. Der Paläogenetiker Johannes Krause vermutet, dass sie mit ihren Pferden und Viehherden eine damalige Form von Pesterregern mitbrachten, der die autochthonen Einwohner Europas in großer Zahl zum Opfer fielen.[25] Aus der Sicht der autochthonen Bevölkerung kann man die Einwanderung der Indoeuropäer nur als europäische Urkatastrophe betrachten. Sie führte, sei es durch die Pest, sei es durch die demografische Übermacht, sei es durch die Vernichtung der autochthonen Einwohner zu einem großen, teilweise sogar fast vollständigen Bevölkerungsaustausch und zum Verlust der eigenen Kultur, jedenfalls soweit sie sich in der Sprache dokumentierte.

Die neuen Einwanderer brachten aus der pontischen Steppe die indogermanische (oder indoeuropäische) Sprache mit, die praktisch alle ursprünglichen Sprachen Europas verdrängte. Zur indoeuropäischen Sprachfamilie gehören nahezu alle heutigen europäischen Sprachen (außer dem Baskischen und den finno-ugrischen Sprachen). Man geht davon aus, dass die indoeuropäische Sprache aus dem Gebiet des heutigen Iran kommt. Von dort breitete sie sich mit den damaligen Bewohnern Persiens, den Ariern, nach Norden in die pontische Steppe aus, aber auch nach Südosten ins heutige Afghanistan und von dort weiter ins nördliche Indien bis an den Golf von Bengalen. So kommt es, dass man überall dort, wo indoeuropäische Sprachen gesprochen werden, im Genom der Einwohner einen bedeutenden Teil an sogenannter Steppen-DNA findet.[26] In Europa bildeten sich unterschiedliche indogermanische Sprachen aus, darunter

- Keltisch (Westeuropa und Oberitalien),
- Italisch (Mittel- und Unteritalien),
- Germanisch (Mitteleuropa und Nordeuropa),
- Slawisch (Osteuropa) und
- Albanisch, Griechisch, Armenisch (Balkan und Kleinasien).

Dieses Beispiel aus der europäischen Frühgeschichte zeigt, wie unbedarft und gefährlich Wortkitsch wie »Wir sind alle Einwanderer« ist. Er liegt auf der Ebene von »Wir sind alle Afrikaner«. Richtig ist: »Wir sind alle Menschen.« Aber für das menschliche Zusammenleben und menschliche Konflikte erklärt dies nichts und löst auch kein Problem. Im Folgenden greife ich aus der Geschichte der Menschen seit den frühen Hochkulturen eine Reihe von historischen Ereignissen heraus, bei denen Einwanderung (oder deren erfolgreiche Abwehr) für die Geschicke der Bevölkerung in den Zielregionen der Einwanderung eine zentrale Rolle spielte. Zumeist handelte es sich dabei um historische Umbruchsituationen, die den weiteren Gang der Geschichte entscheidend prägten.

Frühe Hochkulturen

Ägypten

Die einzigartige Stabilität der ägyptischen Hochkultur über 3000 Jahre ergibt sich im Wesentlichen daraus, dass das Land zwar kulturelle Einflüsse von außen durchaus verarbeitete, sich aber aufgrund seiner geografischen Lage und seiner natürlichen Grenzen weitgehend gegen Fremdherrschaft und unerwünschte Einwanderung abschirmen konnte. Als das nicht mehr gelang, ging auch die spezifisch ägyptische Kultur schließlich unter.

Die Entwicklung der ägyptischen Hochkultur wurde durch die Besonderheiten der ägyptischen Geografie begünstigt. Der Nil führt große Wassermassen aus dem ostafrikanischen Hochland in den Sudan und weiter nach Ägypten. Das Tal des Nils und das Schwemmland im Nildelta sind sehr fruchtbar und wurden über Jahrtausende, bis zum Bau des Staudamms bei Assuan unter Präsident Nasser, durch den Schlamm des jährlichen Nilhochwassers gedüngt. Sehr früh, seit etwa 5000 v. Chr., entstanden im Einzugsbereich des Nils örtliche Bewässerungssysteme und Formen gemeinsamer Bewirtschaftung des Wassers. Im Osten und Westen war das Land durch Wüsten geschützt, im Süden waren die Nilkatarakte. Die allmählich sich entwickelnde ägyptische Hochkultur war über lange Zeit unbedroht durch fremde Völkerschaften, kriegerische Einfälle oder massenhafte Zuwanderung.

Unterschiedliche Teilreiche wurden um das Jahr 3000 v. Chr. zu einem Staat vereint, wobei es charakteristische Unterschiede zwischen Unterägypten und Oberägypten gab: »In ihrer charakteristischen Gestalt war die ägyptische Kultur ein Gemenge aus asiatisch-mittelländischen Einflüssen, wie sie in Unterägypten zur Geltung kamen und afrikanischen Einflüssen, die auf Oberägypten einwirkten. [...] Elemente gemeinsamen kulturellen Ausdrucks verbanden die Ägypter mit den Hamiten im Süden, den Libyern im Westen, der minoischen Kultur im Norden und den Semiten im Osten. Trotz seiner relativen Isolierung empfing Ägypten Einwirkungen aus verschiedenen Richtungen und strahlte seinerseits in verschiedene Richtungen Einfluss aus.«[27] Wie die Entstehung des gemeinsamen Staatswesens vor sich ging und aus welchen Machtkämpfen es entstand, ist nicht bekannt.[28]

Offenbar gab es über 2000 Jahre, von 5000 v. Chr. bis 2900 v. Chr., zunächst eine »von außen völlig unbeeinflusste innerägyptische Kulturentwicklung. [...] Am Ausgang der vorgeschichtlichen Entwicklung hat jedoch Ägypten unverkennbar fremde Kulturelemente übernommen, Elemente eindeutig mesopotamischer Herkunft. [...] Elemente die sich in Babylonien in einer langen Entwicklungsgeschichte geformt hatten, tauchten in Ägypten in fertiger Gestalt als sichtbare Entlehnungen auf.«[29] In der ersten großen Blütephase der ägyptischen Kultur, dem Alten Reich, ereigneten sich über 750 Jahre keine erkennbaren Einwirkungen von außen und offenbar auch keine nennenswerte Zuwanderung. »Ein von äußeren Gefahren oder inneren Konflikten noch nicht gehemmter Aufstieg schuf die Voraussetzungen für die Ausbreitung eines mächtigen Sicherheitsgefühls, ohne das hochentwickelte kulturelle Gestaltung kaum möglich ist.«[30] Die ägyptische Hochkultur, mit dem gottgleichen Pharao an der Spitze und erstaunlichen baulichen und künstlerischen Leistungen, bewahrte trotz vieler Wandlungen über 3000 Jahre eine bemerkenswerte Ähnlichkeit mit sich selbst. Von 2900 v. Chr. an gab es über 750 Jahre keine erkennbaren Einwirkungen von außen und offenbar auch keine nennenswerte Zuwanderung.

Um 2150 v. Chr. zerfiel das Alte Reich unter historisch ungeklärten Umständen in Teilstaaten. Mit dem Zusammenbruch der staatlichen Ordnung gab es eine erhebliche Einwanderung von Asiaten ins Nildelta. Diese führte zu großen fremdenfeindlichen Spannungen, für die es literarische Zeugnisse gibt.[31] Aus den Wirren entwickelte sich das Mittlere Reich. Es war nicht so zentralistisch festgefügt wie das Alte Reich. Neben dem Pharao hatten lokale Herrscher mehr Einfluss. Auch gab es von Süden aus dem heutigen Sudan einen zunehmenden Druck, der zu einer bewachten und befestigten Grenze am Zweiten Nilkatarakt führte,[32] aber ein allmähliches Einsickern schwarzer Völker aus dem Süden nicht verhindern konnte. Die größte Bedrohung des Mittleren Reichs aber ergab sich im 18. vorchristlichen Jahrhundert aus einer großen Massenwanderung asiatischer Völker, die über Syrien und Palästina nach Ägypten kamen. Sie wurden Hyksos genannt, sie waren militärisch stark und brachten Pferd und Kampfwagen mit. Ägypten wurde zeitweise unterjocht und konnte sich erst wieder um 1700 v. Chr. von der Herrschaft der Hyksos befreien. »Die nachhaltigen Wirkungen der Hyksos-Herrschaft« beruhten »darauf, dass sie die ersten Fremden waren, die Ägypten hatten erobern und unter ihre Herrschaft hatten bringen können, und dass sie den Ägyptern als gotteslästerliche feindliche Barbaren erschienen.«[33]

Als Gegenwehr entstand in Ägypten ein stärkeres Militär, und es begann eine aktivere Außenpolitik, die schließlich in militärische Expansion mündete. Unter Thutmosis III. entwickelte sich ab 1480 v. Chr. ein ägyptisches Weltreich, das schließlich vom südlichen Sudan[34] bis an den Euphrat in Syrien reichte. Etwa 300 Jahre hatte dieses Weltreich Bestand. Es ging allmählich verloren in regelrechten Völkerwanderungen aus Libyen, Äthiopien und aus Palästina.[35] Ägypten zerfiel immer wieder in Kleinstaaten. Ausländische Staaten fielen ein, die Babylonier, die Assyrer, schließlich die Perser und die Makedonier, und ihre Herrscher übernahmen teilweise das Amt und die Würde des Pharaos. Zum Glanz des Alten

Reichs kehrte Ägypten nicht mehr zurück. Die Griechen, die schließlich um 330 v. Chr. nach der Eroberung durch Alexander den Großen die Herrschaft übernahmen und in großer Zahl einwanderten, sahen kritisch und mit Unverständnis das Versteinerte dieser Kultur.[36]

Israel

Die Geschichte der Juden auf dem Gebiet des späteren Palästina ist die Geschichte eines Volkes, das seine kulturelle Eigenart und seinen unbedingten Willen zur unbeeinträchtigten Pflege seiner Religion und Kultur auch kriegerisch durchsetzte und dies zudem in einer Region tat, die historisch gesehen immer vom Durchzug fremder Völker und Heere geprägt wurde.[37] Folgt man der Darstellung im Alten Testament, so waren die Vorfahren des jüdischen Volkes nomadische Großfamilien von Hirten und Viehzüchtern, die nach Ägypten zogen, dort in Knechtschaft gerieten und unter Führung von Moses ins Gelobte Land Kanaan (das heutige Palästina) aufbrachen. Dort lebten die Einheimischen in befestigten Städten, soweit sie nicht Ackerbauern waren. Die zwölf jüdischen Stämme eroberten das Land Kanaan und teilten es unter sich auf. In der biblischen Geschichte fehlen dazu genaue Zeit- und Ortsangaben. Das Mythische ist vermischt mit der überlieferten Erinnerung an das historische Geschehen.

Die Vorfahren des jüdischen Volkes waren nomadische Viehzüchter, die ein westlicher Zweig der Aramäer waren. Die Aramäer, ein semitisches Volk mit eigener Kultur und Sprache, besiedelten im 2. Jahrtausend v. Chr. weite Teile des Vorderen Orients.[38] Auf der Suche nach Weidegründen und Wasserstellen kamen die nomadischen Stämme seit 1400 v. Chr. nach Unterägypten ins Nildelta und auch ins heutige Palästina, wo sie sich niederließen und schließlich sesshaft wurden. Diese Zuwanderung zog sich über längere Zeit hin, ihr Höhepunkt war wohl um 1200 v. Chr.[39] Unter zahlreichen Kämpfen mit den Ureinwohnern,[40] den benachbarten Städten und Staaten und auch untereinander entstanden zwei jüdische Staaten, Juda und Israel, die religiös durch den monotheistischen Glauben an Jahwe vereint waren. Unter den Königen David (der Jerusalem gründete) und dessen Sohn Salomo (der den Tempel baute) kamen sie auch zu staatlicher Einheit. Der Tod Salomos um das Jahr 931 v. Chr. ist das erste verifizierbare Datum der jüdischen Geschichte. Die staatliche Einheit war nicht stabil. Immer wieder kam es zu Königsmord und Bürgerkriegen. Auch die kriegerische Auseinandersetzung mit den umgebenden Völkern und Kleinstaaten kostete viel Kraft.

Seit 740 v. Chr. eroberten die Assyrer Syrien und Palästina. Die jüdische Staatlichkeit verfiel auf einen Vasallenstatus. Mit dem Zerfall der assyrischen Macht herrschten zunächst kurzfristig die Ägypter, und schließlich fiel Israel 599 v. Chr. unter die Herrschaft des aufstrebenden Reichs der Babylonier. Nach einem missglückten Aufstand, der blutig niedergeschlagen wurde, siedelte der babylonische König Nebukadnezar die gesamte Führungsschicht Israels, etwa ein Viertel der Bevölkerung, nach Mesopotamien um.[41] Ein Teil der Aufständischen entkam nach Ägypten. So begann in Ägypten und Mesopotamien die jüdische Diaspora. 539 v. Chr. zerstörte der persische König Kyros das Babylonische Reich, damit endete die babylonische Gefangenschaft der Juden in Mesopotamien. Auch Palästina geriet unter persische Herrschaft. Die Herrschaftsausübung war unter den persischen Satrapen relativ liberal und griff wenig in die inneren Angelegenheiten der beherrschten Völker ein. Auch gewährte sie Religionsfreiheit. Ein Teil der Juden kehrte aus der babylonischen Diaspora nach Palästina zurück und erneuerte dort den jüdischen Glauben und die jüdische Identität.[42] Die persische Herrschaft über Palästina endete um 330 v. Chr. mit der Zerstörung des Perserreichs durch Alexander den Großen. Fortan herrschten hellenistische Reiche über Palästina, mal die Ptolemäer, mal die Seleukiden. In wechselvollen Auseinandersetzungen gab es in den folgenden Jahrhunderten immer wieder kleinere jüdische Staatsbildungen unter hellenistischer Oberhoheit. Dabei konzentrierte sich die jüdische Identität mehr und mehr auf das Religiöse. »Die Jerusalemer Kultgemeinde der nachexilischen Zeit hatte sich längst damit abgefunden, dass sich ihre religiöse Kraft und Autorität unter der Oberhoheit einer fremden Macht bewähren musste. Für die Frommen waren daher Krieg und Politik ein Rückfall, eine verhängnisvolle Restauration, die Preisgabe der eigentlichen Mission Israels unter dem Gesetz Gottes.«[43]

Um 64 v. Chr. griffen die Römer nach der Herrschaft in Syrien und Palästina. Jerusalem wurde von Pompeius erobert und zerstört. Die römischen Truppen richteten ein grausiges Blutbad an. Die Römer respektierten aber die Ausübung der jüdischen Religion und ließen unter römischer Oberhoheit eine gewisse jüdische Selbstverwaltung mit eigener Gerichtsbarkeit und sogar ein erbliches Königtum zu. Es kam aber immer wieder zu jüdischen Aufständen und teils religiös bedingten Unruhen. Ein großer jüdischer Aufstand begann 66 n. Chr. Drei Jahre später eroberte der römische Feldherr Titus Jerusalem und zerstörte nicht nur die Stadt, sondern auch den Tempelbezirk und den Tempel. Erneut fand ein grausiges Blutbad statt.[44] Der Titusbogen in Rom zeigt noch heute den siebenarmigen Leuchter aus dem Tempel im Triumphzug des Titus. Die jüdische Staatlichkeit und das religiöse Zentrum des Judentums waren gleichermaßen zerstört. Seitdem vollzog sich die weitere Geschichte der Juden für knapp 1900 Jahre bis zur Gründung des modernen Staates Israel vor allem in der Diaspora.

Im Unterschied zu den meisten anderen Völkern, die ähnliche Schicksale der Eroberung und Zerstreuung erlitten, sind die Juden als Volk nicht untergegangen, sondern haben unter wechselvollen Umständen als zerstreute Minderheit ihre Identität bewahrt. Dabei war ihr Heimatland Palästina schon zu antiker Zeit wie keine andere Region des Mittelmeers und des Nahen Osten das ständige Ziel immer neuer Eroberer und durchziehender Völkerscharen. Die Widerständigkeit der Juden ergab sich aus ihrem starken Identitätsgefühl. So ist es bis heute geblieben.

Gleichzeitig sind die Juden ein gutes Beispiel dafür, wie kompliziert und vielschichtig die sogenannte Ethnogenese ist. In den 1900 Jahren der Diaspora nahmen die Juden viel von der Kultur ihrer Gastvölker an und vermischten sich auch teilweise mit ihnen. Aber sie hielten auch an ihrer religiösen und ethnischen Identität fest und waren stolz darauf. Keineswegs also entsteht quasi automatisch aus der Zuwanderung von Völkern mit unterschiedlichen Religionen und

Kulturen ein neues Volk, das die eingebrachten Identitäten quasi aufhebt und zu einer neuen Identität amalgamiert. Oft geschieht sogar das genaue Gegenteil.

Griechen, Römer und Germanen

Die Griechen

Die Entstehung der Griechen

Wenn es ein Volk gibt, das sozusagen am Beginn des Abendlandes steht, dann sind es die Griechen. Das Volk der Griechen entstand aus der wiederholten Vermischung von Eindringlingen aus dem Balkan mit der ansässigen Bevölkerung. Die frühe Bronzezeit hatte in Kleinasien, auf Kreta und im heutigen Griechenland um das Jahr 2600 v. Chr. begonnen. Die Menschen siedelten in Dörfern, Städten und Fürstenresidenzen, die häufig befestigt waren. Bekanntestes Beispiel für eine befestigte Stadt ist das alte Troja (Ilion), nach derzeitiger Lehrmeinung im Nordwesten der heutigen Türkei gelegen, das über Tausende von Jahren besiedelt war und aufgrund der Grabungen von Heinrich Schliemann, Wilhelm Dörpfeld und Carl Blegen in fünf historische Schichten unterteilt wurde. Die Bewohner der Küsten und Inseln beherrschten die Schifffahrt mit vielrudrigen Schiffen.[45]

In diese Welt gab es um 1950 v. Chr. einen gewaltigen Einbruch fremder Völker. »Ein großer Teil der bisherigen Siedlungen wurde zerstört, die Hafenstädte an der Ostküste fielen alle der Vernichtung anheim: Die frühhelladische Kultur fand, soweit archäologisch nachweisbares Material vorliegt, ihr gewaltsames Ende. Das häufige Vorkommen von Streitäxten scheint auf schwere Kämpfe und auf brutale Eroberer hinzuweisen.«[46]

Die Eindringlinge waren Indoeuropäer aus dem Balkan und Osteuropa. Ihre Zahl muss sehr groß gewesen sein, da sich ihre Sprache, eine Urform des Griechischen, »bei der Vermischung mit den Unterworfenen gegen das bodenständige ägäische Idiom durchzusetzen vermochte«.[47]

Im südlichen Griechenland entstand aus der Vermischung in den nachfolgenden Jahrhunderten das Volk der Achäer. Eroberungszüge führten die Achäer bis nach Kreta, wo sie viele Elemente der dortigen minoischen Kultur aufnahmen. Daraus entwickelte sich die mykenische Kultur (so benannt nach der bronzezeitlichen Siedlung Mykene auf dem Festland) die von etwa 1600 bis 1200 v. Chr. insbesondere auf dem Peloponnes bestand. Die mykenische Kultur ging ab 1200 v. Chr. in einer neuen Völkerwanderung unter. Dabei drängten Illyrer aus dem Balkan und Dorer aus dem nördlichen Griechenland in das westliche und südliche Griechenland. Diese Völkerwanderung hat, wie Alfred Heuß schreibt, »in Griechenland nichts unberührt gelassen. Irgendwie wurde alles in den Sog mit hineingerissen. Burgen, Städte sind auch da, wo die spätere Völkerkarte keine einschneidende Veränderung zeigt, in Brand und Asche aufgegangen, und gewandert sind nicht nur die Neuankömmlinge, sondern auch diejenigen Ansässigen, die aufgescheucht wurden und dort Zuflucht suchten, wo die Feinde nicht hinkamen und wo sie selbst mit Gewalt sich Zugang verschafften. Von diesem Schicksal ist auch Attika betroffen worden, das aber durch diese Art Invasion seinen Volkscharakter nicht einbüßte.«[48]

Die Bevölkerungskarte Griechenlands wurde auf diese Art sehr buntscheckig. Die Fremden kamen als Eroberer, und die einheimische Bevölkerung konnte sich ihrer nicht erwehren. Die Eroberung und nachfolgende Vermischung waren auch kein gezielter Vorgang und nahmen zudem Generationen in Anspruch.[49] Dieser Prozess führte allmählich zu einer gemeinsamen griechischen Kultur, nicht aber zu einer gemeinsamen Staatlichkeit. Die kam erst mit der Eroberung durch die Römer. Kennzeichnend für das klassische Griechenland wurde vielmehr der überschaubare Kleinstaat, häufig ein Stadtstaat, die Polis. Typischerweise lag er in einer fruchtbaren Ebene, die von hohen Bergen umgeben war, in Meeresnähe. Das Wasser war der wichtigste Weg für den Fernhandel und die Verbindung mit der Außenwelt. Die Überschaubarkeit und Unabhängigkeit dieser Kleinstaaten erleichterten die Entstehung früher Formen von Demokratie. Sie waren zudem der Entwicklung von Kunst, Wissenschaft, technischen Fertigkeiten und fortgeschrittenen Wirtschaftsformen in keiner Weise abträglich, sondern eher förderlich.

Im 9. und 8. Jahrhundert v. Chr. entwickelte sich aus dem phönizischen Alphabet die griechische Schrift. Als Lautschrift mit Vokalen kam sie mit nur wenigen Zeichen aus und konnte von Schülern in nur einem Jahr erlernt werden. Wie die Beschriftung von Keramik zeigt, war ihre Kenntnis auch unter Handwerkern weitverbreitet. Die weite Verbreitung der Schriftlichkeit revolutionierte die Kultur und Zivilisation der Griechen. Über griechische Kolonien kam die griechische Schrift nach Italien und wurde von den Etruskern übernommen. Daraus entstand bei den Römern das lateinische Alphabet, das wir heute noch benutzen.[50] Im späten 8. Jahrhundert wurde im kleinasiatischen Lydien das gemünzte Geld erfunden, das von den benachbarten Griechen übernommen wurde und schnell in der gesamten griechischen Welt Verbreitung fand. Es erleichterte den Handel und revolutionierte die Wirtschaft.[51]

So entstand allmählich im Verlauf von 500 Jahren das klassische Griechenland, als dessen Höhepunkt das 6. und 5. vorchristliche Jahrhundert galt. Die griechischen Kleinstaaten schufen zwar eine hoch entwickelte Kultur, doch das hinderte sie nicht daran, gegeneinander Krieg zu führen und sich, wenn es passte und sinnvoll schien, auch gegenseitig auszurotten. Gegen äußere Feinde konnten sie bei Bedarf zusammenstehen, das zeigten die Perserkriege. Ihre Kultur war expansiv. Und auch die militärischen Fähigkeiten der Griechen taugten zur Expansion. Mit der Zeit überzogen sie große Teile der Küsten des Mittelmeers und Kleinasiens mit kolonialen Ausgründungen.

Die griechische Kolonisation

Soweit die griechischen Städte an den Küsten des heutigen Griechenlands, des westlichen Kleinasiens und auf den Inseln der Ägäis eine gedeihliche Entwicklung nahmen, entstanden Reichtum und ungebundene materielle Ressourcen. Gleichzeitig gab es aber auch örtlich Überbevölkerung und Nahrungsmangel. Soziale Spannungen nahmen zu. Das war wohl die ursprüngliche Motivation zur Gründung von Kolonien. Die Griechen waren ein seefahrendes Volk, sie waren es gewohnt, für den Handel und für Kriege auch weite Strecken auf dem Meer zurückzulegen. Rund dreihundert Jahre nach der ägäischen Wanderung kamen sie im 8. Jahrhundert erneut in Bewegung, und es begann die griechische Kolonisation. Im Verlauf von 200 Jahren, von 750 bis 550 v. Chr., gründeten griechische Stadtstaaten zahlreiche Kolonien auf den Inseln der Ägäis, an der Mittelmeerküste Kleinasiens, rund um das Schwarze Meer, in Süditalien und Sizilien, in Nordafrika (die Kyrenaika im heutigen Libyen) und in Südfrankreich. Kontinentale Räume hat die griechische Kolonisation niemals durchdrungen. »Sie blieb konsequent auf die Küsten beschränkt. Ein berühmtes Wort Platons sagt, die Griechen säßen wie die Frösche am Rande eines Teichs. Eine Perlenschnur griechischer Gesittung hing so vor den Ländern, die von drei Erdteilen her das Mittelmeer einrahmten.«[52] Wo die Griechen sich ansiedelten, brachten sie eine überlegene Zivilisation mit sich. Sie exportierten Waren und bezogen Rohstoffe (z.B. Getreide aus dem Gebiet der südlichen Ukraine).

Die Beschränkung auf die Küstenregionen begrenzte das Konfliktpotenzial mit der einheimischen Bevölkerung, soweit der in Besitz genommene Landstrich nicht ohnehin unbesiedelt war. Die Griechen wussten sich aber auch militärisch Geltung zu verschaffen, um ihre Besitzungen zu sichern. So breiteten sich griechische Bevölkerung, Sprache und Kultur über weite Teile des damaligen Mittelmeerraums aus, sofern nicht die großen Reiche des Orients der Ansiedlung und Ausbreitung einen Riegel vorschoben. Grundsätzlich waren die Kolonien ähnlich verfasst wie die Stadtstaaten, die sie gegründet hatten, und sie waren meistens unabhängig. So entstand ein Großgriechenland, das Handelswaren weiträumig über das Meer transportierte und untereinander intensiven kulturellen und wirtschaftlichen Austausch pflegte. Die lange Wirkmächtigkeit in der Geschichte lässt sich daran ermessen, dass noch 1914, am Vorabend des Ersten Weltkriegs, weite Teile des Gebiets der heutigen Türkei griechisch besiedelt waren.

Die Ausbreitung des Hellenismus

Die nächste Welle der Ausbreitung griechischer Kultur, Sprache und Lebensart brachten die Eroberungen Alexanders des Großen und die nach seinem Tod entstehenden hellenistischen Nachfolgereiche. Eine kleine militärische Streitmacht veränderte große Teile der damals bekannten Welt. Der militärischen Eroberung folgte die kulturelle Durchdringung der eroberten Gebiete und quasi als dritte Stufe der Hellenisierung die demografische Ausbreitung eingewanderter Griechen in den hellenistischen Reichen des Orients.

Nach dem siegreichen Abschluss der Perserkriege um 490 v. Chr. war das klassische Griechenland einer staatlichen Einheit so nahe wie nie zuvor und nie danach. Wäre diese damals gelungen, so hätte dies einen anderen Verlauf der Weltgeschichte bewirken können. Die Gelegenheit ging vorüber. Mit dem Attischen Seebund verwirklichte Athen immerhin eine Teileinigung der griechischen Welt. Es forderte damit aber Sparta heraus. 431 v. Chr. begann der Peloponnesische Krieg zwischen Sparta und Athen, der fast die ganze damalige griechische Welt einbezog und 27 Jahre währte. Athen unterlag schließlich im Jahr 404 v. Chr. Der Attische Seebund wurde aufgelöst. Sparta war aber nicht in der Lage, als Ordnungsmacht die von Athens Niederlage gerissene Lücke zu füllen. Die Rolle einer neuen Vormacht fiel schließlich an das nordgriechische Königreich Makedonien, das seit 359 v. Chr. unter Philipp II. und Alexander dem Großen die griechischen Staaten in einer Reihe von kriegerischen und diplomatischen Auseinandersetzungen in den Status von Vasallen verwies, soweit sie nicht vernichtet wurden. 322 v. Chr. war auch Athen besiegt, was durch den Selbstmord des athenischen Staatsmanns Demosthenes besiegelt wurde.[53]

Philipp II. hatte die Führungsmacht Makedoniens in Griechenland aufgebaut. Sein Sohn Alexander der Große war im Alter von 20 Jahren König geworden. Gebildet, charismatisch und ein glänzender Feldherr, brach er 334 v. Chr. im Alter von 22 Jahren zum Feldzug gegen das persische Weltreich auf, eilte von Sieg zu Sieg und beherrschte bei seinem Tod 323 v. Chr. ein Reich, das von der Donau und vom Nil bis an den Indus reichte und große Teile der damals bekannten Welt umspannte. Er schaffte das mit einem disziplinierten Heer, dessen makedonischer Kern nur ca. 15 000 Soldaten umfasste und das zu Beginn mit Hilfstruppen nicht mehr als 40 000 Mann zählte. Sein Leben als König war ein ununterbrochener Feldzug. Überall führte er griechische Stadtgründungen durch und bemühte sich um eine Synthese zwischen griechischer Kultur und orientalischer Herrschaft. Brutalität verband er mit Führungsgeschick und weit gespannten geistigen und gestalterischen Interessen. Bei seinem frühen Tod im Alter von 33 Jahren brachen unter seinen engen Weggefährten, nahen Verwandten und Generälen Kämpfe um die Nachfolge aus, die Jahrzehnte währten und zur Aufspaltung in mehrere Nachfolgereiche führten. Ihnen allen war gemein, dass sie das gemeinsame griechische Erbe förderten und fortführten. Es kam zu einer intensiven Verbindung von griechischer Kultur mit den Kulturen des Orients von Ägypten bis Iran. So entstand die hellenistische Welt, die zu einer weiträumigen Ausbreitung des Griechentums führte.

Bei der Reichsgründung Alexanders des Großen und der Zerstörung des persischen Weltreichs gab es zunächst keine größeren Wanderungsbewegungen. Vielmehr stand die militärische Inbesitznahme durch eine relativ kleine, gut geführte Streitmacht an der Spitze. Dieser folgte eine kulturelle Inbesitznahme, die durch die Attraktivität der in vielerlei Hinsicht überlegenen griechischen Kultur befördert wurde. Wie der Althistoriker Bradford Welles schreibt, war Alexander der Große »kein Zerstörer […], sondern ein Zivilisationsbringer. Er förderte Literatur und Kunst, Wissenschaft und Bildung. Er baute Städte, Kanäle, Straßen. Er sorgte für eine gute Verwaltung und förderte Ansätze, die sich durchaus zu einem Weltbürgertum hätten entfalten können. […] Aber seine große Leidenschaft waren Krieg und die Durchforschung von Neuland, und er musste, solange es nur ging, immer weiter vorstoßen.«[54]

Die Gründung und Stabilisierung von Alexanders Weltreich war nur möglich durch intensive Zusammenarbeit der Eroberer mit den jeweils vor Ort herrschenden regionalen Kräften und durch die Herausbildung einer Führungsschicht, die den Geist der griechischen Kultur trug und weiterverbreitete. Das galt auch für die Nachfolgestaaten seines Reichs, darunter das Reich der Seleukiden auf dem Gebiet des heutigen Syrien, Irak und Iran, oder das Reich der Ptolemäer im heutigen Ägypten und Libyen. Die Eroberungen und die damit verbundenen Kriege und Auseinandersetzungen waren gewiss brutal und sehr blutig. Sie führten aber zunächst nicht zu groß angelegten Einwanderungsströmen. Die neue militärische und geistige makedonisch-griechische Oberschicht war sehr klein, wirkte aber umso intensiver. Es wanderte eher die Kultur als die Menschen. »Eindeutig war [...] der hellenisch-makedonische Charakter der hellenistischen Welt, der immer deutlicher hervortrat. Die makedonischen Dynastien in Ägypten und Asien wären ohne ständigen lebendigen Kontakt mit den Ländern der Ägäis nicht lebensfähig gewesen.«[55]

»Die hellenistische Welt, wie sie die Eroberungen Alexanders des Großen geschaffen hatten, war der Schauplatz des Zusammen- und Aufeinanderwirkens verschiedener Völker und Kulturen. Wenn sich das Endprodukt auch nicht vor dem Römischen Reich herausbildete, ja auch dann noch unvollkommen blieb, so war doch die Richtung, die der Prozess nahm, schon unverkennbar: Er brachte nach und nach eine homogene Bevölkerung hervor, die Griechisch sprach oder wenigstens verstand und an einer gemeinsamen Kultur teilhatte.«[56] Ein wesentlicher Mechanismus war ein kontinuierlicher Auswandererstrom, der Makedonier und Griechen in die neuen Königreiche brachte. Sie kamen als Soldaten, Handwerker, Schriftsteller, Künstler, Geschäftsleute oder als Siedler in neugegründeten Städten und Dörfern.[57]

Auch nachdem Griechenland, Kleinasien, Syrien und Ägypten einige Hundert Jahre später zu Provinzen des Römischen Reichs geworden waren, blieb doch der griechische kulturelle Einfluss bestimmend. Nach der Teilung des Römischen Reichs und dem Untergang des Weströmischen Reichs dominierte im verbliebenen Oströmischen Reich sprachlich und kulturell das griechische Element. Allerdings ging die antike griechische Kultur mit dem Aufkommen und der Durchsetzung des Christentums weitgehend unter und wurde für ein Jahrtausend – bis zur europäischen Renaissance des 15. Jahrhunderts – weitgehend vergessen.

Das griechische und das nachfolgend geschilderte römische Beispiel zeigen: Mehr oder weniger friedliche Besiedlung, Wanderung von Völkern, Eroberung und politische Herrschaft können oft nicht klar voneinander getrennt werden. *Die Kultur und Sprache der Neuankömmlinge drängen zur Herrschaft, wenn die Neuankömmlinge als Eroberer kommen, aber auch dann, wenn sie – ohne formelle Eroberung – die demografische Mehrheit erlangen oder ihre Kultur aggressiver ist.*

Oft, aber nicht immer, entstehen aus der Vermischung von Einwanderern und Autochthonen neue Völker. Diese *Ethnogenese* nimmt aber regelmäßig viele Jahrzehnte, oft sogar mehrere Jahrhunderte in Anspruch. Bisweilen findet sie gar nicht statt, und unterschiedliche Völker mit ihren unterschiedlichen Bräuchen, Kulturen und Religionen leben über viele Jahrhunderte, wenn nicht gar Jahrtausende, mehr oder weniger unverbunden nebeneinanderher. Bisweilen ist dieses Zusammenleben friedlich, öfter ist es hasserfüllt und wird immer wieder von Bürgerkriegen und blutigen Unruhen bis hin zum Völkermord begleitet.

Die Römer

Der Ursprung der Römer liegt in Mittelitalien in der historischen Landschaft Latium zwischen dem Apennin und dem Tyrrhenischen Meer. Dort lebte um 1100 v. Chr. das indogermanische Volk der Latiner, das sich in unterschiedlichen Städtebünden organisierte. In wechselvollen kriegerischen Auseinandersetzungen gewann allmählich das ursprünglich von Etruskern beherrschte Rom die Oberhand. Rom hatte sich schließlich 338 v. Chr. ganz Latium unterworfen. Es gewährte den Latinern zunächst ein eingeschränktes und ab 89 v. Chr. das volle römische Bürgerrecht. Die Sprache der Latiner, das Latein, wurde zur Bildungssprache der Römer und zur Staatssprache des Römischen Reichs.[58]

Zur militärischen, kulturellen und zivilisatorischen Leistung Roms schreibt Alfred Heuß: Auf der Grundlage eines »wirklich geringfügigen Volkssubstrats romanisierte Rom nicht nur ganz Italien, sondern auch die westeuropäischen Länder der *Romania*. Die Romanisierung gehört deshalb zu den erstaunlichsten Kolonisationsvorgängen der Weltgeschichte, diese in ihrem wörtlichen, globalen Sinne verstanden. Angesichts der außerordentlichen Tatsache wird klar, dass das Ergebnis neben einer Reihe anderer Faktoren allein auf die politische Überlegenheit Roms zurückzuführen ist.«[59] Der Begriff des römischen Volkes war durch die gesamte römische Geschichte vor allem ein kulturelles Konstrukt und allenfalls im Ursprung ethnisch begründet: Römer waren zunächst die freien Bürger der Stadt Rom, unabhängig davon, ob sie in Rom geboren waren. Sklaven hatten keine römischen Bürgerrechte. Im Rahmen der Expansion des Römischen Reichs wurde das römische Bürgerrecht stufenweise ausgedehnt, zunächst auf die Bewohner Latiums, dann auf andere Italiker.[60] Schließlich erkannte der römische Kaiser Caracalla im Jahr 212 n. Chr. mit der Constitutio Antoniniana allen freien Bewohnern des Römischen Reichs das römische Bürgerrecht zu, die Bevorzugung Italiens war damit abgeschafft.[61] Spätestens zu diesem Zeitpunkt hatte sich das römische Bürgerrecht von seiner ethnischen Wurzel vollständig gelöst.

Wie in zahlreichen Stadtstaaten der Antike war die politische Herrschaft im frühen Rom zunächst eine Adelsherrschaft. Es gehört zu den großen Leistungen der frühen römischen Staatskunst, letztlich auch das Volk, die Plebejer, an der politischen Willensbildung beteiligt und ihnen auch die Übernahme von Staatsämtern und den Aufstieg in den Senat ermöglicht zu haben. So entstand in der frühen Republik eine Machtbalance zwischen der Volksversammlung, dem Senat und dem Magistrat, der eigentlichen Regierung. Die Magistratsämter wurden stets doppelt besetzt und nur für ein Jahr vergeben, um Machtkonzentration zu vermeiden.[62] Für die freien römischen männlichen Bürger gab es eine Pflicht zum Militärdienst. Das frühe Römische Reich konnte seine vielfältigen militärischen Krisen nur bewältigen, weil die an der politischen Macht beteiligten Plebejer den Militärdienst als Ehrenpflicht betrachteten und sich ihm nicht entzogen. So gelang es dem frühen Römischen Reich auch in Krisensituationen, durch wiederholte Aushebungen ein Militärpotenzial zu entfalten, das auch militärische Niederlagen überlebte. Römische Legionen entwickelten durch Disziplin, Erfahrung und die Motivation der Soldaten als freie Bürger schon früh eine Tendenz zur militärischen Überlegenheit. Da nur der Senat über Krieg und Frieden entscheiden konnte und dazu ausführlich beriet, waren militärische Angelegenheiten dem individuellen Ehrgeiz zumindest teilweise entzogen. Die römische Republik war kriegerisch, aber auch vorsichtig. Außenpolitisch baute sie auf Bündnisverträge und gewährte, wenn ihre Dominanz gesichert war, den Besiegten oder den abhängigen Vasallen durchaus auch Selbstverwaltung und allerlei Vorrechte. Wurden Verträge nicht eingehalten oder kam es zu unerwünschter Gegenwehr, war die römische Militärmaschinerie allerdings auch stets von erbarmungsloser Brutalität.

Der schier unaufhaltsame, vierhundert Jahre währende Aufstieg Roms vom mittelitalienischen Kleinstaat zum Römischen Weltreich fand um 50 v. Chr. mit der Eroberung Galliens durch Cäsar seine Krönung. Die gleichzeitige Krise der römischen Republik gipfelte 44 v. Chr. in der Ermordung Cäsars. Im anschließenden Bürgerkrieg fand das Weltreich mit dem Kaisertum des Augustus eine neue, stabile Regierungsform, die für weitere vierhundert Jahre bis zum Untergang des Weströmischen Reichs in der Völkerwanderung trug und mit der sprichwörtlichen *Pax Romana* eine lang andauernde Phase von Frieden und Wohlstand mit sich brachte. Die staunenswerten militärischen, zivilisatorischen und kulturellen Leistungen des Römischen Reichs in seiner 800 Jahre währenden Blütezeit von 400 v. Chr. bis 400 n. Chr. sind der Hintergrund dieses Abschnitts, aber nicht sein Gegenstand. Die Geschichte des Römischen Reichs ist in großem Stil auch die Geschichte vom Recht des Stärkeren – von Herrschaft, Kampf, Einwanderung, Unterdrückung und dem Untergang oder der Vertreibung ganzer Völker. Uwe Walter nennt den Staat des Romulus eine »bandenmäßig organisierte Beutegemeinschaft«.[63]

Die Römer begnügten sich nie mit der schieren Eroberung. Nachhaltig aufsässige oder als gefährlich erachtete Völker wurden umgebracht, vertrieben oder in die Sklaverei geführt. Ihre Hauptstädte wurden dem Erdboden gleichgemacht. So erging es 146 v. Chr.

Karthago in Nordafrika und 70 n. Chr. Jerusalem. In den eroberten Gebieten oder Vasallenstaaten bauten die Römer Straßen und Wasserleitungen. Sie entwickelten die Landwirtschaft. Sie siedelten Kolonisten an, zumeist Legionäre, die nach zwanzigjähriger Dienstzeit aus dem aktiven Militärdienst entlassen worden waren, ein Stück Land erhielten und Familien gründeten. Sie gründeten Städte und förderten den Handel. Den unterworfenen Völkern ließen sie ihre religiöse Freiheit, ihre Kultur und ihre Sprache. Bemerkenswert war dabei immer: Sobald die politische Machtfrage geklärt war, schritt die Romanisierung praktisch von selbst voran. Es wirkte das Beispiel der offenbar überlegenen Kultur und Lebensweise.

Umgekehrt erkannten die Römer kulturelle Überlegenheit an, wo sie gegeben war, und waren selbst sehr lernwillig. So wurde die griechische Welt zwar Stück für Stück Opfer der römischen Eroberungspolitik – zunächst die griechischen Kolonien in Unteritalien und auf Sizilien, sodann Makedonien und das griechische Festland, schließlich Kleinasien und am Ende auch die hellenistischen Reiche der Seleukiden in Syrien und der Ptolemäer in Ägypten. Gleichzeitig aber wuchsen die griechischen Einflüsse auf die römische Kultur und Lebensart, sodass der militärischen Eroberung der griechischen Welt durch Rom mit der Zeit die Durchdringung der römischen Welt mit griechischer Kultur folgte. Das galt für den privaten Lebensstil, für die Dichtkunst, die Philosophie, die Architektur und die bildenden Künste. Es galt selbst für die Welt der Götter.[64]

Diese Verschmelzung der römischen und griechischen Kultur bestimmte das Bild der Antike von 200 v. Chr. bis zum Untergang des Weströmischen Reichs und setzte sich mit dem Vordringen des Christentums fort. Erst als nach der germanischen Völkerwanderung die griechische Sprache im westlichen Mittelmeerraum und die lateinische Sprache im östlichen Mittelmeerraum allmählich außer Gebrauch kamen, setzte eine Entfremdung zwischen dem westlichen Abendland und der griechischen Welt ein. Diese Entfremdung fand ihren Höhepunkt im Schisma zwischen der römisch-katholischen und der griechisch-orthodoxen Kirche im Jahre 1054.

Der Aufstieg zur Weltherrschaft

Im Jahr 396 v. Chr. war Rom durch die Eroberung und Zerstörung der ca. 20 Kilometer entfernten Stadt Veii zur ersten Macht in Latium geworden. Da brach als Katastrophe der Keltensturm über Italien herein.[65] Einwandernde keltische Stämme vernichteten die etruskische Herrschaft und siedelten sich in Oberitalien an. Von dort stießen sie nach Mittelitalien vor, vernichteten am 16. Juli 387 v. Chr. das römische Heer und zerstörten Rom, wo sich lediglich auf dem Kapitol eine kleine römische Streitmacht halten konnte. Noch bis Mitte des 4. Jahrhunderts unternahmen die Kelten wiederholte Raubzüge nach Mittelitalien. Der Schreck über die Kelten hatte sich bei den Römern nachhaltig tief in das Volksgedächtnis gegraben. Es sollte 800 Jahre dauern, bis im Jahr 410 n. Chr. die Westgoten unter ihrem König Alarich erneut Rom eroberten und plünderten. Die erste Konsequenz, die die Römer aus der gallischen Katastrophe zogen, war der Bau einer großen Mauer rund um die sieben Hügel der Stadt.[66] In den folgenden Jahrzehnten errang Rom erneut die Herrschaft in Latium und dehnte seine Macht nach Norden in das Gebiet der Etrusker aus. Anschließend unterwarf es sich bis 270 v. Chr. ganz Italien und besiegte auch die Gallier in Norditalien. Unter Führung Roms war Italien in einem System abgestufter Bündnisverträge im sogenannten Italischen Bund zusammengefügt.[67]

Durch den zunehmenden Kranz der eroberten Gebiete und unterworfenen Völker drückte zwar Rom die Zone der Bedrohung rein geografisch immer weiter von sich weg. Gleichzeitig entstanden dadurch aber neue Nachbarschaftsverhältnisse zu noch nicht beherrschten Völkern und Staaten, die dann wiederum als neue Bedrohung aufgefasst werden konnten und wurden. So entstand eine *Logik der Eroberung*, die erst zum Erliegen kam, als das Römische Weltreich entweder an die Grenzen der damals bekannten Welt stieß oder mit Gegnern konfrontiert wurde, die so stark waren, dass sie auch für das Weltreich zu einer Bedrohung wurden. Etwa 400 Jahre lang dauerte die Phase der Expansion, dann gelang es, rund 400 Jahre lang das Weltreich in seiner Ausdehnung zu halten – bis mit der Völkerwanderung der Zusammenbruch des Weströmischen Reichs erfolgte.

Dieser Zusammenbruch war keineswegs zwingend, sondern das Resultat zurechenbarer Fehlentscheidungen.

Nach der Unterwerfung Italiens geriet Rom auf Sizilien mit dem nordafrikanischen Reich von Karthago in einen konfliktträchtigen Kontakt. Dieses seefahrende Volk war die Vormacht im westlichen Mittelmeer. Es beherrschte neben Nordafrika im heutigen Tunesien und Libyen das südliche Spanien, die Balearen, Korsika und Sardinien. Aus der Konkurrenz zwischen Rom und Karthago entwickelten sich seit 286 v. Chr. die drei Punischen Kriege, die schließlich 146 v. Chr. zur endgültigen Zerstörung Karthagos führten. Durch den Kampf mit Karthago geriet die Iberische Halbinsel ins Blickfeld Roms. Sie wurde in langwierigen Kämpfen, die sich über viele Jahrzehnte hinzogen, dem Römischen Reich einverleibt. Die Auseinandersetzung mit Karthago brachte Rom zeitweilig an die Grenzen seiner Existenz und führte zu einer gefährlichen Reduktion in der Zahl waffenfähiger römischer Bürger. Aber auch bei der Eroberung Spaniens flossen Ströme von Blut.

In griechische Angelegenheiten wurde Rom durch die Unterwerfung der griechischen Städte und Kolonien in Unteritalien und auf Sizilien hineingezogen. Auch die Intervention des Molosser-Königs Pyrrhus in Unteritalien, der dort auf römische Kosten ein Reich gründen wollte, spielte eine Rolle. Die Uneinigkeit der Griechen, die wiederholt Rom zum Schiedsrichter in eigenen Angelegenheiten machten, tat ein Übriges. Für Rom kam der Appetit mit dem Essen. In den achtzig Jahren von 215 v. Chr. bis 132 v. Chr. unterwarf es ganz Griechenland, das griechische Kleinasien und schließlich auch die hellenistischen Reiche der Seleukiden in Syrien und der Ptolemäer in Ägypten.

Die römischen Methoden der Unterwerfung und die Integration der erworbenen Gebiete in das Römische Reich setzten auf mehreren Wegen Wanderungsprozesse in Gang:

- Gewonnene Feldzüge und Kriege führten häufig zur gänzlichen oder teilweisen Versklavung der Kriegsgefangenen und der Bevölkerung der eroberten Städte. Die Sklaven kamen dann mit erzwungener Migration in den Besitz römischer Eigentümer oder anderer Käufer auf den Sklavenmärkten. Dabei handelte es sich durchaus um massenhafte Wanderungen. Immerhin bestand zu antiker Zeit ein nennenswerter Teil der Wohnbevölkerung aus Sklaven.

- Eroberte Gebiete wurden durch römische Kolonien gesichert, in denen römische Staatsbürger als Kolonisten angesiedelt wurden. Häufig handelte es sich dabei um Soldaten, die nach der Entlassung aus dem Militärdienst Land zugewiesen bekamen, auf dem sie siedelten und eine Familie gründeten.
- Das befriedete Römische Reich bot sichere Außengrenzen und weitgehende physische Sicherheit im Inneren. Es legte der Binnenmigration freier Bürger keinerlei Hindernisse in den Weg. So kam es an den regionalen Schwerpunkten der wirtschaftlichen und politischen Aktivität, z.B. in Städten wie Rom, Athen oder Alexandria, zu einer großen Vermischung verschiedener Völker, die nur der Umstand einte, dass sie Untertanen des Römischen Reichs waren.
- Unterworfene Staaten mussten häufig Geiseln aus ihrer Führungsschicht stellen, die in Rom oder anderen ihnen zugewiesenen Orten leben mussten.

So wurde der griechische Historiker Polybios, um 200 v. Chr. in Megalopolis auf dem Peloponnes geboren, im Jahr 168 v. Chr. mit tausend anderen Angehörigen der Führungsschicht seines Landes nach Rom deportiert. In seinem historischen Werk analysierte er die Ursachen der Überlegenheit Roms und stellte fest, »erst die Nachwelt könne beurteilen, ob Roms Herrschaft zum Segen für die Welt ausschlagen werde, denn nicht der Sieg sei entscheidend, sondern das, was der Sieger daraus mache«.[68] Über das römische Verhältnis zu den Griechen schreibt der Althistoriker Christian Meier: »Man weiß nicht, ob man mehr die Offenheit hervorheben soll, mit denen die Römer den Griechen begegneten, oder die ganze Macht des Einflusses, der von den Griechen ausging.«[69] Rom machte jedenfalls viel aus seinen Siegen, wie die Langlebigkeit des Weltreichs zeigt.

Das Römische Weltreich und die germanische Bedrohung

Der Untergang des Römischen Reichs kam schließlich von seinen nördlichen Grenzen. Die römischen Führungsschichten waren sich des Risikos über viele Jahrhunderte bewusst. Sie machten sich darüber Gedanken und richteten ihre Handlungen entsprechend aus: Bei Cäsar und Tacitus finden wir einen Blick auf die Völker und Stämme nördlich der Alpen, der in gewissem Sinn auch als der Beginn einer Geschichtsschreibung über Deutschland angesehen werden kann. Die germanische Bedrohung saß den Römern nachhaltig in den Knochen. Das wird bei Cäsars Beschreibung des *Gallischen Kriegs* (58–51 v. Chr.) und ca. 150 Jahre später bei Tacitus in seiner Schrift *Germania* (98 n.Chr.) immer wieder deutlich.

Der Einfall der Gallier um 400 v. Chr. und der Kimbern und Teutonen zwischen 113 und 101 v. Chr. waren für die Römer zutiefst prägende Erlebnisse. Die ursprünglich aus Jütland stammenden germanischen Stämme der Kimbern und Teutonen schafften es immerhin bis ins heutige Südfrankreich und in die Poebene und konnten erst 102 und 101 in den Schlachten bei Aquae Sextiae (dem heutigen Aix en Provence in Südfrankreich) und Vercellae (heute Vercelli in der norditalienischen Region Piemont) endgültig besiegt werden.[70] Die Schätzungen gehen von über 100 000 Toten aus. 60 000 Germanen kamen in die Sklaverei. Eine Eigenart des Zuges der Kimbern und Teutonen, der sich später in der Völkerwanderung wiederholte, war es, dass das gesamte Volk mit Frauen und Kindern wanderte. Das erklärt den wilden Kampfesmut und die hohen Opferzahlen. Zur Zeit Cäsars siedelten die Germanen in Skandinavien sowie im nördlichen Mitteleuropa von der Rheinmündung im Westen bis zur Weichsel und Warthe im Osten. Immer wieder gab es Streifzüge germanischer Völker nach Süden und Westen, von denen der bis dahin blutigste und gefährlichste die Wanderung der Stämme der Kimbern und Teutonen aus Jütland bis nach Oberitalien und Südfrankreich gewesen war. Dabei waren weite Teile Galliens umfangreich verwüstet worden.

Cäsars Schrift über den Gallischen Krieg liefert neben der Darstellung der militärischen und politischen Ereignisse eine Beschreibung der Geografie und der keltischen Völkerschaften westlich des

Rheins vom Mittelmeer bis zum Atlantik und von Helvetien, der heutigen Schweiz, bis nach Britannien. Er erwähnt die besondere Tapferkeit der Belger im Norden Galliens, die er darauf zurückführt, dass sie »in unmittelbarer Nähe der Germanen« wohnen, »die das Gebiet jenseits des Rheins bewohnen und sich ständig im Kriegszustand mit den Belgiern befinden«.[71] Bei der Darstellung des Helvetischen Kriegs (58 v. Chr.) beschreibt Cäsar sein Motiv, weshalb er die geschlagenen Helvetier dazu zwang, wieder in ihr verlassenes Ursprungsgebiet zwischen Rhein und Rhone zurückzukehren: »Man müsse verhindern, dass die Gebiete, die die Helvetier verlassen hatten, wüst blieben, und so den Germanen, die jenseits des Rheins leben, wegen der Güte des Bodens einen Anreiz böten, aus ihrem Gebiet in das der Helvetier herüberzuziehen. Damit wären sie Grenznachbar der Provinz Gallien und der Allobroger.«[72] Das wollte Cäsar nicht. Er betrachtete die Germanen als Bedrohung und wollte einen Puffer zwischen ihnen und dem römischen Kernland. Der Helvetische Krieg zeigt auch die ungeheuren Opfer, die die damals übliche Wanderung ganzer Völker mit sich brachte. Wie Cäsar schreibt, hatten die Helvetier vor ihrem gewaltsamen Aufbruch aus der angestammten Heimat ihr Volk gezählt. Dabei hatte sich eine Gesamtzahl von 369 000 ergeben. Bei der durch die Römer erzwungenen Rückkehr nach Helvetien ließ Cäsar die Helvetier erneut zählen. Es ergab sich eine Zahl von 110 000.[73] Beim vergeblichen Versuch, die gewaltsame Einwanderung nach Gallien zu erzwingen, hatte das Volk der Helvetier im Kampf gegen die Römer 70 % seiner Bevölkerung verloren.

Cäsar ist ein erstklassiger Zeuge für das strategische römische Denken. Er war nicht nur ein hervorragender Analytiker, sondern auch ein fähiger Politiker und brillanter Feldherr. Zudem war er ein begabter Schriftsteller, und sein Buch *De bello gallico* gibt tiefe Einblicke in den Umgang der Römer mit der Bedrohung durch fremde Völker und mit unerwünschter Einwanderung. Als römischer Prokonsul für Gallien sah es Cäsar als seine Aufgabe an, die Gefahr aus dem Norden dauerhaft zu bannen. Er tat dies durch die Unterwerfung von ganz Gallien und durch die Sicherung der Rheingrenze.

Rund acht Jahre lang führte Cäsar in Gallien Krieg und unter unterwarf alle Stämme bis zur Rheingrenze. Verschiedene Male überschritt er den Rhein zur Bekämpfung germanischer Stämme, die immer wieder nach Gallien einfielen. Zweimal unternahm er einen Feldzug in Britannien, dessen keltische Völkerschaften regelmäßig die Küsten Galliens unsicher machten.

Die Methoden und Vorgehensweisen, die Cäsar selber im *Gallischen Krieg* sachlich und in militärischer und diplomatischer Hinsicht sehr detailliert schildert, sind exemplarisch dafür, wie Rom seine Macht über Jahrhunderte ausdehnte und sicherte: Wer sich unterwarf, wurde geschont und konnte auch mit dem Schutz der Römer gegen äußere Übergriffe rechnen. Soweit die herrschenden Schichten mit den Römern kooperierten, wurden sie gegen innere und äußere Feinde unterstützt. Wenn sich Völker und ihre Führer aber der römischen Herrschaft widersetzten oder gar versuchten, ein einmal geschlossenes Bündnis zu verlassen, so konnte die Reaktion überaus brutal sein. Dazu einige Beispiele aus dem *Gallischen Krieg*:

- Als das germanische Volk der Usipeter und Tencterer ins nördliche Gallien eindrang und sich dort niederlassen wollte, drängten es die römischen Legionen unter Cäsar in das Mündungsdreieck zwischen Maas und Rhein. Kaum jemand überlebte. Cäsar gab die Größe des Volkes, von dem sich hinterher nur noch wenige Spuren fanden, mit 430 000 an.[74]
- Das römische Heer wurde auf seinen Feldzügen von Sklavenhändlern begleitet, den Mercatores. Eroberte Städte und gewonnene Schlachten konnten zu einem riesigen Aufkommen an Sklaven führen, die dann im Römischen Reich weiterverkauft wurden. Als Cäsar im heutigen Belgien den Stamm der Atuatucer besiegte, der angeblich von den Cimbern und Teutonen abstammte, überließ Cäsar die eroberte Hauptstadt und ihre Bewohner den Soldaten als Beute. Nach seiner Angabe kauften die Mercatores dort 53 000 Sklaven ein.[75]
- Bei der Eroberung der befestigten Stadt Avaricum durch Cäsars Heer entkamen von den rund 40 000 Einwohnern nur 800 unver-

sehrt zu Cäsars Gegenspieler Vercingetorix.[76] Der Rest kam um oder wurde in die Sklaverei geführt.

Der Blutzoll für die Befriedung Galliens unter römischer Herrschaft war also sehr hoch. Die anschließende, Jahrhunderte währende Friedenszeit der *Pax Romana* gab es nicht umsonst. Wie Marieluise Deißmann schreibt, lässt sich in Cäsars Kriegsführung in Gallien »nichts Revolutionäres oder auch nur Neuartiges in seinem Verhalten gegenüber fremden Völkern erkennen«. Auch alle seine Vorgänger seit 200 v. Chr. »hatten in unseren Augen durch nichts gerechtfertigte Angriffskriege geführt, Könige abgesetzt und auf andere Art in die Verhältnisse fremder Völker eingegriffen. [...] Der [...] für die damaligen Zeitgenossen selbstverständliche Hegemonialanspruch Roms bedeutete, dass es zwischen den Partnern nur noch Unterordnung, keine Gleichberechtigung mehr gab.«[77]

Mit dem Beginn des Kaiserreichs hatten die Römer in Westeuropa die Gebiete links des Rheins und in Mitteleuropa südlich der Donau erobert und dem Römischen Reich einverleibt. Die Eroberung Britanniens kam im Verlauf des ersten Jahrhunderts n. Chr. hinzu. Da die germanischen Stämme auch weiterhin unruhig waren und immer wieder die Rheingrenze bedrohten, unternahmen die Römer unter Kaiser Augustus den Versuch, das römische Herrschaftsgebiet bis zur Elbe auszudehnen. Von den wechselhaften Kämpfen ist die *Schlacht am Teutoburger Wald* zwischen dem römischen Feldherrn Varus und einem germanischen Heer unter Hermann dem Cherusker im Jahr 9 n. Chr. bis heute bekannt. Diese Schlacht führte zum vollständigen Verlust dreier römischer Legionen mitsamt Hilfstruppen und Tross. Als Folge dieser Niederlage gaben die Römer den Versuch der weiteren Ausdehnung in germanisches Gebiet grundsätzlich auf, auch wenn es im Zuge kriegerischer Auseinandersetzungen immer wieder Feldzüge in germanisches Gebiet gab.

Unter Kaiser Domitian, der seit 81 n. Chr. regierte und 96 ermordet wurde, machte die Romanisierung des Reichs große Fortschritte. In der Außenpolitik verschaffte er der Einsicht Geltung, »dass die Römer sich bei der Ausdehnung des Reichs und des Mangels an Menschen und Mitteln im Wesentlichen auf die Defensive beschränken mussten«.[78] Durch sorgsam geplante militärische Vorstöße, etwa gegen die Kaledonier im Norden Britanniens, die germanischen Chatten im heutigen Hessen und die Daker auf dem Balkan, sicherte Domitian die römische Überlegenheit, nutzte sie aber nicht für weitere Expansion. »Dieser Verzicht auf die räumliche Ausdehnung des römischen Herrschaftsbereichs beruhte auf der seit Langem erkannten Schwäche Roms an Wehr- und Finanzkraft, aber Domitians Verdienst ist es, diese Einsicht in eine zielbewusste Politik umgesetzt zu haben, die seinen Nachfolgern viele Jahrhunderte lang die Richtung gewiesen hat.«[79]

Militärische Vorstöße gegen übergriffige Grenzvölker wurden ergänzt durch eine genaue Markierung des Grenzverlaufs und dessen Sicherung durch befestigte Anlagen. Im Norden Britanniens war dies der sogenannte Hadrianswall.[80] In Germanien war dies der obergermanisch-rätische Limes. Er wurde seit dem Jahr 83 n. Chr. errichtet und ging quer durch das Land von Koblenz am Rhein bis zur Donau bei Regensburg. Von dort aus zogen sich die Grenzbefestigungen, zumeist dem Lauf der Donau folgend, weiter bis zum Schwarzen Meer. Auch in Syrien und Palästina gab es eine befestigte Grenze, die vom Euphrat bis zum Golf von Akaba verlief. 400 Jahre lang gelang es dem Römischen Kaiserreich in der Summe recht gut, die nördliche Grenze zu schützen. Einbrüche der Germanen fanden zwar wiederholt statt, aber sie konnten immer wieder zurückgedrängt werden. Das Grenzregime wurde mit der Zeit fortentwickelt. Ergänzend zu den Legionen wurden Einheiten von Grenzsoldaten geschaffen, *Limitanei,* »die am Limes mit ihrer Familie angesiedelt wurden, wo sie auf den ihnen durch Los zugefallenen Bauernhöfen das römische Fruchtland mit Pflugschar und Waffe verteidigten. Ihr persönlicher Einsatz war durch diesen neuartigen Grenzschutz gewährleistet, da Leben und Wohlstand von ihrem erfolgreichen Widerstand abhing.«[81]

Ihren Höhepunkt erreichte die *Pax Romana* mit der Befriedung der Grenzen und einem gesicherten Frieden im Inneren des Reichs in den 100 Jahren von Kaiser Domitian über die Kaiser Trajan und Hadrian bis zu Mark Aurel, der von 161 bis zu seinem Tod im Jahr 180 n. Chr. regierte.

In seine Regierungszeit fiel eine erneute Anspannung an den römischen Grenzen im Norden und Osten. Von den 19 Jahren seiner Regierungszeit musste Mark Aurel 18 Jahre lang Krieg führen, zunächst gegen die Parther in Kleinasien und Mesopotamien und dann an der Donau gegen die germanischen Stämme der Markomannen und Quaden im heutigen Tschechien und im östlichen Ungarn. Zeitweilig gelang dabei den Germanen sogar der Durchbruch über das heutige Kärnten bis nach Oberitalien.[82]

Die berühmte *Pax Romana* beruhte neben der militärischen Stärke Roms im Kern darauf, »dass Rom den Angehörigen der besiegten Völker den Eintritt in die römische Bürgerschaft gewährte. Die Kaiser gingen nicht von diesem Herkommen ab, nur haben sie außerdem darauf gesehen, dass Abstammung und Herkunft niemanden am Aufstieg hinderten.« Auch die freigelassenen Sklaven waren sofort römische Bürger. Ihre Nachkommen konnten bei entsprechendem Vermögen sogar in den römischen Adelsstand aufsteigen.[83] Der Althistoriker Hans-Georg Pflaum beschreibt die Segnungen der *Pax Romana* wie folgt: »Der Frieden erlaubte es allen Einwohnern, von einem Ende des Reiches zum anderen zu reisen, ohne befürchten zu müssen, ausgeraubt, versklavt oder getötet zu werden. Auch der Güteraustausch nahm einen ungeahnten Aufschwung. Der Fernhandel zwischen Ost und West konnte sich wie nie zuvor entfalten und führte zur Anlage großer Häfen an allen Küsten, aber auch zur Annäherung und zum gegenseitigen Verständnis zwischen den verschiedenen Völkern rund um das Mittelmeer.[84]

Gewalttätige interne Zwistigkeiten und Aufstände waren die Ausnahme. Das stehende römische Heer konnte sich vor allem auf die Sicherung der Außengrenzen beschränken und war entsprechend stationiert. »Durch die jahrhundertelange Dauer der römischen Grenzwacht blieb es schließlich nicht aus, dass die Soldaten in ihren Lagern gerade die wildesten Länder des Reichs romanisierten. Noch heute besteht, zum mindesten in Europa, ein erheblicher Kulturunterschied zwischen den Ländern, die innerhalb, und denen, die außerhalb des römischen Verteidigungsgürtels lagen.«[85] Das gesamte römische Heer bestand zu Zeiten des Kaiserreichs aus etwa dreißig Legionen und deren Hilfstruppen, zusammen nicht mehr als etwa 360 000 Mann.[86] Mit dieser erstaunlich geringen Truppenzahl sicherten die Römer ein Weltreich, das von Schottland bis an den Euphrat reichte und 50 bis 70 Millionen Einwohner hatte. Da kriegerische Verwicklungen an den Grenzen normalerweise nicht gleichzeitig stattfanden, gelang es den Römern über viele Jahrhunderte, durch Verschiebung von Truppen die notwendige Überlegenheit herzustellen.

Mit der Zeit aber wuchs der Druck der Germanen im Norden und der Perser im Osten. Um 250 n. Chr. überschritten die germanischen Völker der Goten, Karpen, Vandalen und Gepiden die Grenze an der Donau und drangen in der Folgezeit bis nach Kleinasien vor. »Im Jahr 256 eroberten die Germanen alle Kastelle des germanischen Limes, die Alemannen stießen auf ihrem Plünderungszug bis in die Auvergne, die Franken sogar bis nach Spanien vor.« Der germanische Limes wurde aufgegeben. Rhein und Donau wurden zur Grenze des Römischen Reichs.[87] Die militärischen Wirren führten zu einer Militärreform: Berufsoffiziere übernahmen die Führung. Die Grenzverteidigung wurde flexibel gestaltet. Truppen wurden im Hinterland an strategisch wichtigen Punkten konzentriert, um Einbrüche abzuriegeln. So gelang es, die Grenzen erneut zu stabilisieren und das Überleben des Römischen Reichs für weitere 150 Jahre zu sichern.

Kaiser Diokletian setzte nach seinem Regierungsantritt im Jahr 284 grundlegende Reformen durch. Er schaffte die verbliebenen Mitregierungsrechte des römischen Senats ab, alles lief jetzt auf den Kaiser zu, und er begründete die Tetrarchie: Das Reich wurde verwaltungsmäßig in eine weströmische und eine oströmische Hälfte aufgeteilt. Je ein Kaiser sollte im Osten und Westen regieren und dabei durch einen Mitkaiser unterstützt werden. So waren die Befehlshaber näher an den Brennpunkten des militärischen Geschehens. Trier und Mailand wurden zu Residenzen im Westen. Diokletian residierte in seinem Palast beim heutigen Split in Illyrien. Kaiser Konstantin, der Nachfolger Diokletians, machte 330 das am Hellespont gelegene griechische Byzantion zur Hauptstadt des Oströmischen Reichs. Nach ihm wurde die Stadt Konstantinopel genannt.

Die Atempause an den Grenzen im 4. Jahrhundert war aber nur vorläufig. Immer mehr gerieten die germanischen Völker in Bewegung, ihrerseits bedrängt aus der Tiefe Asiens vom Reitervolk der Hunnen. Bereits für Tacitus 300 Jahre zuvor waren die Germanen der ewige Angstgegner der Römer. Er schrieb im Jahr 98 n. Chr.: »Sechshundertvierzig Jahre stand Rom, als man unter dem Konsulat des Cäcilius Metellus und Papirius Carbo zum ersten Male von den Waffentaten der Kimbern hörte. Wenn man von diesem Zeitpunkt bis zum zweiten Konsulat des Kaisers Trajan rechnet, dann ergeben sich etwa zweihundertzehn Jahre. So lange schon siegen wir über die Germanen.«[88] Die Römer siegten nach der Niederschrift der skeptischen Betrachtung des Tacitus noch weitere dreihundert Jahre über die Germanen. Dann führte der Ansturm der Germanen in der Völkerwanderung binnen weniger Jahrzehnte zum Untergang des Weströmischen Reichs.[89] Dieser Untergang war nicht zwingend, und über viele Jahrhunderte hatten die Römer der Bedrohung aus dem Norden erfolgreich widerstanden.

Der Untergang des Weströmischen Reichs

Um 364 kam es zu großen Einbrüchen der Alemannen nach Gallien. Der weströmische Kaiser Valentinian I., ein sehr tüchtiger Militär und Administrator, vertrieb die herumziehenden Banden aus Gallien und stellte mit Erfolg wieder eine feste Grenze her. Er zog mit seinem Heer nach Germanien und erzielte dort 368 einen großen Sieg gegen die Alemannen. Sein General Theodosius verteidigte Britannien mit Erfolg gegen die Einfälle der Picten aus Schottland, der Scoten aus Irland und der Sachsen vom germanischen Festland.[90]

Während sich die Verhältnisse im Westen so stabilisierten, zog im Osten eine neue und am Ende fatale Bedrohung auf. In der Gegend der heutigen Ukraine hatte sich, von der Ostsee kommend, das germanische Volk der Goten zwischen Donau und Dnjestr, bis hin zur Krim und zum Schwarzen Meer angesiedelt. Sie kamen im Verlauf des 3. Jahrhunderts durch das Reitervolk der Hunnen unter Druck, das aus Zentralasien kam und sie bedrängte. Wiederholt unternahmen die Goten über die Donau hinweg Einfälle ins Römische Reich. Es deutete sich der Erdrutsch der Völkerwanderung an. Der heilige Ambrosius, ein Zeitzeuge der Geschehnisse, schrieb dazu: »Die Hunnen haben sich gegen die Alanen, die Alanen gegen die Goten, die Goten gegen die Sarmaten und Taifalen erhoben.«[91] Hier ging es nicht nur, wie seinerzeit bei den Kimbern und Teutonen, um räuberische Banden, die ganze Landstriche verwüsteten. »Hier wälzte sich auf der Suche nach neuen Siedlungsgebieten ein ganzes Volk heran; es verlangte von den Römern Land, um sich unter ihrem Schutz niederzulassen.«[92] Die Römer öffneten die Grenze, der Einzug der Goten über die Donau vollzog sich zunächst friedlich. Aber Lebensmittelknappheit trieb die neuen Einwanderer zur Räuberei und schließlich zum Aufstand. Der oströmische Kaiser Flavius Valens rüstete zum Feldzug gegen die Goten. Aber er wartete die Verstärkung durch die Truppen des weströmischen Kaisers Gratian, der mit einem Entsatzheer auf dem Balkan unterwegs war, nicht ab, sondern suchte am 9. August 378 in der Schlacht bei Adrianopel voreilig eine Entscheidung. Gegen die vereinigten Heere der Westgoten und der Ostgoten wurde dies zu einem Debakel. Kaiser Valens kam in der Schlacht um, sein Heer wurde vollständig vernichtet. Konstantinopel lag militärisch entblößt vor den Goten und wurde nur durch seine starke Befestigung vor der Eroberung geschützt.

Auf der Suche nach fester Ansiedlung begannen die Goten mit ihren unruhigen, Jahrzehnte währenden Zügen durch das Römische Reich. Die Westgoten zogen schließlich nach Italien. Im August 410 eroberten und plünderten sie unter ihrem König Alarich Rom. Das war ein Schock für die römische Welt. Rom war allerdings längst keine Hauptstadt mehr. Die weströmischen Kaiser residierten in Trier, Mailand oder Ravenna.

Der Untergang des Weströmischen Reichs zog sich über siebzig Jahre hin. Er begann damit, dass im Jahr 404 germanische Völker – die Vandalen, Burgunder, Alemannen, Sueben und Franken – vom Druck der Hunnen in Bewegung gebracht in breiter Front den Rhein überschritten. Zunächst schienen die Versuche erfolgreich, die germanischen Völker unter nomineller römischer Oberhoheit anzusiedeln. So kamen die Burgunder in das noch heute nach ihnen benannte Burgund. Die Westgoten wurden in Südwestfrankreich in Aquitanien angesiedelt. Unter fränkischem Druck zogen sie ebenso wie die Sueben und die Vandalen weiter nach Spanien, wo die Sueben schließlich im Norden, im heutigen Galizien, die Vandalen in Lusitanien und Andalusien, die Westgoten im übrigen Spanien siedelten.

Unter ihrem König Geiserich zogen die Vandalen schließlich über die Meerenge von Gibraltar. Sie eroberten 430 Karthago und die ganze römische Provinz Afrika. Damit brach die Getreidezufuhr Roms aus Afrika zusammen, auf die die Stadt seit Jahrhunderten angewiesen war. Der Untergang des Weströmischen Reichs war damit besiegelt. In Afrika wurden die Vandalen zu geübten Seefahrern und Seeräubern. 455 plünderten sie Rom. 468 misslang ein Versuch des West- und des Oströmischen Reichs, mit einer gemeinsamen Flottenoperation die Provinz Afrika zurückzuerobern.

Im Jahre 476 setzte der weströmische Offizier Odoaker, der germanischer Herkunft war, den letzten weströmischen Kaiser Romulus Augustus (»Augustulus«) ab. Er brachte den 16-jährigen Knaben ehrenvoll auf einem Landgut unter und ernannte sich selbst zum König von Italien.[93]

War der Untergang des Weströmischen Reichs unvermeidlich? Nein, er war es nicht. Der preußische Historiker Leopold von Ranke sah »in der sogenannten Völkerwanderung nichts als die Fortsetzung des alten römisch-germanischen Krieges am Limes«, und er betont die historische Kontinuität der Entwicklung: »Das große Ereignis [...] die massenhafte Ansiedlung der Germanen auf dem linken Rheinufer, ist nicht erst eingetreten, nachdem die Römer ihre Grenzbefestigungen am Rhein aufgegeben haben.« Vielmehr begann der Übertritt der Germanen ins Reichsgebiet bereits in den Vierzigerjahren des 4. Jahrhunderts.[94] Die Römer unternahmen den Versuch, die Entwicklung zu beherrschen und das Reich zu retten, indem sie die germanischen Völker »gleichsam als eine Kriegerkaste« unter römischer Oberhoheit ansiedelten.[95] Die fähigen Führer und Feldherren des Römischen Reichs waren ja im Verlauf des 4. Jahrhunderts zunehmend germanischer Abstammung. Eifersucht, Morde und Inkompetenz regierten die letzte Garde der weströmischen Kaiser, die sich weit vom Niveau eines Cäsar oder Augustus entfernt hatten. Die weströmische Geschichte hätte ganz anders verlaufen können, wäre nicht Stilicho, Sohn eines Vandalen und einer Römerin und langjähriger weströmischer Heermeister und Vertrauter des jugendlichen Kaisers Honorius, 408 als Folge einer Palastintrige in Ravenna ermordet worden, und wäre nicht der extrem tüchtige, weströmische Heermeister Flavius Aetius 454 in Rom vom eifersüchtigen Kaiser Valentinian III. mit dem Schwert erschlagen worden.

Der britische Historiker Peter Heather zeichnet in seinem profunden Werk über den Untergang des Römischen Reichs die Entwicklung des 4. und 5. Jahrhunderts im Einzelnen nach: Über die Jahrhunderte der Auseinandersetzung wuchs die Stärke der Germanen, indem sie sich an den Militärtechniken, den Herrschaftsmethoden und den diplomatischen Tricks der Römer maßen. Die zunehmende demografische Schieflage – Geburtenreichtum der Germanen und anhaltende Geburtenarmut der Römer – trat hinzu. Peter Heather zeigt, dass das Weströmische Reich weniger an seinen inneren Schwächen zugrunde ging, als daran, dass die Völkerwanderung, also letztlich der von den Hunnen auf die Germanen ausgeübte Druck, den schon traditionellen Druck der Germanen auf die römischen Grenzen in einer so nicht vorherzusehenden Weise beschleunigte. Auf die gleichzeitige Masseneinwanderung ganzer Völker war das Römische Reich nicht vorbereitet. Zurechenbare Fehler kamen hinzu, und so nahm der Weg in den Untergang seinen Lauf.[96]

Die Folgen des Untergangs des Römischen Reichs

In der jüngeren historischen Literatur gibt es eine Tendenz, den disruptiven Charakter der Völkerwanderung und des Untergangs des Weströmischen Reichs zu relativieren. Stattdessen spricht man lieber von Transformationsprozessen in der Spätantike. Der Tübinger Althistoriker Mischa Meier geht so weit, den Begriff der »Völkerwanderung« konsequent in Anführungszeichen zu setzen,[97] weil er ihn durch deutschnationale Germanenseligkeit für vergiftet hält.[98] Auch hält er offenbar die mit dem Begriff der Völkerwanderung verbundene Assoziation zum Untergang des Römischen Reichs in heutiger Zeit für politisch inkorrekt, denn – so schrieb er 2016 – er erzeuge »eine fatale Pfadabhängigkeit des Vergleichs mit Blick auf die Bewertung gegenwärtigen Geschehens und daraus resultierender möglicher Handlungsmaximen«. Offenbar ist es seine Sorge, dass Erinnerungen an die historische Völkerwanderung den Blick der Deutschen auf die 2015 erfolgte Öffnung der Grenzen durch Angela Merkel kritisch einfärben könnten. »Gegen Vereinnahmungen dieser Art anzuarbeiten, ist eine der wichtigsten Aufgaben des Historikers.«[99] Richtig, es darf aber auch nicht dazu kommen, dass die politischen Opportunitäten der Gegenwart den Blick auf die historischen Fakten der Vergangenheit trüben.

Der britische Althistoriker Bryan Ward-Perkins schreibt sehr treffend, dass das Römische Imperium nicht wie moderne Imperien unterging, weil seine Bürger um ihre Freiheit kämpften. Es ging vielmehr ausschließlich deshalb unter, weil es in der Völkerwanderung innerhalb weniger Jahrzehnte durch fremde Völker, die im Westen des Reichs zum allergrößten Teil Germanen waren, überrannt wurde.[100] Der Untergang des Römischen Reichs zerstörte eine Zivilisation. Wie Ward-Perkins vielfältig – insbesondere durch archäologische Funde – belegt, zeigten die nachrömischen Jahrhunderte einen dramatischen Abfall im Niveau der wirtschaftlichen Aktivität und der Qualität der Produkte und Lebensweisen, deren Auswirkung Bauern und Könige gleichermaßen betrafen. Das gilt für die Bauweise und den Komfort der Wohnstätten, die Qualität der Gebrauchskeramik und vieles andere mehr und vollzieht sich in den Jahrhunderten nach der Völkerwanderung im gesamten Siedlungsgebiet des Römischen Reichs. Auch die Münzfunde gingen stark zurück. Der Zerfallsprozess hielt über Jahrhunderte an. Die Bevölkerung ging dramatisch zurück, wie die Zahl der nachgewiesenen Siedlungen zeigt. Die Zerstörung einer komplexen Zivilisation bedeutete den Rückfall auf einen prähistorischen Lebensstandard. Kulturtechniken wie die Schrift verschwanden in einigen Regionen ganz und waren in anderen nur noch rudimentär vorhanden.[101]

Die Germanen

Die Volksgruppe der Germanen entwickelte sich seit Mitte des 2. Jahrtausends v. Chr. innerhalb der Gruppe der Indoeuropäer. Ihr Kernland lag Mitte des 1. Jahrtausends v. Chr. im südlichen Skandinavien sowie an den Küsten der Nord- und Ostsee von Flandern bis zur Weichsel.[102] Ihre Beziehungen zur römischen Welt waren zunächst feindseliger Natur. Erste Beschreibungen der Germanen verdanken wir römischen Schriftstellern.[103] Die gewaltsame Einwanderung germanischer Völker hat letztlich innerhalb weniger Jahrzehnte das Weströmische Reich zerstört. Im Folgenden gehe ich auf einige jener germanischen Völker näher ein, deren Wanderungen für den Untergang des Römischen Reichs und das Werden Europas eine besondere Rolle gespielt haben.

Goten

Die Goten zählen zu den Ostgermanen. In antiken Quellen wird ihre Herkunft von der Insel Scandia (Gotland) vermutet. Die Goten siedelten im Mündungsgebiet der Weichsel. Von dort wanderten sie im 2. Jahrhundert ins Schwarzmeergebiet ab. 271 n. Chr. nahmen sie Transsylvanien, das frühere römische Dakien, in Besitz. Seit Ende des 3. Jahrhunderts ist ihre Spaltung in Ost- und Westgoten bekannt. Erstere wohnten am Schwarzen Meer in der Steppe, Letztere in Transsylvanien. »Die Goten konnten den Vormarsch der Hunnen nicht aufhalten und wurden von diesen im Jahre 376 endgültig unterworfen.«[104]

Westgoten

Nach der Unterwerfung durch die Hunnen floh die Mehrzahl der Westgoten über die Donau in das Römische Reich. 395 erhielten sie durch einen Bündnisvertrag mit dem Römischen Reich das Recht, Teile von Makedonien zu besiedeln, seit 416 durften sie auch in Thrakien wohnen. Unter ihrem Anführer Alarich unternahmen die Westgoten, unzufrieden mit den Verhältnissen im Oströmischen Reich, diverse Feldzüge nach Italien. Sie wurden zur militärischen Stütze des Weströmischen Reichs und siedelten sich als dessen Verbündete in Südfrankreich und später auch in Spanien an. Nach der Niederlage gegen die Franken im Jahr 507 zogen sich die Westgoten nach Spanien zurück. Im westgotischen Königreich stellten sie die Oberschicht, gingen aber familiäre Bindungen mit der heimischen Elite ein. Bei Eigennamen und in vielen Worten zeigt das Spanische noch heute gotische Einflüsse. Das westgotische Königreich ging 711 mit der Eroberung Spaniens durch die Araber unter.[105]

Ostgoten

Das Reich der Ostgoten wurde 375 von den vordringenden Hunnen zerschlagen. Ein Teil der Ostgoten wich in die südrussische Steppe aus, ein anderer Teil wurde den Hunnen botmäßig und kämpfte 451 in der Schlacht auf den Katalaunischen Feldern in Gallien auf der Seite der Hunnen gegen das römische Heer und die mit den Römern verbündeten Westgoten. Nach dem Ende der Hunnenherrschaft siedelten die Ostgoten von 456 bis 488 im westlichen Ungarn. 489 zogen sie nach Italien, eroberten Rom und gründeten in Italien das ostgotische Königreich. 552 endete mit der Eroberung Italiens durch das Oströmische Reich die Herrschaft der Ostgoten. Die ostgotischen Siedler assimilierten sich in den folgenden Jahrzehnten an die umgebende romanische Bevölkerung. Ein Teil der Ostgoten siedelte sich nach der Auflösung des Hunnenreichs auf der Krim an, wo es ihnen gelang, ihr kulturelles und sprachliches Erbe noch über viele Jahrhunderte zu erhalten.[106]

Burgunder

Das ostgermanische Volk der Burgunder wurde erstmals im 1. Jahrhundert n. Chr. durch den römischen Schriftsteller Plinius den Älteren erwähnt. Er nennt als ihren Wohnsitz das Gebiet zwischen Oder und Weichsel. Von dort aus zog sich die Siedlung der Burgunder allmählich nach Westen hin. Im 3. Jahrhundert ließen sich Burgunder im Flusstal des Mains nieder. Anfang des 5. Jahrhunderts siedelten sie am Rhein in der Nähe von Worms und Speyer. Dort wurden sie im Jahr 436 zum großen Teil von den Hunnen vernichtet. (Um diese Ereignisse dreht sich das *Nibelungenlied*, ein Hauptwerk der deutschen mittelalterlichen Literatur)

Ein Teil der Burgunder floh nach Gallien und gründete in der Landschaft des heutigen Burgunds das burgundische Königreich. Dieses hatte eine romanische und germanische Mischbevölkerung. Das Burgundische, eine ostgermanische Sprache, ging im frühen Mittelalter im Zuge eines allgemeinen Sprachwechsels zum Frühromanischen unter. Das burgundische Staatswesen zerfiel mit der Eroberung durch die Franken zwischen 532 und 534.[107]

Sueben

Suebische Stammesverbände siedelten ursprünglich am Gebiet der mittleren Elbe. Von dort drangen sie im Jahr 71 v. Chr. unter ihrem Führer Ariovist nach Gallien ein, wurden aber 58 v. Chr. von Cäsar wieder über den Rhein zurückgeworfen. Die Sueben waren kein einheitliches Volk, sondern ein lockerer Verband von Stammesgruppen. Ihre Sprache gehört zum Kreis der westgermanischen Sprachen und war dem Fränkischen ähnlich. Im Jahr 409 drangen Teile der Sueben zusammen mit den Vandalen und Alanen nach Gallien ein und zogen bis nach Spanien. Dort ließen sie sich im Jahr 411 im Nordwesten in Galizien nieder und gründeten ein Königreich. Im Jahre 585 schlossen die Westgoten das suebische Königreich ihrem Machtbereich an.[108]

Vandalen

Die Vandalen siedelten ursprünglich im Raum der Oder und Warthe. Sie gliederten sich in zwei Hauptstämme, die Asdingen und die Silingen. Nach Letzteren trägt die historische Landschaft Schlesien ihren Namen. Noch Jahrhunderte später wurde die Region, von der sie auszogen, in frühmittelalterlichen Schriften »regio vandalorum« genannt. Das Vandalische gehörte wie das Gotische zu den untergegangenen ostgermanischen Sprachen. Nur wenige Namen sind daraus in lateinischen Urkunden erhalten.

406/07 überquerten die Vandalen den Rhein und zogen zusammen mit Sueben und Alanen bis nach Spanien. Im Jahre 411 wurden ihnen dort von den Römern Siedlungsgebiete zugewiesen, dem vandalischen Teilstamm der Asdingen zunächst im Norden in Galizien und dem der Silingen in Andalusien. Dem Expansionsdruck der Westgoten wichen die Vandalen und die Reste der Alanen aus, indem sie im Jahr 429 unter ihrem König Geiserich mit einer Bevölkerung von 80 000 nach Nordafrika übersetzten. Dort eroberten sie 439 Karthago und gründeten das Königreich der Vandalen. In der Folgezeit wurden sie zu kundigen Seefahrern und gefährlichen Seeräubern und besetzten auch Sizilien, Sardinien, Korsika und die Balearen. Historisch berüchtigt ist die Eroberung und Plünderung von Rom durch die Vandalen im Jahre 455. Den Vandalen gelang es jedoch nicht, ihr Staatswesen im Inneren zu konsolidieren. 553 wurde ihr Reich durch den oströmischen Feldherrn Belisar erobert und die vandalische Bevölkerung vertrieben.[109]

Alemannen

Die Alemannen werden erst Mitte des 3. Jahrhunderts urkundlich erwähnt. Sie sind eine Mischbevölkerung unterschiedlicher Volksgruppen und Stämme, die das Gebiet zwischen Rhein und Donau besiedelten, nachdem die Römer 260 den germanisch-rätischen Limes aufgegeben hatten. Seit Mitte des 5. Jahrhunderts dehnten die Alemannen ihr Siedlungsgebiet linksrheinisch nach Gallien und nach Süden über die Donau aus. Sie gerieten mit den Franken im nördlichen Gallien in Konflikt und verloren 496 ihre nördlichen Siedlungen an die Franken. Im 7. Jahrhundert drangen die Alemannen in die nördliche Schweiz vor.

Sprachlich bildete sich im frühen Mittelalter eine gemeinsame alemannische Sprachzone mit oberdeutschem Dialekt und typischem Lokalkolorit aus. Diese Zone umfasste das Elsass, die deutsche Schweiz, den Oberrhein und Schwaben. In Frankreich bildeten die Alemannen den Namensgeber für Deutschland und die Deutschen.[110]

Franken

Die Franken waren ein Verband verschiedener germanischer Stämme im Raum zwischen Rhein und Weser. Seit Mitte des 3. Jahrhunderts unternahmen sie wiederholte Einfälle und Raubzüge in das nördliche Gallien. Sie dienten auch als Söldner im römischen Heer und wurden als Veteranen im nördlichen Gallien angesiedelt. Zudem erhielten sie im 4. Jahrhundert als römische Verbündete Siedlungsgebiete im nördlichen Brabant.

Seit Beginn des 5. Jahrhunderts überschritt mit der Völkerwanderung eine wachsende Zahl von Franken die Rheingrenze und siedelte sich im nördlichen Gallien an. Im Jahr 486 siegten die Franken unter ihrem König Chlodwig über Syagrius, den letzten römischen Herrscher im nördlichen Gallien. In der Folge verdrängten die Franken die Westgoten aus dem südlichen Gallien, gliederten sich das Gebiet der Burgunder an und schlossen stufenweise die Siedlungsgebiete der Alemannen, der Bayern sowie das Königreich der Langobarden in Norditalien an ihr Reich an. Der Höhepunkt fränkischer Macht war mit dem Reich Karls des Großen erreicht. Dieser wurde von Papst Leo III. im Jahr 800 in Rom zum Kaiser gekrönt. Dadurch wurde das römische Kaisertum im Westen erneuert und der Grundstein für das römisch-deutsche Kaisertum gelegt.

In Nordfrankreich sind 80 bis 90 % der Ortsnamen fränkischer Herkunft. Die Franken hielten lange an ihrer gesprochenen Sprache fest. Karl der Große sprach selbst fränkisch und förderte das Fränkische als Arbeitssprache in der Verwaltung des Reichs. In der altfranzösischen Sprache, die sich im Westteil des Reichs herausbildete, überwog am Ende das romanische Element. Aber viele Elemente des Fränkischen haben sich in der heutigen französischen Sprache erhalten.[111]

Mit der Teilung des Fränkischen Reichs im 9. Jahrhundert ging die Geschichte des fränkischen Volkes allmählich zu Ende bzw. fand in der Geschichte der Deutschen und der Franzosen ihre Fortsetzung.

Langobarden

Der Ursprung der Stammesgruppen, die später als Langobarden bekannt wurden, liegt zu beiden Seiten der Niederelbe. Von dort aus zogen die Elbgermanen nach Süden, siedelten zunächst in Mähren und Niederösterreich und drangen in der zweiten Hälfte des 2. Jahrhunderts über die Donau nach Pannonien ins heutige westliche Ungarn vor. Sie erhielten Verstärkung durch den Zuzug weiterer Elbgermanen und der Thüringer. Aus diesem Gemisch germanischer Völker entstand mit der Zeit das ethnische Eigenprofil der Langobarden. Mit diesem Namen (Langbärtige) wurden die Langobarden erstmals im Jahr 488 urkundlich erwähnt.

Seit dem 6. Jahrhundert expandierte das Siedlungsgebiet der Langobarden zunächst ins heutige Kärnten. 568 verließen die Langobarden ihre Siedlungsgebiete und drangen in Italien ein, das sie schließlich weitgehend von den Oströmern eroberten. Das langobardische Königreich geriet in einen Konflikt mit dem expansiven Fränkischen Reich und wurde 773/774 von diesem militärisch besiegt. Der König der Franken wurde daraufhin auch König der Langobarden.

Die langobardische Sprache gehörte zu den westgermanischen Sprachen und stand dem alemannischen Dialekt am nächsten. In vielen Orts- und Familiennamen Norditaliens hat das Langobardische seine Spuren hinterlassen. Auch gibt es viele langobardische Lehnwörter in norditalienischen Dialekten.[112]

Sachsen

Die Sachsen, von den Römern Saxones genannt, gehörten zur Stammesgruppe der Nordseegermanen, die sich im 2. Jahrhundert n. Chr. allmählich zu einem Großstamm in Norddeutschland weiterentwickelten. Im 5. Jahrhundert wanderte ein Teil der Sachsen nach England ab. Die Sachsen auf dem Festland besiedelten große Teile im Nordwesten Deutschlands. Sie gerieten an der Elbe in Konflikt mit den nach Westen vordringenden Slawen und an der Weser in Konflikt mit den von Südwesten expandierenden Franken. Zur Zeit Karls des Großen wurden sie schließlich unterworfen und ins Fränkische Reich eingegliedert[113]

Angeln

Die Angeln finden erstmals Erwähnung im Jahr 98 im Werk *Germania* von Tacitus. An das ursprüngliche Wohngebiet der Angeln erinnert die Landschaft Angeln im östlichen Schleswig-Holstein. Im 5. Jahrhundert drängten die Angeln gemeinsam mit den Jüten und den Sachsen nach England. Dort gründeten die Angeln ein Teilreich East Anglia, und sie gaben auch England insgesamt seinen Namen. Die politische Kontrolle im größten Teil Mittel- und Südenglands übernahm allerdings bald das von Sachsen bewohnte Wessex.[114]

Angelsachsen

Im Altenglisch des 9. Jahrhunderts ist von den Angul-Saxons die Rede. Bei der Eroberung und Besiedlung weiter Teile Süd- und Mittelenglands gingen die germanischen Eroberer eine weitgehende kulturelle Symbiose ein. Ihre Siedlungsgebiete waren bis Ende des 9. Jahrhunderts allerdings großenteils voneinander getrennt. Die Angeln siedelten im mittleren und nördlichen Teil Englands, wo zeitweise die dänischen Wikinger herrschten. Eine volle soziale und sprachliche Integration zwischen den von Angeln und von Sachsen besiedelten Gebieten vollzog sich erst gegen Ende des 10. Jahrhunderts.[115] Die Ethnogenese des englischen Volks nahm also rund 500 Jahre seit der Eroberung Englands durch die Angeln und die Sachsen in Anspruch.

Nach der Einwanderung der Angelsachsen kam es in England zu einem umfassenden Wechsel bei der Sprache, den Ortsnamen, den Getreidesorten und dem Stil der Töpferei. Die romanisch-britische Kultur wurde offenbar vollständig abgelöst von der Kultur der angelsächsischen Einwanderer. Als die Römer Britannien verließen, ging auch ein Teil der keltischen Bevölkerung und siedelte sich im nordwestlichen Gallien an, im Siedlungsgebiet der heutigen Bretagne. Die germanischen Einwanderer setzten in England ihre Kultur vollständig durch. Den Anteil angelsächsischer Vorfahren an der Bevölkerung von Süd- und Mittelengland schätzt die aktuelle genetische Forschung auf rund 30 %.[116]

Wikinger

Wikinger ist der Sammelname für seefahrende, räuberische Germanen aus Dänemark, Norwegen und Schweden. Diese hatten zwischen dem 6. und 8. Jahrhundert seetüchtige, schnelle und flachkielige Segelschiffe entwickelt, die es ihnen ermöglichten, längere Distanzen zu bewältigen. 850/70 erreichten sie Island, 859 das Mittelmeer, 930/40 Grönland und um 1000 die Ostküste Kanadas.[117] Die Fahrten der Wikinger gelten als späte Phase der Völkerwanderung. Es ist ungeklärt, bis zu welchem Grad ihre räuberischen Expeditionen von Gier und Abenteuerlust einerseits oder von Überbevölkerung und Landmangel in der skandinavischen Heimat andererseits veranlasst wurden. Wahrscheinlich spielten alle Motive eine Rolle. Eine Gruppe, die Waräger, wandte sich in Richtung der heutigen Russischen Föderation. Sie gelangten mit ihren Booten, die auf Rollen über Land gezogen werden konnten, von der Ostsee zur Wolga und zum Dnjepr. Von dort kamen sie über das Schwarze Meer bis nach Konstantinopel. Staatsgründungen der Waräger bilden den historischen Ursprung Russlands und der Ukraine.

Seit 810 machten Wikinger die Küsten der Nordsee unsicher. Mit ihren flachgehenden Schiffen konnten sie ungehindert die Flüsse hinaufrudern und plünderten zahlreiche Städte, wie Nantes (834), Paris (mehrfach ab 845), Hamburg (845), Bremen (858) und Xanten (863). Wiederholt suchten sie die britischen Inseln bei ihren Raubzügen heim. Die DNA der Isländer zeigt, dass die dortigen Siedler offenbar in großem Umfang Frauenraub in Irland und Schottland betrieben. Noch heute ist die DNA der Einwohner der britischen Orkney-Inseln überwiegend norwegisch. Dänische Wikinger intensivierten seit 980 ihre Überfälle auf England und übten zeitweise die politische Herrschaft in Teilen von England aus. Dort kam es wiederholt zu Aufständen und Pogromen gegen die verhassten Dänen.[118] Zu Beginn des 10. Jahrhunderts war der Däne Knut der Große in Personalunion König von England, Dänemark und Norwegen 1016–1035).

Normannen

Die Einfälle der Wikinger trugen im Verlauf des 9. Jahrhunderts zur Destabilisierung des Fränkischen Reichs bei und waren einer der Gründe für seinen Zerfall. Im 9. und 10. Jahrhundert ließen sich Wikinger in mehreren Eroberungs- und Einwanderungswellen zwischen

Seine und Loire nieder. Aus dem von ihnen beherrschten Gebiet wurde mit der Zeit das Herzogtum Normandie. Seinen Namen erhielt es von der altfranzösischen Bezeichnung für die Nordmänner. Das militärisch wehrlose Westfränkische Reich versuchte, die eingedrungenen Wikinger mit Tributzahlungen ruhigzustellen. 911 schloss der westfränkische König Karl III. schließlich einen Vertrag mit Rollo, dem Anführer der Wikinger, in dem er die Bildung eines Staates der Wikinger unter formeller Hoheit des westfränkischen (französischen) Königs gestattete. Im Verlauf der folgenden 100 Jahre fand eine allmähliche Verwandlung der heidnischen Wikinger in christliche, romanisierte Normannen statt. Dazu leisteten das demografische Übergewicht der ansässigen Bevölkerung und deren allmähliche Vermischung mit den Eroberern und Neusiedlern (die im Wesentlichen aus Männern bestanden) einen wesentlichen Beitrag.[119]

Zwischen dem englischen und dem normannischen Adel entwickelten sich aufgrund der Nachbarschaft verwandtschaftliche Beziehungen. Einen Streit um die Nachfolge auf dem englischen Königsthron nahm der normannische Herzog Wilhelm I. der Eroberer 1066 zum Anlass, mit einem Heer nach England überzusetzen. In der Schlacht von Hastings besiegte er den englischen König Harold, der im Kampf fiel, und wurde Weihnachten 1066 in der Kirche von Westminster zum englischen König gekrönt. Wilhelm I. brauchte mit seinen Normannen längere Zeit, um den militärischen Widerstand und die zahlreichen Aufstände der Engländer zu überwinden. In den Folgejahren plünderten und verwüsteten die Normannen weite Teile Englands, um den Widerstand zu brechen. Erst um 1075 war die normannische Herrschaft einigermaßen gesichert und auch der Versuch der Dänen gebrochen, einen Zugriff auf England zu behalten. Der englische Adel wurde fast vollständig durch die Normannen abgelöst und weitgehend enteignet. Auch als Bischöfe wurden zum größten Teil Normannen eingesetzt.

1085 gab Wilhelm eine Untersuchung über die aktuellen Besitzverhältnisse in England und über jene zum Zeitpunkt der Eroberung in Auftrag. Aus dieser umfassenden Erhebung, festgehalten im *Domesday Book,* sozusagen einem Grundbuch Englands, ergibt sich, dass

1086 rund die Hälfte des Landes im Besitz normannischer Adliger war, während der englische Adel nur noch 5 % des Landes besaß. Ein Fünftel des Landes gehörte dem König, ein Viertel der Kirche (die zum größten Teil von normannischen Bischöfen beherrscht wurde).[120] Der am Besitztum gemessene Wechsel der Machtverhältnisse war also total. Aus dem *Domesday Book* lässt sich errechnen, »dass im England des 11. Jahrhunderts etwa zwei bis zweieinhalb Millionen Menschen lebten. Davon waren nur 20 000 bis 25 000 Franci, also Normannen und andere Franzosen, die bei oder nach der Eroberung nach England gekommen waren. Nur etwa 250 Normannen besetzten alle führenden Positionen im Lande.« Praktisch hatten die Normannen in England eine Art koloniale Fremdherrschaft errichtet.[121] Sie sicherten diese Fremdherrschaft mit dem verstärkten Bau von Burgen im ganzen Land ab. Im *Domesday Book* sind 500 Burgen verzeichnet. Die Normannen investierten aber auch intensiv in den Kirchenbau. Sie brachten die Romanik aus Frankreich mit, die in England als »Norman Style« bezeichnet wird.[122]

Die neue Oberschicht sprach altfranzösisch, das zur vorherrschenden Sprache am Königshof und im Adel wurde. Zahlreiche Wörter offenbar lateinischer Herkunft kamen auf diesem Weg ins Englische. Noch heute ist das Englische dadurch gekennzeichnet, dass die gehobene Sprache in weitaus größerem Umfang Wörter lateinischer Herkunft benutzt als das einfache Volksenglisch.[123] Die Integration der normannischen Oberschicht in die englische Bevölkerung nahm rund 100 bis 150 Jahre in Anspruch. Ende des 12. Jahrhunderts benutzte auch der Adel normannischen Ursprungs durchgehend Englisch als Muttersprache.[124] Bei der Integration waren drei Elemente hilfreich:

- Die römisch-katholische Kirche stellte einen gemeinsamen Kultur- und Glaubenshintergrund zur Verfügung.
- Bei Normannen und Engländern handelte es sich gleichermaßen um Völker mit starken germanischen bzw. skandinavischen Wurzeln.
- Die Zahl der zu integrierenden Normannen war im Verhältnis

zur einheimischen englischen Bevölkerung mit rund 1 % Bevölkerungsanteil sehr gering.

Auf die weiteren Reichsgründungen der Normannen in Italien, im Nahen Osten und in Spanien gehe ich an dieser Stelle nicht näher ein. Kennzeichnend für die normannischen Wanderungen sind die vergleichsweise geringe Zahl der Einwanderer und der Umstand, dass sie als militärisch sehr tüchtige Eroberer kamen. Diese geringe Zahl und die Bereitschaft der Normannen zur Vermischung bewirkten, dass es in allen Fällen normannischer Eroberungen nur 100 bis 150 Jahre dauerte, bis sie sich vollständig in die aufnehmende Bevölkerung integriert hatten.[125]

Im Verlauf der Völkerwanderung fanden u.a. die folgenden Bewegungen germanischer Stämme statt:

- Die Goten zogen von ihrem ursprünglichen Siedlungsraum an Ostsee und Weichsel zunächst in die Ukraine, dann über die Donau ins römische Thrakien, von da durch den Balkan. Als Ostgoten zogen sie nach Italien und gründeten dort ein Königreich. Als Westgoten zogen sie ins südliche Gallien und gründeten schließlich ein Reich auf der Iberischen Halbinsel.
- Die Langobarden zogen von ihrem norddeutschen Siedlungsraum südlich der Elbe nach Italien und gründeten dort nach den Ostgoten ein Königreich.
- Die Burgunder zogen aus ihrem Siedlungsgebiet im heutigen Thüringen nach Südfrankreich, um dort das burgundische Königreich zu begründen.
- Die Vandalen zogen aus ihrem Siedlungsgebiet zwischen Oder und Elbe durch das nördliche und westliche Gallien und über die Iberische Halbinsel durch Nordafrika bis in das Gebiet des heutigen Tunesiens, wo sie ein Königreich gründeten und auch per Schiff zur Plünderung von Rom und Süditalien aufbrachen.
- Die Angeln, Sachsen und Jüten zogen vom heutigen Jütland und Norddeutschland nach Britannien, wo sie sich dauerhaft niederließen und die keltische Sprache und Kultur weitgehend aus dem

Gebiet des heutigen Englands in die Randgebiete Cornwall, Wales und Schottland verdrängten.

- Die Bajuwaren rückten von ihren Siedlungsgebieten nördlich der Donau in die römische Provinz Noricum südlich der Donau ein und besiedelten diese bis hinein ins heutige Kärnten.
- Die Alemannen bildeten sich über längere Zeit aus germanischen Gruppen, die ab dem 3. Jahrhundert in das Gebiet zwischen Rhein und Donau eindrangen. Dort vermischten sie sich offenbar mit den keltischen Einwohnern.
- Die Franken zogen von ihren Siedlungsgebieten am östlichen Rheinufer in das nördliche Gallien und machten dort Paris zu ihrer Hauptstadt. Ihnen gelang, neben den Angelsachsen und später den Normannen, die einzige stabile germanische Reichsgründung der gesamten Völkerwanderung. Allen übrigen germanischen Reichen auf römischem Boden war kein langes Leben beschieden.

Sofern die Germanen, wie in Gallien, in der Provinz Noricum oder in Italien römische Gebiete besetzten, verdrängten sie keineswegs durchweg die einheimische Bevölkerung. An der Zunahme von Wüstungen und Bewaldung kann man aber die erhebliche Einbuße an wirtschaftlicher Aktivität und Bevölkerungsdichte sehen. Gleichwohl hatten die ehemals römischen Gebiete in Gallien, Süd- und Westdeutschland noch viele Jahrhunderte lang einen deutlichen kulturellen und zivilisatorischen Vorsprung vor den rein germanisch besiedelten Gebieten.

Der Orient und die islamische Welt

Die Hunnen

Der Sieg des Reitervolks der Hunnen über die Goten, die in der heutigen Ukraine siedelten, deren Übertritt auf das Gebiet des Römischen Reichs und die Niederlage des oströmischen Heeres 378 in der Schlacht von Adrianopel hatte jene Ereigniskette in Gang gesetzt, die mit der Völkerwanderung zum Untergang des Weströmischen Reichs führte.

Die Herkunft der Hunnen ist unbekannt, ebenso ihre Sprache. Sie zählten zu den nomadischen Hirten- und Reitervölkern, die seit jeher die eurasische Graslandzone bevölkerten. Diese erstreckt sich vom Schwarzen Meer bis in die Mandschurei im nördlichen China quer über den eurasischen Kontinent. Zu den angrenzenden Zivilisationen und Kulturen mit Ackerbau, Städten und ausgebildeter Staatlichkeit hatten die nomadischen Reitervölker traditionell ein Spannungsverhältnis, das sich immer wieder in Beutezügen und kriegerischen Auseinandersetzungen entlud. Der Althistoriker Timo Stickler spricht von einem »endemischen Konflikt zwischen den Sesshaften und den Nichtsesshaften«, bei dem die reiternomadischen Völker zwar immer wieder militärisch überlegen waren, die »agrarische Kulturzone mit ihren materiellen und ideellen Errungenschaften« aber strukturell überlegen war. Die Herrschaft der Reitervölker war kurzlebig, wenn sie nicht zur kulturellen Anpassung und zur Aufgabe des Daseins als Reiternomaden führte.[126]

Im Fernen Osten hatten es die chinesischen Reiche im 3. und 2. Jahrhundert v. Chr. mit den Reiternomaden der Xiongnu zu tun, deren Namen an die Hunnen erinnert.[127] Reiternomadische Völker, deren Namensgebung auf hunnische Herkunft hinweist, setzten sich im 4. Jahrhundert n. Chr. im heutigen Usbekistan, Afghanistan und Pakistan dauerhaft fest.[128] Westliche Zweige der hunnischen Reitervölker ließen sich im frühen 4. Jahrhundert nördlich des Schwarzen Meeres nieder. Sie unternahmen von dort über den Kaukasus hinweg wiederholte Vorstöße ins östliche Anatolien und nach Mesopotamien. Auch verwüsteten sie wiederholt den Balkan. Sie wurden aber nie zu einer ernsthaften Bedrohung für das Oströmische Reich, weil Konstantinopel für sie uneinnehmbar war.[129]

Die hunnischen Völker bildeten kein festgefügtes Staatswesen, sondern schlossen sich unter starken militärischen Führern zu tendenziell instabilen Beutegemeinschaften zusammen. Der letzte dieser starken Führer war der Hunnenkönig Attila. Sein Zug nach Westeuropa konnte 451 in Gallien bei der berühmten Schlacht auf den

Katalaunischen Feldern gestoppt werden. Nach seinem Tod 453 zerfiel sein lose zusammengefügtes Reich, dessen Schwerpunkt in Pannonien in der ungarischen Tiefebene lag, innerhalb weniger Jahre in blutigen Nachfolgekämpfen. Gruppen hunnischer Reiterkrieger spielten als militärische Störenfriede, aber auch als Söldner im Dienst von Ostgoten oder des Oströmischen Reichs, noch für einige Jahrzehnte eine Rolle, dann verliert sich die Spur der Hunnen in Europa.[130]

Byzanz und Persien

Bedingt durch die starken Mauern Konstantinopels, aber auch durch den Umstand, dass die Hunnen bei ihrem Vordringen nach Westen den südlichen Balkan und Kleinasien trotz verschiedener Feldzüge letztlich doch links liegen ließen, hatte das Oströmische Reich die Völkerwanderung und den Zusammenbruch des Weströmischen Reichs ziemlich unbeschadet überstanden. Es erscheint zweifelhaft, ob und inwieweit die prinzipielle Wende in der Weltgeschichte von den Zeitgenossen und politisch Handelnden überhaupt als solche begriffen wurde. Insbesondere unter Kaiser Justinian, der von 527 bis 565 regierte, machte sich das Oströmische Reich mit Energie an die Wiederaufrichtung der römischen Herrschaft im Westen. Unter verlustreichen und langwierigen Kämpfen gegen Ostgoten, Westgoten und Vandalen gelang dies auch teilweise, allerdings nicht in Gallien und Germanien, wo das Fränkische Reich seine Macht festigte und sich weiter ausdehnte. Gleichzeitig gab es im Osten des Reichs heftige und andauernde Kämpfe mit dem persischen Reich der Sassaniden.

Im Inneren betrieb das Oströmische Reich im Bündnis mit der grundbesitzenden Kirche und den Großgrundbesitzern eine rücksichtslose Ausbeutungspolitik gegenüber der Bevölkerung, die zu wiederholten Unruhen und Aufständen führte. Auch kosteten religiöse Zwistigkeiten viel Kraft. Dazu zählte der Kampf gegen das Arianertum, dem die christlichen Germanen zumeist anhingen. Vor allem aber wurde der Kampf gegen die monophysitische Lehre, die im

Unterschied zum katholischen Glauben besagte, dass Christus nicht zugleich Gott und Mensch sein konnte, mit großer Härte und erheblichem Verfolgungsdruck geführt. Wiederholt fanden im Oströmischen Reich rücksichtslose Judenverfolgungen, Pogrome gegen Juden und massive jüdische Aufstände statt. Viel politische und militärische Kraft floss in diese inneren Auseinandersetzungen, in die erneute Ausdehnung des Reichs nach Westen und in den Kampf mit den Persern. Quasi war es ein Dreifrontenkrieg. So übersahen die oströmischen Herrscher im 6. Jahrhundert die wachsende slawische Bedrohung aus dem Norden und die Anzeichen der von den Arabern ausgehenden, zunehmenden Unruhe im Süden ihres Reichs.

Im Verlauf des 6. Jahrhunderts drangen auf dem Balkan slawische Stämme, insbesondere die Awaren, in jene Räume ein, die von den Germanen bei ihrem Zug nach Westen geräumt worden waren. Mehrmals, zuletzt im Jahr 627, erschienen die Awaren vor den Toren Konstantinopels und versuchten, die Stadt zu erobern. Slawische Völkerschaften überfluteten den Balkan und die griechische Halbinsel. Die romanisierte Bevölkerung flüchtete sich in entlegene Gebiete. Bis weit ins nördliche Griechenland hinein wurde die Bevölkerung des Balkans überwiegend slawisch und ist es bis heute geblieben. Slawische Seeräuber brandschatzten die Küsten und kamen dabei bis nach Kreta.

Oströmer und Perser lieferten sich im östlichen Kleinasien, in Armenien, im Iran und in Mesopotamien über viele Jahrzehnte wechselhafte, äußerst verlustreiche Kämpfe. Diese endeten 628/629 mit dem Sieg des oströmischen Kaisers Herakleios über das Perserreich der Sassaniden. Aber es war ein Sieg, der beide Seiten erschöpft und ausgeblutet zurückließ. Ihre militärische Schwäche und die moralischen Folgen der ausufernden religiösen Zwistigkeiten führten zu einer Periode verminderter Abwehrkraft. In diese Phase stieß die militärische Expansion der unter dem Banner des Propheten versammelten, arabischen Stämme. Selbstgewiss verkündeten sie einen neuen Glauben, den Islam, dem sie nun die ganze Welt unterwerfen wollten. Berthold Rubin fasst das Versagen Ostroms kritisch wie folgt zusammen: »Mit ihrer Politik gegen Ketzer, Juden, Manichäer, und was es im brodelnden Osten noch so gab, begingen Staat und Kirche Ostroms jenen rituellen Selbstmord, an dessen Rand das sozial versagende Mönchtum und die Blickverengung der Kirche Byzanz noch so oft gebracht haben, zum letzten Male und mit endgültigem Erfolg in den Jahrzehnten vor dem Türkensturm, als die Parole lautete: lieber türkisch als papistisch.«[131]

Mit dem erfolgreichen Vorstoß der Araber endete zugleich eine rund 1000 Jahre währende Phase, in der – seit dem Eroberungszug Alexanders des Großen bis an den Indus – das Abendland und abendländisches Gedankengut über den Orient herrschten. Die Völkerwanderung und der Untergang des Weströmischen Reichs hatten im Mittelmeerraum im Verlauf des 5. Jahrhunderts eine neue Grenze zwischen Osten und Westen geschaffen, die allmählich auch zu einer kulturellen Grenze wurde. Mit dem Siegeszug der Araber und der Religion des Islam entstand außerdem im 7. Jahrhundert eine weitere staatliche und kulturelle Grenze, die den Mittelmeerraum in eine nördliche und eine südliche Hälfte teilte. Diese Grenze wirkt bis heute fort.

Die Araber und das islamische Kalifat

Der arabische Religionsgründer Mohammed stiftete zu Beginn des 7. Jahrhunderts in Arabien nicht nur eine neue Weltreligion, den Islam. Er vereinigte unter dem Banner des neuen Glaubens auch alle Stämme der Arabischen Halbinsel zu einer kriegerischen politischen Gemeinschaft, die es als ihre Aufgabe sah, die Herrschaft der Rechtgläubigen in einem Heiligen Krieg, dem Dschihad, gewaltsam zu verbreiten und auf diese Art Allah zu dienen. Der Versuch vieler Stämme, nach Mohammeds Tod 632 vom neuen Glauben abzufallen und sich damit aus dem gemeinsamen Bündnis zu lösen, wurde von seinem Nachfolger Abu Bakr niedergeschlagen. Ab 634 eroberten die verbündeten Araberstämme in schneller Folge Syrien und Ägypten vom Oströmischen Reich und zerstörten mit der Eroberung des Irak und des Iran das Perserreich der Sassaniden.[132] 30 Jahre nach Mohammeds Tod war die Landmasse von Libyen in Nordafrika bis nach Armenien im Kaukasus und bis zur Grenze des heutigen Afghanistan unter arabischer Herrschaft. Bis 750 waren die Araber im Osten zum Indus vorgedrungen. Auch Zentralasien mit Samarkand und Buchara war in arabischer Hand. Im Westen war der Rest von Nordafrika von Ostrom und die Iberische Halbinsel von den Westgoten erobert worden. Erst die Schlacht von Tours und Poitiers im Fränkischen Reich brachte den arabischen Vormarsch in Westeuropa 732 zum Stillstand.

Seit den Feldzügen Alexanders des Großen, der 1000 Jahre vorher ebenfalls ein Perserreich zerstört hatte und zum Indus vorgedrungen war, hatte es keinen vergleichbaren militärischen Siegeslauf mehr gegeben. Nie zuvor in der Geschichte war für Ägypter, Römer, Perser oder wer auch immer gerade im Nahen Osten herrschte, von der Arabischen Halbinsel eine ernsthafte militärische Bedrohung ausgegangen. Dafür war die Region mit ihren vielen Wüsten zu arm, und die Stämme waren zu zerstritten. Eine Erklärung mag sein, dass zum Zeitpunkt der Eroberungen das Oströmische Reich und das Reich der Sassaniden durch einen jahrzehntelangen Krieg gegeneinander geschwächt waren. Auch hatte die Pest wiederholt viele Opfer gefordert. Auf der spanischen Halbinsel wiederum konnten sich die Araber die Uneinigkeit unter den Westgoten zunutze machen. Gleichwohl sind das Tempo, die Größe, und die Dauerhaftigkeit des Erfolgs erstaunlich. Lediglich mit den Berbern in Nordafrika und den Völkerschaften in Zentralasien gab es anhaltende Schwierigkeiten. Einigkeit und glaubensbeseelter Kampfgeist müssen bei den anhaltenden Siegeszügen der Araber eine Rolle gespielt haben. Daneben war es die Aussicht auf Beute, die es ja reichlich gab, solange der Siegeszug weiterging.

Die Araber verlangten Unterwerfung. Wenn Städte oder Landstriche sich unterwarfen, wurden sie geschont. Die örtlichen Herrschafts- und Besitzverhältnisse blieben weitgehend unangetastet, aber die Unterworfenen mussten Tribut zahlen. Angehörige der Schriftreligionen (Juden, Christen, Parsen) durften als Schutzbefohlene (Dhimmis) grundsätzlich ihre Religion weiter ausüben. Allerdings durften sie nicht für sie werben und mussten die Oberhoheit der islamischen Herrschaft anerkennen. Sie waren zur Zahlung der Kopfsteuer verpflichtet. Für Ungläubige, die keine Angehörigen von Schriftreligionen waren, bestand ein vergleichbarer Schutz nicht. Sie durften getötet oder versklavt werden, falls sie sich nicht zur Religion des Islam bekannten.

Widerstand gegen die Eroberung führte in jedem Fall zur Zerstörung und Vernichtung: Die Männer wurden getötet, die Frauen und Kinder in die Sklaverei geführt. Unterwerfungsverträge hielten die Araber aber weitgehend ein, und die örtliche Wirtschaft tasteten sie nicht an, sie wollten ja von ihr durch Abgaben profitieren. Die militärische Kontrolle erfolgte durch die Ansiedlung arabischer Stämme in Militärstädten. Eine Vermischung mit der einheimischen Bevölkerung fand zunächst nicht statt. Übernommene Abgabensysteme wurden erhalten und gepflegt, um die arabischen Stämme in den Militärstädten zu unterhalten und der Regierung des Kalifen Einnahmen zu verschaffen.

In den eroberten Gebieten, die außer in Persien weitgehend christlich waren, konnten die verschiedenen christlichen Kirchen (und mit einer gewissen Abstufung auch die Juden) ihre Religion zumeist ungestört ausüben. Offenbar unterließen die Eroberer nach vollzogener Unterwerfung ihre Missionierungsversuche. Das änderte sich nach dem Ende des 7. Jahrhunderts. »Die Muslime begannen jetzt offensiv, für ihre Religion zu werben und die Präsenz insbesondere des Christentums im öffentlichen Raum einzuschränken.«[133] Der Kalif Abd al-Malik veranlasste die Zerstörung von Kreuzen und die ostentative Tötung von Schweinen. In dem zwischen 687 und 691 errichteten Felsendom in Jerusalem, der auf dem ehemaligen Platz des jüdischen Tempels steht, polemisierten Schriftbänder gegen die Lehre von der Dreifaltigkeit. Zunehmend wurde der Islam für Konvertiten geöffnet. Die Konversion war für Nichtgläubige materiell sehr attraktiv, weil sie zum Erlass der Kopfsteuer führte. »Auf diese Weise entwickelte sich der Islam von der Religion einer Eroberergemeinschaft zu einer Universalreligion. […] Diese Universalisierung war sehr früh in der Botschaft Mohammeds angelegt. In dem

Moment, in dem der Koran in Christen- und Judentum verfälschte Varianten der eigenen Botschaft erkannte, lag es nahe, die reine Lehre Gottes wieder überall zur Geltung bringen zu wollen.«[134] Erst jetzt, ein Jahrhundert nach Mohammeds Tod, begannen auch die christlichen Kirchen, den Islam als religiöse Konkurrenz wahrzunehmen.

In ihrem schnellen Eroberungszug hatten die Araber die reichsten Gebiete der damals bekannten Welt erobert. 200 Jahre vor Mohammed war das Weströmische Reich durch die Germanen zerstört worden. Dessen Untergang hatte seit dem Beginn des 5. Jahrhunderts von Britannien bis Italien zu einem großen Niedergang von Wirtschaftskraft und Bevölkerungsdichte geführt. Es dauerte 700 Jahre bis zum Hochmittelalter, um diesen Niedergang wieder wettzumachen.[135] Dagegen war das Oströmische Reich von der Völkerwanderung und ihren Folgen weitgehend verschont geblieben. Den Arabern fielen mit Ägypten, Syrien, Irak und Iran blühende Landstriche und hoch entwickelte Zivilisationen in die Hände, von denen sie einiges annahmen. Während aber die lateinische und griechische Kultur in Nordafrika, Ägypten und Syrien mit der Zeit zunehmend verschwand und einer Arabisierung Platz machte, übernahmen die Araber sehr viele Elemente der persischen Kultur. So wurde der arabisch beherrschte Mittelmeerraum allmählich nicht nur islamisiert, sondern auch orientalisiert.

Um 750 löste das Kalifat der Abbasiden die Herrschaft der Omaijaden gewaltsam ab.[136] Die Hauptstadt des arabischen Weltreichs wurde von Damaskus nach Bagdad verlegt. Das Kalifat stellte die im Islam erstrebte Einheit von religiöser und weltlicher Herrschaft dar. Es änderte aber nichts an dem immer wieder aufbrechenden Widerstand der Partei Alis, des Schwiegersohns des Propheten. Der Opfermythos der schiitischen Glaubensrichtung des Islam hatte 680 mit der Schlacht bei Kerbela begonnen, als Hussain, der Sohn Alis, im Kampf gegen den Kalifen Yazid fiel. Nur kurze Zeit konnten die Kalifen von Bagdad aus die staatliche Einheit des lose zusammengefügten Großreichs wahren, das von Spanien bis zum Indus reichte. Im Verlauf eines halben Jahrtausends bis zum Einbruch der Mongolen, die 1258 Bagdad eroberten, den Kalifen töteten und dem Kalifat ein Ende setzten, bildeten sich immer neue Teilreiche mit eigenen Herrscherdynastien heraus, häufig Militärherrschaften, die aus Eroberungszügen entstanden waren. Mal entsprach dies dem Streben nach regionaler Unabhängigkeit, wie bei den nordafrikanischen Berbern, mal ergab es sich aus dem Eindringen fremder Völker. Im Osten gewannen die aus Zentralasien drängenden Turkvölker mehr und mehr demografisches und auch militärisches Gewicht. Ihre Heerführer herrschten teilweise bis Ägypten.

In Zentralasien stieß der islamische Eroberungszug bereits Mitte des 8. Jahrhunderts mit dem Chinesischen Reich zusammen. In dessen westlichen Provinzen leben seit dem Mittelalter Muslime. Im nordwestlichen China (Xinjiang) besteht auch gegenwärtig die autochthone Bevölkerung zum großen Teil aus muslimischen Uiguren, die zu den Turkvölkern gehören. Teils über China, vorwiegend aber über Handelskontakte aus Indien, breitete sich seit dem 11. Jahrhundert der Islam auf der Malaiischen Halbinsel, der indonesischen Inselwelt und den südlichen Philippinen aus.

Bei alledem war die Periode von 750 bis 1150 alles in allem eine Zeit großer wirtschaftlicher und kultureller Blüte. Die arabischen Herren der islamischen Welt nahmen in starkem Umfang Elemente der persischen Kultur auf. Arabische Gelehrte zeigten aber auch Interesse an der griechischen Philosophie, übersetzten Platon und Aristoteles und bewahrten so die kulturelle Tradition der Antike teilweise für das Abendland. Auch wenn die politische Macht des Kalifen verblasste, wenn das Reich auseinanderfiel, so blieb doch die Idee der im Islam verkörperten Einheit lebendig und gewann sogar ständig weiter an Kraft. Überall an den Stätten der islamischen Gelehrsamkeit von Cordoba bis Samarkand brüteten Gelehrte über der richtigen Auslegung des Korans, legten Sammlungen von Hadithen an und entwickelten Vorschriften für das richtige Leben des frommen Muslims. Die weltliche Herrschaft tat dabei wenig zur Sache – vorausgesetzt, sie war islamisch und förderte den richtigen Glauben. In der sich so entwickelnden Orthodoxie setzte schleichend und unmerklich eine geistige Erstarrung ein. Das Interesse an Naturwissenschaften, an

Philosophie, an allem, was vom rechten Glauben und der Herrlichkeit Allahs ablenken konnte, wurde geringer, teilweise auch geradezu als unislamisch bekämpft. Wie man aus der Rückschau sieht, geriet die islamische Welt damals schleichend in eine geistige und wirtschaftliche Stagnation und verlor den Anschluss an den wissenschaftlichen und zivilisatorischen Aufstieg des Abendlandes.

Der Orientalist Gustav Edmund von Grunebaum drückte das – poetisch und durchaus respektvoll – wie folgt aus: »Die Größe [...] der muslimischen Gemeinschaft wird im Muslim-Sein als die entscheidende Tatsache der Einzelexistenz empfunden, die sie, wie die Gemeinde als Ganzes, einer metaphysischen Bewährung in Leistung und Aufbau enthebt. Was entscheidet, ist das Sein, nicht das Tun.«[137] »Das allmähliche Versiegen der wissenschaftlichen Produktivität ist nicht dem Druck der öffentlichen Gewalt anzulasten; soweit die Geistigkeit des 12. und 13. Jahrhunderts diesen Schwund erkennen lässt, geht er auf nichts anderes zurück als auf einen Wandel in den Interessen der muslimischen Intelligenz.«[138] »Glaubensseligkeit stumpfte das kritische Wollen und damit das kritische Vermögen ab. Der Fehlbarkeit des Menschengeistes wurde religiöse Befriedigung abgewonnen; die Schwäche des Menschen war Gottes Ruhm, Demut vor Gott seine einzige Ehre.«[139]

Nachdem sich der mongolische Stammesfürst Temudschin 1206 nach der Unterwerfung der Tataren zum Herrscher aller Mongolen erhoben und sich den Titel »Dschingis Khan« gegeben hatte, unterwarf er weite Gebiete Nord- und Mittelasiens. Er überrannte dann Nordpersien, Armenien und Georgien und griff auch die Fürsten in der südrussischen Steppe an, die 1223 in der Schlacht an der Kalka eine vernichtende Niederlage erlitten. Das Reich des Dschingis Khan Temudschin beschränkte sich nach dem erfolglosen Angriff auf die Wolgabulgaren bei seinem Tod auf das Gebiet bis zur unteren Wolga. Das Abbassiden-Kalifat mit Sitz in Bagdad ging nach der Eroberung der Stadt 1258 durch Hülägü, einen Enkel Dschingis Khans, unter. Die Vernichtung kostete 200 000 Tote, der letzte Kalif wurde von den Eroberern in einen Teppich gewickelt und zu Tode getreten.[140] Diesen Verlust des Kalifats hat zwar der sunnitische Islam psychologisch niemals völlig überwunden, aber das über die Jahrhunderte entwickelte islamische Gemeinschaftsgefühl sah sich losgelöst von den Wechselfällen der Geschichte, als »in sich geschlossen und vom Staatlich-Zufälligen unberührt«.[141]

Die Sklaverei

Die Sklaverei prägte von der Antike bis ins 19. Jahrhundert einen wesentlichen Teil der Wanderungsbewegungen in Afrika, im Nahen Osten, in Europa und über den Atlantik hinweg. Sie war – zumindest im christlichen Europa – seit dem Ausgang des Mittelalters vielfach verpönt. Verbote in einer Reihe von europäischen Staaten änderten aber nichts daran, dass der Sklavenhandel nach Übersee bis Anfang des 19. Jahrhunderts auch für europäische Kaufleute grundsätzlich erlaubt blieb.

Eine quantitativ überragende Rolle spielte bis ins 20. Jahrhundert hinein die Sklaverei im islamischen Kulturkreis. In der islamisch geprägten, orientalischen Despotie bestand regelmäßig ein großer Teil des staatlichen Militär- und Verwaltungsapparats aus Sklaven des jeweiligen Kalifen oder Sultans. Auch die Frauen der islamischen Herrscher waren nahezu ausnahmslos Sklavinnen. Im Koran wird die Existenz von Sklaverei vorausgesetzt und nicht hinterfragt. Die islamische Welt unterschied sich in diesem Punkt zunächst einmal nicht von den Römern oder Griechen.

Eine besondere Rolle für die Sklaverei ergab sich aber aus der religiösen Legitimation der politischen Herrschaft im Islam: Legitim war (und ist) im Islam nur jene Herrschaft, die von Gott abgeleitet ist. Das war im frühen Islam ausschließlich die Herrschaft des Kalifen oder der von ihm beauftragten Sultane. Eine demokratische oder auch aristokratische, jedenfalls diesseitige Legitimation von Herrschaft passte nicht in das islamische Denksystem. Typisch für alle islamischen Herrschaftsformen von Mohammed bis ins 20. Jahrhundert war deshalb die Despotie. Aus der Logik der Despotie leitete sich die große und historisch beispiellose Rolle ab, die der Sklaverei im islamischen Herrschaftssystem zuwuchs. Seit 800 gab es keinen einzigen Kalifen, der nicht von einer Sklavin geboren wurde, die Heere bestanden überwiegend aus Sklaven, ein großer Teil der Offiziere ebenso, desgleichen ein großer Teil der Berater und Verwaltungsbeamten der Kalifen.[142] Die Idee der Gottesherrschaft in Gestalt des Kalifen als Alleinherrscher behinderte die Institutionalisierung und Beschränkung von Macht und die Herausbildung legaler Systeme, die über die Scharia hinausgingen und auch für die weltlichen Herrscher verbindlich waren.

In der islamischen Welt entstand so ein ausgedehntes sklavistisches System, das sich durch anhaltende Importe von Sklaven aus Europa, Zentralasien, Indien und Subsahara-Afrika speiste. Die Sklavenimporte der islamischen Welt »übertrafen jene des Römischen Reichs bei Weitem, was bedeutet, dass die islamische Kultur als sklavenimportierende ›Metropole‹ in der Peripherie die Versklavungsprozesse so anheizte, wie es bis dahin in der Weltgeschichte noch nie geschehen war.«[143] Der sogenannte Dschihad vermischte sich untrennbar mit der Jagd nach Sklaven. Die systematische Sklavenjagd durch Raubzüge aus der islamischen Welt begann um 650 und endete erst um 1920 im Wesentlichen durch die Interventionen der Kolonialmächte in Afrika. »Aber in den Gebieten, die dem Zugriff der Kolonialmächte entzogen blieben, gedieh der Sklavenhandel in der Illegalität; und die Sklavenrazzien von moslemischen Jägern gingen weiter, bis in die 20er-Jahre des 20. Jahrhunderts.«[144] Als um 1450 die transatlantische Verschiffung von Sklaven in großem Stil begann, konnten sich die europäischen Sklavenhändler – zunächst die Portugiesen – dabei weitgehend auf die Infrastruktur der islamischen Sklavenjäger in Afrika stützen. Die Bewegung zur Aufhebung der Sklaverei begann und vollendete sich in den Ländern des Westens und wurde letztlich mit der Gewalt der Kolonialmächte durchgesetzt. Aus den islamischen Ländern gab es dagegen nie eine Initiative zur Abschaffung der Sklaverei.

Dieses Kapitel handelt primär weder vom Islam noch von der Sklaverei, es geht vielmehr um die Weltgeschichte der Einwanderung. Das Einfangen und Verschleppen von Menschen mit dem Ziel ihrer

Versklavung bedeutete, dass unfreiwillige Wanderungsprozesse in großem Stil erzwungen wurden. Im Islam gab es hierzu sogar eine theologische Rechtfertigung: Der Heilige Krieg gegen Ungläubige, der Dschihad, war von Allah geboten. Die massenhafte Versklavung und Verschleppung Ungläubiger hatte eine höhere Rechtfertigung, sie war Gott wohlgefällig. Eine schönere Rechtfertigung für menschliche Gier und Gewaltlust konnte es nicht geben. So war die Ausdehnung des Islam seit dem frühen 7. Jahrhundert mit massenhaften Versklavungen verbunden.

Darunter litt zunächst vor allem Europa: Die Eroberung der Iberischen Halbinsel durch die Araber, die Einfälle nach Südfrankreich und Italien, die Eroberungen im südlichen Italien und die massenhaften Raubzüge der Seeräuber bedeuteten, dass Europäer vom 7. bis zum 11. Jahrhundert von Arabern millionenfach versklavt wurden. Erst durch die militärische Stabilisierung des Westfränkischen und Ostfränkischen Reichs und von England konnte Widerstand gegen die versklavenden Raubzüge der Araber aufgebaut werden. Die islamischen Versklavungsprozesse änderten ihren Schwerpunkt und konzentrierten sich mehr auf Anatolien, Indien und Zentralasien, insbesondere aber auf Afrika. In Afrika folgte der Islam schon früh den arabischen Nomaden, den Händlern und Sklavenjägern. Ganz Nordafrika bis an den Südrand der Sahelzone und ganz Ostafrika bis auf Abessinien wurde so schon früh islamisch.

Vom arabisch beherrschten Nordafrika aus gab es immer wieder Feldzüge (Dschihads, Heilige Kriege) die sich gegen die schwarzen Völker in Subsahara-Afrika richteten. Mit der Zeit entwickelten sich feste Muster systematischer Sklavenjagd. Im Wesentlichen wurden diese Feldzüge getragen durch Reiterheere islamischer Nomaden. Die politischen und sozialen Strukturen im subsaharischen Afrika wurden hierdurch seit dem 10. Jahrhundert immer stärker geprägt. Die Verhältnisse wurden dabei auch durch die Kooperation schwarzer Stämme mit den arabischen Sklavenjägern bestimmt.

In Summe dürften islamische Länder von 650 bis 1920 schätzungsweise 17 Millionen Sklaven aus Schwarzafrika deportiert haben, davon 4,1 Millionen über das Rote Meer, 3,0 Millionen von den ostafrikanischen Küsten und 9 Millionen über die Sahara. Die Zahl der verschleppten Sklaven, die in Afrika verblieben, ist dabei nicht mitgerechnet. *Damit ist die Zahl der islamischen Deportationen deutlich höher als die Zahl der Deportationen über den Atlantik.* Diese betrugen in der Zeit von 1450 – als die Portugiesen mit dem Transport von Sklaven auf atlantische Inseln begannen – bis zum Jahr 1870 – als weitere Transporte aus Westafrika von der englischen und französischen Marine unterbunden wurden – 11,5 Millionen.

Die Opferzahlen der Sklavenjagden waren weitaus größer, da die Zahlen der niedergemetzelten Verteidiger, Greise, alten Frauen und kleinen Kinder hinzuzurechnen sind.[145]

Als die Portugiesen um 1450 mit den transatlantischen Sklaventransporten begannen, konnten sie sich auf eine funktionierende Infrastruktur stützen, die über Hunderte von Jahren durch die islamischen Sklavenjagden geschaffen worden war. Auch war die Sklaverei in den afrikanischen Staaten selbst in ungeheurem Ausmaß umfassend vorhanden. Die Schätzungen gehen für die Zeit um 1800 von mindestens 20 % der Bevölkerung in Westafrika aus. Für die Niger-Gegend schätzte der schottische Forschungsreisende Mungo Park den Sklavenanteil im Jahre 1795 sogar auf drei Viertel der Bevölkerung. In den Herkunftsländern gab es also mehr Sklaven als in den Zielgebieten der Verschleppung.[146]

Portugiesen, Spanier, Briten, Franzosen, Niederländer – wer immer sich in den 420 Jahren von 1450 bis 1870 an der Verschleppung von Sklaven über den Atlantik beteiligte – trug auch die volle Verantwortung für die damit verbundene Unmenschlichkeit und Schande mit. Erfunden und entwickelt aber wurde das System unter islamischer Herrschaft. Die letztlich erfolgreiche Bewegung zur Abschaffung der Sklaverei entwickelte sich dagegen im Verlauf des 18. Jahrhunderts in Europa und wurde letztlich vor allem durch die britische Seemacht durchgesetzt. Der islamische Sklavenhandel aus Afrika ging noch bis in die 1920er-Jahre weiter. Er wurde erst durch die europäischen Kolonialmächte in Afrika gegen den heftigen Widerstand islamischer Nomadenstämme gewaltsam unterbunden. Da die Sklaverei im islamischen Recht verankert ist, besteht bis heute bei maßgeblichen islamischen Religionsgelehrten keine grundsätzliche Ablehnung der Sklaverei.

Der Mongolensturm

Die zentralasiatische Steppe war seit vorgeschichtlicher Zeit immer wieder der Ausgangspunkt großer Wanderungsbewegungen:

- Von hier ging um 2800 v. Chr. die gewalttätige Zuwanderung der indogermanischen Reitervölker aus, die den größten Teil Europas demografisch umpflügte und die Verbreitung der indogermanischen Sprachen mit sich brachte.
- Aus Zentralasien kam das nomadische Reitervolk der Hunnen, das seit Mitte des 4. Jahrhunderts einen wachsenden Druck auf Europa ausübte und so die Völkerwanderung auslöste, die das Weströmische Reich zerstörte.
- In Zentralasien siedelten auch die verschiedenen Turkvölker, die seit dem 10. Jahrhundert zunehmenden militärischen Druck und Siedlungsdruck auf Anatolien und später auch auf den Balkan ausübten, was schließlich zum Untergang des byzantinischen Reichs führte.

Steppennomaden neigten von alters her zu Überfällen auf die Siedlungen und Städte der Sesshaften. Bei groß angelegten kriegerischen Aktivitäten konnte das dann die Quelle von schnellen und riesigen Reichsbildungen sein, die aber ebenso schnell wieder zerfallen konnten. Bei den Motiven mischten sich der objektive Mangel, z.B. aufgrund knapper Weideflächen, und die Gier nach den Gütern und dem Wohlstand der Sesshaften.[147] Den Nomaden kam zugute, dass die Härte ihrer Lebensweise es ihnen erleichterte, gute und ausdauernde Krieger zu sein.

Besonders schrecklich aber waren die Wanderungen und Feldzüge der Mongolen, was Schnelligkeit, Brutalität und den Umfang des geleisteten Zerstörungswerks anging. Die Herkunft der Mongolen ist unklar, ihre Ethnogenese ist bis heute ungeklärt.[148] Es handelt sich offenbar um eine nomadische Mischbevölkerung. Der Kern ihres Siedlungsgebiets lag im Osten der heutigen Mongolei. Gemeinsam waren den mongolischen Völkern ihre miteinander verwandten Sprachen, ihre nomadische Lebensweise und religiösen Traditionen.[149] Das Klima in ihrer Heimat, dem mongolischen Plateau, ist extrem kontinental, mit kurzen heißen Sommern, langen kalten Wintern und dauernden Winden aus Norden und Westen. Die nomadische Lebensweise als Viehzüchter in der Steppe bedarf großer Weideflächen. Die Gefahr der Überweidung, mit der Folge der Zerstörung der Grasnarbe und nachfolgender Versandung, ist immer gegeben. Bei einem Wachstum der Bestände an Menschen und Vieh liegen die Konflikte auf der Hand. Die Gebiete der Sesshaften mit fruchtbaren Weidegründen und großen Ackerflächen waren in der Geschichte eine ständige Verlockung. Deshalb schützten sich chinesische Dynastien seit dem 7. Jahrhundert v. Chr. durch Erdwälle und Mauern gegen die Nomaden aus dem Norden, daraus wurde mit der Zeit die »Chinesische Mauer«.[150]

Die Leistung Dschingis Khans (1162–1227) war es zunächst, sich und seinem Clan bis zum Jahr 1204 alle Völkerschaften, die auf dem mongolischen Plateau siedelten, untertan zu machen. Sodann reorganisierte er seine Armee und gliederte sie neu quer über die Clan-Grenzen hinweg. Die Kommandeure suchte er ausschließlich nach persönlicher Loyalität und militärischer Befähigung aus. Er besiegte zunächst die Jin-Dynastie (die zum Volk der Jurchen gehörte) in Nordchina und wandte sich sodann nach Westen gegen das Reich des Choresm-Schahs, das sich von Usbekistan bis Iran erstreckte und das mächtigste muslimische Reich seiner Zeit war. In schneller Folge eroberte er die großen Städte, gelangte bis zur Krim und schlug in der russischen Steppe ein russisches Heer vernichtend.

Bei seinen Eroberungen bildete Dschingis Khan die mongolische Strategie aus: »Nützliche Leute«, Handwerker, Schreiber oder Militärtechniker wurden bei Eroberungen verschont, verschleppt und gezielt woanders eingesetzt. Die chinesischen Militärtechniker setzten die Mongolen z.B bei der Belagerung großer Städte und fester Plätze ein. Wenn sich die Stadtoberen nicht auf die erste Aufforderung hin freiwillig ergaben, wurde die Stadt nach der Eroberung geplündert. Mit Ausnahme der »nützlichen Leute« und jener Frauen, die dem Vergnügen der mongolischen Krieger dienten, wurde die gesamte Bevölkerung getötet. Generell wurden die »lokalen Eliten zumeist eliminiert, und an ihrer Stelle wurden ergebene Statthalter aus anderen Gebieten eingesetzt«.[151] In die verwüsteten Gebiete wurden Ackerbauern aus China umgesiedelt.

Den mongolischen Völkermord begründet die Religionswissenschaftlerin Karénina Kollmar-Paulenz wie folgt: »Die Mongolen waren von Beginn an in den eroberten Gebieten zahlenmäßig unterlegen, und die Dezimierung der Bevölkerung war eine Methode, dieses demografische Ungleichgewicht etwas auszugleichen. Auffällig ist auch, dass die Mongolen auf ihren Eroberungszügen wesentlich größere Gebiete verwüsteten, als sie schließlich tatsächlich besetzten. [...] Der Zerstörungsgürtel, den die Mongolen um das Gebiet, in dem sie ihre politische Autorität etablierten, zogen, sorgte dafür, dass ihr politisch reklamiertes Territorium geschützt wurde, und er schaffte die Weidegründe, die die Armee für ihre mitgeführten Herden dringend brauchte.«[152]

Das von Dschingis Khan geschulte Reiterheer, insgesamt 95 000 Mann stark, war in seiner Bewaffnung mit Reflexbögen, in seiner Schnelligkeit, Disziplin und Kampfkraft den meisten Gegnern weit überlegen. Jeder Soldat verfügte durchschnittlich über 4 bis 6 Pferde. So wurden schnelle Bewegungen über große Strecken möglich. Die mitgeführten Herden dienten der Verpflegung. Ihre Weidegebiete wurden durch Verwüstung und Zerstörung gewonnen. Kollmar-Paulenz nennt das Vorgehen der Mongolen den ersten Fall »einer gezielten psychologischen Kriegsführung« in der Geschichte. Die »grausamen Massaker« an der Bevölkerung, die sich widersetzt hatte, sollten anderen als warnendes Beispiel dienen. Gegnerische Anführer, die flohen, wurden ausnahmslos gejagt, bis sie getötet waren.[153]

Die mongolischen Eroberungszüge erstreckten sich von China über ganz Zentralasien bis nach Persien, Mesopotamien und Russland. 1241 schlugen die Mongolen beim schlesischen Liegnitz ein deutsch-polnisches Ritterheer, Das war der westlichste Punkt ihrer Feldzüge, die rd. 80 Jahre von 1210 bis 1290 andauerten. Dann ebbte die Eroberungswelle ab. Das von Dschingis Khan gegründete mongolische Großreich zerfiel nach seinem Tod in verschiedene Teilreiche (Khanate), die seine Söhne bekamen:[154]

- Eine mongolische Dynastie herrschte bis 1368 in China. Dieses Khanat erstreckte sich auch über das Gebiet der heutigen Mongolei und Tibet.
- Das Khanat Caghatei umfasste das zentrale Asien vom Altaigebirge bis zum Aralsee und dehnte sich später in den Kaschmir und ins nördliche Indien aus.
- Das Khanat der Il-Khane umfasste das heutige Afghanistan, Persien und Mesopotamien. Es endete 1338 mit dem Tod des letzten mongolischen Herrschers.
- Das Khanat der Goldenen Horde reichte vom Ob in Sibirien über das Kaspische Meer und den Kaukasus bis ans Schwarze Meer und die südliche Donau. Die russischen Fürstentümer waren ihm tributpflichtig und konnten erst 1502 die mongolische Herrschaft abschütteln.

Auf den Leichenbergen ihrer Eroberungen bauten die Mongolen sodann neue staatliche Strukturen auf. Dabei waren sie lernwillig und übernahmen gerne überlegene Kulturtechniken und letztlich auch die Religion der Eroberten: In religiöser Hinsicht übernahmen die mongolischen Herrscher in den westlichen Khanaten alsbald den Islam. Die Kampfkraft der Mongolen vermählte sich insoweit mit dem islamischen Expansionswillen. In China und den ursprünglichen mongolischen Siedlungsgebieten wandten sich die Mongolen dagegen dem Buddhismus zu. Keines der von den Mongolen gegründeten Reiche hatte längeren Bestand oder hat Spuren von kulturellem Gewicht hinterlassen.

Indien

Die Einwanderungsgeschichte des indischen Subkontinents ist durch seine geografische Lage geprägt. Etwa so groß wie Europa, wird er weitgehend vom Indischen Ozean umgeben. Nach Norden wird er vom mehr als 8000 Meter hohen Himalaja abgeschirmt. Im Nordosten erschwerten Dschungelwälder Richtung Burma die Zugänglichkeit.[155]

Die traditionelle Landbrücke nach Indien ist der Nordwesten, die Landschaft des heutigen Afghanistans. Von Afghanistan gibt es Verbindungsrouten nach Persien, dem heutigen Iran, und ins zentrale Asien nach Tadschikistan, Usbekistan (früher Baktrien genannt) und dem heutigen chinesischen Xinjiang. Aus dem Nordwesten erfolgte vor ca. 40 000 Jahren die erstmalige Besiedlung des unbesiedelten Subkontinents durch den *Homo sapiens*, und aus dem Nordwesten kamen immer wieder Einwanderer und Eroberer ins Land.

Schon früh wurde in Indien Landwirtschaft betrieben. Archäologische Anzeichen von frühem Ackerbau und Viehzucht finden sich in der Region des Indus um 6500 v. Chr., wohl eingeführt durch Einwanderer aus dem Gebiet des fruchtbaren Halbmonds. Eine frühe Hochkultur, die Induskultur, bestand zwischen 2600 und 1900 v. Chr. Es gab Städtebau mit mindestens fünf großen Metropolen, vielen kleineren Städten und Handelsbeziehungen mit Mesopotamien sowie ausgeklügelte Bewässerungs- und Abwassersysteme. Auch gab es Tonsiegel mit Zeichen, wohl eine frühe Schrift, die aber bis jetzt nicht entziffert werden konnte.[156]

Aus ungeklärten Gründen vollzog sich ab ca. 1900 v. Chr. ein Zusammenbruch dieser Kultur. Eine Rolle spielte dabei die Zuwanderung der Indoarier aus dem Gebiet des heutigen Afghanistans. Sie gehörten zu den Indoeuropäern und kamen ursprünglich aus Zentralasien. Sie waren Viehzüchter und kriegerische Nomaden. Als Sprache brachten sie das Indo-Arische mit, das zur indogermanischen Sprachfamilie gehört. Im Norden und Westen Indiens werden heute überwiegend indogermanische Sprachen gesprochen. Die ursprüngliche Bevölkerung wurde im Nordwesten und im Norden verdrängt.[157] Offen bleibt, bis zu welchem Grad die Indoarier die ursprüngliche Bevölkerung verdrängt haben und in welchem Umfang mit der Zeit eine Vermischung stattfand.[158]

Nach dem Untergang der Indus-Kultur dauerte es 1400 Jahre, bis es um 450 v. Chr. erneut zur Gründung von Städten kam und sich größere Formen von Staatlichkeit herausbildeten. Seit 250 v. Chr. gibt es auch Schriftzeugnisse indischer Reiche, deren Buchstabenschrift sich an westliche Vorbilder anlehnte.[159] Es ist davon auszugehen, dass es in der langen Übergangszeit seit der ersten indoarischen Zuwanderung immer neue Zuwanderungswellen von nomadischen Völkerschaften aus dem Nordwesten gab.[160]

Die Perser eroberten um 530 v. Chr. den Nordwesten Indiens und blieben dort, bis Alexander der Große ihr Reich zerstörte.[161] Die erste zuverlässige Jahreszahl der indischen Geschichte ist das Datum der Invasion Alexanders des Großen. Er kam, wie alle Eroberer, 327 v. Chr. über das heutige Afghanistan und rückte bis zum heutigen Lahore in Pakistan vor. Durch die Bildung seines Reichs und durch seine Städtegründungen brachte er hellenistischen Einfluss mit. Hellenistische Nachfolgestaaten spielten noch für zwei Jahrhunderte in Afghanistan und dem nordwestlichen Indien eine Rolle und hinterließen auch kulturelle Spuren.[162]

In den folgenden Jahrhunderten waren Invasionen aus dem zentralen Asien für Indien traumatische Ereignisse, die sich in unregelmäßigen Abständen wiederholten:

- In Baktrien hatten die Griechen ein blühendes hellenistisches Reich gegründet und unternahmen von dort immer wieder Eroberungen in Indien.
- Die Griechen wurden verdrängt von den Saka, die aus dem chinesischen Turkestan kamen und um 140 v. Chr. in die griechischen Königreiche Nordwestindiens einfielen.
- Die Saka wiederum wurden von den Parthern verdrängt, die aus dem Nordosten Persiens kamen, die hellenistischen Seleukiden aus dem Iran verdrängten und im späten 1. nachchristlichen Jahrhundert in Nordwestindien einfielen.

– Im 5. und 6. Jahrhundert fielen die Hunnen von Afghanistan aus in Indien ein. Sie waren militärisch mit ihrer Reitertaktik und ihren Kompositbögen den Truppen des damals bestehenden Gupta-Reichs weit überlegen. Die Hunnen verbreiteten besonderen Schrecken, weil sie, »wie später die Mongolen, eine Taktik der planvollen Zerstörung und ›verbrannten Erde‹ anwandten«.[163] Obwohl das Gupta-Reich letztlich siegte, besiegelte die Schwächung durch die Hunnen seinen Untergang.

Nach dem Zerfall des Gupta-Reichs gab es unterschiedliche Reichsbildungen in Indien, die sich, sofern benachbart, auch kriegerisch auseinandersetzten. Soweit die Entfernung größer war, standen sie meist in beziehungsloser Koexistenz. Die Militärtechnik der vorislamischen indischen Reiche baute sich rund um Kriegselefanten auf, die sich in größerer Zahl nur reiche und mächtige Herrscher leisten konnten.

In Zentralasien, Afghanistan und dem westlichen Iran herrschte im 10. Jahrhundert Mahmud von Ghazni aus der türkischstämmigen Ghaznawiden-Dynastie über ein großes Reich. Von 1000 bis 1027 versetzte er in insgesamt 17 Eroberungszügen ganz Nordindien in Schrecken und brachte ungeheure Beute nach Afghanistan. Seine Angriffe waren die Vorläufer des Ansturms islamischer Reiterkrieger, der Ende des 12. Jahrhunderts einsetzte.[164] Dem hatten die indischen Staaten lange Zeit nichts entgegenzusetzen, da sie in größerer Zahl weder über Pferde noch über ausgebildete Reiter verfügten. Wie Dieter Rothermund schreibt, ist das indische Klima »für die Aufzucht von Pferden, die ja aus Zentralasien stammen, nicht günstig. Pferde sind gesundheitlich anfällig und bedürfen sachkundiger Pflege«.[165]

Die wiederholten Einfälle der Reiterkrieger und ihre Reichsbildungen in Indien brachten den Islam ins Land. Bereits 711 waren arabische islamische Eroberer bis an den Indus gelangt. Im 11. und 12. Jahrhundert wurden große Teile Nordindiens von afghanischem Gebiet aus erobert und bis nach Bengalen in wechselnde islamische Reichsbildungen einbezogen.[166] Bei den islamischen Reichen im zentralen und westlichen Asien stützten sich die islamischen Herrscher durchweg auf Sklavenheere. Die Reiter konnten seit früher Jugend mit Pferden umgehen und waren jedem, der das Reiten erst später lernte, weit überlegen.[167]

200 Jahre nach dem Beginn von Mahmud von Ghaznis Feldzügen eroberte im Jahr 1192 Mohammed von Ghor, der über ein muslimisches Reich in Afghanistan herrschte, das nördliche Indien. Sein türkischer Sklave Qutbuddin Aibak, dem er bei der Rückkehr nach Afghanistan das Kommando übertrug, gründete 1206 das Sultanat von Delhi als Militärfeudalstaat. Unter wechselnden Herrschern hatte es für zwei Jahrhunderte Bestand und dehnte sich weit nach Bengalen und zeitweise auch nach Südindien aus.[168]

Das Sultanat von Delhi wurde durch den zentralasiatischen Heerführer Timur zerstört, der in Zentralasien über ein großes islamisches Reich mit der Hauptstadt Samarkand herrschte. 1398 eroberte und plünderte er Delhi. In der Folgezeit hielten sich im nördlichen und mittleren Indien, zeitweise aber auch im Süden, verschiedene islamische Sultanate, die es teilweise zu großer Ausdehnung brachten.[169]

Der nächste große Eroberer, der über Afghanistan nach Indien einfiel, war Babur, der 1483 im heutigen Usbekistan geboren wurde. Er gründete nach wechselvollen Kämpfen ein Reich in Afghanistan mit der Hauptstadt Kabul. Von hier fiel er nach Indien ein und besiegte 1526 in der Schlacht von Panipat ein weit überlegenes Heer des Sultans von Delhi, Ibrahim Lodi. Maßgebend dafür war der geschickte Einsatz von Feldartillerie. Die Technik dazu hatte er von den Osmanen übernommen, ein türkischer Kanonengießer begleitete ihn auf seinen Feldzügen. Babur gründete in Indien das islamische Reich der Großmoguln. Es umfasste in seiner größten Ausdehnung nahezu den gesamten indischen Subkontinent. Nach einem allmählichen Niedergang wurde es ab Mitte des 18. Jahrhunderts durch die britische Kolonialherrschaft stufenweise abgelöst (vgl. in diesem Kapitel den Abschnitt »Der europäische Kolonialismus«).

An Indien biss sich das islamische Herrschaftssystem allerdings auch die Zähne aus. Der größte Teil der Hindu-Fürstentümer konnte nie in dem Maße unterworfen werden, wie es mit den Völkern in Vorder- und Zentralasien und in Nordafrika geschehen war. Die bis heute wirksame Abstoßung zwischen Hindu- und Muslim-Kultur erklärte der indische Archäologe und Historiker Tara Chand wie folgt: »Während der Hinduismus sich in erster Linie mit der Frage nach dem Wahren befasste, beschäftigte den Muslim die Frage nach dem Rechten. Für den Hindu stand der private und persönliche Aspekt der religiösen Erfahrung im Vordergrund, für den Muslim ihre Einfügung in das Kollektiv der Gläubigen. Der Hindu war geneigt, über die Unzulänglichkeiten seiner sozialen Bräuche hinwegzusehen, dem Muslim waren sie ein Gräuel. Andererseits litt der Hindu unter der Intoleranz der Muslime und der Erinnerung an die ferne Vergangenheit. Der Hindu fühlte keinerlei Verwandtschaft mit der arabischen Vergangenheit, die der Muslim im Herzen trug. Der Muslim hatte keine innere Beziehung zum vedischen Indien. Zwar entwickelte sich ein Gruppenbewusstsein, und das territoriale Element stand bei beiden im Vordergrund, aber was sie darunter verstanden, deckte sich nicht ganz.«[170]

Übrig blieb ein großer Hass zwischen Hindus und Muslimen, der sich in einem Blutrausch entlud, als sich die Briten 1947 nach 300 Jahren aus Indien zurückzogen und es zur Teilung der Kolonie in die beiden Staaten Pakistan und Indien kam. Die Initiative für die Teilung ging von den Muslimen aus, denn für sie war es undenkbar, nach der muslimischen Mogulherrschaft und dem Abschütteln der britischen Herrschaft in einem Staat zu leben, in dem nach demokratischen Regeln die Mehrheit von den ehemals beherrschten Hindus gebildet werden würde, sodass die Muslime nicht die Herren des Staates waren.

Die Türken und das Osmanische Reich

Die Vorfahren der Turkvölker lebten im südlichen Sibirien und auf dem Gebiet der heutigen Mongolei. Ihre genaue Herkunft und Ethnogenese sind unbestimmt. In chinesischen Quellen werden sie erstmals im 6. Jahrhundert n. Chr. erwähnt.[171] Ihre Vorfahren wie auch die Vorfahren der Mongolen waren offenbar die Xiongnu, Steppennomaden im südlichen Sibirien und in der späteren Mongolei, die sich zwischen 500 und 100 v. Chr. wiederholte Auseinandersetzungen mit den Staaten des nördlichen Chinas lieferten. Auch die Hunnen sind vermutlich ein Zweig der Xiongnu, der sich nach Westen wandte.

Die Turkvölker waren viehzüchtende Nomaden der Steppe. Wie früher die Hunnen und später die Mongolen waren sie versierte Reiter und mit ihren weittragenden Kompositbögen gefürchtete Krieger. Ein Reich der frühen Türken, der Kök-Türken, entstand als lose Konföderation von Stämmen um 550 n. Chr. und erstreckte sich über den gesamten Steppengürtel von der heutigen Mongolei bis zum Kaspischen Meer. Mit der chinesischen Tang-Dynastie unterhielt das Reich der Kök-Türken, wie auch verschiedene Nachfolgereiche, wechselhafte Beziehungen. Das Nachfolgereich des Khanats der Uiguren wurde 840 von den Kirgisen zerstört. Die Turkvölker begannen nach Westen zu ziehen und wurden in Zentralasien, in dem Indoeuropäer (vornehmlich Perser) lebten, allmählich zur demografischen Mehrheit.[172]

Dort wurden sie immer wieder zu Opfern islamischer Sklavenjagden. Türken stellten als sogenannte Mameluken den größten Teil der Soldaten in den Sklavenheeren, die der Kalif von Bagdad und die verschiedenen islamischen Sultanate von Ägypten bis zum Iran unterhielten. Als versierte Militärs wurden sie, obwohl Sklaven, schnell zum Machtfaktor bei Auseinandersetzungen innerhalb der islamischen Welt. In Transoxanien, auf dem Gebiet des heutigen Usbekistan und Tadschikistan, siedelten im 10. Jahrhundert als Nomaden die türkischen Stämme der Oghusen. Der Führer eines kleinen Stamms unter ihnen, Seldschuk, konvertierte 985 zum Islam. Unter seinen Söhnen und Enkeln entstand allmählich das Reich der Seldschuken, das mit der erfolgreichen Sklavenjagd groß wurde und schließlich Mesopotamien, den Iran und große Teile Zentralasiens beherrschte. Der Kalif in Bagdad behielt lediglich eine nominelle Oberhoheit über den seldschukischen Sultan.

In den Auseinandersetzungen zwischen dem islamischen Kalifat und dem Byzantinischen Reich war den Byzantinern eine erfolgreiche Verteidigung Anatoliens gelungen. 1071 aber wurde Byzanz im östlichen Anatolien bei der Schlacht von Manzikert von den Seldschuken vernichtend geschlagen. Die Verteidigung Anatoliens brach zusammen, in den nächsten Jahrhunderten wurde es für die einbrechenden Türken zu einer Art »Wilder Westen«. Allein in den 70 Jahren nach der Schlacht von Manzikert wanderten eine Million Türken nach Anatolien ein. Das Seldschukenreich brach zwar bald zusammen, aber es etablierte sich eine Reihe konkurrierender türkischer Fürstentümer.[173] So setzte eine demografische (Türken) und religiöse (Islam) Transformation Anatoliens ein, die über Jahrhunderte anhielt.

Militärisch gesehen strebte im 11. Jahrhundert die Expansion des islamischen Herrschaftsbereichs dank der militärischen Tüchtigkeit und demografischen Expansionskraft der islamisch gewordenen Türken einem neuen Höhepunkt zu. Während auf der iberischen Halbinsel die christliche Reconquista zum Abschluss kam, wurde 1453 im Osten Konstantinopel von den Osmanen erobert. Das bedeutete die Bildung des letzten muslimischen Großreichs und den endgültigen Verlust Kleinasiens für die abendländisch-christliche Welt. Dieser vollzog sich schleichend über die Jahrhunderte und kam erst zu Beginn des 20. Jahrhunderts mit der Vertreibung der Griechen aus der Türkei und dem Völkermord an den Armeniern zu seinem Abschluss.

Die nach Kleinasien eingewanderten türkischen Stämme waren nach dem Zerfall des Seldschukenreichs und dem Ende der mongolischen Herrschaft untereinander in fortlaufende Auseinandersetzungen verstrickt, sodass es nicht zu stabilen Herrschaftsbildungen kam. Sie alle vereinte allerdings der islamische Glaube. Unter ihnen setzten sich schließlich die Osmanen durch, deren Herrschaftsgebiet im westlichen Anatolien lag.[174] Seit dem 14. Jahrhundert griffen sie auf den Balkan über, drangen bis an die Donau vor und unterwarfen Serbien. 1453 eroberten sie Konstantinopel und machten es zu ihrer Hauptstadt. Nach der Unterwerfung von Anatolien errangen sie schließlich Mesopotamien, Syrien, die Arabische Halbinsel und Nordafrika bis nach Tunesien. Sie eroberten die Krim und die südliche Ukraine, schließlich Ungarn. 1529 belagerten sie Wien und taten dies 1683 ein zweites Mal.

In seiner größten Ausdehnung erfasste der osmanische Machtbereich – bis auf Iran und Zentralasien – nahezu das gesamte Kalifat der Abbasiden auf dem Höhepunkt ihrer Macht um das Jahr 800. So war es folgerichtig, dass die osmanischen Sultane immer wieder mit den Kalifen verglichen wurden. Diesen Titel nahmen sie allerdings erst seit 1774, also in der Spätphase des Niedergangs, auch offiziell in Anspruch.

Parallel zur Ausdehnung des türkischen Machtbereichs begannen im 12. und 13. Jahrhundert kulturell und zivilisatorisch die Stagnation und schließlich der Niedergang der islamischen Welt. Ab dem 17. und 18. Jahrhundert äußerte sich dieser Niedergang zunehmend auch im Abbröckeln politischer Macht. »Der Niedergang der politischen Macht der Muslime im 18. Jahrhundert war ein nicht nur auf Indien beschränktes Phänomen. Ganz ähnlich erging es der osmanischen Türkei, dem safavidischen Iran und dem usbekischen Zentralasien. Die muslimische Kultur hatte nicht nur ihre Schwungkraft verloren, sondern war auch auf dem Wege zu erstarren und zu verknöchern durch ihre beharrliche Weigerung, von ihrer mittelalterlichen Struktur und Denkweise zur modernen überzugehen.«[175] Im Osmanischen Reich hatte der Niedergang bereits Ende des 16. Jahrhunderts eingesetzt. Aber er blieb lange unbemerkt. Seit Anfang des 18. Jahrhunderts verloren die Osmanen stückweise ihre europäischen Besitzungen, bis schließlich 1912 nur ein kleines Stück Europa im türkischen Besitz verblieb. Die osmanische Herrschaft in Nordafrika und Ägypten war bereits im Verlauf des 19. Jahrhunderts ausgehöhlt worden bzw. ganz entfallen. Die restlichen arabischen Besitzungen verlor das Osmanische Reich durch das Ergebnis des Ersten Weltkriegs. Irak und Palästina wurden britisches, Syrien und Libanon französisches Mandatsgebiet. Die von Kemal Atatürk 1923 neu gegründete türkische Republik sollte ein säkularer türkischer Nationalstaat sein und setzte sich insofern vom Osmanischen Reich betont ab. Von seinen Anfängen bis zu seinem Untergang währte das Osmanische Reich rund 600 Jahre, von denen es rund 300 Jahre im Niedergang begriffen war.

Die Ursachen für seine erstaunliche Stabilität und für seinen Niedergang finden sich gleichermaßen in seiner islamischen Tradition. Das

Selbstverständnis des Islam liegt seit der Begründung der Religion in der Unterwerfung unter den Willen Gottes. Die Aufgabe der Gemeinschaft der Gläubigen bestand darin, diese Unterwerfung nicht nur selbst zu üben, sondern sie auch bei den Ungläubigen durchzusetzen. Auch weltliche Herrschaft bezog ihre Legitimität und ihren Herrschaftsanspruch aus der Unterwerfung unten den Willen Allahs. Gläubige waren geduldig mit Willkür und Misswirtschaft ihrer weltlichen Herren, solange diese gute Muslime waren. Fielen sie aber vom Glauben ab, so verloren sie die Legitimität, über Gläubige zu herrschen. Über den rechten Glauben wachten die Religionsgelehrten durch ihre Interpretation des Korans, der Hadithen und der Scharia. Das gab Streit genug, der oft auch bitter und blutig war, besonders das Schisma zwischen Schiiten und Sunniten. Weltliche Herren in der islamischen Welt taten gut daran, als Muslime demonstrativ ihren Glauben zu pflegen und sich nicht mit der Geistlichkeit anzulegen. Jeder Apostasie-Vorwurf bedeutete eine gefährliche Entfremdung zu den gläubigen Untertanen und gefährdete die Legitimation der Herrschenden.

Die Religion machte den weltlichen Herrschern zwar keine Vorgaben, die über die Beachtung der guten Glaubenspraxis und der Regeln der Scharia hinausgingen. Durch betonte Rechtgläubigkeit festigten die islamischen Herrscher aber ihre Position gegenüber den gläubigen Untertanen, und ihr Prestige als islamische Herrscher wurde durch die gewaltsame Ausdehnung des islamischen Machtbereichs weiter gesteigert. So funktionierte die Ausbreitung des Islam von Mohammed bis in die Neuzeit, und so funktionierte es auch bei der Eroberung christlicher Länder durch das Osmanische Reich.

Das osmanische Großreich wurde möglich durch eine dichte Abfolge sehr tüchtiger Sultane zwischen dem 14. und dem 16. Jahrhundert, die noch dazu Fortune bei ihren Unternehmungen hatten.[176] Ihren Höhepunkt erreichte die osmanische Macht in der langen Regierungszeit von Suleiman dem Prächtigen (1520–1566). In dieser Zeit entfalteten sich aber bereits die inneren Faktoren des späteren Niedergangs.

Das war zunächst die sich entwickelnde Praxis bei Erziehung und Auswahl der Sultane, die formal alle Staatsmacht in ihrer Hand vereinten: Legitime Ehefrauen waren bei den osmanischen Sultanen wie früher bei den Kalifen nicht gebräuchlich. Im Harem hatten zahlreiche Sklavinnen Kinder vom Sultan. Am Beginn der Regierungszeit eines neuen Sultans stand regelmäßig die Tötung aller Brüder und Halbbrüder, um einen Anschlag auf seine Macht zu vermeiden. Ebenso versuchten regierende Sultane, die Bedrohung durch tüchtige Söhne zu vermeiden, indem sie die potenziellen Nachfolger möglichst lange bei ihren Müttern im Harem hielten. Der Kampf um die Macht wurde so zur Intrigenpolitik im Harem, und wer aus diesen Intrigen als neuer Sultan hervorging, war allenfalls zufällig geeignet und hatte keine Verwaltungs- oder Regierungserfahrung.

An der Spitze der Verwaltung stand der Großwesir, der den Sultan in allen Verwaltungsbelangen vertrat. Die Sultane selbst traten seit Ende des 16. Jahrhunderts immer weniger in Erscheinung. Eine leistungsfähige, einheitliche zentrale Verwaltung wurde niemals geschaffen. Der osmanischen Verwaltung oblag es im Wesentlichen, Steuern einzuziehen. Nennenswerte staatliche Leistungen neben militärischem Schutz wurden nicht erbracht. Staatliche Funktionsträger konnten sich weitgehend ungehindert bereichern, solange sie das notwendige Steueraufkommen abführten. Öffentliche Ämter führten so zu Wohlstand und Reichtum. Man musste sie allerdings nutzen, solange man sie hatte. Bei hohen Verwaltungsposten stützten sich die Sultane nicht nur auf den türkischen Adel – dessen Machtansprüchen standen sie vielmehr misstrauisch gegenüber – , sondern gern auf die Dienste besonders fähiger Christen und Juden. Diese mussten aber zum Islam übertreten, wenn sie in hohe Positionen kommen wollten.

Das große Reich wurde durch Gouverneure regiert, die in ferne Länder entsandt wurden, dort weitgehend selbstständig agierten und sehr häufig ausgetauscht wurden. Objektiv waren sie wegen der kurzen Verweildauer relativ machtlos und subjektiv oft vor allem an ihrer Bereicherung interessiert. Die militärische Verwaltung war von der zivilen Verwaltung getrennt. Ihre Chefs wechselten seltener, sodass ihre lokale Macht häufig weitaus höher war als die der zivilen Gouverneure.

Den Kern der militärischen Macht des Sultans bildeten die Janitscharen, auch dies eine Fortsetzung des sklavistischen Herrschaftssystems der Kalifen. Einmal im Jahr wurden bei der sogenannten Knabenlese in den christlichen Landesteilen die 20 % stärksten und begabtesten Knaben ihren Familien gewaltsam entrissen. Sie wurden militärisch ausgebildet und zum Islam bekehrt. Sie bildeten ein Heer von Militärsklaven, deren Loyalität allein dem Sultan galt. Bei Bewährung konnten sie es weit bringen. So wurde der christliche Bevölkerungsteil über die Jahrhunderte hinweg systematisch geschwächt.

Bei der Verwaltung und Beherrschung des großen Reichs spielte das Millet-System, eine religiös definierte Rechtsordnung, eine zentrale Rolle: Christen und Juden konnten ihre Religion grundsätzlich weiter ausüben. Untertanen lebten nach Glaubensgemeinschaften getrennt, diese verwalteten sich selbst und hatten auch ihr eigenes Recht. Eine Integration über die Glaubensgrenzen hinweg war nicht vorgesehen und fand auch nicht statt. Ein staatliches Erziehungs- und Bildungswesen, Universitäten oder Ähnliches gab es nicht. Bildung und Erziehung lagen allein in der Hand der Religionsschulen. Die erste osmanische Druckerpresse in arabischer Schrift wurde im Jahre 1729 in Istanbul aufgestellt (also 279 Jahre nach der Erfindung des Buchdrucks durch Johannes Gutenberg). Sie sollte der Verbreitung religiösen Schrifttums dienen. Abendländisches Ideengut kam im Wesentlichen durch Kaufleute ins Land. So wurde im Verlauf des 18. Jahrhunderts der Rückstand des Osmanischen Reichs bei Wissenschaft und Technik, beim Stand der Wirtschaft, aber auch im Militärwesen immer größer. In Syrien, Ägypten und Nordafrika gerieten räuberische Beduinenstämme militärisch mehr und mehr außer Kontrolle. Die Anbauflächen gingen zurück. Ende des 18. Jahrhunderts war in Ägypten die Bevölkerung mit rund 3,5 Millionen Menschen nur halb so groß wie zur Römerzeit.[177]

An der Wende zum 19. Jahrhundert wurden die Defizite immer deutlicher, das hatte auch Konsequenzen: Der Sultan Mahmud II. ließ 1826 im gesamten Osmanischen Reich die Janitscharen in Massakern hinmetzeln. Wie die fortwährenden Niederlagen zeigten, hatten sie ihre militärische Nützlichkeit eingebüßt, stellten aber durch ihren Einfluss eine innenpolitische Bedrohung dar.[178] Militärreformen fanden statt, auch innere Reformen setzten ein. Aber beginnend mit dem griechischen Unabhängigkeitskrieg gingen die europäischen Reichsgebiete Stück für Stück verloren. Das im Trend der Zeit liegende, nationale Erwachen der Völker trat hinzu, auch ein türkischer Nationalismus nahm Gestalt an. Jedoch kamen die Reformen im Osmanischen Reich bis zum Untergang im Ersten Weltkrieg stets zu spät oder sie gingen nicht weit genug. Aber die Zeit der Vielvölkerstaaten war sowieso zu Ende. Auch die Donaumonarchie ging im Ersten Weltkrieg unter.

Im Verlauf des 19. und des frühen 20. Jahrhunderts bot das kranke Osmanische Reich leichte Beute für die Begehrlichkeiten europäischer Kolonialmächte. Schon im frühen 19. Jahrhundert machte sich Frankreich das spätere Tunesien und Algerien zu eigen.[179] Italien eignete sich 1912 Libyen an. Ägypten war bereits zu Beginn des 19. Jahrhunderts praktisch selbstständig geworden und stand nur noch nominell unter osmanischer Oberhoheit.[180] Ende des 19. Jahrhunderts geriet es aufgrund eines drohenden Staatsbankrotts in die Abhängigkeit von Großbritannien und war bis Ende des Zweiten Weltkriegs praktisch ein britisches Protektorat. Höhepunkt und gleichzeitig Wendepunkt der Kolonialisierung war nach dem Ersten Weltkrieg die Einrichtung der britischen und französischen Mandatsgebiete in den arabischen Teilen des untergegangenen Osmanischen Reichs: Libanon und Syrien für Frankreich, Palästina und Irak für Großbritannien.[181]

Selbstständigkeitsbestrebungen begannen früh und waren konfliktreich. Sie reichten teilweise bis ins 19. Jahrhundert zurück und beschleunigten sich nach dem Zweiten Weltkrieg. Mit der Unabhängigkeit Algeriens 1962 war die Kolonialherrschaft in der gesamten islamischen Welt beendet. 30 Jahre später wurden auch die zentralasiatischen Sowjetrepubliken mit ihrer vorwiegend islamischen Bevölkerung selbstständig.

Die Deutsche Ostsiedlung

Geografische, demografische und politische Ausgangslage

Die Völkerwanderung bewirkte, dass germanische Völker in der gesamten Länge von Elbe, Ostsee und Oder längs der Donau bis zum Schwarzen Meer in mehreren Schüben ihre angestammten Siedlungsräume verließen. Dieser Prozess zog sich über drei Jahrhunderte hin und fand um 570 mit der Eroberung großer Teile Nord- und Mittelitaliens durch die Langobarden seinen vorläufigen Abschluss.

Die Wanderungen hinterließen vielfach entleerte Räume. In diese drang in Pannonien nach dem Rückzug der Hunnen teilweise das Reitervolk der Awaren, später auch das Reitervolk der Ungarn ein. Insbesondere aber traten die Slawen – von der Elbe und der Oder über den Balkan und die Ukraine bis zum Schwarzen Meer – ins Licht der Geschichte. Die regionale Herkunft der Slawen ist unklar. Schriftliche Zeugnisse über sie gibt es bis Mitte des 6. Jahrhunderts nicht. Erstmals werden sie in Quellen byzantinischer Geschichtsschreiber als *Sclaboi* oder *Sclavini* erwähnt. Sie kamen seit Mitte des 6. Jahrhunderts – so die Berichte byzantinischer Historiker – vom jenseitigen Ufer der mittleren und unteren Donau, wanderten in großen Scharen auf den Balkan bis nach Griechenland ein und verwüsteten weite Landstriche.[182] Ihre Landwirtschaft, ihre Behausungen und ihre Waffentechnik waren einfach. Die Basis ihrer Existenz war eine ortsnahe Subsistenzwirtschaft. Geldwirtschaft, intensiveren Handel oder eine entwickelte Schriftkultur gab es nicht. Ihre politische und soziale Organisation war zunächst unterhalb von ausgeprägter Staatlichkeit. Gemeinsam war ihnen die Zugehörigkeit zur indogermanisch-slawischen Sprachfamilie.

Seit der Mitte des 6. Jahrhunderts besiedelten Slawen auch die weitgehend siedlungsleeren Räume, die in Mitteleuropa zwischen Elbe und Oder bis hin zur Donau entstanden waren. Eine klare Grenze hatten ihre Siedlungsgebiete nicht. So gab es im norddeutschen Wendland auch Siedlungsgebiete westlich der Elbe. Ebenso gab es slawische Siedlungen am oberen Lauf des Mains. Ab dem 8. Jahrhundert bildeten sich unter den Slawen größere Stämme heraus, die mit der Zeit zu Nationen wurden. In Mitteleuropa waren es die Böhmen und die Polen, auf dem Balkan die Kroaten, Serben oder Bulgaren. Eine wesentliche Rolle bei der Entwicklung der slawischen Völker und ihrer Kulturen spielte die Christianisierung.[183] Zwischen Elbe und Oder wuchsen die Siedlungen der Slawen zu einigen Großstämmen zusammen:

- die Abodriten im heutigen Ostholstein und westlichen Mecklenburg,
- im östlichen Mecklenburg und heutigen Vorpommern die Stämme des Lutizenbundes unter Führung der Redarier,
- auf Rügen und dem angrenzenden Festland die Ranen,
- im Havelland und in der Mittelmark die Heveller und
- im heutigen Sachsen und in der Lausitz die verschiedenen Teilstämme der Sorben.[184]

Die Slawenkriege

Das Fränkische Reich kam um 800 durch die östlichen Eroberungen Karls des Großen mit slawischen Stämmen von der Elbe bis zur Adria in vielseitigen Kontakt. Die wachsende Bevölkerung im Fränkischen Reich, aber auch die Ausbreitung der slawischen Stämme, sorgte in den Grenzgebieten immer wieder für Reibungen, gewalttätige Begegnungen und auch militärische Konflikte. Zu Beginn des 10. Jahrhunderts war in Norddeutschland zwischen Hamburg und Magdeburg die Elbe die ungefähre Grenze zwischen Deutschen und Slawen und zugleich die Ostgrenze des Ostfränkischen Reichs. Insgesamt aber gab es keine klare Grenze zwischen fränkischer/deutscher und slawischer Besiedlung.

Unter den sächsischen Königen Heinrich I. (919–936) und Otto dem Großen (936–973) betrieb das Ostfränkische Reich eine sehr dezidierte Politik der Grenzsicherung, gründete Burgen und Stützpunkte und bemühte sich um eine Vorverlegung der Reichsgrenze in slawisches Gebiet. Um 970 war die Einbeziehung der elbslawischen Gebiete ins deutsch-römische Reich scheinbar mit Erfolg abgeschlossen. Unterstützt wurde dieser Prozess durch eine forcierte Christianisierung der unterworfenen Gebiete: 948 wurden die Bistümer Havelberg und Brandenburg und 968 Bistümer in Merseburg, Zeitz und Meißen gegründet. Das Fränkische Reich und später das Ostfränkische Reich richteten in grenznahen Gebieten unter dem Kommando von Markgrafen sogenannte Militärbezirke, die Marken, ein. So entstanden im heutigen Thüringen und Sachsen die Ostmark, weiter nördlich die Nordmark, die spätere Mark Brandenburg. Um Wien herum gab es die Mark Österreich, weiter südlich die Kärntner Mark, an der nördlichen Adria schließlich die Mark Krain und die Mark Friaul.

983 fand bei den *Elbslawen* ein großer Aufstand statt. Die deutsche Oberherrschaft konnte sich nur im heutigen Thüringen, Sachsen und südlichen Brandenburg halten. In Ostholstein, Mecklenburg, Pommern und dem nördlichen Brandenburg behaupteten sich für weitere 150 Jahre slawische Fürstentümer. Diese gerieten allerdings zunehmend unter deutschen Einfluss und in einen Vasallenstatus gegenüber dem Heiligen Römischen Reich. Um 1150 war die eigenständige Entwicklung der Elbslawen endgültig beendet. Fortbestehende slawische Fürstendynastien gingen rasch im deutschen Reichsfürstenstand bzw. Hochadel auf.[185]

In *Böhmen* erkannte der böhmische Herzog Boleslaw im Jahre 950 die böhmische Lehnspflicht gegenüber dem Heiligen Römischen Reich an, nachdem er im Konflikt gegen Otto I., den König des Ostfränkischen Reichs, unterlegen war.[186] Für die folgenden 970 Jahre – bis 1920 – verblieb Böhmen mit Mähren im deutschen und später im österreichischen Staatsverband. Das ursprünglich von den Vandalen besiedelte *Schlesien* gehörte nach der Einwanderung der Slawen und der allmählichen Nationenbildung zunächst zum Polnischen Reich. Nach dessen Zerfall in mehrere Fürstentümer wurde Schlesien als Herzogtum politisch selbstständig. Es zerfiel in Teilherzogtümer und geriet schließlich unter die Hoheit der böhmischen Krone. 1348 wurde es unter Kaiser Karl IV. offiziell ins Heilige Römische Reich eingegliedert. Die verschiedenen schlesischen Herzöge förderten die Zuwanderung deutscher Siedler, die sich in Schlesien ebenso wie in Böhmen und Mähren weitgehend friedlich vollzog.

Der Staat des Deutschen Ritterordens in *Preußen* und im *Baltikum* entstand, als der polnische Herzog Konrad von Masowien im Jahr 1225 dem Deutschen Ritterorden das Kulmer Land als Ausgleich für militärische Hilfe im Kampf gegen die heidnischen Prutzen anbot. Vom Kulmer Land ausgehend, eroberte der Deutsche Orden im Verlauf von 70 Jahren das Stammesgebiet der Prutzen und große Teile des Baltikums. Um 1410 beherrschte er von der pommerschen Grenze an die Gebiete des späteren West- und Ostpreußens sowie des heutigen Lettlands und Estlands. Im Konflikt mit dem Vereinigten Königreich von Polen und Litauen unterlag der Orden 1410 in der Schlacht bei Tannenberg. Nachdem das Baltikum an Schweden verloren ging und sich der Ritterorden im Zuge der Reformation auflöste, stand das Restgebiet in Ostpreußen als selbstständiges Herzogtum unter polnischer Lehnshoheit, bis es im 18. Jahrhundert im Staatsverband des aufstrebenden Preußens aufging.[187]

Dieser kurze Abriss zeigt, dass die Deutsche Ostsiedlung staatsrechtlich und machtpolitisch nicht im luftleeren Raum stattfand. Ihr gingen vielmehr heftige und blutige Kämpfe um die militärische und politische Vorherrschaft voraus, bzw. sie wurde von solchen Kämpfen begleitet. Wie der Historiker Hans K. Schulze schreibt, herrschte im Osten »fast immer Krieg. Die Fronten waren nicht immer klar. Slawische Stämme kämpften gegeneinander, verbündeten sich mit den Deutschen gegen andere Stämme. [...] Verrat war nicht selten; im Kampf um Macht und Einfluss war jedes Mittel recht. [...] Mit Erbitterung wurde gekämpft, auf beiden Seiten«.

Beim Aufstand der Abodriten im Jahr 955 wären die Deutschen fast unterlegen. Auf beiden Seiten gab es große Grausamkeiten: »Die Übergabe einer sächsischen Burg, in die sich viele Menschen geflüchtet hatten, endete mit einem Massaker, die Männer wurden ermordet, die Mütter mit ihren Kindern in die Sklaverei verschleppt.« Als ein Reichsheer die Slawen schließlich besiegte und ihr Führer Stoinef auf der Flucht fiel, übten die Deutschen unter Markgraf Gero fürchterliche Rache: »Am selben Tag wurde das Lager der Feinde gestürmt und viele Menschen getötet oder gefangen genommen. Das Morden währte bis tief in die Nacht. Am nächsten Morgen wurde der Kopf des Fürsten auf dem Schlachtfeld ausgestellt und um ihn herum siebenhundert Gefangene enthauptet; dem Ratgeber Stoinefs wurden die Augen ausgestochen und die Zunge herausgerissen, und so ließ man ihn mitten unter den Leichen hilflos liegen.« So beschreibt der Mönch Widukind aus dem Kloster Corvey die Ereignisse.[188]

Als der Deutsche Ritterorden 300 Jahre später die heidnischen Prutzen unterwarf, wird es nicht wesentlich zartfühlender zugegangen sein. Die überlegenen Kulturtechniken und besseren Anbaumethoden, die die deutschen Kolonisten aus dem Westen ins Land brachten, hatten insoweit auch einen Preis.

Der Zug der Kolonisten

Die Verhältnisse der mittelalterlichen Welt – das Christentum, die Klöster, die Adelsherrschaft, die Verfassung der Städte, die Zünfte, der Stand der landwirtschaftlichen Technik – prägten auch die Deutsche Ostsiedlung. Sie war keineswegs nur deutsch, sondern ein vielfältiges Vordringen abendländischer mittelalterlicher Lebensverhältnisse in das mittlere und östliche Europa.

Nach den Wirren der Völkerwanderung setzte im Fränkischen Reich im 6. und 7. Jahrhundert eine Zunahme der Bevölkerung ein, die sich im 8. und 9. Jahrhundert beschleunigte. Zur Zeit Ottos des Großen lebten im ostfränkisch-deutschen Reich zweieinhalb bis vier Millionen Menschen. Hundert Jahre später, im 11. Jahrhundert, dürften es bereits fünf bis sechs Millionen gewesen sein. In Altdeutschland wurde das Kulturland so weit wie möglich ausgedehnt.

Einen weiteren Ausbau der Ackerflächen ermöglichte die deutsche Ostkolonisation. So konnte sich die deutsche Bevölkerung mehr als verdoppeln und »dürfte zu Beginn des 14. Jahrhunderts auf etwa zwölf bis fünfzehn Millionen Menschen angewachsen sein«.[189] Mitte des 14. Jahrhunderts kam der demografische Einbruch der Pest, der in manchen Landstrichen 40 % der Bevölkerung zum Opfer fiel.

Die Ostkolonisation begann langsam im 10. Jahrhundert und beschleunigte sich im Verlauf des 12. Jahrhunderts. »Im Laufe von zwei Jahrhunderten erfasste sie eine Landschaft nach der anderen, bis sie im 15. Jahrhundert im Ordensland Preußen allmählich ausklang.«[190] Die Kolonisten brachten die Drei-Felder-Wirtschaft mit und setzten den Eisenpflug ein, der die Scholle wendete. Außerdem verbesserte sich durch das Kummet, das Zuggeschirr für Ochsen, die Zugleistung der Tiere, sodass wesentlich höhere landwirtschaftliche Erträge möglich wurden. Durch die zugewanderten Handwerker verbesserten sich die Bautechnik und die Qualität der beim Bau sowie in Feld und Flur eingesetzten Werkzeuge. Die nach deutschem Recht gegründeten Städte ermöglichten Handel, förderten die Ausbreitung der Geldwirtschaft und gewährten Schutz, da sie regelmäßig befestigt waren. Es wurden nicht nur Wälder gerodet, sondern auch in großem Umfang sumpfige Flächen durch gezielte Entwässerung urbar gemacht. Hier bewährten sich die Landbautechniken der Siedler aus Flandern und Friesland.

Das Datum der Stadtgründungen zeigt, dass der Schwerpunkt der Ostsiedlung im 13. Jahrhundert lag:

Lübeck	1143	Rostock	1218	Berlin	1237
Leipzig	1165	Danzig	1225	Frankfurt/Oder	1253
Brandenburg	1170	Reval	1230	Königsberg	1283
Dresden	1173	Thorn	1231		
Riga	1201	Stralsund	1234		

Die historischen Stadtbilder legen Zeugnis ab von der Einheit des durch die Ostsiedlung geschaffenen Kulturraums: Wer mit offenen Augen ohne allzu großen zeitlichen Abstand durch das flämische Brügge, das pommersche Stralsund und das estnische Tallinn (früher Reval) geht, kann nicht anders, als sich berührt zu fühlen von der räumlichen und geistigen Spannweite, aber auch der geschlossenen Ästhetik der niederdeutschen Stadtkultur.

Gestärkt und ergänzt wurde die Ostsiedlung durch die Tätigkeit des Städtebunds der Hanse, dessen Blütezeit zwischen 1250 und 1400 lag. Im Machtzentrum der Hanse standen die Städte Hamburg, Bremen und Lübeck mit ihrer seefahrenden Kaufmannschaft. Aber auch Städte wie Rostock, Stralsund, Riga und Reval spielten für die Hanse eine zentrale Rolle. Durch ihren Handel belebte und verband sie den gesamten Raum der Nord- und Ostsee und wirkte dabei weit ins Binnenland hinein.

Im Zuge der Deutschen Ostsiedlung entwickelten sich auch einige Siedlungsinseln in entfernteren Gegenden des Balkans und Osteuropas:

Wolgadeutsche sind die Nachfahren jener deutschen Einwanderer, die unter der Zarin Katharina II. in der zweiten Hälfte des 18. Jahrhunderts an der unteren Wolga angesiedelt wurden. In der Sowjetunion hatten sie zunächst eine eigene Republik. Mit dem deutschen Angriff auf Russland wurden sie nach Kasachstan umgesiedelt. Die meisten ihrer Nachfahren sind mittlerweile als Russlanddeutsche nach Deutschland ausgewandert.

Donauschwaben ist der Sammelbegriff für deutsche Siedler, die vom Ende des 17. bis Mitte des 19. Jahrhunderts in Länder der Ungarischen Stephanskrone auswanderten und dort in deutschen Dörfern und Ortschaften siedelten. Diese Siedlungsgebiete erstreckten sich längs der Donau vom nördlichen Ungarn ins heutige Kroatien und ins nördliche Rumänien.

Die *Siebenbürger Sachsen* siedelten sich als deutsche Zuwanderer vom 11. bis 14. Jahrhundert nördlich und westlich des Karpatenbogens in der traditionell zu Ungarn gehörenden Landschaft Transsylvanien in geschlossenen Siedlungsgebieten an. Ihre genaue Herkunft ist unklar. Ein gewisser Schwerpunkt der Herkunft scheint im moselfränkischen Gebiet zu liegen. Möglicherweise handelte es sich bei den ersten dieser Siedler um Teilnehmer am 1. und 2. Kreuzzug. Die Bezeichnung »Sachsen« hat offenbar nichts mit ihrer Herkunft zu tun, sondern ist eher eine Zuschreibung in lateinisch abgefassten ungarischen Urkunden, wo sie als »saxones« bezeichnet werden. Die erste urkundliche Erwähnung der Deutschen in Siebenbürgen stammt aus einem päpstlichen Dokument aus dem Jahre 1191.[191]

In einem teils ungarischen, teils rumänischen Umfeld bewahrten die Siebenbürger Sachsen 800 Jahre lang ihre deutsche Sprache und ihre kulturelle Eigenart. Dazu trug sicherlich auch bei, dass sie mit der Reformation zum protestantischen Glauben übertraten. Das verstärkte ihre kulturelle Anbindung an das protestantische Deutschland und unterschied sie von den katholischen Ungarn und den griechisch-orthodoxen Rumänen. Den wiederholten Übergriffen osmanischer Herrschaftsansprüche konnten sie auch dadurch entgehen, dass ihre Siedlungsgebiete eine dichte Kette von Fluchtburgen und befestigten Ortschaften hatten, die räuberische Zugriffe erschwerten. Die Deutschen in Rumänien wurden nach dem Zweiten Weltkrieg nicht vertrieben. Ihre Zahl verringerte sich aber stark durch die Auswanderung nach Deutschland.

Das Ende

Im Zuge der Ostsiedlung kam es im Lauf der Jahrhunderte zu einer Vermischung der deutschen Zuwanderer und der indigenen slawischen bzw. baltischen Bevölkerung. In Mecklenburg, Pommern, Brandenburg, Sachsen und Niederschlesien verschwand bis auf eine sorbische Sprachinsel in der Lausitz das slawische Element weitgehend. In Oberschlesien und in Westpreußen sprachen die Bewohner dagegen teils deutsch, teils polnisch. In Teilen des östlichen Ostpreußens hielt sich das Litauische. In den großen Städten des Baltikums überwogen die Deutschen bis weit ins 19. Jahrhundert hinein. Auch der gutsbesitzende Landadel war in Estland und Lettland weitgehend deutsch. In Böhmen und Mähren waren die Randgebiete rein deutsch besiedelt, und in den großen Städten wie Prag und Pilsen teilte sich die Bevölkerung rund zur Hälfte auf Deutsch und Tschechisch sprechende Bürger auf.

Sprachliche und ethnische Unterschiede spielten in Osteuropa bis weit ins 19. Jahrhundert hinein keine besonders Rolle. Seit der Französischen Revolution und mit Beginn der Romantik gewannen aber nationale Gesichtspunkte eine wachsende Bedeutung. Sprache und Herkunft wurden als Unterscheidungsmerkmal und Kristallisation für die eigene Identität wichtiger. Dies sorgte für moralischen Zündstoff in jenen Gebieten Mittel- und Osteuropas, die von einer gemischtsprachigen Bevölkerung besiedelt waren.[192]

Schreckliche Irrtümer und insbesondere maßlose deutsche Verbrechen des Nationalsozialismus bewirkten, dass 1945 die Deutsche Ostsiedlung ein plötzliches und schreckliches Ende nahm: 15 Millionen Deutsche wurden aus den Siedlungsgebieten vertrieben, die sie seit 800 Jahren bewohnten.[193] Der Bruch war abrupt und brachte neben vielen anderen Schrecken den Tod für Millionen mit sich. Die alliierten Siegermächte sorgten dafür, dass die vertriebenen Deutschen gleichmäßig und nach Landsmannschaften zerstreut über das verbliebene deutsche Siedlungsgebiet verteilt wurden. Das unterstützte die schnelle Integration der Vertriebenen in der Bundesrepublik und der DDR. Schlesische und ostpreußische Idiome sind 75 Jahre nach der Vertreibung untergegangen. Die ostdeutsche Vergangenheit lebt nur noch in nostalgischen Bildbänden und den Schwarz-Weiß-Fotos ererbter Familienalben weiter. Auch über die größten Wunden, die historisches Unrecht schlagen kann, wächst irgendwann Gras, wenn die Erinnerung an erlittenes Unrecht nicht künstlich wachgehalten wird.

Der europäische Kolonialismus

Mit der Eroberung von Konstantinopel durch die Osmanen im Jahre 1453 und der Ausbreitung der osmanischen Macht auf dem Balkan schlossen sich die traditionellen Türen Europas zum Orient. Auch lief die Deutsche Ostsiedlung im 15. Jahrhundert allmählich aus. Die wirtschaftliche Aktivität Europas verlagerte sich mehr nach Westen. Die christlichen Staaten auf der Iberischen Halbinsel erstarkten. Mit der Eroberung Granadas im Jahr 1492 durch die Christen und der Übergabe der Stadt an die Aragonesen ging die Anwesenheit des Islam und der Araber im westlichen Europa zu Ende.

Die Entwicklung hochseetüchtiger Schiffe hatte große Fortschritte gemacht. Aus der bei der Hanse gebräuchlichen, einmastigen Kogge entwickelte sich als neuer Schiffstyp die dreimastige Karavelle. Gleichzeitig hatten sich die Möglichkeiten der astronomisch bestimmten Navigation auf hoher See verbessert und wurden auch besser genutzt.[194] Durch die Straße von Gibraltar gab es einen intensiven Handel zwischen dem westlichen Mittelmeer und den Nordseehäfen in England und den Niederlanden, der auch die Iberische Halbinsel einbezog. Dieser Handel wurde im Wesentlichen von italienischen Kaufleuten getragen, die auch auf der Iberischen Halbinsel sehr einflussreich waren.

Portugiesische Seefahrer, unterstützt von der portugiesischen Krone, erkundeten seit Ende des 14. Jahrhunderts die afrikanische Westküste und zunehmend auch die Weiten des Atlantiks. 1425 entdeckten und besiedelten Portugiesen die unbesiedelte Insel Madeira und seit 1439 die Azoren. Auf beiden Inselgruppen wurde zunächst Getreide, dann Zuckerrohr angebaut. Der Zuckerrohranbau erfasste auch die Kanarischen Inseln, die Anfang des 15. Jahrhunderts unter spanische Herrschaft kamen. Die dortige Urbevölkerung, die Guanchen, ging unter. Im westlichen Afrika etablierten sich die Portugiesen im Goldhandel und im Sklavenhandel. Schwarze Sklaven wurden in wachsendem Umfang auf den Plantagen der Atlantikinseln eingesetzt.

Nachdem die traditionellen Handelswege zwischen Europa und dem Orient für Gewürze, Seide u.a. durch das Osmanische Reich blockiert waren, beschäftigte die Entdeckung des Seewegs nach Indien zunehmend die Fantasie von Wissenschaftlern, Kaufleuten und Abenteurern. Portugiesische Seefahrer umrundeten 1488 die Südspitze Afrikas, und 1498 erreichte Vasco da Gama auf diesem Weg das südindische Kalikut (heute Kozhikode).

Im Jahr 1492 segelte der Genuese Christoph Kolumbus im Auftrag der Spanischen Krone nach Westen, um einen – wie man hoffte – kürzeren Seeweg nach Indien zu finden. Kolumbus entdeckte per Zufall Amerika. In wenigen Jahrzehnten änderte sich das Weltbild Europas. Schnell stellte man fest, dass man auf einen neuen Kontinent gestoßen war und es den erhofften Seeweg nach Indien nicht gab. Von 1519 bis 1522 umsegelte Fernando Magellan im Auftrag der Spanischen Krone die Welt, entdeckte an der Südspitze Amerikas die nach ihm benannte Magellanstraße und gelangte schließlich von Osten kommend zu den Philippinen. Der preußische Historiker Leopold von Ranke fasst in seiner Weltgeschichte die Geschehnisse rund um die Wende zum 16. Jahrhundert wie folgt zusammen: »Indem das Abendland durch das Vordringen der Türken auf den engsten Umkreis von Gebiet beschränkt wurde, den es jemals gehabt hat, wurde ihm durch die abenteuerlichsten Unternehmungen von ein paar Seefahrern, die obendrein nicht recht wussten, was sie wollten, die aber gerade durch jene Einschränkungen veranlasst waren, sie zu durchbrechen, eine neue, eine doppelte Welt im Orient und im Okzident erschlossen.«[195]

Der Historiker Richard Konetzke schreibt zu den Ereignissen: »Wie Europäer sich in wenigen Jahrzehnten über die ihnen bisher unbekannte Erde ausgebreitet haben, wie sie mit ihren kleinen Segelschiffen die Weite der Ozeane bezwangen und mit wenigen Leuten gewaltige Reiche sich untertan machten, gehört zu den erstaunlichsten Taten, von denen die Menschheitsgeschichte zu berichten weiß. Das Neue lockte sie unwiderstehlich in die Ferne, und das gerade erst Erreichte wurde alsbald zurückgelassen, wenn die Hoffnung auftauchte, noch wunderbarere Dinge zu sehen und noch kostbarere Schätze erringen zu können.«[196]

Mit diesen Entdeckungen und der nachfolgenden Ausbreitung europäischer Kolonialherrschaft über wesentliche Teile der Welt veränderte sich die Geschichte der Menschheit grundlegend und nahm einen globalen Charakter an. Dieser war unumkehrbar und hatte vorher so nicht existiert. Die Kolonisierung setzte in ungeheurem Umfang interkontinentale Handels- und Wanderungsströme in Gang und schuf eigentlich erst so etwas wie die Weltwirtschaft. So veränderte sich das Gesicht der Welt grundlegend. Bis heute stellt sich die Frage, wem das zum Guten und wem zum Bösen ausschlug.

Meine Frage richtet sich auch hier auf die Wirkungen von Wanderungsbewegungen. Um mich in der ungeheuren Stoffmenge der europäischen Kolonialgeschichte nicht zu verlieren und das für meine Fragestellung Wesentliche herauszuarbeiten, behandle ich im Folgenden kurz die Kolonialpolitik und Kolonialgeschichte der wichtigsten europäischen Kolonialmächte, sodann gehe ich in knapper Form auf die Geschicke der ehemaligen Kolonialgebiete ein. Beides geschieht unter dem Hauptaspekt der Wirkung von Wanderungsbewegungen.

Portugal

Nach der Eroberung Ceutas in Marokko (1415) und der Besiedlung der Kapverdischen Inseln (1456) drang Portugal stufenweise weiter an der afrikanischen Küste vor und errichtete im Lauf der Jahrzehnte ein Netz von Stützpunkten, die vor allem dem Sklavenhandel dienten, aber auch den Seeweg nach Indien abschirmen sollten. Viele dieser Stützpunkte gingen mit der Zeit an andere Kolonialmächte verloren. Bis in das 20. Jahrhundert hinein blieben an großen Kolonien vor allem Angola und Mosambik erhalten. Die Portugiesen besetzten vor allem die Küstenstreifen ihrer Besitzungen, innere Entwicklung gab es bis ins 20. Jahrhundert kaum. Auch die Zahl portugiesischer Siedler blieb überschaubar. Ihre letzten Kolonien in Afrika gaben die Portugiesen 1975 nach langwierigen Unabhängigkeitskämpfen in Angola und in Mosambik auf.

In Indien kamen die Portugiesen 1498 an, von dort drangen sie bis 1511 zu den Gewürzinseln der Molukken und nach Neuguinea vor. Die zahlreichen Stützpunkte, die sie gründeten, dienten im Wesentlichen der Absicherung des Handels. Ab dem 17. Jahrhundert gingen mehr und mehr Stützpunkte an die Niederlande verloren, die die Portugiesen schließlich weitgehend aus dem Ostindien-Handel verdrängten. 1557 gründeten sie einen Handelsstützpunkt im südchinesischen Macao, der 1999 wieder chinesisch wurde. Goa in Indien war bis 1961 portugiesisch.

Die große südamerikanische Kolonie Brasilien (1500 erstmals von Portugiesen betreten) kannte in Küstennähe viel Plantagenwirtschaft, die hauptsächlich mit der Arbeit schwarzer Sklaven betrieben wurde. Wesentliche Zuwanderung aus Portugal nach Brasilien und auch eine allmähliche Entwicklung in Teilen des Landesinneren gab es erst seit dem 18. Jahrhundert. 1822 löste sich Brasilien friedlich vom Mutterland und wurde unabhängig.[197]

Spanien

Das spanische Kolonialreich in Amerika entstand in wenigen Jahrzehnten nach der Entdeckung des Kontinents. Bestimmend waren Eroberer (conquistadores) wie Hernán Cortés (Aztekenreich in Mexiko) oder Francisco Pizarro (Inkareich in Peru), die mit einer kleinen Schar berittener und mit Feuerwaffen ausgestatteter Soldaten große Reiche stürzten.[198] Entscheidender Antrieb für die Eroberungen war die Jagd nach Gold und Silber. Auf den karibischen Inseln und rund um den Golf von Mexiko entwickelte sich aber auch eine intensive Plantagenwirtschaft, vor allem für Zuckerrohr. Diese stützte sich im Wesentlichen auf schwarze Sklaven, die in großem Umfang aus Afrika eingeführt wurden.

Die Spanier bemühten sich um eine systematische Verwaltung des riesigen Kolonialgebiets, das von Kalifornien bis nach Argentinien reichte. Das Kolonialgebiet wurde in Vizekönigtümer aufgeteilt, die Verwaltungsstrukturen wurden jenen in Spanien nachgebildet. Schon im 16. Jahrhundert gab es einen systematischen Städtebau an planvoll ausgesuchten, zentralen Orten. Moralisch gerechtfertigt und überhöht wurde die Kolonialpolitik durch eine forcierte Christianisierung der Ureinwohner. Auch die militärischen Anstrengungen waren erheblich. Der unablässige Strom an Gold und Silber aus den Bergwerken Südamerikas war 300 Jahre lang die entscheidende Finanzierungsquelle für die Spanische Krone.[199]

In den Kolonien erhielten die Eroberer von der Spanischen Krone große Ländereien als Eigentum mitsamt der Verantwortung für die darauf lebenden indianischen Ureinwohner, die sie ausdrücklich zur Zwangsarbeit einsetzen durften. Der vorherrschende Großgrundbesitz mit seinen Ausbeutungsstrukturen und die dominierende Rolle des Bergbaus behinderten in Südamerika jahrhundertelang die Ausbildung eines gesunden bürgerlichen Mittelstandes mit Bildungsneigung und Gewerbefleiß. Die Folgen sind in Süd- und Mittelamerika bis heute spürbar. Mit Beginn der Kolonialisierung gab es in den spanischen Kolonien Amerikas eine anhaltende und starke Zuwanderung aus Europa, überwiegend spanisch, aber auch mit einer starken italienischen Komponente.

Eindeutig Leidtragende der Entwicklung war die indianische Urbevölkerung. Nicht nur gab es im Zuge der Eroberung zahlreiche, auch von Zeitgenossen und der Kirche scharf kritisierte Massaker an der Urbevölkerung, sondern es fand auch einige Jahrzehnte lang ein massenhaftes Sterben statt, weil die von den Europäern eingeschleppten Infektionskrankheiten in Amerika unbekannt waren. So sank die Bevölkerungszahl auf der Insel Hispaniola, die Kolumbus 1492 zuerst betrat, bis 1508 in nur 16 Jahren von 4,5 Millionen Menschen auf rund 60 000 Menschen. Die von den Spaniern eroberten Länder hatten eine Gesamtbevölkerung von rund 60 Millionen, 100 Jahre später war sie auf rund 5 Millionen gesunken.[200]

Umgekehrt wurde eine Geschlechtskrankheit wie die Syphilis zu Beginn des 15. Jahrhunderts aus Südamerika nach Europa eingeschleppt. Auf den karibischen Inseln ist die indianische Urbevölkerung innerhalb weniger Jahrzehnte nach der spanischen Besetzung vollständig untergegangen. In großem Umfang gingen die Ureinwohner in den von Spanien eroberten Gebieten ihres Eigentums, ihrer Kultur und ihrer Gesundheit verlustig. Seit den Eroberungszügen der Hunnen und Mongolen hatte Einwanderung auf eine indigene Bevölkerung nicht mehr so verheerend gewirkt wie im Fall der spanischen Kolonisierung Amerikas.

Seit dem Ende des 18. Jahrhunderts wirkten sich die Wirren im heimatlichen Spanien, die als indirekte Folge der Französischen Revolution und der Napoleonischen Kriege auftraten, auch auf die Autorität Spaniens in seinen amerikanischen Kolonien aus. Dies bewirkte ab 1810 einen Ablösungsprozess, der nach allerlei kriegerischen Verwicklungen 1825 abgeschlossen wurde. Nur Kuba blieb zunächst noch spanisch und erlangte erst 1898 – gleichzeitig mit den Philippinen und mit amerikanischer Hilfe – seine Unabhängigkeit.

Die Philippinen waren 1569 spanische Kolonie geworden und wurden von Spanien gegen den sich ausbreitenden Islam christianisiert. Wiederholt kam es im 17. und 18. Jahrhundert zu Auseinandersetzungen der Spanier mit den Niederlanden, die ihr Kolonialreich im heutigen Indonesien errichtet hatten. Wachsende Unabhängigkeitsbestrebungen führten Ende der Neunzigerjahre des 19. Jahrhunderts zu einem Krieg der Aufständischen gegen die Spanier. Letztlich legten die USA ihre Hand auf das Land. Es wurde zur amerikanischen Kolonie und 1946 unabhängig.

Über die ehemaligen spanischen Besitzungen in Afrika sollen an dieser Stelle nicht viele Worte verloren werden. Es sind nur zwei Städte auf afrikanischem Boden – Ceuta und Melilla – übrig geblieben, die in den letzten Jahren zu einem bevorzugten Ziel afrikanischer Wirtschaftsflüchtlinge geworden sind.

Niederlande

Die See- und Handelsmacht der Niederlande entwickelte sich im 16. Jahrhundert im Kampf gegen Spanien sowie im Wettbewerb mit Großbritannien und Portugal. Niederländische Kaufleute und Schiffe beteiligten sich seit Mitte des 16. Jahrhunderts zunehmend am Ostindienhandel und drängten dort mit der Zeit die Portugiesen zurück. Auch in Indien hatten die Niederländer zunächst eine starke Stellung, wurden dort aber durch die Aktivitäten der britischen Ostindien-Kompanie verdrängt. Wirtschaftliche Basis des kolonialen Interesses war insbesondere der Handel mit Gewürzen.

Aus den Besitzungen der 1602 gegründeten niederländischen Ostindien-Kompanie entwickelte sich im 17. Jahrhundert ein geschlossenes Gebiet, das im Wesentlichen dem heutigen Indonesien entspricht und 1799 auch formell niederländische Kolonie wurde. Um 1900 hatte Niederländisch-Indien 37 Millionen Einwohner. Darunter waren 80 000 Europäer und 550 000 Chinesen. Die Europäer waren also nur eine sehr dünne Schicht. Eine größere europäische Zuwanderung gab es in der niederländischen Kolonialgeschichte nicht. Während die

Europäer in der Kolonialverwaltung oder im Außenhandel tätig waren, beherrschten die Chinesen einen großen Teil des Wirtschaftslebens. Im Zweiten Weltkrieg wurde Niederländisch-Indien von den Japanern besetzt und 1949 als Indonesien unabhängig.

Auch Kapstadt und New York (Letzteres als Neu-Amsterdam) sind niederländische Kolonialgründungen, die aber letztlich in britischen Besitz kamen. Das niederländische Fort in Kapstadt, 1666 bis 1679 errichtet, ist das älteste Gebäude im gesamten südlichen Afrika.[201]

Frankreich

Frankreich hatte um die Wende zum 16. Jahrhundert die erste Welle der transozeanischen Entdeckungen und Eroberungen verpasst. Seine Bemühungen, sich an der brasilianischen Küste festzusetzen, stießen auf erfolgreichen portugiesischen Widerstand. 1608 gründeten französische Forschungsreisende am Sankt-Lorenz-Strom eine Siedlung, aus der sich später Quebec entwickelte. Diese wurde zur Keimzelle der französischen Kolonie Neufrankreich, die in erheblichem Umfang französische Siedler anzog. Die Kolonie musste 1763 nach der Niederlage Frankreichs im Siebenjährigen Krieg an Großbritannien abgetreten werden. Auch die französische Kolonie Louisiana, die sich von New Orleans nach Norden erstreckte, ging letztlich verloren, weil Kaiser Napoleon sie 1803 an die USA verkaufte.

1697 übernahm Frankreich von Spanien den westlichen Teil der karibischen Insel Hispaniola als französische Kolonie Haiti. Mit der Arbeit schwarzer Sklaven gab es dort eine intensive Zuckerrohrwirtschaft. Nach einem Sklavenaufstand, dem die weiße Oberschicht zum Opfer fiel, wurde Haiti 1804 unabhängig. Das Land gehört heute zu den ärmsten Ländern der Welt. Die Bevölkerung besteht zu 95 % aus Schwarzen und zu 5 % aus Mulatten. Letztere dominieren die Wirtschaft.[202]

Im 17. und 18. Jahrhundert erwarb Frankreich einige Gebiete in Indien die es aber nicht halten konnte und an Großbritannien verlor.

Im 19. Jahrhundert (1863) baute Frankreich die Kolonie Französisch-Indochina auf. Sie umfasste das heutige Vietnam, Kambodscha und Laos und ging 1954 mit der Unabhängigkeit dieser drei Länder verloren. Libanon und Syrien erwarb Frankreich 1920 als Völkerbundmandat aus der Konkursmasse des Osmanischen Reichs. Die beiden Länder wurden 1943 bzw. 1946 unabhängig.

Das hauptsächliche koloniale Engagement Frankreichs fand in Afrika statt. Beginnend mit der Eroberung von Algerien im Jahr 1830 verleibte sich Frankreich im Lauf des 19. Jahrhunderts weite Teile Nord- und Westafrikas, aber auch Teile des Somalilandes am Horn von Afrika und die Insel Madagaskar ein.[203] Das Gros der afrikanischen Kolonien wurde 1960 unabhängig.

Nur in Algerien hatte es seit dem 19. Jahrhundert eine größere Einwanderung französischer Siedler gegeben. Dort fand auch der längste und blutigste Unabhängigkeitskrieg statt. 1962 wurde Algerien unabhängig, rund zwei Millionen europäische Siedler und ein Teil jener Araber, die die Franzosen unterstützt hatten, verließen das Land und wanderten nach Frankreich aus.[204]

Großbritannien

Der britische Aufbau eines Kolonialreichs begann erst im 17. Jahrhundert. Seit 1628 besetzten die Briten einige karibische Inseln sowie die Bahamas und begannen dort mit dem Anbau von Zuckerrohr. 1672 gründeten sie die Royal African Company und nahmen damit aktiv am Sklavenhandel teil. 1807 verbot das britische Parlament den Sklavenhandel.

Die Briten in Nordamerika

1664 eroberten die Briten von den Niederländern deren Kolonie Neu-Amsterdam, das spätere New York. 1714 gewannen sie von Frankreich Neufundland und die südwestlich angrenzenden Gebiete namens Akadien. 1763 übernahmen sie nach dem Sieg über Frankreich im Siebenjährigen Krieg die Kolonie Neufrankreich.1607 gründeten englische Kolonisten die Stadt Jamestown in Virginia. 1620 gründeten die sogenannten Pilgerväter – das waren besonders strenggläubige englische Puritaner – die Kolonie Plymouth in Massachusetts. Im Verlauf des 17. und 18. Jahrhunderts entstanden auf dem östlichen Boden der späteren USA 13 britische Kolonien, die relativ schnell mit Auswanderern aus Europa, vor allem aus Großbritannien, aber auch aus Deutschland und Skandinavien besiedelt wurden. Die Kolonien waren wirtschaftlich erfolgreich. Sie hatten unter den britischen Gouverneuren eine gewisse innere Selbstverwaltung, und sie gewannen mit der Zeit an Selbstbewusstsein.

In den Siebzigerjahren des 18. Jahrhunderts entwickelte sich ein Zerwürfnis mit Großbritannien, das aus unterschiedlichen Auffassungen über Handelsfragen und Zölle herrührte. Am 4. Juli 1776 erklärten sich die 13 Kolonien für unabhängig und gründeten die Vereinigten Staaten vom Amerika. Sie setzten sich militärisch gegen die britische Kolonialherrschaft durch, und am 3. September 1783 wurden die USA durch den Frieden von Paris unabhängig. Nach einigen weiteren Auseinandersetzungen zwischen Großbritannien und den USA blieb das ganze Gebiet des heutigen Kanadas britische Kolonie. 1867 gewann Kanada als »Kanadische Konföderation« die innere Selbstständigkeit.

Die Briten in Indien

Im Jahr 1600 gründeten Kaufleute die Britische Ostindien-Kompanie. Diese agierte in Indien wirtschaftlich sehr erfolgreich. Zunächst ging es dabei vor allem um den Textilexport. Die Ostindien-Kompanie verschaffte sich im 18. Jahrhundert auch militärisch Geltung. Sie verdrängte weitgehend die Niederländer und die Franzosen und besiegte schließlich 1757 in der Schlacht bei Plassey auch die Armee des Mogulreichs. Die Moguln behielten zwar eine nominelle Oberhoheit, tatsächlich aber übernahm die Ostindien-Kompanie die Herrschaft in ganz Bengalen und stufenweise in weiteren Teilen des Subkontinents.[205] Zahlreiche indische Fürstentümer blieben zwar nominell unabhängig, wurden aber in das britische Herrschaftssystem eingebunden. Wenn man bedenkt, dass ganz Großbritannien in der Mitte des 18. Jahrhunderts nur etwa 5 Millionen Einwohner hatte, das Mogulreich aber 150 Millionen, ist die erfolgreiche Übernahme der Herrschaft durch die Ostindien-Kompanie machttechnisch gesehen erstaunlich.[206]

1857 fand ein großer Aufstand der indischen Kolonialarmee statt, dessen Niederschlagung ein halbes Jahr dauerte. Als Folge wurde die Ostindien-Kompanie entmachtet, Indien wurde Kronkolonie. Ein britischer Vizekönig übernahm die Herrschaft, und die britische Königin Viktoria wurde als »Kaiserin von Indien« das indische Staatsoberhaupt. Seit Ende des 19. Jahrhunderts nahmen in Indien die Unabhängigkeitsbestrebungen zu. 1947 kam es schließlich zur Unabhängigkeit. Wegen der unversöhnlichen Gegensätze zwischen Muslimen und Hindus – die Muslime wollten nicht unter einer Hindu-Mehrheit leben – wurde die Kolonie in einen muslimischen und einen indischen Staat geteilt. Die gewalttätigen Begleiterscheinungen der Landesteilung führten zu Massakern und Toten von mehr als einer Million.[207] Der muslimische Teil erhielt den Kunstnamen Pakistan. Dessen ostindischer Landesteil in Ostbengalen wurde 1971 nach einem blutigen Bürgerkrieg ein unabhängiger Staat.

Das koloniale Interesse Großbritanniens an Indien war vornehmlich durch den Handel bestimmt. Europäische Siedler ließen sich nicht in größerem Umfang in Indien nieder. Die Kolonie lieferte große Reichtümer. Die Briten bauten die Infrastruktur aus, insbesondere das Verkehrswesen mit Seehäfen, Straßen und Eisenbahnen.[208] Sie schufen ein Rechtssystem und eine Verwaltung nach britischem Vorbild. Das riesige und sehr volkreiche Land verwalteten und beherrschten sie mit nur wenigen Soldaten und Verwaltungskräften: Der »Indian Civil Service«, die Gruppe der leitenden Beamten, die die Kolonie verwaltete, betrug nie mehr als 1200 Mitarbeiter und war bis Ende des 19. Jahrhunderts überwiegend britisch.[209] Die britisch-indische Armee hatte in den letzten Jahrzehnten des 19. Jahrhunderts eine Stärke von rund 140 000 Indern und 70 000 Briten.[210] Inklusive Justiz, Polizei, Militär, Post und Eisenbahn waren allenfalls 200 000 Briten in Britisch-Indien tätig, und das bei einer Bevölkerung von rund 250 Millionen.

Die Briten in Fernost sowie in Australien und Neuseeland
1819 gründete die Ostindien-Kompanie eine Niederlassung auf der Insel Singapur, die an der Südspitze der Malaiischen Halbinsel gelegen war, und an der Straße von Malakka eine strategische Position zur Beherrschung des Seewegs nach Fernost einnahm. 1832 wurde Singapur die Hauptstadt der britischen kolonialen Besitzungen in Britisch Malaya und 1867 Hauptstadt der entsprechenden Kronkolonie. Die Kronkolonie wurde 1962 von Großbritannien unabhängig. Nach Unruhen, die sich gegen die wirtschaftliche Dominanz der Chinesen richteten, wurde Singapur aus Malaysia ausgeschlossen und setzte seinen Weg als Republik Singapur fort.

Gegenüber China verfolgte Großbritannien im 19. Jahrhundert in den beiden sogenannten Opiumkriegen, mit denen die Öffnung Chinas erzwungen wurde, wirtschaftliche Handelsinteressen. Nach dem verlorenen ersten Opiumkrieg (1841) musste China 1843 durch den Vertrag von Nanking die im Südchinesischen Meer gelegene Halbinsel Hongkong offiziell an Großbritannien abtreten. 1997 kam Hongkong als Sonderverwaltungszone mit einem hohen Maß an Autonomie wieder unter chinesische Souveränität.

Hongkong ist nahezu ausschließlich, Singapur überwiegend von ethnischen Chinesen bewohnt. Im Falle Hongkongs besteht die Einwohnerschaft zum größten Teil aus Fluchtmigranten, die China nach der kommunistischen Machtübernahme 1949 verlassen hatten, sowie deren Nachkommen. In den ehemaligen britischen Besitzungen in Fernost gibt es bis auf eine dünne Schicht europäischer Geschäftsleute keine nennenswerte Anzahl europäischer Siedler.

Neuseeland und Australien wurden 1769 bzw. 1770 vom britischen Kapitän James Cook für Großbritannien in Besitz genommen.

Die britische Besiedlung Australiens begann 1787, zunächst als Sträflingskolonie. Australien gewann schnell wirtschaftliche Bedeutung als Exporteur von Wolle und später von Gold und anderen Bergbauerzeugnissen. Es zog schon im 19. Jahrhundert zahlreiche europäische Siedler vor allem aus Großbritannien an. 1907 wurde Australien zu einem britischen Dominion mit Selbstverwaltung und weitgehender staatlicher Souveränität.[211] Die indigene Bevölkerung

Australiens, die Aborigines, war vor ca. 40 000 Jahren ins Land gekommen und hatte seitdem offenbar keinen Kontakt mit anderen Menschen gehabt. Sie lebte nomadisch als Jäger und Sammler. Pfeil und Bogen, Metallverarbeitung oder das Rad waren unbekannt. Im Verlauf der europäischen Besiedlung wurde die indigene Bevölkerung an den Rand gedrängt, ihre Zahl verminderte sich stark. Ein großer Teil starb an eingeschleppten Krankheiten.

Neuseeland wurde als britische Kolonie seit 1820 systematisch besiedelt und vor allem landwirtschaftlich genutzt. Später wurde auch Gold gefunden. Im Jahr 1907 wurde Neuseeland als Dominion von Großbritannien unabhängig.[212] Die indigene Bevölkerung, die Maori, bestand aus Polynesiern, die seit dem 14. Jahrhundert in mehreren Wellen eingewandert waren. Wegen der wachsenden Landansprüche der einwandernden Siedler kam es mit der Zeit zu kriegerischen Konflikten zwischen Siedlern und Maori. Auch starben viele Maori an eingeschleppten Krankheiten. Die Zahl der Maori sank deshalb seit 1820 im Verlauf von 70 Jahren auf rund 40 000, ein Drittel des Bestandes zu Beginn der Kolonialzeit.

Die Briten in Afrika

Koloniale Aktivitäten Großbritanniens in Afrika begannen in größerem Stil erst im 19. Jahrhundert. Im 18. Jahrhundert waren auch britische Kaufleute in unrühmlicher Weise am transozeanischen Sklavenhandel beteiligt und betrieben diesen im Wesentlichen von Niederlassungen im heutigen Gambia aus. In der zweiten Hälfte des 18. Jahrhunderts stellte sich die britische öffentliche Meinung mehr und mehr gegen den Sklavenhandel. 1807 wurde er vom britischen Parlament verboten.

Das weitere koloniale Engagement Großbritanniens in Westafrika ergab sich zu einem großen Teil aus der Bemühung um eine Unterbindung des Sklavenhandels: 1808 richteten die Briten im heutigen Sierra Leone als Kronkolonie ein Protektorat für befreite Sklaven ein. 1802 errichteten sie auf dem Gebiet des heutigen Ghanas die Kronkolonie Goldküste. 1861 begann die britische Kolonialzeit im Gebiet des heutigen Nigerias. Von 1957 bis 1961 wurden die britischen Kolonien in Westafrika unabhängig. Britische oder europäische Siedler gab es in größerer Zahl in Britisch-Westafrika nicht.

In Südafrika besetzten die Briten 1795 die niederländische Kapkolonie, wo bereits seit dem 17. Jahrhundert Buren siedelten. Im Verlauf des 19. Jahrhunderts strömten viele britische Siedler ins Land. Es gab Auseinandersetzungen mit den Zulus und mit den Buren. Nach dem Zweiten Burenkrieg (1899–1902) wurden die beiden unabhängigen Burenrepubliken mit der Kapkolonie vereinigt. Als britisches Dominion wurde die Südafrikanische Union 1910 unabhängig. In Südafrika herrschten die weißen Siedler, teils britischer, teils burischer Herkunft. Weite Strecken des Landes, insbesondere die Kapkolonie, waren auch überwiegend weiß besiedelt. Der Versuch, die weiße Vorherrschaft gegenüber einer schwarzen Bevölkerungsmehrheit zu bewahren, führte seit dem Beginn des 20. Jahrhunderts stufenweise zum System der Apartheid.

Der seit 1869 fertiggestellte Suezkanal verkürzte den Seeweg nach Indien erheblich. Das dadurch ausgelöste strategische Interesse Großbritanniens führte 1882 zur britischen Besetzung Ägyptens und im weiteren Verlauf auch zur Besetzung des Sudans. Der dortige Aufstand des Mahdi – eines frühen Vorläufers späterer islamischer Erweckungsbewegungen – wurde 1898 in der Schlacht bei Omdurman niedergeschlagen. 1888 wurde die nach Cecil Rhodes so benannte Kolonie Rhodesien, 1890 die Kolonie Britisch-Ostafrika, das spätere Kenia, gegründet.

In Rhodesien und in Kenia gab es in größerem Umfang eine Einwanderung weißer Siedler. Diese bauten u.a. eine leistungsfähige Landwirtschaft auf und strebten letztlich eine staatliche Ordnung mit weißer Vorherrschaft nach südafrikanischem Vorbild an. Der Übergang in die Unabhängigkeit erfolgte in beiden Ländern nicht gewaltfrei. In Kenia gab es die sogenannten Mau-Mau-Aufstände mit Anschlägen gegen weiße Farmer, es wurde 1963 unabhängig. Rhodesien sagte sich 1965 als weiß beherrschte Republik von Großbritannien los. Nach längerem Bürgerkrieg kam es 1980 zu einem geordneten Herrschaftsübergang an die schwarze Mehrheit. Aus Rhodesien wurde Simbabwe.

Im südlichen Afrika gab es eine Reihe weiterer britischer Kolonien, wie Uganda, Nyassaland (heute Malawi) und Tanganjika (das frühere Deutsch-Ostafrika), auf die ich hier nicht näher eingehe. Sie wurden allesamt erst Ende des 19. bzw. Anfang des 20. Jahrhunderts erworben und Anfang der 1960er-Jahre unabhängig.

Belgien und Deutschland

Als Vorläufer der späteren Kolonie Belgisch-Kongo entstand ab 1878 der sogenannte Kongo-Freistaat. Dieser war Privatbesitz des belgischen Königs Leopold II. und wurde auf dubiose Weise durch »Landaufkäufe« von Bantu-Häuptlingen zusammengerafft. Ohne staatliche Aufsicht entwickelte sich eine Gräuelherrschaft gewissenloser Aufkäufer und Ausbeuter, die dem belgischen König erhebliche Reichtümer verschaffte.[213] Die sogenannten Kongo-Gräuel führten zu einem europaweiten öffentlichen Skandal und bewirkten, dass die Kolonie 1908 als Belgisch-Kongo vom belgischen Staat übernommen wurde. Der große Rohstoffreichtum bescherte der Kolonie einen wirtschaftlichen Aufschwung und macht den Kongo bis heute zu einem Objekt vielfältiger Begehrlichkeiten. Nach Unruhen im Lande entließ Belgien den Kongo zum 30. Juni 1960 übereilt in die Unabhängigkeit.[214] Im jahrelangen Bürgerkrieg setzte sich ein ehemaliger belgischer Unteroffizier namens Mobutu schließlich durch und war von 1965 bis 1997 32 Jahre lang korrupter Diktator der Demokratischen Republik Kongo.

Das Deutsche Reich engagierte sich erst ab 1885 als Kolonialmacht. Neben unbedeutenden Besitzungen in Fernost hatte Deutschland die Kolonie Togo in Westafrika, Deutsch-Südwest (das heutige Namibia) sowie Deutsch-Ostafrika (das heutige Tansania). Mit der deutschen Niederlage im Ersten Weltkrieg fand das deutsche Kolonialreich sein Ende. Die deutschen Kolonien wurden als Völkerbundmandate insbesondere an Großbritannien und Frankreich gegeben. Das heutige Ruanda und Burundi gingen an Belgien. Die nur dreißig Jahre währende deutsche Kolonialzeit hinterließ nur wenige dauerhafte Spuren. Es gab ernsthafte Bemühungen zur Entwicklung der

Kolonien auf den Gebieten Bildung, Gesundheit und Infrastruktur, aber auch eine rücksichtslose Bekämpfung von Aufstandsbewegungen. In besonderer Erinnerung ist einerseits das brutale deutsche Vorgehen beim Aufstand der Hereros in Deutsch-Südwest, andererseits in Deutsch-Ostafrika der erfolgreiche Abwehrkampf gegen die Briten mit Unterstützung der schwarzen Kolonialsoldaten.[215]

Koloniale Prägungen

Zu sagen, dass der europäische Kolonialismus die unterworfenen Gebiete sowie ihre Völker und Gesellschaften nachhaltig geprägt hat, wäre weit untertrieben. In den meisten Fällen kam es zu einer vollständigen Umwälzung der Verhältnisse. Diese ging zunächst einmal ausnahmslos zulasten der indigenen Bevölkerung.

Drei Elemente waren entscheidend. Erst ihr Zusammenwirken führte zu den nachhaltigen Umwälzungen:

- Die militärische Überlegenheit der Kolonisatoren, die entweder als Eroberer kamen oder sich jederzeit in Eroberer verwandeln konnten;
- überlegene Zivilisationstechniken der Kolonisatoren, die sich nicht nur auf Gerätschaften, sondern auch auf Verwaltung und Organisation bezogen;
- der unbekümmerte Herrschaftswille der Kolonisatoren, der das, was möglich schien, umstandslos herbeiführte und nach den Wünschen und legitimen Rechten der Unterworfenen zumeist nicht weiter fragte.

Den Unterworfenen blieb keine andere Wahl, als sich anzupassen und mit den Verhältnissen zu arrangieren. Im Lauf der Jahrzehnte und mit dem Wechsel der Generationen entstand so ein neues Aliud:

- Sofern Kolonialisten zu Einwanderern wurden, entfremdeten sie sich dem Mutterland und nahmen eine eigene lokale Färbung an.

- Sofern sich Kolonialisten mit Indigenen vermischten, entstanden Möglichkeiten zu einer neuen hybriden Kultur.
- Sofern Indigene die Kultur- und Militärtechniken der Kolonisten erlernten, entwickelten sie auch die Fähigkeiten, sich ihnen gegenüber zur Wehr zu setzen.
- Wo Indigene und Kolonisten sich nachhaltig vermischten, konnte durch Ethnogenese ein neues Volk entstehen.

Die Ethnogenese nahm allerdings eher Jahrhunderte als Jahrzehnte in Anspruch und ist auch nur begrenzt gelungen, wie der Blick auf die ehemaligen Kolonialgebiete zeigt.

Lateinamerika

Die indigene Bevölkerung hat 500 Jahre nach der Entdeckung Amerikas nur noch in Peru und Bolivien eine nennenswerte Größenordnung von um die 50 % der Einwohner. In Mexiko, Chile und Brasilien sind 10 bis 15 % der Bevölkerung indigen. Ein großer Teil der Bevölkerung Mittel- und Südamerikas besteht aus Mestizen. In Mexiko sind dies 80 %, in Ecuador 70 %, in Kolumbien, Peru und Bolivien 30 bis 50 % der Einwohner. In Argentinien und Chile ist die Bevölkerung überwiegend weiß. In Brasilien stufen sich 45 % der Bevölkerung als Weiße, 45 % als Mischlinge und 9 % als Schwarze ein. Der Anteil der Schwarzen und Mulatten an der Bevölkerung ist dort am höchsten, wo es in der Kolonialzeit eine ausgeprägte Plantagenwirtschaft mit schwarzen Sklaven gab, also in der Karibik und im Nordosten Brasiliens.[216]

Soweit man unter Ethnogenese eine weitgehende Vermischung der Bevölkerung und die Herausbildung einer neuen gemeinsamen Identität versteht, ist festzuhalten, dass auch 500 Jahre nach der Entdeckung Amerikas die Ethnogenese nicht abgeschlossen ist. In den meisten Ländern Mittel- und Südamerikas bestehen vielfältige ethnische Spannungen. Zwar gibt es bei den Bürgerrechten und den Regularien des täglichen Lebens nirgendwo in Mittel- und Südamerika eine rassistische Diskriminierung. Gemessen an Einkommen, Bildung, beruflicher Stellung und Kriminalität finden sich aber in allen

Ländern Südamerikas klare Abstufungen nach der ethnischen Herkunft.[217]

Bei institutionellen und sozioökonomischen Kennziffern haben die Länder Lateinamerikas durchweg Werte, die weit unter europäischen, nordamerikanischen oder ostasiatischen Standards liegen. Das gilt für Korruption, Wirtschaftsfreundlichkeit, Ungleichheit aber auch für die Bildungsleistung, gemessen an den Pisa-Werten.[218] Durchweg ist die Kriminalität sehr hoch, die Institutionen sind instabil. Wo Demokratie besteht, ist sie wackelig. Der natürliche Reichtum vieler lateinamerikanischer Länder, insbesondere in der Landwirtschaft und bei Rohstoffen, kann Mängel in der Produktivität und Schwächen beim verarbeitenden Gewerbe nicht ausgleichen. Bis heute ist spürbar, dass es den Ländern Lateinamerikas bei der Kolonisierung an jener tatkräftigen Siedlermentalität fehlte, die den Aufschwung Nordamerikas bewirkt hat und bis heute nährt. Dass es hier ungenutzte Möglichkeiten gab und gibt, zeigt der weit überdurchschnittliche Erfolg der deutschen Einwanderer in Brasilien, Argentinien oder Chile seit dem 19. Jahrhundert.[219]
Der Entwicklungsrückstand Lateinamerikas gegenüber Nordamerika und Europa zeigt sich auch in der lange Zeit völlig ungezügelten Bevölkerungsentwicklung. Das starke natürliche Bevölkerungswachstum Lateinamerikas hat in den letzten 50 Jahren zu einem erheblichen Einwanderungsdruck auf Nordamerika geführt.

Nordamerika

Bei der Entdeckung und Eroberung Amerikas beachteten die Spanier und Portugiesen die nördlichen Breiten des neuen Kontinents zunächst nicht, denn dort erhoffte man sich weder Gold noch Silber noch exotische Gewürze. Die europäische Besiedlung in Nordamerika setzte erst rund 130 Jahre nach Christoph Kolumbus ein. Und es kamen nicht Konquistadoren, die auf Raub und Bereicherung aus waren, sondern landhungrige Siedler, die sich mit eigener Hände Arbeit eine Existenz aufbauen wollten.

Ihr Modell erwies sich als viel erfolgreicher als jenes der Konquistadoren. Schon im Verlauf des 18. Jahrhunderts ließen der Wohlstand und das Entwicklungsniveau der britischen Kolonien in Nordamerika die rückständige feudalistische Bergwerks- und Plantagenwirtschaft von Lateinamerika rein ökonomisch gesehen weit hinter sich. Daraus erwuchs jenes Selbstbewusstsein der britischen Kolonisten, welches schon 1775, nach nur 150 Jahren kolonialer Existenz, zur Loslösung vom britischen Mutterland führte. Dagegen ließ die Unabhängigkeit Lateinamerikas noch weitere 50 Jahre auf sich warten, sodass die Gesamtdauer der spanischen Kolonialherrschaft bei 300 Jahren lag, im Falle Kubas sogar bei 400 Jahren.

Kanada und die USA zogen durchgehend vom 18. Jahrhundert bis in die Gegenwart große Einwanderungsströme an und hatten dabei stets ein Entwicklungsniveau wie in England oder Mitteleuropa. Sie pflegten dabei auch eine Kultur starker Institutionen britischer Prägung und eines stabilen und verlässlichen rechtlichen Rahmens. Auch nahmen sie von vornherein an der europäischen industriellen Revolution teil und entwickelten sich schon im 19. Jahrhundert auf vielen Gebieten zum technischen Vorläufer. Bereits in der Mitte des 19. Jahrhunderts überholten die USA das britische Mutterland als größten Industriestandort.

Der indigenen indianischen Bevölkerung Nordamerikas half das alles nicht. Sie wurde durch die Dampfwalze der europäischen Besiedlung verdrängt, vertrieben und vernichtet. Ihre extensiven Wirtschaftsformen und teilweise nomadischen Existenzen konnten dem Bevölkerungsreichtum und der technischen Überlegenheit der weißen Siedler allenfalls hinhaltenden Widerstand entgegensetzen. Schätzungen aufgrund archäologischer Hinweise gehen dahin, dass in Nordamerika um 1500 ca. 2,5 Millionen Indianer lebten.[220] Ende des 19. Jahrhunderts war ihre Zahl auf ca. 250 000 gefallen. Für 2010 wird im amerikanischen Zensus die Anzahl der »American Indians« mit rund 3 Millionen angegeben.[221]

Die Angaben zur ethnischen Herkunft (englisch *race*) im amerikanischen Zensus sind Ergebnis der Selbsteinschätzung der Befragten. Nur 2,4 % der Befragten ordneten im Zensus 2010 ihre Herkunft zwei oder mehr *races* zu. 72,4 % gaben »weiß«, 12,6 % »schwarz« und 4,8 % »Asian« an. 16,3 % gaben zu ihrer Herkunft »Hispanic or

Latino« an. Ethnogenese durch Vermischung der *races* steht also in den USA eher am Anfang und ist auch 250 Jahre nach dem Abschütteln der Kolonialherrschaft noch längst nicht erfolgt. Das stärkste Wachstum hatten in den letzten Jahrzehnten die Bevölkerungsgruppen mit asiatischer oder hispanischer Herkunft, gefolgt von der Gruppe der Schwarzen.

Hinsichtlich der Schwarzen in den USA ist bemerkenswert, dass lediglich ein sehr kleiner Anteil der transozeanischen Sklavenimporte des 17. und 18. Jahrhunderts in das Gebiet der späteren USA ging. Nur 360 000 von insgesamt 9,6 Millionen über den Atlantik transportierten Sklaven gingen ins britische Nordamerika.[222] Offenbar waren aber dort sowohl die Überlebensraten als auch die Reproduktionsbedingungen besser als in der Karibik und im nördlichen Brasilien. Es ist davon auszugehen, dass die rd. 39 Millionen Schwarzen, die heute in den USA leben, überwiegend von diesen 360 000 importierten Sklaven abstammen.

Auch heute noch, 60 bis 70 Jahre nachdem alle formellen Diskriminierungen in den USA abgebaut wurden, sind ethnische Unterschiede und die mit ihnen verbundenen Spannungen in den USA durchaus noch virulent. Das zeigte sich erneut im Mai/Juni 2020 bei den anhaltenden gewalttätigen Rassenunruhen in 75 amerikanischen Städten.[223] Gemessen an den Indikatoren Einkommen, Bildung und Kriminalität bleiben die Schwarzen in den USA in vielerlei Hinsicht eine Gruppe mit signifikanten statistischen Abweichungen. Statistisch ebenfalls signifikant – und zwar in die andere Richtung – weichen die Asiaten ab. Sie haben höhere Einkommen, eine bessere Bildungsleistung, weniger Kriminalität und eine längere Lebenserwartung als die weißen Amerikaner.

Australien und Neuseeland

Die Volkswirtschaften Australiens und Neuseelands wurden von Anfang an von europäischen Siedlern aufgebaut. Als die Kolonialisierung dort begann, war die Zeit der schwarzen Sklavenwirtschaft bereits vorbei. Seit Beginn der Kolonialisierung fügten sich die beiden Kolonien gut in die Arbeitsteilung im britischen Weltreich ein, und

später fügten sich die beiden souveränen Staaten gut in die Arbeitsteilung der Weltwirtschaft ein. So gab es dort nie einen wirtschaftlichen Rückstand gegenüber Europa oder Nordamerika.
An der Marginalisierung und dem weitgehenden Untergang der indigenen Bevölkerung in Australien änderte das nichts. Nach dem Zensus von 2001 sind 2,4 % der australischen Bevölkerung indigenen Ursprungs. Sie leben heute weitgehend in den Städten und haben ihre nomadischen Lebensformen als Jäger und Sammler aufgegeben.[224] Einkommensniveau und Bildungsbeteiligung sind unterdurchschnittlich, Suchtprobleme überdurchschnittlich. In Neuseeland haben die polynesisch-stämmigen Maori einen Anteil von 15 % an der Bevölkerung.[225]

Australien und Neuseeland betreiben beide eine gezielte, an Bedarf und Qualifikation orientierte Einwanderungspolitik. Dabei kommen vor allem qualifizierte Einwanderer aus dem Fernen Osten zum Zuge. Deren Zuzug wirkt sich positiv auf das durchschnittliche Qualifikationsniveau und die Bildungsleistung der Gesamtbevölkerung aus. Aufgrund der räumlich isolierten Lage und der strikten Einwanderungskontrolle haben Australien und Neuseeland kein nennenswertes Problem mit unerwünschter Einwanderung.

Südliches Asien

Im südlichen Asien haben insbesondere Indien und der Stadtstaat Singapur das kulturelle Erbe britischer Verwaltung, britischen Rechts und britisch geprägter Institutionen für ihre weitere Entwicklung klug genutzt. Indien scheint unter Schwierigkeiten seinen Weg in die Zukunft zu finden. Bei großer Ungleichheit produziert sein Bildungssystem vielfach brillante Höchstleistungen, wie u.a. die wachsende Rolle und Bedeutung indischer Ingenieure und IT-Experten in amerikanischen Konzernen zeigt. Singapur ist seit der Unabhängigkeit zum reichsten Land der Welt geworden. Beim Start in die Unabhängigkeit im Jahr 1963 lag es auf dem Niveau von Ghana, besaß aber im Unterschied zu diesem keine wertvollen Rohstoffe.

Einige südasiatische Länder – wie Pakistan, Malaysia oder Indonesien – wurden in unterschiedlicher Form von einer Islamisierungswelle erfasst, die ihre wirtschaftliche und soziale Entwicklung tendenziell behindert. Die weitere Entwicklung bleibt hier abzuwarten.

Insgesamt ist über das südliche Asien zu sagen, dass das große Gewicht der vorkolonialen Kulturen auch das Erbe der Kolonialzeit besser integriert bzw. sinnvoller nutzt, als dies z.B. in Lateinamerika oder in Afrika der Fall ist.

Afrika

Nach dem Ende der Kolonialzeit vor 60 Jahren bleibt die Entwicklung in Afrika, insbesondere in Subsahara-Afrika, deutlich hinter anderen ehemaligen Kolonialgebieten zurück. Dabei begann die europäische Kolonialzeit nirgendwo so spät und war nirgendwo so kurz wie in Afrika.

Anfang der 1990er-Jahre war die Republik Südafrika das einzige Land in ganz Afrika, insbesondere aber Subsahara-Afrika, das sich beim Entwicklungsstand von Industrie- und Landwirtschaft, bei der Energieversorgung, bei der Infrastruktur und beim Niveau wissenschaftlicher Einrichtungen und im Städtebau einigermaßen mit der entwickelten Welt vergleichen konnte. Die große Hoffnung war, dass mit dem Ende der Apartheid diese grundsätzlich positive Entwicklung weitergehen und sich mehr und mehr auch auf die bislang unterdrückte schwarze Mehrheitsbevölkerung ausdehnen würde.

Diese Hoffnung hat sich nicht bestätigt. In Südafrika breitete sich eine Flut von Korruption aus. Das Bildungswesen ging zurück, wo südafrikanische Universitäten Weltgeltung hatten, haben sie diese verloren. Das Wirtschaftswachstum stagniert, Ausfälle in der Infrastruktur nehmen zu. Anstatt dass Südafrika andere Staaten Subsahara-Afrikas auf sein Niveau hochzieht, gleicht es sich eher nach unten an das allgemeine subsaharische Niveau an. Man muss befürchten, dass es am Ende zu einem ganz normalen, durchschnittlich dysfunktionalen Land in Subsahara-Afrika wird.

Die Perspektiven in Afrika und die Frage, was man hier aus europäischer bzw. aus westlicher Sicht tun kann, werden ausführlich in Kapitel 5 behandelt.

Das zentrale Asien und der Ferne Osten

Entstehung und Aufstieg Chinas

Die Gestalt und die inneren Kräfte des zentralen Asiens und des Fernen Ostens werden nur begreiflich, wenn man das ungeheure Gewicht Chinas in den Blick nimmt:

- Der Blick auf die Landkarte zeigt, dass China das zentrale Asien und den Fernen Osten geografisch dominiert: Von der östlichen Mandschurei bis ins westliche Xinjiang ist es genauso weit wie vom westlichen Xinjiang bis nach Rom oder Wien. China hat in etwa die Landfläche Europas.
- Der Blick in die Statistik zeigt, dass China das zentrale Asien und den Fernen Osten auch demografisch und wirtschaftlich dominiert: Die stärkste ostasiatische Macht nach China, Japan, hat nicht einmal ein Zehntel der Einwohner Chinas, und auch das chinesische BIP ist mittlerweile dreimal so hoch wie das japanische.
- Der Blick auf die Kulturen zeigt, dass China, Korea, Japan und Vietnam sich in vielerlei Hinsicht weniger unterscheiden als beispielweise Spanien und Schweden.
- Und der Blick in die Gesichter der Menschen zeigt, dass die Völker des Fernen Ostens in hohem Maße ethnisch miteinander verwandt sind: Der europäische Blick kann Koreaner, Japaner und nördliche Chinesen nur schwer voneinander unterscheiden. Ähnlich schwer fällt den Europäern die Unterscheidung zwischen südlichen Chinesen und den Bewohnern des nördlichen Vietnams.

Weite Gebiete des heutigen Chinas, z.B. Tibet und Xinjiang (das frühere Ostturkestan) kamen erst im 18. Jahrhundert zum Staatsgebiet des chinesischen Kaiserreichs. Das Kernland Chinas, in dem das Reich der Mitte historisch entstand, wird nach Norden und Nordwesten abgegrenzt durch die Überreste der Chinesischen Mauer, nach Westen durch die Gebirge Tibets, nach Osten und Süden durch das Meer.

Eine Besiedlung durch den *Homo erectus* ist für China vor 1,66 Millionen Jahren nachgewiesen.[226] Eine erste Besiedlung Chinas durch den *Homo sapiens* dürfte etwa zeitgleich mit Australien vor 46 000 Jahren stattgefunden haben.[227] Die Vorfahren der heutigen Ostasiaten haben durchweg mongoloide Schädelformen, die sich durch flache Gesichter mit kleinen Nasen[228] und einen Schädelbau auszeichnen, der im Kreis der menschlichen Familie besonders grazil ist.[229] Archäologisch gesehen, sind diese Schädeltypen erst vor ca. 10 000 Jahren auf dem Gebiet des heutigen Chinas nachgewiesen. Theorien gehen dahin, dass die Vorfahren der heutigen Völker Ostasiens aus kalten nördlichen Gegenden kamen und – bedrängt durch das vorrückende Eis und die Kälte der letzten Eiszeit – sich nach Süden wandten und dort die ursprünglichen Bewohner verdrängten.[230]

Das klassische China, in dem die chinesische Kultur entstand und sich verbreitete, ist das östliche Tiefland rund um die beiden großen Flüsse Huang He (der Gelbe Fluss) und Jangtse. Im Norden, im Bereich des Gelben Flusses, ist das Klima eher trocken und kontinental mit kalten sibirischen Winden im Winter. Im regenreicheren Süden ist das Klima von feuchtwarmen Monsunwinden geprägt. Im Süden dominiert der Reisanbau, im Norden der Getreideanbau. Nach Norden und Nordwesten geht das Land in Steppen- bzw. Wüstenlandschaften über.[231]

Die »entscheidende Grenzlinie der chinesischen Zivilisation« ist »die agrarklimatische Grenze des Regenfeldbaus«, die in einem langen Bogen von der Mandschurei längs der Chinesischen Mauer bis zu den Gebirgen Tibets führt. »Nördlich und westlich dieser Linie fallen weniger als 400 Millimeter Niederschlag, was ertragreiche Landwirtschaft fast unmöglich macht.«[232] Das war das Gebiet der Nomaden und Steppenbewohner. Wie Kai Vogelsang kritisch schreibt, hat sich im Lauf der Zeit »der Unterschied zwischen dem chinesischen Stammland und diesen Gebieten zum Klischee verfestigt. Hier die Chinesen: sesshafte Bauern, die geduldig ihre Scholle bestellen [...] dort die ›Barbaren‹: namenlos und ungestüm. Nomadisierende Schaf- und Pferdezüchter, deren Leben aus Jagd und Kriegen besteht.«[233] Es gab vielfältige Interaktionen zwischen den nomadisierenden Reitervölkern aus der Steppe und der sesshaften chinesischen Hochkultur, und doch dominierte der Konflikt.

Die immer wieder erneut notwendige Verteidigung des chinesischen Tieflands gegen die Angriffe nomadisierender Reitervölker hat im Lauf der Zeit in China das Zusammenwachsen von Gesellschaften, Völkern und Staaten gegen die gemeinsame Bedrohung aus dem Norden und Westen gefördert. Klar ist heute – auch durch moderne archäologische Erkenntnisse –, »dass die chinesische Zivilisation nicht aus *einem* Zentrum am Gelben Fluss entstanden ist, sondern aus mehreren«.[234] Um 5000 v. Chr. lassen sich mindestens drei Makroregionen unterscheiden: Nordchina, Südchina und das Szechuanbecken im chinesischen Südwesten. Kulturelle Unterschiede dieser Regionen blieben über Jahrtausende recht stabil und machen sich bis in die Gegenwart bemerkbar.[235]

Wie der Sinologe Helwig Schmidt-Glintzer schreibt, beerbte China eine »lange Tradition der Herausbildung und Pflege politischer, kultureller und sozialer Einheiten«, wobei sich die chinesische Kultur im späten dritten Jahrtausend v. Chr. im Übergang zur Bronzezeit ausbildete.[236] Staaten und Gesellschaften in China entwickelten schon früh eine ausgeprägte Hochkultur. Das gilt für die chinesische Schrift, die über 3000 Jahre alt ist, für die Methoden des Landbaus, für den Städtebau, für Handwerk und Handel. Formen von Geld gab es in China seit dem 2. Jahrtausend v. Chr.

Die Staatenbildung in China vollzog sich über konkurrierende Fürstentümer mit befestigten Städten als Mittelpunkt. Schriftliche Quellen zur chinesischen Geschichte gibt es seit 1250 v. Chr. Unterschiedliche Reichsbildungen und Fürstentümer lagen miteinander im Streit. Unter ihnen setzte sich ab 350 v. Chr. der Staat Qin durch, der im Westen Chinas zwischen dem Jangtse und dem Huang He lag. Dieser Staat baute auf Zentralisierung, Bürokratie und Brutalität. Ying Zheng, der König der Qin-Dynastie, wurde 221 v. Chr. der erste Kaiser eines staatlich vereinten Chinas. Der Nachwelt bekannt wurde sein prächtiges Grab mit der großen Terrakotta-Armee, das 1974 beim Bauen eines Brunnens von Bauern entdeckt wurde. Nach historischen Berichten sollen 700 000 Zwangsarbeiter zum Bau des Grabes eingesetzt worden sein. »Viele Konkubinen sollen dem Kaiser in den Tod gefolgt sein, und schließlich wurden auch alle Handwerker, die das Geheimnis der Schätze kannten, lebendig in dem Hügel begraben.«[237]

Unter den Qin wurden große Zwangsumsiedlungen durchgeführt, die Mauern der Städte unterworfener Staaten wurden geschleift. Es wurde eine flächendeckende, zentral gelenkte Bürokratie zur Eintreibung der Steuern geschaffen und das Land wurde in 36 zentral verwaltete Amtsbezirke eingeteilt. »Maße, Gewichte, der Kalender, die Währung und sogar die Spurweiten von Gefährten [...] wurden im ganzen Reich vereinheitlicht.«[238] Schriften, die nicht passten, wurden verbrannt. 460 Gelehrte, die sich kritisch zur Politik des Kaisers äußerten, wurden umgebracht.

So bekämpfte der erste Kaiser des vereinten Chinas die von ihm gesehenen, inneren Gefahren. Gegen die äußere Bedrohung durch die Steppenvölker im Norden ließ der Kaiser vorhandene Befestigungen der Vorgängerreiche zu einem großen Befestigungswall zusammenführen, der von der Mandschurei bis zum Himalaja reichte und 5000 Kilometer lang gewesen sein soll. Beim Bau sollen 300 000 Zwangsarbeiter geschuftet haben.[239] So wollte der erste Kaiser von China das chinesische Reich vor den Steppennomaden der Xiongnu schützen.

In der Folgezeit gab es immer wieder längere Perioden, in denen das Chinesische Reich wegen kriegerischer Einfälle von außen oder wegen innerer Wirren in Teilreiche zerfiel. Aber die Phasen staatlicher Einheit wurden immer länger und das Bewusstsein gemeinsamer Staatlichkeit immer stärker. Auch die Wirren und Bürgerkriege Chinas im 20. Jahrhundert passen, ex post gesehen, gut in das historische Muster.

Die Reitervölker der Steppennomaden

Zu den historischen Konstanten der chinesischen Geschichte zählt die wiederkehrende Bedrohung durch berittene Nomaden aus den Steppengebieten im Norden und Westen. Der eurasische Steppengürtel, in dem wegen zu großer Trockenheit Ackerbau nur schwer oder gar nicht möglich ist, zieht sich von der Mandschurei über die Mongolei und Xinjiang bis zum Kaspischen und zum Schwarzen Meer. Der Übergang zu den zentralasiatischen Wüstengebieten und jenen Regionen, in denen Ackerbau möglich ist, ist gleitend. Wüste und Steppe werden regional unterbrochen durch Oasen, in denen es genügend Wasser gibt und Ackerbau möglich ist.[240]

Schon bald nach dem Ende der letzten Eiszeit hatten sich im eurasischen Steppengürtel die Lebens- und Wirtschaftsformen viehzüchtender Nomaden herausgebildet. Dort wurde auch das Pferd domestiziert, und seine Nutzung als Zug- und Reittier begann. Steppe und Pferd ermöglichten schnelle Fortbewegung, die Härten des nomadischen Lebens unterstützten eine kriegerische Gesinnung.[241] Die Indoeuropäer, die vor 4800 Jahren nach Europa einbrachen und die Bevölkerung sprachlich und genetisch transformierten, waren Steppennomaden. Auch die Skythen, die seit dem 7. Jahrhundert v. Chr. in Südrussland und in der Ukraine siedelten, gehörten dazu. Sie hinterließen keine schriftlichen Zeugnisse und sind uns nur aus griechischen Quellen bekannt. Über die Spuren, die die nomadischen Reitervölker der Hunnen, Türken und Mongolen in der europäischen und nahöstlichen Geschichte hinterließen, habe ich bereits berichtet.

Unter den Qin wurde China nicht nur geeint, auch die Reichsgrenze wurde am Bogen des Huang He nach Norden verschoben. Dies führte zum Konflikt mit den nomadischen Reitervölkern der Steppe. Kurz nach der chinesischen Reichseinigung vereinigten sich diese im Jahr 209 v. Chr. unter Führung des Stammes der Xiongnu zu einem Reich, das von der Mongolei nach Zentralasien reichte. Sie bedrängten in den nachfolgenden Jahrzehnten und Jahrhunderten das chinesische Reich, immer wieder kam es zu Einfällen von Reiternomaden. Die chinesischen Herrscher versuchten dies durch regelmäßige Tribute an die Xiongnu und auch durch Heiratspolitik zu lenken und einzudämmen. Auch gliederten sie regelmäßig »Barbaren« in die Streitkräfte ein und versuchten, die Führer potenziell feindlicher Völker durch Verleihung chinesischer Titel an sich zu binden.[242] Die Kämpfe mit den Xiongnu gingen über Jahrhunderte und waren wechselhaft. Im Jahr 133 v. Chr. ging Kaiser Wu massiv gegen die Xiongnu vor und brachte ihnen durch verschiedene Vorstöße über die Mongolei verheerende Niederlagen bei. Erstmals wurde eine Herrschaft Chinas in Zentralasien etabliert, und das Gebiet des heutigen Xinjiang wurde, wenn auch nur vorübergehend, dem Reich einverleibt.[243]

Die Kämpfe mit nomadischen Reitervölkern an der Nordgrenze des Reichs setzten sich auch in den nachfolgenden Jahrhunderten fort. Immer wieder gab es große Befestigungsarbeiten an der Nordgrenze. Besonders intensiv geschah dies unter Kaiser Yangdi (Tang-Dynastie). »Vor allem in den Jahren 607 und 608 wurden im Sommer verpflichtete Arbeiter in großer Zahl an die Nordgrenze geschickt, von denen jeder zweite umgekommen sein soll.«[244]

Eine neue Bedrohung stellten seit dem 6. Jahrhundert die Verbreitung und die Vorstöße türkischer Nomadenvölker dar. Auch hier waren die Kämpfe langwierig und wechselhaft. »Die größte Gefahr, die den Tang im 7. Jahrhundert drohte, waren die Angriffe der Türken.« Sie waren zu einer »ähnlichen Bedrohung im Norden geworden wie einst die Xiongnu für die Han«. Im Jahr 630 gelang es einer chinesischen »Armee von 100 000 Mann, die Truppen der Türken völlig zu vernichten, ihren Khan gefangen zu nehmen und die Herrschaft der Osttürken zu beenden. Damit hatte sich das Blatt völlig gewendet. Die Mongolei wurde nun zum Teil des Tang-Reichs, und Kaiser Taizong vom tributpflichtigen Vasallen zum Herrscher über die Türken. 630 nahm er offiziell den Titel des ›Himmlischen Khans‹ der Türken an.«[245]

In den folgenden Jahrhunderten gab es immer wieder Auseinandersetzungen der Tang-Dynastie mit Tibetern, mit den türkischen Völkern der Karluken und der Uiguren und mit den Kitan im Nordosten. Konkurrierende Dynastien wurden ausgerufen. Um 885 brach die Dynastie Tang zusammen und wurde 907 auch formell beendet.[246]

Am Ende der Tang-Dynastie zerfiel China für rund 70 Jahre in verschiedene Staaten, von denen sich die »fünf Dynastien« im nördlichen China in rascher Folge abwechselten. Drei von diesen Dynastien waren türkische Fremdherrschaften, wie sie Nordchina in den Jahrhunderten zuvor immer wieder erlebt hatte. Im Jahr 960 setzte sich ein General, der gegen die Kitan kämpfte, als Kaiser Taizu selbst auf den Thron und gründete die Dynastie Song. Er entmachtete die Generäle und unterstellte das Militär der zivilen Verwaltung. Er und sein Nachfolger schufen eine große Armee, die in wenigen Jahren von 400 000 auf 900 000 Mann wuchs. Damit eroberten die Song fast das ganze China. Nur in den Nordprovinzen hielt sich die Fremdherrschaft der Kitan.[247]

100 Jahre später verschlangen die Verteidigungsausgaben der Song bereits über 80 % der Staatseinnahmen.[248] Um die Kitan zu besiegen, verbündete sich die Dynastie Song 1120 mit den Jurchen, tungusischen Stämmen aus der östlichen Mandschurei. Deren Anführer hatte sich 1115 zum Kaiser von Jin erklärt und ein mit den Song konkurrierendes Nordreich gegründet.[249] Nach dem gemeinsamen Sieg über die Kitan griff aber das Reich der Jin die Song-Dynastie an und eroberte 1126 nach einer schrecklichen Belagerung die Hauptstadt Kaifeng. Der Song-Kaiser wurde unter erniedrigenden Umständen in die nördliche Mandschurei verschleppt. Nur im Süden gelang es den Song, ein eigenes Reich zu gründen, das aber unter ständiger Bedrohung durch die Jurchen stand. China war erneut gespalten. Es gab jahrelange Unordnung und schwere Barbarei.[250]

Nach den Xiongnu, den Türken und den Jurchen ergab sich für China die nächste große Bedrohung aus der Steppe durch die Mongolen. Herkunft und Aufstieg der Mongolen unter Dschingis Khan und die Wirkungen des eurasischen Mongolensturms habe ich bereits im Kapitel »Der Mongolensturm« geschildert. In Nordchina legten die Mongolen 1212/13 »Dutzende von Städten in Schutt und Asche, verwüsteten das Ackerland und metzelten die Bevölkerung Mann für Mann nieder. 1215 eroberten sie Peking, plünderten und brandschatzten es: einen ganzen Monat soll die Stadt in Flammen gestanden haben.«[251] Die Jurchen flohen nach Süden. Als Dschingis Khan 1227 starb, erhielt sein Sohn Ögödei bei der Aufteilung des Großreichs das mongolische Stammland und Nordchina. Er und seine Nachfolger Möngke und Kublai setzten die Eroberung Chinas in den kommenden Jahrzehnten fort. Die Kämpfe mit dem Reich der Südlichen Song waren von äußerster Brutalität. Erst 1279 wurden die letzten Kämpfer der Song in einer blutigen Seeschlacht vor der südlichen Küstenstadt Guangzhou geschlagen. »Der letzte Song-Kaiser, ein Kind, das von unbeugsamen Loyalisten eingesetzt worden war, ertrank im Südchinesischen Meer, mit ihm stürzten sich zahllose seiner Anhänger heroisch in den Tod.«[252]

Erstmals seit der Reichsgründung durch die Qin 1500 Jahre zuvor war das chinesische Reich vollständig durch ein Steppenvolk erobert worden.

Kublai Khan ließ sich in Peking zum Kaiser krönen und begründete die Yuan-Dynastie. Was die Verwaltung des großen Reichs anging, übernahmen die neuen Herren die eingeübten Praktiken früherer Dynastien und stützten sich auf die traditionelle Bürokratie. Aber die mongolischen Herren versuchten, ihre Eigenart zu bewahren. Sie lebten teilweise in Jurten, benutzten die mongolische Sprache und zogen jeden Sommer für vier Monate in die mongolische Hauptstadt Shangdu.

Die mongolische Herrschaft über das ganze China währte nur 99 Jahre. Ungerecht verteilte Steuerlasten, eine ausbeuterische Verwaltung, Missernten, Hungersnöte und eine Reihe schwacher Herrscher führten zu zahlreichen Aufständen. Einer der Anführer, der ehemalige Mönch Zhu Yuanzhang, bekannt auch unter dem Namen Hongwu, entwickelte großes militärisches Talent, unterwarf sich zunächst Südchina und marschierte schließlich fast ohne Widerstände 1368 in Peking ein. Der letzte Kaiser der Mongolen »hatte sich bei Nacht und Nebel mit 60 000 Gefolgsleuten davongemacht und war in die Mongolei geflohen«.[253] So ruhmlos endete nach 160 Jahren der brutale Ausflug des Steppenvolkes in die chinesische Hochkultur.

Zhu Yuanzhang wurde zum ersten Kaiser der Ming-Dynastie, die für die nächsten 276 Jahre (bis 1644) herrschte. Den frühen Ming-Herrschern gelang es, das Heer erneut vollständig unter zivile Kontrolle zu bringen. Es handelte sich um eine nationale Dynastie, die Zeit der Fremdherrschaft war zunächst vorbei. Von nun an bis zu den Bürgerkriegen des 20. Jahrhunderts war China ein geeinter Staat.

Unter den frühen Ming-Kaisern hatte die Sicherung der Nordgrenze ein besonderes Gewicht. Die Chinesische Mauer in ihrer heutigen Gestalt stammt aus der frühen Ming-Zeit.

Im Verlauf des 15. Jahrhunderts erlebte China immer wieder Angriffe aus der Mongolei, derer es sich aber erwehren konnte. Der Niedergang und Zusammenbruch der Ming-Dynastie fand im späten 16. und frühen 17. Jahrhundert statt. Es gab agrarsoziale Spannungen und als deren Folge Bauernaufstände, die sich auch aus einem wachsenden Bevölkerungsdruck erklären lassen. Im 7. Jahrhundert hatte China etwa 50 bis 60 Millionen Einwohner gehabt, diese Zahl war bis zum 12. Jahrhundert auf etwa 100 Millionen angestiegen.[254] Unter der Mongolenherrschaft hatte die Bevölkerung um etwa 40 % auf 60 Millionen abgenommen. In den ersten beiden Jahrhunderten der Ming-Herrschaft verdoppelte sie sich erneut auf etwa 120 Millionen.[255] Seit 1629 gab es im Reich zunehmend Aufstände, die Macht geriet in die Hände konkurrierender Warlords. Der letzte Kaiser der Ming erhängte sich 1644, als Aufständische Peking erobert hatten.

Im Norden in der Mandschurei hatte sich ein neues Reich der Jurchen gebildet. Das neue Herrschervolk der vereinten Jurchenstämme nannte sich seit 1635 Mandschu. Deren Fürst Abahai, bekannt auch als Huang Taiji, fiel 1629/30 in China, 1638 auch in Korea ein. Er proklamierte 1636 die große Qing-Dynastie. Nach dem Tod des letzten Ming-Kaisers übernahmen die Mandschus die Macht im nördlichen China. Es dauerte noch Jahrzehnte, bis sie ganz China unter ihre Kontrolle gebracht hatten. Der Südwesten wurde erst 1681, Taiwan 1683 erobert. Tibet geriet 1751 endgültig unter die Herrschaft der Qing.[256] »Bis ins 18. Jahrhundert war die Mandschu-Dynastie ein Vielvölkerstaat mit einer mehrsprachigen Administration, und die wichtigen Staatsdokumente und Werke der Geschichtsschreibung wurden nicht nur auf Mandschurisch, sondern auch auf Chinesisch abgefasst.«[257]

Nach der Eroberung Pekings, das die Mandschus zu ihrer Hauptstadt machten, verordneten die neuen Herrscher 1645 ihren chinesischen Untertanen sofort eine neue Frisur: Sie mussten sich die vordere Hälfte des Kopfes scheren und das verbleibende Haar auf dem

Hinterkopf zu einem Zopf flechten. »Der Zopf war ein Zeichen absoluter Unterwerfung unter die neuen Herrscher: indem sie sich die Haare schoren, die sie von den Eltern erhalten hatten, mussten die Untertanen der Qing ihre Familienbindung symbolisch dem Staat opfern.«[258] Die Eroberung Chinas durch die Mandschus ging mit unerhörter Grausamkeit einher. Die reichen Städte am Unterlauf des Jangtse konnten erst nach langer Belagerung eingenommen werden. In Jiangyin metzelten die Qing die gesamte Bevölkerung von 170 000 Menschen nieder. Die prächtige Handelsstadt Yangzhou wurde nach der Eroberung 10 Tage lang geplündert. Die Truppen der Mandschu verübten ein massives Massaker, dem 800 000 Einwohner zum Opfer fielen.[259] 1759 besiegten die Qing endgültig die mongolischen Dsungaren. »Genau 500 Jahre nach der Thronbesteigung Kublai Khans war die Bedrohung durch die Mongolen ein für alle Mal gebannt.«[260]

Nachdem der Sieg einmal errungen war, brachte die Herrschaft der Mandschus den unterworfenen Chinesen jahrhundertelangen Frieden. Durch die Feldfrüchte aus der neuen Welt hatten sich auch die Anbaumöglichkeiten vergrößert. Die Bevölkerung war bis 1800 auf mindestens 350 Millionen gestiegen und damit dreimal so groß wie zum Ende der Ming-Zeit. Der landwirtschaftliche Boden wurde knapp, der Lebensstandard breiter Schichten sank. Im 19. Jahrhundert erschütterten zahlreiche Aufstände das Reich, die Interventionen ausländischer Kolonialmächte kamen hinzu.[261]

1912 kam mit der Gründung der Republik China das Ende des Kaiserreichs. Die Herrschaft der Qing-Dynastie hatte 296 Jahre gedauert. Am Ende hatte es viele Reformen gegeben, aber sie konnten den Untergang der alten Ordnung nicht aufhalten. Während der gesamten Herrschaft der Qing-Dynastie bewahrten sich die Mandschus ihre eigene Sprache, wohnten in eigenen Wohnvierteln und waren durch ihre Kleidung unterscheidbar. Eine besonders große Rolle spielten die Mandschus im Militär.

Beim Übergang zur Republik verband sich der Ruf nach Demokratie und mehr Gerechtigkeit mit nationalen Untertönen. Im Manifest des vom »Vater der Republik« Sun Yat-sen 1905 gegründeten

»revolutionären Schwurbundes« heißt es: »Vertreibt das Tatarengesindel! Die Mandschuren sind eigentlich Ostbarbaren von jenseits der Grenze. [...] Stellt China wieder her! China gehört den Chinesen. [...] Gründet eine Republik! Die Revolution geht vom einfachen Volk aus, um eine republikanische Regierung zu schaffen. [...] Gleiche Bodenrechte! Die Segnungen der Zivilisation sollen allen gleichermaßen zukommen.«[262]

Der Untergang der Qing-Dynastie wurde 1911 durch eine Kette von Aufständen ausgelöst, in deren Verlauf innerhalb von sechs Wochen 15 Provinzen ihre Unabhängigkeit erklärten. »Dabei kam es zu furchtbaren Massakern an mandschurischen Soldaten und Zivilisten. Hunderte wurden in Wuhan geköpft, erschossen, in den Selbstmord getrieben, in Xi'an und anderen großen Städten Zehntausende. ›Alte und Junge, Männer, Frauen, kleine Kinder wurden gleichermaßen abgeschlachtet‹, berichtet ein Beobachter. Viele Mandschuren versuchten, sich als Han auszugeben, aber es gab kein Entkommen.«[263]

So endete 2132 Jahre nach der Reichsgründung durch Kaiser Yongzheng die letzte Herrschaft eines Steppenvolkes in China. Bis auf die äußere Mongolei sind heute jene Gebiete, aus denen einst die Bedrohung aus der Steppe kam – Ostturkestan (Xinjiang), Tibet, die innere Mongolei, die Mandschurei – Teil des chinesischen Staatsgebietes, und die dortige indigene Bevölkerung fühlt sich eher unter Druck durch die Einwanderung von Han-Chinesen als umgekehrt.

Zur Rolle der Chinesischen Mauer

Der römische Limes hatte etwa 400 Jahre Bestand. In dieser Zeit leistete er einen wichtigen Beitrag dazu, das Römische Reich vor Überfällen und Kriegszügen, die jenseits der Reichsgrenze ihren Ausgang nahmen, zu schützen und eine angemessene militärische Antwort zu erleichtern. Natürlich gehörten zum Grenzschutz auch gelegentliche Kriegszüge ins Feindesland jenseits der Reichsgrenzen. Auch eine ergebnisorientierte Kooperation mit den Nachbarn jenseits der Grenze und eine gezielte Bündnispolitik gehörten dazu. Außerdem waren immer wieder Entscheidungen darüber nötig, ob, wann und unter welchen Bedingungen man bestimmte Gruppen ins Reichsgebiet einwandern ließ und wo man ihre Ansiedlung gestattete. Der Limes war also kein isoliertes Bauwerk, das als solches bereits eine Funktion erfüllen konnte, sondern er hatte Erfolg als Teil einer umfassenden Politik zum Schutz der Reichsgrenzen, zur Einhegung militärischer Gefahren und zur Steuerung von Einwanderung. Die Langlebigkeit des Römischen Reichs zeigt, dass diese Politik insgesamt strategisch erfolgreich war. Da die Politik der äußeren Grenzsicherung in der Summe erfolgreich war, konnte das Römische Reich zu seinen besten Zeiten auf die Befestigung der im Inland gelegenen Städte weitgehend verzichten. Der Reichsfrieden wurde an den Grenzen gesichert und ermöglichte so im Inneren das Wachstum von Wohlstand und Bevölkerung.

Eine ähnliche Rolle entwickelte sich historisch auch für die Chinesische Mauer. Sie war nicht die Kopfgeburt eines Autokraten oder das Ergebnis paranoider Fremdenangst, sondern sie ergab sich vielmehr aus dem grundlegenden Gegensatz zwischen berittenen nomadisierenden Steppenvölkern und sesshaften Ackerbaukulturen. Die auftretenden Konflikte entwickelten sich geradezu zwingend immer wieder neu aus den objektiven Interessengegensätzen, die die unterschiedlichen Lebensformen mit sich brachten. Deshalb waren diese Gegensätze – die Art, wie sie auftraten und die Art, wie sie ausgefochten wurden – auch über die Zeiten, Völker und Kulturen hinweg weitgehend konstant. Das galt vor 4800 Jahren für die Indogermanen in Europa, vor 2200 Jahren für die Xiongnu gegenüber China, vor 1600 Jahren für die Hunnen gegenüber dem Römischen Reich, vor 1400 Jahren für die Osttürken gegenüber China, vor 900 Jahren für die Türken gegenüber Byzanz, vor 750 Jahren für die Mongolen gegenüber Europa und China.

Die Vorläufer der Chinesischen Mauer gehen ins 5. Jahrhundert v. Chr. zurück. Damals hatten Regionalstaaten Nordchinas hunderte Kilometer lange Erdwälle zum Schutz ihrer Grenzen aufgeworfen. Im Qin-Reich gab es dann vor 2200 Jahren den ersten Versuch zu einer zusammenhängenden Grenzbefestigung. Solche Befestigungen sind immer wieder zerfallen, wurden ertüchtigt, modernisiert und änderten auch ihre Lage. Den gezielten Ansturm eines großen Heeres konnten sie selbstverständlich nicht aufhalten. Aber sie konnten Einbrüche kanalisieren und machten es leichter, sie abzuriegeln.[264]

Wer im Norden von Peking auf der Chinesischen Mauer steht und auf sich wirken lässt, wie sich dieses monumentale Bauwerk bis ins Unendliche reichend über Berge und Täler zieht, der weiß, dass solch eine ungeheure Anstrengung nicht aus der Willkür einer bloßen Idee entsprang, sondern einer tief empfundenen, anhaltend wirkenden Notwendigkeit gehorchte. Beeindruckend ist auch, dass in China ganz unterschiedliche Staaten und Herrscher über zweieinhalb Jahrtausende hinweg dasselbe Projekt verfolgt haben. Angesichts der ungeheuren Kosten und Opfer, die mit den Befestigungswerken verbunden waren, wurden solche Entscheidungen nicht leichtfertig getroffen.

Die Befestigungsanlagen und die begleitenden militärischen Anstrengungen in Form von Grenztruppen und großen stehenden Heeren boten immerhin über längere Zeitstrecken, teils auch über Jahrhunderte, einen weitgehenden Schutz. Unter diesem Schutz konnte sich China entwickeln und seine Bevölkerung stark wachsen. Als in der Qing-Dynastie unter den Mandschus die Gebiete der Steppenvölker ins chinesische Staatsgebiet integriert wurden, wurde das Vorfeld der Chinesischen Mauer selbst chinesisch und damit die Mauer als militärisches Bauwerk überflüssig. Außerdem passte sie auch als Abwehrsystem nicht mehr in die Zeit der modernen Artillerie. Interessant und aufschlussreich bleibt die Chinesische Mauer als Dokument eines intensiven Abwehr- und Selbstbehauptungswillens gegen äußere Gefahren und die Raubzüge fremder Völker.

Ein weiterer Schutz für China, der die Grenzbefestigungen und die stehenden Heere an den Grenzen wirksam ergänzte, war die schiere Größe des Landes, verbunden mit seinem Bevölkerungsreichtum. Schon das frühe China hatte eine recht stabile Bevölkerung von 50 bis 60 Millionen Menschen. Wegen dieses Bevölkerungsreichtums waren die Eroberer aus der Steppe, selbst wenn sie erfolgreich waren, immer in einer demografischen Minderheit. Zwar waren die chinesischen Armeen in der Steppe kriegerisch unterlegen und die Reiternomaden wiederum konnten erobern, eine Herrschaft aber nur halten, wenn sie sich an die Verwaltungsstrukturen und Kulturtechniken der Eroberten bis zu einem gewissen Grad anpassten. Das verwässerte mit der Zeit jedwede Fremdherrschaft, mochte sie am Anfang noch so grausam sein und noch so viel Blut bei der Eroberung und danach geflossen sein. Die Chinesen fanden es schwierig, in der Steppe kriegerische Aktionen durchzuführen, die Nomaden wiederum konnten eine Agrargesellschaft zwar erobern, sie aber nicht beherrschen, ohne sich an ihre Kultur anzupassen.[265]

Zu Zeiten der Ming- und Qing-Dynastien verstärkte sich das chinesische Bevölkerungswachstum weiter deutlich. Das war auch ein Ergebnis der langen Friedenszeiten, die die stabilen Herrschaftsverhältnisse einer politisch vereinten Landmasse und der wirksame Schutz gegen die Einfälle fremder Völker boten. Als die Bevölkerung Chinas Ende des 18. Jahrhunderts einen Umfang von 350 Millionen Menschen erreichte, wurde eine anhaltende Bedrohung durch aggressive Steppenvölker schon aus rein demografischen Gründen immer schwieriger.

Wegen der kompakten Landmasse des chinesischen Tieflands und des demografischen Gewichts der eigenen Bevölkerung war China gegenüber militärischen Misserfolgen und Einbrüchen fremder Völker, wie sie immer mal wieder auftraten, wesentlich widerstandsfähiger als das Römische Reich. Dieses ging unwiderruflich unter, als es einmal durch die Einbrüche fremder Völker zerstückelt war. Sein Kerngebiet Italien konnte sich hinsichtlich demografischer und geografischer Dominanz in keiner Weise mit dem großen Kernchina, das sich um die beiden Flüsse Huang He und Jangtse gruppiert, vergleichen.

Das abgeschirmte Japan

Die Abschirmung gegen die Einbrüche fremder Völker, politische Einheit und lange Friedenszeiten erlaubten der chinesischen Kultur und Zivilisation während der langen Jahrhunderte der Ming- und

Qing-Dynastien eine beispiellose Blüte. Sie brachten aber auch eine gewisse Arroganz und Unbeweglichkeit mit sich. Diese wurde verderblich, als sich seit Mitte des 18. Jahrhunderts in Europa und Nordamerika die industrielle Revolution entfaltete. Der daraus erwachsenden technischen und militärischen Überlegenheit der Europäer hatte China zunächst nichts entgegenzusetzen. So ging das chinesische Kaiserreich schließlich unter.

Einen interessanten Weg ging Japan. Die heutige japanische Bevölkerung stammt überwiegend von Einwanderern aus dem südlichen China und Korea ab, die seit ca. 300 v. Chr. nach Japan kamen.[266] Über China kam auch der Buddhismus nach Japan. Die japanische Architektur, Kunst und Schrift zeigen, dass der Einfluss Chinas auf Japan überaus stark war und sich über anderthalb Jahrtausende erstreckte. Japan wurde aber anders als Korea nie von chinesischen Herrschern erobert. Allerdings versuchten die Mongolen, 1274 und 1281 Japan zu erobern, was jedoch insbesondere wegen der japanischen Insellage letztlich misslang.[267]

Europäer kamen in Form portugiesischer Seefahrer erstmals 1543 mit Japan in Kontakt. Von den Portugiesen schauten sich die Japaner das Prinzip der Feuerwaffen ab. Bereits nach wenigen Jahren waren alle rivalisierenden japanischen Armeen mit Feuerwaffen ausgestattet.[268] In den folgenden hundert Jahren bis 1640 nahmen die Japaner von Missionaren, Kaufleuten und Seefahrern viel Wissen aus Europa auf. Der Einfluss europäischen Wissens und europäischer Ideen stieß aber zunehmend auf Missfallen der japanischen Führungsschicht. 1640 riegelte sie das Land ab. Alle Ausländer, mit Ausnahme der Chinesen, wurden des Landes verwiesen. Die Einreise wurde Ausländern verboten. Wer gleichwohl ins Land kam, sollte hingerichtet werden. Als ein portugiesisches Gesandtschaftsschiff sich 1649 nach Japan wagte, wurde der größte Teil der Besatzung enthauptet.[269] Nur mit holländischen Kaufleuten hielt Japan in der Folgezeit einen begrenzten Kontakt, um über europäische Entwicklungen informiert zu bleiben.

Die Abschließung währte über 200 Jahre, bis 1854 die amerikanische Kriegsmarine die Öffnung japanischer Häfen für den Handel erzwang. Im Land löste dies einen Machtwechsel aus. In der sogenannten Meiji-Restauration wurde die Zentralmacht des Kaisers (Tenno) wiederhergestellt und es begann eine Zeit intensiver Reformen. In wenigen Jahrzehnten reformierte Japan alle seine Institutionen nach westlichem Muster und holte westliches Wissen ins Land. Die Armee wurde nach preußischem, die Kriegsmarine nach britischem Vorbild aufgebaut. Das zivile Recht folgte dem deutschen BGB. Teile des Schulsystems sowie das Bank- und Finanzwesen folgten amerikanischem Vorbild.[270] In wenigen Jahrzehnten war Japan in der Lage, eine moderne Kriegsmarine aufzubauen, die 1905 in der Seeschlacht bei Tsushima die russische Flotte vernichtend schlug.

Japaner gingen ins Ausland um dort zu lernen. Experten durften nach Japan kommen, um die Japaner beim Technologietransfer und beim Aufbau von Industrien zu unterstützen. Auf diese Weise fand in wenigen Jahrzehnten ein gigantischer Transfer des gesamten technischen und institutionellen Wissens des Abendlandes nach Japan statt. Seit dem Zweiten Weltkrieg wurde Japan zudem intensiv in den Welthandel eingebunden. Von nennenswerter oder gar von massenhafter Auswanderung aus Japan oder Einwanderung nach Japan war dies alles nicht begleitet. *Die japanische Entwicklung ist ein Beweis dafür, dass man den Transfer von technischem Wissen, von administrativer Expertise, die Übertragung ganzer Institutionen sowie die Integration in die Weltwirtschaft vollständig ohne nennenswerte Wanderungsbewegungen bewältigen kann.*

Seit den 1960er-Jahren verläuft die Geburtenentwicklung in Japan wie auch die Zunahme der Lebenserwartung ähnlich wie in Deutschland. Im Unterschied zu Deutschland hat aber Japan keine nennenswerte Einwanderung. Einwanderung wird sehr restriktiv gehandhabt und auf wenige Fachkräfte begrenzt. 2015 lag der Ausländeranteil in Japan nur bei 1,6 %. Davon kam die Hälfte aus den Nachbarstaaten China und Korea, und auch der Rest der Ausländer bestand zum allergrößten Teil aus kulturnahen Ostasiaten.[271] Muslime gibt es in Japan praktisch überhaupt nicht, ihre Zahl beläuft sich allenfalls auf 10 000. Auch bei der geringen Zahl ausländischer Fachkräfte achten die japanischen Firmen darauf, dass es sich dabei möglichst nicht um Muslime handelt.[272]

Gleichwohl scheint Japan die Transformation zu einer älter werdenden, aus demografischen Gründen schrumpfenden Gesellschaft zu gelingen, ohne dass es zu größerer Einwanderung kommt. Schon gar nicht gibt es kulturfremde Masseneinwanderung. Der Gesellschaft bleiben die damit verbundenen Spannungen und der Volkswirtschaft die damit verbundenen Kosten erspart. Bei technischen Hilfen in der Altenpflege ist Japan mittlerweile weltweit technologisch führend. Japan ist zum Modellfall dafür geworden, wie eine geburtenarme alternde Gesellschaft ihre Probleme weitgehend ohne Einwanderung lösen kann.

Die weitgehend ethnische und kulturelle Homogenität der japanischen Gesellschaft bewahrte und bewahrt diese vor vielen kulturellen Spannungen, aber auch vor hoher Kriminalität. Dem Entwicklungsniveau und dem Lebensstandard in Japan hat die politische Entscheidung, auf Einwanderung weitgehend zu verzichten und auch die aus der Geburtenarmut erwachsenden, demografischen Spannungen aus eigener Kraft aufzufangen, nicht geschadet. Das BIP pro Kopf, dessen Zunahme und die Entwicklung der Produktivität bewegen sich für Japan in dem Rahmen, der für ein Land dieses Entwicklungsniveaus weltweit gilt. Negative Auswirkungen des weitgehenden Einwanderungsverzichts auf den Lebensstandard und das wirtschaftliche Entwicklungsniveau sind in Japan nicht erkennbar. Japan ist hinsichtlich seiner Einwanderungspolitik insoweit ein aufschlussreiches Gegenmodell zur Entwicklung in Europa.

China an seinen Grenzen

China war ursprünglich ein Vielvölkerstaat und ist es teilweise heute noch. Wer das südchinesische Kantonesisch spricht, wird den Mandarin-Sprecher aus Shanghai kaum verstehen können und umgekehrt. Die Vereinheitlichung und Kommunikationsfähigkeit wird eher durch die Schrift als durch die Sprache sichergestellt.

Auch optisch sind im großen chinesischen Reich die Übergänge zu den Völkern auf der anderen Seite der Grenze fließend. Das gilt im

Norden für die Mongolen, im Nordwesten (dem ehemaligen Ostturkestan) für die türkischstämmigen Uiguren. Das gilt für die Tibeter in Nepal und Bhutan und auch für die Grenzvölker in Burma, Laos und Vietnam.[273]

Bis vor wenigen Jahrzehnten hatte China ein starkes Bevölkerungswachstum. Der Druck des Zuwachses, aber auch die schiere Masse des demografischen Gewichts der Han-Chinesen, bewirkten in der Mandschurei, der Mongolei, in Xinjiang und Tibet eine große und anhaltende Einwanderung von Han-Chinesen, die die demografische Mischung in den Randgebieten des Reichs immer mehr verschiebt. China ist stolz auf seine ethnischen Minderheiten. Es zählt in seinen Grenzen 56 offiziell anerkannte Minderheiten. Deren folkloristische Darbietungen werden gefördert und gern rezipiert.[274] Aber die Idee eines einheitlichen China darf dadurch, so die offizielle Politik, nicht gefährdet werden. Der chinesische Umgang mit den Tibetern und den Uiguren hat die Weltpresse wiederholt beschäftigt. Der Botschafter Chinas in der Schweiz Geng Wenbing fasst den offiziellen Standpunkt seines Landes zu Fragen der kulturellen und ethnischen Identität wie folgt zusammen: »China hat eine 5000-jährige Geschichte, eine 5000 Jahre alte Kultur, ohne Unterbruch. Die Chinesen haben immer gelbe Haut und schwarze Haare, sie werden immer ihren eigenen Weg gehen.«[275]

Seit Jahrhunderten gibt es eine nennenswerte chinesische Einwanderung in die Länder Südostasiens, nach Burma, Thailand, Malaysia, auf die Philippinen und nach Indonesien. »In Sudostasien leben ungefähr 20 bis 30 Millionen ethnische Chinesen, die im Wesentlichen die Wirtschaft ihrer neuen Heimat kontrollieren.«[276] Die chinesischen ethnischen Minderheiten halten sich sprachlich, kulturell und im Heiratsverhalten von ihren Gastvölkern eher fern. Wirtschaftlich leisten sie einen großen Beitrag, und besonders kriminell sind sie auch nicht. So ist das Zusammenleben meistens friedlich. Aber dort, wo in Südostasien Chinesen leben, kommt es auch nach Jahrzehnten und Jahrhunderten kaum zu einer wirklichen Ethnogenese durch physische Vermischung und kulturelle Anpassung. »Der thailändische König Rama VI. (1881–1925) behauptete einmal, ein

Chinese bleibe in seinem Herzen immer ein Chinese und entwickle kein Gefühl der Verbundenheit mit seiner neuen Heimat, auch wenn er eingebürgert werde.« Genauso äußerte sich der vietnamesische Ministerpräsident Pham Van Dong 1979 kurz vor Ausbruch des chinesisch-vietnamesischen Kriegs zur chinesischen Minderheit in Vietnam. »Er beklagte sich darüber, dass ethnische Chinesen immer China unterstützen würden.«[277]

Immer wieder gab es Massaker gegen Chinesen. Schon während der Ming- und Qing-Dynastie waren im 17. und 18. Jahrhundert chinesische Kaufleute als Mittelsmänner für die Kolonialregierungen in Südostasien sehr gefragt. »Als sie immer erfolgreicher wurden, fühlten sich die Spanier auf den Philippinen und die Holländer in Indonesien auf einmal von ihnen bedroht und begannen, die bei ihnen ansässigen Chinesen anzugreifen. Massaker im 17. Jahrhundert (in Manila) und im 18. Jahrhundert (in Batavia) kosten Zehntausende Chinesen ihr Leben.«[278] Groß angelegt war der systematische Massenmord an Chinesen, der 1965/1966 in Indonesien stattfand. Die Schätzung der Opferzahlen reicht von 500 000 bis 3 Millionen.[279] Der Neid auf die wirtschaftliche Vorrangstellung der chinesischen Minderheit war wohl ein Hauptantrieb, aber die kulturelle Andersartigkeit der Chinesen in einem weitgehend muslimischen Umfeld mag auch eine Rolle gespielt haben.

Der gewaltige wirtschaftliche Einfluss der chinesischen Minderheiten in Südostasien kann kaum überschätzt werden. Der in Singapur geborene und in Manhattan lebende Schriftsteller Kevin Kwan hat in seiner berühmten Romantrilogie den chinesischen Millionären und Milliardären, die die Volkswirtschaften Südostasiens beherrschen, ein humoristisches Denkmal gesetzt. Bei ihm kommt aber auch klar zum Ausdruck, wie stark das ethnische und kulturelle Zusammengehörigkeitsgefühl der Auslandschinesen ist und wie ausgeprägt ihre vielfältigen Verbindungen zum chinesischen Mutterland sind.[280] Auslandschinesen sind auch ein wichtiger Faktor der chinesischen Außen- und Innenpolitik: »Die wachsende Vielfalt von Identitätspolitiken nicht nur in China sondern auch in Orten wie Hongkong oder Taiwan stellt Peking vor zunehmende Probleme. Die immer lauteren Rufe nach mehr Freiheit, bürgerlichen Rechten, religiöser Freiheit und Minderheitenrechten in vielen Teilen Asiens machen die Führung in Peking zusehends nervös. […] Peking weiß sehr gut, dass die Netzwerke, die die chinesische Revolution von 1911 ermöglichten, außerhalb von China gesponnen wurden – mithilfe von Überseechinesen.«[281]

Wanderungsbewegungen der Gegenwart

In Europa hatte es, seitdem die Araber im 8. Jahrhundert nach Spanien vordrangen und die Türken sich im 15. Jahrhundert auf dem Balkan festsetzten, viele Jahrhunderte lang keine Eroberungs- und Einwanderungsvorgänge von außerhalb des Kontinents gegeben. In den USA kam die Einwanderung mit dem Johnson-Reed Act von 1924 weitgehend zum Stillstand. Von 1925 bis 1965 gab es keine wesentliche Einwanderung in die USA.

In den USA begann Mitte der 1960er-Jahre der große Zustrom von Einwanderern aus Lateinamerika. Er wurde gefördert durch das starke Bevölkerungswachstum dort und die große Wohlstandslücke zu den USA. Diese Einwanderung war zu keiner Zeit unvermeidlich. Sie fand statt, weil die entsprechenden Push- und Pull-Faktoren vorhanden waren und weil es über lange Zeit in den USA keinen richtigen Widerstand dagegen gab. Das hat sich geändert. Aus heutiger Sicht kann man wohl sagen, dass Unzufriedenheit mit der Einwanderungspolitik ein wesentlicher Faktor für Donald Trumps Wahlsieg im Präsidentschaftswahlkampf 2016 war.[282] Erfolge, die es bei der Einwanderungsbeschränkung gab, werden auch ein wesentlicher Faktor für den Ausgang der Präsidentschaftswahlen im November 2020 sein.

In Europa setzte seit den 1950er-Jahren – zunächst langsam und dann sich beschleunigend – eine Einwanderung aus der Türkei, der arabischen Welt und Subsahara-Afrika ein. In Großbritannien begann außerdem eine nennenswerte Einwanderung aus den Nachfolgestaaten der ehemaligen Kronkolonie Indien. Seit Mitte der Sechzigerjahre beschleunigte sich die Einwanderung nach Europa allmählich. Wie im Fall der USA ist die Einwanderung im Wesentlichen durch Wohlstandsunterschiede getrieben. Anders als in den USA erfolgt die Einwanderung nach Europa aber nicht aus dem christlichen Kulturkreis, auch sind die Unterschiede im ethnischen Hintergrund wesentlich größer. Letztere ist ethnisch und kulturell fremder als im Fall der USA. Was die Religion der Einwanderer angeht, wandern in die USA Katholiken aus Lateinamerika, nach Europa aber vorwiegend Muslime ein. Erstere sind an die europäisch-abendländische Kultur gewöhnt, ja sie sind sogar ein Teil von ihr. Letztere dagegen stehen eher quer zu den Mentalitäten und Werten des durch die Aufklärung geprägten, säkularen Abendlandes. Die Möglichkeiten zur Integration sind auch deshalb in Europa schwieriger, weil die Einwanderung in ausgebaute Sozialstaaten erfolgt.

Anders als frühere Einwanderungsbewegungen wird die Masseneinwanderung der letzten 60 Jahre nach Europa und Nordamerika nicht von militärischen Eroberungen begleitet. In beiden Fällen wurden die Bemühungen, Einwanderung zu begrenzen und zu steuern, bis heute nicht wirklich konsequent durchdacht und entsprechend konsequent konzipiert und ins Werk gesetzt. Wie man dies ändern könnte, wird uns im letzten Kapitel dieses Buches beschäftigen.

Zu den negativen Wanderungserfahrungen der jüngeren Vergangenheit und der Gegenwart zählen die wiederkehrenden Bemühungen um gewaltsame ethnische und kulturelle Bereinigung. Beispielhaft nenne ich:

- Die Vertreibung der Deutschen aus Osteuropa.
- Die Vertreibung der Griechen aus Anatolien fand zum großen Teil bis 1923 statt, als in Zusammenhang mit der Gründung des türkischen Nationalstaats 2,5 Millionen Griechen und Armenier ermordet, ausgewiesen, vertrieben oder ausgetauscht wurden. In Istanbul wurde die jahrtausendelange Anwesenheit der Griechisch sprechenden Bürger, die sich selbst Römer nannten, 1964 durch Vertreibung beendet. [283] Anlass der Vertreibung war der Konflikt zwischen Griechen und Türken auf Zypern. Nach Pog-

romen gegen die griechische Minderheit in Istanbul mussten schließlich die restlichen Griechen die Türkei verlassen. Das bedeutete gleichzeitig den Abschluss der faktischen Vertreibung der christlichen Religion aus der Türkei. Die Vertreibung der letzten Griechen aus der Türkei fand damals im Westen kaum Beachtung. Zeitgleich dazu öffnete Europa seine Tore für die Einwanderung türkischer Gastarbeiter.
- Die Aufteilung Indiens in einen indischen und einen muslimischen Staat mit gewaltsamem Bevölkerungsaustausch. Während die nach der Landesteilung verbleibenden Muslime im heutigen Indien weitgehend unbeeinträchtigt leben und ihre Religion ausüben können, ist dies für die wenigen in Pakistan und Bangladesch verbliebenen Hindus und Christen keineswegs in gleichem Umfang der Fall.
- Die Unterdrückung und Vertreibung der Christen aus ihren traditionellen Siedlungsgebieten im Mittleren und Nahen Osten.
- Die Vertreibung und ethnische Bereinigung auf dem Balkan nach dem Zerfall Jugoslawiens.
- Die Vertreibung der muslimischen Rohingyas aus dem Norden Burmas.

Erkenntnisse aus der Geschichte

Der Blick in die Geschichte zeigt, dass zu allen Zeiten Menschen, Gruppen und ganze Völker in die Fremde aufbrachen, aus ganz unterschiedlichen Motiven: die Suche nach einem besseren Leben, Abenteuerlust, Armut, Überbevölkerung und Unordnung im Herkunftsland, Gier nach den Reichtümern des fremden Landes. Oft waren solche Einwanderungsprozesse von militärischen Eroberungen begleitet, oder diese gingen ihnen voraus. Die häufigsten Gründe waren:

- Suche nach Jagd- und Weidegründen oder nach Ackerland
- Wachsender Bevölkerungsdruck im Herkunftsgebiet
- Machtgier und militärische Eroberungslust

– Gier auf fremde Reichtümer und die Schätze einer überlegenen Kultur.

Ausnahmslos waren größere Einwanderungsereignisse oder gar militärische Eroberungen für die indigene Bevölkerung der Zielgebiete mit schweren Nachteilen für ihre eigenen Lebensverhältnisse verbunden und kosteten sie häufig Leib und Leben, Besitz und Wohlstand. *Mit großer Regelmäßigkeit und fast schon eherner Gesetzlichkeit bedeutete die Einwanderung in besiedelte Räume für die indigene Bevölkerung sinkenden Lebensstandard, erhöhte Sterblichkeit, Gewalt, Unterdrückung und Blutvergießen bis hin zum Völkermord.*

Es dauerte in der gesamten Menschheitsgeschichte regelmäßig Jahrzehnte oder gar Jahrhunderte, bis sich die Einwanderer und die indigene Bevölkerung in größerem Umfang vermischten, sich kulturell und sprachlich anglichen und auf diese Art aus den Einwanderern und den Indigenen ein neues Volk entstand. Oft fand dies auch gar nicht statt, und die Gruppen lebten nebeneinander her, wobei häufig die eingewanderte Volksgruppe die indigene Bevölkerung beherrschte.

Die Entstehung neuer Völker (Ethnogenese) durch Vermischung nahm stets Generationen in Anspruch. Sie fand regelmäßig nur sehr langsam und unvollständig und häufig über Jahrhunderte auch gar nicht statt. So entstanden Flickenteppiche unterschiedlicher Völkerschaften, Sprachen und Kulturen, die dicht beieinander wohnten. Das konnte friedlich sein, war aber oft auch mit Spannungen, Unterdrückung und periodischem Blutvergießen verbunden. Herrschaft der einen über die anderen vollzog sich häufig längs ethnischer Grenzen.

Auf den vorangegangenen 140 Seiten habe ich dem Leser unter dem Aspekt von Wanderungsbewegungen einen Parforceritt durch die Menschheitsgeschichte zugemutet. Die so vermittelte Gesamtsicht kann selbstverständlich weder vollständig noch abschließend sein. Aber sie bringt wesentliche, sehr gut abgesicherte Erkenntnisse, aus denen sich auch generelle Schlussfolgerungen ziehen lassen. Diese sind im Verlauf des Textes allesamt auch schon aufgetaucht. Ich fasse sie zum Abschluss dieses Kapitels wie folgt zusammen:

Wem nützt und wem schadet Einwanderung?

Wenn Einwanderung jemandem nützt, dann seit Beginn der Menschheitsgeschichte nahezu ausschließlich den Einwanderern selbst. Soweit nicht die Einwanderung in siedlungsleere Räume erfolgte, führte sie regelmäßig zum Konflikt mit der autochthonen bzw. indigenen Bevölkerung und brachte für sie große Schäden und Bedrängnisse mit – bis hin zu Existenzgefährdung und Untergang. Die eingesessene Bevölkerung zog zudem im Konfliktfall nahezu ausnahmslos den Kürzeren.

Wenn die Einwanderer einmal da waren und die oft äußerst blutigen Folgekonflikte durchgestanden waren, dann konnte im Verlauf von Jahrzehnten und Jahrhunderten auch etwas Neues entstehen, bei dem sich die ethnischen und kulturellen Impulse der Einwanderer und der Alteingesessenen vermischten und so eine neuartige Kultur oder Zivilisation hervorbrachten.

Wenn die Einwanderer nicht sehr zahlreich waren und überlegene Kulturtechniken sowie Fleiß und überlegene Bildungsleistung mit sich brachten, konnte Einwanderung für die autochthone Bevölkerung auch geistig befruchtend wirken und langfristig das Kultur- und Lebensniveau heben. Das war aber historisch gesehen eher die Ausnahme als die Regel.

Das Verhältnis von Einwanderung und Eroberung

In der weitaus größten Zahl der Fälle gingen in der Menschheitsgeschichte Einwanderung und militärische Eroberung Hand in Hand. Oft lief die letztere der ersteren voraus. Die Konflikte waren stets blutig, der Übergang zum Völkermord war oft gleitend. Dazu muss man nicht einmal den sprichwörtlichen Terror der Hunnen oder den Mongolensturm anführen. Bei der Eroberung Palästinas durch die jüdischen Stämme gingen Städte, Staaten und ganze Bevölkerungsgruppen durch Feuer und Schwert unter, wenn man der Bibel glauben kann. Auch die römische Herrschaft entfaltete ihre wohltätigen Wirkungen erst, nachdem sie mit Gewalt gesichert worden war. Das geschah nur zu oft durch die Vernichtung und Vertreibung ganzer Völker. Bei der Einwanderung der Angelsachsen nach England oder einige Jahrhunderte später bei der Unterwerfung Englands unter die normannische Herrschaft flossen Ströme von Blut. Die Einwanderung der Spanier in die Neue Welt brachte ganzen indigenen Völkern den Untergang. Auch die Eroberung Anatoliens durch die Türken verlief äußerst brutal und blutig. Sie zog sich über 900 Jahre hin und fand erst im 20. Jahrhundert mit dem türkischen Völkermord an den Armeniern und der Vertreibung der restlichen Griechen aus Kleinasien ihren Abschluss.

Die Menschheitsgeschichte ist voll von namenlosen, untergegangenen Stämmen, Völkern und Staaten, die stärkeren, aggressiveren oder zahlreicheren Verbänden im Wege standen und der Vernichtung anheimfielen.

Einfluss von Ethnie, Religion und Kultur

Ethnische, religiöse und kulturelle Unterschiede hatten in der gesamten Menschheitsgeschichte und haben auch heute noch einen großen Einfluss darauf, wie harmonisch oder konfliktbeladen die Beziehungen zwischen Völkern, Staaten sowie ethnischen und religiösen Gruppen sind. Bis heute mischen sich die Völker Ostasiens nicht gerne mit Menschen anderer ethnischer Herkunft, sondern bleiben lieber unter sich. In den USA oder in Südafrika heiraten Weiße und Schwarze nur selten über Rassengrenzen hinweg. Das intensive Verlangen der indischen Muslime, nicht unter der Herrschaft von Hindus leben zu wollen, führte 1947 zur Teilung der britischen Kronkolonie Indien und kostete viele Hunderttausend Tote. Noch heute bringt der Gegensatz zwischen Hindus und Muslimen für Indien anhaltende Spannungen mit sich. Der türkische Staat unterdrückt nach wie vor die Kurden auf seinem Staatsgebiet und verübte in den Zwanziger- und Dreißigerjahren des 20. Jahrhunderts blutigen Terror an der religiösen Minderheit der Aleviten.[284] Die Konflikte im Nahen

Osten sind stark vom religiösen Gegensatz zwischen Sunniten und Schiiten geprägt.

Der schändliche Antisemitismus begleitet die Entwicklung in Europa und im Nahen Osten seit 2000 Jahren. Er erzeugte mit dem Zionismus den Wunsch der Juden nach einem eigenen Staat. Der Konflikt mit den Palästinensern begleitet den Staat Israel seit seiner Gründung im Jahr 1948, und es gibt keine Anzeichen, dass er jemals abklingt.

Bevölkerungsaustausch

Liest man in historischen Werken über Wanderungsprozesse und militärische Konflikte, so stößt man häufig auf das Wort Verdrängung. Das ist ein abstrakter Begriff dafür, dass an die Stelle der Besiedlung durch eine bestimmte Ethnie, Bevölkerung oder Kultur die Besiedlung durch eine andere trat. Bevölkerungsaustausch durch Einwanderung, demografische Trends, Vertreibung und Völkermord gehört zur historischen Realität, die die Menschheit seit dem Beginn ihrer Geschichte begleitet. Ethnische Transformation, mal als Bevölkerungsaustausch, mal in milderen Formen, fand in der Weltgeschichte der Einwanderung ständig statt, sie ist keine Schimäre von Angstmachern der Gegenwart.

So verdrängte der *Homo sapiens* in Europa und Asien den Neandertaler. Später verdrängten die Ackerbauern die Jäger und Sammler. Die Indogermanen verdrängten von Europa bis ins nördliche Indien große Teile der ansässigen Bevölkerungen. Türkische Stämme verdrängten die Indogermanen in Zentralasien.[285] Die Angelsachsen verdrängten die Kelten aus weiten Teilen Englands. Die Siedler in Nordamerika drängten den größten Teil der Indianer in Reservate zurück. Die Türken verdrängten die Griechen aus Kleinasien. Die Albaner verdrängten die Serben aus dem Kosovo. *Der teils schleichende, teils gewaltsame Bevölkerungsaustausch ganzer Ethnien und Kulturen in teilweise sehr großen Regionen ist eine Konstante in der gesamten Menschheitsgeschichte.* Die Tabuisierung dieses Begriffs in der deutschen und europäischen Debatte als rechtspopulistisch und gar rechtsradikal ist unhistorisch und wirkt nicht erkenntnisfördernd.

Kann Einwanderung gesteuert werden?

Die politische Geschichte der Welt sowie aller Völker und Staaten auf ihr handelt zum allergrößten Teil davon, wie man die Herrschaft über ein Siedlungsgebiet und seine Bevölkerung gewinnt und wie man dieses gegen Zugriffsversuche und Übergriffe von außen verteidigt. Wer dabei militärisch und diplomatisch erfolgreich war, konnte grundsätzlich auch die Einwanderung in sein Gebiet, ob sie nun friedlich oder unfriedlich daherkam, nach seinen Wünschen steuern.

Staaten und Gesellschaften, die lange Zeiten der Stabilität und Prosperität erlebten, gediehen entweder hinter dem Schutz natürlicher Grenzen oder sie waren besonders erfolgreich bei der Verteidigung der Grenzen ihres Siedlungs- und politischen Einflussgebiets. Oft war es auch eine Kombination von beidem. So wurde die Entstehung und die Dauer der ägyptischen Hochkultur dadurch begünstigt, dass das Land mit den Wüsten im Osten und im Westen und mit den Nilkatarakten im Süden natürliche Grenzen hatte, die nicht einfach zu überwinden waren. Die Griechen wiederum konnten sich das grundsätzlich weit überlegene Persische Reich auf Abstand halten, weil sie die besseren Seefahrer und die besseren Soldaten waren.

Das Römische Reich reüssierte und wuchs aus einer Kombination von militärischer Stärke und diplomatischer Flexibilität, verbunden mit einem unbeugsamen Machtwillen. Es betrieb auch die systematische Verteidigung gegen unliebsame Einwanderung und die Einfälle fremder Völker mit einer befestigten Grenze von Schottland bis zum Schwarzen Meer sehr konsequent und erfolgreich. Eine ähnlich erfolgreiche Anstrengung unternahm China mit seiner Grenzverteidigung gegen die Reiternomaden aus der Steppe. England und Japan setzten jahrhundertelang mit Erfolg auf den Schutz ihrer Insellage durch das Meer.

Die eindeutige Lehre aus der Geschichte ist: Wo eine erfolgreiche militärische Verteidigung einer Staats-, Siedlungs- oder Kulturgrenze möglich ist und auch tatsächlich betrieben wird, können auch Wanderungsbewegungen über diese Grenze wirksam kontrolliert werden. *Es gibt dazu kein historisches Gegenbeispiel. Damit ist die Herrschaft über die Grenze das zentrale Element zur Steuerung von Einwanderung.* Ein kurzer Blick auf die Gegenwart: In dieser Hinsicht versagt der Schengen-Raum bislang, und das ist der tiefere und eigentliche Grund dafür, dass Großbritannien die EU verlassen hat.

Gibt es zwangsläufige Prozesse, quasi die Macht der Geschichte?

Viele Menschen, die sich nicht näher mit Geschichte befassen, verfallen einem unbestimmten Geschichtsdeterminismus, der häufig auch eine moralische Färbung annimmt. In Bezug auf Einwanderung hört man dann oft die folgende defätistische dreifache Begründung: 1. Einwanderung habe es immer schon gegeben. 2. Die Duldung von Einwanderung könne auch moralisch geboten sein, wenn die Armen zu den Reichen, die Unterdrückten zu den Freien und die Bedrohten zu den Unbedrohten wandern. 3. Einwanderung sei sowieso unvermeidlich, sodass es keinen Zweck habe, sich einer säkularen Entwicklung entgegenzustellen.

Dass es Wanderungsbewegungen in unterschiedlichen Formen immer schon gegeben hat, ist unbestritten, aber banal und zudem kein Argument. Die Feststellung, es habe schon immer Grippewellen gegeben, ist ja auch kein Argument gegen eine Grippeschutzimpfung. Mit den ethischen Fragen rund um das Einwanderungsthema befasse ich mich in Kapitel 4.

So verbleibt die Behauptung, dass Einwanderung unvermeidlich sei. Im Sinne eines generellen historischen Determinismus ist diese Behauptung eindeutig falsch. Es gab aber bestimmte Wanderungsvorgänge, die historisch deshalb unvermeidlich waren, weil sie mit einer kurzfristig unaufhebbaren, strukturellen Überlegenheit der Einwanderer einhergingen. Dazu zähle ich insbesondere drei historische Großereignisse:

- Die Verdrängung des Neandertalers durch den *Homo sapiens* war unvermeidlich, weil Letzterer intellektuell überlegen war.
- Die Ausbreitung der berittenen Völker der Indogermanen war unvermeidlich, weil die Ackerbauern ohne Pferd dem Tempo und der Schlagkraft der Reitervölker zunächst nichts entgegensetzen konnten.
- Die Welteroberung durch die europäischen Kolonialmächte war unvermeidlich, solange die Feuerkraft der modernen westlichen Waffen überlegen war.

Sonst aber gibt es in der Einwanderungsgeschichte der Menschheit von der Vorgeschichte bis heute keine Unvermeidlichkeiten. Grundsätzlich war alles zur Gestaltung offen und hätte auch ganz anders ausgehen können. Das Römische Reich hätte nicht entstehen müssen, es musste auch nicht untergehen. Alexander der Große musste die Welt nicht erobern. Hätte es den Hellenismus gegeben, wenn er 333 v. Chr. in der Schlacht bei Issos gefallen wäre? Das Christentum musste nicht obsiegen, es hätte auch der persische Mithraskult sein können. Bei leicht veränderten Zufälligkeiten oder einer klügeren oströmischen Politik hätte Byzanz Anfang des 7. Jahrhunderts die Araber schlagen können. Der Islam wäre dann als Sekte in der Wüste ruhmlos untergegangen.

So kann man die alternative Weltgeschichte weiterspinnen. Wenig bis gar nichts ist determiniert, schon gar nicht, welche Kulturen, Völker und Staaten wann die Oberhand gewinnen und wie sie sich durchsetzen, welche Herrschaftsverhältnisse sich dadurch etablieren und welche Wanderungsprozesse als Folge davon in Gang kommen. Die Geschichte, auch der weitere Verlauf von Einwanderung, ist grundsätzlich offen und Objekt menschlicher Gestaltung, das gilt auch für die Gegenwart und die Zukunft.

Wie lange dauert Ethnogenese, und inwieweit kann man sich auf ihre heilende Wirkung verlassen?

Die unaufhörliche Reibung und Vermischung von Menschen, Horden, Stämmen und Völkern sowie ihr immerwährender Kampf um Jagd- und Weidegründe, um Wasserquellen und Ackerflächen haben dazu geführt, dass in der Menschheitsgeschichte ständig Stämme und Völker untergegangen sind, während sich gleichzeitig neue Völker und Stämme gebildet haben.

Man nennt diesen Vorgang Ethnogenese. Er ist unscharf und chaotisch sowie von unbestimmter Dauer und folgt keinen klaren Gesetzmäßigkeiten. Bestenfalls umfasst er eine gewisse genetische Vermischung, die Herausbildung einer gemeinsamen Sprache sowie das Bewusstsein einer gemeinsamen Identität, die sich üblicherweise in Ähnlichkeiten bei der Lebenseinstellung, einer gemeinsamen Religion oder ähnlichen kulturellen Praktiken äußert.

Ethnogenese hat zeitlich gesehen keinen klaren Anfang und kein eindeutiges Ende. Sie ist so gesehen ein permanenter Prozess, der zudem sehr viel Zeit in Anspruch nimmt:

- Die Ethnogenese der alten Ägypter dauerte etwa 2000 Jahre von 5000 bis 3000 v. Chr.
- Die Ethnogenese der Chinesen dauerte etwa 2000 Jahre von 2200 bis 200 v. Chr.
- Die Ethnogenese der Juden dauerte etwa 500 Jahre von 1400 bis 900 v. Chr.
- Die Ethnogenese der Griechen dauerte etwa 1000 Jahre von 1900 bis ca. 900 v. Chr.
- Die Ethnogenese der Römer dauerte etwa 700 Jahre von 1100 bis 400 v. Chr.
- Die Ethnogenese der Deutschen dauerte etwa 600 Jahre von ca. 500 (Untergang des Weströmischen Reiches) bis ca. 1100 n. Chr. (Beginn der Salierzeit). Ihr ging die Ethnogenese der großen germanischen Stämme – der Franken, Alemannen, Bayern und Sachsen – teils voraus, teils umschloss sie diese.

- Auch die Ethnogenese der Engländer und Franzosen dauerte etwa 600 Jahre von 500 bis 1100 n. Chr.
- Die Ethnogenese in den USA dauerte bis zur Unabhängigkeit 180 Jahre. In mancher Hinsicht ist sie auch heute, 240 Jahre später, noch nicht abgeschlossen.

Das Beispiel der USA zeigt, dass sich die herkunftsbedingten Unterschiede in den kulturellen Einstellungen der Einwanderer über Generationen hinweg fortsetzen. So haben US-Amerikaner spanischer, italienischer und ungarischer Herkunft viel geringere Werte in bürgerlich-politischen Einstellungen als die Nachfahren von Einwanderern mit dänischer, norwegischer oder schwedischer Herkunft. Die hohen Werte der einen und die niedrigen Werte der anderen sind offenbar in der Einwanderungsgesellschaft kulturell vererbt worden.[286]

Nicht überall, wo Völker zusammenleben, vermischen sie sich auch oder geben die Unterschiede in Sprache, Religion und Kultur auf. Böhmen und Mähren gehörten staatsrechtlich gesehen 1000 Jahre lang zu Deutschland bzw. zu Österreich. Ein Drittel der Einwohner waren Deutsche, und doch strebten die Tschechen 1920 in die Unabhängigkeit. Im Osmanischen Reich lebten die Muslime und die Christen kulturell getrennt und gehörten großenteils auch unterschiedlichen Ethnien an. Die Fremdheit und Abneigung zwischen ihnen machte sich vielfach gewalttätig Luft, zuletzt in den Neunzigerjahren des 20. Jahrhunderts in den Kriegen und mörderischen Vorgängen nach dem Zerfall Jugoslawiens.

Ethnogenese vollzieht sich also weder automatisch noch schnell, noch führt sie zwingend irgendwann zu einem homogenen Staatsvolk und zu harmonischen inneren Verhältnissen. Die Spannungen, die sich für den Prozess der Ethnogenese aus der Einwanderung ergeben, wachsen mit dem Umfang und dem Tempo von Einwanderung. Sie sind umso größer, je größer die ethnische, sprachliche und religiöse Distanz zwischen den Einwanderern und der aufnehmenden Bevölkerung ist. Zu den großen Mängeln der Einwanderungsdebatte in Deutschland und Europa gehört, dass diese zentrale und wichtige Erkenntnis weitgehend verdrängt wird.

Ethnische Herkunft, Religion und nationale Identität

Auch jahrhundertelanges Zusammenleben unter einem gemeinsamen staatlichen Dach ist keine Garantie gegen Fremdheit und Hass längs ethnischer und religiöser Grenzen. Darum brachen die Vielvölkerstaaten Österreich-Ungarn und das Osmanische Reich 1918 auseinander. Darum zerfiel in den 1990er-Jahren der Vielvölkerstaat Jugoslawien, obwohl alle jugoslawischen Bürger Slawen waren. Im Nahen Osten ist der multireligiöse Staat Syrien gerade am Ende eines langen Bürgerkrieges angekommen. In Afghanistan bestehen die Konflikte nicht nur zwischen den fundamentalistischen Taliban und den religiös Moderaten, sondern auch zwischen den Volksgruppen ganz unterschiedlicher Herkünfte. In Indien will der ewige Konflikt zwischen den Muslimen und den Hindus nicht enden. In China setzt sich die das Land führende kommunistische Partei mit der Eigenwilligkeit der türkischstämmigen muslimischen Uiguren in Xinjiang auseinander.

Nationale Identität ist oft widersprüchlich und hat es schwer. Leicht ist es, Toleranz einzufordern und offenbar sehr schwer, das richtige Maß an Toleranz auch praktisch zu verwirklichen. In völlig unterschiedlichen Staaten und Kulturen – in Indien, in Sri Lanka, in Thailand, auf den Philippinen, in Malaysia, in Indonesien, in Frankreich, in Großbritannien, in Deutschland – scheinen in unterschiedlicher Weise immer wieder die Konfliktlinien ganz unterschiedlicher Gesellschaften zum Islam auf. Aber das ist nicht der Gegenstand dieses Buches. Damit habe ich mich 2018 in *Feindliche Übernahme* beschäftigt.

Es ist für ein Land ein großes Glück und eine gute Voraussetzung künftiger Stabilität, wenn seine Bevölkerung eine gewisse ethnische und kulturelle Homogenität aufweist und frei von religiösen Spannungen durch islamische Bevölkerungsgruppen ist. Im Europa und im Deutschland der frühen Nachkriegszeit waren diese Bedingungen durchweg gegeben. *Durch falsche Einwanderung haben wir sie leichtfertig gefährdet und tun das weiter.* Nationale Identität und deren richtige Pflege ist im Hinblick auf die Stabilität von Völkern, Nationen und

Staaten ein hoher Eigenwert. Das ist ein Aspekt, der in der Einwanderungspolitik weitaus mehr Beachtung finden muss als das bislang der Fall ist.

Kein Volk, keine Nation und keine Kultur können den Vorrang vor anderen beanspruchen. Aber jede hat das Recht, ihre Eigenart zu bewahren, indem sie sich vor kulturfremder Masseneinwanderung schützt, denn solche Einwanderung, das zeigt die gesamte historische Evidenz, ist keineswegs identitätsneutral. Besonders deutlich wird dies immer wieder rund um alle Fragen, die den Islam betreffen: So gelingt es in Deutschland seit vielen Jahren nicht, einen islamischen Religionsunterricht zu etablieren, der den Anforderungen einer säkularen und liberalen Gesellschaft entspricht und gleichzeitig die Zustimmung der großen Islamverbände und der Moscheegemeinden findet.[287] Das wird umso problematischer, je höher der Anteil muslimischer Schüler in den Schulen wird. Hier bauen sich einwanderungsbedingt Divergenzen auf, die den kulturellen und sozialen Zusammenhalt in einer westlichen Gesellschaft ernsthaft bedrohen können.

Aus den inneren Spannungen heterogener Gesellschaften können sich fatale Tendenzen für einen übersteigerten Nationalismus und für eine ethnische und religiöse Bereinigung entwickeln. Beispiele sind:

- der traditionelle Gegensatz zwischen Hindus und Muslimen auf dem indischen Subkontinent,
- die Verfolgung und Vertreibung der Christen im Nahen und Mittleren Osten,
- der Gegensatz zwischen Christen und Muslimen in der Sahelzone und in Westafrika und
- der Umgang der Türkei mit der kurdischen Minderheit.

Wo Gesellschaften kulturell, religiös und ethnisch heterogen sind, muss man mit den daraus erwachsenden Spannungen konstruktiv und liberal umgehen. Klug und vorbeugend handelt man, wenn man vorausschauend dafür Sorge trägt, dass kulturfremde Einwanderung nicht zusätzliche Spannungen in eine Gesellschaft trägt.

Kapitel 2
Ethnogenese und Identität am Beispiel Deutschlands und Europas

Das Bewusstsein, ein Amerikaner, ein Chinese, ein Japaner, ein Schwede, ein Pole, ein Deutscher oder ein Franzose zu sein, und die Einstellung, dass dies auch wichtig sei, nenne ich nationale Identität. Sie ist eine gewichtige Tatsache im Gefühlsleben der Staaten und ihrer Bürger. Dieses Identitätsgefühl ist rational nicht vollständig zugänglich, gleichwohl aber für die mentale Ordnung der Welt und das Bewusstsein der Menschen elementar. Seine Entstehung kann am besten historisch erklärt werden, seinen Inhalt zu beschreiben ist schon schwieriger. Beides will ich für die deutsche Identität in diesem Kapitel versuchen. Es wird dann auch klar, was ich bewahrenswert finde und was durch eine große Zahl kulturfremder Einwanderer gefährdet wird.

Viele linke Universalisten glauben, dass der menschliche Geist praktisch wie eine blanke Schiefertafel ist, die beliebig beschreibbar ist,[1] und dass wahrgenommene kulturelle Unterschiede letztlich auf Vorurteilen und Einbildung beruhen. In diesem Fall wäre die Frage nach dem spezifisch Deutschen (oder Europäischen) belanglos. Manche werden schon die Frage für moralisch bedenklich oder gar für rassistisch halten. Trotzdem frage ich mich wie Millionen andere: Wer bin ich? Woher komme ich? Woher kommt das Volk, dem ich entstamme, und was wird seine Zukunft sein?

Die Anfänge der Deutschen

Nationale Identität ist wie jede menschliche Gruppenidentität ein historisches Produkt, dessen Gestalt und Inhalt sich im Lauf der Zeit ändern kann. Sie ist keineswegs wesenhaft festgefügt. Ihre Entstehung ergibt sich in Raum und Zeit aus ethnischen, geografischen, kulturellen und politischen Einflüssen.

Wie der Historiker Johannes Fried anschaulich und materialreich zeigt, vollzog sich die Bildung der deutschen Nation im Bewusstsein der Deutschen sehr allmählich über drei Jahrhunderte hinweg, von Karl dem Großen bis zur Herrschaft der Salier, also von ca. 800 bis ca. 1100.[2] Karl der Große konsolidierte die fränkische Herrschaft in Mitteleuropa, indem er alle germanischen Stämme von den Sachsen bis zu den Bayern in sein Herrschaftsgebiet einbezog. Bei der endgültigen Teilung des Reichs 56 Jahre nach dem Tod Karls des Großen (Vertrag von Meerssen 870) umfasste das Ostfränkische Reich die germanischen Stämme von den Friesen und Sachsen im Norden bis zu den Alemannen und Bayern im Süden.

Einen gemeinsamen Namen hatten diese Stämme zunächst nicht. Die Franzosen benennen Deutschland und die Deutschen bis heute nach dem ihnen nächstgelegenen Stamm, den *Alemannen*. Im Finnischen ist noch heute von den *Sachsen* die Rede. Die Italiener übernahmen die römische Bezeichnung *Germania* für die wilde Gegend nördlich der Alpen.

Der Begriff *deutsch* ergab sich aus dem althochdeutschen *diutisk*. Dieser Begriff tauchte zur Zeit Karls des Großen im Fränkischen Reich als Sammelbezeichnung für die nicht romanischen Volkssprachen auf. Daraus wurde im fränkischen Verwaltungslatein *theodisce*, und die Italiener machten daraus tedesco. Im niederländischen Dialekt wurde *diutisk* zu *duits*. Dieses Wort findet sich auch wieder im englischen *dutch*. In den skandinavischen Sprachen wurde daraus tysk.

Letztlich wurde also die sprachliche Verwandtschaft der im Ostfränkischen Reich lebenden germanischen Stämme der Namensgeber für die deutsche Nation. Das war deshalb bedeutsam, weil der staatliche Verbund, in dem die Deutschen lebten, ja keineswegs mit den Sprachgrenzen identisch war. Es war zwar sicherlich kein Zufall, dass die Teilung zwischen dem Ostfränkischen und dem Westfränkischen Reich weitgehend der Sprachgrenze zwischen romanischen und germanischen Dialekten folgte. Aber spätestens mit der Krönung des ostfränkischen Königs Otto I. zum römisch-deutschen Kaiser 962 durch den Papst in Rom wurde deutlich, dass das *Heilige Römische Reich deutscher Nation* mit dem Königreich Burgund und dem Königreich Oberitalien weit über das deutsche Sprachgebiet hinausgriff. Für die weiteren Geschicke Deutschlands wurde es durchaus bestimmend, dass die deutschen Könige und Kaiser bis ins 18. Jahrhundert hinein viel Energie und Kraft in Italien ließen.

Zeitlich gesehen hatte das nationale Werden in Deutschland, Frankreich und England durchaus einen ähnlichen Ausgangspunkt:

- Für Deutschland und Frankreich war es die 870 endgültig vollzogene Teilung des Reichs Karls des Großen in ein Ost- und ein Westfränkisches Reich.
- Für England begann die moderne Staatlichkeit 1066 mit der Eroberung durch die Normannen.

Während sich aber England und Frankreich als Zentralstaaten von ihren Hauptstädten London und Paris aus entwickelten, regierten die deutschen Könige und Kaiser aus wechselnden Hauptstädten. Die regionalen Herrschaften und später die freien Reichsstädte gewannen im Lauf der deutschen Geschichte sogar relativ an Macht. Deutschland war stets in höherem Maße polyzentrisch als viele andere Nationen und wird dadurch bis heute geprägt. Über die längste Zeit der deutschen Geschichte waren die Könige und Kaiser Erste unter Gleichen, die grundsätzlich einem Wahlmodus unterlagen.

Nationalbewusstsein und nationale Eigenart entwickeln sich nicht im luftleeren Raum. Wie Johannes Fried zu den Anfängen der Deutschen schreibt, konnte »kein König, kein Adelsherr, kein kirchlicher Prälat, letztlich kein Bauer des früheren Mittelalters [...] unabhängig von den geistigen Bedingungen seiner Zeit und seiner Welt Macht entfalten, Fürstentümer und Reiche gründen, einen Acker bestellen. [...] Keine Nation war in ihrer Existenz und mit ihren Leistungen ohne die anderen denkbar, kein nationales Handeln vollzog sich in nationaler Absonderung, ohne Rückkopplungen an eine multinationale Umwelt. Die Volkwerdung der Deutschen war ebenso ein Faktor französischer oder polnischer Ethnogenese. [...] Die deutsche Geschichte war von Anfang an ein Teil der französischen, so wie die französische ein guter Teil deutscher Geschichte war und bis heute blieb.«[3]

Das Schicksal der Staaten und Nationen Europas ist im Guten wie im Bösen miteinander verkettet. Das zeigte sich schon am Beginn der deutschen Geschichte und es ist bis heute aktuell. Auch zum Thema dieses Buches, dem Umgang mit Einwanderung, werden wesentliche Teile der Antwort letztlich europäisch sein müssen.

Die Herkunft der Deutschen

Jeder Mensch hat den elementaren Wunsch zu wissen, wer seine leiblichen Eltern sind und sie möglichst auch zu kennen. Auch bei Völkern und Nationen oder bei nationalen Minderheiten ist das Interesse an der eigenen Abstammung natürlich und vollkommen legitim. Man möchte wissen, wie das, was heute ist, so geworden ist und warum. Und dazu gehört eben nicht nur die Geschichte von Kunst und Literatur, von Schlachtenlärm, Herrscherhäusern und politischen Systemen, sondern ganz wesentlich auch das Interesse an der eigenen biologischen Herkunft.

Nach dem Zustrom der indogermanischen Steppenbewohner, die Europa in wenigen Jahrhunderten kulturell, sprachlich und genetisch von Grund auf änderten, gab es in Europa 3000 Jahre lang bis zur Völkerwanderung keine großen Massenwanderungen mehr. Auseinandersetzungen zwischen Stämmen, Völkern und Staaten und entsprechende Unruhe in den jeweiligen Grenzgebieten gab es natürlich fortwährend.

Aus den Wirren der Völkerwanderung, den Verschiebungen und der Konsolidierung vieler kleiner Stämme sowie aus der Zuwanderung von germanischen Gruppen in die Gebiete südlich der Donau und östlich des Rheins konsolidierten sich im Verlauf von vier Jahrhunderten bis zur fränkischen Reichsteilung (also von ca. 450 bis 850 n. Chr.) die Völker der Sachsen, der Friesen, der Franken, der Alemannen und der Baiern. Die drei Letzteren siedelten ganz oder teilweise auf ehemals römischem Boden. Dort mischten sich die Germanen im Lauf der Jahrhunderte mit der dort ansässigen, zumeist keltischen Bevölkerung.

Als Folge der Völkerwanderung wurde offenbar der Raum zwischen Elbe und Weichsel, bis hin nach Böhmen und Mähren, den die Germanen verlassen hatten, im 5. und 6. Jahrhundert weitgehend von Besiedlung frei. Dort rückten allmählich aus dem Osten slawische Stämme nach. Schon im neunten Jahrhundert begann die Ausdehnung des Fränkischen – später Ostfränkischen – Reichs in die Gebiete östlich der Elbe, die seit der Völkerwanderung von Slawen besiedelt worden waren.

So kann man von drei Germanien sprechen, die die Grundlage des späteren Deutschlands bildeten:

- *Germania Romana*, das einst, durch Rhein, Limes und Donau geschützt, zum Römischen Reich gehört hatte,
- *Germania Germanica*, jene Gebiete, die über die Völkerwanderung hinweg durchgehend germanisch besiedelt aber niemals römisch besetzt waren und
- *Germania Slavica*, jene slawischen Gebiete östlich der Elbe, die seit dem 9. Jahrhundert von Westen her besiedelt und schließlich deutsch wurden.[4]

So ist es nicht verwunderlich, dass sich in der DNA der heutigen Deutschen die Spuren von Germanen, Kelten und Slawen bunt mischen. Deutsche stammen zwar auch von den Germanen ab, aber nicht nur, und in vielen Fällen nicht einmal überwiegend.

Ich nehme mich selbst als Beispiel: Nach der familiären Stammbaumforschung ist Stammvater der deutschen Sarrazins ein Philibert Sarrazin aus Lyon. Er kam um 1520 nach Genf und war dort Stadtschreiber, also praktisch der Chef der Stadtverwaltung. Nachfahren von ihm gingen später nach Basel. Einer von ihnen zog als Soldat in den Dreißigjährigen Krieg. Er brachte es in schwedischen Diensten zum Festungsbaumeister. Von seinem einzigen überlebenden Sohn stammen alle Sarrazins ab, die heute in Deutschland leben. Bis weit ins 19. Jahrhundert hinein waren sie allesamt in Westfalen ansässig. Im preußischen Königreich kamen dann einige von ihnen nach Berlin und in die Provinz Posen.

Mein Großvater väterlicherseits heiratete 1913 eine englische Schulfreundin seiner Schwester. Mein Vater wiederum, der älteste Sohn aus dieser Verbindung, heiratete 1943 eine westpreußische Gutsbesitzertochter. 1945 wurde ich aus dieser Verbindung als der älteste Sohn geboren. Die Vorfahren meiner englischen Großmutter kamen teilweise aus Schottland, auch eine Italienerin soll dabei gewesen sein. Meine Mutter war blond und blauäugig und hatte hohe Wangenknochen, wie sie unter Slawen häufig sind. Mein Vater hatte dunkles Haar und braune Augen, beides habe ich von ihm geerbt. Aber in meinem Bart fanden sich stets mengenweise rote Haare, möglicherweise aus dem keltisch-schottischen Erbe.

Von meinen Ahnen her bin ich praktisch eine europäische Promenadenmischung. Gleichwohl fühle ich mich deutsch. Meine Sprachfärbung ist westfälisch, mein Humor eher englisch. Mein ökonomischer Sinn deutet auf eine lange Reihe bäuerlicher Vorfahren. Als deutsch an mir empfinde ich einen Hang zum Grundsätzlichen. Deutsch ist aber auch ein gewisser, hartnäckiger Fleiß, dem nicht zuletzt dieses Buch zu verdanken ist.

Historisch und kulturell gesehen haben natürlich die Deutschen eine weitaus engere Verbindung zu den Germanen als zu den Kelten oder Slawen. Das ergibt sich schon aus der Landesgeschichte: Jene germanischen Stämme, die bis zur Völkerwanderung auf dem Gebiet des späteren Deutschlands lebten, haben mit ihren Wanderungen und Heerzügen das Weströmische Reich dauerhaft zerstört. Das heutige Frankreich, das heutige Großbritannien und das heutige Deutschland sind in ihrem historischen Ursprung germanische Staatsgründungen.

Natürlich sind die heutigen Deutschen keine Germanen mehr. Aber zu sagen, sie hätten von den Germanen nur die deutsche Sprache übernommen und sonst mit ihnen nichts zu tun, geht eindeutig fehl. Wie Caroline Sommerfeld schreibt, war »Deutschland [...] nie im selben Maße ethnisch homogen wie beispielsweise Japan oder Island«. Bei der Einwanderung von Stämmen und Gruppen »in damalige und nachmalige deutsche Lande [...] handelte es sich stets und stetig um territoriale Nähebeziehungen – wer da wanderte, waren allesamt Europäer. Doch selbst wenn man an Hunneneinfälle denkt, bleibt ein logisches Argument aufrecht: Nur weil es de facto kein homogenes Deutschland gibt, lässt sich daraus nicht schließen, dass folglich jede Art Immigration gerechtfertigt oder gar begrüßenswert wäre. Weil einstmals Hugenotten oder Polen nach Deutschland kamen, heißt das nicht, dass heute halb Afrika einwandern dürfte.« Für Caroline Sommerfeld hat der Phänotyp des Deutschen »unscharfe Ränder, [...] kennt Ausnahmeerscheinungen und wandelt sich historisch. Er ist aber eindeutig nicht mit dem Phänotyp eines Schwarzafrikaners oder Koreaners zu verwechseln.«[5]

Prägung durch Geografie und Geschichte

Als das Ostfränkische Reich entstand, lag Deutschland praktisch am Rand der Welt. Das änderte sich im Verlauf des Mittelalters. Durch die Entwicklung des nördlichen und östlichen Europas und die Verlagerung des wirtschaftlichen und demografischen Schwerpunktes nach Norden gewann die europäische Mittellage Deutschlands an Bedeutung. Deutschland wurde zum Verbindungsglied zwischen dem romanischen Westen und Süden, dem germanischen Norden und dem slawischen Osten Europas. Alle großen europäischen Verkehrswege führen seitdem durch Deutschland. Rhein und Donau, Elbe und Oder verbinden Deutschland mit den Meeren aller Richtungen.

Hinzu kam die durch den Papst verliehene römische Kaiserwürde. Papst Leo III. hatte den fränkischen König Karl den Großen im Jahr 800 am 25. Dezember zum römischen Kaiser gekrönt. So verband sich der universale Herrschaftsanspruch des Römischen Reichs mit den Machtinteressen des fränkischen Königs und der Herrschaft des christlichen Glaubens. Nach der Teilung des fränkischen Reichs ging der Anspruch auf die Kaiserwürde an den ostfränkischen König über, der als römischer Kaiser gleichzeitig auch die Schutzmacht für den Papst und seinen Kirchenstaat war. Das vom Kaiser regierte »Heilige Römische Reich deutscher Nation« umfasste bis ins 16. Jahrhundert hinein immer auch große Teile Oberitaliens bis an die Grenzen des Kirchenstaats. Deutsche Könige verbrachten als römische Kaiser einen großen Teil ihrer Zeit mit Feldzügen, Bündnispolitik und Regierungsgeschäften in Italien. Die Machtbalance zwischen Papst und Kaiser führte immer wieder zu Konflikten. Das Heilige Römische Reich war also kein deutscher Nationalstaat, auch wenn das deutsche Element demografisch, militärisch und wirtschaftlich dominierte. Der auf Italien gerichtete Fokus der deutschen Kaiser unterstützte die polyzentrische Tendenz der deutschen politischen Entwicklung. Während die Könige Frankreichs oder Englands ihre politische Kraft immer wieder erfolgreich für die Stärkung der zentralen Herrschaft einsetzten, machten die deutschen Kaiser an die Inhaber der regionalen Herrschaft immer wieder Zugeständnisse, um für ihre universale Reichsidee und den damit verbundenen Kräfteverbrauch den Rücken frei zu bekommen.

Mit der Reformation vollzog sich seit 1517 eine Spaltung der christlichen Kirche im Abendland. Die neue Trennlinie zwischen den Religionen ging mitten durch Deutschland. Religiöse Konflikte vermischten sich mit dem Kampf um die politische Vorherrschaft in Deutschland. Der Dreißigjährige Krieg begann als ein Krieg unter Deutschen in Deutschland und weitete sich zu einem internationalen Großkonflikt in Mitteleuropa aus, an dem Spanien, Frankreich und Schweden als äußere Mächte intensiv beteiligt waren. Der Westfälische Frieden besiegelte 1648 eine starke Schwächung der kaiserlichen Zentralmacht. Die staatliche Souveränität ging weitgehend auf die deutschen Gliedstaaten über, die einen bunten Flickenteppich darstellten. Im Verlauf des 18. Jahrhunderts konsolidierten sich unter ihnen Preußen und Österreich als die führenden deutschen Mächte.

Als stärkste europäische Macht hatte sich seit dem Dreißigjährigen Krieg zunehmend das zentralistisch geführte Frankreich erwiesen, das durch eine Reihe von Kriegen seine Ostgrenze weit ins deutsche Reichsgebiet bis an den Rhein vorschieben konnte. Als die Folgen der Französischen Revolution Ende des achtzehnten Jahrhunderts zur Machtübernahme durch Napoleon Bonaparte führten, bewirkten seine militärische Erfolge und die von ihm durchgesetzte

Neuordnung Deutschlands 1806 das Ende des Heiligen Römischen Reichs.

Das Unmaß und die Hybris Napoleons führten schließlich dazu, dass sich England, Russland, Preußen und Österreich zum Kampf gegen Frankreich zusammenschlossen und dabei Erfolg hatten. Auf dem Wiener Kongress fand 1815 eine Neuordnung Mitteleuropas statt. Frankreich verlor alle Eroberungen seit 1789. Die von Napoleon durchgeführte Neuordnung des Reichsgebiets hatte aber in wesentlichen Teilen Bestand. Die deutschen Staaten organisierten sich im Deutschen Bund, der als Staatenbund souveräner Staaten konzipiert war und unter Führung von Österreich und Preußen auch als Verteidigungsbündnis gegen Frankreich diente.

Die Gedanken der Aufklärung und der Französischen Revolution sowie die Beschleunigung der wissenschaftlichen, technischen und wirtschaftlichen Entwicklung führten seit Beginn des 19. Jahrhunderts in ganz Europa zu einem starken Bevölkerungswachstum und zu einer umfassenden Gärung von Mentalitäten und politischen Einstellungen. Das nationale Bewusstsein schärfte sich, Demokratisierungsbestrebungen nahmen zu, und die Macht der Fürsten geriet unter Druck. In der Revolution von 1848 scheiterte ein erster Anlauf zur deutschen Einheit. Wesentlich scheiterte er auch daran, dass die umfangreichen nicht-deutschen Besitzungen des österreichischen Kaiserreichs mit der Idee eines deutschen Nationalstaats nicht vereinbar waren. Der Deutsche Bund als Fürstenbund bestand nach 1848 weiter fort, es siegten zunächst restaurative Kräfte. Unter Bismarcks Führung gelang es Preußen 1866, Österreich aus dem Deutschen Bund hinauszudrängen. Als Folge des Deutsch-Französischen Kriegs von 1870 bis 1871 zwischen Frankreich und dem Norddeutschen Bund unter der Führung Preußens sowie den mit ihm verbündeten Staaten Bayern, Württemberg, Baden und Hessen-Darmstadt kam es 1871 zur Gründung des Deutschen Reichs unter preußischer Führung und ohne Österreich.

In Deutschland war die Bevölkerung seit dem Wiener Kongress wesentlich stärker gewachsen als in Frankreich. Auch hatte bereits am 1. Januar 1834 mit dem Inkrafttreten des Deutschen Zollvereinigungsvertrags die wirtschaftliche Integration Deutschlands eingesetzt. Die wirtschaftliche, wissenschaftliche und technische Entwicklung nahm einen großen Aufschwung. Ende des 19. Jahrhunderts war Deutschland nach Russland das weitaus volkreichste Land in Europa, mit einer durchschnittlich sehr jungen Bevölkerung. Es hatte sich wissenschaftlich und technisch eine Spitzenposition erworben. Deutsch war zur führenden Wissenschaftssprache der Welt geworden. Die deutsche Industrie hatte mit der britischen gleichgezogen und sie teilweise überflügelt. Wie in den letzten Jahrzehnten der Aufstieg Chinas zeigt, gehen solche Kräfteverschiebungen niemals ohne Spannungen vor sich.

In Europa mündeten diese Spannungen in den Ersten Weltkrieg. Die Nachkriegsordnung des Vertrags von Versailles 1919 war anders als die Ordnung des Wiener Kongresses 100 Jahre zuvor nicht auf Ausgleich angelegt. Das begünstigte letztlich den Aufstieg der Nationalsozialisten. Mit ihrer Machtergreifung brach 1933 in Deutschland die Demokratie zusammen. Unter Führung der Nationalsozialisten griff Deutschland 1939 tatsächlich nach der Weltherrschaft. Das führte zu unvergleichlichen Schandtaten und endete 1945 im vollständigen Zusammenbruch.

Ein Wiederbeginn wurde Deutschland durch die zweite große Tragödie des 20. Jahrhunderts erleichtert, nämlich den Aufstieg der kommunistischen Herrschaft in Russland seit 1918 und die Konfrontation zwischen dem kommunistischen Machtblock und den Demokratien des Westens seit 1945. Die westlichen Demokratien und die Sowjetunion hatten jeder einen deutschen Staat in ihrem Machtbereich. Die Souveränität der beiden deutschen Staaten war durch die Einordnung in den Herrschaftsbereich des jeweiligen Staates tatsächlich zwar stark eingeschränkt. Aber sie genossen Schutz und Förderung als Verbündete im Systemwettbewerb.

So kamen Deutschland und die Deutschen für 45 Jahre bis zur Wiedervereinigung 1990 in eine Art politisch-moralisches Abklingbecken. In Westdeutschland wurde diese Phase zu einer Zeit beispielloser Prosperität. Die Demokratie festigte sich und gewann an Prestige. So war es dann folgerichtig, dass die Wiedervereinigung

1990 tatsächlich ein Anschluss der DDR an die Bundesrepublik Deutschland war.

Deutscher Geist

1940 erschien im Insel-Verlag in Leipzig die zweibändige Anthologie *Deutscher Geist. Ein Lesebuch aus zwei Jahrhunderten.* Der Herausgeber Oskar Loerke schrieb in der Einleitung, dass die Sprache entscheidend sei, »um sich sowohl als Geist wie als deutsch zu zeigen. Die Sprache nämlich, ein viel älteres Gewächs als wir insgesamt, weiß viel bessere Definitionen aller grundsätzlichen Dinge, als wir sie mit sprachfernen eigensinnigen Abstraktionen zustande bringen.«[6] Der durch die Sprache geschaffene gemeinsame Kulturraum ist das verbindende Element alles Deutschen. 1953 begründete Peter Suhrkamp die zweite erweiterte Ausgabe der Anthologie damit, dass es »für uns Deutsche in unserer gefahrvollen Gegenwart« wie »für alle Völker in Europa« geboten sei, »Zwiesprache mit ihrem Eigenen und Dauernden zu halten«.[7] Sprache und Kultur sind aus dieser Sicht das Bindemittel für die Deutschen und für alle Völker in Europa.

Ein Volk und eine Nation werden durch den Ablauf der historischen Ereignisse über die Zeit und durch die widersprüchlichen Verkettungen, die diese Ereignisse verursachen und die daraus erwachsen, dauerhaft geprägt. Dabei mischen sich Objektives und Subjektives. Der Versuch, sich ein anschauliches Bild von der eigenen Geschichte zu machen und diese in eine nachvollziehbare Erzählung zu überführen, kann ganz unabhängig von den tatsächlichen Ereignisabläufen der Geschichte eine eigenständige Prägungskraft entfalten, deren subjektive Wirkmächtigkeit sich von ihrer tatsächlichen Bedeutung und der historischen Wahrheit durchaus lösen kann.

Wirkmächtige Mythen können sich in ihrer Bedeutung über die Zeiten hinweg ablösen, sie können aber auch im Wettbewerb zueinander stehen. In falsche Zusammenhänge gebracht, können Mythen die kritische Urteilskraft vernebeln und auch Politik gefährlich fehlsteuern. Gleichwohl kommen kein Volk und keine Nation in ihrer emotionalen Orientierung ohne Mythen aus, wenn Identität ausgedrückt und Stabilität gesichert werden soll.[8]

Das Unglück des Dritten Reichs hat in Deutschland ein gebrochenes Verhältnis zu den Mythen der eigenen Geschichte bewirkt. Bundespräsident Gustav Heinemann (SPD) antwortete einst auf die Frage, ob er Deutschland liebe: »Ich liebe meine Frau.« Vergeblich waren in den 1950er-Jahren die Versuche, den Verfassungspatriotismus zum Gründungsmythos der jungen Bundesrepublik zu erheben, da war der Mythos des Wirtschaftswunders doch viel wirkmächtiger.

Zu einem frühen und bis heute nachwirkenden Mythos der Deutschen wurde die im 15. Jahrhundert wiederentdeckte Schrift von Tacitus über die Germanen: »Redlichkeit, Freiheitsliebe und Sittenreinheit, Treue und Aufrichtigkeit, Tapferkeit der Männer und Keuschheit der Frauen – das sind Eigenschaften, die Tacitus den Germanen attestierte.«[9] Die Lobeshymne des Tacitus auf den germanischen Charakter war wohl auch von dem Wunsch motiviert, den als dekadent empfundenen Römern den Spiegel vorzuhalten. Über das Aussehen der Germanen schreibt Tacitus »alle haben trotzige blaue Augen, rotblondes Haar und hünenhafte Leiber«.[10] Er schildert sie als kriegerisch und tapfer,[11] als ehrbewusst und treu, aber auch als faul und trunksüchtig.[12] Ihre Behausungen und ihren Lebensstil hält er für primitiv. Ihre Überlieferung sei nur mündlich, ihre Herkunft unklar. Er hält die Germanen für die ursprünglichen Bewohner ihres Landes, weil niemand sonst in ein Land ziehen wolle, »das ohne Reiz im Aufbau seiner Landschaft und rau im Klima, dessen Bearbeitungsmöglichkeit kümmerlich und dessen Gesamteindruck niederdrückend ist«.[13]

Noch das fränkische Reich der Karolinger war geprägt von einem großen Kulturgefälle zwischen den ehemals römischen und den germanischen Gebieten, das auch sprachlich zum Ausdruck kam und zunächst in der deutschen Volkssprache überwunden werden musste. »Denn die bisherige Volkssprache stieß an klare Grenzen und prägte bis zu einem gewissen Grad den geistigen Habitus derer, die sich ihrer bedienten.« Für Johannes Fried korrelierte die »Primitivität der Gesellschaft […] mit der Primitivität ihrer Sprache, die jene archaischen

Verhältnisse wohl länger konservierte, als sie im Zuge lateinischer Literalität hätte fortbestehen müssen«.[14] Das änderte sich allmählich unter den kulturellen Einflüssen, die aus dem Westen und Süden in den deutschen Sprachraum kamen, und durch die wachsende Rolle der christlichen Kirche. Diese förderte vor allem durch das Wirken der Klöster Literalität. Sie stärkte durch das Latein die kulturelle Verbindung zur romanischen Welt, und sie sorgte für eine bessere Bildung des Adels und später auch des Bürgertums.

Das Wissen um die eigene kulturelle Unterlegenheit unterstützte im deutschen Sprachraum eine große geistige Offenheit gegenüber fremden Einflüssen. Aus dem Gefühl der kulturellen Unterlegenheit und eines geistigen Nachholbedürfnisses erwuchs im Lauf der Jahrhunderte eine deutsche Tendenz zum kulturellen Universalismus. Die Erfindung des Buchdrucks fand in Deutschland statt. Der Einfluss der Renaissance und die Wirkungen der Reformation führten seit dem 16. Jahrhundert dazu, dass in Mitteleuropa, besonders in seinen protestantischen Gebieten, die Lesefähigkeit stärkere Verbreitung fand als im übrigen Europa und auch tatsächlich mehr gelesen wurde. Damals begann die bis heute anhaltende Tradition, dass der deutsche Sprachraum durch Übersetzungen besonders viele fremdsprachige Werke bei sich aufnahm. Wie die Statistik übersetzter Bücher zeigt, hält diese Tendenz bis heute an.[15]

Die Frage »Was ist deutsch?« lässt sich nicht leicht auf einen Begriff bringen. Dieter Borchmeyer brauchte in seinem profunden Werk gleichen Namens über 1000 Seiten, um diese Frage facettenreich auszuleuchten. Er zitiert den in Prag geborenen jüdischen Soziologen Erich Kahler, der die Deutschen aufgrund ihrer Geschichte das »schwierigste und komplexeste der abendländischen Völker« nennt, in dem ein »Widerspruch von Geist und Wirklichkeit, von Denken und Handeln« angelegt sei. In ihrer Unbedingtheit erhebe sich die deutsche Intelligenz immer wieder über nationale Grenzen zu einer Weltperspektive, so wie »dem Lebenslauf dieses Volkes eine universale und spirituelle Tragweite mitgegeben« war. Im deutschen Nationalcharakter sei es nicht weit von einem nationalen Minderwertigkeitskomplex zu einem Gefühl der »Auserwählung«.[16] Diese Auserwähltheit zeigte sich in der Translatio imperii, der Übertragung des Römischen Reichs an die Deutschen, wie es im Reichsnamen »Heiliges Römisches Reich Deutscher Nation« zum Ausdruck kommt. Borchmeyer zitiert ein Gedicht des Barockdichters Jesaias Rompler von Löwenhalt:

»Jetzt wird in aller welt kein land wie das gefunden
mit dem der wahre Gott ist so genau verbunden,
und darum schäz ich mir für trefflichen gewin
dass ich auch Teutscher art und Teutschen herzens bin.«[17]

Die Entstehungszeit dieses Gedichts fällt in den Dreißigjährigen Krieg, als Deutschland kreuz und quer von fremden Heeren durchzogen wurde und ein Drittel seiner Bevölkerung verlor. Bereits vor dem Dreißigjährigen Krieg war die kaiserliche Zentralmacht in Deutschland weit weniger stark ausgeprägt als die königliche Zentralmacht in Frankreich, England oder Spanien. Mit dem Westfälischen Frieden ging 1648 ein großer Teil der staatlichen Souveränität auf die Gliedstaaten über.[18] Die tatsächliche Entwicklung zum Nationalstaat verzögerte sich gegenüber England oder Frankreich um 150 bis 200 Jahre. Umso wichtiger wurde für das deutsche Nationalbewusstsein das kulturelle Element.

In diesem Geiste schrieben Schiller und Goethe 1796 über das Deutsche Reich:

»Deutschland? aber wo liegt es? Ich weiß das Land nicht zu finden.
Wo das Gelehrte beginnt, hört das Politische auf.«

Und über den Deutschen Nationalcharakter:

»Zur Nation euch zu bilden, ihr hoffet es, Deutsche, vergebens;
Bildet, ihr könnt es, dafür freier zu Menschen Euch aus.«[19]

Die beiden Weimarer Geistesgrößen waren natürlich keine Hellseher. Das Ende des Heiligen Römischen Reichs, der Aufstieg und Untergang Napoleons, die industrielle Revolution, der deutsche Zollverein und der deutsch-französische Krieg von 1870/71 lagen noch verborgen im Schoß der Zukunft, als sie die zitierten Verse schrieben. Aber ihre Verse atmen universalistischen deutschen Geist im besten Sinne. Spitz und ironisch brachte Heinrich Heine 1844 in *Deutschland – Ein Wintermärchen* deutsche Träume auf den Punkt:

»Man schläft sehr gut und träumt auch gut
In unseren Federbetten
Hier fühlt die deutsche Seele sich frei
Von allen Erdenketten.

Franzosen und Russen gehört das Land,
Das Meer gehört den Briten,
Wir aber besitzen im Luftreich des Traums
Die Herrschaft unbestritten.

Hier üben wir die Hegemonie,
Hier sind wir unzerstückelt,
die andern Völker haben sich
Auf platter Erde entwickelt.«[20]

Vierzig Jahre später schildert Friedrich Nietzsche seine Gedanken beim Anhören der Ouvertüre von Richard Wagners *Meistersingern*: »etwas Willkürlich-Barbarisches und Feierliches [...] etwas Deutsches, im besten und schlimmsten Sinne des Wortes, etwas auf deutsche Art Vielfaches, Unförmliches und Unausschöpfliches [...] Diese Art Musik drückt am besten aus, was ich von den Deutschen halte: sie sind von vorgestern und von übermorgen – *sie haben noch kein Heute.*«[21] Damit nimmt Nietzsche zur Verortung der Deutschen das Motiv auf, das auch bei Schiller und Goethe in den *Xenien* und bei Heinrich Heine im *Wintermärchen* anklang.

Für Nietzsche ist die »deutsche Seele [...] vor allem vielfach, verschiedenen Ursprungs, mehr zusammen- und übereinandergesetzt als wirklich gebaut. Das liegt an Ihrer Herkunft. [...] Als ein Volk der ungeheuerlichsten Mischung und Zusammenrührung von Rassen, vielleicht sogar mit einem Übergewicht des vor-arischen Elements, sind die Deutschen unfassbarer, umfänglicher, widerspruchsvoller, unbekannter, unberechenbarer, überraschender, selbst erschrecklicher, als es andere Völker sich selber sind – sie entschlüpfen der Definition und sind damit schon die Verzweiflung der Franzosen.«[22]

Fünfzig Jahre später, 1934, nannte der Philosoph und Soziologe Helmut Plessner Deutschland *Die verspätete Nation*. Wie Plessner zeigt, hat Deutschland seine nationale Identität im Wesentlichen erst im 19. Jahrhundert gewonnen. Der deutsche Geist bezog seine Stärke gerade aus einer spezifisch deutschen Tradition der Traditionslosigkeit, welche zu geistigen Freiheiten führte, die anderswo so nicht möglich waren. Deutschland war, so Plessner »das führende Land, die Stimme dieses Jahrhunderts«. »Kein Land hat im 19. Jahrhundert Männer hervorgebracht, die einem Kant, Hegel, Marx an Größe und revolutionärer Gefährlichkeit an die Seite zu stellen sind. Die Epoche des Traditionszerfalls brauchte das Land der Traditionslosigkeit, um sich in seinem Geiste erst ganz zu finden. Deutsches Wesen und 19. Jahrhundert gehören zusammen. Eins ist ohne das andere nicht zu verstehen.«[23]

Die Explosion des Deutschen Geistes erstreckte sich über rund zwei Jahrhunderte von der Mitte des 18. bis zur Mitte des 20. Jahrhunderts, von der literarischen Deutschen Klassik über die Musik und Philosophie bis zu den Naturwissenschaften.[24] Sie erfuhr zudem eine starke Prägung durch die Entwicklung des jüdischen Geisteslebens in Deutschland. Zu Beginn der 1920er-Jahre wurden 50 % der wissenschaftlichen Literatur in der Welt auf Deutsch publiziert.

Über all das hat die Schande der nationalsozialistischen Herrschaft und der mit ihr verbundenen Verbrechen einen langen Schatten geworfen. Dieser wird nie vergehen, und es soll nichts vergessen werden. Aber wir Deutschen würden uns selbst und unserem Volk einen schlechten Dienst erweisen, wenn wir zuließen, dass dadurch unser Selbstbild und unser Selbstbewusstsein dauerhaft verdunkelt würden.

Thomas Mann schrieb 1945 in *Deutschland und die Deutschen*, »dass es nicht zwei Deutschland gibt, ein böses und ein gutes, sondern nur eines, dem sein Bestes durch Teufelslist zum Bösen ausschlug. Darum ist es für einen deutsch geborenen Geist auch so unmöglich, das böse, schuldbeladene Deutschland ganz zu verleugnen. [...] Der Hang zur Selbstkritik, der häufig bis zur Selbstverfluchung ging, ist kerndeutsch, und ewig unbegreiflich wird es bleiben, wie ein so zur Selbsterkenntnis angelegtes Volk den Gedanken zur Weltherrschaft fassen konnte. [...] Den Unerbittlichkeiten, die große Deutsche, Hölderlin, Goethe, Nietzsche, über Deutschland geäußert haben, ist nichts an die Seite zu stellen, was je ein Franzose, ein Engländer, auch ein Amerikaner seinem Volk ins Gesicht gesagt hat.«[25]

Thomas Mann beschließt seine Äußerungen über die Deutschen mit der Hoffnung »zu einer sozialen Weltreform, die gerade Deutschlands innersten Anlagen und Bedürfnissen die größten Glücksmöglichkeiten bietet«. Er hofft auf »das Erwachen der Menschheit zum Bewusstsein ihrer praktischen Einheit, ihr erstes Ins-Auge-Fassen eines Weltstaats. [...] Zuletzt ist das deutsche Unglück nur das Paradigma der Tragik des Menschseins überhaupt. Der Gnade, deren Deutschland dringend bedarf, bedürfen wir alle.«[26]

Thomas Mann setzte mit diesen Worten im April 1945 den Ton für den entschlossenen Internationalismus, der seit dem Zweiten Weltkrieg die deutsche Politik prägt. Seine Idee vom Weltstaat fand wenige Monate später – am 24. Oktober 1945 – ihren Ausdruck in der Gründung der Vereinten Nationen. 73 Jahre später unterstützte Bundeskanzlerin Angela Merkel vehement den UNO-Migrationspakt, den man durchaus als einen weiteren kleinen Schritt zu dem Weltstaat, den Thomas Mann so ersehnte, betrachten kann.

Ich persönlich glaube, dass Thomas Mann mit seiner Idee vom Weltstaat einen schweren gedanklichen Fehler beging. Ein Weltstaat muss Einheitlichkeit herstellen, falls er wirksam sein will und Sinn machen soll. Niemand könnte sich ihm durch Auswanderung entziehen. Auch Hitler und Stalin strebten im Endergebnis jeder für sich einen Weltstaat an. Heute tut dies der radikale Islam. Gerade weil die Menschen fehlbar und irrtumsanfällig sind, braucht man eine Konkurrenz unterschiedlicher politischer Systeme und damit unterschiedlicher Staaten. Nur so haben gegensätzliche Werte, Ideen, Verfahren und Strukturen die Chance, sich zu bewähren und zu überleben.

Wie der amerikanische Historiker Mark Mazower schreibt, ist »die Idee einer Weltregierung [...] ein Traum von gestern«.[27] Zwar müssen die »Institutionen der internationalen Governance [...] dringend reformiert werden. Doch die fundamentale Einsicht des 19. Jahrhunderts, dass ein effektiver Internationalismus auf funktionierenden Nationalstaaten beruht, bleibt relevant.«[28] Thomas Manns Idee vom Aufgehen Deutschlands in einem Weltstaat zeigt den deutschen Geist in ihm. So radikal universalistisch kann wohl nur ein Deutscher denken.

Ich komme zurück zur Ausgangsfrage dieses Kapitels: Was ist deutsch?

- Genetisch haben sich im deutschen Volk germanische, keltische und slawische Elemente vermischt, wobei im Norden das germanische und im Süden das keltische Element überwiegt, während nach Osten hin die slawische Komponente zunimmt. Genetisch abgrenzbar sind die Deutschen also nicht. Die Übergänge zu den Nachbarvölkern sind gleitend. Diesbezügliche Unterscheidungen haben für die Eigenart der Deutschen keinen Erklärungswert.
- Sprachlich hat sich das Deutsche aus germanischen Dialekten entwickelt.
- Mentalitätsmäßig werden den Deutschen gern bestimmte Eigenschaften zugeschrieben. Dazu zählen ins Positive gewendet Eigenschaften wie Pünktlichkeit, Ehrlichkeit, Ordnungsliebe, Pflichtbewusstsein, Fleiß, Gemeinschaftsgeist und Fähigkeit zur Einordung, Ins Negative gewendet gehören dazu Autoritätshörigkeit, unkritischer Gehorsam, Mängel bei Takt und Feingefühl, Neigung zu Grobheit, Besserwisserei und gnadenloses Prinzipienreiten. Für mich schimmert im Mentalitätsprofil der Deutschen durchaus noch ein germanisches Erbe durch.
- Kulturell gesehen hatte der deutsche Sprachraum stets eine sehr große Neigung zur Aufnahme fremder Einflüsse. Das hält bis heute an. Auf die wirtschaftliche und kulturelle Entwicklung

deutschsprachiger Länder hatte dies überwiegend einen positiven Einfluss. Und natürlich geht die deutsche Kultur über die gemeinsame Sprache weit hinaus.[29]

– Wissbegier, Forschergeist und Bildungsleistung waren im deutschen Sprachraum seit dem 16. Jahrhundert bis in die Gegenwart hinein stets weit überdurchschnittlich ausgeprägt. Das führte nicht nur zur ehemals herausragenden Stellung Deutschlands im Bereich von Wissenschaft und Technik. Die geistige Potenz Deutschlands bewirkte vielmehr zusammen mit Fleiß, Normentreue und der Fähigkeit zum sozialen Kompromiss den Aufstieg Deutschlands zu einem der reichsten und stabilsten Länder der Welt.

Wegen dieser Faktoren gehört Deutschland heute (noch) unter den erfolgreichen Ländern der Welt zu den erfolgreichsten. Und exakt das ist es, was durch eine falsche Einwanderungspolitik gefährdet werden kann. Damit meine ich nicht die Wanderungen von Europäern innerhalb Europas, sie stellen heute, mit einigen Ausnahmen,[30] kein ins Gewicht fallendes Problem dar.

Deutschland und Europa

Die Völker und Nationen Europas und die Staaten, in denen sie organisiert sind, haben sich in intensiver Auseinandersetzung und Zwiesprache miteinander entwickelt. Weder die Richtung ihrer Entwicklung noch ihr heutiges So-Sein ist ohne den Bezug zueinander vorstellbar. Das gilt politisch für das gemeinsame Werden aus dem fränkischen und römischen Reich bzw. aus germanischen Eroberungszügen. Es gilt religiös für die Prägung durch das Christentum.

Kulturell gesehen wanderten Künste, Wissen, Baustile und technische Errungenschaften von Italien und Frankreich nach Mitteleuropa und von dort weiter nach Osteuropa. Die Kultur von Italien, Frankreich, Deutschland und Polen ist überhaupt nur im Verhältnis zueinander vorstellbar. So zeigt der mittelalterliche Städtebau von Brügge in Flandern bis nach Tallinn am Finnischen Meerbusen noch heute die mittelalterliche kulturelle Einheit dieses niederdeutsch geprägten Raums. In den Staaten des Baltikums ist die kulturelle Prägung durch die 700 Jahre währende Anwesenheit der deutschen Minderheit bis heute spürbar. Wanderungsprozesse innerhalb Europas waren zwar auch oft mit Spannungen verbunden. Aufgrund der kulturellen Nähe aller Europäer konnten diese jedoch immer wieder überwunden werden.

In Mitteleuropa war bis ins 20. Jahrhundert hinein das Zusammenleben von Polen und Deutschen oder von Deutschen und Tschechen durchweg friedlich. Als Folge des Zweiten Weltkriegs bewirkten Vertreibungen und Grenzverschiebungen eine groß angelegte ethnische Entmischung. 15 Millionen Deutsche mussten ihre Heimat verlassen, das deutsche Staatsgebiet schrumpfte um ein Viertel. Je nach Blickwinkel, kann man diese tragischen Ereignisse als großes Unrecht, das Millionen Deutschen geschah, oder als gerechtfertigte Folge der deutschen Aggression und der nationalsozialistischen Gräueltaten ansehen. Wie auch immer, die lange Friedensphase seit 1945 hat in Mitteleuropa viele Wunden heilen lassen. Polen, Tschechen und Deutsche leben mittlerweile weitgehend ohne Vorbehalte nebeneinander: Niemand stellt Gebietsansprüche, und die Europäische Union bildet ein gemeinsames Dach, das viele Interessen wirksam bündelt.

Friedrich Nietzsche sprach 1886 von der »krankhaften Entfremdung, welche der Nationalitätswahnsinn zwischen die Völker Europas gelegt hat und noch legt«. Er sah »die unzweideutigsten Anzeichen, in denen sich ausspricht, dass *Europa eines werden will*«. Als Europäer im Geiste benannte er »Menschen wie Napoleon, Goethe, Beethoven, Stendhal, Heinrich Heine, Schopenhauer«, auch Richard Wagner zählte er dazu.[31]

Durch die »*demokratische* Bewegung Europas« sah Nietzsche den »Prozess einer Anähnlichung der Europäer, ihre wachsende Loslösung von den Bedingungen, unter denen die klimatisch und ständisch gebundenen Rassen entstehen, ihre zunehmende Unabhängigkeit von jedem *bestimmten* Milieu, das jahrhundertelang sich mit gleichen Forderungen in Seele und Leib einschreiben möchte – also die langsame Heraufkunft einer wesentlich übernationalen und nomadischen

Art Mensch, welche, psychologisch geredet, ein Maximum von Anpassungskunst und -kraft als ihre typische Auszeichnung besitzt.«[32]

Die von Nietzsche vorhergesagte »wesentlich übernationale und nomadische Art Mensch« wird vom britischen Journalisten David Goodhart die »Anywheres« genannt, denen er die in den lokalen Traditionen verwurzelten und an ihrem Nationalstaat hängenden *Somewheres* gegenüberstellt.[33] Zu einem gewissen Grad waren zahlreiche europäische Künstler, Wissenschaftler, Dichter und Intellektuelle seit der Renaissance *Anywheres*. Gleichzeitig wurzelten sie in ihrer nationalen Kultur und waren insofern *Somewheres*. Diese Doppelgesichtigkeit ist eine wesentliche Facette der europäischen Kultur und der Nationalkulturen in Europa.

Zurück zur Frage der Einwanderung:

Als Thomas Mann 1945 seine oben zitierten Worte zum künftigen Weltstaat sprach und niederschrieb, lebten rund 2,3 Milliarden Menschen auf der Welt. Gegenwärtig sind es knapp 8 Milliarden, bis 2050 werden wohl 10 Milliarden erreicht sein.

Nur 0,5 % aller Neugeborenen kommen noch in Deutschland zur Welt, und von diesen hat ein wachsender Anteil, gegenwärtig rund 40 %, Eltern mit ausländischen Wurzeln. Die Deutschen bekommen seit einem halben Jahrhundert rund ein Drittel weniger Kinder, als zur Bestandserhaltung nötig wäre. Also schrumpft ihre Zahl. Die quantitative Wirkung wird abgemildert und überdeckt durch den Anstieg der Lebenserwartung und durch die verschiedenen Zuwanderungswellen, die Deutschland in den vergangenen 60 Jahren erfuhr. Das führte jedoch zu erheblichen Verschiebungen in der Zusammensetzung der Bevölkerung. Thomas Mann würde heute Deutschland nicht mehr wiedererkennen, wenn er durch die Innenstädte von Lübeck oder München ginge.

Der einzelne Deutsche wird davon zwar nicht bedroht. Er lebt durchschnittlich in größerer Sicherheit als je zuvor und wird älter als je zuvor. Sofern er kinderlos ist, geht allerdings sein kulturelles und biologisches Erbe unter. Sofern die Deutschen nicht in der Lage sind, ihre Kultur und all das, was man deutsch nennt, an künftige Generationen weiterzugeben, wird auch die deutsch geprägte Kultur untergehen, und etwas anderes wird an ihre Stelle treten. Was kann das sein, und wie sieht dann die deutsche Zukunft in Mitteleuropa aus?

Ob und inwieweit deutscher Geist und deutsche Kultur sich organisch und lebenskräftig weiterentwickeln, ob die Deutschen als Volk und Nation eine Zukunft haben, hängt zunächst davon ab, wie sich jene Einwanderer und ihre Nachfahren integrieren und assimilieren, die heute schon in Deutschland sind. Und es hängt weiterhin davon ab, wer künftig nach Deutschland einwandert und in welcher Zahl. Die offene politische und gesellschaftliche Frage ist: Wollen wir das steuern? Und wenn ja, warum und mit welchem Ziel?

Das ist übrigens keine rein deutsche Frage, sie ist vielmehr elementar europäisch und zudem aufgrund des wachsenden Rechtspopulismus von großer Aktualität. Rainer Hank meint dazu: »Statt den Fehler zu machen, die Rechtspopulisten als Erscheinung des Bösen zu diabolisieren – und also abzuspalten – und zugleich für sich selbst eine Art alternativlose Ewigkeitspacht auf Wahrheit und Rationalität zu beanspruchen, wäre es besser, sich den [...] aufgeworfenen Themen zu stellen: Den Fragen von Heimat, Zugehörigkeit oder Würde.«[34]

Kapitel 3
Einwanderung als europäische Herausforderung

Die letzte große Einwanderungswelle nach Europa fand vor rund 5000 Jahren statt. Das war die Zuwanderung der Indogermanen aus der pontischen Steppe, die überaus gewalttätig war und, wie die genetische Zusammensetzung der heutigen Europäer zeigt, zu einem weitgehenden Bevölkerungsaustausch führte.

Seit ca. 300 v. Chr. wuchsen der Mittelmeerraum und die angrenzenden Regionen von den Britischen Inseln bis Ägypten und Kleinasien allmählich zu einem gemeinsamen Kulturraum zusammen. Maßgebend für dieses allmähliche Zusammenwachsen war die erfolgreiche Eroberungspolitik der Römer, die zu einer entsprechenden Ausdehnung des Römischen Reichs führte. Dieser Raum war zunächst durch die Kultur der griechisch-römischen Antike und seit dem 3. Jahrhundert n. Chr. zunehmend christlich geprägt.

Die durch die Römer geschaffene staatliche Ordnung und ihre militärische Überlegenheit machten das Römische Reich zu einer historisch beispiellosen Friedenszone. Die *Pax Romana* wurde sprichwörtlich. Bedingt durch den Handel und das Militär, gab es erhebliche Binnenwanderungen innerhalb der Grenzen des Reichs. Die Römer waren leistungsstarke Eroberer und fähige Verwalter der eroberten Gebiete. Friedlich und idyllisch war der Prozess ihrer Ausdehnung gleichwohl nicht. Und er wurde von den unterworfenen Völkern zunächst sicherlich auch nicht als »kulturelle Bereicherung« wahrgenommen.

Ab 400 n. Chr. zerstörte die Völkerwanderung in einem Prozess, der einige Jahrzehnte währte, die Reichseinheit des Weströmischen Reichs. Die mit der Völkerwanderung verbundenen germanischen Staatsgründungen waren durchweg kurzlebig und führten nicht zu einer stabilen neuen Ordnung. Mit den Eroberungszügen der Araber und der Ausbreitung des Islam griff der Zerstörungsprozess ab 630 n. Chr. auf das Oströmische Reich über.

Im Vergleich zur großen indogermanischen Zuwanderung waren die Wanderungsbewegungen nach Europa in den letzten 2000 Jahren durchweg begrenzt:

- Um 400 n. Chr. fielen im Zuge der Völkerwanderung zentralasiatische Reitervölker, die unter dem Sammelbegriff der Hunnen gefasst werden, nach Europa ein.
- Zu Beginn des 8. Jahrhunderts eroberten die Araber die Iberische Halbinsel.
- Im 13. Jahrhundert fanden die Einfälle der Mongolen nach Europa statt.
- Ab dem 14. Jahrhundert wurde der Balkan durch die Osmanen erobert.

Ansonsten gab es über Jahrtausende keine Zuwanderung von außerhalb Europas. Der platte und politisch opportune Spruch, dass die Ahnen der Europäer allesamt Migranten waren, trifft allenfalls in dem Sinn zu, dass der Mensch aus Afrika kommt und Europa in mehreren Wellen von außen besiedelt wurde, zuletzt vor 5000 Jahren. *Die Aussage, letztlich seien die Ahnen aller Europäer Migranten, ist, bezogen auf historisch überschaubare Zeiträume, unsinnig, falsch und irreführend.* Denn die letzte große Einwanderungswelle nach Europa fand vor 200 Generationen statt! Zum Vergleich: Seit Christi Geburt haben sich etwa 70 Generationen in Europa abgelöst.

Besonders absurd – aber auch politisch und wissenschaftlich empörend – wird es, wenn die indogermanische Einwanderung vor 5000 Jahren heutzutage als scheinwissenschaftliche Begründung dafür dienen soll, dass es sich bei der Massenzuwanderung seit 2015 um einen ganz normalen, quasi routinehaften Vorgang der Menschheitsgeschichte handle, den nur Deppen oder Rassisten anders als normal und organisch wahrnehmen könnten.[1]

Was seit 40 Jahren geschieht, ist für Europa ein Novum und historisch beispiellos. Noch um das Jahr 1960, also vor zwei Generationen, gab es in keinem Land Europas eine quantitativ nennenswerte Zahl außereuropäischer Migranten. Das entwickelte sich erst allmählich in den 1960er-Jahren und beschleunigte sich in den 1970er- und 1980er-Jahren. Als gesellschaftliches Thema und grundsätzliche Problematik wurde in den europäischen Ländern die Zuwanderung von außerhalb Europas in großem Stil erst nach dem Fall der Berliner Mauer und dem Zusammenbruch des Ostblocks wahrgenommen.

Frühe Warnungen

Bereits lange vor den Ereignissen von 2015 haben allerdings renommierte Bevölkerungswissenschaftler, Politologen, Historiker und Migrationsforscher auf die Probleme und Gefahren einer fortgesetzten außereuropäischen Masseneinwanderung hingewiesen.

1996 veröffentlichte der amerikanische Politikwissenschaftler *Samuel Huntington* sein Werk *The Clash of Civilizations*. Darin zeigte er, dass nach dem Untergang des kommunistischen Ostblocks neue Bruchlinien in der globalen Weltordnung entstehen. Sie ergeben sich aus seiner Sicht vor allem aus dem Aufstieg Chinas und dem Erstarken eines konservativen Islam.[2] Der große Erfolg des Werkes erklärte sich auch aus der damals aufkommenden wachsenden Sorge, dass mit dem Fall der Mauer und dem Zusammenbruch des Ostblocks eben doch nicht das Tor zum ewigen Frieden aufgestoßen ist, sondern neue Konflikte drohen, die viel dauerhafter sind und die Welt unübersichtlich machen.

In den USA wie in Europa war die Haltung zur Einwanderung von außerhalb Europas seit Anfang der Sechzigerjahre offener geworden. Die USA schafften 1965 die aus den Zwanzigerjahren stammenden europaorientierten Quoten ab, was zu einem gewaltigen Zuwachs der Einwanderung aus Süd- und Mittelamerika und aus Ostasien führte.[3] In Europa speiste sich der Zustrom teils aus ehemaligen Kolonien, teils aus dem Zuzug von Gastarbeitern. Sowohl in den USA als auch in Europa wuchs aber seit Ende der Achtzigerjahre die Skepsis gegen weitere Zuwanderung und führte seitdem zu immer neuen Bemühungen, diese einzuschränken und zu steuern. Das überlagerte sich mit Fragen des Asyls und verursachte grundsätzliche Wertedebatten Auch stellten sich immer stärker Fragen der nationalen Identität.

Samuel Huntington wies 1996 erstmals auf einen wesentlichen Unterschied zwischen den USA und Europa hin: Bereits damals waren zwei Drittel der Zuwanderer nach Europa Muslime, und Umfragen in europäischen Ländern zeigten, dass die Abneigung gegen Migranten sich vor allem auf Muslime bezog. Diese Abneigung begünstigte, wie Huntington zeigt, die damaligen frühen Wahlerfolge rechter und rechtspopulistischer Parteien.[4] In die USA dagegen wanderten nur wenige Muslime ein. Der »kulturelle Abstand der beiden größten Migrantengruppen zur Wirtskultur in den USA« war »geringer als in Europa: Mexikaner sind katholisch und spanischsprachig, Philippiner katholisch und englischsprachig.«[5]

Für Europa befürchtete Huntington, eine »anhaltende muslimische Einwanderung« sei dazu »geeignet, Länder in eine christliche und eine muslimische Gemeinschaft zerfallen zu lassen«. Er zeigte auch das Heilmittel mitsamt seinen Nebenwirkungen auf: »Dieses Resultat lässt sich in dem Maße vermeiden, wie europäische Regierungen und Völker bereit sind, die Kosten für eine Restriktion dieser Einwanderung zu tragen, das heißt die direkten fiskalischen Kosten von Anti-Einwanderungsgesetzen, die sozialen Kosten einer weiteren Entfremdung der existierenden Einwanderergemeinschaften und die potenziellen langfristigen Kosten von Arbeitskräftemangel und niedrigeren Wachstumsraten.«[6]

Huntington hatte die Erwartung, dass der islamische Einwanderungsdruck durch sinkende Geburtenraten in Nordafrika und dem Nahen und Mittleren Osten nachlassen werde. Diese Erwartung ist bisher leider nicht eingetreten. Aber er warnte gleichzeitig: »Das gilt nicht für das subsaharische Afrika. Wenn eine wirtschaftliche Entwicklung eintritt und die soziale Mobilisierung in West- und Zentralafrika fördert, werden die Anreize und Potentiale zur Migration zunehmen, und der drohenden ›Islamisierung‹ Europas wird seine drohende ›Afrikanisierung‹ folgen.«[7] Mit dieser Befürchtung wiederum behielt Huntington recht.

Der Soziologe *Gunnar Heinsohn* befasste sich intensiv mit den Zusammenhängen zwischen Demografie, internationalen Konflikten, Kriegsbereitschaft und Terror. Er zeigte 2003 in seinem Buch *Söhne und Weltmacht,* dass die Alterung und Geburtenarmut im wohlhabenden Europa und das Übergewicht der jungen Männer in den armen Staaten Afrikas und des Nahen und Mittleren Ostens in eine gefährliche, konfliktgeladene Korrespondenz zueinander treten, die sich u.a. in wachsendem Einwanderungsdruck äußert.[8]

Seit vielen Jahrzehnten hat der deutsche Bevölkerungswissenschaftler *Herwig Birg* die langfristigen Folgen der geringen deutschen Geburtenzahlen für die demografische, soziale und wirtschaftliche Entwicklung des Landes analysiert und gezeigt, dass Einwanderung die dadurch ausgelösten Verzerrungen und Anspannungen kaum ausgleichen, allenfalls lindern kann. Hinsichtlich einer Masseneinwanderung von außerhalb Europas warnte er 2015: »Der in Deutschland drohende Kulturabbruch durch die Einwanderung bildungsferner Bevölkerungsgruppen ist im Gegensatz zu einem wirtschaftlichen Rückschlag ein für Generationen irreversibler Vorgang. So wie es für eine Familie nichts Schlimmeres gibt, als wenn ihre Kinder ohne Ausbildung das Erwachsenenalter erreichen, so kann es für ein Land nichts Nachteiligeres geben, als die Einheimischen um vermeintlicher wirtschaftlicher Vorteile willen in großem Maßstab durch bildungsferne Populationen zu ersetzen.«[9]

Der ehemalige Bundeskanzler *Helmut Schmidt* setzte sich in seinen Büchern wiederholt mit der deutschen Zuwanderungspolitik auseinander. Bereits in der Einleitung hatte ich seine Warnung aus dem Jahr 2008 zitiert, »unser Geburtendefizit durch Einwanderung aus Afrika und Asien aufzufüllen. [...] Denn schon bisher [...] haben wir eine kulturelle Einbürgerung nur sehr unzureichend zustande gebracht. Wer die Zahlen der Muslime in Deutschland erhöhen will, nimmt eine zunehmende Gefährdung unseres inneren Friedens in Kauf.«[10]

Der amerikanische Historiker *Walter Laqueur* wuchs als Sohn jüdischer Eltern in Breslau auf und emigrierte 1938 nach dem Abitur nach Palästina. Er befasste sich zeitlebens intensiv mit der europäischen Geschichte und Kultur und kannte die meisten europäischen

Länder aus eigener Anschauung. 2006 schrieb er im Vorwort zu seinem Buch *The Last Days of Europe*: »Ich habe Europa in guten wie in schlechten Zeiten erlebt. [...] mein Europa [...] ist im Verschwinden begriffen [...] und ich hoffe nur, dass Europa mehr sein wird als lediglich ein Museum.«[11]

Walter Laqueur schlägt in seiner Analyse der europäischen Zukunft einen großen Bogen von der demografischen Lücke und Perspektive Europas zur muslimischen Einwanderung und zu den dadurch ausgelösten und für die Zukunft zu erwartenden kulturellen Veränderungen. Er zieht einen Vergleich zwischen jüdischer und muslimischer Einwanderung: Die jüdische Einwanderung nach Westeuropa im 19. Jahrhundert habe nur Zehntausende betroffen, die sich »sehr um soziale und kulturelle Integration« bemüht hätten. »Niemand half ihnen, es gab weder Sozialarbeiter noch Berater, niemand vermietete billigen Wohnraum oder verzichtete ganz auf Miete [...] Es gab weder eine kostenlose medizinische Versorgung noch Arbeitslosengeld. Es gab kein Netz der sozialen Sicherheit; ins kalte Wasser geworfen, konnte man nur schwimmen oder untergehen. Auch gab es keine Regierungskommissionen, die Judenfeindlichkeit untersuchten und überlegten, was dagegen zu tun sei.«[12] »Dagegen leben viele der Migranten von 2006 in Separatgesellschaften. [...] Diese Menschen haben keine deutschen, britischen oder französischen Freunde: sie treffen sich mit ihnen nicht und kennen häufig auch deren Sprache nicht. [...] die jüngeren Immigranten klagen über die Opferrolle; man habe sie ausgeschlossen. Doch ihre soziale und kulturelle Ghettoisierung ist oft freiwillig und hausgemacht.«[13] Laqueur belegt für den Zeitpunkt der Veröffentlichung seines Buches im Detail die Integrations- und Leistungsdefizite muslimischer Migranten und stellt fest, »dieser Generation fehlt offenbar etwas, das in früheren Einwanderungsgesellschaften vorhanden gewesen war: bei den Polen, den nordafrikanischen Juden oder den Chinesen im 13. Arrondissement von Paris ebenso wie bei den Vietnamesen, die sich in Frankreich niederließen.«[14] Er schlussfolgert: »Es muss in der geistigen Einstellung jener, die sich marginalisiert fühlen, etwas geben, dass es ihnen erschwert, im Leben Erfolg zu haben.«[15]

Der Historiker Laqueur ist nicht grundsätzlich gegen Einwanderung: »Sehr oft handelte es sich bei denen, die, aus welchen Gründen auch immer, ihre Heimatländer verließen, um die aktiveren, tatkräftigeren Teile der Bevölkerung. […] Starke, selbstbewusste Gesellschaften waren fast immer in der Lage, solche Einwanderungswellen zu absorbieren und das Beste daraus zu machen.[16] Laqueur macht das Ungeplante und Unkoordinierte der muslimischen Einwanderung sowie einen kulturellen und moralischen Relativismus der Aufnahmeländer für das weitgehende Scheitern der Integration verantwortlich.«[17] Für die künftige Integration hofft er, dass mit der Zeit doch die Einstellungen und Werte der aufnehmenden Gesellschaften allmählich auf einen Teil der muslimischen Migranten abfärben. Aus seiner Sicht muss sich Europa »endlich den Realitäten stellen«. »Ein Niedergang stellt immer auch eine Herausforderung dar, die angenommen werden muss, auch wenn der Erfolg ungewiss bleibt.«[18] Am »Ende wird ein Europa stehen, das sich von dem, das wir kennen und schätzen, stark unterscheiden wird«.[19]

In den Niederlanden war die Ideologie des Multikulturalismus lange Jahre besonders ausgeprägt gewesen. Die Anhäufung von Integrationsdefiziten bei bestimmten Einwanderungsgruppen wurde ausgeblendet. Im Jahr 2000 löste der Soziologe *Paul Scheffer* mit einem kritischen Aufsatz über die Probleme des Multikulturalismus in den Niederlanden eine heftige Debatte aus. 2007 veröffentlichte er sein Buch *Het land van ankoomst,* das schnell zu einem Standardwerk über Probleme der Einwanderung wurde.[20] Paul Scheffers sehr dichte Analyse brachte vor dreizehn Jahren vieles auf den Punkt, was heute immer noch diskutiert wird. Das beginnt mit der verbreiteten Neigung, aus Gründen des politischen Opportunismus Einwanderung zu verharmlosen: »Wir erleben tiefgreifende Veränderungen, und es ist nicht klug, sie herunterzuspielen oder sie zu ignorieren. Wie oft hört man nicht die Binsenweisheit ›Migration hat es zu allen Zeiten gegeben‹. Wie oft begegnet man nicht der Vorstellung, die Menschen seien immer schon unterwegs gewesen und unsere Zeit stelle keine Ausnahme dar. So schreibt die Stadt Amsterdam, als handle es sich um eine alltägliche Feststellung: ›Fast die Hälfte der Bewohner von

Amsterdam stammt ursprünglich nicht aus den Niederlanden. Das ist nichts Neues. Als Einwanderungsstadt steht Amsterdam schon seit Jahrhunderten Menschen unterschiedlicher Herkunft und Gesinnung offen; man denke nur an die portugiesischen Juden, die Hugenotten aus Frankreich oder Wanderarbeiter aus Deutschland.‹«[21]

Gegen solche falschen Vergleiche wendet sich Scheffer: »Die Gastarbeiter aus der Türkei oder Marokko, die heute unsere Stadtviertel verändern, können doch nicht gegen die Wanderarbeiter aus Deutschland aufgerechnet werden, die früher einmal in unser Land geströmt sind.«[22] Er warnt davor, sich in Fiktionen zu flüchten: »Wir leben in einer Zeit, in denen allein der Fortschritt gilt und in welcher die Erfahrung, dass etwas verloren geht, augenblicklich als Heimweh nach der Vergangenheit abgetan wird, nach einer Vergangenheit zudem, die idealisiert dargestellt wird. Wir haben großes Geschick in der Neuerschaffung der Wirklichkeit erworben.«[23] Dabei werden die negativen Einflüsse von Migration gern verdrängt: »Die Migration, die wir zurzeit erleben, hat unsere Gesellschaften in vielerlei Hinsicht nicht offener gemacht. Durch die traditionellen Ansichten, die viele Migranten mitbringen, werden plötzlich wieder alte Fragen hinsichtlich der Stellung der Frau diskutiert, und das Recht auf freie Meinungsäußerung ist wieder umstritten.«[24] Viel Heuchelei ist auch im Spiel: »Zu lange waren jene, die nicht in den Vierteln wohnten, in denen sich die Migranten niederließen, die eifrigsten Befürworter der multikulturellen Gesellschaft, während diejenigen, die dort wohnten, mit der Zeit wegzogen.«[25] Immigration ist für viele Teil einer Entfremdung von jener Gesellschaft, die ihnen vertraut ist und in der sie sich wohlfühlen: »Die Immigration ist der sichtbarste Teil einer Globalisierung, die vielen Menschen das Gefühl gibt, dass eine vertraute Welt verloren geht, und das empfinden sie zunächst nicht als Verbesserung.«[26]

Paul Scheffer hält es grundsätzlich für legitim, im Sinne eines gesellschaftlichen Gleichgewichts auch Einwanderung zu begrenzen: »Abkapselung als Mittel, ein soziales Gleichgewicht herzustellen, müssen wir vollkommen ernst nehmen. Die Geschichte lehrt, dass es nur selten zu einer spontanen Annäherung zwischen Alteingesessenen und Zugezogenen kommt.«[27] Die Bewahrung des europäischen Sozialstaats funktioniert nicht bei offenen Grenzen, so Scheffers Resümee. »Nicht jeder, der will, kann reinkommen.«[28]

Der britische Migrationsforscher *Paul Collier* beschäftigte sich in seinem 2013 erschienenen Buch *Exodus* mit dem Zusammenwirken von drei Problemkreisen: »Was bestimmt die Entscheidungen von Migranten? Wie wirkt sich Migration auf die Zurückgelassenen aus? Und welche Folgen hat sie für die einheimische Bevölkerung in den Aufnahmegesellschaften?«[29] Er zeigt das große Anreizpotenzial für Wohlstandswanderung in einer Welt, in der die Kommunikationsdichte immer größer wird und die Reise selbst leichter zu bewerkstelligen ist. Migranten haben die Tendenz, dorthin zu gehen, wo bereits Landsleute leben. So kommt es zu örtlichen Ballungen bestimmter Herkunftsgruppen in den Aufnahmeländern, deren Existenz die Anreize zur Einwanderung erhöht und zudem die schnelle Integration der Zugewanderten behindert. Die Spannungen mit der Aufnahmegesellschaft sind dabei umso größer, je höher die kulturelle Distanz zwischen den Einwanderern und der Aufnahmegesellschaft ist. Zu viel Diversität kann das gesellschaftliche Vertrauen in den Aufnahmegesellschaften senken und zu ernsthaften Spannungen bis hin zu mehr Kriminalität und Gewalt führen. Für die Herkunftsländer weist Collier auf die Gefahr eines *Brain Drain*, einer Abwanderung hoch qualifizierter Arbeitskräfte aus ihren Herkunftsländern, hin. Auch vermindert sich durch Auswanderung der Binnendruck der Bevölkerung auf unfähige, ausbeuterische Regierungen. Auswanderung kann so zu einem Entwicklungshindernis für die Herkunftsländer werden. Collier sprach sich 2013 dafür aus, sowohl den Umfang als auch die Struktur von Einwanderung einer strikten Steuerung zu unterwerfen. Aus seiner Sicht gibt es nicht nur ein moralisches Recht zur Einwanderungsbeschränkung, sondern geradezu die Pflicht dazu, wenn man das Wohl der Einwanderungs- wie der Auswanderungsländer gleichermaßen im Auge hat: »Das Wesen eines Landes besteht nicht einfach nur in seinem Territorium. Der grundlegende Einkommensunterschied zwischen reichen und armen Gesellschaften ist auf Unterschiede ihrer Sozialmodelle zurückzuführen. Hätte Mali ein ähnliches Sozialmodell wie Frankreich und behielte es dieses Modell über Jahrzehnte hinweg bei, hätte es auch ein ähnliches Einkommensniveau.«[30]

Der britische Politikwissenschaftler und Journalist *David Goodhart*, ursprünglich im linken Meinungsspektrum angesiedelt, veröffentlichte 2013 mit *The British Dream* eine profunde Analyse der britischen Einwanderung seit dem Zweiten Weltkrieg. Er zeigte, wie Kettenwanderung und Familiennachzug insbesondere bei muslimischen Einwanderern zu regionalen Ballungen, kultureller Isolation und Parallelgesellschaften führen, und so die Integration auch auf längere Sicht schwierig bzw. unmöglich machen. Er forderte, künftige Einwanderungszahlen auf ein nachhaltiges Niveau herunterzubringen und durch ein progressives Nationalbewusstsein gemeinsame Werte zu fördern.[31]

Der Soziologe und Politikwissenschaftler *Erich Weede* zeigte 2014, dass die institutionelle Stabilität und der daraus resultierende technologische Fortschritt und Wohlstand im Westen den rückständigen Ländern entscheidende Entwicklungsimpulse geben. Aus dieser Sicht haben »die Menschen in den armen Ländern ein objektives Interesse am Erhalt von institutioneller Stabilität und Wohlstand im Westen«. Einwanderungsbeschränkungen, die im Interesse der Stabilität in den Aufnahmeländern erfolgen, können »nicht nur mit den eigennützigen Interessen der dort schon lebenden Menschen, sondern sogar mit den Interessen der Ausgesperrten gerechtfertigt werden«. Dank des durch den Westen bewirkten wissenschaftlich-technischen Fortschritts leben »die Nachzügler der weltwirtschaftlichen Entwicklung auf jedem Wohlstandsniveau schon gesünder und länger [...], als es die westlichen Pioniere der wirtschaftlichen Entwicklung auf demselben Einkommensniveau taten«.[32]

Der Einschnitt von 2015

25 Jahre vergingen vom Fall der Mauer und dem Zusammenbruch der bipolaren Weltordnung bis zur Einwanderungswelle aus Afrika und dem Nahen und Mittleren Osten, die im Herbst 2015 Europa,

insbesondere aber Deutschland erschütterte. All die frühen Warnungen und grundlegenden Analysen prominenter Wissenschaftler, die ich im vorhergehenden Abschnitt zitiert habe, waren offenbar im Mainstream von Politik und Medien weitgehend ignoriert worden. Sie zählten schlicht nicht zum geistigen Kapital jener Politiker, die 2015 die Grenzen öffneten, und jener Journalisten, die darüber begeisterte Kommentare schrieben.

In *Deutschland schafft sich ab* hatte ich 2010 viele dieser frühen Warnungen aufgenommen und zitiert. Das Buch löste nicht deshalb einen politischen Skandal aus, weil ich irgendetwas Neues geschrieben hatte – ich zitierte ja intensiv aus bekannten Veröffentlichungen und Statistiken – , sondern weil ich meine Warnungen und Analysen als Mitglied der politischen Klasse einem Massenpublikum nahebrachte und so mit Erfolg auf die politische und gesellschaftliche Agenda hob. Das empfand der überwiegende Teil der Medien und der politischen Klasse als politisch gefährlich und als Verrat. Deshalb wurden bei mir Feststellungen mit Leidenschaft bekämpft, die bei anderen lediglich ignoriert wurden, und – so muss ich befürchten – bei der Mehrheit der Politiker und Journalisten gar nicht die Schwelle der bewussten Wahrnehmung erreichten. Jedenfalls fasste Angela Merkels frühe Bemerkung, mein Buch sei nicht hilfreich, den weiteren Umgang von Politik und Medien mit *Deutschland schafft sich ab* bündig zusammen. Die Debatte um das Buch hätte die Chance geboten, sich auf künftige Entwicklungen besser vorzubereiten. Sie wurde vertan.

Natürlich war seit 1990 nicht unbemerkt geblieben, dass es eine wachsende Zuwanderung von außerhalb Europas in die EU gab, und dass der allergrößte Teil dieser Zuwanderer ein Aufenthaltsrecht als Flüchtling oder als Bewerber um politisches Asyl suchte. Mit einer Kette der sogenannten Dublin-Verordnungen versuchte die europäische Politik seit Anfang der Neunzigerjahre, Einwanderung von außerhalb der EU zu regulieren und zu geordneten Verfahren bei Flüchtlingen und Asylbewerbern zu kommen. Das gelang im Wesentlichen nicht und wurde allenfalls eine Schönwetterveranstaltung.

Da der größte Teil der EU-Länder zum sogenannten Schengen-Raum gehört, in dem Grenzkontrollen grundsätzlich abgeschafft sind, muss eine wirksame Zugangskontrolle vor allem an den Außengrenzen der EU erfolgen. Hier waren und sind die seit dem ersten Schengener Übereinkommen vom 14. Juni 1985 aufgelaufenen Versäumnisse gigantisch:[33]

- Die Kontrolle an den Außengrenzen war von Anfang an lückenhaft und bleibt es weiterhin. Legendär ist Angela Merkels Äußerung auf dem Höhepunkt der Flüchtlingskrise, Deutschlands Grenzen ließen sich gar nicht wirksam kontrollieren. Zwar haben sich die Kontrollmöglichkeiten seitdem verbessert. Dies ist vor allem der Kooperation mit der Türkei an der Grenze zu Griechenland, der Grenzsperrung zur Balkanroute durch Ungarn und der verschärften Politik von Italien im Mittelmeer zu verdanken.
- Die meisten Flüchtlinge und illegalen Einwanderer, die in die EU kommen, wollen nach Deutschland und schaffen dies auch. Ihre Verteilung auf die EU-Staaten scheitert politisch, konzeptionell und praktisch. Europäische Solidarität läuft praktisch leer, jeder ist sich selbst der Nächste.
- Wer es nach Deutschland (oder in ein anderes EU-Land) geschafft hat und dort bleiben will, schafft dies auch in der überwiegenden Zahl der Fälle. Erfolgreiche Abschiebungen und freiwillige Rückkehr sind quantitativ unbedeutend. Das deutsche und europäische Flüchtlings- und Asylrecht ist »gut gemeint, doch aus der Zeit gefallen«.[34]
- Eine Einigung in der EU auf eine wirksame europäische Strategie zur Abwehr und Rückführung von Flüchtlingen und illegalen Einwanderern ist nicht in Sicht.

Die Summe dieser Versäumnisse bestand bereits vor der Migrationswelle von 2015/16. Weder in der EU noch national ist gegenwärtig (Sommer 2020) ein politischer Prozess erkennbar, der das Ziel hätte, diese Versäumnisse auf europäischer oder auf nationaler Ebene aufzuarbeiten und für die Zukunft zu einem schlüssigen und umsetzbaren Gesamtkonzept zu kommen.

Robin Alexander beschreibt in seinem Buch *Die Getriebenen* eindrucksvoll, wie die deutsche Politik in die Flüchtlingskrise 2015/16 hineinstolperte, konzeptionell und organisatorisch quasi von der »Hand in den Mund« lebte und nach einem halben Jahr durch die Grenzschließung Ungarns und ein schärferes Vorgehen der Türkei an der Grenze zu Griechenland »gerettet« wurde.[35] Der Politologe Herfried Münkler verteidigte im Mai 2019 die Öffnung der deutschen Grenze im Herbst 2015: »Wäre die Grenze geschlossen worden«, so wäre es »zu einem Stau der Flüchtlinge auf dem Balkan bis hin nach Griechenland gekommen, unter dessen Last die Staaten entlang der Balkan-Route mit großer Wahrscheinlichkeit zusammengebrochen wären.«[36] Das ist extrem unplausibel. Im Gegenteil: Gerade die Tatsache der Grenzöffnung übte in Richtung Afrika und dem Nahen und Mittleren Osten einen saugenden Effekt auf den Aufbruch und den weiteren Zustrom nach Europa aus.

Gern würde man wissen, wie im Herbst und Winter 2015/16 die Entscheidungsprozesse im Bundeskanzleramt tatsächlich aussahen. Dies wird durch den Umstand erschwert, dass die Akten des Bundeskanzleramts zu den einmaligen Vorgängen hauptsächlich aus Lücken bestehen. Die Willensbildung der Bundeskanzlerin und der Bundesregierung zu diesen Fragen ist in den offiziellen Akten praktisch nicht dokumentiert.[37]

Die Folgen

Die Schutzsuchenden und ihre Integration

In der deutschen Amtssprache und Statistik hat sich für die Flüchtlinge und illegalen Einwanderer, die in Deutschland einen Antrag auf politisches Asyl bzw. Schutz nach der Genfer Flüchtlingskonvention stellen, der Begriff des *Schutzsuchenden* eingebürgert. Er wird auch in diesem Abschnitt verwendet.

Zum Stichtag 31.12.2018 weist das Ausländerzentralregister für Deutschland 1,78 Millionen Schutzsuchende aus. Rechnet man die

Asylbewerber und illegalen Einwanderer 2019 und in der ersten Hälfte 2020 hinzu, so kommt man für Mitte 2020 auf rd. 2,2 Millionen Schutzsuchende in Deutschland:

- Unter den Schutzsuchenden hatten Ende 2018 knapp 15 % einen unbefristeten Schutzstatus. Bei 72 % war der Schutzstatus befristet. Rund 11 % oder 192 000 waren ausreisepflichtig, weil ihr Schutzstatus abgelehnt wurde.[38] Tatsächlich abgeschoben wurden 2018 in Deutschland 23 600 Asylbewerber.[39]
- Die Schutzsuchenden waren 2018 zu 63 % männlich, zu 25 % minderjährig und zu 74 % erwerbsfähig. Nur knapp 4 % waren älter als 64 Jahre. Knapp 8 % wurden im Inland geboren, sind also die Kinder von Schutzsuchenden. *Im Durchschnitt sind die Schutzsuchenden weitaus jünger und weitaus kinderreicher als die in Deutschland lebende Bevölkerung*. Sie waren 2018 durchschnittlich 29 Jahre alt und hielten sich seit knapp sieben Jahren in Deutschland auf.[40]
- 30 % der Schutzsuchenden stammten 2018 aus Syrien, 11 % aus Afghanistan, 9 % aus dem Irak und 9 % aus den drei afrikanischen Ländern Eritrea, Nigeria und Somalia.[41]

Von den Schutzsuchenden stammen rund 1,43 Millionen aus den acht nicht europäischen Asylherkunftsländern Afghanistan, Eritrea, Irak, Iran, Nigeria, Pakistan, Somalia und Syrien.[42] 25 % von ihnen haben keine Schule oder nur die Grundschule besucht, 76 % haben keine Ausbildung.[43] Ein sehr geringer Teil absolviert eine Ausbildung.[44] Im März 2019 lebten rund eine Million Leistungsberechtigte in 414 000 Bedarfsgemeinschaften mit Schutzsuchenden. Darunter waren 600 000 erwerbsfähige und 304 000 nicht erwerbsfähige Leistungsberechtigte.[45]

Im Oktober 2019 gingen 363 000 der Schutzsuchenden einer sozialversicherungspflichtigen Beschäftigung nach.[46] 962 000 bezogen im Oktober 2019 Grundsicherung nach Hartz IV.[47] Außerdem bezogen 411 000 Asylbewerber im September 2019 Leistungen nach dem Asylbewerberleistungsgesetz.[48] Nur 21 % der Asylbewerber waren also im Herbst 2019 sozialversicherungspflichtig beschäftigt. 79 % lebten von staatlichen Transfers.

Einige Zeitungsberichte machten den Versuch, solche Zahlen als relativen Erfolg darzustellen.[49] Selbstverständlich kann man ein Glas je nach Betrachtungsweise alternativ als ein Viertel voll oder als drei Viertel leer bezeichnen. Bedenkt man, dass die Schutzsuchenden durchschnittlich 29 Jahre alt sind und seit knapp sieben Jahren in Deutschland leben, so ist ein Anteil an Transferempfängern von 80 % objektiv gesehen äußerst alarmierend.

Die Bundesanstalt für Arbeit weist nach Bevölkerungsgruppen getrennt die sogenannte SGB II-Quote aus, das ist der Anteil jener Menschen, die in der betreffenden Gruppe Transferleistungen nach Hartz IV erhalten.[50] Dieser Prozentsatz beträgt für

Deutsche	6,0	Nigeria	22,4	Afghanistan	50,3
EU-Staaten	9,2	Pakistan	22,8	Eritrea	2,1
Westbalkan	15,3	Iran	33,4	Irak	55,6
Türkei	18,4	Somalia	44,8	Syrien	76,2

Für die Migranten aller Herkunftsgebiete außerhalb Europas liegt die Transferquote weit über dem Durchschnitt. Das gilt unabhängig von der Frage, ob es sich um Schutzsuchende handelt. Die Ausgaben zur Unterbringung und Unterstützung der Schutzsuchenden schlagen sich in den Haushalten von Bund, Ländern, Gemeinden und der verschiedenen Träger der Sozialversicherung nieder. Ein konsistenter Überblick über die Gesamtausgaben wird in den amtlichen Statistiken nicht vorgehalten. Inklusive Hilfe zum Lebensunterhalt, Kosten der Unterkunft, Krankenversorgung etc. ist eine Kostenschätzung von 1000 Euro pro Monat und Person sicherlich eine Untergrenze, sodass ich die laufenden jährlichen Ausgaben für den Unterhalt dieser Gruppe gegenwärtig auf 25 Mrd. Euro schätze. Die Ausgaben steigen durch den weiteren Zuzug, durch Familiennachzug und die wachsende Zahl eigener Kinder, die in Deutschland gezeugt und geboren werden. Die damit verbundenen künftigen Ausgaberisiken erklären für 2018 und 2019 – weit vor der Corona-Pandemie und ihren finanziellen Folgen – den heftigen Widerstand der Bundesregierung gegen Steuersenkungen.

Wegen der fehlenden Bildungsvoraussetzungen und unterdurchschnittlicher kognitiver Kompetenzen[51] ist für einen großen Teil dieser Gruppe die Perspektive für die Integration in den Arbeitsmarkt ungünstig.[52] Ein großer, wahrscheinlich überwiegender Teil wird wohl lebenslang – angesichts des niedrigen Alters der Zugezogenen also weitere 40 bis 60 Jahre – auf staatliche Transferleistungen angewiesen sein. Für den Staat bedeutet dies auf lange Sicht erhebliche fiskalische Belastungen. Für die Gesellschaft als Ganzes bedeutet dies, ebenfalls auf lange Sicht, einen erheblichen materiellen Wohlstandsverlust.[53] Hinsichtlich des gesellschaftlichen Zusammenhalts und der kulturellen Zukunft verschärfen sich damit für Deutschland und Europa all jene Probleme, die sich aus dem Bestand und dem Wachstum muslimischer Einwanderer in Deutschland und Europa ergeben.[54]

Bedenkliche Werte hat auch der Integrationsindikator Kriminalität: Unmittelbar nach der großen Zuwanderungswelle der Schutzsuchenden gab es 2016 und 2017 einen deutlichen Anstieg der Kriminalität insbesondere bei Mord und Totschlag, anderen Gewaltdelikten und Sexualdelikten. Bereits 2016 war der Anteil der Fluchtmigranten an der Gewaltkriminalität in Deutschland dreimal so hoch wie ihr altersbereinigter Anteil an der männlichen Bevölkerung.[55] Dieser Trend hat sich fortgesetzt, das zeigt die Polizeiliche Kriminalstatistik (PKS) 2019 für Berlin: Mord- und Totschlag sowie Sexualdelikte nahmen weiter zu. Bei den Tatverdächtigen für Mord- und Totschlag lag der Anteil der Ausländer in Berlin bei 46 %, bei der gesamten Kriminalitätsbelastung lag er bei 40 %.[56] Bundesweit lag der Anteil der Ausländer an der Gesamtkriminalität 2019 bei 30,4 %, bei den Tatverdächtigen für Mord- und Totschlag betrug er 39,7 %. Die Zuwanderer (bzw. Fluchtmigranten) hatten 2019 bei Mord- und Totschlag einen Anteil von 14,3 %, bei gewalttätigen Sexualstraftaten betrug ihr Anteil 15,2 %.[57]

Der Terrorismusexperte des Bayerischen Rundfunks, Stefan Meining, hat 2019 in einer eindrucksvollen Recherche gezeigt, dass deutsche Politiker von 2014 bis 2017 mit ihrer Asyl- und Einwanderungspolitik Risiken für die innere Sicherheit und terroristische Gefahren sehenden Auges in Kauf nahm, um den Zuzug der Flüchtlinge und Asylbewerber bürokratisch möglichst friktionsfrei bewältigen zu können. Sein vernichtendes Fazit lautet: »Rückwirkend standen unter der Führung von Angela Merkel mit Thomas de Maizière, Peter Altmaier als Flüchtlingskoordinator und Frank-Jürgen Weise als Leiter des Bundesamtes für Migration und Flüchtlinge drei Männer in der Verantwortung, die vor allem eines wollten: saubere, bürokratische Abläufe. Fragen der Sicherheit spielten zunächst keine Rolle. Die Kanzlerin interessierte sich ebenfalls nicht dafür. Ihre Paladine folgten ihr. Dann gab es kein Zurück mehr.«[58]

Nettoeinwanderung und demografischer Wandel in Deutschland

Im Jahr 2019 betrug die Nettozuwanderung nach Deutschland rund 400 000 Menschen.[59] Sie teilte sich nach Regionen wie folgt auf[60]:

Deutschland	– 60 000
Europäische Union	202 000
Herkunftsgebiete der Fluchtmigration	210 500
darunter:	
Westbalkan	*53 000*
Türkei	*16 500*
Nahost, Zentral- und Südasien	*103 000*
Afrika	*38 000*
Übrige Welt	47 500
Nettozuwanderung	400 000

Der negative Wanderungssaldo der Deutschen ist ein bereits seit Jahren anhaltender Trend. Nach den vorliegenden Erkenntnissen sind die deutschen Abwanderer überdurchschnittlich qualifiziert. Diesem kontinuierlichen *Brain Drain* steht in der Struktur der Zuwanderer kein entsprechender *Brain Gain* gegenüber.

2018 starben in Deutschland 955 000 Menschen, davon hatten ca. 8 % Migrationshintergrund. Es wurden 788 000 Menschen geboren, von ihnen hatten über 40 % Migrationshintergrund.[61] Zählt man die Zugewanderten und die Neugeborenen mit Migrationshintergrund zusammen, so ergeben sich 783 000 Menschen mit Migrationshintergrund, die 2018 nach Deutschland kamen. Ihnen steht der Saldo von 404 000 aus Neugeborenen ohne Migrationshintergrund und aus abgewanderten Deutschen gegenüber. Diese Bevölkerungsbewegung nur eines Jahres zeigt die große Dynamik, mit der sich die ethnische Transformation der Wohnbevölkerung in Deutschland vollzieht.

Politische Folgen

Das klassische Modell der Nachkriegsdemokratien im westlichen Europa bestand viele Jahrzehnte darin, dass es eine große konservative (bzw. christliche) und eine große sozialdemokratische (bzw. sozialistische) Partei gab. Daneben gab es eine kleinere liberale und eine kleinere linkssozialistische (bzw. kommunistische) Partei. Die großen Parteien regierten grundsätzlich im Wechsel und suchten sich nach Bedarf eine kleine Partei als Koalitionspartner. Seit den 1980er-Jahren tauchten zusätzlich die Grünen auf, sie wuchsen mit den Umweltthemen.

Seit den Neunzigerjahren wuchsen Parteien rechts von der jeweiligen konservativen Volkspartei heran, entweder aus bestehenden Kleinparteien oder als Neugründung. Soweit man diese Parteien nicht als rechtsradikal abstempeln konnte, erhielten sie umgangssprachlich den Sammelbegriff rechtspopulistisch. Sie erstarkten aus der Kritik an der zunehmenden Globalisierung bzw. Internationalisierung, insbesondere aber aus der Kritik an der zunehmenden Einwanderung. Diese Entwicklung, die sich ab den Neunzigerjahren allmählich aufbaute, erhielt durch die Migrationskrise seit 2015 einen erheblichen Schub.

Für die Wähler dieser Parteien verband sich bei der Europawahl 2019 die Abneigung gegen einen europäischen Superstaat mit der Sorge wegen falscher Einwanderung. Der Block am rechten Rand erreichte im neu gewählten Europäischen Parlament einen Stimmenanteil von 22,8 %, 2014 waren es noch 11,2 % gewesen. Dieser Erfolg gewinnt dadurch noch an Gewicht, dass sich die Wahlbeteiligung im europäischen Durchschnitt im Vergleich zu 2014 von 43,1 auf 50,5 % erhöhte.[62] Dramatisch waren bei der Europawahl 2019 die Verluste der christlichen EVP, deren Stimmenanteil von 28,4 auf 24,0 % sank, und der Sozialdemokraten, die von 25,3 auf 19,3 % zurückgingen.

Bei den nationalen Ergebnissen pendelten die rechtspopulistischen Parteien zwischen 11 % (AfD in Deutschland) und 34,3 % (Lega in Italien).[63] Die starke Stellung, die einwanderungskritische Parteien mittlerweile in nahezu jedem Mitgliedsland der EU haben, hat in den meisten Ländern das klassische Parteienmodell auf den Kopf gestellt. Darunter haben besonders sozialdemokratische und christdemokratische Parteien gelitten. Deren Versuche, Wähler von den einwanderungskritischen Parteien zurückzugewinnen, führen dazu, dass sich der Kurs der Einwanderungspolitik in der EU generell verschärft. Dieses, mehr noch als der Stimmenanteil an der Wählerschaft oder die Beteiligung an der Regierung, ist der eigentliche Einfluss der einwanderungskritischen Parteien auf nationaler und europäischer Ebene.

In *Großbritannien* fand die Brexit-Abstimmung im Sommer 2016 unter dem Eindruck des zeitweiligen Kotrollverlusts bei der außereuropäischen Einwanderung im Herbst und Winter 2015/16 statt. Die Briten waren zwar vor den unmittelbaren Folgen geschützt, weil sie nicht dem Schengen-Raum angehören. Gleichwohl waren die Ereignisse für das Image der EU sehr ungünstig. Ich sehe dies als den entscheidenden Faktor an, der am Ende den Umschwung des knappen Ergebnisses und damit ein Pro für den Brexit bewirkte. Es ist nur folgerichtig, dass die schreckliche Hängepartie, die danach bis Oktober 2019 folgte, am letztendlichen Brexit, der zum 31. Januar 2020 vollzogen wurde, nichts mehr änderte.

In *Frankreich* setzte sich bei der Europawahl 2019 das von Marine Le Pen geführte Rassemblement National (RN) mit 23,3 % der Stimmen knapp vor Macrons Wahlplattform Renaissance an die Spitze. Die Republikaner und Sozialisten, die früheren Schwesterparteien von CDU/CSU und SPD, versanken in die Bedeutungslosigkeit. Die französische Regierung hält seit 2015 einen recht strikten Kurs in der Einwanderungspolitik, eine konsistente Linie ist allerdings nicht sichtbar. Sie wird hier weiter von der RN getrieben werden.

In *Deutschland* stabilisierte sich bei der Europawahl 2019 der negative Trend für CDU/CSU und SPD, die mit 28,9 bzw. 15,8 % abschnitten. Die einwanderungskritische AfD erreichte im Bundesdurchschnitt 11 %, in den westlichen Bundesländern waren die Ergebnisse durchschnittlich niedriger, in den östlichen deutlich höher. Eine durch die Klimadebatte bewirkte Sonderkonjunktur hatten in Deutschland die Grünen, die bundesweit auf 20 % kamen. Das niederschmetternde Ergebnis der Europawahl führte bei der SPD zu einer Führungskrise, einem Wechsel an der Parteispitze und einer allgemeinen Linksverschiebung

In *Italien* erzielte die von Matteo Salvini geführte einwanderungskritische Lega 34,3 %, die früher von Berlusconi geführte Forza Italia kam auf 8,8 % und die Neofaschisten erreichten 6,5 %. Die linkspopulistische 5-Sterne-Bewegung erhielt 17,7 %. Die sozialdemokratische PD kam noch auf 22,7 % und halbierte damit nahezu ihren Stimmenanteil.

In den Ländern *Osteuropas* siegten durchweg einwanderungskritische, konservative Parteien. In *Skandinavien* und den *Niederlanden* erhöhten ausnahmslos einwanderungskritische Parteien am rechten Rand ihren Stimmenanteil. Eine Ausnahme war Dänemark. Hier verlor die einwanderungskritische Dänische Volkspartei deutlich. Beobachter erklären dies damit, dass die etablierten Parteien in Dänemark in den letzten Jahren deren einwanderungs- und islamkritische Positionen weitgehend übernommen hatten. Der dänische Schriftsteller Carsten Jensen klagte, die Sozialdemokraten »haben die Flüchtlings- und Einwanderungspolitik der äußersten Rechten übernommen. […] Die dänische Volkspartei hat die Politikerseelen der Mitte erobert.«[64]

Das dänische Beispiel illustriert, dass sich der Einfluss einwanderungskritischer Parteien nicht allein im Stimmenanteil äußert. Durch den Wettbewerb um die Gunst der Wähler prägen sie vielmehr indirekt auch die Positionen anderer Parteien, die dadurch ihr Überleben sichern können: Während die SPD in Deutschland auch deshalb nachhaltig schlechte Umfragewerte hat, weil sie zum Thema Migration nie eine realistische Position entwickelte, gewannen die dänischen Sozialdemokraten bei der Parlamentswahl am 5. Juni 2019 erheblich dazu. Die Vorsitzende Mette Frederiksen wurde neue Ministerpräsidentin, während die Dänische Volkspartei erheblich an Stimmen verlor. Maßgebend war dabei, dass sich die Sozialdemokraten schon seit einigen Jahren in der Einwanderungspolitik den Positionen der Dänischen Volkspartei weitgehend angenähert hatten. So möchte die Partei eine Obergrenze für »nicht westliche« Migranten, die politisch festgelegt werden soll, und Asylbewerber sollen ihren Antrag künftig nicht mehr in Dänemark, sondern in Lagern außerhalb Europas stellen.[65]. Diese Positionierung, mit der die dänischen Sozialdemokraten die Wahl gewannen, ist bezogen auf Deutschland weitaus näher an der AfD als an der SPD oder auch der CDU/CSU.

Zwar ist gegenwärtig (Juni 2020) noch weitgehend unklar, wie sich die Europäische Kommission und das Europäische Parlament in ihrer neuen Zusammensetzung zu Fragen von Einwanderung und Asyl letztlich positionieren werden. Ziemlich klar scheint aber, dass deutsche Vorstellungen von einer »Lastenteilung« unter den EU-Ländern bei einer fortgesetzten Aufnahme größerer Zahlen von Fluchtmigranten auch künftig in der EU nicht mehrheitsfähig sind.

Exkurs zu den ökonomischen Wirkungen von Einwanderung

Die Argumente und Diskussionen rund um das Thema Einwanderung vermischen häufig ethische, kulturelle, demografische und ökonomische Fragen:

– Mit der Ethik der Migration befasse ich mich in Kapitel 4.
– Kulturelle Fragen in Zusammenhang mit Einwanderung drehen sich vor allem um die Rolle von Herkunft und Identität. Zu den damit verbundenen, vielschichtigen Problemen muss grundsätzlich jeder seine Position selbst finden. Wie sich in den Kapiteln 1 und 2 gezeigt hat, ist nach größeren Einwanderungsbewegungen der Weg der Völker zur Ethnogenese zumeist langwierig und konfliktreich. Das gilt umso stärker, je größer die Zahl und die kulturelle Fremdheit der Zuwanderer ist. In Bezug auf die Religion spielt der Islam hier eine besondere Rolle.[66]
– Unter dem Aspekt »Demografie und Einwanderung« wird zumeist die Frage erörtert, ob Deutschland nicht durch Einwanderung seiner Geburtenarmut und der damit verbundenen Überalterung entgegenwirken muss. Tatsächlich läuft diese Überlegung im Kern auf ein ökonomisches Argument hinaus, denn nur Einwanderer, die in der Summe einen wirtschaftlichen Mehrwert schaffen, können einer alternden Gesellschaft fiskalische und wirtschaftliche Entlastung bringen.
– Damit ist man bei der Frage, unter welchen Bedingungen Einwanderung wirtschaftlichen Nutzen stiftet. Sie liegt auch zumeist den Forderungen nach einer gezielten Einwanderungspolitik zugrunde.

Dieser Frage habe ich in meinem 2016 erschienenen Buch *Wunschdenken* intensive Untersuchungen gewidmet. Dort kam ich zu dem Schluss und habe das im Einzelnen belegt, dass Einwanderung nur dann wirtschaftlich vorteilhaft ist, wenn die Eingewanderten intelligenter, besser ausgebildet und fleißiger sind als die einheimische Bevölkerung, die sie ersetzen.[67]

Jede Bevölkerungsgruppe verursacht so wie jeder Einzelne durch ihre/seine schiere Existenz einerseits Ausgaben bzw. Kosten für den Staat und die Gesellschaft. Andererseits trägt er durch seine Leistungen in Beruf und Familie auch zum Wirtschaftsleben und zum Steueraufkommen bei. Entscheidend ist der Saldo:

- Sind die Staatshaushalte einigermaßen ausgeglichen, so geht im Durchschnitt der Menschen von der Wiege bis zur Bahre der Saldo des wirtschaftlichen und fiskalischen Nettobeitrags für Staat und Gesellschaft auf null auf.
- Sind die Erwerbsquote und die Produktivität sowie die Steuerkraft überdurchschnittlich, so leistet ein Individuum oder eine Gruppe einen Nettobeitrag zum wirtschaftlichen Wohlergehen.
- Sind dagegen der Bezug von Sozialtransfers und die Erwerbslosigkeit überdurchschnittlich, sind die erzielten Arbeitseinkommen wegen niedriger Produktivität niedrig, ist das Bildungsniveau eher gering, während die Kriminalität über dem Durchschnitt liegt, so kostet ein Individuum oder eine Bevölkerungsgruppe Staat und Gesellschaft mehr, als sie wirtschaftlich und fiskalisch einbringt.

Für Deutschland insgesamt gilt über die Summe aller Steuern und Abgaben, dass die reicheren 50 % der Einkommensbezieher Nettozahler sind, während die ärmeren 50 % Nettoempfänger sind.[68] Solange Einwanderer in den unteren Einkommens- und Beschäftigungsgruppen verharren, kosten sie den Staat und die Gesellschaft mehr an Unterstützung und Transferleistungen, als sie ihrerseits beitragen. Natürlich darf man einen Menschen niemals nur unter wirtschaftlichen Aspekten betrachten. Aber sofern man die Frage nach dem ökonomischen Nutzen von Einwanderung für zulässig hält und beantworten möchte, führt an der obigen Fragestellung kein Weg vorbei. Hinsichtlich des wirtschaftlichen Nutzens gilt: Alle Gruppen, bei denen Erwerbsbeteiligung und Einkommen auf längere Sicht deutlich über dem Durchschnitt liegen, während die Sozialtransfers unter dem Durchschnitt liegen, stiften für die Volkswirtschaft und die Gesellschaft einen wirtschaftlichen Nutzen, und vice versa.

Gemessen an diesem Maßstab, ist die ökonomische Nutzenbilanz der Migranten aus dem Nahen und Mittleren Osten und aus Afrika in Deutschland und Europa seit vielen Jahrzehnten negativ. Das gilt auch, und sogar noch in viel stärkerem Maße, für die Fluchtmigration seit 2015.[69] Hier ist überhaupt nicht absehbar, wann – und ob je – die

Beschäftigungsgrade und die dabei erzielten Einkommen so zunehmen und die Transferbezugsraten so abnehmen, dass die Fluchtmigranten, ihre Familien und ihre Nachkommen einen positiven wirtschaftlichen Beitrag leisten können.

Die Perspektiven

Der Migrationsforscher Paul Collier weist darauf hin, dass Migrationspolitik letztlich politisch bestimmt wird, und zwar »nicht von den Regierungen der Herkunftsländer, sondern von denen der Aufnahmeländer«.[70] In diesem Abschnitt beschreibe ich Trends der künftigen Entwicklung, die sich dann ergeben, wenn sich der künftige Kurs der Einwanderungspolitik in Europa nicht grundlegend ändert.

Auf dem Höhepunkt der Flüchtlingskrise äußerte Angela Merkel im Oktober 2015 die Überzeugung, »dass es nicht in unserer Macht liegt zu sagen [...] wie viele Menschen zu uns kommen. [...] Ich bin überzeugt, dass man ein Land wie Deutschland nicht abriegeln kann, auch ein Zaun würde verzweifelte Menschen nicht aufhalten.«[71] Dieselbe Sicht bekräftigte der französische Präsident Emmanuel Macron im Februar 2019, als er in einer Diskussion mit Bürgermeistern zur Zuwanderung sagte: »Wir stehen vor einer großen Herausforderung. Aber ich glaube nicht daran, dass wir Mauern hochziehen können, das wird nicht funktionieren.«[72] Zwischen beiden Äußerungen liegen dreieinhalb Jahre. Offenbar hat in dieser Zeit kein wirklicher Fortschritt in der Debatte stattgefunden. Allerdings wurde die politische Landschaft Europas durch den Aufstieg rechtspopulistischer Parteien umgepflügt.

Die im November 2018 neu gewählte CDU-Vorsitzende Annegret Kramp-Karrenbauer verspürte den Druck, sich als Zeichen des Neubeginns von der Politik der ungeschützten Grenzen zu distanzieren. Im Februar 2019 äußerte sie sich zum Abschluss eines innerparteilichen »Werkstattgesprächs« auch zu einer Schließung der Grenzen im Fall einer erneuten Ausnahmesituation wie im Herbst 2015 und bekräftigte: »Wir haben gesagt, als Ultima Ratio wäre das durchaus auch denkbar.«[73] Ein Neubeginn war das noch nicht, aber immerhin ein verbales Eingehen auf die Ängste vor ungeregelter Zuwanderung und eine implizite Distanzierung von der Politik der noch regierenden Bundeskanzlerin Angela Merkel. Im Februar 2020 kündigte Annegret Kramp-Karrenbauer ihren Verzicht auf die Kanzlerkandidatur und den perspektivischen Rückzug aus dem Amt der Parteivorsitzenden an. Neben zurechenbaren Fehlern war sie auch daran gescheitert, dass in der Einwanderungspolitik die Signale für eine klare Kursänderung weiter ausblieben.

Dringend geboten sind europäische bzw. westliche Anstrengungen, die Verhältnisse in den Herkunftsländern, also in Afrika und dem Nahen und Mittleren Osten, so zu ändern, dass der Einwanderungsdruck sinkt bzw. weitgehend entfällt. Ihre Erfolgschancen muss man jedoch leider skeptisch sehen (vgl. Kapitel 5).

Wie der amerikanische Journalist Christopher Caldwell schreibt, ist Masseneinwanderung Teil eines Clusters von Trends, die die westliche Welt bestimmen. Dazu gehören mehr wirtschaftliche Freiheit, mehr Wohlstand, eine höhere Erwerbsbeteiligung der Frauen und niedrigere Geburtenraten. Die damit verbundenen Wahlentscheidungen erfolgen auf der individuellen Ebene, aber sie führen im Fall von Einwanderung zu gesellschaftlichen Implikationen und Ergebnissen, die niemand so wollte. Befürchtungen vor einer kulturellen Übernahme Europas haben in den letzten Jahren zugenommen und die politische Landschaft immer stärker geprägt. Im Gegensatz dazu stehen die Auffassungen eines großen Teils der politischen Elite. Christopher Caldwell zitiert einen europäischen Minister, der 2006 sagte: »Wir leben in einer grenzenlosen Welt, in der es unsere neue Aufgabe ist, nicht die Grenzen unserer Länder zu verteidigen, sondern Anstand und Menschenrechte.«[74] Hier wird schon früh das utopische Programm deutlich, das Angela Merkel im September 2015 mit der Öffnung der Grenzen umsetzte.

Wie Paul Collier zeigt, wird Migration durch drei Elemente getrieben: die Tiefe der Einkommenskluft zwischen den Herkunfts- und den Aufnahmeländern, das Einkommensniveau in den Aufnahmeländern und die Größe der Einwanderungsgemeinden in den Aufnahmeländern.

- Die Einkommenskluft ergibt sich aus den Unterschieden bei Entwicklungsstand und Bevölkerungsentwicklung. Entwickelte Länder haben ein überlegenes Sozialmodell, das sich aus der »Kombination von Institutionen, Regeln, Normen und sozialen Organisationen eines Landes« zusammensetzt.[75] Die Herausbildung erfolgreicher Sozialmodelle kann sehr lange dauern und geschieht nicht spontan. Sie lässt sich von außen kaum steuern. »Menschen fliehen zumeist aus Ländern mit nicht entwickelten Sozialmodellen.«[76] Herablassung gegenüber solchen Ländern und den von dort stammenden Migranten ist unangemessen. Aber wenn »ein anständiger Lebensstandard etwas Schätzenswertes ist, dann sind, gemessen an diesem Kriterium, eben nicht alle Kulturen gleich«.[77] Die Einkommenskluft speist sich aus Unterschieden in der Produktivität, sie wird verschärft durch den Kinderreichtum und die starke Bevölkerungsentwicklung der Herkunftsländer.
- Das Einkommensniveau in den Aufnahmeländern ergibt sich in erster Linie aus dem dort realisierten Sozialmodell. Dazu gehören Identifikation mit der Arbeit, eine gute Bildungsleistung, ein hoher Grad gesellschaftlichen Vertrauens und funktionsfähige stabile Institutionen. Speziell in Europa gehört dazu auch der Grad der sozialstaatlichen Absicherung auch ohne eigenen Leistungsbeitrag. Darum ist in Europa Deutschland das Gelobte Land der Migranten. Niemand möchte dauerhaft nach Italien, Polen oder Estland.
- Migranten gehen am liebsten dorthin, wo bereits ethnisch, sprachlich und kulturell verwandte Gruppen leben, und der Migrationsdruck dorthin ist umso größer, je größer diese Einwanderungsgemeinden sind. Je mehr die Migranten in den Einwanderungsgemeinden unter sich bleiben, desto langsamer verläuft die Integration ins Aufnahmeland oder fällt ganz aus, und umso mehr bilden sich segregierte, regional konzentrierte Cluster von kultu-

> rell fremd bleibenden Migranten. Übersteigt die Einwanderung in diese Einwanderungsgemeinden ein gewisses Maß, so wird sie zu einem sich selbst verstärkenden Integrationshemmnis. Die »Absorptionsrate« der Migranten in die aufnehmende Gesellschaft fällt umso kleiner aus, »je größer die Auslandsgemeinde ist«.[78]

Collier zieht die Schlussfolgerung, dass Einwanderung sich so lange verstärken wird, bis sich die Einkommenskluft ausreichend vermindert hat. Eine Begrenzung von Einwanderung durch die Aufnahmeländer ist vor allem aus zwei Gründen unumgänglich: Zum einen muss Einwanderung so gesteuert werden, dass die kontinuierliche Absorption durch Integration nicht behindert wird. Zum anderen zeigen empirische Untersuchungen, dass »für die bedürftigste Schicht der einheimischen Bevölkerung [...] der Nettoeffekt der Einwanderung häufig negativ« ist.[79] Collier argumentiert ganz als Ökonom, auch kulturelle Fragen untersucht er unter diesem Aspekt. Alle Fragen rund um den besonderen Einfluss des Islam finden bei ihm keine Erwähnung. Im Lichte seiner Fragestellung kritisierte er die Grenzöffnung durch Angela Merkel im Jahr 2015 massiv: »Es war ein großes Politikversagen, einfach die Leute über das Mittelmeer schwimmen zu lassen, bis sie nach Deutschland kommen.« Er fordert stattdessen mehr Hilfen vor Ort.[80]

Der britische Journalist Douglas Murray beschreibt den Prozess der Masseneinwanderung sehr anschaulich über die ganze Breite Europas und führt den fehlenden Widerstand der Eliten auf Schuldgefühle und kulturelle Ermüdung zurück.[81] Für ihn geht es nicht um Unmöglichkeiten, sondern um fehlende Entschlusskraft. Dass es auch anders geht, zeigt die Einwanderungspolitik von Japan, China und anderen fernöstlichen Staaten.[82] Für die Mitte des Jahrhunderts sieht er voraus, dass China noch wie China, Indien wie Indien, Russland und Osteuropa noch wie Russland und Osteuropa aussehen werden. Dagegen wird Westeuropa einem übergroßen Abbild der Vereinten Nationen gleichen[83] und die autochthone Bevölkerung in weiten Teilen eine Minderheit im eigenen Lande sein.[84] Das deckt sich mit meinen eigenen demografischen Analysen 2010 in *Deutsch-*

land schafft sich ab und 2018 in *Feindliche Übernahme.* Im Unterschied zu Collier spart Murray die kulturellen Gefahren eines demografisch dominierenden Islam nicht aus.

Der kanadische Soziologe Eric Kaufmann hat 2018 eine profunde Analyse zur demografischen Zukunft der westlichen Welt veröffentlicht.[85] Der Schwerpunkt seiner Untersuchungen liegt bei den USA, Kanada und Großbritannien. Das materialreiche Werk schlägt historisch und ideengeschichtlich einen weiten Bogen. Kaufmann zeigt, dass der große Umschwung in den Sechzigerjahren des 20. Jahrhunderts eintrat. Bis dahin gab es außer den Schwarzen in den USA keine größeren ethnischen Minderheiten in den angelsächsischen Ländern. Die Entwicklung verlief dann sehr schnell und wurde durch die Einwanderungspolitik, aber auch durch die höheren Geburtenraten der Einwanderer getrieben.

Kaufmann sieht voraus, dass die weiße Bevölkerung in Nordamerika und Westeuropa in absehbarer Zeit in eine Position der Minderheit geraten wird. Er analysiert sorgfältig und differenziert die damit verbundenen kulturellen Spannungen. Er hält es für legitim und keineswegs rassistisch, dass die weiße Bevölkerung an ihrer kulturellen Identität festhalten und eine Minderheitenposition vermeiden möchte. Zu diesem Zweck ist auch eine Begrenzung von Einwanderung akzeptabel. Auf lange Sicht wird sich, so schätzt es Kaufmann ein, ein neues Amalgam der Bevölkerung herausbilden. In ballungsfernen Regionen können Weiße noch auf längere Sicht die Mehrheit bilden.

Die eingetretene Entwicklung war für Kaufmann keineswegs unvermeidlich. Sie ergab sich letztlich aus dem Bewusstsein und den Einstellungen der kulturellen Eliten in der weißen Bevölkerung. Er führt die ethnisch homogenen Länder des Fernen Ostens als Beispiel dafür an, dass man mit Erfolg auch eine ganz andere Volkstums- und Einwanderungspolitik machen kann. Wie Paul Collier spricht sich auch Eric Kaufmann für eine kontrollierte Einwanderungspolitik aus.

Gleichfalls 2018 veröffentlichte der Afrika-Experte Stephen Smith ein Buch über den Einwanderungsdruck, der von Afrika Richtung Europa geht, und dessen weitere Perspektiven.[86] Maßgebend für diesen Einwanderungsdruck ist die ungeheuer dynamische Bevölkerungsentwicklung insbesondere von Subsahara-Afrika, bei der ein Ende nicht abzusehen ist, und der weitgehende Misserfolg der afrikanischen Länder bei der Entwicklung ihrer Wirtschaft. So richtet sich die Energie eines großen Teils jener, denen es etwas besser geht und die sich die Kosten der Reise leisten können, eher auf Auswanderung als auf die Entwicklung des eigenen Landes und der eigenen Gesellschaft.

Die Wohlfahrtsstaaten Europas können unbegrenzte Einwanderung aus Afrika aber gar nicht zulassen, wenn sie nicht auf die Dauer ihr eigenes Sozialmodell gefährden wollen. Ein Wohlfahrtsstaat ohne wirksam geschützte Grenzen ist nicht überlebensfähig. Die gesinnungsethisch motivierte Öffnung der Grenzen für alle Einwanderungswilligen und die verantwortungsethisch begründete Begrenzung der Einwanderung zur Erhaltung des europäischen Gesellschafts- und Sozialmodells stehen in einem unauflöslichen Widerspruch. Reichtum zu teilen ist rein technisch einfach. Viel schwieriger ist es, die Fähigkeiten zu vermitteln, um selbst Reichtum zu schaffen.[87] Das ist auch ein Kernproblem der Entwicklungshilfe. Wenn durch unbeschränkte Einwanderung im Ergebnis der europäische Sozialstaat ausgehöhlt wird, so verliert damit die alte Welt genau jenes Element, das sie von Nordamerika unterscheidet. Der »Sozialkontrakt« würde austrocknen und an seine Stelle jene Identitätspolitik nach Hautfarbe und kulturellem Hintergrund treten, die die Verhältnisse in den USA belastet.[88] Die Alternative ist für Stephen Smith die »Festung Europa«, die zwar grundsätzlich möglich ist, aber gegenwärtig durch den verbreiteten Missbrauch des Asylrechts gefährdet wird.[89] Stephen Smith schließt mit der Vermutung, es würde Afrika besser gehen, wenn all die Anstrengungen, die gegenwärtig darauf gerichtet sind, Afrika zu verlassen, auf die innere Entwicklung des Kontinents gelenkt würden.[90]

Der Wettbewerb der Erzählungen am Beispiel des UN-Migrationspakts

Die überwiegende Mehrheit der Entwicklungsökonomen und Migrationsforscher stimmt dahingehend überein, dass sich ein Sozialstaat, der relative Armut verhindern will und ein soziales Existenzminimum für alle Bürger sichern will, mit offenen Grenzen und einem grundsätzlichen Recht auf unbeschränkte Einwanderung nicht vereinbaren lässt. Für Deutschland lässt sich schon seit dem Gastarbeiteranwerbestopp Anfang der 1970er-Jahre durchgehend nachweisen, dass ein großer Teil der Einwanderung, der seitdem zunächst über ungesteuerten Familiennachzug stattfand und seit den Neunzigerjahren zunehmend über das Asylrecht erfolgt, nicht in den Arbeitsmarkt, sondern in die Sozialsysteme ging und geht.[91]

Das Argument, dass ungesteuerte Einwanderung letztlich zulasten des Sozialstaats und der einheimischen Bevölkerung geht, machen sich auch Fremdenhasser und Rassisten zu eigen. Um der Fremdenfeindlichkeit und allerlei vermuteten und tatsächlichen Vorurteilen entgegenzuwirken, versuchen viele Sozialwissenschaftler mit aller Kraft nachzuweisen, dass Migration für jeden gut ist. In Politik und Medien wird das gerne aufgenommen. Aber die damit eröffnete Debatte, ob Migration als solche gut oder schlecht ist, zielt auf eine falsche Frage. Für Paul Collier ist diese Frage ungefähr so sinnvoll, wie die Frage, ob essen gut oder schlecht ist. Diese Frage ist sinnlos. Sinnvoll ist dagegen die Frage nach der Qualität des Essens und der Menge, die man zu sich nimmt. Für Collier sind aus diesem Grund »Migrationsbeschränkungen keine peinlichen Auswüchse von Nationalismus und Rassismus, sondern in allen wohlhabenden Gesellschaften immer wichtiger werdende Werkzeuge der Sozialpolitik. Peinlich ist nicht ihr Vorhandensein, sondern ihre unangemessene Gestaltung. Auch dies ist eine Folge des Tabus, das eine ernsthafte Diskussion über Migration bisher verhindert hat.«[92]

Das ist der eigentliche Grund, weshalb in Medien und Politik seit der Masseneinwanderung 2015/16 über die Qualifikationen und die kulturellen Einstellungen der Flüchtlinge und illegalen Einwanderer kaum sachbezogen und wirklich objektiv berichtet wird. Wo der Hinweis auf die moralischen Pflichten der Willkommenskultur nicht ausreicht, ist überall das Bestreben spürbar, Masseneinwanderung als etwas grundsätzlich Positives und moralisch Gebotenes, ja, eigentlich als Ausfluss eines universalen Menschenrechts darzustellen.

Anlässlich der politischen Debatte über die Aufnahme von Flüchtlingen, die im Mittelmeer aus Seenot gerettet wurden, wurde die Forderung erhoben, den Menschenrechtskatalog der Vereinten Nationen um ein Recht auf Einwanderung zu ergänzen und Staaten völkerrechtlich zur Aufnahme von Menschen auch dann zu verpflichten, wenn diese keine eigenen Staatsbürger sind.[93]

Auf einer Konferenz am 10./11. Dezember 2018 in Marrakesch (Marokko) verabschiedeten die Staats- und Regierungschefs der Vereinten Nationen den »Global Compact for safe, orderly and regular Migration« (Migrationspakt). Er war das Produkt langwieriger zwischenstaatlicher Verhandlungen und wurde am 30. Juli 2018 als Entwurf vereinbart.[94] Die Öffentlichkeit hatte davon nichts mitbekommen. Erst im September 2018, wenige Monate vor der Unterzeichnung, begann in Deutschland eine zaghafte öffentliche Debatte. Es regten sich Widerstände. Eine Entschließung des Deutschen Bundestags machte deutlich, dass der Migrationspakt keine rechtlich verbindlichen Festlegungen enthalte.

Angela Merkel gehörte zu den wenigen Regierungschefs der westlichen Welt, die zur Unterzeichnung des Migrationspakts nach Marokko reisten. Von mitreisenden Journalisten auf die einschränkende Entschließung des Deutschen Bundestags angesprochen, reagierte sie unwirsch. Offenbar war sie verärgert darüber, dass es doch nicht gelungen war, die kritische Öffentlichkeit bei der Vorbereitung des Migrationspakts weitgehend auszuschließen.

Für mich ist der Migrationspakt sowohl in der Art seiner Entstehung als auch in der Stoßrichtung seiner politischen Aussagen ein Schlüsseldokument. Er enthält neben einer vorangestellten »Vision« und einem Abschlussteil zur Umsetzung (»implementation«) 23 Ziele und Verpflichtungen (»objectives and commitments«), die im Einzelnen mit ausführlichen Maßnahmekatalogen unterlegt werden.

Der Migrationspakt pflegt eine verhüllende und extrem redundante Behörden- und Diplomatensprache. Im englischen Originaltext wirkt das noch unangenehmer als in der deutschen Übersetzung. Internationale Dokumente dieser Art zeichnen sich allerdings nur selten durch Klarheit, Prägnanz und sprachliche Schönheit aus. Das ist bei solch einem Thema unvermeidlich. Schuldige dürfen nicht klar benannt werden, um die Unterschrift aller zu bekommen. Sachliche Kausalitäten und Zusammenhänge müssen im Text dort unterdrückt werden, wo sie den Interessen von Beteiligten in die Quere kommen, die die Sünden und Verfehlungen ihrer Länder möglichst unerwähnt lassen wollen.

So fehlt im Migrationspakt jede klare kausale Zurechnung der Migrationsursachen und jede Aussage dazu, inwieweit die Gründe für Auswanderungswünsche bis hin zur Fluchtmigration in den Herkunftsländern liegen und auch nur dort bekämpft werden können. Wer sich also mit den Ursachen von Migration beschäftigen will, braucht den Text des Migrationspakts gar nicht erst aufzuschlagen, er hätte dort einen Erkenntnisgewinn von null.

Dabei wäre es die wichtigste Aufgabe eines sinnvollen Migrationspakts, genau hier anzusetzen und eine internationale Übereinstimmung darüber herzustellen, was in den Auswanderungsländern geschehen muss, um den Migrationsdruck zu vermindern und die Bevölkerung im Land zu halten.

Hier versagt der vorliegende Text nahezu vollständig. Im Ziel 2 wird nur sehr verdruckst von »nachteiligen Triebkräften und strukturellen Faktoren« gesprochen, die »Menschen dazu veranlassen, ihre Herkunftsländer zu verlassen«. Von Unterdrückung, Diktatur, Korruption, kleptokratischen Führungsschichten, Bildungsversagen ist allenfalls andeutungsweise in positiv besetzten Begriffen die Rede.

Völlig ausgeklammert – und das ist eines der größten Defizite des Migrationspakts – wird die *wichtigste Ursache des Auswanderungsdrucks, nämlich die seit Jahrzehnten anhaltende Bevölkerungsexplosion in den meisten Auswanderungsländern in Afrika sowie dem Nahen und Mittleren Osten*. Völlig ausgeklammert wird zudem, dass auch die gutwilligste Einwanderungspolitik der Industrieländer nur einen winzigen Bruchteil des gewaltigen Menschenüberschusses aufnehmen kann, den der Geburtenreichtum der Auswanderungsländer in Afrika und im Nahen und Mittleren Osten Jahr für Jahr produziert.

Nichts davon wird im Text des Migrationspakts auch nur angedeutet. Stattdessen ist der Kern des Migrationspakts – die am Anfang des Textes stehende »Vision« – die Formulierung einer großen Unwahrheit, die den historischen Tatsachen der gesamten Menschheitsgeschichte geradezu ins Gesicht schlägt. Da die »Vision« nicht von Ungebildeten formuliert wurde, ist es angesichts der Dreistigkeit der dort niedergelegten Unwahrheit durchaus gerechtfertigt, hier von einer Lüge zu sprechen. *So baut der gesamte Migrationspakt strategisch auf einer an den Anfang gesetzten fundamentalen Lüge auf, und der ganze Text entwickelt sich folgerichtig daraus.*

Der Kernsatz der »Vision« lautet wie folgt: »Migration war schon immer Teil der Menschheitsgeschichte, und wir erkennen an, dass sie in unserer globalisierten Welt eine Quelle des Wohlstands, der Innovation und der nachhaltigen Entwicklung darstellt und dass diese positiven Auswirkungen durch eine besser gesteuerte Migrationspolitik optimiert werden können.«[95]

Durch den Wortlaut wird hier insinuiert, dass Migration in der Menschheitsgeschichte überwiegend positiv zu sehen sei. Das gilt aber allenfalls für die Einwanderung in bislang unbesiedelte Räume. In allen anderen Fällen ging Einwanderung überwiegend zulasten der autochthonen Bevölkerung des Einwanderungslands.

So war es

- als die Stämme Israels nach dem Auszug aus Ägypten das Land Kanaan besiedelten,
- als die germanischen Völker das Weströmische Reich zerstörten,
- als die Angeln und Sachsen über die Nordsee nach England zogen,
- als die islamisch gewordenen Araber sich von Spanien bis nach Persien ausbreiteten,
- als die Mongolen nach Europa zogen,
- als die Türken Kleinasien und den Balkan eroberten und
- als die muslimischen Moguln sich Indien unterwarfen.

Und in der Neuzeit hörte das nicht auf:

- Die Einwanderung von Spaniern und Portugiesen nach Mittel- und Südamerika hatte den Tod der meisten Indianer zur Folge.
- Die Einwanderung der Briten und anderer Europäer nach Nordamerika bedeutete das Ende der überkommenen indianischen Lebensweise und die weitgehende Vernichtung der dort lebenden indianischen Stämme.
- Die Einwanderung von zwei Millionen Franzosen nach Algerien während der Kolonialzeit war den Arabern überhaupt nicht willkommen. Nach der Unabhängigkeit mussten sie allesamt das Land verlassen.
- Auch die Einwanderung von Juden nach Palästina zu Zeiten der britischen Mandatsherrschaft entsprach nicht den Wünschen der autochthonen Bevölkerung. Die daraus erwachsenen Spannungen nähren auch noch 80 Jahre später den Nahost-Konflikt.

Äußerst rar sind die historischen Beispiele, in denen die Einwanderung größerer Zahlen von der autochthonen Bevölkerung als segensreich empfunden wurde und nicht zu Blutvergießen und anhaltenden Spannungen führte. Das war immer nur dann der Fall, wenn der relative Umfang der Zuwanderer sehr gering war und diese überdurchschnittlich fleißig und tüchtig waren.

Für die Einwanderung aus dem Nahen und Mittleren Osten und Afrika nach Europa seit dem Zweiten Weltkrieg lässt sich dagegen der eindeutige Nachweis erbringen, dass diese der autochthonen Bevölkerung in Europa weder wirtschaftliche noch soziale Vorteile brachte, sondern finanzielle und soziale Nettokosten produzierte und produziert.

Das führt zur Frage: *Weshalb baut ein wichtiges UNO-Dokument, das unter großem protokollarischem Aufwand verabschiedet wurde, in seinem zentralen Ausgangspunkt auf einer krassen historischen Unwahrheit auf?* Wer hat ein Interesse daran, und wie ernst kann man solch ein Dokument nehmen?

Die Antwort: Man muss es sehr ernst nehmen. Nicht als Instrument der Wahrheitsfindung – es ist das Gegenteil davon – , sondern als politischer Hebel, um den Lauf der Welt in eine bestimmte Richtung zu ändern. Zweckbestimmte Lügen werden im politischen Denken dann zu unerheblichen lässlichen Sünden, wenn sie sich scheinbar aus einer als moralisch und politisch überlegen empfundenen Zielsetzung rechtfertigen.

Hier bricht ein universalistischer Denkstil durch, den Angela Merkel in ihrer späten Amtszeit immer weniger unterdrücken wollte und der ihr Handeln sowohl in den diversen Eurokrisen als auch in der Flüchtlingskrise 2015 erklärt. Er passt gut zu den dominierenden Einstellungen und Machtinteressen in den großen internationalen Organisationen und vielen NGOs.

Das Ziel geht dahin, zugunsten des allmählichen Übergangs zu einer »Weltregierung« die natürliche Vernetzung der Staaten durch Globalisierung noch zu forcieren und die Bereiche nationaler Souveränität durch internationale Vorgaben mehr und mehr einzuschränken. Das größte Hindernis sind dabei die gewachsenen Unterschiede von Ethnien, Völkern und Nationen. Diese einzuebnen ist das Ziel, und dazu ist Migration ein probates Mittel. Sie soll, wo immer es geht, forciert werden. Dazu muss sie den Einwanderungsländern als wohltätig dargestellt werden, auch wo dies der Wahrheit nicht entspricht.

Gleichzeitig trifft man so die Welt des (noch) überwiegend weißen Abendlandes in ihrem ethnischen und kulturellen Kernbereich. Das erfreut besonders Linke, Grüne, prinzipielle Weltveränderer und alle Sozialromantiker, weil so die bei ihnen verhasste Vorherrschaft und kulturelle Dominanz des weißen Mannes wirksam beendet wird. (Dass dies bei diesen Gruppen großenteils eine Projektion von Selbsthass ist, steht auf einem anderen Blatt.)

Bei der Verteidigung des Migrationspakts hatten die Bundesregierung und die sie tragenden Parteien zunächst argumentiert, dieser sei nicht verbindlich und eine Unterschrift darum in jeder Hinsicht unschädlich. Richtig ist, dass der Migrationspakt kein neues Völkerrecht schafft. Aber die 23 »Commitments« mit ihrer im Detail beschriebenen Aufgabenliste stellen natürlich eine erhebliche Selbstverpflichtung dar, und wer diese nicht ernst nimmt oder ablehnt, sollte auch von einer Unterschrift Abstand nehmen.

Als »Commitments« haben sie einen weichen Charakter, man spricht von »Soft Laws«. Mit der Unterschrift sind sie aber in der Welt und werden aus der deutschen und europäischen Debatte nicht mehr verschwinden. Sie werden von deutschen Anwälten für ihre Schriftsätze benutzt und von deutschen Verwaltungsgerichten zitiert werden. Sie werden in der politischen Debatte argumentativ verwendet werden, wo immer es passt.

Schaut man sich die 23 »Commitments«, ihre vielen Unterpunkte und die immer wieder erwähnten Bezüge auf internationales Recht im Einzelnen an, so wirken sie auf die Ausübung staatlicher Souveränität wie die vielen kleinen Fäden, mit denen in der Erzählung von Jonathan Swift der Riese Gulliver im Land der Zwerge an den Boden gefesselt wurde.

Zugegeben sei, dass dies in Deutschland und Europa großenteils auf eine moralische Selbstfesselung hinausläuft. Wichtige Einwanderungsländer, wie die USA oder Australien, haben gar nicht unterschrieben. Andere Länder, wie Russland, China oder Indien, haben zwar unterschrieben, werden sich dadurch aber nicht in ihrem Handeln gebunden fühlen. Für den allergrößten Teil der Herkunftsländer von Migration ist die Unterschrift unter den Migrationspakt aber sowieso nur eine erneute Übung in Zynismus. Sie haben bisher schon alles unterschrieben, was ihnen Vorteile brachte, und fühlten sich völlig frei darin, Deklarationen und Verträge zu beachten oder auch nicht.

Man denke nur an den traurigen Zustand der UN-Menschenrechtskommission, in der im Wesentlichen Diktaturen das Sagen haben und gerne Dänemark verurteilt wird, weil es nicht nett zu seinen Muslimen ist, dagegen niemals Russland, China, Saudi-Arabien oder Pakistan.

In der deutschen Debatte zum Migrationspakt argumentierten die Befürworter, soweit die Bestimmungen die Einwanderungsländer verpflichten, gingen sie nicht über das hinaus, was in Deutschland sowieso schon geltender Standard sei. Das ist zum großen Teil richtig. Es ist aber fragwürdig, die hohen deutschen Standards jetzt über alle Einwanderungsländer zu ziehen, anstatt den umgekehrten Weg zu gehen und deutsche Standards eher einzuschränken. Wird der Migrationspakt tatsächlich umgesetzt, so wird der Pull-Faktor für Migration nach Europa insgesamt noch einmal deutlich erhöht. Das kann auf keinen Fall im Sinne Europas sein. Unser Ziel muss es hingegen sein, die Ströme von Wirtschaftsflüchtlingen und Fluchtmigranten abzuschrecken, anstatt ihnen weitere Anreize zu geben und Brücken zu bauen.

Deutschland wurde durch die Unterschrift unter den Migrationspakt der Möglichkeit beraubt, im Zuge einer veränderten Einwanderungspolitik auch Standards abzusenken. Sofern Deutschland künftig vertragstreu bleiben will, büßt es durch die Unterschrift unter den Migrationspakt ohne Not Freiheitsgrade künftiger politischer Gestaltung ein.

Dagegen ist die im Migrationspakt beschriebene, heile Welt hoher Standards so weit von der Lebenswirklichkeit der meisten Herkunftsländer der Migranten entfernt, dass diese sich durch den Text, wenn sie ihn verständig lesen, gar nicht betroffen fühlen müssen.

Aber auch viele unserer europäischen Partner werden den Text großenteils mit einem Augenzwinkern lesen und sich davon kaum betroffen fühlen. Dazu gibt es ja aktuelle historische Beispiele: Die Missachtung der im Vertrag zur Währungsunion enthaltenen Maastricht-Kriterien, der wiederholte Bruch des Stabilitätspaktes bis hin zur offenen Missachtung der fiskalischen Vorgaben der EU durch Italien zeigen, wie gering die Verbindlichkeit »politischer« Verträge außerhalb Deutschlands ist. Für die meisten – außer für Deutschland und vielleicht noch die Niederlande und Schweden – gilt mehr oder weniger de Gaulles Ausspruch: »Verträge sind wie Rosen und wie junge Mädchen, sie haben ihre Zeit.«

Man sehe nur das Schicksal der vielen sorgfältig ausgehandelten Dublin-Abkommen, an die sich offenbar in erster Linie Deutschland gebunden fühlte und fühlt, große Teile der EU aber nicht. Beim Migrationspakt wird es nicht anders sein.

Der Migrationspakt benennt und beschreibt detailliert 23 Ziele, auf die sich die Unterzeichnerstaaten durch ihre Unterschrift verpflichten:

In Ziel 1 geht es um die wünschbare Verbesserung der Datenbasis. Hier haben offenbar die UNO-Technokraten ihre Wünsche an die Statistik niedergelegt. Der detaillierte Text ist politisch harmlos.

Ziel 2 beschreibt in verschwurbelter Form und kaum verständlicher Sprache die Pflichten der Herkunftsländer bei der Verbesserung der heimischen Verhältnisse. Extensiv wird von der Notwendigkeit »nachhaltiger Entwicklung« gesprochen, dabei wird die Demografie vollständig ausgeklammert.

Ziel 3 fordert von allen Beteiligten eine bessere aktuelle Information über das laufende Migrationsgeschehen. Dagegen ist nichts einzuwenden.

Ziel 4 richtet sich an die Herkunftsländer und fordert eine bessere Ausstattung mit zuverlässigen Identitätspapieren. Auch dagegen ist nichts einzuwenden.

Ziel 5 fordert eine »Verbesserung der Verfügbarkeit und Flexibilität der Wege für eine reguläre Migration« und richtet sich offenbar an die Einwanderungsländer. Die Formulierungen sind unscharf. Es wird nicht klar getrennt zwischen Flucht und Migration.

Bei Ziel 6 geht es um soziale Standards zur Rekrutierung und Verpflichtung von Migranten als Arbeitskräfte. Dabei ist nichts enthalten, was über deutsche Standards hinausginge.

Bei Ziel 7 geht es um Hilfen für Migranten bei der »Bewältigung und Minderung prekärer Situationen«. Auch hier sind offenkundig Fluchtmigration und reguläre Migration durcheinandergeraten. Unter anderem wird der »Spurwechsel« von Flüchtlingen und illegalen Einwanderern in reguläre Migration gefordert.

Bei Ziel 8 geht es um Rettung von Menschenleben und Hilfe bei vermissten Migranten. Auch hier werden reguläre Migration und die Fluchtmigration nicht klar getrennt.

Ziel 9 behandelt die Bekämpfung des Schlepperwesens. Unter anderem werden der Ausschluss kollektiver Zurückweisung und Ausweisungen an der Grenze gefordert. Auch hier wird reguläre Migration mit Fluchtmigration vermengt.

Ziel 10 spricht die Bekämpfung des Menschenhandels (englisch *trafficking*) an.

Ziel 11 fordert ein geordnetes Grenzmanagement.

Ziel 12 fordert eine »Stärkung der Rechtssicherheit und Planbarkeit bei Migrationsverfahren«. Der Text ist redundant und unscharf. Ohne dass dies klar wird, geht es offenbar darum, Migration generell zu erleichtern.

Ziel 13 fordert, dass »Freiheitsentziehung bei Migranten« nur »ein letztes Mittel« sein darf. Hier geht es offenbar darum, den Einwanderungsländern bei der Bekämpfung illegaler Einwanderung Schranken aufzuerlegen.

Bei Ziel 14 geht es um bessere konsularische Zusammenarbeit zwischen Ziel- und Herkunftsländern. Indirekt werden hier Rückführungsfragen angesprochen.

Bei Ziel 15 geht es darum, dass alle Migranten Anspruch auf »soziale Grundleistungen« haben sollen. In deutscher Diktion würde das heißen: Jeder Migrant hat grundsätzlich Anspruch auf Hartz IV, denn so ist die soziale Grundleistung in Deutschland definiert. Es wäre aber ganz inakzeptabel, uns indirekt auf dieses Leistungsniveau international zu verpflichten.

Bei Ziel 16 geht es um »vollständige Inklusion« und »sozialen Zusammenhalt«. Hier wird eine utopische Vorstellung von der Gesellschaft formuliert, die umstandslos auf alle schon heute in der Gesellschaft lebenden Migranten und auch auf jene Migranten, die künftig noch einwandern werden oder einwandern könnten, ausgedehnt wird.

Bei Ziel 17 geht es um die »Beseitigung aller Formen von Diskriminierung«. Dazu gehört unter anderem, dass die statistische Erfassung von Migrantenprofilen nach Rasse, Ethnie oder Religion untersagt wird. Die Unterzeichnerstaaten sollen zudem sicherstellen, dass in den Medien über Migration positiv berichtet wird und Medien mit negativer Berichterstattung keine staatlichen Mittel erhalten. Die unscharfen gefährlichen Formulierungen zu diesem Ziel gehören zu den schlimmsten Passagen, die der Migrationspakt zu bieten hat. *Hier geht es offenbar darum, in den Einwanderungsländern eine grundsätzlich kritische Diskussion* über Migration möglichst zu unterbinden und denkbarer Kritik staatlicherseits propagandistisch entgegenzuwirken.

Für den Bild-Journalisten Ralf Schuler, der in der DDR aufwuchs, ist das Ziel 17 ein Horror und ein Rückfall in eine Zeit, die er mit dem Fall der Mauer überwunden glaubte: »Nicht einmal das einleitende Deckmäntelchen ist in Wahrheit eines: ›in voller Achtung der Medienfreiheit eine unabhängige (…) Berichterstattung (…) fördern‹ ist ein Widerspruch in sich. Medienfreiheit bedeutetet: Hände weg. Wer gleichzeitig ›Unabhängigkeit‹ fördern will, muss schon Hand anlegen, hier nachhelfen, dort nachtreten. Medienschaffende bei ›Begriffen‹ und Fragen zur Migration zu sensibilisieren, heißt Beeinflussung, Lenkung und wurde in der DDR als ›Anleitung‹ von Kadern gern regelmäßig durchgeführt. All das mag man ›überinterpretiert‹ und weit hergeholt finden, aber es entspringt doch einem Geist, der eine klare Vorstellung von dem hat, wie Berichterstattung auszusehen hat, und sich nicht darauf verlassen will, dass dies im freien Spiel der Medien und bei Betrachtung der Realität von selbst eintritt.«[96]

Wenn es der Förderung und Unterstützung von Migration dient, sollen offenbar gemäß dem Migrationspakt die Einschränkung der geistigen Freiheit und die Manipulation der Öffentlichkeit zulässig sein. Es bleibt ein Rätsel und eine Schande, dass Bundeskanzlerin Angela Merkel ein Abkommen mit solchen Texten im Namen Deutschlands unterschrieben hat.

In Ziel 18 geht es um die Aus- und Weiterbildung von Migranten und die gegenseitige Anerkennung von Abschlüssen.

In Ziel 19 geht es um den Beitrag der Migranten zu »nachhaltiger Entwicklung«. Hier erreicht der Text einen Höhepunkt pompöser Schwurbelei, wie das nachfolgende Zitat zeigt: »Wir verpflichten uns, Migranten und Diasporas zu befähigen, einen katalysatorischen Beitrag zur Entwicklung zu leisten, und die Vorteile der Migration als Quelle für nachhaltige Entwicklung zu nutzen, in Bekräftigung dessen, dass Migration eine multidimensionale Realität von hoher Bedeutung für die nachhaltige Entwicklung der Herkunfts-, Transit- und Zielländer ist.«

Mit dieser schwachsinnigen und weitgehend unverständlichen Formulierung wird die ideologische Zielsetzung des Migrationspakts anschaulich auf den Punkt gebracht.

In Ziel 20 geht es um die Erleichterung und Verbilligung der Geldüberweisungen, die Migranten in ihre Heimatländer schicken. Diese Geldüberweisungen übersteigen bei vielen afrikanischen Ländern die Erlöse aus Exporten bei Weitem. Sie sind das Motiv dafür, dass diese Länder der Auswanderung aus ihren geburtenreichen, extrem jungen Bevölkerungen durchweg positiv gegenüberstehen.

Ziel 21 wiederum entspricht offenbar einem Wunsch der Einwanderungsländer: Die Herkunftsländer der Migration sollen bei der Rückkehr von Migranten besser kooperieren,

Ziel 22 zufolge sollen durch Migranten erworbene Ansprüche an die Sozialversicherungen der Einwanderungsländer bei Rückkehr mitgenommen werden können. Sofern es sich dabei um durch Arbeitsleistung echt verdiente Sozialversicherungsansprüche handelt, erscheint dieses Begehren gerechtfertigt.

Das den Migrationspakt abschließende Ziel 23 enthält eine Art Generalklausel für das Verständnis und die Anwendung des Migrationspakts: Alle Unterzeichnerstaaten sollen sich »im Geist der Solidarität« für »die Erleichterung einer sicheren, geordneten und regulären Migration« einsetzen. Die Pflichten betreffen aber im Wesentlichen die Zielländer der weltweiten Migrationsströme. Im gesamten Text des Migrationspaktes ist keine einzige verlässliche und werthaltige Gegenleistung der Herkunftsländer der weltweiten Migration zu erkennen. Nirgendwo ist die Rede davon, dass die Entscheidungskompetenz über Einwanderung grundsätzlich bei den Einwanderungsländern liegen muss und sich selbstverständlich primär deren Interessen unterordnen muss. Stattdessen legt die Formulierung des Ziels 23 nahe, dass eine erleichterte Migration zu einem *moralischen Naturgesetz der modernen Welt* erhoben werden soll, das man wie folgt zusammenfassen kann:

Die unterentwickelten Herkunftsländer mit ihrem außer Kontrolle geratenen Bevölkerungswachstum geben einen Teil ihres jährlichen Bevölke-

rungsüberschusses an die Industriestaaten ab und werden dafür mit Geldüberweisungen belohnt. Die Industrieländer wiederum verpflichten sich zum Unterhalt, zur sozialen Inklusion, zur Ausbildung und Beschäftigung des regelmäßig bei ihnen anlandenden Bevölkerungsüberschusses.

Das ist die schöne neue Welt der internationalen Politik, die der Migrationspakt offenbar im Auge hat. Eine Regierung Deutschlands, die die nationalen Interessen wahrt, hätte solch einen Text nicht unterschreiben dürfen.

Der Bild-Journalist Ralf Schuler, der Bundeskanzlerin Angela Merkel auf vielen Auslandsreisen begleitet hat, zieht aus ihren immer wiederkehrenden Mahnungen gegen »Abschottung« und »Nationalismus« den Schluss, dass in den Augen von Angela Merkel »offene Grenzen und Migration […] eine Art Immunisierung gegen illiberale Strömungen darstellen. Einerseits hofft sie wohl, die Freunde der Freiheit durch ausdauernde und werbewirksame Demonstration derselben bei der Stange und stark genug zu halten. Andererseits könnte Migration auch neue Mehrheiten gegen sich verfestigende populistische Lager schaffen. Beides funktioniert allerdings nur, wenn die Gegenkräfte sich nicht gerade an dieser Praxis radikalisieren.«[97] Kürzer ausgedrückt geht die von Schuler angedeutete Vermutung dahin, dass Deutschland notfalls auch gegen den Willen der einheimischen Bevölkerung durch kulturfremde Einwanderung soweit verändert werden soll, dass es für sich und andere keine Gefahr mehr darstellt. Aus dieser Sicht wird Migration zum neuen Kulturkampf. Das erklärt auch die Verbissenheit, mit der bei Migrationsfragen gerne die Moralkeule geschwungen wird.

Immer wenn es um Migration geht, zitiert Angela Merkel aus Artikel 1 des Grundgesetzes »Die Würde des Menschen ist unantastbar«. Jasper von Altenbockum weist darauf hin, dass historisch gesehen dieser Satz die Bürger vor der Willkür des Staates schützen sollte. Er kritisiert: »Niemand hätte damals vermutet, dass er eines Tages dazu dienen könne, den Staat angesichts globaler Herausforderungen ohnmächtig erscheinen zu lassen. Die CDU wird daran noch schwer zu tragen haben.«[98]

Kapitel 4
Ethische Fragen der Einwanderungspolitik

Christopher Caldwell schrieb 2009, wenn Europa mehr Einwanderer bekomme, als seine Wähler wollten, dann sei das ein Signal dafür, dass die Demokratie nicht richtig funktioniere. Offenbar hätten die europäischen Staatsoberhäupter entschieden, dass Einwanderung und Asylpolitik nicht verhandelbare moralische Verpflichtungen seien. Am Ende könne man den Eindruck bekommen, dass es kein wirkliches moralisches Recht gebe, staatliche Regeln für Einwanderung aufzustellen. Als Folge seien die Bürger Europas verwirrt darüber, ob sie Bürger der Welt oder Bürger ihrer eigenen Nationen seien.[1] Als weitere Folge nahm überall in Europa der Stimmenanteil einwanderungskritischer Parteien dramatisch zu, und entsprechende Politiker, ob Viktor Orbán in Ungarn oder Matteo Salvini in Italien, wurden sehr populär.

Für die Moral politischen Handelns traf Max Weber die Unterscheidung zwischen Gesinnungs- und Verantwortungsethik: Es »ist ein abgrundtiefer Gegensatz, ob man unter der gesinnungsethischen Maxime handelt – religiös geredet – : ›der Christ tut recht und stellt den Erfolg Gott anheim – ‹, *oder* unter der verantwortungsethischen: dass man für die (voraussehbaren) *Folgen* seines Handelns aufzukommen hat«.[2] Mit dieser Unterscheidung zeigt er die Grenzen moralischer Betrachtung in der Politik auf: »Keine Ethik der Welt kommt um die Tatsache herum, dass die Erreichung ›guter‹ Zwecke in zahlreichen Fällen daran gebunden ist, dass man sittlich bedenkliche oder mindestens gefährliche Mittel und die Möglichkeit oder auch die Wahrscheinlichkeit übler Nebenerfolge mit in Kauf nimmt, und keine Ethik der Welt kann ergeben: wann und in welchem Umfang der ethisch gute Zweck die ethisch gefährlichen Mittel und Nebenerfolge ›heiligt‹.«[3]

Einige Monate vor der großen Flüchtlingskrise, im April 2015, forderte der Ratsvorsitzende der Evangelischen Kirche in Deutschland,

Bischof Heinrich Bedford-Strohm, die Staaten der EU zum Handeln auf und erklärte konsequent gesinnungsethisch, »dem Schleuserwesen könnte man durch legale Wege in die EU schnell und effektiv den Boden entziehen. [...] Flüchtlinge« sollten »in Europa in großem Umfang neu angesiedelt werden«. Der unvermeidbaren Konsequenz, dass sich damit noch mehr Menschen aus Afrika auf den Weg machen und sich auf gefährliche Boote begeben, entzog er sich.[4] Seine Perspektive zielte nicht auf die Folgen des von ihm vorgeschlagenen Handelns, war also nicht verantwortungsethisch. Die Empörung, die er wie viele andere artikulierte, weiß keinen inhaltlichen Rat, sie »macht sich ein gutes Gewissen, indem sie anderen ein schlechtes macht«.[5]

Bedford-Strohm ist seiner Haltung treu geblieben. Im Juni 2019 kritisierte er den italienischen Innenminister Matteo Salvini für seine Bemühungen, illegale Einwanderung nach Italien zu unterbinden, und erklärte ihn schlichtweg für unmoralisch: »Das Handeln und Reden des italienischen Innenministers ist geprägt von menschlicher Kälte.« Es stehe »in tiefem Widerspruch zu allem, für was das Christentum steht«.[6] Den Unterschied zwischen Gesinnungs- und Verantwortungsethik und den legitimen Entscheidungsraum von Politik mag Bedford-Strohm für sich nicht akzeptieren. In deutschen Medien ist er mit dieser Haltung sehr präsent und wird gerne zitiert. Wegen seiner Unterstützung für die Seenotrettungsorganisation Sea-Watch wurde er Ende Juni 2019 vom Bürgermeister von Palermo mit der Ehrenbürgerwürde ausgezeichnet.

Gemeinsam mit ihm wurde die Kapitänin der Sea-Watch 3, Carola Rackete, geehrt. Ihre gesinnungsethische Haltung brachte sie im Interview mit der italienischen Zeitung *La Repubblica* auf die knappe Formel, als Europäerin, die in Wohlstand und Sicherheit aufgewachsen sei, habe sie das Privileg und die Fähigkeit, den Bootsflüchtlingen im Mittelmeer »wirklich zu helfen«.[7] Am 29. Juni 2019 legte sie mit 40 Flüchtlingen an Bord illegal und gewaltsam im Hafen der italienischen Insel Lampedusa an. Es ging eben nicht nur um die Flüchtlinge, es ging auch um eine politische Demonstration. Die Flüchtlinge hätten ja auch gerettet werden können, indem die Sea-Watch 3 ihren Heimathafen Rotterdam oder einen deutschen Hafen ansteuerte.

Gesinnungsethiker blenden die Folgen ihres Handelns aus. Für sie zählt nur das scheinbar moralisch und unmittelbar Gebotene, nicht die für das Wohl der vielen gesamthaft beste Lösung. Bei der moralischen Einordnung von Migrations- und Einwanderungspolitik spielt das Spannungsverhältnis zwischen Gesinnungs- und Verantwortungsethik eine zentrale Rolle.

In Fragen der Moral lässt der Mensch nicht mit sich spaßen. Humor hat er meist nur dort, wo es um die Moralvorstellungen anderer, nicht aber um die eigenen geht. Unter Moral verstehe ich dabei nicht nur ethische Verhaltensvorschriften und ethische Urteile im engeren Sinn, sondern die gesamte Bandbreite der werthaften und auf Werturteile gestützten Haltung zur Welt, zum Mitmenschen, zur Gesellschaft und zur eigenen Rolle und Aufgabe im Leben. Moral kann religiös begründet sein, zwingend ist das aber nicht. Auch ein Atheist kann starke moralische Gefühle haben. Moralische Einstellungen lassen sich weder beweisen noch rational hinterfragen. Sie beruhen auf Werturteilen, die im vorrationalen Raum entstehen und rational allenfalls im Hinblick auf ihre logische Vereinbarkeit oder Widersprüchlichkeit hinterfragt werden können. Natürlich bewegen sich Werturteile und die auf ihnen gründende Moral nicht im luftleeren Raum. Sie ergeben sich einerseits aus der angeborenen teils identischen, teils individuell unterschiedlichen Natur des Menschen und andererseits aus dem Gesamtfeld der sozialen, kulturellen und religiösen Einflüsse, die von Geburt an auf ihn einwirken.

Moralische Einstellungen in einer Gesellschaft können sich im Zeitablauf ändern. Sie unterscheiden sich zudem nach sozialer Gruppe, Stamm, Volk, Kulturkreis und Religion, und diese Unterschiede können sehr stark und langlebig sein. Die Ansichten zur Nachhaltigkeit und Verwurzelung solcher Unterschiede gehen weit auseinander:

– Universalisten, zu denen viele linke Journalisten, Ökonomen, aber auch Theologen zählen, halten solche Unterschiede zwischen Kulturen, Völkern und Gesellschaften eher für einen dünnen Firnis, unter dem nach einiger Anpassung dann doch die Einheit der menschlichen Natur hervortritt. Zudem halten sie solche Unterschiede für historisch überholt und glauben, dass ihre Bedeutung in der modernen Welt schnell zurückgeht. Thomas Friedman kleidete diese Auffassung in das schöne Bild, dass die Welt durch immer neue Schübe von Globalisierung immer flacher wird. Er glaubt, dass sich Kulturen und Gesellschaften aufgrund dieser Kräfte universal angleichen.[8]

– Viele Historiker, Kulturwissenschaftler und Politikwissenschaftler meinen dagegen, dass kulturelle, ethnische und religiöse Unterschiede ein großes Beharrungsvermögen haben und dass die Kräfte der Globalisierung und der technischen Entwicklung eher zu lang anhaltenden, verschärften Gegensätzen entlang kultureller und religiöser Grenzen führen werden. Samuel Huntington schrieb dazu: »Für Menschen, die ihre Identität suchen und ihre Ethnizität neu erfinden, sind Feinde unabdingbar, und die potenziell gefährlichsten Feindschaften begegnen uns an den Bruchlinien zwischen den großen Kulturen der Welt.«[9]

Die Diskussion über Bedeutung und Nachhaltigkeit solcher Unterschiede ähnelt unter sachkundigen und verständigen Diskussionspartnern ein bisschen der Diskussion darum, ob ein Glas halb voll oder halb leer ist. Schaut man sich die aktuellen Ereignisse in der islamischen Welt und deren Zusammenstoß mit der westlichen Kultur an, so gewinnt Huntingtons pessimistische Sicht gegenwärtig allerdings eher an Gewicht. Es ist der rational weder zu begründende noch zu widerlegende Charakter solcher Unterschiede, ihre rein emotionale oder (vom religiösen Standpunkt) metaphysische Sicht, die zahlreiche Debatten so fruchtlos wie hitzig macht, was zudem oft dazu führt, dass diese Debatten gar nicht erst stattfinden oder nur zum Schein ausgetragen werden. Damit sind wir bereits am vorrationalen Kern der moralischen Begründung von Politik angelangt.

Im Sinne eines Werturteils erwähne ich zwei moralische Prinzipien, die ich meinen Betrachtungen zugrunde lege. Das sind die utilitaristische Maxime Jeremy Benthams, es gehe darum, das »größte Glück der größten Zahl« zu verwirklichen, und der kategorische Imperativ Immanuel Kants, wonach jeder sein individuelles Handeln so ausrichten soll, dass es jederzeit als allgemeiner Maßstab gelten kann.

Auch diese Entscheidung ist weder beweisbar noch widerlegbar und in diesem Sinne vorrational.

Der vorrationale Charakter politischer Grundeinstellungen

Zum vorrationalen Charakter moralischer Einstellungen bemerkte der schottische Philosoph David Hume 1740: »Die Sittlichkeit erregt Affekte und erzeugt oder verhindert Handlungen. Die Vernunft allein aber ist hierzu ganz machtlos; die Sittenregeln sind folglich keine Ergebnisse unserer Vernunft.«[10] Darum könne man Moral auch nicht mit Vernunft begründen. Vernunft bewege sich in den Kategorien von wahr oder falsch, Moral dagegen in den Kategorien von gut oder böse. »Nach all dem ist es unmöglich anzunehmen, dass die Unterscheidung zwischen dem sittlich Guten und dem sittlich Bösen durch die Vernunft gemacht werde.«[11] Hume gesteht der rationalen Vernunft keine eigenständige Rolle für das menschliche Handeln zu, er sieht sie vielmehr als eine Art Vollzugsorgan der menschlichen Gefühle und Leidenschaften: »Die Vernunft ist nur der Sklave der Affekte und soll es sein; sie darf niemals eine andere Funktion beanspruchen, als die, denselben zu dienen und zu gehorchen.«[12] Als Dienerin der Gefühle ist die Vernunft für den Menschen allerdings unverzichtbar: »Da ein Affekt niemals und in keinerlei Sinn unvernünftig genannt werden kann, wenn er nicht auf einer falschen Voraussetzung beruht […], so ist es unmöglich, dass Vernunft und Affekt einander je bekämpfen oder miteinander um die Herrschaft über den Willen und die Handlungen streiten.«[13]

Der 29-jährige David Hume veröffentlichte sein Werk *A Treatise of Human Nature* 1740 unter Pseudonym und bekannte sich (wohl aus Sorge vor einer Skandalisierung durch Theologen und Moralphilosophen) erst Jahrzehnte später dazu. Er hätte sich nicht sorgen müssen, denn es fand zunächst kaum Beachtung, und die zweite Auflage erschien erst 1817, vier Jahrzehnte nach seinem Tod. Indem Hume zeigte, was die menschliche Vernunft nicht vermag, wies er ihr zugleich den Platz zu, wo sie fruchtbar sein kann: die Welt mit den Mitteln von Empirie und Logik im steten Bewusstsein der eigenen Grenzen kritisch zu erforschen.[14] Humes Denken ist ein Vorläufer der modernen Erkenntnistheorie, wie sie einige Jahrzehnte später von Immanuel Kant entwickelt und schließlich von Karl Popper zum Kritischen Rationalismus fortgeführt wurde.[15]

Vereinfacht ausgedrückt, treffen die menschlichen Passionen und Gefühle eine Entscheidung oder fällen ein Urteil, und die Aufgabe, Entscheidung oder Urteil rational nachvollziehbar zu begründen, wird dann an den Verstand quasi delegiert. Wegen dieser Gefühlsbindung löst es bei manchen eine geradezu atavistische Wut aus, wenn man mit rationalen Argumenten gegen Positionen angeht, deren Begründung auf der Gefühlsebene liegt. Auch die klassische Positionierung der menschlichen Ansichten zu Politik und Gesellschaft auf der Skala von links bis rechts – bei denen es sich ja im Kern um moralische Ansichten handelt – folgt grundsätzlich vorrationalen Entscheidungen auf der Gefühlsebene und sucht jeweils die passenden, dem menschlichen Verstand zumutbaren Rationalisierungen, die aber nicht die tatsächlichen Gründe darstellen. Einem schönen Bild von Jonathan Haidt folgend ist der bewusste Verstand wie der Reiter auf einem Elefanten: Der Elefant (unsere Gefühle und Leidenschaften) geht, wohin er will. Der Reiter auf dem Elefanten erfindet die rationalen Gründe für die vom Elefanten eingeschlagene Richtung und glaubt am Ende sogar, er habe den Elefanten in diese Richtung gelenkt.[16]

Die moralischen Gefühle haben sich im Verlauf der menschlichen Evolution entwickelt; in ihrer Widersprüchlichkeit zwischen Individualität und Gruppenbezug sowie zwischen Egoismus und Altruismus sind sie ein Ergebnis des Prozesses der natürlichen Selektion. Diese belohnt als *Individualselektion* individuelle Fitness, aber auch Egoismus, sofern er Überlebenswert hat,[17] und als *Gruppenselektion* belohnt sie altruistisches, gruppenbezogenes Verhalten, soweit dies relative Überlebensvorteile für die eigene Gruppe mit sich bringt.[18]

Entsprechende Selektionsmechanismen können bei der Änderung von Rahmenbedingungen sehr schnell wirksam werden und sind deshalb auch schon für relativ kurze Zeiträume der menschlichen Geschichte relevant.[19] Charles Darwin fasste 1871 den evolutionären Ursprung der Moral wie folgt zusammen: »Schließlich entsteht unser moralisches Gefühl, oder unser Gewissen; ein äußerst kompliziertes Empfinden, entsprungen den sozialen Instinkten, geleitet von der Anerkennung unserer Mitmenschen, geregelt von Verstand, Eigennutz und, in späteren Zeiten, von tiefen religiösen Gefühlen, und befestigt durch Erziehung und Gewohnheit.«[20]

Diese seherische Einschätzung ist auch heute noch gültig.[21] Genetisch vorgegeben ist die Tatsache moralischer Gefühle und ihr Spektrum. Ihre Gewichtung ist dagegen ferner bestimmt durch Erziehung und Gewohnheit. So werden Unterschiede zwischen Kulturen und Gesellschaften und Änderungen im Zeitablauf erklärlich.

Die Skala moralischer Werte lässt sich in Gegensatzpaaren abbilden, die die Extrempunkte einer breiten Skala von Abstufungen darstellen. Jonathan Haidt entwickelt sechs Gegensatzpaare auf der Skala moralischer Werte:[22]

- Fürsorge (*care*) / Schaden (*harm*)
- Freiheit (*liberty*) / Unterdrückung (*oppression*)
- Fairness (*fairness*) / Betrug (*cheating*)
- Loyalität (*loyalty*) / Verrat (*betrayal*)
- Autorität (*authority*) / Umsturz (*subversion*)
- Heiligkeit (*sanctity*) / Herabwürdigung (*degradation*)

Der zuletzt genannte Wert ist vielleicht am wenigsten aus sich heraus verständlich. Er umfasst heilige Güter, zunächst das Göttliche und Religiöse, aber auch klassische Tabus wie das Inzesttabu oder die Verehrung nationaler Symbole, bei konservativen Royalisten beispielsweise die Verehrung der Queen, oder bei Nationalisten die Verehrung nationaler Symbole wie die Nationalflagge. Wo Kulturen und Religionen diesen letzten Werten eine besondere Bedeutung zumessen, kann es gewalttätige Auseinandersetzungen geben, wenn andere sich die Freiheit nehmen, sich zu »heiligen« Werten kritisch oder gar spöttisch zu äußern.

Die Einstellungen zu diesen Werten weisen einen inneren Zusammenhang auf. Ihre Gewichtung ändert sich kontinuierlich mit der Einstufung von Befragten zwischen links (im amerikanischen Wortsinn von *liberal*) und konservativ. Die Werte für Fürsorge und Fairness fallen leicht ab, wenn eine Person konservativ ist. Auf der anderen Seite fallen die Werte für Loyalität, Autorität und Heiligkeit noch viel krasser ab, wenn eine Person links (im amerikanischen Wortsinn also *liberal*) ist. Im Ergebnis werden auf der linken Seite des Meinungsspektrums Fürsorge und Fairness weitaus höher gewertet als Loyalität, Autorität oder Heiligkeit. Auf der konservativen Seite des Meinungsspektrums liegen dagegen alle Werte wesentlich enger zusammen.

»Linke« (»liberale«) und »konservative« beziehungsweise »rechte« Grundeinstellungen unterscheiden sich dadurch, dass sie diesen sechs Werten unterschiedliches Gewicht beimessen:

- Amerikanische *Liberals* achten die Werte *Fürsorge, Freiheit* und – nicht ganz so stark – *Fairness* sehr hoch. Dagegen ist ihre Wertschätzung der konservativen Werte *Loyalität, Autorität* und *Heiligkeit* eher lau.[23]
- Amerikanische Radikalliberale (*Libertarians*) halten einseitig den Wert *Freiheit* und ein wenig auch den Wert *Fairness* hoch. Zu allen übrigen Werten verhalten sie sich lau.[24]
- Sozialkonservative dagegen geben allen sechs Werten ein in etwa gleiches Gewicht.[25]

Das Wertesystem jeder Gesellschaft (und eines jeden Individuums) ist stets eine Mischung aus den sechs Werten. Tatsächlich beobachten wir in den westlichen und in den vom Westen kulturell beeinflussten Gesellschaften eine säkulare Verschiebung in Richtung liberaler Werte, teilweise auf Kosten konservativer Werte. Dies hat den Ausbau bürgerlicher Freiheiten und die Entwicklung des Sozialstaats begünstigt. Eine funktionierende Gesellschaft bedarf allerdings stets einer situationsbezogenen und historisch angemessenen Balance zwischen allen Werten. Diese immer wieder neu zu finden und in die Wirklichkeit umzusetzen ist auch eine Aufgabe von Politik.[26]

Steven Pinker hat anhand unterschiedlicher Werteskalen – darunter auch jener von Haidt – gezeigt, dass der von ihm vielfältig dokumentierte Rückgang von Gewalt seit vielen Jahrhunderten mit der Ausbreitung liberaler, humanistischer Werte einhergeht. Er hofft, dass sich diese Entwicklung als Megatrend auch in Zukunft fortsetzt.[27] Im Durchschnitt sind Linke (*Liberals*) gebildeter und intelligenter als Konservative. Pinker hat die Hoffnung, dass künftige Intelligenzgewinne, die durch bessere Erziehung erreicht werden, die heute zwischen Völkern und Gruppen gemessenen Intelligenzunterschiede (die er auf Umweltfaktoren zurückführt) verschwinden lassen und es zur weiteren Ausbreitung vernünftigen Denkens (*abstract reasoning*) kommt, was wiederum friedliebenden freiheitlichen Einstellungen und einer entsprechenden Politik förderlich ist.[28] Dieser Optimismus ist Steven Pinker zu gönnen. Er hat ihn sich am Ende seines stupenden Werks über den Rückgang von Gewalt und die Ursachen dieses Rückgangs quasi verdient. Ich teile seine Hoffnung allerdings nur begrenzt. Es bleibt für mich grundsätzlich offen, wie sich eine Balance der Werte in einer konkreten Gesellschaft künftig entwickelt. Schließlich müssen Staaten, Gesellschaften und Wirtschaftssysteme ja auch funktionieren. Es kann niemals ausgeschlossen werden, dass die wirtschaftlichen und sozialen Fundamente einer Gesellschaft beschädigt oder gar zerstört werden, wenn sich die herrschenden Werte anders entwickeln, als es den Funktionsbedingungen der aktuellen Gesellschaft entspricht.

Aus dem oben Ausgeführten wird klar, dass politische Grundeinstellungen im vorrationalen Raum wurzeln und darum nur begrenzt rational hinterfragbar sind. »Unsere moralische Einstellung bestimmt, welche Argumente und Beweise wir zu akzeptieren bereit sind. […] Was die Migration betrifft, so sind die ethischen Vorlieben polarisiert, und jedes Lager neigt dazu, nur jene Argumente und Fakten anzuerkennen, die sein Vorurteil untermauern. […] In liberalen Kreisen, in denen man über die meisten Themen am besten informiert ist, war und ist die Migration ein Tabuthema. Die einzig erlaubte Meinungsäußerung ist die Klage über die allgemeine Abneigung gegen sie.«[29] Das schrieb Paul Collier 2013 in Bezug auf die Debatte in Großbritannien, es trifft aber genauso 2019 auf die Debatte in Deutschland zu.

Eine völlig andere, hier nicht behandelte Frage ist es, ob Politiker sich moralisch verhalten, welchen Anreiz sie dazu haben und was dies für die Debatte um Einwanderung bedeutet. Auch handelnde Politiker sind Teil der Gesellschaft und keine höheren Wesen. Erich Fromms Klage, »dass die vom System hervorgebrachte Selbstsucht Politiker veranlasst, ihren persönlichen Erfolg höher zu bewerten als ihre gesellschaftliche Verantwortung«, ist also einerseits berechtigt, stößt aber andererseits ins Leere.[30]

Der Althistoriker Christian Meier meint zum Thema Einwanderung: »Menschen mögen es nicht, dass sie (und ihre Gemeinwesen) wehrlos sind. Die Proletarier sind entweder bessergestellt oder sie gehen zur AfD. Bei den Sozialdemokraten halten sie sich kaum mehr auf. Ich vermute, dass wir irgendwo dazu kommen werden, doch wieder mehr von Interessen als von den viel beschworenen Werten zu sprechen. Was machen Sie, wenn auf einmal eine Million Afrikaner bei uns zuwandern. Wollen sie dann noch von Werten reden?«[31]

Migration im Kontext von Evolution

Das Leben auf der Erde hat sich im Rahmen der durch die Naturgesetze vorgegebenen Ordnung im Zuge der natürlichen Evolution spontan entwickelt. Natürliche Evolution bedeutet, dass sich jene Varianten ausbilden bzw. durchsetzen, die unter den Bedingungen der jeweiligen Umgebung die bessere Widerstandskraft bzw. die höhere Fortpflanzungsrate haben. Daraus ergibt sich als ein Ausfluss der natürlichen Evolution die Entwicklung immer komplexerer Lebensformen. Auch alle Ausprägungen sozialer Organisation von Lebewesen sind ein Ergebnis natürlicher Evolution. Das gilt für die Organisation eines Bienen- oder Ameisenvolks ebenso wie für eine Elefanten- oder

Antilopenherde in der afrikanischen Savanne oder für ein Wolfsrudel in der sibirischen Taiga. Die Steuerungs- und Informationssysteme sozialer Organisationen haben eine ungeheure Vielfalt. Bei höherstehenden Lebewesen spielen dabei auch soziale Lernprozesse eine Rolle. Die Flexibilität ihrer sozialen Organisationen wächst mit ihren kognitiven Fähigkeiten.

So entstand bei den Menschen die Möglichkeit zu einer kulturellen Entwicklung. Diese reicht von der Erfindung und dem Gebrauch von Werkzeugen über Bekleidung, Häuserbau, Ackerbau und Viehzucht bis hin zu Schmuckbedürfnis und künstlerischer Tätigkeit. Die Herausbildung unterschiedlicher sozialer und politischer Organisationsformen gehört ebenso dazu wie die Erfindung geistiger Orientierungssysteme in Form von Religion, Philosophie oder politischer Ideologie. Ein recht junges Produkt menschlichen Geistes sind die exakten Wissenschaften, insbesondere Mathematik, Biologie, Chemie und Physik. So hat der *Homo sapiens* zu unterschiedlichen Zeiten und in unterschiedlichen Lebensräumen sehr unterschiedliche Kulturen und Gesellschaften mit divergierenden Entwicklungsniveaus und teilweise gegensätzlichen Sinnsystemen und Mentalitäten geschaffen.

Durch die technische Entwicklung, Schifffahrt, Verkehr und die generelle Bevölkerungszunahme traten seit dem ausgehenden Mittelalter ursprünglich isolierte Lebensräume der Menschen in immer stärkere Verbindung. Es entwickelte sich die sogenannte Globalisierung. Dabei breiteten sich die ursprünglich in Europa und Nordamerika entstandene industrielle Revolution und der mit ihr verbundene, enorme Aufschwung von Wissenschaft und Technik über die ganze Welt aus. Auch wo Staaten und Gesellschaften vergleichsweise rückständig bleiben, profitieren sie doch passiv von der Verbreitung der modernen Kenntnisse über Medizin und Hygiene, von den Produkten der industriellen Revolution und in jüngster Zeit der Digitalisierung. So kam es in den letzten 150 Jahren zu einem beachtlichen Anstieg der Lebenserwartung. Dies führte und führt dort, wo die Geburtenraten in einer Gesellschaft auf einem vormodern hohen Niveau bleiben, zu einer Bevölkerungsexplosion. Für das Überleben der Menschen auch in den Entwicklungsländern sorgt der Stand der modernen Medizin, und für die Ernährung der Massen sorgt die Produktivität der modernen Landwirtschaft.

Für die moderne Welt gilt, dass sich die Überlebenschancen der Menschen und ihre Möglichkeit zur erfolgreichen Fortpflanzung weitgehend von ihrer persönlichen Fitness und der Fitness der Gesellschaften und der sozialen Gruppen, denen sie angehören, gelöst haben. Insofern hat der moderne Mensch die Gesetzmäßigkeiten der natürlichen Evolution für sich selbst außer Kraft gesetzt und die Verhältnisse in gewissem Sinn auf den Kopf gestellt, denn überall auf der Welt haben die Menschen umso mehr Kinder, je ärmer und ungebildeter sie sind. Der so erreichte Zustand ist selbstverständlich nicht nachhaltig: Weder ist es möglich oder erträglich, dass die Zahl der Menschen auf der Erde ungebremst weiter steigt, noch ist es günstig, wenn dabei der demografische Beitrag der Gebildeten und Erfolgreichen fortwährend schrumpft. Darwin interpretierend, erläutert der Evolutionsforscher Axel Meyer: »Entscheidend ist für die Natur letztlich nur, wie viele Nachkommen ein Individuum hinterlässt im Verhältnis zum Fortpflanzungserfolg seiner Artgenossen. Es geht immer um das Überleben des eigenen Erbguts. [...] Und man darf sich da nichts vormachen, die große Mehrzahl der Arten auf dieser Erde sind längst wieder ausgestorben. Das ist das Schicksal von Arten. Ich fürchte, auch von uns.«[32]

Der politische Blick

Historisch gesehen hatte Europa, wie in den Kapiteln 1 bis 3 ausgeführt, von der Steinzeit bis vor wenigen Jahrzehnten als Kontinent keine nennenswerte Einwanderung gehabt. Ausnahmen bildeten der Einfall der Hunnen in der Völkerwanderung und der Mongolen im Mittelalter, ferner die Eroberung der Iberischen Halbinsel durch die Araber im 7. Jahrhundert und des Balkans durch die Osmanen vom 14. bis zum 17. Jahrhundert. Letztere ging mit der Islamisierung und der Einwanderung einer neuen Herrenschicht einher. Seit dem Mittelalter und verstärkt mit der industriellen Revolution wuchs die Bevölkerung in Europa stark an. Mit den Bevölkerungsüberschüssen ging ein wachsender Auswanderungsdruck einher. Eine nennenswerte Einwanderung nach Europa begann dagegen erst in den Sechzigerjahren des vergangenen Jahrhunderts. Sie wurde befeuert durch den Wohlstandsvorsprung der westlichen Welt und durch die sinkenden Geburtenzahlen in Europa. Für Europa ist die Einwanderungserfahrung also sehr neu. Dagegen formten sich die Länder des amerikanischen Kontinents, Südafrika, Australien und Neuseeland aus der Auswanderung von Europäern. Einwanderung gehört zu ihrer Identität. Ihre Vergangenheit und Gegenwart ist ohne das Migrationsgeschehen gar nicht erklärbar.

An der europäischen Einwanderungserfahrung der letzten Jahrzehnte wird überwiegend nicht die Binnenwanderung von Europäern als problematisch empfunden, mit Ausnahme der Roma, sondern primär die kulturell und ethnisch fremde Einwanderung von Nichteuropäern. Für Europa und für die klassischen Einwanderungsländer Nordamerikas und Ozeaniens gilt gleichermaßen, dass ihre weiße und europäische Identität erst seit wenigen Jahrzehnten, beginnend in den Sechzigerjahren des vergangenen Jahrhunderts, durch die kulturell und ethnisch fremde Einwanderung nicht europäischer Völker herausgefordert wird. Das gibt der Einwanderungsdebatte ihre moralische Brisanz und ihre aggressiven Untertöne, die von Rassismusvorwürfen auf der linken bis hin zu völkischer Rhetorik auf der rechten Seite des politischen Spektrums reichen.

Macht und Mehrheit

Wo immer Einwanderung in größerem Umfang stattfand, hatte sie wesentlichen Einfluss auf das Leben der autochthonen Bevölkerung, Mit der Zusammensetzung der Bevölkerung änderten sich Gewohnheiten und Mentalitäten. Überkommene Gewohnheiten wurden bedroht. Es konnte zu Verteilungskämpfen kommen. Es konnte aber auch sein, dass mit den Einwanderern neue Fähigkeiten und

Fertigkeiten ins Land kamen. Dies ließ die politischen Machthaber niemals gleichgültig. Auch ihre eigene Existenz und die Perspektive ihrer Machtausübung konnten durch die Einwanderer je nachdem bedroht oder gestützt werden. Zu keiner Zeit hat Einwanderung in großem Stil die Regierenden oder die Regierten gleichgültig gelassen.

Folgenabschätzung für das eigene Land und für andere

Die Strategien politischer Machthaber waren sehr unterschiedlich. Unterbevölkerte oder wenig entwickelte Staaten holten gerne Gruppen von Einwanderern ins Land, die überlegene Kulturtechniken mitbrachten, der eigenen Bevölkerung etwas beibringen konnten oder die schlicht Wohlstand dadurch schufen, dass sie eine vormalige Wildnis urbar machten. Manchmal suchten die Machthaber auch Unterstützung gegen eine widerständige Urbevölkerung. Darum holte z.B. der polnische Herzog Konrad I. 1226 den Deutschen Ritterorden zum Kampf gegen die heidnischen Prutzen ins spätere Ostpreußen. So entstand die Keimzelle des preußischen Staates. 500 Jahre später holten die preußischen Könige evangelische Hugenotten aus Frankreich und protestantische Christen aus Salzburg nach Brandenburg und Ostpreußen. Sie sollten die Lücken füllen, die durch die Pest und den dreißigjährigen Krieg gerissen worden waren, und waren zudem hochwillkommen, weil sie qualifizierte Handwerker und tüchtige Bauern waren.

Einfluss von kultureller Distanz

Vergleichsweise spannungsarm verlief Einwanderung überall dort, wo Einwanderer die Autochthonen nicht majorisierten, wo es vergleichsweise viel unbesiedeltes Land gab und wo die Kulturtechniken der Einwanderer denen der autochthonen Bevölkerung überlegen waren, sodass ein positiver Wohlstandseffekt entstand.

Für die Integration förderlich war stets eine grundsätzliche kulturelle Ähnlichkeit zwischen Einwanderern und autochthoner Bevölkerung. So konnten vor dem Ersten Weltkrieg 500 000 Polen im Ruhrgebiet problemlos integriert werden. Heute integrieren sich 1,5 Millionen Ukrainer offenbar problemlos in ihrem Nachbarland Polen.[33] Die kulturelle Ähnlichkeit erleichtert das Zusammenleben, zumal es weder in der Kleidung noch in der Mentalität auffallende Unterschiede gibt. Ganz anders ist es mit der Einwanderung aus der islamischen Welt oder aus Afrika im westlichen Europa. Diese ist spannungsgeladen und wird mehr und mehr zum Gegenstand öffentlicher Kontroversen.

Fehlanreize des Sozialstaats

Einwanderer möchten durch den Zuzug in ein anderes Land ihre Lebensverhältnisse verbessern und neue Chancen wahrnehmen. Das ist grundsätzlich legitim, sofern dabei das Recht des aufnehmenden Staates respektiert wird, über die Zuwanderung zu entscheiden, und solange die Einwanderer die Gesetze, Bräuche und Sitten ihrer neuen Heimat beachten.

Für viele europäische Einwanderungsländer, insbesondere für Deutschland, ergeben sich aber erhebliche Fehlanreize durch den ausgebauten Sozialstaat. De facto haben Einwanderer, sobald ihr Aufenthaltsstatus gesichert ist, einen Rechtsanspruch auf das volle sozioökonomische Existenzminimum in jener Höhe, wie es auch den Deutschen zusteht. Das gilt unabhängig von Motivation, Qualifikation, Ausbildung und Erwerbsbeteiligung – und es gilt für die gesamte Familie, auch wenn sie sehr kinderreich ist. So kann ein im Verhältnis zu den Herkunftsländern oft märchenhaft erscheinender Lebensstandard ohne Anstrengung einfach durch den Wechsel des Aufenthaltsorts erreicht werden. Dies ist der tiefere Grund dafür, dass praktisch alle Asylbewerber und illegalen Einwanderer, die nach Europa streben, eigentlich nach Deutschland wollen und dies zumeist auch schaffen.

Framing und Meinungsführerschaft

In Bezug auf die Einwanderung aus Afrika und aus dem Nahen und Mittleren Osten wird in der EU und allen ihren Mitgliedsländern erbittert um Meinungsführerschaft gerungen.

Wie der Migrationspakt zeigt, braucht man es dabei im Interesse höherer Zwecke mit der Wahrheit nicht so genau zu nehmen. Es geht vielmehr darum, die Wahrnehmung der Öffentlichkeit manipulativ in eine bestimmte Richtung zu drängen, eine grundsätzlich kritische Diskussion kulturfremder Einwanderung als illegitim zu brandmarken und auf diese Weise möglichst zu verhindern.

Aufschlussreich ist eine Untersuchung der Friedrich-Ebert-Stiftung über die Einstellung der Deutschen zur Migration:[34] Dabei sind die Fragen der Studie grundsätzlich so formuliert, dass die Befragten eher in eine positive Richtung gelenkt werden. Zu besonders problematischen Aspekten wie der Kriminalität und den gesellschaftlichen Leitbildern, die bei Flüchtlingen vorherrschen, fehlen entsprechende Fragen:

- 31 % der Befragten lehnen die Aussage ab, dass Einwanderer das soziale und kulturelle Leben in Deutschland bereichern.
- 40 % lehnen die Aussage ab, dass Einwanderung zur Stabilisierung der Sozialsysteme beiträgt.
- 25 % haben etwas dagegen, dass Flüchtlinge in ihrer Nachbarschaft untergebracht werden.
- 56 % meinen, dass sich Deutschland mit der Aufnahme von Flüchtlingen überfordert hat.
- 68 % stimmen der Aussage zu, dass Deutschland keinen Plan hat, wie es mit den Flüchtlingen, die in Deutschland sind, weitergehen soll.
- 53 % glauben, dass die Flüchtlinge mehrheitlich aus wirtschaftlichen Gründen nach Deutschland gekommen sind.
- 45 % glauben, Deutschland tue für die Flüchtlinge zu viel.
- 52 % meinen, die Flüchtlinge sollten Deutschland wieder verlassen, sobald der Krieg in ihren Heimatländern vorbei ist.

- 34 % glauben nicht, dass die Politik die Herausforderungen der Zukunft meistern kann.
- 27 % halten Migration, Flucht und Asyl für die größte Herausforderung für Deutschland.
- 72 % glauben, der Politik fehle es an einer langfristigen Vision, wie es in Deutschland weitergehen soll.
- 64 % sind besorgt wegen des Einflusses des Islam auf die Gesellschaft.
- 61 % sind besorgt wegen der Kosten der Integration.
- 58 % sind besorgt wegen der Konkurrenz auf dem Wohnungsmarkt, und 30 % sind besorgt wegen der Konkurrenz auf dem Arbeitsmarkt.
- 79 % stimmen der Aussage zu, dass der Zusammenhalt in der Gesellschaft zunehmend verloren geht und jeder nur noch an sich denkt.
- 54 % meinen, dass sie von der günstigen wirtschaftlichen Entwicklung in Deutschland nicht profitieren.
- 52 % machen sich Sorgen um die Zukunft.

Diese Zahlen sind ein starker Indikator dafür, dass die Gesellschaft in Flüchtlings- und Zuwanderungsfragen sehr gespalten ist. Davon will die Auftraggeberin der Untersuchung, die Friedrich-Ebert-Stiftung, nichts wissen. Im Vorwort fasst sie die Ergebnisse der Untersuchung wie folgt zusammen: »Die Deutschen sind grundsätzlich offen für Zuwanderung. Mehr als die Hälfte der Bevölkerung sieht Einwanderung sogar als Chance. […] Die Hälfte der Deutschen glaubt schließlich, dass Einwanderung unser Land nicht nur wirtschaftlich, sondern auch gesellschaftlich und kulturell bereichert.«[35]

Das ist wohl auch einer der Gründe, weshalb die SPD 2019 zeitweise in vielen Umfragen hinter die AfD zurückfiel und auch im Frühling 2020 in der Coronakrise anders als die Union nur wenig vom Regierungsbonus profitierte. Und deshalb sollen wohl auch gemäß den Vorgaben des Migrationspakts die propagandistischen Anstrengungen verstärkt werden, Migration den Völkern des Westens als etwas grundsätzlich Positives darzustellen.

Tatsachen, Risiken und Zusammenhänge

Rund um Fragen der Einwanderung zeigt sich besonders deutlich die Erkenntnis von David Hume und Jonathan Haidt, dass die Urteile der Menschen primär von ihren Gefühlen geprägt werden und sodann von ihrem Verstand mit Gründen versehen werden, die zu den Gefühlen passen.

In der zitierten Umfrage der Friedrich-Ebert-Stiftung wurden die Gruppen »National Orientierte«, »Bewegliche Mitte« und »Weltoffen Orientierte« getrennt befragt. Bereits in dieser Aufteilung wird ein Framing sichtbar, das eine Wertung enthält. Wieso kann nicht jemand weltoffen und beweglich sein, der national orientiert ist? Auf die Frage, ob Deutschland Einwanderung braucht, um die Sozialsysteme zu stützen, antworteten 42 % aller Befragten mit ja. Bei den »National Orientierten« waren es aber nur 20 %, bei der »Beweglichen Mitte« 40 % und bei den »Weltoffen Orientierten« 66 %.

Die Frage als solche ist irreführend und unsinnig, denn die objektiv richtige Antwort unterscheidet sich stark je nach Art der Einwanderung: Unqualifizierte kulturfremde Einwanderer kosten per Saldo den Sozialstaat Geld. Indische Software-Ingenieure dagegen können die Sozialkassen entlasten. Angesichts der unsinnigen Fragestellung ist die unterschiedliche Orientierung der Antworten je nach Grundeinstellung der Befragten umso bemerkenswerter. Mit großer Sicherheit kann man jedenfalls sagen, dass die Zusammensetzung der Einwanderer in Deutschland seit der Flüchtlingskrise 2015 die Sozialsysteme in Deutschland auf viele Jahrzehnte hinaus nicht etwa stützt, sondern zusätzlich belastet. Die Fragestellung als solche produzierte in diesem Punkt ein Stück Fake News, aber je nach Grundeinstellung reagierten darauf die drei befragten Gruppen ganz unterschiedlich.

Je nachdem, ob man auf die Herkunftsländer oder die westlichen Einwanderungsländer schaut, ob man sich links oder rechts positioniert, kann man in Bezug auf kulturfremde Masseneinwanderung zu unterschiedlichen Schlüssen und auch zu einer abweichenden ethischen Bewertung kommen:

Von links:

Pro: Masseneinwanderung lindert die Not in den Herkunftsländern.

Contra: Masseneinwanderung gefährdet den europäischen Sozialstaat und setzt das untere Drittel der autochthonen Bevölkerung unter besonderen Druck.

Von rechts:

Pro: Masseneinwanderung vermehrt die Zahl der potenziellen Konsumenten und Arbeitskräfte und erhöht so das Wirtschaftswachstum und die Gewinne der Unternehmen.

Contra: Masseneinwanderung zerstört das kulturelle Gleichgewicht in der Gesellschaft, gefährdet die Werte und den Lebensstil des Westens und vermindert soziales Kapital.

In Deutschland formulierten Oskar Lafontaine und Sahra Wagenknecht innerhalb der Linkspartei eine einwanderungskritische Position, die den Anpassungs- und Konkurrenzdruck für die eigene autochthone Klientel in den Mittelpunkt stellt. Damit setzten sie sich in Widerspruch zu den universalistischen Instinkten, die am Ende auch in der Linkspartei dominierten. Die emotional grundierten Anfeindungen nahmen offenbar so stark zu, dass sich Sahra Wagenknecht im Frühling 2019 aus den Führungsgremien der Linkspartei und der Führung der Bundestagsfraktion zurückzog. Sie deutete Mobbing an.

In der politischen Debatte und in den Medien Deutschlands dominieren die gesinnungsethischen Aspekte der Masseneinwanderung. Fragen der kulturellen Stabilität und der künftigen Identität von Deutschland und Europa spielen dagegen in der Debatte kaum eine Rolle. Dabei gilt auch hier das berühmte Diktum des deutschen Rechtsphilosophen Ernst-Wolfgang Böckenförde aus dem Jahr 1964: »Der freiheitliche, säkularisierte Staat lebt von Voraussetzungen, die er selbst nicht garantieren kann. Das ist das große Wagnis, das er, um der Freiheit willen, eingegangen ist. Als freiheitlicher Staat kann er einerseits nur bestehen, wenn er die Freiheit, die er seinen Bürgern gewährt, von innen her, aus der moralischen Substanz des einzelnen und der Homogenität der Gesellschaft, reguliert. Andererseits kann er diese inneren Regulierungskräfte nicht von sich aus, das heißt, mit den Mitteln des Rechtszwanges und des autoritativen Gebots, zu garantieren versuchen, ohne seine Freiheitlichkeit aufzugeben und – auf säkularisierter Ebene – in jenen Totalitätsanspruch zurückzufallen, aus dem er in den konfessionellen Bürgerkriegen herausgeführt hat.«[36]

An die Wirkung von kulturell und ethnisch fremder Masseneinwanderung dachte Böckenförde vor einem halben Jahrhundert sicherlich nicht. Was aber ist, wenn sich durch Einwanderung die Gesellschaft so ändert, dass sie dem säkularen Rechtsstaat die Grundlagen in den Herzen und Köpfen – zunächst einer Minderheit und schließlich einer Mehrheit – nimmt? Für Egon Flaig berührt der Satz Böckenfördes letztlich »die Frage, ob sich moderne Demokratien noch als Gemeinschaften begreifen dürfen oder ob ihnen verordnet ist, bloß eine pluralistische Zivilgesellschaft zu sein, die sich auf kein Gemeinsames mehr einigt, weil das Gemeinsame kein Anliegen mehr ist«.[37]

Neben dieser grundsätzlichen Fragestellung steht unverbunden die Moralisierung des Einwanderungsthemas im Denkschema von links und rechts:

- »Links« ist die Abwehr von Unrecht und Ausbeutung durch Aufnahme der Fremden bis hin zu deren Heiligung und Verehrung als dem fremden »Guten« im Verhältnis zum heimischen »Bösen«.
- »Rechts« ist die Distanz zum Fremden und der vorsichtige Umgang mit ihm bis hin zu strikter Abwehr.

Der »Rechte« will Übersicht und Ordnung, er wittert das Chaos im Fremden und in der übermäßigen Einwanderung. Der »Linke« möchte Selbstgefälligkeit und Spießertum bekämpfen und die Welt zu einem besseren Ort machen. Dazu kommen ihm die Einwanderer gerade recht. Sie sind ihm umso lieber, je mehr sie jene besorgten Bürger, die er als egoistische Spießer empfindet, verstören. Das war die symbolische Bedeutung der Schilder *Refugees welcome*, die Anfang September 2015 am Münchner Hauptbahnhof hochgehalten wurden. Daraus entstand eine hochfahrende Moralisierung der Debatte, die das Klima in Deutschland unnötig vergiftete und maßgeblich zum Aufstieg der AfD beitrug.

Für den Ökonomen Thomas Mayer teilen sich heute die Lager in Mondialisten und nationale Sozialisten. Die einen sehen die Welt als ihr Feld, die anderen möchten ihr eigenes Zuhause gegen das Fremde verteidigen. Wie Egon Flaig fürchtet Thomas Mayer, dass dabei der Liberalismus auf der Strecke bleibt und eine situationsbezogene *rule by law* eine regelbasierte *rule of law* ersetzt.[38]

Ethnische Herkunft, Kultur und Identität

Die *Somewheres* und die *Anywheres*

Führungsschichten und Bildungseliten waren zu allen Zeiten bis zu einem gewissen Grad auch Weltbürger. Darum haben sie häufig auch ein anderes Verhältnis zu Einwanderungsfragen als die breiten Schichten ihrer Völker. Oft betreiben sie in Einwanderungsfragen eine Politik, die zu den Wünschen und Interessen der breiten Schichten ihrer Länder in klarem Widerspruch steht. Diesen breiten Schichten wiederum mangelt es häufig an Führern, die ausreichend qualifiziert, verantwortungsbewusst und artikulationsfähig sind. In der europäischen Gegenwart entstand aus diesem Mangel in den letzten Jahren ein Zulauf für Rechtsradikale und Rechtspopulisten.

Große Reiche und Kulturen hatten immer wieder eine Oberschicht, die sich aus engen ethnischen und regionalen Bindungen löste und eine universalistische Weltsicht pflegte. So kam, im Guten wie im Bösen, Bewegung in die Welt und in die Menschheitsgeschichte. Dazu einige Bespiele:

– Die Lebensart und Kultur der Griechen – Sprache, Schrift, Architektur und Kunst – breiteten sich in der Antike im vorchristlichen Jahrtausend über Griechenland, Süditalien, Syrien, Kleinasien und rund um das Schwarze Meer aus. Das verband die vielen griechischen Kleinstaaten, die zwar untereinander Bündnisse schlossen, aber auch im immerwährenden Streit miteinander lagen. Erst durch die makedonischen Könige und später durch die Römer erhielt die griechische Welt ein gemeinsames staatliches Dach.

- Noch ausgeprägter, und weit mehr als die griechische Welt umschließend, wirkte das gemeinsame Dach des Römischen Reichs, das den gesamten Mittelmeerraum und große Teile Europas überspannte. Der Apostel Paulus führte seine ausgedehnten Missionsreisen als römischer Bürger durch. Die überwölbende Staatlichkeit des Römischen Reichs erleichterte die überregionale Ausbreitung des Christentums und konkurrierender Religionen. Römische Verwalter, Politiker und Soldaten bildeten über viele Jahrhunderte hinweg eine transnationale Führungsschicht, die vom Hadrianswall nahe der heutigen Grenze zwischen Schottland und England bis ins römisch beherrschte Ägypten reichte und sich überall zu Hause fühlte.
- Mit dem Untergang des Weströmischen Reichs zerfiel auch die transnationale römische Kultur. Kirche und Klöster traten an ihre Stelle. Latein behielt noch für 1400 Jahre eine Rolle als die dominierende Sprache der europäischen Wissenschaft und die Amtssprache der Kirche. Die Netzwerke der Missionare, der religiösen Orden und der Klöster waren international. Die fränkischen und später die deutschen Könige verbrachten über weite Strecken mehr Zeit in Italien als in ihrer Heimat. International geprägt waren nicht nur die Kirche, sondern auch das Lehenssystem, das Rittertum und die Adelsherrschaft. International geprägt waren die großen Strömungen der Philosophie, der Wissenschaft, der Kunst und Architektur. International geprägt waren große Teil der mentalen Entwicklung der europäischen Kultur.

Das bedeutete auch: Obwohl 99 % der Menschen lokal verwurzelt waren, regionale Mentalitäten und Gewohnheiten entwickelten, regionale Speisen aßen und die regionalen Sprachen sprachen, waren sie doch gleichzeitig immer den Strömungen und Wandlungen einer gemeinsamen Kultur ausgesetzt. Stets gab es eine kleine Gruppe von Menschen im Adel, in der Politik und der Verwaltung, in Kultur und Wissenschaft, die miteinander im Austausch stand, Bündnisse schmiedete, Kriege führte, den Wissensaustausch pflegte und die großen Kulturströmungen teils entwickelte, teils weitertrug. Sie waren Weltbürger, mindestens Bürger Europas. So fühlten sie sich, so sprachen und schrieben sie, so traten sie auf. Die ethnische, regionale und nationale Identität gehörte zwar auch für den Weltbürger immer dazu, aber der größte Teil des Hochadels, der international tätigen Kaufleute, der Söldner und Feldherren, der Künstler und Wissenschaftler sah sich immer auch als Teil eines größeren Zusammenhangs. Bis zu einem gewissen Grad machte das seit Karl dem Großen immer das Wesen europäischer Kultur aus.

Quantitativ gesehen handelte es sich bei den Weltbürgern zu allen Zeiten der europäischen Geschichte immer nur um eine winzige Minderheit der Bevölkerung. Durch die Globalisierung und den immer weiter intensivierten Austausch ist diese Minderheit heute weitaus größer geworden und sie ist in der Wissenschaft, der Wirtschaft, den Medien und der Politik großenteils sehr einflussreich. Da weder die Wahrheit der wissenschaftlichen Erkenntnis, noch die Gesetze der Logik noch die Probleme der Welt an nationalen Grenzen haltmachen, ist es grundsätzlich gut und richtig, wenn die politischen, kulturellen und wissenschaftlichen Eliten sich zu einem guten Teil ihres Bewusstseins als Weltbürger fühlen, auch so denken und agieren. Das Richtige wird aber zum Falschen, wenn sie dies auch allen ihren Mitbürgern zumuten. Die überwältigende Mehrheit der Menschen schätzt die Heimat und das Vertraute, fühlt sich nur in einer bis maximal zwei Sprachen wirklich wohl, wohnt relativ nahe dem Geburtsort und dem Elternhaus und zieht nur ungern um.

Diese überwältigende Mehrheit hat keine andere Wahl, als den Eliten zu vertrauen, und sie folgt ihnen üblicherweise auch. Sollte sie das aber nicht mehr tun, kann schnell auch Revolutionsgeruch in der Luft liegen. Probeweise wählt man schon einmal rechtspopulistische Parteien oder stimmt in Großbritannien für den Brexit.

Die Elite der Weltbürger hat in den letzten Jahrzehnten zum Thema Einwanderung eine leichtsinnige Haltung entwickelt und damit viel Schaden angerichtet. Weltbürger treffen im internationalen Austausch vorzugweise ihresgleichen. Sie sind vereint durch die gemeinsame Kenntnis von Fremdsprachen, durch den gemeinsamen Beruf, durch die Zugehörigkeit zur selben Firma oder zum selben Verband. Sie pflegen ihre Verbindungen auf der Basis ihrer Gemeinsamkeiten. Über die Unterschiede ihrer ethnischen und kulturellen Herkunft und die daraus erwachsende Verschiedenheit reden sie wenig oder gar nicht und neigen darum dazu, diese zu unterschätzen. Sie haben auch genügend Gemeinsames, was sie professionell verbindet und manchmal auch zu Freundschaften reichen mag. Die Eliten tendieren dazu, aufgrund ihrer Erfahrungen mit den Weltbürgern anderer Länder, die Bedeutung unterschiedlicher Kulturen und unterschiedlicher Herkünfte und das ihnen innewohnende Konfliktpotenzial zu unterschätzen. So geschah es in Deutschland und Europa bei der kulturfremden Masseneinwanderung aus Afrika und dem Nahen und Mittleren Osten, wie sie sich seit einem halben Jahrhundert vollzieht.

Die da kamen und kommen, sind zum allergrößten Teil weit davon entfernt, Weltbürger zu sein. Dann würden sie nämlich zu den Eliten ihrer Heimatländer gehören und hätten keinen Anlass auszuwandern. Im Gegenteil, diese Einwanderer sind überwiegend tief geprägt durch jene kulturellen Eigenheiten, die die Rückständigkeit ihrer Herkunftsländer geformt haben und so der indirekte und unbewusste Anlass für ihren Auswanderungswunsch waren. In den Einwanderungsländern sind sie mit einer fremden und allem Anschein nach zumindest materiell weit überlegenen Zivilisation konfrontiert.

So besinnen sie sich als Eingewanderte umso stärker auf die identitätsstiftenden Merkmale ihrer Herkunftskultur und suchen in ihnen Schutz und Bestätigung. Das trägt zum Misslingen von Integration bei, behindert den wirtschaftlichen Erfolg und schürt so Vorbehalte und Ressentiments sowohl bei der autochthonen Bevölkerung als auch bei den Einwanderern selbst. Dies wirkt auch in spätere Generationen hinein. Zudem treten solche negativen Merkmale offenbar überall dort besonders ausgeprägt auf, wo es sich bei den Einwanderern um Muslime handelt. Die Einwanderer aus Afrika und dem Nahen und Mittleren Osten sind durchweg jünger, sie heiraten früher und haben weitaus größere Familien als die autochthonen Europäer. Außerdem siedeln sie in den Einwanderungsländern dort besonders gerne, wo schon viele von ihresgleichen sind. So entstehen die bekannten Probleme, die ich in dem vorhergehenden Abschnitt beschrieben habe.

Der britische Journalist David Goodhart nennt die Weltbürger die *Anywheres*. Sie sind besser gebildet, sprachkundig, polyglott und erzielen überdurchschnittliche Einkommen. Ihr Feld ist die Welt. In den modernen Gesellschaften des Westens ist ihr Anteil stark gewachsen, aber allenfalls in wenigen Metropolen liegt er bei mehr als 10 %. Den überwältigenden Anteil der Autochthonen in allen europäischen Gesellschaften machen die von Goodhart so genannten *Somewheres* aus: Sie fühlen sich am wohlsten in ihrer Landessprache oder ihrem regionalen Dialekt. Ein Teil von ihnen spricht dazu noch etwas Englisch, meist als Gebrauchsenglisch im Zusammenhang mit dem Beruf. Ins Ausland reisen sie in den Ferien, entweder an sonnige Strände oder auf einem Kreuzfahrtschiff. Einige von ihnen haben berufliche Kontakte ins Ausland, z.B. als Monteur oder Einkäufer.

Die *Somewheres* haben keine realistischen Optionen und durchweg keine materielle Basis, um ihr Heimatland zu verlassen. Sie zahlen dort ihre Steuern und Sozialabgaben. Ihr Wohlergehen und ihre soziale Sicherheit sind mit den wirtschaftlichen Geschicken ihres Heimatlands eng verknüpft. Viele von ihnen sehen es mit wachsender Verbitterung und Sorge um ihre Zukunft und die ihrer Kinder, wenn sich ihr Land, ihre Stadt und ihr Viertel durch kulturfremde Einwanderung stark und unwiderruflich verändern. Sofern die *Somewheres* mittlere und einfache Tätigkeiten ausüben, haben sie außerdem zu Recht das Gefühl, dass ihr Lebensstandard und ihre Arbeitsplätze durch die Einwanderer bedroht werden, während gleichzeitig der Sozialstaat, auf den sie angewiesen sind, mit zusätzlichen Ausgaben belastet wird. Die von mir oben zitierte Umfrage der Friedrich-Ebert-

Stiftung zeigt genau diese Problematik: Die *Somewheres* sind offenbar sehr beunruhigt. Der Kommentar zum Umfrageergebnis wurde aber offenbar von *Anywheres* verfasst. Folgt man ihm, so ist mit der Einwanderung alles in Ordnung, und es sind allenfalls einige Missverständnisse auszuräumen.

Die kulturelle Verteidigung der Nationen

Die Kultur, die spezifische Eigenart, das Wesen einer Nation und der in ihr lebenden Gesellschaft ergeben sich nicht aus der regionalen Lage und nur begrenzt aus der Geschichte eines Staates. Sie ergeben sich vielmehr wesentlich aus der Sozialisation, den gelebten Traditionen und der Zusammensetzung der dort lebenden Bevölkerung. Ändert sich diese durch kulturfremde Einwanderung und durch unterschiedliche Geburtenraten der verschiedenen Bevölkerungsgruppen, so ändert sich damit unvermeidlich auch der kulturelle Charakter der gesamten Nation und ihrer Gesellschaft.

Sofern man dies nicht will, gehören die Steuerung von Einwanderung nach qualitativen und quantitativen Kriterien sowie ihre gezielte Beschränkung und die intensive Bemühung um kulturelle Assimilation der Eingewanderten zu den legitimen Instrumenten der Politik, um die Eigenart und Kultur der eigenen Nation für die Zukunft zu verteidigen und zu schützen. Für Deutschland und Europa ist dies deshalb von besonderer Bedeutung, weil der überwiegende Teil der Einwanderer seit Jahrzehnten aus dem islamischen Kulturkreis kommt und sich mit der Anpassung an die europäische Kultur besonders schwertut. Wenn sich die Trends der Geburtenraten und der Einwanderung von Muslimen in dieser Form fortsetzen, ist davon auszugehen, dass zahlreiche europäische Länder in einigen Jahrzehnten muslimische Mehrheiten haben, was ihren kulturellen Charakter grundlegend verändern kann. Um dies zu verhindern, gehört gezielte Begrenzung von Einwanderung zu den unverzichtbaren Instrumenten.

Der israelische Migrationsforscher Liav Orgad hat der Frage, ob die kulturelle Verteidigung von Nationen mit dem Mittel der Einwanderungsbeschränkung moralisch legitim ist, ein ganzes Buch gewidmet.[39] Er beantwortet sie mit einem eindeutigen Ja. Auch die kulturellen Rechte einer Mehrheit bedürfen der Verteidigung. Dies gilt umso mehr, wenn die Trends von Einwanderung und Demografie das Risiko beziehungsweise die Wahrscheinlichkeit anzeigen, dass die Mehrheit zur Minderheit im eigenen Land wird. Als besonderes Problem für Europa benennt Orgad die kulturell anderen Werte des Islam.[40] Orgad zitiert Aristoteles. Am Beispiel Athens argumentierte dieser, es sei für einen Staat zulässig, seinen Charakter und seine Eigenart zu schützen, indem er Einwanderung beschränkt und Bürgerrechte gezielt vergibt.[41]

Bemerkenswert ist das Selbstbewusstsein, mit dem ein Land wie China auf seiner Identität beharrt. Chinas Botschafter in der Schweiz, Geng Wenbing, äußerte dazu 2018: »China hat eine 5000-jährige Geschichte, eine 5000 Jahre alte Kultur, ohne Unterbruch. Die Chinesen haben immer eine gelbe Haut und schwarze Haare, sie werden immer ihren eigenen Weg gehen.«[42] Eine vergleichbare Äußerung eines deutschen Botschafters würde als extrem rassistisch gelten, zu einem Skandal und seiner sofortigen Abberufung führen.

Der Entwicklungsökonom Paul Collier kritisiert, »dass sich die Eliten eher mit ihresgleichen identifizieren als mit der Mehrheit der Menschen in ihrem eigenen Land. Sie ziehen daraus ein höheres Selbstwertgefühl und heben sich von dem einfachen Menschen ab. Die eigene Nation als gemeinsamer Referenzrahmen geht verloren, und der eigene Erfolg wird zum Identifikationsmerkmal über die Grenzen hinweg.« Maßgeblich zur Entfremdung zwischen Eliten und einfachen Menschen trägt das Migrationsthema bei: »Indem die Eliten die Migration umarmen, distanzieren sie sich bewusst von einem Großteil im Land.« Aus der Sicht von Paul Collier war Merkels Flüchtlingspolitik »eine populistische, kurzsichtige politische Entscheidung, die eine Führungsperson eines so großen Landes wie Deutschland nicht treffen sollte.« Er sieht die Aufregung über das Migrationsthema aber als Teil eines tieferen Problems: »Wo immer Migration zum herausragenden Thema wird, ist in unserer Gesellschaft etwas schiefgelaufen.«[43]

Multikulturalismus, Identität und Menschenrechte

Ein Recht auf Einwanderung umschließen die in der UN-Menschenrechtskonvention kodifizierten Menschenrechte ohne Zweifel nicht. Wie der Migrationspakt zeigt, gehen aber durchaus Bestrebungen dahin, auch die Einwanderung in ein fremdes Land in den Status eines Quasi-Menschenrechts zu erheben.

Die Menschenrechte liefern den Maßstab, um gemäß der jeweiligen nationalen Verfassung die tatsächlichen Verhältnisse zu beurteilen und gegebenenfalls auch juristisch dagegen vorzugehen. Der Europäische Gerichtshof für Menschenrechte (EGMR) liefert dazu eine internationale Berufungsinstanz. Immer wieder klärungsbedürftig in Bezug auf die Ausübung und Gewährleistung der Menschenrechte sind Fragen der Religionsausübung und der Ausübung von Eigenheiten der eigenen kulturellen Identität – im Fall des Islam z.B. was Bekleidungsvorschriften und die verbindliche Zuweisung von Geschlechterrollen angeht.

Menschenrechte sind ihrer Natur nach universal und individuell. Sie können zu Gruppenidentitäten in Widerspruch geraten und tun dies umso stärker, je mehr man bestimmte gruppenbezogene Beschränkungen und Sonderrechte aus gruppenbezogenen Eigenheiten und Identitäten ableitet. Dazu gehören Fragen von rassischen, religiösen – beziehungsweise auf ethnischen und sprachlichen Unterschieden beruhenden – Vorrechten, Diskriminierungen und Sonderregelungen. Das betrifft auch jede Art von Quotenpolitik und Genderpolitik. Der Kampf um gruppenbezogene Anerkennung überlagert und deformiert die Auseinandersetzung um gleiche individuelle Bürgerrechte.

Zu Ende gedacht, können solche Tendenzen den universalen Charakter der Menschenrechte gefährden. Je inhomogener eine Gesellschaft durch kulturell und ethnisch fremde Einwanderung wird, umso mehr wächst der politische Druck, gruppenbezogene Privilegien zu gewähren, und umso gefährdeter ist der liberale Rechtsstaat. Darum hält der amerikanische Politologe Francis Fukuyama eine stärkere Assimilation von Migranten für notwendig. Er hält am Recht der Nationalstaaten fest, ihre Grenzen zu kontrollieren. Der Europäischen Union wirft er vor, ihre Zukunft dadurch zu gefährden, dass sie ihre Außengrenzen nicht ausreichend kontrolliert und so die Kontrolle über die Einwanderung verliert.[44]

Universalistisch geprägt, sind wir darauf geeicht, die Ähnlichkeit aller Menschen auf der Welt und ihr Gemeinsames zu sehen. Normativ ist das auch richtig so. *Tatsächlich richten sich das Erleben der Menschen, ihre gegenseitige Wahrnehmung, und eben auch ihre Identität, auf die Unterschiede zwischen den Völkern und Ethnien.* Das zeigt Frank Böckelmann, indem er Deutsche, Afrikaner, Chinesen und Japaner nach ihren Wahrnehmungen und Gefühlen in Bezug auf »die Gelben, die Schwarzen und die Weißen« befragt. Das geschieht neugierig, witzig, weit gefasst und gänzlich offen. Es zeigt sich, wie stark Identitäten im Ethnischen verwurzelt sind und wie schwer es ein Einwanderungsland hat, wenn es um die Assimilation von Einwanderern und die Bewahrung der kulturellen Homogenität geht. »Die Multikulturalisten fragen nicht danach, wer zu ihnen kommt. Sie benutzen die Einwanderung als Vorwand für erzieherischen Tugendterror. [...] Für keine der vielen Herkünfte haben sie etwas übrig, aber alle zusammen sind gut genug, um die nationalen Gesellschaften durch den erstrebten kulturellen Pluralismus abzulösen.«[45]

Eine immer neue Quelle für Missgunst, irreguläre Eingriffe und daraus folgende Beeinträchtigungen von Gleichberechtigung und Chancengleichheit tut sich auf, wenn in einer heterogen zusammengesetzten Gesellschaft die Gruppen je nach ethnischer und kultureller Herkunft unterschiedlich erfolgreich sind. Die Probleme entstehen auch dann, wenn sich bestimmte Gruppen in der Gesellschaft durch kulturelle Praktiken anderer Gruppen bedrängt, beleidigt oder in ihrer Entfaltung beschränkt fühlen. Je stärker dabei die Minderheitenrechte ausgebaut bzw. berücksichtigt werden, umso eher wächst die Gefahr, dass die autochthone Mehrheit eines Landes bei der Ausübung ihrer kulturellen Bräuche und der Wahrung ihres Lebensstils durch Minderheitenschutz beeinträchtigt wird.[46]

Der demografische und ökonomische Blick

… aus der Sicht der Zielländer

Das häufigste Argument, das man in Bezug auf Einwanderung von Politikern, Journalisten und auch im Gespräch mit vielen Laien hört, ist die Behauptung, Deutschland und Europa bräuchten Einwanderung, um die demografische Lücke zu schließen, die seit einem halben Jahrhundert durch niedrige Geburtenraten entsteht. Das ist primär kein moralisches Argument, sondern eine Zweckmäßigkeitserwägung. Diese wird allerdings in öffentlichen und privaten Debatten permanent mit der moralischen Ebene vermischt: Daraus wird schnell ein argumentatives Pingpongspiel mit einer Endlosschleife: Wo man mit Zweckmäßigkeitserwägungen nicht durchkommt, bringt man moralische Argumente ins Spiel, und wo die moralischen Argumente nicht ausreichend stichhaltig erscheinen, verweist man auf demografische und wirtschaftliche Vorteile von Einwanderung. Da nur wenige Menschen gleichzeitig auf der moralischen, wirtschaftlichen und demografischen Ebene diskursfähig und sattelfest sind, laufen auf diese Art viele Debatten über Einwanderung häufig ins Leere oder gehen zumindest unentschieden aus.

Am demografischen Argument ist richtig, dass die seit einem halben Jahrhundert anhaltend niedrigen Geburtenraten in Deutschland und Europa neben der steigenden Lebenserwartung zu einem deutlichen Anstieg des Durchschnittsalters der Bevölkerung geführt haben. Richtig ist auch, dass die Sozialsysteme dadurch in den nächsten Jahrzehnten stark belastet werden.

Ob Einwanderung hier fiskalisch und ökonomisch entlastend wirken kann, hängt jedoch von ihrer Struktur ab. Einwanderung könnte dann helfen, wenn überwiegend knappe Facharbeiter, Ingenieure und IT-Experten zuwanderten, die die Lücken am Arbeitsmarkt gezielt füllen und in die Sozial- und Steuerkassen kräftig einzahlen. Das trifft aber nur für eine kleine Minderheit der Einwanderer nach Deutschland und Europa zu. Die weitaus meisten Einwanderer aus Afrika und dem Nahen und Mittleren Osten haben eine schlechte oder fehlende Schulbildung und nur selten eine berufliche bei uns verwertbare Ausbildung. Überwiegend bleiben sie in den Einwanderungsländern über viele Jahre oder ihr ganzes künftiges Leben arbeitslos. Als Gruppe verbrauchen deshalb die Einwanderer aus Afrika und dem Nahen und Mittleren Osten weitaus mehr von der Wertschöpfung in Deutschland und Europa, als sie ihrerseits erwirtschaften. Das gilt verstärkt, wenn diese Einwanderer Familien gründen, die dann mit staatlichen Transfers gestützt werden.

Auch rein quantitativ können die Zuwanderer die Alterung in Deutschland und Europa nicht aufhalten. Dazu wären Zuwanderungszahlen von utopischen Ausmaßen notwendig. Die erheblichen finanziellen Probleme aus der Finanzierung der sozialen Unterstützung für die Einwanderer würden sich überdies damit noch weiter verschärfen.

... aus der Sicht der Herkunftsländer

Für die Herkunftsländer in Afrika und dem Nahen und Mittleren Osten bringt Massenauswanderung eine Reihe von Vorteilen, die scheinbar auf der Hand liegen. Die damit einhergehenden Nachteile sind weniger offenkundig, aber umso schwerwiegender.
Beginnen wir mit den Vorteilen:

- Wer es aus den Auswanderungsländern nach Europa oder Nordamerika schafft und dort einer Ausweisung entgeht, kann im Durchschnitt mit einem weitaus höheren Lebensstandard als in seinem Herkunftsland rechnen. Das gilt selbst dann, wenn die Einwanderer wirtschaftlich erfolglos bleiben – also in Europa statt zu arbeiten, Sozialtransfers beziehen oder in den USA Hilfstätigkeiten zu Mindestlöhnen verrichten. Auch die Familiengründung fällt vielen im Ausland leichter. Häufig können sie Ehepartner im Rahmen des Familiennachzugs nachkommen lassen. Oder sie heiraten Partner ihres Herkunftslandes, die schon vorher gekommen sind bzw. im Einwanderungsland als Kinder von Migranten geboren wurden. So entsteht schnell ein Stück kompakter Heimat auf fremdem Boden, aber mit einem weit höheren Lebensstandard als im Herkunftsland.

- Viele Migranten leisten Zahlungen an ihre Familien in den Herkunftsländern. Diese addieren sich zu vielen Milliarden und machen in den Devisenbilanzen der Herkunftsländer häufig einen weitaus größeren Betrag aus als die Erlöse aus Exporten. Für wirtschaftlich erfolglose Länder wie Eritrea oder Senegal ist es geradezu zu einem Geschäftsmodell geworden, statt konkurrenzfähiger Waren einen Teil ihres Menschenüberschusses zu exportieren und so die Devisen für Importe zu beschaffen.
- Für die Regierungen und ausbeuterischen Oberschichten der wirtschaftlich erfolglosen Herkunftsländer, die mit dem ungebremsten Bevölkerungswachstum überfordert sind, ist die Massenauswanderung von Millionen unzufriedener junger Männer, die Perspektiven im eigenen Land vermissen, ein willkommenes Ventil gegen unerwünschte revolutionäre Umtriebe. Es geht ja gerade jene Altersgruppe, deren Unzufriedenheit jede unfähige, korrupte oder überforderte Regierung in der gesamten Menschheitsgeschichte am meisten fürchten musste: Unzufriedene und funktional überflüssige, junge Männer in jenem Alter, in dem Aggressionsbereitschaft und Gewaltpotenzial am größten sind.

Damit sind wir aber auch bei den Nachteilen, die Massenauswanderung für die langfristige Entwicklungsfähigkeit der Herkunftsländer mit sich bringt. Diese wiegen weitaus schwerer:

- Im Durchschnitt neigen vor allem jene Personen zur Auswanderung, die besonders vital, aktiv, unternehmenslustig, wagemutig und in der Tendenz besser gebildet als der Durchschnitt sind. So verliert die Gesellschaft der rückständigen Herkunftsländer genau jene Menschen mit Unternehmergeist und Qualifikationen, die sie für eine nachhaltige Entwicklung besonders dringend bräuchte. Paul Collier weist darauf hin, dass ein Exodus der Jungen generell nichts Gutes für eine Gesellschaft verheißt.[47]

- Da vor allem die Ungeduldigen, Unzufriedenen und Anspruchsvollen den Weg in die Auswanderung suchen, vermindert sich durch Auswanderung der innere Druck, der auf die Veränderung der gesellschaftlichen Verhältnisse zielt. Die überwiegend korrupten, diktatorischen und unfähigen politischen Führungsgruppen, die ihre Länder beherrschen und ausbeuten, haben durch die fortgesetzte Auswanderung von besonders Aktiven und Unzufriedenen ein umso leichteres Spiel.
- Die Überweisungen der Ausgewanderten in ihre Heimatländer werden nur selten wirtschaftlich produktiv und zukunftsträchtig eingesetzt. Sie dienen im Wesentlichen dazu, das Leben der in der Heimat gebliebenen Familien zu erleichtern.
- Allerdings senkt der aus dem Menschenexport generierte Devisenzustrom den Anreiz und die Dringlichkeit, im gewerblichen Bereich durch unternehmerische Aktivität die Exportleistung zu steigern. So kann der Zustrom von Devisen aus den Geldüberweisungen der Ausgewanderten den Anreiz zu mehr unternehmerischem Engagement und Gewerbefleiß hemmen, statt ihn zu befördern. Es erscheint dann lohnender, einen weiteren Sohn oder Neffen ins reiche Europa zu schicken, als sie in ihrer Heimat um Arbeitsplätze konkurrieren zu lassen, die kaum vorhanden, sehr unsicher und zudem schlecht bezahlt sind.

Angesichts der hohen Geburtenziffern der Herkunftsländer ist jede Auswanderung, die der Menge nach geeignet ist, die Herkunftsländer wirksam zu entlasten, für die Stabilität und den Lebensstandard der Einwanderungsländer weitaus zu hoch. Am Ende werden beide Seiten durch eine ungeregelte Massenwanderung stärker benachteiligt als begünstigt. Besser wäre es für alle Seiten, wenn die Tüchtigsten und Qualifiziertesten im Herkunftsland verblieben, um dort die Entwicklung anzustoßen.

Einwanderung und moralische Ordnung

Die Menschen aus Afrika und dem Nahen und Mittleren Osten drängen nicht deshalb nach Europa, weil die Verhältnisse in ihren Heimatländern in den letzten Jahren und Jahrzehnten so viel schlimmer geworden sind, sondern weil sich die Verhältnisse in ihren Herkunftsländern so weit verbessert haben, dass sie der absoluten Armut entwachsen sind, weil sie mehr Informationen haben und die Reise nach Europa leichter finanzieren können. Jene, die dabei mithilfe von Schleppern den Weg durch die Sahara und anschließend die Mittelmeerroute wählen – überwiegend junge Männer im besten Soldatenalter – gehen dabei zwar sehenden Auges ein gewisses Risiko für ihr Leben ein. Dieses Risiko ist aber weitaus geringer als früher, als die jungen Männer überwiegend als die Krieger fremder Heerhaufen den Weg ins Einwanderungsland bewältigten.

Und doch, wenn wir sehen, dass Menschen bereit sind, viel Ungemach auf sich zu nehmen, um an einen Ort mit besserer Lebensperspektive zu gelangen, dass sie dafür sogar Risiken für Leib und Leben auf sich nehmen, dann lässt uns das nicht unberührt. Ganz menschlich ist der Zweifel, ob ein Einwanderungsland und seine Organe das Recht haben, sich in den Weg zu stellen, wenn Menschen auf der Suche nach einem besseren Leben Eintritt begehren und ihn notfalls auch mit Gewalt erzwingen.

Der britische Autor John Lancaster bringt in seinem 2019 veröffentlichten utopischen Roman *The Wall* das moralische Dilemma auf den Punkt: Ein ungenannter Inselstaat, der in jeder Beziehung Großbritannien ähnelt, hat sich von der Unordnung der Welt dadurch abgeschirmt, dass er entlang der Küste rund um die gesamte Insel eine Mauer gebaut hat, die durchgehend bewacht wird. Der Wachdienst ist ähnlich wie früher die Wehrpflicht organisiert, für Männer und Frauen besteht eine zweijährige Dienstpflicht an der Mauer. Wiederkehrende Versuche von Eindringlingen, ins Land zu gelangen, werden mit militärischer Gewalt bekämpft. Wo die Wachmannschaften versagen und Eindringlingen die Überwindung der Mauer gelingt, müssen sie selbst die Insel verlassen und werden auf einem Boot ausgesetzt. Die Gefahren der Welt da draußen und der Grund für die Abschließung des Landes werden in dem Roman nicht näher beschrieben. Der Fokus liegt auf der gespenstischen Atmosphäre, die die Rigorosität des Abschließungskonzepts im Land schafft. Der Roman verurteilt nicht, benennt keine Schuldigen und bietet auch keine Lösungen an. Darin liegt seine Stärke.[48]

Für mich lässt sich das moralische Dilemma in vier Fragen unterteilen:

- Wem gehört die Erde?
- Wie weit können Hilfsansprüche gehen?
- Was ist der beste Weg, das Elend fremder Völker und Staaten zu bekämpfen?
- Welche Rolle dürfen Grenzen spielen?

Wem gehört die Erde?

Die Erde ist aufgeteilt in souveräne Staaten und innerhalb der Staaten auf staatliche und private Eigentümer. Teilweise ist dies das Ergebnis gewalttätiger Auseinandersetzungen in der Vergangenheit. Die heutige Legitimität ergibt sich aus dem bestehenden Völkerrecht und den Gesetzen der Nationalstaaten, die auch die privaten Eigentumsrechte regeln. Staatliche Souveränität und private Eigentumsrechte entspringen nicht einer natürlichen oder göttlichen Ordnung. Sie sind vielmehr soziale Konstrukte, die das menschliche Zusammenleben regeln und deren Akzeptanz und Funktionalität sich bewähren müssen. Im Zweifel und bei Streitigkeiten entscheidet über sie das Recht des Stärkeren. Überhaupt keinen Ansatzpunkt gibt es dafür, dass Menschen das Recht auf Einwanderung in einen Staat haben können, in dem weder sie noch ihre Vorfahren geboren wurden. Ausnahmetatbestände wie das Recht auf politisches Asyl ergeben sich aus dem nationalen Recht der Einwanderungsländer, können aber a priori keine Ansprüche potenzieller Einwanderer begründen.

Das sieht die stark gesinnungsethisch, aber auch marxistisch-ideologisch geprägte No-borders-Bewegung ganz anders: Für sie sind, so der Moralphilosoph Konrad Ott, die Migranten »die neue Negation der bürgerlichen Gesellschaft, ihr Außen, das unaufhaltsam und konfliktträchtig in deren Inneres drängt und dort die Verhältnisse zum Tanzen bringt. Diese macht die massenhafte Zuwanderung für linke Intellektuelle zum Faszinosum.«[49] Jeder konsequent zu Ende gedachte gesinnungsethische Ansatz führt hinsichtlich der Einwanderung letztlich zu einer Politik der offenen Grenzen.

Wer aber die Grenzen öffnet, also die »Festung Europa« schleift, »schafft viele befestigte Burgen im Innern. Es würden sich *gated communities* und selbst ernannte Bürgerwehren bilden. Wie sollte man mit der unvermeidlichen Bildung von Ghettos, mit Verslumung und mit halb legalen *squatter*-Siedlungen umgehen? Welche Geschäftsmodelle sollen wir dulden, welche Steuern sollen wir bei wem erheben, wer hat den Zugang zu welchen Sozialleistungen?«[50] Die Regulierungskompetenz kann letztlich nur bei den souveränen Staaten oder den von ihnen gebildeten Staatenbünden liegen. Sie allein entscheiden darüber, wer unter jenen, die nicht zu ihren Staatsbürgern zählen, das Recht auf Einwanderung hat und was aus einem gewährten Aufenthaltsrecht an weiteren Ansprüchen folgt.

Wie weit können Hilfsansprüche gehen?

Bei großen Naturkatastrophen und anderen umstürzenden Ereignissen kann es sein, dass die Menschen eines souveränen Staates unverschuldet in Not geraten. Ähnliches gilt, wenn sie das Opfer kriegerischer Verwicklungen werden, sei es aufgrund interner Machtkämpfe, sei es aufgrund äußerer Aggression. In solchen Fällen ist es ein Gebot an die internationale Gemeinschaft, unbürokratisch zu helfen. Ganz ohne Auswanderung nach Europa gibt es dazu viele Ansatzpunkte.

Entscheidend für die Entfaltungsmöglichkeiten und den Lebensstandard sind jedoch die gesellschaftlichen Strukturen und die innere Organisation eines jeden Staates. Auch die Menschen in Mali können den Lebensstandard der Franzosen genießen, wenn sie eine vergleichbare Mentalität ausbilden, ihre Bevölkerungsexplosion in den Griff bekommen, vergleichbare Institutionen schaffen, ein vergleichbares Bildungssystem entwickeln und vergleichbar fleißig und produktiv sind. Das gilt grundsätzlich für jedes Land auf der Erde. Das bedeutet, dass jenseits von Kriegen und Naturkatastrophen jedes Land grundsätzlich die Möglichkeit hat, genauso wohlhabend und stabil zu werden wie die Staaten in Europa und Fernost. Die hemmenden Faktoren liegen überwiegend im eigenen Land. Es gibt keinen moralischen Anspruch darauf, dass andere Staaten das eigene Unvermögen ausgleichen – schon gar nicht, indem sie die Einwanderung unzufriedener Bevölkerungsüberschüsse zulassen.

Was ist der beste Weg, das Elend fremder Völker und Staaten zu bekämpfen?

Dazu gehört zunächst eine internationale Ordnung, die Kriege und Gewalt als Wege der Konfliktlösung zwischen souveränen Staaten so gut wie möglich ausschließt. Das wird nie in Vollkommenheit möglich sein. Es ist aber ermutigend, dass in den letzten Jahrzehnten die Zahl und Gewalttätigkeit internationaler Konflikte zwischen souveränen Staaten deutlich zurückgegangen ist.

Des Weiteren gehört dazu eine adäquate innere wirtschaftliche und soziale Entwicklung aller Länder. Nach dem Zweiten Weltkrieg hatte es über einige Jahrzehnte einen großen Optimismus gegeben, dass die sogenannten Entwicklungsländer durch Beratung und gezielte Hilfen ihren Rückstand relativ schnell aufholen könnten. Das ist mit sehr unterschiedlichem Erfolg gelungen: Indien ist mittlerweile auf gutem Weg, aber China ist viel weiter. Schon in Pakistan funktioniert nur wenig. Unter den islamischen Staaten Nordafrikas und des Nahen und Mittleren Ostens haben vor allem jene mit Erdöl oder Erdgas Entwicklungserfolge. Das ist aber naturgemäß keine nachhaltige Entwicklung. In Subsahara-Afrika hat es in den letzten anderthalb Jahrzehnten in einigen Ländern starke Verbesserungen gegeben.

Das hängt auch, aber nicht nur mit der großen Nachfrage nach Rohstoffen, insbesondere aus China, zusammen. Simbabwe und Südafrika, die traditionell große Entwicklungsvorsprünge hatten, sind dagegen in den Sog einer ungünstigen Entwicklung geraten.

Für Migration gilt, dass sie »nach allen verfügbaren Daten, im Vergleich zu anderen Maßnahmen bei der Bekämpfung des Weltelends und der Minderung der Ungleichheit zwischen globalem Norden und globalem Süden, zwischen ökonomisch entwickelten und ökonomisch weniger entwickelten Regionen weitgehend unwirksam, ja, in den meisten Fällen kontraproduktiv ist«, so der Philosoph Julian Nida-Rümelin.[51]

Welche Rolle dürfen Grenzen spielen?

Grenzen haben ein schlechtes Image, vor allem wenn sie in Form einer Mauer daherkommen. Sie gelten als spießig, kleinlich, uncool. Cool dagegen ist eine großzügige Grenzenlosigkeit. Zum Negativbegriff schlechthin wurde die »Abschottung«.

Der kanadische Politologe Joseph Carens hält den Zufall der Staatsbürgerschaft für ein unverdientes Privileg bzw. unverschuldetes Missgeschick und plädiert deshalb grundsätzlich für offene Grenzen: »In vieler Hinsicht stellt die Staatsbürgerschaft in westlichen Demokratien das moderne Äquivalent feudaler Klassenprivilegien dar – ein ererbter Status, der die eigenen Lebenschancen deutlich erhöht. [...] So wie das feudale Geburtsrecht Privilegien verleiht, so gewähren die gegenwärtigen sozialen Strukturen nicht nur Vorteile aufgrund der Geburt, sondern zementieren diese Vorteile auch durch rechtliche Beschränkungen der Mobilität. Sie machen es denen, die in eine sozial benachteiligte Stellung hineingeboren wurden, extrem schwer, diesen Nachteil zu überwinden, gleichgültig, wie begabt sie sind oder wie hart sie arbeiten.«[52] Offene Grenzen, so sein Argument, würden mehr »menschliche Freiheit«, mehr »Chancengleichheit« und mehr »ökonomische, soziale und politische Gleichheit« bedeuten.[53] Die Kernargumentation von Carens beruht auf einem moralischen

Schuldvorwurf an den Westen: »Diejenigen von uns, die in reichen demokratischen Staaten leben, sind mitschuldig an einem System der Ungleichheit, das wir nur durch die Art und Weise aufrechterhalten können, in der wir die Freiheit anderer, unsere Hoheitsgebiete zu betreten, begrenzen.«[54]

Carens vernachlässigt, dass jeder Staat und jede Gesellschaft grundsätzlich die Möglichkeit haben, im Verlauf weniger Generationen genauso reich wie der Westen zu werden, wenn man entsprechende Mentalitäten, entsprechende Institutionen, entsprechenden Fleiß und entsprechende Bildungsleistung schafft. Das ist sehr schwer. Der Westen brauchte dafür seit Beginn der abendländischen Kultur ca. 3000 Jahre. Aber die weniger entwickelten Länder haben das Privileg, vom Wissen und der Erfahrung des Westens profitieren zu können, wie das auch die erfolgreichen Länder in Fernost gemacht haben.

Die Debatten über die Rolle von Grenzen leiden regelmäßig unter dem Umstand, dass man Grenzen bzw. Mauern nicht nach ihren Zwecken unterscheidet:

- Die Berliner Mauer und die innerdeutsche Grenze waren nach innen gerichtet. Sie sollten die Bevölkerung daran hindern, nach Westen zu gehen, und machten die DDR zu einem großen Freiluftgefängnis.
- Dagegen ist der Grenzzaun um die spanische Exklave Ceuta oder der Grenzzaun zwischen den USA und Mexiko nach außen gerichtet. In beiden Fällen soll illegale Einwanderung verhindert und die Souveränität des Einwanderungslandes geschützt werden.

Vereinfacht gesagt handelt es sich um den Unterschied zwischen einer Gartenmauer und einer Gefängnismauer. Die Erstere markiert den eigenen Besitz und regelt den Zugang dorthin, die Letztere schließt Menschen ein. Die Erstere ist immer legitim, die Letztere nur bei verurteilten Strafgefangenen, die eine Gefängnisstrafe verbüßen. Für Julian Nida-Rümelin »gehört es zum kollektiven Selbstbestimmungsrecht einer Bürgerschaft, die sich in einem Staat organisiert hat, zu entscheiden, wie sie leben möchte, mit wem sie leben möchte, ob sie kulturelle, soziale und ökonomische Veränderungen akzeptiert oder nicht«.[55]

Souveräne Staaten haben grundsätzlich das Recht, sich gegen unerwünschte Einwanderung zu wehren, und Grenzanlagen, die diesen Zweck erfüllen, sind dazu ein legitimes Mittel. Der Philosoph Julian Nida-Rümelin hält »Grenzen« für »unverzichtbar. Grenzen, die die Freiheit jeder einzelnen Person sichern, in Gestalt von individuellen Rechten, die staatlich geschützt werden, aber auch Grenzen des Staates, die ungeregelte Migration verhindern. Ohne Grenzen sind weder Individuen noch Staaten handlungsfähig.«[56]

Legitim ist es auch, wenn eine Gesellschaft durch Einwanderungskontrolle die Früchte schützt, die sie selbst geschaffen hat. In einer grenzenlosen Welt, die beliebige Einwanderung nach Europa ermöglicht, wäre der europäische Lebensstandard nicht zu halten, und der Sozialstaat würde der Zerstörung anheimfallen. In diesem Sinne gibt es auch ein moralisches Recht, sich vom Elend anderer, das man selbst nicht geschaffen hat und für das man auch keine Verantwortung trägt, durch eine wirksame Einwanderungskontrolle mit entsprechenden Grenzeinrichtungen abzuschotten. So gesehen, ist es durchaus legitim, die Welt durch Grenzen zu parzellieren, um erfolgreiche Gesellschaften zu bewahren und zu beschützen. Die weniger gut funktionierenden Gesellschaften haben die Gelegenheit und sollen auch den Ansporn haben, durch innere Reformen und eigene Leistungen aufzuholen oder ein eigenes Entwicklungsmodell zu verwirklichen, das besser zu ihnen passt.

Utopisch erscheint mir die Hoffnung auf eine Welt, die alle Menschen mitnimmt und unabhängig von Kultur, Religion und Herkunft gleichermaßen fördert. Wo es unterschiedliche Kulturen, Religionen, soziale Gewohnheiten und Lebenseinstellungen gibt, werden auch die wirtschaftlichen Erfolge von Staaten, Gesellschaft und Individuen unterschiedlich sein. Das muss man in liberaler Haltung akzeptieren, aber die daraus erwachsenden, materiellen Unterschiede dürfen dann kein Anlass für sentimentales Jammern oder für Ungerechtigkeitsdebatten sein. Auch sollte sich der Westen Schuldgefühle darüber sparen, weshalb seine Gesellschaften materiell erfolgreich sind. Allen

Ländern der Welt steht grundsätzlich der Weg zum westlichen Lebensstandard offen, wenn sie ihre inneren Strukturen entsprechend verändern. Die Länder des Fernen Ostens, ob Südkorea, Singapur oder China, machen vor, wie es geht.

Die Rolle von Diskurshoheit, Macht und Interessen

Die Migrationsdebatte bezieht ihre Heftigkeit nicht nur aus unterschiedlichen moralischen Vorstellungen, sondern auch aus unterschiedlichen Weltbildern und unterschiedlichen Interessen.

Unter den Befürwortern kulturfremder Masseneinwanderung mache ich drei Gruppen aus:

- Viele Linke, Grüne und andere Fortschrittliche lieben die Menschheit, aber weder das deutsche Volk noch den Nationalstaat noch das westliche Abendland, und sie empfinden eine klammheimliche Freude, wenn sich die ethnischen und kulturellen Konturen dieser drei Kategorien durch kulturfremde Masseneinwanderung auflösen und die Menschheit an ihre Stelle tritt.
- Viele Manager und Wirtschaftsleute sehen den betriebswirtschaftlichen Vorteil von billigen Arbeitskräften und mehr Konkurrenz am Arbeitsmarkt. Dabei vernachlässigen sie über dem kurzfristigen Wohlergehen ihrer eigenen Firma die langfristigen Struktureffekte und die den Wohlstand senkenden Belastungen für den Fiskus und die Gesamtwirtschaft.
- Viele verwechseln den Wohlstand eines Landes mit seiner Bevölkerungszahl. Sie erliegen dem Irrtum, dass eine durch kulturfremde Einwanderung wachsende Bevölkerung auch zu mehr Wohlstand führe. Das ist falsch. Wenn die Einwanderer weniger produktiv sind als die aufnehmende Bevölkerung und eine niedrigere Beschäftigungsrate haben, dann verzehren sie mehr Wohlstand, als sie schaffen. Durch die Zuwanderung wächst zwar in diesem Fall das Sozialprodukt, aber die Einkommen pro Kopf sinken dadurch und wachsen für die Zukunft mit einer langsame-

ren Rate. »Je mehr Zuwanderungen Deutschland aufnimmt, desto niedriger ist das Niveau und die Wachstumsrate des Pro-Kopf-Einkommens.«[57]

Kein Interesse an kulturfremder Masseneinwanderung hat dagegen

- wer die ethnische Eigenart und die heimatliche Kultur der aufnehmenden Gesellschaft bewahren will,
- wer die europäischen Sozialstaatsmodelle vor Gefährdung und Zerstörung schützen möchte und
- wer den Wettbewerbsdruck für das untere Drittel der Gesellschaft nicht weiter steigern möchte.

Gesinnungs- versus Verantwortungsethik

Zu Beginn dieses Kapitels hatte ich Max Weber zitiert: »Keine Ethik der Welt kommt um die Tatsache herum, dass die Erreichung ›guter‹ Zwecke in zahlreichen Fällen daran gebunden ist, dass man sittlich bedenkliche oder mindestens gefährliche Mittel und die Möglichkeit oder auch die Wahrscheinlichkeit übler Nebenerfolge mit in Kauf nimmt, und keine Ethik der Welt kann ergeben: wann und in welchem Umfang der ethisch gute Zweck die ethisch gefährlichen Mittel und Nebenerfolge ›heiligt‹.«

So lassen sich zur Seenotrettung im Mittelmeer zwei gegensätzliche Argumentationen aufbauen:

- Ein »guter Zweck« ist es, Deutschland und Europa vor falscher und unerwünschter Einwanderung zu schützen und die Gestaltung unserer demografischen und kulturellen Zukunft nicht aus der Hand zu geben. Dazu muss man gegebenenfalls auch »sittlich bedenkliche Mittel« anwenden und die im Mittelmeer aus Seenot geretteten illegalen Einwanderer an den Ausgangspunkt ihrer Seefahrt in Libyen zurückbringen. Schließlich haben sie sich freiwillig in Gefahr begeben und sind zum Zweck der Weiterreise nach Europa freiwillig aus ihrem Herkunftsland nach Libyen gekommen. Der Zustand, dass sie aus Seenot gerettet werden mussten, war kein schicksalhaftes Ereignis, sondern wurde durch die gefahrvolle Reise von den Betroffenen selbst herbeigeführt. Für solch einen Missbrauch sind die internationalen Bestimmungen zur Rettung aus Seenot nicht geschaffen worden. Von daher ist es auch zumutbar, dass die Geretteten an ihren Ausgangspunkt nach Libyen zurückgebracht werden. Nur wenn klar wird, dass die Ankunft in Europa auf dem Weg über das Mittelmeer nicht mehr möglich ist, wird der Aufbruch nach Europa aus den Herkunftsländern nachlassen.

– Ein »guter Zweck« ist es auch, die aus Seenot geretteten illegalen Einwanderer nach Europa zu bringen, nur so können sie vor schlechter Behandlung und unwürdigen Zuständen in Libyen geschützt werden. Dieser persönliche Schutz wiegt schwerer als die Fehlanreize, die sich aus der Verbringung nach Europa für die weitere illegale Einwanderung ergeben.

Für die erstere Alternative plädiere ich als gelernter Ökonom und besorgter Bürger von Deutschland und Europa. Das ist für mich der verantwortungsethisch gebotene Weg. Für die letztere Alternative plädiert der bereits eingangs zitierte EKD-Ratsvorsitzende Heinrich Bedford-Strohm. Er fordert, ganz Gesinnungsethiker, in der EU einen Verteilungsmechanismus zu finden, nach dem alle im Mittelmeer aus Seenot Geretteten nach Europa verbracht werden und dort Asyl beantragen können. Die Einstellung, die Bedford-Strohm repräsentiert, dominiert regelmäßig viele Medienkommentare, wenn Flüchtlingsfragen durch aktuelle Entwicklungen wieder stärker ins allgemeine Bewusstsein geraten.[58] Bedford-Strohm will »den Problemdruck in den Herkunftsländern [...] reduzieren und auch mehr Menschen aufnehmen«. Das hält er für eine »Frage der Ehre und Würde Europas«. Er übergeht den Umstand, dass sich umso mehr auf die Reise machen werden, je mehr in Europa ankommen, und fordert abschließend von Europa etwas, das dieses unmöglich leisten kann: »Ich bin Bischof, kein Außenpolitiker. Das Wichtigste ist, dass Gewalt und

Chaos in diesen Ländern überwunden werden, aus denen die Menschen fliehen. Nur so lassen sich tragfähige Perspektiven aus den Dilemmata unserer Zeit entwickeln.«[59]

Kurzum: Bedford-Strohm hat weder eine Idee davon, was ungesteuerte Masseneinwanderung mit Europa macht und wie man damit umgehen soll, noch wie europäische Politik die Verhältnisse in den Herkunftsländern so ändern kann, dass Auswanderung nach Europa unattraktiv wird. Er weiß nur, dass grundsätzlich alle, die kommen, in Deutschland und Europa Aufnahme finden sollen. Für die Folgen scheint er sich nicht zu interessieren. Seine gesinnungsethische Haltung widerspricht dem kategorischen Imperativ Immanuel Kants, wonach jeder sein individuelles Handeln so ausrichten soll, dass es jederzeit als allgemeiner Maßstab gelten kann. Ich habe Bedford-Strohm so ausführlich zitiert, weil er medial sehr präsent ist und mit seinen Auffassungen den Mainstream in Politik und Medien repräsentiert.

Der Theologe Richard Schröder nimmt die Gegenposition ein: »Die Kirche kann barmherzig sein, der Staat darf das nicht. Er muss nach dem Maßstab der Gerechtigkeit handeln, auch wenn die Ergebnisse den Barmherzigen verstören. [...] Die Regel lautet: Bleiben darf, wer anerkannte Fluchtgründe hat. Wenn das nicht der Fall ist, kann deine Flucht noch so traumatisch gewesen sein, du musst zurück.« Schröder weist auch darauf hin, dass die vor 60 Jahren ausgelaufene Kolonialzeit mit den heutigen Fluchtursachen nichts zu tun hat: »Die wichtigsten Fluchtursachen sind der gewaltige Geburtenüberschuss und korrupte Regierungen. Sobald eine afrikanische Regierung das Wohl der Menschen im Auge hat, bessert sich die Lage, und die Menschen fassen Hoffnung.«[60]

Der gesinnungsethische Ansatz mündet, zu Ende gedacht, in die Forderung nach offenen Grenzen. Diese aber sind »mangelhaft begründet« und in ihren »wahrscheinlichen Folgen aberwitzig«.[61] Tatsächlich irrt Bedford-Strohm und viele Gesinnungsethiker mit ihm auch in der Sache: Absolute Armut und politische Gewalt sind in den letzten Jahren in Afrika gesunken. Gleichzeitig hat das Internet das Bewusstsein der Afrikaner dafür geschärft, welche Wohlstandskluft

Afrika und Europa trennt und wie ärmlich und perspektivlos im Vergleich dazu für viele Afrikaner das eigene Leben ist. Die Ursache des Wanderungsdrucks sind nicht Gewalt und absolute Armut, wie Bedford-Strohm uns glauben machten möchte und vielleicht auch selbst glaubt, sondern die Schäbigkeit des täglichen Lebens und die ungesteuerte Bevölkerungsexplosion. Beides hat seine Ursachen nicht in Deutschland und Europa, sondern in den dysfunktionalen Gesellschaften Afrikas und des westlichen Asiens sowie dem weitgehenden, seit einem halben Jahrhundert anhaltenden Scheitern beim Aufbau tragfähiger politischer und wirtschaftlicher Strukturen.

Der Entwicklungsökonom Paul Collier weist darauf hin, dass die Masse der Flüchtlinge in Nachbarländern nahe der Heimat verbleibt, und er fordert: »Europa hätte ausreichend Geld zur Verfügung stellen sollen, um die Lage dort zu verbessern, indem man dort Arbeitsmöglichkeiten schafft und den Menschen ein würdevolles Leben ermöglicht. [...] Es war ein ziemlich großes Politikversagen, einfach die Leute über das Mittelmeer schwimmen zu lassen, bis sie nach Deutschland kommen. Man sollte stattdessen Geld in die Nachbarländer schicken, in denen die Masse der Flüchtlinge sitzt. Das wäre viel effektivere Hilfe. [...] Für jeden Flüchtling in Europa zahlen wir 135-mal mehr als für einen Flüchtling in der Nähe seiner Heimat. Das ist total unverhältnismäßig. [...] Es ist keine Lösung, dass die besten, meist jungen Männer auswandern und ihrer Heimat den Rücken kehren. [...] Das Narrativ ›Europa ist die Hoffnung‹ ist tragisch falsch, weil Afrika damit seine vielversprechenden Jungen verliert.«[62]

Die Ursachen des Einwanderungsdrucks auf Europa liegen in der Demografie und dem Entwicklungsniveau in Afrika und dem westlichen Asien. Damit setze ich mich im folgenden Kapitel auseinander.

Kapitel 5
Die Ursachen von Migrationsdruck und die Wege zu seiner Bekämpfung

Bevölkerungsexplosion und Migrationsdruck

Grundsätzlich sollte die Entscheidung über Familiengründung, Familiengröße und die Zahl der Kinder der Verantwortung des Individuums überlassen bleiben. Dieses sollte seine Entscheidungen frei und verantwortlich treffen und natürlich auch für die Erziehung und den Unterhalt der Kinder zuständig sein. Tatsächlich sind der Wunsch nach Kindern und der Stellenwert von Familie zum großen Teil aber gesellschaftlich vermittelt und der individuellen Verfügung insofern entzogen. Das gilt umso stärker, je traditioneller und rückständiger Gesellschaften sind.

In vielen traditionellen Gesellschaften hängen sowohl das gesellschaftliche Ansehen als auch die eigene Altersversorgung an der Zahl der überlebenden Kinder, vor allem der Söhne. Erst wo Gesellschaften im Zuge der Modernisierung traditionelle Muster verlassen, wo die Sterblichkeit sinkt, der Lebensstandard steigt und die Frauen an Bildung gewinnen, sinkt im Allgemeinen auch die Geburtenrate. Aus den Mustern, die man dazu in den westlichen Staaten und den aufstrebenden Industrieländern des Fernen Ostens erkannte, entwickelte sich die *Theorie des demografischen Übergangs*: Mit Zeitverzögerung, so die Bevölkerungswissenschaftler, würden sinkende Sterblichkeit, wachsender Lebensstandard und wachsendes Bildungsniveau geradezu zwingend zu einem Rückgang der Geburtenziffern führen. Eine Bevölkerungszunahme ist der Theorie des demografischen Übergangs zufolge immer nur ein vorübergehendes Phänomen und wird letztlich auslaufen, weil sich Mentalitäten und Verhaltensweisen ändern. Grundsätzlich ist das auch richtig.

Allerdings hat sich gezeigt. dass in vielen Ländern und Kulturen der »demografische Übergang« durchaus auch 100 bis 200 Jahre dauern kann. In dieser Wartezeit kann die Bevölkerung explodieren und in recht kurzer Zeit auf das Vielfache wachsen. Das ist in Südamerika, China, in Indien und vielen Ländern Asiens geschehen und ist offenbar in Afrika und in vielen Ländern des westlichen und südlichen Asiens noch nicht zum Abschluss gekommen.[1]

Solch ein sich lang hinziehender Anpassungsprozess kann für die inneren Entwicklungsmöglichkeiten der betreffenden Länder und Regionen problematisch werden. Problematisch wird er aber auch für die entwickelten Länder mit stagnierender oder schrumpfender Bevölkerung, wenn das rapide Bevölkerungswachstum, das woanders stattfindet, den Zuwanderungsdruck auf das eigene Land erhöht.

Problematisch ist diese Entwicklung auch für die Menschheit insgesamt. Mit wachsendem Lebensstandard wird auch der ökologische Fußabdruck des einzelnen Menschen größer. Gegenwärtig leben 7,8 Milliarden Menschen auf der Welt. Vor 70 Jahren waren es noch 2,5 Milliarden gewesen, und in weiteren 30 Jahren werden es an die 10 Milliarden sein. Knapp 20 % aller Menschen lebten 1950 in Europa, gegenwärtig sind es noch 10 %, unter den jungen Menschen aber nur 6 % (vgl. Tabelle 5.1). Die Herausforderungen des Klimawandels und andere ökologische Probleme wären weitaus geringer, wenn die Weltbevölkerung bei zwei bis drei Milliarden stehen geblieben wäre und nicht, wie mittlerweile unvermeidlich, auf 10 Milliarden Menschen zustreben würde.[2]

Im Fernen Osten ist die Bevölkerungszunahme mittlerweile weitgehend zum Stillstand gekommen, auch wegen der brutalen Ein-Kind-Politik des kommunistischen Chinas. Auch in Indien hat sich die Bevölkerungszunahme im Zuge des Wachstums von Bildung und Wohlstand deutlich verlangsamt. In Iran oder der Türkei wächst die Bevölkerung wegen ihres jugendlichen Bestands noch weiter, aber die durchschnittlichen Kinderzahlen der Frauen haben sich deutlich verringert. Für viele andere Länder des westlichen und des südlichen Asiens gilt dies leider nicht, und es gilt überhaupt nicht für fast alle Länder Afrikas.

Für Europa ist das wichtig – und bedrohlich zugleich, weil anhaltendes Bevölkerungswachstum viele Länder Afrikas und des westlichen Asiens an Armut bindet, die gesellschaftlichen Spannungen erhöht und aus wirtschaftlichen Motiven Anreize für die Migration nach Europa schafft.

In Europa und Deutschland ist die Bevölkerung seit dem Zweiten Weltkrieg nur geringfügig gewachsen. Die Geburtenzahlen liegen schon seit längerer Zeit unter dem Niveau der Bestandserhaltung, aber die Lebenserwartung ist stark angestiegen. So wird Europa älter, und ohne Einwanderung würde seine Bevölkerung mit der Zeit schrumpfen. Ökologisch gesehen ist das vorteilhaft, denn der Ungeborene hat keinen ökologischen Fußabdruck. Jeder Einwanderer, der nach Europa kommt und am europäischen Lebensstandard teilhat, hat dagegen bei uns einen größeren ökologischen Fußabdruck als in seiner Heimat. Wer in Umweltkategorien denkt, sollte mit Missfallen sehen, dass Menschen aus Afrika und dem westlichen Asien nach Europa auswandern. Denn ohne Auto und ohne Heizung und mit nur geringer Konsumkraft verursacht der durchschnittliche Einwohner von Dakar im Senegal natürlich weitaus weniger CO_2 als der durchschnittliche Einwohner von Berlin.

Die Einwanderung nach Deutschland und Europa erfolgt seit vielen Jahren überwiegend aus Afrika und dem westlichen Asien. In Nordafrika und dem westlichen Asien hat sich die Bevölkerung von 1950 bis 2020 verfünffacht, in Subsahara-Afrika ist sie sogar auf das Sechsfache angestiegen. Allein in den letzten 30 Jahren hat sich dort die Bevölkerung verdoppelt. Für Subsahara-Afrika ist in den nächsten 30 Jahren eine weitere Verdoppelung und bis 2100 eine Verdreifachung abzusehen. Mehr als ein Drittel der Weltbevölkerung wird 2100 in Subsahara-Afrika leben (vgl. Tabelle 5.1).

Das Problem mit der Vermittlung solcher Zahlen ist, dass die Dimensionen dieses Wachstums die menschliche Vorstellungskraft überfordern. Ein Vergleich mit den Bevölkerungszahlen in Deutschland sollte es anschaulicher machen. Im Jahr 1950 betrug die Bevölkerung Deutschlands 70 Millionen. Im Jahr 1990, dem Jahr der Wiedervereinigung, waren es 79 Millionen. Gegenwärtig sind es ca. 83 Millionen. Davon entfällt rund ein Drittel auf Einwanderer und deren Kinder.

Tabelle 5.1 Langfristige Trends der Bevölkerungsentwicklung für ausgewählte Regionen

	1950	1990	2020	2050	2100
in Mio.		Ist		Prognose (Mittlere Variante)	
Welt	2.536	5.327	7.795	9.735	10.875
Europa	549	721	747	710	629
Deutschland	70	79	84	80	75
Subsahara-Afrika	179	490	1.094	2.118	3.775
Nordafrika und Westasien	100	288	526	754	928
Zentral- und Südasien	511	1.239	2.015	2.496	2.330
		2020 = 100			
Welt	33	68	100	125	140
Europa	73	97	100	95	84
Deutschland	83	94	100	95	89
Subsahara-Afrika	16	45	100	194	345
Nordafrika und Westasien	19	55	100	143	176
Zentral- und Südasien	25	61	100	124	116
		Anteil an der Weltbevölkerung in %			
Welt	100	100	100	100	100
Europa	21,6	13,5	9,6	7,3	5,8
Deutschland	2,8	1,5	1,1	0,8	0,7
Subsahara-Afrika	7,1	9,2	14.0	21,7	34,7
Nordafrika und Westasien	3,9	5,4	6,7	7,7	16,2
Zentral- und Südasien	9,3	23,2	25,8	25,6	21,4
		Anteil an der Altersgruppe 15-19 in %			
Welt	100	100	100	100	100
Europa	19,5	9,9	6,2	5,1	4,9
Deutschland	2,2	0,9	0,7	0,6	0,6
Subsahara-Afrika	7,6	9,9	19,2	30,8	42,8
Nordafrika und Westasien	4,4	5,7	7,1	8,2	8,4
Zentral- und Südasien	2,1	24,2	30,1	25,6	19,0

Bezogen auf die Ausgangsbasis 1950 hätte Deutschland heute bei einer Bevölkerungsentwicklung wie in Nordafrika und Westasien 370 Millionen Einwohner. Bei einer Entwicklung wie in Subsahara-Afrika würden heute 440 Millionen Menschen in Deutschland leben.

In den typischen Herkunftsländern der Migranten nach Europa – Ghana, Senegal, Nigeria in Westafrika oder Somalia, Eritrea, Äthiopien in Ostafrika – hat sich die Bevölkerung allein seit 1990, also in den letzten 30 Jahren, verdoppelt (vgl. Tabelle 5.2). Man stelle sich vor, welche Probleme Deutschland auf dem Wohnungs- und Arbeitsmarkt zu bewältigen hätte, wenn sich unsere Bevölkerung seit der Wiedervereinigung von 79 auf 160 Millionen Menschen verdoppelt hätte.

Das Problem für die genannten Länder liegt darin, dass für die nächsten 30 Jahre eine weitere Verdoppelung der Bevölkerung zu erwarten ist. Stellen wir uns also bezogen auf Deutschland vor, wir müssten nicht nur eine Verdoppelung auf 160 Millionen seit 1990, sondern eine weitere Verdoppelung auf 320 Millionen bis 2050 bei Wirtschaft, Bildung, Ernährung und Infrastruktur verkraften. Das zeigt das Ausmaß der Herausforderungen, vor dem solche Länder stehen, wenn sie für ihre Bürger angemessene Lebensverhältnisse schaffen wollen.

Auch die Krisenländer des westlichen und südlichen Asiens, denen wir wegen kriegerischer Konflikte nahezu täglich in den Zeitungen und Nachrichten begegnen, zeichnen sich allesamt durch ein extremes Bevölkerungswachstum aus: In Afghanistan, im Jemen, im Irak und in Syrien ist die Bevölkerung seit 1950 auf das Fünf- bis Sechsfache gestiegen und hat sich allein in den letzten 30 Jahren durchweg verdoppelt, in Afghanistan sogar verdreifacht (vgl. Tabelle 5.3).

Generell gilt: In kinderreichen Ländern ist die Bevölkerung jung, in kinderarmen Ländern ist sie alt: In Deutschland beträgt das sogenannte mittlere Alter der Bevölkerung (das heißt, jeweils 50 % sind jünger bzw. älter) 46 Jahre. In Nordafrika und Westasien sind es 27 Jahre, in Subsahara-Afrika nur 19 Jahre (vgl. Tabelle 5.4)

Bei der Betrachtung demografischer Entwicklungen richtet sich die Hoffnung von Ökonomen und Bevölkerungswissenschaftlern üblicherweise auf den bereits erwähnten *demografischen Übergang*: Sinkende Kindersterblichkeit und ein allgemeiner Anstieg der Lebenserwartung, so die Theorie, führen mit zeitlicher Verzögerung dazu, dass die Zahl der Geburten sinkt und das Bevölkerungswachstum zum Stilltand kommt oder sogar in eine Schrumpfung umkippt.

Tabelle 5.2 Langfristige Trends der Bevölkerungsentwicklung für ausgewählte Länder Afrikas

	1950	1990	2020	2050	2100
in Mio.		Ist		Prognose (Mittlere Variante)	
Ägypten	20,4	56.1	102,3	160,0	224,7
Sudan	5,7	20,1	43,6	81,2	142,3
Senegal	2,5	7,5	16,7	33,2	63,5
Ghana	5,0	14,8	31,1	52,0	79,0
Nigeria	37,9	95,2	206,1	401,3	914,4
Mali	4,7	8,4	20,3	43,6	80,4
Niger	2,6	8,0	24,3	65,6	164,9
Dem. Rep. Kongo	12,2	35,9	86,8	194,5	362,0
Angola	4,5	11.8	32,9	79,3	188,3
Mosambik	6,0	13,0	31,3	65,3	123,6
Tansania	7,6	25,2	59,7	129,4	285,7
Eritrea	0,8	2,3	3,5	6,1	9,1
Äthiopien	18,1	47,9	115,0	205,4	294,4
Somalia	2,3	7,2	15,9	34.9	75,7
Simbabwe	2,7	10,4	14,9	23,9	31,0
Südafrika	13,9	36,8	59,3	75,5	79,2
		2020 = 100			
Ägypten	20	55	100	156	220
Sudan	13	46	100	186	326
Senegal	15	50	100	199	380
Ghana	16	48	100	167	254
Nigeria	18	46	100	195	444
Mali	23	41	100	215	396
Niger	11	33	100	270	679
Dem. Rep. Kongo	14	41	100	224	417
Angola	14	36	100	241	572
Mosambik	19	42	100	210	395
Tansania	13	42	100	217	415
Eritrea	23	66	100	174	260
Äthiopien	16	42	100	179	256
Somalia	14	45	100	219	476
Simbabwe	18	70	100	160	208
Südafrika	23	62	100	127	134

Tabelle 5.3 Langfristige Trends der Bevölkerungsentwicklung für ausgewählte Länder West- und Südasiens

	1950	1990	2020	2050	2100
in Mio.		Ist		Prognose (Mittlere Variante)	
Türkei	21,4	53,9	84,3	97,1	86,1
Iran	17,1	56,4	84,0	103,1	98,6
Irak	5,7	17,4	40.2	70,9	107,7
Syrien	3,4	12,4	17.5	33,1	36,1
Israel	1,3	4,4	8.7	14,0	18,1
Paläst. Staat	0,9	2,1	5,1	8,8	12,3
Saudi-Arabien	3,1	16,2	34,8	44,6	42,2
Jemen	4,7	11,7	29,8	48,1	53,2
Afghanistan	7,8	12.4	38,9	64,7	74,9
		2020 = 100			
Türkei	25	64	100	115	102
Iran	22	67	100	123	117
Irak	14	43	100	176	256
Syrien	19	71	100	189	206
Israel	15	51	100	161	208
Paläst. Staat	18	41	100	173	241
Saudi-Arabien	9	47	100	128	121
Jemen	16	39	100	161	179
Afghanistan	20	32	100	166	193

Tabelle 5.4 Mittleres Alter der Bevölkerung für ausgewählte Regionen

	1950	1990	2020	2050	2100
Welt	23,6	24,0	30,9	36,2	41,9
Europa	28,9	34,6	42,5	47,1	47,1
Deutschland	35,2	37,6	45,7	49,2	48,5
Subsahara-Afrika	19,1	17,2	18,7	23,9	34,2
Nordafrika und Westasien	20,3	19,6	27,0	33,2	42,0
Zentral- und Südasien	21,1	20,4	27,6	36,7	45,7

Statistisch sichtbar wird der demografische Übergang an der sogenannten *Nettoreproduktionsrate*: Das ist die Zahl der von einer Frau im Durchschnitt geborenen Mädchen, die die Phase der Kindersterblichkeit überleben und selbst Kinder bekommen können: Eine Nettoreproduktionsrate von 1 würde bedeuten, dass sich langfristig ein Bevölkerungsgleichgewicht einstellt, eine Zahl geringer als 1 zeigt eine langfristige Schrumpfung an, und eine Zahl von 2 bedeutet eine Verdoppelung in jeder Generation.

Für Nordafrika und Westasien ist die Nettoreproduktionsrate von 1950 bis 2020 geringfügig von 2,0 auf 1,8 geschrumpft, das heißt, ein starkes natürliches Bevölkerungswachstum hält an. Für Subsahara-Afrika ist die Nettoreproduktionsrate dagegen sogar angestiegen (vgl. Tabelle 5.5).

Die UNO unterstellt in ihrer Bevölkerungsprognose bis 2100, dass sich die Nettoreproduktionsrate in Afrika und dem westlichen Asien in den nächsten Jahrzehnten deutlich vermindert, ähnlich wie das in Zentral- und Südasien bereits geschehen ist, aber auch in Ländern wie der Türkei und dem Iran beobachtet wurde. Diese Annahme ergibt sich zwar schlüssig aus der Theorie des demografischen Übergangs. Einen statistischen Beleg, dass die Entwicklung in Afrika und im westlichen Asien auch so eintritt, gibt es bislang allerdings nicht. In die langfristige UNO-Bevölkerungsprognose für Afrika und das westliche Asien gehen offenbar in erheblichem Umfang Hoffnungswerte ein, die sich erst noch in der Wirklichkeit bewähren müssen.

Anschaulicher als die Nettoreproduktionsrate, in die Annahmen über die Sterblichkeit einfließen, ist die Zahl der Kinder pro Frau (vgl. Tabellen 5.6 bis 5.8): Anfang der Fünfzigerjahre wurden in Deutschland 2,1 Kinder pro Frau geboren, Anfang der Neunzigerjahre waren es noch 1,3 Kinder. Mittlerweile ist der Wert wieder leicht angestiegen. Hier schlägt sich die höhere Kinderzahl der Migranten aus Afrika und dem westlichen Asien nieder.

Die Zahl der Kinder pro Frau in Nordafrika und Westasien ist deutlich gesunken, liegt aber mit 2,8 immer noch über dem Bestandserhaltungsniveau. Auch in Subsahara-Afrika bekommen die Frauen zwar weniger Kinder als noch vor einigen Jahrzehnten, aber mit

Tabelle 5.5 Nettoreproduktionsrate für ausgewählte Regionen

	1950–1955	1990–1995	2020–2025	2050–2055	2095–2100
Welt	1,67	1,26	1,09	1,01	0,92
Europa	1,15	0,75	0,78	0,83	0,86
Deutschland	0,96	0,63	0,78	0,82	0,84
Subsahara-Afrika	1,79	2,20	1,90	1,38	1,03
Nordafrika und Westasien	2,01	1,83	1,77	1,05	0,91
Zentral- und Südasien	1,66	1,62	1,03	0,88	0,83

Tabelle 5.6 Kinder pro Frau für ausgewählte Regionen

	1950–1955	1990–1995	2020–2025	2050–2055	2095–2100
Welt	5,0	3,0	2,4	2,2	1,9
Europa	2,7	1,6	1,6	1,7	1,8
Deutschland	2,1	1,3	1,6	1,7	1,7
Subsahara-Afrika	6,5	6,2	4,4	3,0	2,2
Nordafrika und Westasien	6,6	4,1	2,8	2,2	1,9
Zentral- und Südasien	6,0	4,0	2,3	1,9	1,8

Tabelle 5.7 Kinder pro Frau für ausgewählte Länder Afrikas

	1950–1955	1990–1995	2020–2025	2050–2055	2095–2100
Ägypten	6,8	4,2	3,1	2,4	1,9
Sudan	6,7	6,0	4,2	3,0	2,2
Senegal	6,8	6,2	4,3	3,1	1,8
Ghana	6,4	3,9	3,4	2,7	2,0
Nigeria	6,4	6,4	5,1	3,4	2,8
Mali	7,0	7,2	5,5	3,3	2,1
Niger	7,3	7,5	4,3	4,0	2,4
Dem. Rep. Kongo	6,0	6,8	5,5	3,2	2,1
Angola	6,0	7,1	5,2	3,7	2,6
Mosambik	6,3	6,1	4,5	3,0	1,8
Tansania	6,7	6,1	4,4	3,3	2,4
Eritrea	7,0	6,3	3,8	2,6	1,9
Äthiopien	7,2	7,1	3,8	2,4	1,8
Somalia	7,3	7,5	5,7	3,6	2,4
Simbabwe	6,8	4,4	3,3	2,3	1,8
Südafrika	6,1	3,5	2,3	1,9	1,8

Tabelle 5.8 Kinder pro Frau für ausgewählte Länder West- und Südasiens

	1950–1955	1990–1995	2020–2025	2050–2055	2095–2100
Türkei	6,7	2,9	2,0	1,7	1,7
Iran	6,9	3,7	2,1	1,9	1,8
Irak	7.3	5.7	3,5	2,6	2,0
Syrien	7,2	4,8	2,6	1,9	1,7
Israel	4,3	2,9	2,9	2,4	1,9
Paläst. Staat	7,4	6,6	3,4	2,4	1,8
Saudi-Arabien	7,2	5,6	2,2	1,7	1,7
Jemen	7,8	8,2	3,4	2,1	1,7
Afghanistan	7,5	7,5	3,9	2,1	1,7

Tabelle 5.9 Kindersterblichkeit (bis unter 5 Jahren in Prozent der Lebendgeburten) für ausgewählte Regionen

	1950–1955	1990–1995	2020–2025	2050–2055	2095–2100
Welt	21,3	9,1	3,6	2,1	1,2
Europa	9,3	1,5	0,4	0,2	0,1
Deutschland	5,5	0,7	0,3	0,2	0,1
Subsahara-Afrika	30,1	18,3	6,8	3,6	1,9
Nordafrika und Westasien	29,7	7,1	2,4	1,2	0,6
Zentral- und Südasien	27,9	11,5	3,7	1,8	0,8

4,4 Kindern ist die Zahl immer noch sehr hoch. Zusammen mit dem jugendlichen Alter der Bevölkerung und der sinkenden Sterblichkeit treibt dies den weiteren Bevölkerungsanstieg.

In vormodernen Zeiten wurde die Bevölkerungsentwicklung weitgehend über die Sterblichkeit gesteuert. Die Kinderzahl war hoch, aber ebenso die Kindersterblichkeit. Auch die Lebenserwartung jener, die das Kindesalter überstanden hatten, war im Durchschnitt niedrig.

Es ist eine sehr positive Entwicklung, dass die Kindersterblichkeit in Afrika und dem westlichen Asien seit den Fünfzigerjahren stark rückläufig ist: Anfang der Fünfzigerjahre starben dort noch rund 30 % der Lebendgeborenen, ehe sie fünf Jahre alt wurden. Diese Kin-

Tabelle 5.10 Lebenserwartung bei der Geburt für ausgewählte Regionen

	1950–1955	1990–1995	2020–2025	2050–2055	2095–2100
Welt	47,0	64,6	73,2	77,3	81,7
Europa	63,7	72,7	79,1	83,3	88,8
Deutschland	67,5	76,0	81,9	85,9	90,8
Subsahara-Afrika	36,4	49,1	62,1	69,0	75,2
Nordafrika und Westasien	42,6	66,0	74,5	78,8	83,7
Zentral- und Südasien	37,8	59,8	70,6	75,5	81,5

dersterblichkeit ist in Nordafrika und dem westlichen Asien auf 2,4 % und in Subsahara-Afrika auf 6,8 % gesunken (vgl. Tabelle 5.9).

Gleichzeitig ist die Lebenserwartung bei der Geburt stark angestiegen: Anfang der Fünfzigerjahre betrug sie in Subsahara-Afrika 36 Jahre. Sie ist bis 2020 auf 62 Jahre angestiegen. Das ist in etwa das Durchschnittsniveau Europas Anfang der Fünfzigerjahre. Noch günstiger ist die Entwicklung in Nordafrika und Westasien. Dort beträgt die Lebenserwartung bei der Geburt mittlerweile 74 Jahre (vgl. Tabelle 5.10).

Wie die Tabellen 5.11 und 5.12 zeigen, fand der Anstieg der Lebenserwartung in Afrika und Westasien recht flächendeckend statt und nahm auch die Länder mit Bürgerkriegen und fortgesetzter innerer Unordnung nicht aus. Es ist generell bemerkenswert, dass das Bevölkerungswachstum, der Rückgang der Kindersterblichkeit und die allgemeine Zunahme der Lebenserwartung von Kriegen, Bürgerkriegen, Völkermord und innerer Unordnung in den betroffenen Ländern weitgehend unberührt bleiben.

Der säkulare Rückgang der Kindersterblichkeit und der beträchtliche Anstieg der Lebenserwartung in allen Ländern Afrikas und des westlichen Asiens zeigen an, dass Gesundheit und Lebensqualität der Bevölkerung sich in der Breite erheblich verbessert haben. Auch Hungerkatastrophen und Unterernährung spielen eine weitaus geringere Rolle als früher, sonst hätte der dramatische, breit angelegte Anstieg der Lebenserwartung so nicht eintreten können.

Tabelle 5.11 Lebenserwartung bei der Geburt für ausgewählte Länder Afrikas

	1950–1955	1990–1995	2020–2025	2050–2055	2095–2100
Ägypten	41,1	65,4	72,5	76,9	83,2
Sudan	44,5	56,0	66.1	71,4	77,6
Senegal	35,5	57,6	68,9	74,5	81,0
Ghana	42,2	57,8	64,9	70,5	76,2
Nigeria	33,8	45,9	55,8	63,6	69,9
Mali	27,0	46,6	60,5	67,1	72,0
Niger	34,5	45,0	63,6	70,6	76,1
Dem. Rep. Kongo	39,1	49,6	61,6	67,9	73,5
Angola	35,9	45,3	62,2	69,1	74,9
Mosambik	35,0	46,3	62,1	70,5	77,8
Tansania	41,0	49,7	62,1	72,8	79,5
Eritrea	34,1	50,8	67,5	73,9	80,8
Äthiopien	34,1	48,1	67,8	74,6	81,6
Somalia	34,0	45,0	58,7	65,0	71,3
Simbabwe	49,7	54,4	62,1	68,5	74,7
Südafrika	44,8	63,2	64,9	70,1	76,1

Tabelle 5.12 Lebenserwartung bei der Geburt für ausgewählte Länder West- und Südasiens

	1950–1955	1990–1995	2020–2025	2050–2055	2095–2100
Türkei	41,0	65,5	78,5	84,1	89,4
Iran	40,6	66,9	77,3	82,3	87,6
Irak	37,9	67,3	71,1	74,8	79,9
Syrien	47,6	71,3	76,0	81,3	85,7
Israel	68,9	77,2	83,5	87,1	92,1
Paläst. Staat	46,6	69,0	74,6	79,0	84,9
Saudi-Arabien	41,9	70,1	75,7	80,1	85,6
Jemen	29,3	58,2	66,4	70.8	73,5
Afghanistan	28,6	52,0	66,0	72,0	78,2

Das Problem für Afrika und das westliche Asien ist, dass nach dem Rückgang der Kindersterblichkeit und dem allgemeinen Anstieg der Lebenserwartung die zweite Hälfte des demografischen Übergangs, der Rückgang der Kinderzahlen pro Frau, nur spät und langsam bzw. gar nicht vor sich geht. Das hat zum starken und anhaltenden Bevölkerungsanstieg geführt und treibt auch die künftige Bevölkerungsentwicklung.

Wenn sich in einem Land die Bevölkerung alle 30 Jahre verdoppelt, wie dies in weiten Teilen Afrikas und des westlichen Asiens der Fall ist, dann schwinden die Möglichkeiten, durch wirtschaftliches Wachstum den Lebensstandard zu erhöhen. Jedes Jahr werden allein zwei bis drei Prozentpunkte des Wirtschaftswachstums für die Bevölkerungszunahme verbraucht. Auch bindet der wegen des Bevölkerungswachstums ständig notwendige, quantitative Ausbau der Infrastruktur – Energieversorgung, Straßen, Wohnungen, Abwasser, Schulen, Krankenhäuser und vieles mehr – Ressourcen, die für qualitative Maßnahmen nicht zur Verfügung stehen.

Dieses Dilemma besteht selbst dann, wenn die staatlichen Organe bei der Erfüllung ihrer Aufgaben durchweg effizient, leistungsfähig und unbestechlich sind. Es wird aber noch viel größer, wenn die Staaten und ihre Organe Funktionsmängel haben bzw. gar nicht funktionieren und wenn die jeweiligen Machthaber mehr an Machtgewinn, Machterhalt und Bereicherung interessiert sind als am wie auch immer definierten öffentlichen Wohl. Das aber ist das Problem vieler Staaten in Afrika und im westlichen Asien. Gemessen an europäischen Maßstäben, hat die überwiegende Anzahl der Staaten Afrikas und des westlichen Asiens bei der Organisation und Durchführung der Staatsaufgaben erhebliche Mängel bis hin zu völligem Staatsversagen.

Wie Volker Seitz schreibt, sehen viele Afrikaner »in der Geburtenregelung ein rassistisches Komplott, das darauf abzielt, Afrika zu entvölkern.« Er zitiert dazu John Magufuli, den Präsidenten von Tansania, dessen Bevölkerung sich seit der Unabhängigkeit 1961 mehr als verfünffacht hat und das als eines der ärmsten Länder der Erde gilt: »Wir Tansanier sollten uns weiter vermehren. Ihr könnt die Verhütungsmittel nun absetzen. Tansania ist reich genug, um alle zu ernähren. Nur Faulpelze sind für Geburtenkontrolle. Sie wollen nicht hart arbeiten, um ihre große Familie zu ernähren.«[3] Man weiß gar nicht, was an einer solchen Aussage abstoßender ist, die Arroganz oder die Inkompetenz. Wo solche Führer herrschen, hat es die Flucht aus der Verantwortung leicht.

Die objektive Problemlage, die sich für die Gesellschaft und für die Volkswirtschaft aus einem anhaltend starken Bevölkerungswachstum ergibt, zeigt sich deutlich anhand der Bevölkerungsstatistik, wenn man die Zahl der Männer, die altersbedingt aus der Phase der Erwerbsfähigkeit ausscheiden, mit der Zahl der jungen Männer vergleicht, die altersbedingt ihren Platz im Leben, in der Gesellschaft und beim Broterwerb suchen. Für den Soziologen Gunnar Heinsohn zeigt diese Relation das Spannungspotenzial in einer Gesellschaft an, er bezeichnet sie als Kriegsindex. Ich nenne sie den demografischen Spannungsindex.

Zur Ermittlung des Spannungsindexes setze ich die Zahl der Männer in der Altersgruppe 60 bis 65, die altersbedingt aus dem Erwerbsleben ausscheiden, ins Verhältnis zur Zahl der Männer im Alter von 15 bis 19, die altersbedingt ins Erwerbsleben eintreten möchten.

1950 betrug diese Relation für Europa 2,6 und für Deutschland 1,8. Das zeigt, dass der Altersaufbau der Bevölkerung damals eine wachsende Zahl von Arbeitsplätzen erforderte, wenn die Jungen allesamt Beschäftigung finden wollten. Bei dem starken Wirtschaftswachstum der Fünfzigerjahre gelang dies offenbar ohne Schwierigkeiten. 1990 war die Relation in Deutschland auf 1,1 gesunken. Die Alten machten also etwa so viele Arbeitsplätze frei, wie die Jungen benötigten. Gegenwärtig beträgt die Relation 0,8: Die altersbedingten Abgänge am Arbeitsmarkt in Deutschland können nicht mehr vollständig aus den demografisch nachwachsenden Kohorten der Jungen besetzt werden. Ich halte dies für nicht weiter schlimm: Bei einer schrumpfenden Bevölkerung darf grundsätzlich auch die Zahl der Arbeitsplätze mitschrumpfen. Ähnlich wie in Deutschland sind die Verhältnisse in ganz Europa.

Tabelle 5.13 Relation von jungen zu alten Männern (Altergruppe 15–19 zu 60–64) für ausgewählte Regionen

	1950	1990	2020	2050	2100
Welt	3,6	2,9	2,0	1,3	1,1
Europa	2,6	1,5	0,9	0,8	0,9
Deutschland	1,8	1,1	0,8	0,7	0,9
Subsahara-Afrika	5,4	6,1	6,6	3,9	1,6
Nordafrika und Westasien	4,9	4,8	2,8	1,6	1,1
Zentral- und Südasien	4,5	4,5	2,9	1,3	0,9

Tabelle 5.14 Relation von jungen zu alten Männern (Altersgruppe 15–19 zu 60–64) für ausgewählte Länder Afrikas

	1950	1990	2020	2050	2100
Ägypten	5,0	4,2	3,1	2,0	1,1
Sudan	5,1	7,0	5,8	3,6	1,5
Senegal	5,3	6,0	7,3	3,9	1,6
Ghana	6,7	6,8	5,0	2,7	1,4
Nigeria	5,3	5,8	6,3	4,5	1,7
Mali	4,7	5,8	9.1	5,5	1,6
Niger	15,8	5,9	7,2	7,4	2,0
Dem. Rep. Kongo	6,6	6,4	6,7	4,9	1,3
Angola	6,2	6,5	7,7	5,6	2,2
Mosambik	5,6	6,1	8,8	5,1	1,6
Tansania	7,3	7,2	7,3	4,3	1,9
Eritrea	6,1	5,8	5,8	2,9	1,2
Äthiopien	6,5	6,1	6,9	3,1	1,1
Somalia	5,3	6.4	7,0	6,5	2,1
Simbabwe	5,4	8,2	8,3	3,9	1,1
Südafrika	4,7	4,9	3,4	1,5	1,0

Anders sieht es dagegen in Afrika und im westlichen Asien aus: In Subsahara-Afrika liegt der Index bei 6,6: Auf jeden Mann, der das erwerbsfähige Alter verlässt, kommen 6,6 junge Männer, die in das Erwerbsalter eintreten. In Nordafrika und dem westlichen Asien liegt die Relation bei 2,8 (vgl. Tabellen 5.13 bis 5.15). Schauen wir uns den

Tabelle 5.15 Relation von jungen zu alten Männern (Altersgruppe 15–19 zu 60–64) für ausgewählte Länder West- und Südasiens

	1950	1990	2020	2050	2100
Türkei	6,4	4,1	2,2	1,0	0,8
Iran	3,4	4,6	1,8	0,8	0,9
Irak	5,9	7,1	7,0	2,6	1,2
Syrien	4,0	7,4	3,6	1,1	0,9
Israel	4,1	3,2	2,1	1,7	1,1
Paläst. Staat	3,6	8,9	6,1	2.3	1,0
Saudi-Arabien	4,5	5,9	2,1	0,8	0,8
Jemen	4,7	8,8	6,7	2,3	0,9
Afghanistan	4,4	7,8	7,8	2,9	0,9

Index bei einigen Ländern an, bei denen der Migrationsdruck nach Deutschland und Europa bzw. nach Südafrika besonders groß ist:

Afghanistan	7,8	Nigeria	6,3	Kongo	6,7
Irak	7,0	Niger	7,2	Mosambik	8,8
Syrien	3,6	Eritrea	5,8	Simbabwe	8,3
Senegal	7,3	Somalia	7,0		

In Südafrika brechen wegen der illegalen Einwanderung aus schwarzafrikanischen Ländern immer wieder Unruhen mit mörderischen Gewalttätigkeiten aus. Allein drei Millionen Simbabwer sollen in den letzten Jahren nach Südafrika gekommen sein. Sie sind häufig besser ausgebildet als die südafrikanischen Schwarzen. Der südafrikanischen Polizei gelingt es häufig nur schwer, mit dem entfesselten Mob fertigzuwerden.[4]

In den Tabellen 5.1. bis 5.15 habe ich ausgewählte demografische Daten für die Einordnung der demografischen Entwicklung in Afrika und dem westlichen Asien und für den Bezug auf die entsprechende Entwicklung in Deutschland, Europa und der Welt zusammengestellt. Sie beruhen sämtlich auf der aktuellen Bevölkerungsstatistik der UNO und darauf aufbauenden eigenen Berechnungen. Der Leser gewinnt so ein objektives, zusammenhängendes und hoffentlich nicht allzu verwirrendes Bild. Diese Daten sind für meine Einschätzung des Migrationsproblems und seiner Wirkungen auf Deutschland und Europa zentral. Ich möchte an dieser Stelle jedweden Hauch einer indirekten Lenkung des Lesers durch die Ansichten des Autors vermeiden und lade die Leser ausdrücklich ein, durch wiederholtes Studium der Tabellen zu einer eigenen Meinungsbildung zu kommen.

Für demografische Betrachtungen und Prognosen ist weniger die Entwicklung der Gesamtbevölkerung entscheidend als die Zahl der jungen Menschen, die an der Schwelle zum Erwerbsleben stehen und bald Familien gründen werden. Hier hat es seit 1950 eine dramatische Verschiebung der Gewichte zwischen Europa und Deutschland einerseits sowie Afrika und dem westlichen Asien andererseits gegeben. Dies zeigt sich beim Bevölkerungsvergleich nach Altersgruppen. Beispielhaft habe ich dazu in Tabelle 5.1 die Zahl der Jugendlichen im Alter von 15 bis 19 Jahren herangezogen:

Auf einen europäischen Jugendlichen im Alter von 15 bis 19 Jahren kommen

1950	0,6	2050	8
2020	4	2100	10

gleichaltrige Jugendliche in Afrika und im westlichen Asien.

Auf einen deutschen Jugendlichen im Alter von 15 bis 19 Jahren kommen

1950	5	2050	65
2020	27	2100	85

gleichaltrige Jugendliche in Afrika und im westlichen Asien.

Diesen Relationsziffern liegt für 1950 und 2020 die Ist-Entwicklung, für 2050 und 2100 die mittlere Variante der UNO-Bevölkerungsprognose zugrunde. Diese Relationen und die in ihnen deutlich werdende, dramatische Verschiebung der demografischen Gewichte zeigen ein objektives Dilemma:

- Die Auswanderungswünsche sind sehr groß. Nach einer Befragung von Afrobarometer denken fast 40 % der Einwohner Afrikas an eine Emigration. Unter den 18- bis 25-Jährigen überlegt fast jeder Zweite auszuwandern.[5] In den arabischen Ländern möchte mehr als die Hälfte der Araber im Alter von 18, 19 Jahren auswandern, in Marokko sind es sogar 70 %.[6] Das bedeutet: Die absolute Zahl der jungen Menschen mit Auswanderungswünschen ist aktuell rund doppelt so hoch wie die Gesamtzahl der jungen Menschen in Europa und mehr als zehnmal so hoch wie die Gesamtzahl der jungen Menschen in Deutschland. Eine nachhaltige demografische Entlastung der Auswanderungsländer könnte durch Auswanderung aber nur dann stattfinden, wenn diese einen nennenswerten Teil der nachwachsenden Jugend umfasst.
- Wie die obigen Relationen zeigen, würde dies aber Deutschland und Europa vollständig überfordern. Einwanderungszahlen wiederum, die für Europa und Deutschland kulturell und ökonomisch tragbar sind, sind weitaus zu niedrig, um in Afrika und im westlichen Asien eine spürbare demografische Entlastung zu bewirken. *Deutschland und Europa sind also aus Gründen der kulturellen und ethnischen Selbsterhaltung nicht in der Lage, die Demografie Afrikas und des westlichen Asiens durch Migration wesentlich zu entlasten.*

Künftige Einwanderung, falls man sie möchte, sollte so gesteuert werden, dass die kulturelle und ethnische Identität in Deutschland und Europa nicht abrupt unterbrochen wird und die Zusammensetzung der Bevölkerung sich allenfalls allmählich ändert. Wie hoch ein entsprechender Einwanderungsplafond aus Afrika und dem westlichen Asien für Europa und Deutschland sein darf und sein sollte, muss unter ökonomischen, gesellschaftlichen und kulturellen Aspekten diskutiert werden. Eine solche Diskussion muss offen und umfassend sein und ohne Tabus geführt werden. Die sich daraus ergebenden, für tragbar erachteten, jährlichen Zahlen von Einwanderern sind aber letztlich Gegenstand politischer Entscheidung.

Einen pragmatischen Hinweis auf die Größe eines für Europa tragbaren Einwanderungsplafonds aus Afrika und dem westlichen

Asien kann die Zahl der Geburten geben: In Europa werden jährlich rund 7,3 Millionen Menschen geboren, davon rund 780 000 in Deutschland. In Afrika und dem westlichen Asien beträgt die jährliche Zahl der Geburten rd. 50 Millionen.[7]

Angenommen, man ließe einen jährlichen Einwanderungsplafond aus Afrika und dem westlichen Asien von 10 % der Geburten in Europa zu (ich spreche mich nicht dafür aus, das ist nur ein Rechenbeispiel), so würde dies einer jährlichen demografischen Entlastung für Afrika und das westliche Asien von 1,5 % der Geburten entsprechen.

Die sachliche Schlussfolgerung ist: *Migrationszahlen, die für Deutschland und Europa vielleicht noch akzeptabel sein könnten, liegen in Afrika und dem westlichen Asien, gemessen am Bevölkerungswachstum, unter der Fühlbarkeitsschwelle. Migrationszahlen dagegen, die so hoch sind, dass sie in Afrika und dem westlichen Asien eine fühlbare demografische Entlastung bringen, würden Deutschland und Europa politisch und ökonomisch völlig überfordern und könnten zur Zerstörung unserer Gesellschaft führen.*

Die politische Schlussfolgerung ist: *Eine wirksame quantitative Begrenzung der Einwanderung aus Afrika und dem westlichen Asien ist für Deutschland und Europa eine vitale politische und gesellschaftliche Notwendigkeit. Für die Legitimation des demokratischen Systems kann sie zu einer Überlebensfrage werden.*

Der Aufstieg rechtspopulistischer Parteien überall in Europa ebenso wie der Austritt Großbritanniens aus der Europäischen Union wurden wesentlich von Einwanderungsfragen getrieben. Wenn die Parteien der Mitte das weitere Wachstum von Front National, Lega, SVP, FPÖ, AfD oder Schwedendemokraten unterbinden und in künftigen Wahlen wieder Boden gutmachen wollen, wird eine wirksame und nachhaltige Begrenzung der Einwanderung aus Afrika und dem westlichen Asien unverzichtbar sein.

Die wirksame Begrenzung der Einwanderung bleibt jedoch immer nur die zweitbeste Lösung. Am besten wäre es, wenn eine nachhaltige wirtschaftliche und soziale Entwicklung in Afrika und im westlichen Asien die Anreize zur Auswanderung zügig absenken könnte. Dies wird jedoch erst dann gelingen, wenn bei Wohlstand und Stabilität gewisse Schwellenwerte überschritten werden. Wer in absoluter Armut lebt, hat nämlich zumeist nicht die Möglichkeit, sich zur Auswanderung zu entscheiden. In der nächsten Stufe aber, wenn die absolute Armut beseitigt ist, wirklicher materieller Wohlstand aber noch weit entfernt ist, steigen gleichzeitig der Anreiz und die Möglichkeiten, es mit der Auswanderung nach Deutschland und Europa zu versuchen. Für die Bemühung, auswanderungswillige Menschen durch die Verbesserung der Lebensverhältnisse in ihren Heimatländern zu halten, hat sich in den letzten Jahren in der deutschen Politik der Ausdruck »Fluchtursachen bekämpfen« eingenistet. Er ist seit 2015 auch zum Mantra der deutschen Entwicklungspolitik geworden. Die Möglichkeiten und Ansatzpunkte diskutiere ich im weiteren Verlauf dieses Kapitels.

Bei den Entwicklungen in Afrika und der gesamten Dritten Welt gibt es auch sehr positive Trends: Der Hunger ist zurückgegangen, Gewalt, Kriege und Bürgerkriege haben abgenommen. Die Kindersterblichkeit ist erheblich gesunken, die allgemeine Lebenserwartung erheblich angestiegen. Der Analphabetismus hat abgenommen, die Rate des Schulbesuchs ist gestiegen. Auch das Bruttosozialprodukt pro Kopf nahm im langfristigen Trend fast überall zu. Diese positiven Trends gelten grundsätzlich auch für die ärmsten Länder der Welt. Dazu steht nicht im Widerspruch, dass es für einzelne Länder durch Krieg, Bürgerkriege und gewaltsame Umstürze immer wieder auch schwere Rückschläge gibt.[8] Generell müssen wir uns vor der Neigung schützen, aus einer allgemeinen – durch Desinteresse und Vorurteil gestützten – Unkenntnis heraus, die uns unbekannten Aspekte menschlicher Lebenswelten und insbesondere fremder menschlicher Gesellschaften pauschal nur negativ zu sehen.[9]

Wie bereits dargestellt, speist sich der Migrationsdruck nach Europa aus Afrika und dem westlichen Asien kaum aus absoluter Not und auch nur begrenzt aus Kriegen und Bürgerkriegen. Auch Flüchtlinge haben zumeist bereits sichere Herkunftsländer erreicht, ehe sie von dort den Übertritt nach Europa versuchen. Der Migrationsdruck speist sich vielmehr überwiegend aus dem machtvollen Wunsch, die eigenen Lebensverhältnisse zu verbessern und durch monetäre Überweisungen auch den Daheimgebliebenen ein besseres Leben zu ermöglichen, soweit man sie nicht im Zuge des Familiennachzugs irgendwann nachholt.

Würde es ausreichend schnell und ausreichend stark gelingen, den Unterschied im Lebensstandard zwischen den Auswanderungsländern und den europäischen Zielländern zu verringern, so würde der mächtigste Treiber für Massenmigration entfallen. Die Unterschiede sind allerdings so groß, dass es noch Jahrzehnte dauern wird, bis z.B. Länder wie Ghana und Nigeria als Migrationsquellen für Europa austrocknen. Erfolgreiche Entwicklungspolitik macht also die Regulierung von Einwanderung nicht überflüssig. Im Gegenteil, die Neigung, vor allem aber die Möglichkeit zur Auswanderung nimmt zu, wenn immer mehr Menschen eines Landes die Zone der absoluten Armut überwinden. Insofern steigert der Erfolg der Entwicklungspolitik immer auch die Neigung zur Auswanderung – jedenfalls so lange, bis eine bestimmte Annäherung des Lebensstandards erreicht wurde.

Die deutsche Bundesregierung äußerte im Verteidigungsweißbuch vom Juli 2016 die Einschätzung, dass das Migrationspotenzial auch in den kommenden Jahrzehnten erheblich sein wird und »Gefährdungen sowohl für die betroffene Region als auch für Europa und Deutschland mit sich bringen kann«.[10] Bei den Lösungen konzentriert sich das Weißbuch leider auf Hoffnungswerte: »Arbeit ermöglicht soziale Teilhabe, gesellschaftliche Integration und Selbstbestätigung und ist damit ein wesentlicher Kitt der Gesellschaft.«[11] Unbeantwortet bleibt die Frage, wie die deutsche Politik in den von Bevölkerungsexplosion getroffenen Ländern für mehr Arbeit sorgen kann. An entscheidender Stelle verfällt das amtliche Weißbuch zur Verteidigungspolitik somit in Wunschdenken.

Die Ebenen der Globalisierung

Immer wieder wird ein Zusammenhang zwischen der Globalisierung der Weltwirtschaft und wachsenden Migrationsströmen hergestellt. Für Deutschland und Europa gilt dann die implizite Unterstellung oder die explizite Behauptung, dass Massenzuwanderung aus Afrika und dem westlichen Asien der unvermeidliche Preis für die Früchte der Globalisierung sei – oder vielleicht auch die gerechte Strafe dafür. Dieser Gedanke ist zumindest unpräzise, großenteils aber rundum falsch. Das wird erkennbar, wenn man die verschiedenen Globalisierungsebenen unterscheidet und ihr Verhältnis zueinander beleuchtet. Bei der Globalisierung muss man nämlich unterscheiden zwischen

- der Wanderung und dem Austausch von Ideen, Wissen und Fertigkeiten,
- dem Handel mit Rohstoffen, Lebensmitteln und Waren aller Art und
- der Wanderung von Menschen in größerer Zahl.

Ideen und Wissen

Kulturelles Wissen und technische Fertigkeiten breiten sich aus durch menschlichen Kontakt. So übernahmen die Griechen um das Jahr 1000 v. Chr. die Schrift von den Phöniziern. Die Römer lasen griechische Philosophen. Sie brachten ihre Baukunst und die Fähigkeit zu hochstehenden Ingenieurleistungen wie Straßenbau und Wasserleitungen, desgleichen das römische Recht und den Städtebau, in die von ihnen eroberten Gebiete und sorgten so für deren kulturelle Transformation.

Der Kirchenvater Augustinus las Platon und Aristoteles und brachte ihre Gedankenwelt kurz vor dem Untergang des Römischen Reichs durch sein Buch *De civitate Dei* in seine Lehre vom Gottesstaat ein. Im Mittelalter wanderte zunächst der romanische und dann der gotische Baustil vom Westen nach Osten, von Nordfrankreich nach Deutschland. Das Magdeburger Stadtrecht wanderte im Mittelalter von Magdeburg an der Elbe bis weit in die Ukraine und prägte die städtischen Siedlungen ganz unterschiedlicher Herrschaftsgebiete. In der Renaissance wanderte eine naturnahe, realistische Bildauffassung, das perspektivische Malen und Zeichnen, im 14. und 15. Jahrhundert von Italien nach Flandern und nach Deutschland. Auch die Wiedergeburt des antiken Baustils, wie er im Begriff der Renaissance zum Ausdruck kommt, nahm ihren Ausgang in Italien und wanderte von da nach Westen und Norden.

Theologen und Humanisten, Architekten, Handwerker und Künstler standen in einem europaweiten Austausch. Der Kreml in Moskau wurde im 16. Jahrhundert wesentlich von italienischen Architekten geplant und errichtet. 200 Jahre später waren es erneut italienische Architekten, die im 18. Jahrhundert die Architektur des neu gegründeten St. Petersburg wesentlich bestimmten. Die gigantischen Gemäldesammlungen der Eremitage in St. Petersburg wurden im 18. Jahrhundert von den Kunsthändlern der Zaren in Westeuropa innerhalb weniger Jahrzehnte zusammengekauft. So wollte man für das Zarenreich kulturelle Legitimation erwerben und seine Verankerung im Abendland dokumentieren.

Latein war bis über die Renaissance hinaus die einheitliche Sprache der europäischen Wissenschaft. Im 18. Jahrhundert wurde Französisch zur bevorzugten Konversationssprache der vornehmen Gesellschaft in Deutschland und Russland. Im 19. Jahrhundert dann wurde Deutsch zur vorherrschenden Wissenschaftssprache und im 20. Jahrhundert schließlich wurde Englisch zur Lingua franca von Kultur, Wissenschaft, Handel und Gewerbe.

Künstler und Wissenschaftler pflegten seit dem Mittelalter Austausch in europaweiten Netzwerken. Für die wohlhabenden Adelssöhne aus England wurde im 18. Jahrhundert die *Grand Tour* durch Europa als Teil der Erziehung zur kulturellen Norm. Das deutsche Bürgertum träumte von einer ausgedehnten Italienreise. So unternahm beispielsweise Goethes Vater eine Bildungsreise nach Italien, und sein Sohn, der berühmte Dichter, tat es ihm nach. Er stieß in Rom auf eine ausgeprägte deutsche Kolonie. Seit dem ausgehenden 15. Jahrhundert reisten deutsche Künstler in Scharen nach Italien, insbesondere nach Rom, um sich dort künstlerisch zu inspirieren und fortzubilden. Oft hielten sie sich jahrelang dort auf. Der wohl berühmteste deutsche Maler, Albrecht Dürer, studierte in Venedig die italienische Malerei.

Georg Friedrich Händel, der viele Jahrzehnte in London lebte und dort seine wesentlichen Werke komponierte, gilt den Briten als englischer Komponist. Ebenso haben die meisten Österreicher vergessen, dass Beethoven in Bonn geboren wurde. Der preußische Forschungsreisende Alexander von Humboldt feierte seine größten gesellschaftlichen Erfolge in Paris. Dort lebte auch Heinrich Heine 25 Jahre lang. Die Werke von Karl Marx entstanden zum größten Teil in seinem Londoner Exil, wo er auch starb.

Der ständige Austausch der geistigen Eliten, der die europäische Kultur so befruchtete, führte aber nie zu massenhaften Bewegungen von Einwanderung und Auswanderung. *Generell gilt: Groß angelegte Wanderungsbewegungen der Bevölkerung sind weder eine notwendige noch eine hinreichende Bedingung für den Austausch von Kultur, Ideen und Wissen.* Wesentliche Erfindungen, z.B. der Kompass oder das Porzellan, wurden in China gemacht. Sie fanden aber ihren Weg nach Europa ganz ohne Massen chinesischer Einwanderer.

Ein besonders aufschlussreiches Beispiel ist Japan. Bis zur Meiji-Restauration im Jahr 1868 war das Land jahrhundertelang gegen äußere Einflüsse abgeschirmt gewesen. Es gab nicht nur keine Einwanderung oder Auswanderung, auch der Handel mit Europäern wurde strikt reguliert und auf ein Minimum beschränkt. Nach der Öffnung des Landes 1868 schaffte man es in wenigen Jahrzehnten, das technische und organisatorische Wissen des Abendlandes aufzunehmen. Dabei nahm man sich stets ein Beispiel an dem, was man als das Beste ansah. Im Zivilrecht übernahm man das völlig neu entwickelte deutsche Bürgerliche Gesetzbuch. Es trat in Japan 1898 in Kraft, sogar zwei Jahre vor Deutschland (1. Januar 1900). Ebenso eignete man sich technisches, industrielles und militärisches Wissen an. Die japanische Armee wurde nach preußischem Vorbild organisiert, die Kriegsmarine nach britischem Vorbild. In der Seeschlacht 1905 bei Tsushima fügte die japanische Flotte der russischen Flotte eine vernichtende Niederlage zu. Die japanische Marine war besser trainiert, besser geführt und hatte die bessere Ausrüstung. Dieser Sieg zeigte aller Welt: Japan hatte es in wenigen Jahrzehnten geschafft, in seiner Organisationsfähigkeit und technischen Expertise zu den abendländischen Industriestaaten aufzuschließen. Die Japaner hatten den umfassenden Wissenstransfer organisiert, indem sie qualifizierte Kader gezielt in den Westen schickten und umgekehrt westliche Experten zu sich baten, um deren Wissen zu transferieren. Dieser weltweit einmalige Wissenstransfer in nur wenigen Jahrzehnten fand bis auf die Reisen weniger Experten ganz ohne größere Ein- oder Auswanderung statt. Der Erfolg wurde auch ganz ohne westliche Entwicklungshilfe erreicht, die damals ja auch noch gar nicht erfunden worden war.

Teilweise vergleichbar ist die chinesische Entwicklung nach der Öffnung des Landes Ende der Siebzigerjahre des vergangenen Jahrhunderts: Qualifizierte chinesische Studenten erhielten die Möglichkeit zum Studium im westlichen Ausland. Gleichzeitig wurde die Möglichkeit für ausländische Firmen geschaffen, in China zu investieren und zu produzieren. Deutsche Industrieunternehmen wie BASF oder Volkswagen beschäftigen heute mehr Menschen in ihren Fabriken in China als in Deutschland, und sie verdienen dort auch mehr Geld. Natürlich werden zu diesem Zweck Tausende von Ingenieuren und Managern in beide Richtungen in Bewegung gesetzt. Gleichwohl gab es in den letzten Jahrzehnten weder eine nennenswerte Einwanderung von China nach Deutschland noch von Deutschland nach China. Westliche Entwicklungshilfe spielte beim Aufstieg Chinas keine nennenswerte Rolle.

Handel und Investitionen

Händler begleiten ihre Waren. Sie knüpfen Kontakte und müssen vor Ort sein, um Geschäfte anzubahnen, abzuschließen und ihre Durchführung zu überwachen. Deshalb war der Handel schon immer ein Anlass, bei dem sich Menschen friedlich begegnen, in Austausch treten und voneinander lernen. Der Reichtum anderer machte allerdings auch immer schon begehrlich. Deshalb funktionierte Handel umso besser, je besser die Staatlichkeit und der mit ihr einhergehende Schutz ausgeprägt waren. Um Reichtum zu erwerben, haben sich Städte und Staaten auch immer wieder mittelbar und unmittelbar in die Gestaltung der Handelsbeziehungen eingemischt. Häufig entstanden daraus Krieg und Eroberung. Ganze Reiche wurden um Handelsbeziehungen herum gegründet oder gingen mit ihnen unter.

Im Römischen Reich hing die Versorgung der Stadt Rom mit Getreide überwiegend von Importen aus der Provinz Africa ab, die im heutigen Tunesien lag. Als sie während der Völkerwanderung an die Vandalen verloren ging und somit die Getreideversorgung Roms unterbrochen wurde, war das Ende des Weströmischen Reichs besiegelt.

Der Handel war auch immer wieder der Antrieb für staatliche und staatsähnliche Zusammenschlüsse. Das galt um 500 bis 400 v. Chr. für den attischen Seebund unter der Führung Athens. Im Mittelalter galt dies für den Bund der Hansestädte, deren Einfluss von Flandern und London bis nach Bergen in Norwegen, ins Baltikum und ins westliche Russland reichte.

Im Zeitalter der Entdeckungen gründeten Spanien und Portugal Handelsimperien, die sich auf Gold und Silber aus Amerika und die Gewürze des Fernen Ostens richteten. Die Niederländer und die Briten taten es ihnen nach. Ihre Kolonien von Indien bis nach Indonesien entstanden aus Handelsniederlassungen.

Ein- und Auswanderung

Die damit verbundene Wanderung von Menschen war vergleichsweise minimal. Großbritannien verwaltete in den 1930er-Jahren seine riesigen indischen Besitzungen mit einem Personalkörper von weniger als 200 000 Briten. Dabei waren das Militär und die gesamte zivile Verwaltung eingeschlossen, soweit sie aus Briten bestand. Auch umfangreiche Investitionen des Auslands müssen nicht mit der Einwanderung einer großen Zahl von Menschen verbunden sein. Das von den Briten erbaute Eisenbahn- und Straßennetz auf dem indischen Subkontinent ist heute noch ein wesentlicher Teil der dortigen Infrastruktur. Es wurde von Briten geplant und konzipiert, aber im Wesentlichen mit örtlichen Arbeitskräften angelegt. Ebenso geschah es mit der Infrastruktur der europäischen Kolonien in Afrika.

Eine größere Einwanderung von Siedlern in die Kolonien der Europäer gab es auf dem amerikanischen Kontinent, später auch in Australien und Neuseeland. In Afrika gab es Einwanderung größeren Stils nur in Algerien – dort siedelten Franzosen – sowie in Südafrika, Rhodesien und Kenia. Nennenswerte Einwanderungen aus den Gebieten der Handelsniederlassungen und späteren Kolonien in die Länder der europäischen Kolonialherren fanden bis in die Fünfzigerjahre des vergangenen Jahrhunderts nicht statt. Dies begann erst mit der Unabhängigkeit dieser Kolonien, als immer deutlicher wurde, dass sich aus Unabhängigkeit nicht automatisch westlicher Wohlstand ergab. Mit Zeitverzögerung betraf diese Einwanderung aber auch jene europäischen Länder, die niemals Kolonien besessen bzw. diese längst verloren hatten.

Entscheidend ist die Erkenntnis, dass die Wanderung von Wissen und Ideen, aber auch Handel, Auslandsinvestitionen und der Aufbau großer internationaler Produktionsverbünde – all das, was wir mit dem Begriff Globalisierung verbinden – von Masseneinwanderung in großem Stil ganz unabhängig ist.

Der größte Teil der Apple-Produkte wird in China hergestellt. Dort sind Amerikaner allenfalls in geringer Zahl bei der Überwachung und Abnahme tätig. Zwar stammt ein großer Teil der IT-Experten und Ingenieure der Hightech-Firmen in Kalifornien aus dem Fernen Osten, diese kamen aber zumeist nicht im Zuge unqualifizierter Masseneinwanderung, sondern vor allem als Studenten. Qualität, nicht Quantität war und ist bei dieser Art von Einwanderung entscheidend.

Gegenwärtig wachsen die chinesischen Investitionen in Afrika stark an. Dabei handelt es sich meist um große Infrastrukturprojekte, die China vor allem dort unterstützt, wo es Rohstoffvorkommen erschließen will, um seine eigene Rohstoffbasis zu sichern. Hier arbeiten chinesische Firmen im Unterschied zu den früheren Kolonialmächten häufig mit eigenen Kräften. Zu diesem Zweck, und nur für die Dauer der Arbeiten, werden sie aus China importiert und gehen danach wieder zurück. Offenbar ist dies kostengünstiger als das Training und die Beschäftigung einheimischer Arbeitskräfte. Außerdem etabliert sich in vielen Ländern Afrikas allmählich eine chinesische Händlerschicht, die Versorgungs- und Bedarfslücken schließt, die von den Afrikanern selbst nicht oder nur unzureichend bedient werden. Eine ähnliche Rolle nehmen in den ehemaligen französischen Kolonien Westafrikas libanesische Händler ein. In den früheren britischen Kolonien Ost- und Südafrikas hatten Inder, die zu britischer Zeit zuwanderten, eine ähnliche Rolle. So ist der Einfluss indisch stämmiger Familien auf die Wirtschaft in Südafrika heute noch erheblich.

Massenwanderungen im großen Stil sind also kein Ausfluss der Globalisierung. Weder sind sie notwendig für das Wandern von Wissen und Ideen, noch werden sie gebraucht für grenzüberschreitende Investitionen und die internationalen Produktionsketten, die den Kern der globalisierten Weltwirtschaft ausmachen.

Entwicklungsniveau und Perspektiven der Auswanderungsländer

Der UNO-Index der menschlichen Entwicklung

Im Rahmen des UNO Entwicklungsprogramms wird regelmäßig – erstmals für 1990 – ein Index der menschlichen Entwicklung (Human Development Index HDI) veröffentlicht.[12] Das ist ein zusammengefasster Index, der sich aus drei Komponenten zusammensetzt:

- dem Bruttonationaleinkommen pro Kopf zu konstanten Preisen umgerechnet in Kaufkraftparität,
- den Indikatoren zu Gesundheit, Sterblichkeit und Lebenserwartung und
- den Indikatoren zu Alphabetisierung, Schulbesuch und Schulabschlüssen.

Mit den kombinierten Indikatoren zu Lebensstandard, Bildung und Gesundheit/Lebenserwartung ist der Index sehr aussagestark.[13] In der Summe hat sich seit 1990 für die meisten Länder eine stetige Verbesserung gezeigt.[14]

Der Index teilt die Länder der Welt und ihre Bevölkerung in vier Gruppen ein:

- Sehr hohe menschliche Entwicklung (59 Länder)
- Hohe menschliche Entwicklung (62 Länder)
- Mittlere menschliche Entwicklung (40 Länder)
- Niedrige menschliche Entwicklung (38 Länder)

In der niedrigsten Gruppe befinden sich 35 afrikanische Länder (BNP pro Kopf rund 2500 Dollar), 13 afrikanische Länder sind in der Gruppe mit mittlerer Entwicklung (BNP pro Kopf rund 6800 Dollar) und fünf afrikanische Länder sind in der Gruppe mit hoher Entwicklung (BNP pro Kopf 15 000 Dollar). In der Gruppe mit sehr hoher Entwicklung (BNP pro Kopf 40 000 Dollar) gibt es kein afrikanisches Land, aber einige arabische Ölexportländer.

Der HDI zeigt: In Summe befinden sich die afrikanischen Länder beim Niveau der menschlichen Entwicklung gemäß UNO-Definition ganz weit hinten. Der Anstieg des HDI in den letzten 30 Jahren zeigt aber auch, dass sich die Verhältnisse für Subsahara-Afrika und für die arabischen Länder Nordafrikas und des westlichen Asiens durchweg stark verbessert haben. Allerdings wurde der Anstieg bei einigen Ländern durch Kriegsereignisse und innere Wirren unterbrochen. Syrien ist z.B. erheblich abgerutscht. Außerdem gibt es starke Schwankungen von Land zu Land. Gemessen am Entwicklungsrückstand verläuft der Aufholprozess zu den sehr entwickelten Staaten bei den arabischen Ländern und den Ländern in Subsahara-Afrika deutlich langsamer als bei den Ländern im südlichen und östlichen Asien.[15]

Der Blick auf einzelne Länder

Die Indikatoren des HDI verarbeiten eine ungeheure Menge von Daten. Bei der Interpretation sollte man zurückhaltend sein, weil die statistische Basis in vielen Ländern schwankend und dürftig ist und bereits in einem relativ entwickelten Land wie Südafrika mit der Qualität europäischer Statistiken nicht verglichen werden kann. Trotzdem halte ich die von der UNO mit dem HDI geschaffene statistische Basis für äußerst wertvoll. Der HDI belegt, dass es für alle Länder in Afrika und im westlichen Asien, auch für die ärmsten, einen stetigen Fortschritt bei der Verbesserung der Lebensverhältnisse gibt. Die Daten zeigen aber auch, dass die Unterschiede zur entwickelten Welt krass sind und noch auf lange Zeit so bleiben werden.

Das zeigt die nachfolgende Auflistung des BNP pro Kopf (Kaufkraftparität) für ausgewählte Länder, Stand 2017:

	BNP pro Kopf	**HDI-Rang**
Deutschland	46.136	5
Ägypten	10.355	115
Tunesien	10.275	95
Marokko	7.340	113
Niger	906	189
Senegal	2.384	164
Ghana	4.096	140
Nigeria	5.231	157
Rep. Kongo	796	176
Ruanda	1.811	158
Eritrea	1.759	179
Äthiopien	1.719	173
Kenia	2.961	142
Simbabwe	1.683	156
Botswana	15.534	101
Südafrika	11.923	113
Syrien	2.337	155
Irak	17.789	120
Afghanistan	1.824	158

Aus den 73 Ländern Afrikas und des westlichen Asiens habe ich die obigen 18 für eine kurze Kommentierung ausgewählt. In der Summe kommen dabei jene Fragen und Probleme zur Sprache, die auch für die Gesamtheit der Länder gelten. Reiche Ölstaaten habe ich dabei ausgeklammert.

Ägypten

Ägypten ist mit 102 Millionen Einwohnern das bevölkerungsreichste Land der arabischen Welt und steht in Afrika nach der Bevölkerungszahl hinter Nigeria und Äthiopien an dritter Stelle. Unter den arabischen Ländern ist es eine geistige und religiöse Führungsmacht. Die Bewegung der Muslimbrüder nahm von dort ihren Ausgang. Auch der Arabische Frühling (zuweilen Arabellion genannt) und seine Unterdrückung entfalteten in Ägypten ihre größte Wirkung.

Die Bevölkerungszahl hat sich seit 1950 verfünffacht und steigt bis 2050 auf 160 Millionen. Im Durchschnitt bekommen die Frauen 3,4 Kinder.

Seit der Antike ist Ägypten durch die Landwirtschaft im fruchtbaren Niltal und Nildelta geprägt, mittlerweile aber aufgrund der Bevölkerungsentwicklung auf Lebensmittelimporte angewiesen. Die Wirtschaft hat einen starken produzierenden Sektor, der ein Drittel zur gesamtwirtschaftlichen Wertschöpfung beiträgt. Der Beitrag der Landwirtschaft liegt noch bei 11 % des BIP.

27,8 % der Bevölkerung gelten als arm. 1,3 % liegen unter der absoluten Armutsgrenze (1,90 Dollar in Preisen von 2011 pro Tag). Im Jahr 2018 wanderten 190 000 Ägypter (netto) aus. Viele Ägypter arbeiten im Ausland. Ihre jährlichen Überweisungen in die Heimat lagen 2018 bei 25 Milliarden Dollar und machten 10 % des BIP aus.

Die Rate der Internetnutzung in der Bevölkerung liegt bei 47 %[16]

Tunesien

Tunesien war das Land, von dem Ende 2010 der Arabische Frühling ausging. Seine Regierungsform kommt unter den arabischen Ländern einer westlichen Demokratie am nächsten. Die Bevölkerung liegt bei 12 Millionen, die jährliche Zunahme bei 1 %. Im Durchschnitt bekommen die Frauen 2,2 Kinder.

Der Beitrag der Landwirtschaft zum BIP beträgt 10 %, Industrie und verarbeitendes Gewerbe tragen 23 % bei. Das Außenhandelsdefizit beträgt 21 % des BIP.

15,2 % der Bevölkerung gelten als arm. 0,3 % liegen unter der absoluten Armutsgrenze. 1,9 Milliarden Dollar, das sind 5 % des BIP, fließen jährlich als Überweisungen von Tunesiern im Ausland ins Land. Die Nettoauswanderung lag 2018 bei 20 000.

64 % der Tunesier nutzen das Internet.[17]

Marokko

Marokko hat 36 Millionen Einwohner, die Bevölkerung wächst jährlich um 1,3 %. Im Durchschnitt bekommen die Frauen 2,5 Kinder.

Der Beitrag der Landwirtschaft zum BIP beträgt 12 %, der Beitrag des verarbeitenden Gewerbes 25 %. Das Außenhandelsdefizit ist 12 % des BIP.

Die nationale Armutsquote wurde für 2010 mit 4,8 % und der Prozentsatz der absoluten Armut mit 1,0 angegeben. Die jährlichen Überweisungen von Marokkanern aus dem Ausland betragen 6,9 Milliarden Dollar, das sind 5,8 % des BIP. 260 000 Marokkaner wanderten 2018 aus.

65 % der Marokkaner nutzen das Internet.[18]

Niger

Die Bevölkerung von Niger liegt 2020 bei 24 Millionen. Sie hat sich seit 1990 verdreifacht und wird sich bis 2050 erneut mehr als verdoppeln. Im Durchschnitt bekommen die Frauen sieben Kinder. 32 % der Kinder unter fünf Jahren waren 2018 untergewichtig.

Der Beitrag der Landwirtschaft zum BIP liegt bei 40 %, der Beitrag des verarbeitenden Gewerbes liegt bei 15 %. Das Außenhandelsdefizit beträgt 16 % des BIP.

49 % der Bevölkerung lagen 2010 unter der absoluten Armutsgrenze von 1,90 Dollar am Tag. Eine Nettoauswanderung gibt es nicht. Die Überweisungen von Landsleuten aus dem Ausland liegen bei jährlich 280 Millionen Dollar, das entspricht 3 % des BIP. Im Jahr 2018 betrug die Entwicklungshilfe 1,2 Milliarden Euro, das sind 13 % des Sozialprodukts. 5,3 % der Bevölkerung nutzen das Internet.[19]

Niger gehört zusammen mit den Nachbarstaaten Mali und Burkina Faso zu den Ländern in der Welt mit den höchsten Geburtenraten und dem niedrigsten Rang auf dem HDI-Index. Die Sicherheitslage verschlechtert sich in allen drei Ländern durch die Aktivitäten radikaler Islamisten, die staatliche Präsenz ist sehr gering. Gleichzeitig ist die Region ein Kerngebiet des Schlepperwesens für die illegale Migration nach Europa und stand deshalb in den letzten Jahren auch bei Besuchen von Mitgliedern der Bundesregierung unter einem besonderen Fokus.[20]

Senegal

Im Senegal leben knapp 17 Millionen Menschen, das jährliche Bevölkerungswachstum liegt bei 2,4 %. Durchschnittlich bekommen die Frauen 4,7 Kinder. 2010 lebten 38 % der Bevölkerung unter der absoluten Armutsgrenze. 2018 waren 13,5 % der Kinder unter fünf Jahren untergewichtig.

Der Beitrag der Landwirtschaft zum Sozialprodukt liegt bei 17 %. Das verarbeitende Gewerbe hat einen Wertschöpfungsanteil von 23 %. Das Defizit im Außenhandel beträgt 12 % des BIP.

Die Nettoauswanderung belief sich 2018 auf 100 000 Menschen. Die Landsleute im Ausland überweisen jährlich 2,2 Milliarden Dollar in den Senegal, das entspricht 9,2 % des Sozialprodukts. Im Jahr 2018 flossen 910 Millionen Entwicklungshilfe ins Land.

46 % der Bevölkerung nutzen das Internet.[21]

Ghana

Ghana wurde 1957 als erste britische Kolonie in Afrika unabhängig. Das an Bodenschätzen reiche Land hatte eine relativ gute Infrastruktur. Das BIP pro Kopf entsprach zum Zeitpunkt der Unabhängigkeit dem in Singapur. Unter seinem ersten Präsidenten und späteren Diktator Kwame Nkrumah geriet das Land in eine ausgeprägte Phase der Misswirtschaft. Nach einer Reihe von Reformen gehört Ghana jetzt zu den relativ erfolgreichen Ländern im westlichen Afrika.

In Ghana leben rund 32 Millionen Menschen. Das jährliche Bevölkerungswachstum liegt bei 2,2 %. Durchschnittlich bekommen die Frauen 3,9 Kinder. 2018 lebten 23,4 % der Bevölkerung unter der nationalen Armutsgrenze. 13,3 % lebten unter der absoluten Armutsgrenze von 1,90 Dollar pro Tag.

Der Beitrag der Landwirtschaft zum Sozialprodukt liegt bei 19 %, der Anteil des verarbeitenden Gewerbes bei 24 %. Das Defizit im Außenhandel beträgt 3 % des BIP.

Die Nettoauswanderung belief sich 2018 auf 50 000 Menschen. Die jährlichen Überweisungen der Landsleute aus dem Ausland liegen bei 3,8 Milliarden Dollar, das sind 5,5 % des Sozialprodukts. An offizieller Entwicklungshilfe flossen 1,3 Milliarden Dollar im Jahr 2018.

39 % der Bevölkerung nutzen das Internet.[22]

Nigeria

Nigeria ist das bevölkerungsreichste Land Afrikas und aufgrund seines Ölreichtums potenziell sehr wohlhabend. Der Vielvölkerstaat ist geprägt durch ethnische und religiöse Gegensätze. Der Norden des Landes ist überwiegend islamisch, der Süden überwiegend christlich. Der Zentralregierung gelingt es neben vielen anderen Misserfolgen nicht, im Norden des Landes die Terrormiliz Boko Haram in den Griff zu bekommen. Die überall in Afrika endemische Korruption ist in Nigeria besonders ausgeprägt.

Nigeria hat gegenwärtig rund 200 Millionen Einwohner. Eine Verdoppelung bis zum Jahr 2050 wird erwartet. Durchschnittlich bekommen die Frauen 5,5 Kinder. 2010 lebten 53,5 % der Bevölkerung unter der absoluten Armutsgrenze. 31,5 % der Kinder unter fünf Jahren waren 2018 untergewichtig.

Der Beitrag der Landwirtschaft zum Sozialprodukt beträgt 21 %, der Beitrag der Industrie 24 %. Die Bilanz des Außenhandels ist dank der Ölexporte ausgeglichen.

2018 betrug die Nettoauswanderung 300 000. Die Überweisungen der Landsleute aus dem Ausland lagen bei 24,3 Milliarden Dollar, das sind 7,8 % des Bruttoinlandsprodukts. Das Land erhielt 3,4 Milliarden Dollar offizielle Entwicklungshilfe.

42 % der Bevölkerung nutzen das Internet.

Demokratische Republik Kongo

Die ehemalige belgische Kolonie Kongo ist zu zwei Dritteln von Regenwald bedeckt und reich an Bodenschätzen. Sie war seit ihrer Unabhängigkeit 1960 immer wieder durch Bürgerkriege und ausgeprägte Misswirtschaft gekennzeichnet.

Die Bevölkerung von 86 Millionen wächst jährlich um 3,2 % und wird sich bis 2050 mehr als verdoppeln. Die Frauen bekommen durchschnittlich 6 Kinder. 2010 lebten 77 % der Bevölkerung unter der absoluten Armutsgrenze von 1,90 Dollar täglich. 24 % der Kinder unter 10 Jahren waren 2010 untergewichtig.

Der Beitrag der Landwirtschaft zum Sozialprodukt beträgt 19 %, der Anteil der Industrie (im wesentlichen Bergbau) liegt bei 40 %.

Die Überweisungen der Landsleute aus dem Ausland lagen 2018 bei 1,8 Milliarden Dollar, das sind 3,8 % des BIP. Die offizielle Entwicklungshilfe lag bei 2,3 Milliarden Dollar, das sind 4,8 % des BIP.

8,6 % der Bevölkerung nutzen das Internet.[23]

Ruanda

Die ehemalige belgische Kolonie Ruanda ist, wie auch die Nachbarstaaten, durch den Gegensatz der Volksgruppen der Hutu und Tutsi geprägt. Massaker der Hutu-Mehrheit an der Tutsi-Minderheit arteten 1994 in Ruanda zum Völkermord aus, führten zur Ausweitung des Konflikts in den benachbarten Kongo und brachten letztlich den gegenwärtigen Präsidenten Paul Kagame, einen Tutsi, an die Macht, der ein autoritäres , aber auf Aussöhnung der Volksgruppen zielendes Regiment führt. Kagame hat eine Tutsi-Diktatur errichtet. Ob dies langfristig gut geht, ist offen.[24]

Die Bevölkerung Ruandas liegt bei 13 Millionen, sie wächst um 2,6 % im Jahr. Die Frauen bekommen durchschnittlich 4,1 Kinder. Mit 500 Einwohnern pro Quadratkilometer ist das fruchtbare Land sehr dicht besiedelt. 56 % der Bevölkerung lagen 2018 unterhalb der Armutsgrenze. 9,3 % der Kinder unter fünf Jahren sind untergewichtig.

Der Beitrag der Landwirtschaft zum BIP beträgt 29 %, der Beitrag der Industrie liegt bei 16 %. Das Außenhandelsdefizit liegt bei 17 % des BIP. Die offizielle Entwicklungshilfe beträgt 1,2 Milliarden Dollar, das sind 13 % des BIP. Die Überweisungen von Landsleuten aus dem Ausland liegen bei 1,7 % des BIP. Die Nettoauswanderung betrug 45 000 bezogen auf das Jahr 2018.

22 % der Bevölkerung benutzen das Internet.[25]

Eritrea

Die ehemalige italienische Kolonie Eritrea führte einen langen Unabhängigkeitskampf gegen Äthiopien. Die Bevölkerung liegt bei 3,5 Millionen und hat sich seit 1950 vervierfacht. Die Frauen bekommen durchschnittlich 4,1 Kinder. Der Anteil der untergewichtigen Kinder unter fünf Jahren lag 2010 bei 39 %.

14 % der Wertschöpfung entfielen 2010 auf die Landwirtschaft, 22 % auf die Industrie, das Außenhandelsdefizit lag bei 18 %.

Die Nettoauswanderung aus dem kleinen Land lag 2018 bei rund 200 000. Statistische Daten über den Umfang der Überweisungen von Landsleuten aus dem Ausland stehen nicht zur Verfügung. Es ist aber bekannt, dass der Umfang der Überweisungen die wesentliche Deviseneinnahme des Landes ist. Die hohe Nettoauswanderung kommt der Regierung offenbar zupass.

1,3 % der Bevölkerung benutzten 2018 das Internet.[26]

Äthiopien

Äthiopien wurde als einziges afrikanisches Land niemals kolonisiert. Einen gewaltsamen italienischen Versuch wies es in den Dreißigerjahren des vergangenen Jahrhunderts mit Erfolg zurück. In Form des koptischen Glaubens hat es eine seit der Antike ungebrochene christliche Tradition. Der muslimische Bevölkerungsanteil wächst jedoch stärker und stellt mittlerweile die demografische Mehrheit. Der Vielvölkerstaat mit mehr als 80 verschiedenen Volksgruppen weist große ethnische Spannungen auf. Der seit April 2018 amtierende Premierminister Abiy Ahmed, Sohn eines Muslims und einer Christin, betreibt eine sehr reformorientierte Politik. Für die Aussöhnung mit Eritrea erhielt er im Oktober 2019 den Friedensnobelpreis.[27]

Die Bevölkerungszahl liegt bei 115 Millionen. Sie hat sich seit 1950 versechsfacht. Das jährliche Bevölkerungswachstum beträgt 2,6 %. Die Frauen bekommen durchschnittlich 4,4 Kinder. Der Anteil der untergewichtigen Kinder unter fünf Jahren betrug 24 % in 2018. Vor einem halben Jahrhundert waren noch etwa 40 % der Landesfläche mit Regenwald bedeckt. Aufgrund des Bevölkerungswachstums und der Ausdehnung der Landwirtschaft sind davon nur noch kleine Inseln von knapp 3 % der Landesfläche übrig.[28]

Die Landwirtschaft trägt 31 %, die Industrie 27 % zur gesamtwirtschaftlichen Wertschöpfung bei. Das Außenhandelsdefizit beträgt 15 % des BIP. 2018 erhielt Äthiopien 4,1 Milliarden Dollar an offizieller Entwicklungshilfe, das sind knapp 5 % des Sozialprodukts. An Investitionsmitteln, vorwiegend aus China, flossen außerdem 3,3 Milliarden Dollar, knapp 4,5 % des Sozialprodukts, zu.

Äthiopien ist Zuzugsgebiet für Flüchtlinge aus Somalia und hatte 2018 keine Nettoauswanderung.

19 % der Bevölkerung nutzen das Internet.[29]

Kenia

Kenia, die frühere Kolonie Britisch-Ostafrika, wurde 1963 unabhängig. Neben dem früheren Rhodesien (heute Simbabwe) und Südafrika war die Kolonie ein Hauptsiedlungsgebiet britischer Siedler in Afrika. Der Unabhängigkeitskampf war konfliktreich.

Kenia hat rund 54 Millionen Einwohner. Die Bevölkerung hat sich seit 1990 mehr als verdoppelt. Das jährliche Bevölkerungswachstum beträgt 2,3 %. Die Frauen bekommen im Durchschnitt 3,6 Kinder. Im Jahr 2018 betrug die Quote der absoluten Armut (weniger als 1,90 Dollar pro Tag und Person) 37 %. 16 % der Kinder unter fünf Jahren hatten 2010 Untergewicht.

34 % der gesamtwirtschaftlichen Wertschöpfung entfallen auf die Landwirtschaft, 16 % auf die Industrie. Das Außenhandelsdefizit beträgt 10 % des BIP. Die Auslandsverschuldung Kenias liegt bei 55 % des BIP. Größter bilateraler Gläubiger ist China, das u.a. auch die Eisenbahnstrecke von der Hafenstadt Mombasa in die Hauptstadt Nairobi finanziert hat.[30]

2018 betrugen die Überweisungen von Landsleuten aus dem Ausland 2,7 Milliarden Dollar bzw. 3,1 % des BIP. 1,6 Milliarden Dollar flossen als Mittel für Auslandsinvestitionen ins Land, davon ein erheblicher Teil aus China. Aus der offiziellen Entwicklungshilfe flossen 2,5 Milliarden Dollar zu. Zusammen machten diese Zuflüsse 7,7 % des BIP aus und ermöglichten die Finanzierung des Außenhandelsdefizits. 2018 lag die Nettoauswanderung bei 50 000.

18 % der Bevölkerung nutzen das Internet.[31]

Simbabwe

Das heutige Simbabwe entstand 1980 aus der unter weißer Vorherrschaft stehenden Republik Rhodesien, die 1965 durch eine einseitige Unabhängigkeitserklärung aus der britischen Kolonie Rhodesien hervorgegangen war. Mit überwiegend weißen Farmern hatte Simbabwe eine leistungsfähige Landwirtschaft und galt als Kornkammer Afrikas.

Präsident Robert Mugabe verwandelte das Land stufenweise in eine Präsidialdiktatur. Durch eine verfehlte Landreform wurde seit den 1990er-Jahren die Wirtschaft ruiniert. Der Lebensstandard sank dramatisch. Millionen Simbabwer verließen das Land und gingen vor allem nach Südafrika. Für Ende 2019 wurde die Zahl der Menschen ohne ausreichende Lebensmittelversorgung auf 5,5 Millionen geschätzt. Gleichzeitig lag die Inflationsrate bei 150 %.[32]

Die Bevölkerung Simbabwes liegt bei 15 Millionen, sie hat sich seit 1950 verfünffacht. Die Frauen bekommen durchschnittlich 3,7 Kinder. 22,5 % der Bevölkerung lebten 2010 unter der absoluten Armutsgrenze von 1,90 Dollar pro Tag und Person. 2018 hatten 8,4 % der Kinder unter 5 Jahren Untergewicht.

Der Beitrag der Landwirtschaft zur gesellschaftlichen Wertschöpfung liegt bei 12 %, der Beitrag der Industrie bei 32 %. Dabei geht es insbesondere um Bergbau, das Land ist reich an Bodenschätzen.

Die jährliche Nettoauswanderung ist sehr hoch. Sie lag 2018 bei 600 000. Landsleute aus dem Ausland überweisen jährlich knapp 1,9 Milliarden Dollar, das sind 6 % des BIP. Der jährliche Zufluss durch Auslandsinvestitionen liegt bei 2,3 %, der Zufluss aus offizieller Entwicklungshilfe liegt ebenfalls bei 2,3 % des BIP. Zusammen machen diese Zuflusspositionen jährlich mehr als 10 % des BIP aus.

27% der Bevölkerung nutzen das Internet.[33]

Botswana

Botswana, eine ehemalige britische Kolonie, erlangte 1966 die Unabhängigkeit vom Vereinigten Königreich. Der dünn besiedelte Wüstenstaat hat rund 2,4 Millionen Einwohner. Die Frauen bekommen durchschnittlich 2,9 Kinder. Das Bevölkerungswachstum liegt bei 2,2 % jährlich. 16,1 % der Bevölkerung liegen unter der absoluten Armutsgrenze von 1,90 Dollar pro Tag und Person. Botswana wurde stark getroffen von der HIV-Krise. 20 % der Bevölkerung zwischen 15 und 45 Jahren waren 2018 HIV-positiv.

Das Land ist nach den Maßstäben Afrikas sehr geordnet, wohlhabend und wenig korrupt. 2 % der gesamtwirtschaftlichen Wertschöpfung entfallen auf die Landwirtschaft, 20 % entfallen auf die Industrie. Die Ausfuhr von Diamanten macht 70 % des Exportwerts aus.

47 % der Bevölkerung nutzen das Internet.[34]

Südafrika

Südafrika ist das am meisten entwickelte Land des afrikanischen Kontinents mit dem größten Industrialisierungsgrad.

Die Bevölkerung liegt bei 59 Millionen, das jährliche Bevölkerungswachstum beträgt 1,4 %. Die Frauen bekommen durchschnittlich 2,4 Kinder. Die Quote der absoluten Armut (weniger als 1,90 Dollar pro Tag und Person) lag 2010 bei 16,5 %. 2018 hatten 5,9 % der Kinder unter fünf Jahren Untergewicht. Auch Südafrika wurde stark getroffen von Aids. Wie in Botswana sind auch hier 20 % der Menschen zwischen 15 und 45 Jahren HIV-positiv.

Etwa 9 % der Bevölkerung sind Weiße. Ihr Anteil an der Bevölkerung geht zurück. Seit dem Ende der Apartheid im Jahr 1990 haben etwa eine Million Weiße das Land verlassen.

Der Beitrag der Landwirtschaft zur gesamtwirtschaftlichen Wertschöpfung beträgt 2 %, der Anteil der Industrie beträgt 26 %. Die Handelsbilanz ist ausgeglichen.

Aus anderen Ländern Subsahara-Afrikas erfährt Südafrika eine starke Zuwanderung. Für 2018 wird sie auf 700 000 beziffert. Es wird vermutet, dass Millionen illegale Zuwanderer im Land leben.

Periodisch führt dies immer wieder zu Unruhen unter der einheimischen schwarzen Bevölkerung.

56 % der Bevölkerung nutzen das Internet.[35]

Syrien

Wegen der anhaltenden kriegerischen Verwicklungen gibt es gegenwärtig bei der Weltbank für Syrien keine klare statistische Datenbasis. Die explosive Bevölkerungsentwicklung war in dreifacher Hinsicht ein Auslöser für den Bürgerkrieg. Sie verschob die Gewichte zwischen den herrschenden Alawiten (ca. 10 % Bevölkerungsanteil) und den arabischen Sunniten und führte zur Verarmung sowie religiösen Radikalisierung der Letzteren, die sich mehr und mehr dem Salafismus zuwandten. Sie zerstörte wegen des Raubbaus am Grundwasser und der wachsenden Bevölkerungszahl die Ernährungsbasis der bäuerlichen Bevölkerung. Der Bürgerkrieg brachte eine vollständige Fragmentierung mit sich, es gibt keine klaren Parteibildungen.[36]

Nach Kriegstoten und Fluchtbewegungen liegt die Bevölkerung bei ca. 17,5 Millionen, sie hat sich seit 1950 verfünffacht. Die Frauen bekommen durchschnittlich 2,8 Kinder. 2010 hatten rund 10 % der Kinder unter fünf Jahren Untergewicht.

Die jährliche Auswanderung wird von der Weltbank mit 2 Millionen angegeben, der Jahresbezug der Zahl ist unklar.

Rd. 34 % der Syrer nutzen das Internet.[37]

Irak

Der Irak hat rund 40 Millionen Einwohner. Die Bevölkerung hat sich seit 1950 versiebenfacht, seit 1990 mehr als verdoppelt. Die Frauen bekommen durchschnittlich 3,8 Kinder. Die Quote der absoluten Armut lag 2010 bei 2,5 % der Bevölkerung. Das Land leidet unter der religiösen Spaltung der Bevölkerung in Sunniten und Schiiten und unter einer ausgeprägten Korruption. Es wird immer wieder von religiös motivierten Attentaten und Unruhen erschüttert.

Der Anteil der Landwirtschaft an der gesamtwirtschaftlichen Wertschöpfung lag 2018 bei 3 %. Der Anteil der Industrie (stark geprägt durch die Förderung von Öl und Gas) lag bei 56 %.

Der Mittelzufluss aus der offiziellen Entwicklungshilfe lag 2018 bei 2, 9 Milliarden Dollar bzw. 1,3 % des BIP.

49 % der Iraker nutzen das Internet.[38]

Afghanistan

Die Bevölkerung Afghanistans liegt bei 39 Millionen. Sie hat sich trotz der kriegerischen Ereignisse seit 1990 in nur drei Jahrzehnten verdreifacht. 55 % der Bevölkerung gelten als arm. Die Frauen bekommen im Durchschnitt 4,6 Kinder. 2010 war der Anteil der Kinder unter fünf Jahren mit Untergewicht 25 %.

Von der gesamtwirtschaftlichen Wertschöpfung entfallen 20 % auf Landwirtschaft und 22 % auf die Industrie. Afghanistan ist ein Weltzentrum des illegalen Mohnanbaus. Das Außenhandelsdefizit beträgt 40 % des BIP. An offizieller Entwicklungshilfe fließen dem Land jährlich 3,8 Milliarden Dollar zu, das sind 20 % des BIP. Ein wesentlicher Wirtschaftsfaktor ist zudem der fortgesetzte Mittelzufluss durch die Anwesenheit ausländischer Streitkräfte mitsamt den daraus erwachsenden Beschäftigungsmöglichkeiten.

Die Nettoauswanderung lag 2018 bei 300 000 und dürfte 2019 weiter angestiegen sein.[39] Rund 15 % der Afghanen nutzen das Internet.[40] Es gibt sehr langsame Fortschritte in Richtung besserer Regierungsstrukturen. Ein militärischer Sieg über die Taliban hat sich jedoch als unerreichbar gezeigt. Bei einem Abzug der Amerikaner und übrigen ausländischen Streitkräfte könnte alles in den letzten 18 Jahren Erreichte schnell wieder zunichte werden.[41] Dieser Abzug wird nach dem Abkommen zwischen den Taliban und den USA vom 29. Februar 2020 mit hoher Wahrscheinlichkeit in naher Zukunft vollzogen werden.

Resümee aus dem Blick auf einzelne Länder

Zu 18 ausgewählten Ländern habe ich einige Entwicklungslinien anhand statistischer Daten näher ausgeführt. So wird deutlich, dass es bei allen Gemeinsamkeiten auch große Unterschiede gibt. Über einer notwendigen Pauschalierung darf man diese großen Unterschiede nicht vergessen. Länder wie Südafrika und Niger können eben nicht miteinander gleichgesetzt werden. Umgekehrt gilt aber auch, man darf sich nicht in Einzelheiten verlieren, wenn man Trends und Gesetzmäßigkeiten erkennen und analysieren will. Ein Zwischenresümee ziehe ich wie folgt:

- Alle Länder Afrikas und des westlichen Asiens waren in den letzten Jahrzehnten von einer Bevölkerungsexplosion geprägt. Diese ist noch längst nicht abgeschlossen. Nur in ganz wenigen Ländern nähert sich die Zahl der Kinder einem Wert von zwei, sodass von einer demografischen Stabilisierung gesprochen werden kann.
- Überall ist die Lebenserwartung deutlich und nachhaltig angestiegen. Die Kindersterblichkeit ist stark gesunken, dieser Trend setzt sich fort.
- Die Quote der absoluten Armut ist überall stark zurückgegangen. Der Anteil der untergewichtigen Kinder sinkt, der Hunger verliert auch in den ärmsten Ländern an Bedeutung.
- Nahezu überall beobachtet man eine dramatisch wachsende Einbindung in den internationalen Kommunikationszusammenhang, ablesbar an der schnell wachsenden Verbreitung der Internetnutzung.
- Die Neigung zur Auswanderung ist in den ärmsten Ländern am wenigsten ausgeprägt. Sie ist in jenen Ländern höher, wo die absolute Armut geringer ist und bereits ein gewisses materielles Niveau erreicht wurde.
- Die Auswanderungsneigung hat also nichts mit besonders großer Armut zu tun, sondern mit dem Wunsch, das eigene Los weiter zu verbessern, nachdem man der absoluten Armut bereits entkommen ist.
- Das bedeutet, dass die Annahme ein Irrtum ist, Bekämpfung von Fluchtursachen habe mit der Bekämpfung der absoluten Armut zu tun.
- Die Überweisungen der Ausgewanderten in ihre Herkunftsländer spielen für die Devisenbilanz und den Lebensstandard in den Herkunftsländern eine große, teilweise sogar eine sehr große Rolle.
- Das macht die Regierungen vieler Herkunftsländer zu heimlichen

Verbündeten der Fluchtmigration aus Wohlstandsgründen und erklärt deren Weigerung, bei der Rückführung illegaler Einwanderer zu kooperieren.

Erfolgsfaktoren wirtschaftlicher und sozialer Entwicklung

Seit dem Zweiten Weltkrieg sind die unterschiedlichsten Entwicklungstheorien entstanden, diskutiert und in der Praxis ausprobiert worden.[42] Auch der Inhalt dessen, was eigentlich Entwicklung ist, wurde immer wieder hinterfragt. Dabei wurde die zentrale Bedeutung institutioneller Rahmenbedingungen und eingeübter Verhaltensweisen deutlich. Für die Summe richtiger Regeln und Verhaltensweisen bürgerte sich der Sammelbegriff *Good Governance* ein. Die Möglichkeit zur *Good Governance* hängt auch von kulturellen Voraussetzungen ab, die nicht beliebig geschaffen werden können, sondern ihrerseits Zeit für ihre Herausbildung und Festigung brauchen. Das bedeutet grundsätzlich auch, dass Regeln und Rezepte für erfolgreiche wirtschaftliche und soziale Entwicklung nicht unabhängig vom kulturellen und historischen Kontext einer Gesellschaft anwendbar sind. Deshalb lässt sich z.B. das erfolgreiche japanische oder chinesische Entwicklungsmodell nicht ohne Weiteres auf die Entwicklungsländer Afrikas übertragen.

Jedoch lässt sich eine Reihe von Erfolgsbedingungen wirtschaftlicher und sozialer Entwicklung auflisten, die nahezu universelle Geltung beanspruchen können. Für eine positive wirtschaftliche und soziale Entwicklung müssen sie jedoch in gewissem Umfang allesamt gleichzeitig entwickelt und vorangetrieben werden. Länder, die dies geschafft haben, haben sich auf der ganzen Welt in der Summe wirtschaftlich und sozial gut entwickelt. Länder, die in Einzelbereichen oder über die ganze Breite der Komponenten Defizite aufweisen, bleiben dagegen zurück und bleiben häufig auf lange Sicht in einer Falle aus Armut und Unterentwicklung gefangen.

Stabile Institutionen

Ein jedes Land braucht Regeln, wie politische Macht an die politischen Herrscher zugeteilt und auch wieder entzogen werden kann, ohne dass es dabei zu Gewalttätigkeiten, Mord- und Totschlag oder gar zu Bürgerkriegen kommt.

Aus der Sicht des Westens ist dabei die parlamentarische Demokratie die beste Lösung. Insbesondere im Fernen Osten hat sich aber gezeigt, dass unter bestimmten Bedingungen auch Modelle autoritärer Herrschaft funktionieren können, wenn sie nicht in Willkür und Kleptokratie ausarten.

Ehemalige Kolonien europäischer Staaten starteten durchweg als parlamentarische Demokratien in die Unabhängigkeit, wechselten dann aber häufig schnell in die unterschiedlichsten Formen autoritärer Herrschaft.

Die Zeitschrift *The Economist* veröffentlicht regelmäßig einen weltweiten Demokratieindex. Von 64 untersuchten Ländern in Afrika und dem Nahen Osten wurde 2018 nur ein Land (Mauritius) als vollwertige Demokratie eingestuft. Neun Länder gelten als Demokratie mit Mängeln, 18 sind hybride Herrschaftsformen, und 26 Länder haben eine autoritäre Herrschaft.[43]

Wo politische Herrschaft der Willkür folgt, sind häufig auch die staatlichen Institutionen nicht stabil und wenig leistungsfähig. In unterschiedlichem Umfang ist dies für die meisten Länder Afrikas und des westlichen Asiens der Fall. Diese Institutionen müssen von der Politik geschaffen, in ihrem Bestand geschützt und in ihrer Funktionsweise gesichert werden.

Der ehemalige Vorstandsvorsitzende der Schweizer Bank Credit Suisse, Tidjane Thiam, stammt von der Elfenbeinküste und war dort bis zum Militärputsch 1999 Minister. Zu den Problemen in Afrika meint er: »Es kommt nicht auf die Männer an, sondern auf die Institutionen. […] Rechtsstaat, Eigentumssicherheit, Demokratie, freie Märkte – diese Institutionen produzieren in Afrika die gleichen Resultate wie überall […] Afrika liegt nicht auf einem anderen Planeten, soviel ich weiß. Das Wort Afrika wird aber leider als Entschuldigung dafür gebraucht, nicht an hohen Standards gemessen zu werden.«[44]

Herrschaft des Rechts

Die Herrschaft des Rechts (*rule of law*) hat einigermaßen stabile staatliche Institutionen zur Voraussetzung. Sie bedeutet aber mehr, nämlich ein gesetzestreues, regelgebundenes Verhalten staatlicher Institutionen und deren Wille sowie deren Fähigkeit, die gleichmäßige Beachtung der Gesetze auch bei den Bürgern und den wirtschaftlich tätigen Unternehmen durchzusetzen. Auch in vorbildlich geführten Ländern weist die *rule of law* Lücken auf. Sonst gäbe es keine Kriminalität, keine Bestechlichkeit, und Autofahrer würden niemals die zulässige Geschwindigkeit überschreiten.

Die Herrschaft des Rechts ist also kein Prinzip, das jemals vollständig umgesetzt würde. Es gibt hier gleitende Übergänge und viele Zwischenzustände. Ohne eine wenigstens rudimentär funktionsfähige Rechtsordnung ist aber das wirtschaftliche und soziale Gedeihen einer Gesellschaft nahezu unmöglich. Viele Länder Afrikas, vor allem Subsahara-Afrikas, weisen hier im internationalen Vergleich besonders viele Mängel auf. Das zeigt sich nicht nur an der weitverbreiteten Gewalt- und Eigentumskriminalität, sondern auch am Umfang der Korruption und dem oft geringen Schutz der Unternehmen vor staatlichen Willkürentscheidungen.

Wirtschaftsfreundliches Umfeld

Ein gewisses Maß an rechtlicher Zuverlässigkeit ist unverzichtbar für ein ausreichend wirtschaftsfreundliches Umfeld, ebenso aber die Transparenz und Zuverlässigkeit bei der Zulassung eines Gewerbes oder bei Baugenehmigungen. Wichtig sind die Verfahren bei der Sicherung von Eigentumsrechten, das Steuersystem, der Zugang zu Elektrizität oder zu Bankkrediten und vieles andere mehr.

Die Weltbank hat hierzu für alle Länder dieser Erde ein differenziertes Berichtswesen aufgebaut, das in ein Länderranking mündet.[45] Dabei zeigt sich generell, dass ein hohes Niveau der Wirtschaftsaktivität zumeist auch mit wirtschaftsfreundlicher Regulierung einhergeht. Deshalb liegen die Industriestaaten der OECD im Ranking der Wirtschaftsfreundlichkeit durchweg weit vorn.[46]

Im weltweiten Ranking hat das kleine Ruanda 2018 es immerhin auf Platz 20 geschafft. Marokko steht auf Platz 60, Kenia auf Platz 61. Südafrika nimmt den 82. Platz ein. Ägypten hat Platz 120. Das ölreiche Nigeria liegt dagegen erst auf Platz 143.

Die meisten Länder Subsahara-Afrikas finden sich bei der Wirtschaftsfreundlichkeit im hinteren Drittel der Weltrangliste.[47] Bei der Wirtschaftsfreundlichkeit bleibt also noch viel zu tun.

Wenig Korruption

Korruption, insbesondere von Amtsträgern, schafft sachlich ungerechtfertigte Bevorzugungen und Benachteiligungen. Sie beeinträchtigt den Wettbewerb der Besten, verteuert und verzerrt Investitionsentscheidungen und Geschäftsprozesse. Die Möglichkeit, an Korruption zu verdienen, lockt die falschen Charaktere in den Wettbewerb um öffentliche Ämter. Sie beeinträchtigt das Vertrauen in Institutionen und Amtsträger und ist generell ein gesellschaftliches Übel. Überall in der Welt gilt: Wo Korruption um sich greift, wird der ansonsten mögliche Wohlstand beeinträchtigt. Es werden Ressourcen verschwendet, Möglichkeiten wirtschaftlicher Betätigung bleiben ungenutzt, und der Wohlstand ist niedriger, als er andernfalls sein könnte.

Ein Sinn für die Gefahren und die moralische Verächtlichkeit von Korruption setzt aber ein bestimmtes Weltverständnis voraus, das von abstrakten Prinzipien des Dienens, der Pflicht und der produktiven Tätigkeit getrieben wird. *Die allgemeine Ächtung von Korruption ist ein kulturelles Produkt des Abendlandes und im nördlichen Europa weitaus strikter als z.B. in Süditalien, auf dem Balkan oder in Griechenland.*

In einer Kultur, die auf familiären Bindungen oder den Verpflichtungen einer traditionalen Stammesgesellschaft aufbaut und der langfristiges funktionales Denken fremd ist, kann der Blick auf Korruption ein ganz anderer sein. Hier mag es eher darum gehen, Chancen für materiellen Gewinn konsequent zu nutzen, weil man nicht weiß, wie lange sie andauern.

Auch mag das Bewusstsein der Pflicht gegenüber der Familie und dem Stamm ausgeprägter sein als die Bindung an abstrakte Prinzipien im Sinne des Gemeinwohls – zumal dann, wenn der Stellenwert des Gemeinwesens niedrig ist, derjenige der Familie oder des Stamms hingegen umso höher ist. In ganz Afrika und dem westlichen Asien ist die Loyalität gegenüber dem Staatswesen, dem man angehört, eher schwach ausgeprägt, die Loyalität gegenüber der Familie und dem Stamm ist dafür umso größer.

Deshalb verwundert es nicht, dass die Länder Afrikas und des westlichen Asiens bis auf wenige Ausnahmen auf der weltweiten Rangliste der Korruptionsanfälligkeit großenteils unrühmliche hintere Plätze einnehmen. Transparency International veröffentlicht jährlich den sogenannten Korruptionswahrnehmungsindex. Für 2018 umfasste er 180 Länder:

- Im ersten Viertel befinden sich nur vier Staaten aus Afrika und dem westlichen Asien: die Vereinigten Arabischen Emirate, die Seychellen, Katar und Botswana.
- Im zweiten Viertel gibt es 12 Länder, im dritten Viertel 15 Länder aus Afrika und dem westlichen Asien.
- Unter den korruptesten 40 Ländern, die im letzten Viertel enthalten sind, entfallen 35 Länder auf Afrika und das westliche Asien.[48]

Gerade die besonders armen Länder Subsahara-Afrikas sind offenbar zumeist besonders korrupt. Aber auch das wirtschaftlich vergleichsweise fortgeschrittene Südafrika hat nur einen Indexplatz von 73 und ist damit hinsichtlich der Korruption auf dem Niveau von Marokko oder Tunesien.

Aktuelle ökonometrische Untersuchungen, die anhand der Daten des Korruptionswahrnehmungsindex vorgenommen wurden, zeigen, dass das Wirtschaftswachstum mit steigender Korruption sinkt. In Ländern mit autokratischen Regierungsformen, wie sie in Subsahara-Afrika vorherrschen, ist dieser Effekt besonders ausgeprägt.[49]

Bildung

Der Umfang kognitiver Kompetenzen in einer Bevölkerung ist eine hauptsächliche Erklärungsgröße für die wirtschaftliche Entwicklung und den Wohlstand der Nationen. »Wer Wachstum und Wohlstand von Gesellschaften erklären und voraussagen will, der kann sich im Wesentlichen auf ein Thema konzentrieren, nämlich Bildung und Kompetenzen.«[50] Beim UNO-Index der menschlichen Entwicklung fließen zur Bildung vor allem der Grad und die Dauer des Schulbesuchs ein, nicht aber die in Tests tatsächlich erbrachte Bildungsleistung.

Es kommt aber nicht darauf an, wie viel ein Land für sein Bildungswesen ausgibt und wie viele Jahre der Schulbesuch dauert. Statistisch signifikant hinsichtlich einer nachweisbaren Kausalität ist vielmehr allein die von den Schülern tatsächlich erbrachte Bildungsleistung.

Hier schneiden Afrika und das westliche Asien sehr ungünstig ab. Nicht überall sind Testergebnisse verfügbar. Wo sie verfügbar sind und nach internationalen Standards ausgewertet werden, zeigt sich: Mehr als die Hälfte der Schüler bleibt in Ländern wie Tunesien, Marokko, Saudi-Arabien, Ghana, Botswana oder Südafrika bei einem Testwert von unter 400 Punkten. Das bedeutet, dass ausreichende Basiskenntnisse im Lesen und im Rechnen fehlen. Das Mindestkompetenzniveau, das für die Teilhabe in einer modernen Volkswirtschaft notwendig ist, fehlt in Afrika und im Nahen und Mittleren Osten bei mehr als 50 % der Schüler. Umgekehrt ist die Spitzengruppe von 600 Punkten und mehr in diesen Ländern fast gar nicht besetzt.[51] Das bedeutet, dass es in diesen Ländern nur wenige Schulabsolventen mit den fachlichen Voraussetzungen z.B. für ein naturwissenschaftliches Studium gibt.

Im Bildungsbereich bleibt also in Afrika und dem westlichen Asien ungeheuer viel zu tun, wenn man langfristig zum Wohlstand der Industriestaaten aufschließen will. Dies ist eher eine Frage der angewandten Methoden als der eingesetzten Finanzmittel. Auch in reichen Ölstaaten wie Bahrein, Kuweit oder Saudi-Arabien, wo Bildung keine Geldfrage ist, ist das bei den getesteten Schülern gemessene Leistungsniveau ziemlich schlecht.[52]

Gesundheits- und Bevölkerungspolitik

Wie bei der Diskussion der HDI-Ergebnisse deutlich wurde, sind die Senkung der Kindersterblichkeit, der allgemeine Anstieg der Lebenserwartung und der Rückgang von Hunger und Unterernährung eine der ganz großen Erfolgsgeschichten der Entwicklung in Afrika und im westlichen Asien. Das schafft die Voraussetzungen dafür, dass die Geburtenzahlen allmählich auf ein bestandserhaltendes Niveau absinken und die Bevölkerungsexplosion ausläuft. Eine weitere Voraussetzung dafür ist mehr und bessere Bildung, insbesondere für die Frauen. Bildung und Demografie hängen insofern eng zusammen.

Der Soziologe Erich Weede weist darauf hin, dass die »Nachzügler der weltwirtschaftlichen Entwicklung auf jedem Wohlstandsniveau schon gesünder und länger leben können, als es die westlichen Pioniere der wirtschaftlichen Entwicklung auf demselben Einkommensniveau taten. Der medizinische Fortschritt in den reichen Ländern wirkt sich auch in den armen Ländern positiv aus.«[53]

Besorgt stimmt, dass in den meisten Ländern Subsahara-Afrikas eine Trendwende bei der Bevölkerungsentwicklung noch nicht absehbar ist.

Produktivität

Nach der UNO-Prognose (mittlere Variante) wird selbst bei allmählich zurückgehender Kinderzahl die Bevölkerung in Afrika von gegenwärtig 1,3 Milliarden auf 4 Milliarden im Jahr 2100 steigen. Das wirft Fragen nach der künftigen Ernährungsbasis des Kontinents auf.

Die Produktivität einheimischer Farmer ist häufig sehr niedrig.[54] Große produktive Landwirtschaften wurden zumeist von weißen Siedlern angelegt. Sie funktionieren auch heute noch dort am besten, wo sie von ihnen betrieben werden. Seit einiger Zeit drängen ausländische Unternehmen, vor allem aus China, verstärkt in die landwirtschaftliche Produktion. Die verfehlte Landreform in Simbabwe hat die einstige Kornkammer Afrikas zum Nettoimporteur von Lebensmitteln gemacht. Die geplante Landreform in Südafrika kommt nicht voran. Auch dort drohen Enteignungen weißer Eigentümer, und es könnte sich das Drama sinkender Produktivität wie in Simbabwe wiederholen.

Obwohl 60 % des landwirtschaftlich nutzbaren Bodens der Erde in Afrika liegen, ist der Kontinent gegenwärtig Nettoimporteur von Lebensmitteln. 90 % des heimischen Angebots kommen von kleinen heimischen Farmen, die oft am Rande der Subsistenzwirtschaft tätig sind. Rund zwei Drittel der afrikanischen Bevölkerung arbeiten im Landwirtschaftssektor.[55] Die Hektarerträge sind im internationalen Vergleich sehr niedrig. Bei Mais z.B., dessen Anbau rund 30 % der afrikanischen Getreideproduktion ausmacht, belaufen sich die Hektarerträge in Afrika auf rund zwei Tonnen, in den USA dagegen sind es 12 Tonnen pro Hektar. Ursachen für die Unterschiede sind die eingesetzten Getreidesorten, aber auch das Düngeverhalten.[56] In vielen Ländern kommen außerdem Konflikte zwischen Ackerbauern und Viehzüchtern hinzu, die klare Eigentumsrechte und eine produktive Landnutzung behindern.[57]

In der Summe verhalten sich viele afrikanische Regierungen gegenüber ihren Farmern sehr nachlässig und bürokratisch. Sie müssten sich mehr um deren Fortbildung kümmern und nach Investoren suchen, die moderne Methoden zum Einsatz bringen und die lokalen Farmer darin auch unterweisen.[58]

Investitionen

Zu Zeiten der Kolonialherrschaft waren die Investitionen der Kolonialmächte auf die Erschließung und den Abbau von Bodenschätzen sowie auf den Anbau und den Export jener landwirtschaftlichen Produkte ausgerichtet, die am Weltmarkt nachgefragt waren, z.B. Kakao, Tee und Kaffee.

Diesen kolonialen Zielsetzungen ordneten sich auch die Investitionen in die Verkehrsinfrastruktur, in den Städtebau, die Wasser- und Energieversorgung etc. unter. Die so geschaffene Infrastruktur war am Ende der Kolonialzeit zwischen 1957 und 1965 zwar einseitig ausgerichtet, aber modern und funktionsfähig. In zahlreichen unabhängig gewordenen Ländern wurde sie leider in den seitdem vergangenen 50 bis 60 Jahren nicht adäquat gepflegt und weiterentwickelt. In diese Lücke stoßen seit einigen Jahren die Chinesen und verwirklichen in vielen afrikanischen Ländern große Infrastrukturprojekte, für die sie häufig auch die Finanzierung bereitstellen.

2018 beliefen sich die gesamten ausländischen Direktinvestitionen in Afrika auf 46 Milliarden Dollar, davon 32 Milliarden Dollar in Subsahara-Afrika. Der größte Teil der Gelder ging in die Rohstoff-Erschließung, vornehmlich für Öl und Gas.[59] In Nordafrika betrugen die ausländischen Direktinvestitionen 2 % des BIP, in Subsahara-Afrika lagen sie bei 1,8 % des BIP. Relativ und absolut ist der Umfang der Auslandsinvestitionen in Afrika also überschaubar. Tatsächlich wird er noch überschaubarer, wenn man bedenkt, dass das ausländische Kapital vornehmlich in die Erschließung von Rohstoffvorkommen fließt.

Im Durchschnitt betrugen die gesamtwirtschaftlichen Investitionen 2018 in Subsahara-Afrika 20,2 % des BIP, die gesamtwirtschaftliche Ersparnis lag bei 17,8 % des BIP.[60] Relativ gesehen ist dies nicht schlecht. Angesichts der niedrigen absoluten Höhe des Sozialprodukts pro Kopf ist dies aber zu langsam für einen schnellen Aufholprozess.

Die relative Armut und geringe Produktivität vieler afrikanischer Länder kann aber nicht allein durch einen Mangel an Investitionen erklärt werden. Es fehlt vielmehr an Rahmenbedingungen und Geschäftsmodellen, die Investitionen rentabel machten. Für nachhaltige Entwicklung muss eben das gesamte Umfeld stimmen und zusammenpassen.

Wirtschaftliches Wachstum und Außenhandel

Afrika und der Nahe Osten hatten in den letzten Jahren Wachstumsraten, die das Wirtschaftswachstum in der EU deutlich überstiegen. Allerdings erreichten sie bei Weitem nicht das Wachstum des erfolgreichen Entwicklungslandes China (vgl. Tabelle 5.16). Außerdem wurde der weitaus größte Teil des Wachstums durch die Bevölkerungszunahme aufgezehrt: So wuchs zwar das BIP in Subsahara-Afrika von 2010 bis 2018 absolut gesehen um 33 %, das BIP pro Kopf nahm aber in diesen 8 Jahren nur um 9,2 % zu. Das war weniger als in der EU und weitaus weniger als in China, wo das Pro-Kopf-BIP im gleichen Zeitraum um 70,5 % wuchs (vgl. Tabelle 5.17).

Wegen des afrikanischen Bevölkerungswachstums nimmt der Wohlstandsunterschied zu Europa relativ gesehen nicht ab. Absolut gesehen vergrößert er sich sogar ständig weiter: Auch 2018 betrug das kaufkraftbereinigte Pro-Kopf-BIP in Subsahara-Afrika nur knapp 10 % des europäischen Niveaus. Der Wohlstandszuwachs pro Kopf betrug in den acht Jahren von 2010 bis 2018 in Europa rund 3900 Dollar. In Subsahara-Afrika waren es im gleichen Zeitraum lediglich rund 300 Dollar. In China wuchs das reale Pro-Kopf-BIP im selben Zeitraum dagegen um 6600 Dollar, also zwanzigmal so stark wie in Subsahara-Afrika.

Rund drei Viertel des Wohlstandszuwachses in Afrika werden also durch die Zunahme der Bevölkerung aufgezehrt. Das ist seit einem halben Jahrhundert ein stabiles Merkmal der afrikanischen Entwicklung.

Kaum vorstellbar erscheint es heute, dass Afrika vor fünfzig Jahren, am Ende der Kolonialzeit, deutlich reicher als China war.

Vor diesem Hintergrund erscheint es reichlich verfehlt, in Bezug auf das afrikanische Wirtschaftswachstum von einem »schwarzen Tiger« zu sprechen und einen »Afrika-Boom« zu bejubeln.[61] In der europäischen Sicht ist nur zu oft ein kräftiges Wunschdenken zu bemerken. So diagnostizierte der *FAZ*-Redakteur Jan Grossarth im September 2018 für viele afrikanische Länder starke Einkommenszuwächse, die in den oben zitierten Statistiken von Weltbank und IWF schlichtweg nicht zu finden sind, und redete die Tendenz zur Auswanderung klein: »Wer weiß schon, ob wirklich zig Millionen Afrikaner auswandern wollen.« Sorgen um Demografie und Auswanderung tat er als »Untergangsängste des alternden europäischen Bürgertums« ab.[62]

Tabelle 5.16 Reale Wachstumsraten im Vergleich 2010 bis 2018

	2010	2011	2012	2013	2014	2015	2016	2017	2018
Europäische Union	2,0	1,8	-0,3	0,3	1,9	2,4	2,1	2,7	2,1
China	10,6	9,5	7,9	7,8	7,3	6,9	6,7	6,8	6,6
Nordafrika und Naher Osten	4,9	4,4	4,9	2,4	2,7	2,5	5,2	1,8	1,4
Subsahara-Afrika	3,3	3,4	3,5	3,6	3,7	3,7	3,6	3,6	4,1

Reales BIP in Kaufkraftparitäten zu konstanten Preisen
Quelle: International Monetary Fund, World Economic Outlook Database, April 2019

Tabelle 5.17 Reales BIP pro Kopf im Vergleich 2010 und 2018

	2010	2018	Zuwachs	
			absolut	in Prozent
Europäische Union	34.427	38.354	3.927	11,4
China	9.443	16.098	6.655	70,5
Nordafrika und Naher Osten	15.617	16.729	1.112	7,1
Subsahara-Afrika	3.348	3.655	307	9,2

Reales BIP in Kaufkraftparitäten zu konstanten Preisen
Quelle: International Monetary Fund, World Economic Outlook Database, April 2019

Tabelle 5.18 Investitionen, Ersparnis und Staatsfinanzen im Vergleich

	2010	2018
	in % des BIP	
Europäische Union		
Investitionen	20,4	21,0
Gesamtwirtschaftliche Ersparnis	20,3	23,0
Staatseinnahmen	42,9	44,5
Staatsausgaben	49,3	45,2
China		
Investitionen	47,9	44,2
Gesamtwirtschaftliche Ersparnis	51,8	44,6
Staatseinnahmen	24,6	29,2
Staatsausgaben	25,0	34,0
Nordafrika und Naher Osten		
Investitionen	31,5	.
Gesamtwirtschaftliche Ersparnis	36,6	31,3
Staatseinnahmen	33,3	29,0
Staatsausgaben	31,5	31,8
Subsahara-Afrika		
Investitionen	22,0	20,1
Gesamtwirtschaftliche Ersparnis	20,8	17,8
Staatseinnahmen	21,0	18,2
Staatsausgaben	24,5	22,0

Quelle: International Monetary Fund, World Economic Outlook Database, April 2019

Mit rund 20 % vom BIP entsprechen die Investitionsquote und die gesamtwirtschaftliche Ersparnis in Subsahara-Afrika in etwa den Verhältnissen in Europa und sind auch international nicht auffällig. Da aber das BIP in Subsahara-Afrika sehr niedrig ist, erreichen die absoluten Investitionen pro Kopf der Bevölkerung nur etwa 10 % des Niveaus von China oder der Europäischen Union. So wird ein dynamischer Aufholprozess sehr schwer, wenn nicht unmöglich.

Die Politik in China ging anders vor. Rund die Hälfte des Sozialprodukts wird dort seit Beginn der wirtschaftlichen Öffnung Ende der 1970er-Jahre nicht dem Konsum, sondern den Investitionen zu-

Tabelle 5.19 Die Stellung der Entwicklungsländer im Welthandel mit Gütern 2017

	Exporte		Importe	
	Mrd. Dollar	Anteil in %	Mrd. Dollar	Anteil in %
Entwicklungsländer	7.433	43,2	7.138	40,6
Lateinamerika	993	5,8	1.011	5,8
Europäische Entwicklungsländer	189	1,1	282	1,6
Afrika	417	2,4	534	3,0
Naher Osten	961	5,6	712	4,1
Entwicklungsländer in Asien	4.875	28,3	4.600	25,0
Nachrichtlich:				
Welt	17.198	100,0	17.582	100,0
Entwickelte Länder	9.247	53,8	10.032	57,1
Gemeinschaft unabhängiger Staaten (GUS)	518	3,0	402	2,1

Quelle: World Trade Organisation.[63]

geführt. So gelang der schnelle Aufholprozess der chinesischen Volkswirtschaft mit extrem hohen Wachstumsraten. Die Investitionsquote ist in China traditionell sehr hoch und liegt bei 40 bis 50 % des Sozialprodukts. Gegenwärtig sind die Investitionen pro Kopf in China fast so hoch wie in der Europäischen Union, obwohl das Sozialprodukt pro Kopf in China nur bei gut 40 % des europäischen Niveaus liegt.

Wenn in China pro Kopf der Bevölkerung jährlich rd. 7100 Dollar investiert werden, in Subsahara-Afrika aber nur 730 Dollar, dann ist klar, dass bei diesem Tempo der wirtschaftliche Aufholprozess dort noch viele Jahrzehnte dauern und vielleicht auch gar nicht erfolgreich sein wird.

Die schnelle Entwicklung der chinesischen Wirtschaft brachte einen hohen Devisenbedarf für den Import von Investitionsgütern und Rohstoffen mit sich. Der wachsende Devisenbedarf wurde durch den Erfolg und das starke Wachstum der chinesischen Exporte erwirtschaftet.

China folgte damit dem Muster aller erfolgreichen Entwicklungsländer: Mit niedrigen Lohnkosten und fleißigen, gut ausgebildeten Arbeitskräften gewinnt man zunächst Marktanteile bei relativ einfachen Produkten und gut beherrschbaren Produktionsvorgängen, klassischerweise zunächst in der Bekleidungsindustrie. Mit wachsender Produktivität und Expertise schreitet man dann fort zu höherwertigen Produkten und technologisch anspruchsvolleren Produktionsprozessen, bis man das Wirtschaftsniveau der klassischen Industriestaaten erreicht hat.

So vollzog sich der Aufstieg von Japan, Südkorea, Taiwan, Hongkong und Singapur in die Weltspitze der entwickelten Länder. China folgte diesem Weg. Auch gegenwärtig aufsteigende Länder wie Vietnam, Malaysia, Thailand oder in jüngster Zeit Bangladesch folgen diesem Entwicklungsmodell. Selbst Indien – lange Zeit planwirtschaftlich starr und unbeweglich – entwickelt sich mittlerweile deutlich.

Afrika, der Kontinent, auf dem gegenwärtig 17 % der Menschen dieser Erde leben, fällt aus diesem bewährten und sehr erfolgreichen Entwicklungsmuster heraus. Lediglich 2,4 % der weltweiten Exporte entfielen 2017 auf Afrika. Dies begrenzt auch Afrikas Fähigkeit zu Importen. Nur 3,0 % der weltweiten Importe gehen nach Afrika. Rund 70 % der afrikanischen Exporte entfallen auf Rohstoffe, nur 15 % auf Fertigwaren.[64] In einem relativ entwickelten Land wie Algerien entfallen 95 % der Exporte auf Öl und Gas. Sogar Tomaten müssen importiert werden, und die Industrie trägt nur weniger als 6 % zum Bruttoinlandsprodukt bei.[65]

Die am wenigsten entwickelten Länder der Welt konzentrieren sich zum großen Teil in Subsahara-Afrika. Schaut man sich die Struktur von deren Volkswirtschaften an, so zeigt sich, dass die Warenproduktion dieser Länder sich auf lediglich 8 % des ohnehin sehr niedrigen BIP beläuft und tatsächlich geringer ist als der Wertschöpfungsbeitrag von Restaurants und Hotels, der bei 10 % liegt.[66] 2017 entfielen allein 35 % der afrikanischen Gesamtexporte auf Erdöl.[67]

Weil Afrika so unbedeutend für den Welthandel ist, spielt es auch beim Abschluss weltweiter Freihandelsabkommen kaum eine Rolle. Die verschiedenen regionalen Freihandelsabkommen in Afrika betreffen überwiegend Rohstoffe und landwirtschaftliche Produkte, der Anteil fabrizierter Waren ist gering und wächst nur langsam.[68] Im Juli 2019 startete die Afrikanische Union die kontinentale Freihandelszone CFTA mit 52 der 55 afrikanischen Staaten. Ob diese etwas besser macht, bleibt abzuwarten. Die neuen offenen Grenzen können auch ein Einfallstor für Billigeinfuhren aus China sein. Wo es schlicht an handelbaren Fertigprodukten und den Kenntnissen für den Aufbau solcher Kapazitäten fehlt, kann auch eine Freihandelszone nur begrenzte Impulse geben.[69]

Im Februar 2017 stolperte ich bei der Zeitungslektüre über einige Interview-Aussagen von Bundesentwicklungsminister Gerd Müller (CSU). Für die schlimme Situation vieler afrikanischer Länder und den Drang vieler Menschen zur Auswanderung nach Europa machte er den »Neokolonialismus« verantwortlich. Man könne nicht Mauern bauen, seine Ressourcen aus Afrika beziehen und sagen: Ihr müsst draußen bleiben. Der für die Entwicklungshilfe zuständige deutsche Minister schuf also eine Verbindung zwischen einer moralischen Schuld der Europäer und der wirtschaftlichen Rückständigkeit in Afrika. Er erweckte den Eindruck, als ob die Industrieländer Afrika durch Rohstoffbezüge materiell ausbeuten und deshalb quasi als moralische Kompensation Einwanderung aus Afrika ertragen müssen.

Ich zog daraufhin die deutsche Außenhandelsstatistik zurate. Den amtlichen Zahlen zufolge kamen 2017 lediglich 2 % aller deutschen Importe aus Afrika, und nur 2 % der Exporte gingen dorthin. Ohne Südafrika und die nordafrikanischen Öl-Staaten waren es sogar nur 0,3 %.[70] Tatsache ist also: Afrika ist für den deutschen Außenhandel praktisch nicht existent, weder als Quelle von Ressourcen noch als Exportmarkt. Weshalb argumentierte der deutsche Entwicklungsminister in Bezug auf Afrika jenseits aller Fakten? Mir drängte sich der Eindruck auf, dass der Ausflug ins Reich der Fantasie Gerd Müller als Moralkeule diente, um die Deutschen durch den Appell an ihr schlechtes Gewissen für die künftige Einwanderung aus Afrika gefügig zu machen.

Dabei zeigt die Analyse in den vorhergehenden Abschnitten, dass die wirtschaftlichen und sozialen Verhältnisse in Afrika und dem westlichen Asien keineswegs durchgehend katastrophal sind und sich zudem in den letzten Jahren und Jahrzehnten zumeist gebessert haben. Der gleichwohl erhebliche Rückstand gegenüber den westlichen

Industriestaaten, aber auch gegenüber den erfolgreichen Entwicklungsländern des Fernen Ostens liegt am gleichzeitigen Auftreten zahlreicher Faktoren, die sich zudem großenteils gegenseitig bedingen. Dazu gehören insbesondere

- eine schlechte Regierungsleistung und mangelhafte *rule of law*,
- große Korruption,
- anhaltend starkes Bevölkerungswachstum,
- niedriges Bildungsniveau,
- niedrige Produktivität,
- niedrige Investitionen und
- ein weitgehendes Fehlen einer leistungsfähigen und exportstarken verarbeitenden Industrie.

Entwicklungshemmnisse als kulturelles Problem

Wenn man in einer Gesellschaft wenig lernt und alle im Prinzip damit fortfahren, das zu tun, was sie schon immer gemacht haben, dann kommt der wirtschaftliche und soziale Fortschritt eben nur langsam, wenn überhaupt, in Gang. Wo hartnäckige Rückständigkeit herrscht, fehlt es zumeist gleichzeitig an sozialem Kapital und an Wissenskapital. So wird ein eigenständiger Entwicklungsprozess behindert oder unmöglich gemacht. Der Mangel an finanziellem Kapital ist dann eher eine Folge, kann aber auch zum eigenständigen Entwicklungshemmnis werden. Der Impuls zur Veränderung kann immer nur aus einer Gesellschaft selbst kommen. Es ist fast unmöglich, Mentalitäten und Verhaltensweisen von außen zu ändern. Gute Entwicklungshilfe konzentriert sich deshalb auf die richtigen Impulse, auf Unterstützung von Lerneffekten und die Einübung von Mentalitäten und Verhaltensweisen. Schwer ist es, eine Ausartung in Bevormundung zu verhindern. Finanzielle Hilfen sind immer missbrauchsanfällig und korruptionsaffin.

Bei den vorhandenen Entwicklungshemmnissen in Afrika ist es schwierig, zwischen Ursachen, Wirkungen und Symptomen zu unterscheiden. Unmöglich ist es für mich als Außenstehenden, zuverlässig auszuloten, wie tief solche Hemmnisse in einer afrikanischen Kultur verankert sind und deshalb nicht beseitigt werden können, ohne kulturelle Merkmale selbst grundlegend zu ändern. Sechs Faktoren fallen mir besonders auf, und ich habe die Vermutung, dass sie innerlich zusammenhängen:

1. Die Dominanz der starken Männer und die fehlende demokratische Tradition

Alle europäischen Kolonien in Afrika starteten als parlamentarische Demokratien in die Unabhängigkeit und entwickelten dann schnell Züge autoritärer Herrschaft bis hin zu korrupten Gewaltregimen. Die ohnehin schwachen Institutionen, die aus der Kolonialzeit stammten, wurden dadurch durchweg weiter beschädigt. Diktatoren wie Nkrumah (in Ghana), Mobutu (im Kongo), Idi Amin (in Uganda) Nyerere (in Tansania) oder Mugabe (in Simbabwe) behandelten den Staat letztlich wie ihr Eigentum. Die von ihnen geführten Regierungen missachteten weitgehend die oben beschriebenen Grundsätze und Voraussetzungen einer positiven wirtschaftlichen Entwicklung.

2. Der Vorrang von Familie und Stamm

In vorkolonialer Zeit gab es zwar in Afrika immer wieder auch größere Herrschaftsgebilde. Gegenüber den stammesmäßigen Bindungen waren diese jedoch durchweg eher schwach und bestanden zumeist in der Herrschaft eines Stammes über andere Stämme. Eine staatliche Tradition im Sinne Europas oder auch des Orients fehlte in Afrika weitgehend. Schutz und Unterstützung für den einzelnen boten vornehmlich die Großfamilie und der Stamm. Auf sie richteten (und richten) sich vornehmlich Loyalität und soziale Pflichten.

Für die Gegenwart der afrikanischen Staaten kommt erschwerend hinzu, dass die Grenzen der Kolonialgebiete die ethnische Herkunft und Zusammensetzung der Bevölkerung nicht berücksichtigten. In den meisten afrikanischen Ländern findet sich eine Vielfalt von Stämmen und Völkerschaften. Von den Politikern und Herrschern wird erwartet, dass sie ihren eigenen Stamm begünstigen, was sie auch regelmäßig tun. Darüber hinaus erwartet man von ihnen, ihrer Familie zu helfen, was sie auch regelmäßig tun. So werden allzu häufig Ämter nicht nach Eignung und Leistung, sondern aufgrund persönlicher Beziehungen vergeben.

3. Der Vorrang der Selbstbereicherung vor dem öffentlichen Wohl
Schon in Süditalien, Griechenland oder auf dem Balkan begegnen wir einer Mentalität, die häufig Familie, persönliche Beziehungen und den eigenen materiellen Vorteil vor das öffentliche Wohl stellt. Daraus erwachsen dann die unterschiedlichsten Formen von Selbstbereicherung und Korruption. Diese Tendenz ist in den meisten Ländern Afrikas und des westlichen Asiens noch weitaus ausgeprägter als im südlichen Europa. Auch gewählte Politiker, die mit gegenteiligen Versprechungen an die Macht kamen, vergessen dies nur zu häufig, wenn sie erst in Ämtern sind.

4. Die Mentalität des Hier und Heute
Erfolgreiche Entwicklung erfordert in gewissem Umfang den Willen, langfristig zu planen, langfristig zu denken und für Erträge in der Zukunft in der Gegenwart zu arbeiten, zu investieren und Verzicht zu leisten. Das gilt für die schulische und berufliche Bildung ebenso wie für den Aufbau stabiler Institutionen, für den Betrieb sozialer Einrichtungen und für Investitionen aller Art. Natürlich muss man immer auch an die Gegenwart denken. Aber wo die Sorge für die Gegenwart und für die Zukunft nicht in einer angemessenen Balance stehen, wird eine Gesellschaft zur Stagnation neigen, anstatt ihr Entwicklungspotential auszuschöpfen.

5. Die Rolle von Unbildung, Aberglauben und Fundamentalismus
Wo den breiten Schichten eine gründliche Schulbildung und das mit ihr verbundene Training im rationalen Denken fehlt, herrschen traditionale Weisheiten vor. Aber auch Aberglauben und irrationale Heilslehren aller Art haben ein leichteres Spiel. Je kleiner aber der Anteil in einer Bevölkerung ist, der informiert denkt und handelt, umso un-

qualifizierter sind auch die gewählten Politiker bzw. jene, die sich in nicht-demokratischen politischen Machtkämpfen durchsetzen und an die Spitze der Staaten gelangen.

6. Der Unwille zur Übernahme von Verantwortung
Wenn ich mich mit Managern oder Ingenieuren unterhalte, die in Afrika tätig sind oder waren, so wird mir immer wieder von Schwierigkeiten berichtet, Verantwortung wirksam zu delegieren, sodass sie auch selbständig, langfristig und wirksam wahrgenommen wird. So ersterben im Großen und im Kleinen viele gute Entwicklungsansätze, weil sie nicht langfristig fortgeführt und weiterentwickelt werden, wenn sie einmal angestoßen sind.

Wie leicht zu erkennen ist, hängen diese sechs Elemente, mit denen ich die langsamen Fortschritte bei der Entwicklung afrikanischer Länder erkläre, innerlich miteinander zusammen. Es sind jene Elemente, auf die ich bei der umfangreichen Lektüre ganz unterschiedlicher Werke über Afrika, seine Geschichte, seine Gegenwart und seine Perspektiven immer wieder stieß.[71]

Schuldzuweisungen

Die Kolonialherrschaft des Westens

Entwicklungsprobleme in Afrika und im westlichen Asien werden häufig mit der kolonialen Vergangenheit in Verbindung gebracht. Es hat sich ein ausufernder postkolonialer Diskurs etabliert, der die Opferrolle der ehemaligen Kolonien in den Mittelpunkt stellt, aber z.B. um die koloniale Vergangenheit des Osmanischen Reiches einen großen Bogen schlägt. Tatsächlich handelt es sich beim Postkolonialismus um eine Ideologie[72], die unter Verzicht auf historische Trennschärfe die Vergangenheit zulasten der Europäer moralisieren will.[73]

Im Einzelfall mag die Kolonialherrschaft für die wirtschaftliche und soziale Entwicklung negativ gewesen sein. In der Summe halte ich das für eher unzutreffend. Unter mancherlei Aspekten könnte man sogar das Gegenteil behaupten:

- Mit der Kolonialisierung setzte überall in Afrika eine starke Bevölkerungszunahme ein, weil wegen der besseren medizinischen Versorgung die Sterblichkeit sank und weil zugleich wegen neuer Pflanzen und Anbaumethoden das Nahrungsmittelangebot stieg. Zu Beginn des 19. Jahrhunderts, als die späteren Kolonialmächte nur am Rande des Kontinents hier und da Fuß gefasst hatten, lebten in Afrika rund 50 Millionen Menschen. Zum Ende der Kolonialzeit, in den Sechzigerjahren des vergangenen Jahrhunderts, waren es 250 Millionen. Diese Bevölkerungszunahme belegt, dass sich in der Kolonialzeit die durchschnittlichen Lebensverhältnisse in Afrika entschieden verbessert hatten.
- Die in die Unabhängigkeit entlassenen Staaten waren zwar großenteils koloniale Kunstgebilde, aber sie verfügten über einen zuverlässigen Rechtsrahmen, eine funktionierende Verwaltung und eine zwar rudimentäre, aber moderne Verkehrsinfrastruktur. All das ist durchweg in den ersten Jahrzehnten der Unabhängigkeit zerbröckelt und verlor an Funktionsfähigkeit.
- Die wesentlichen Lücken, die zunächst nach der Unabhängigkeit die durchweg negative Entwicklung vieler Länder bestimmten, lagen im Bildungsniveau und in kulturellen Faktoren begründet. Hier ist der Aufholprozess immer noch im Gang, und es ist nicht sicher, ob er erfolgreich sein wird.

Der Kapitalismus

Die große Welle der Entkolonialisierung fand in den Fünfziger- und Sechzigerjahren des 20. Jahrhunderts statt. Das war auch die große Zeit der Systemkonkurrenz zwischen Ost und West. Viele Entwicklungsländer verfolgten ein sozialistisches Entwicklungsmodell, und sie scheiterten damit. Mehr Erfolg hatten jene Länder, die einen stabilen Rechtsrahmen für die Eigentumsverhältnisse schufen und marktwirtschaftliche Reformen durchführten. In der Entwicklungspolitik ist ein richtig gesteuerter Kapitalismus nicht das Problem, sondern eher die Lösung.

Der Welthandel

Lange Zeit war die Rede davon, dass die *terms of trade* – das Preisverhältnis zwischen Fertigwaren und Rohstoffen – die auf Rohstoffexporte angewiesenen Entwicklungsländer benachteiligen. Davon kann so pauschal keine Rede mehr sein. Eher ist es ein Problem, dass die Weltmarktpreise vieler Rohstoffe stark schwanken, was jenen Ländern Schwierigkeiten machen kann, die vornehmlich Rohstoffe exportieren.

Insbesondere die ostasiatischen Länder haben gezeigt, dass erfolgreiche Entwicklung über den Export von Fertigwaren läuft. Dass bislang die Länder Afrikas und des westlichen Asiens bei der Produktion und dem Export von Fertigwaren kaum eine Rolle spielen, liegt nicht daran, dass die westlichen Industrieländer ihre Märkte besonders stark abschotten, sondern dass es an einem konkurrenzfähigen Angebot fehlt.

Der Klimawandel

Immer öfter ist in den Medien von Klimaflüchtlingen die Rede. Zumindest bis heute sind aber die Probleme Afrikas und des westlichen Asiens nicht auf Klimafragen zurückzuführen. Trockenperioden gab es immer, das ist für die Sahelzone und Ostafrika nichts Neues. Im Gegenteil – dort, wo Wiederaufforstung gelingt, z.B. in Burkina Faso oder in Niger, zeigt sich, dass auch das Klima wieder feuchter wird.[74]

Die Entwicklungshilfe

Entwicklungshilfe fließt aus unterschiedlichen Quellen: von Nationalstaaten, Entwicklungsbanken und internationalen Organisationen. Die weltweite Entwicklungshilfe aus allen Quellen summierte sich 2016 auf 157,7 Milliarden Dollar. Davon können 114 Milliarden Dollar regional zugeordnet werden.[75]

Der Löwenanteil der weltweiten Entwicklungshilfe fließt nach Afrika. 2016 waren das 41 % oder 50,2 Milliarden Dollar. Pro Einwohner gerechnet betrug die Entwicklungshilfe für alle Entwicklungsländer 26 Dollar, für die Entwicklungsländer in Asien 11 Dollar und für Afrika 41 Dollar.

Von den 50,2 Milliarden Dollar für Afrika flossen 29,1 Milliarden Dollar an die am wenigsten entwickelten Länder. Rund 40 % der Hilfen kamen von internationalen Organisationen, 60 % aus der nationalstaatlichen Entwicklungshilfe. Unter den Geberländern für Afrika stand Deutschland 2016 mit 3,5 Milliarden Dollar nach den USA und Großbritannien an dritter Stelle.

Die Entwicklungshilfe an afrikanische Länder verteilt sich breit auf unterschiedliche Zwecke. Von den 2016 eingegangenen Verpflichtungen entfielen 44 % auf soziale Zwecke, 30 % auf Wirtschaft und Gewerbe, 11 % auf humanitäre Hilfe.

Zu den sozialen Zwecken werden auch Ausbildung und Gesundheit gezählt. Auf die Förderung von Ausbildung entfielen 2016 6 % aller neuen Verpflichtungen, auf den Gesundheitsbereich entfielen 20 %. In der deutschen Entwicklungshilfe hatte Ausbildung mit 11 % ein etwas höheres, die Gesundheit mit 6 % ein etwas geringeres Gewicht. In den deutschen Hilfen für Gesundheit entfiel die Hälfte, also rund 3 % der Gesamtausgaben, auf Familienplanung und Geburtsmedizin.

Wäre die weltweite Entwicklungspolitik zusammengefasst in einem Konzern, so würde dessen Umsatz ziemlich genau dem des Dax-Konzerns Daimler-Benz entsprechen. Entwicklungshilfe ist also weltweit ein riesiges Geschäft, und ich bin ziemlich sicher, dass es dabei sehr viel Missmanagement, Fehlinvestitionen und auch Korruption gibt. Die große Zahl von Tausenden staatlichen und nicht staatlichen Akteuren gibt mir allerdings die Hoffnung, dass auch viel Vernünftiges dabei ist.[76] Deshalb bin ich vorsichtig mit pauschalen Urteilen. Ich meine sogar: Solange die meisten Länder Afrikas wirtschaftlich und sozial der weltweiten Entwicklung so weit hinterherhinken, wie sie es tun, haben wir keine andere Wahl, als ihnen mit Entwicklungshilfe beizustehen.

Das darf uns jedoch nicht an einer realistischen Einschätzung der Wirkungszusammenhänge hindern: Die erfolgreiche wirtschaftliche Entwicklung in Ostasien fand statt, obwohl dort die Entwicklungshilfe relativ und absolut gesehen viel geringer war und ist als in Afrika. Das relative Zurückbleiben Afrikas liegt also nicht an einem zu geringen Niveau der Entwicklungshilfe, sondern an immanenten Entwicklungs- und Verhaltensdefiziten der afrikanischen Staaten und der sie tragenden Gesellschaften. Auf deren Beseitigung müsste sich künftige Entwicklungshilfe richten, wenn sie erfolgreich sein soll. Diese Verhaltensdefizite zeigen sich auch darin, dass nach einer Untersuchung der Weltbank ein erheblicher Teil der Gelder für ihre Hilfsprogramme von den politischen Eliten der Empfängerländer abgezweigt und in Steueroasen umgeleitet wird.[77]

Die in Sambia aufgewachsene, schwarze Ökonomin Dambisa Moyo hat bei der Weltbank und bei Goldman Sachs umfangreiche berufliche Erfahrungen rund um Afrika, die Entwicklungshilfe und Finanzfragen von Entwicklungsländern gesammelt. In ihrem 2009 erschienenen Bestseller *Dead Aid* kommt sie zum Ergebnis, dass die Gelder der Entwicklungshilfe überwiegend Korruption und Unselbstständigkeit gefördert und die Entwicklung in Afrika tatsächlich behindert haben. Sie fordert einen vollständigen Ausstieg aus der klassischen Entwicklungshilfe und die Hinführung der afrikanischen Länder zu mehr Selbstverantwortung. Wirtschaftliche Entwicklung soll durch kommerzielle Kredite, Direktinvestitionen und Handel erfolgen. So kann es auch am ehesten gelingen, die Quellen von Korruption auszutrocknen. Eine zentrale Voraussetzung des Entwicklungserfolgs ist aus ihrer Sicht, dass die afrikanischen Länder zu einer auch nach internationalen Standards guten Regierungsführung übergehen.

Für sie war es der entscheidende Fehler der westlichen Entwicklungshilfe der letzten 50 Jahre, dass sie etwas gab, ohne etwas dafür zu fordern.[78]

Militärische Interventionen

Die Zahl und die Schwere der Unruhen, Kriege und Bürgerkriege in Afrika haben in den letzten Jahren und Jahrzehnten zwar abgenommen. Aber in Libyen ist nach dem Sturz Gaddafis noch keine gefestigte Situation eingekehrt. Die Situation in Mali wird nur stabil gehalten durch das militärische Engagement Frankreichs (mit deutscher Unterstützung), und im Norden Nigerias und seiner Nachbarländer wütet nach wie vor die islamistische Terrororganisation Boko Haram.

Im Nahen Osten ist der Bürgerkrieg in Syrien noch nicht beendet, die Situation im Irak ist instabil, und weiter östlich in Afghanistan gelingt es den ausländischen Truppen und der afghanischen Regierung seit Jahren nicht, die Taliban zu besiegen und den von ihnen ausgehenden Terror abzustellen.

Bei der Betrachtung aller militärischen Interventionen des Westens in Afrika und dem westlichen Asien über die vergangenen Jahrzehnte hinweg verspüre ich eine tiefe innere Spaltung. Möglicherweise hätte eine strikte Politik der Nicht-Intervention dazu geführt, dass Konflikte schneller ausbrennen und dass sich neue Machtstrukturen schneller etablieren, sodass es vielleicht sogar weniger Blutvergießen gegeben hätte. Das ist aber nur ein Gefühl. Um sichere Antworten zu geben, müsste man für jeden einzelnen Interventionsfall die Entwicklung ohne Intervention kontrafaktisch fortschreiben. Das ist unmöglich. Möglicherweise hätte es nie einen IS gegeben, wenn man die Diktatoren Assad und Hussein unbehelligt gelassen hätte. Und sehr wahrscheinlich gäbe es weniger Flüchtlinge über das Mittelmeer, wenn der vom Westen veranlasste gewaltsame Sturz Gaddafis nicht ein Machtvakuum in Libyen hinterlassen hätte.

Zusammengefasst bin ich der Meinung, dass für Europa eine strikte Politik der militärischen Nicht-Intervention auf fremden

Kontinenten der beste Weg ist, um einen Beitrag zur Friedenssicherung zu leisten und auch die Folgen von Gewalt in Afrika und im westlichen Asien zu minimieren.

Flüchtlinge und Wirtschaftsmigranten

Die Erkenntnis, dass Massenauswanderung aus Afrika und dem westlichen Asien den betroffenen Ländern bei der Lösung ihrer Probleme nicht hilft, für die Zielländer in Europa aber in vielerlei Hinsicht bedrohlich und potenziell destabilisierend ist, war der Anlass, dieses Buch zu schreiben. Wer öfter die Nachrichten im öffentlich-rechtlichen Fernsehen Deutschlands schaut und sich auf sie verlässt, muss zu einem ganz anderen Schluss kommen. Auf den öffentlich-rechtlichen Bildschirmen lautet die überwiegende, durch Bilder anschaulich unterlegte Erzählung zu Afrika so: Ein unverschuldet in Not geratener Kontinent will seine überschüssigen, darbenden Söhne und Töchter an das reiche Europa abgeben, und die reichen Europäer, alt, weiß und egoistisch, verschließen hartherzig ihre Tür.

Dieses Kapitel zeigte, dass dies – bei allen Schwierigkeiten in Afrika – grober Unfug ist. Die Afrikaner haben grundsätzlich alle Mittel in der Hand, um sich selbst zu helfen und auf afrikanischem Boden europäischen Wohlstand für alle zu entwickeln. Europa muss bereitstehen, um Hilfe zur Selbsthilfe zu leisten – nicht mehr und nicht weniger.

Erich Weede verweist auf das Beispiel der asiatischen Schwellenländer, die gewaltig aufgeholt haben: »Diese Entwicklung hat mehr für die Armen in der Welt getan als offene Grenzen für Zuwanderer. Die zeitweilig offenen Grenzen sind wenigen Millionen Menschen zugutegekommen, das Aufholwachstum hat eine Milliarde Menschen in einer Generation aus bitterer Armut entkommen lassen. Selbst wenn das Hauptziel westlicher Politik wäre, den Bedürftigen außerhalb des Westens zu helfen, wäre die Verteidigung unserer wirtschaftlichen Freiheit und des Freihandels viel wichtiger als die offenen Grenzen.«[79]

Leider kann man nicht darauf hoffen, dass mit steigenden Einkommen in Afrika unmittelbar der Migrationsdruck sinkt. Eher ist das Gegenteil zu erwarten. Der Heidelberger Entwicklungsforscher Axel Dreher meint dazu: »Die Migrationsforschung lässt erwarten, dass mit steigenden Einkommen die Zahl der nach Europa Kommenden zunächst ansteigen wird. Es sind nämlich nicht die Ärmsten der Armen, die ihre Länder verlassen, sondern die, die sich das leisten können.«[80] Wohlgemerkt, steigende Einkommen sind möglichst vielen dieser Länder dringend zu wünschen, sie werden nur keine unmittelbare Entlastung bei der Zuwanderung bringen.[81]

Wie sich Entwicklungspolitik künftig aufstellen sollte

Zur Wirkung von Entwicklungshilfe stellt Axel Dreher aus wissenschaftlicher Sicht abschließend fest: »Die Literatur hat keinen robusten Zusammenhang gefunden, dass mehr Entwicklungshilfe zu mehr Entwicklung und Wachstum führt.«[82] Wenn überhaupt, so ist der Erfolg von Projekten nur auf der Mikroebene, nicht aber volkswirtschaftlich nachweisbar. Zudem wird alles überlagert durch die grassierende Korruption in den afrikanischen Empfängerstaaten rund um die Gelder der Entwicklungshilfe.[83]

Von solcher Problematik möchte die deutsche Entwicklungspolitik am liebsten nichts hören. Im Herbst 2018 veröffentlichte das Bundesministerium für wirtschaftliche Zusammenarbeit und Entwicklung ein Strategiepapier *Entwicklungspolitik 2030*. Das Konzept ist mit der internationalen Entwicklungspolitik abgestimmt und setzt einige grundsätzlich richtige Akzente:

- An der Spitze stehen die Verbesserung der Rahmenbedingungen für Privatinvestitionen und die Forderung nach mehr Rechtssicherheit, Transparenz und effektiven Strukturen zur Bekämpfung der Korruption.[84]
- Die Eigenverantwortung der afrikanischen Staaten soll gestärkt

werden. Ihre Entwicklung soll von den Potenzialen der eigenen Bevölkerung vorangetrieben werden.[85]

- Armutsbekämpfung, Bildung, Gesundheit und Bevölkerungsentwicklung werden als besondere Schwerpunkte benannt.[86]
- Gute Regierungsführung wird eingefordert. Kritisch wird angemerkt, dass jedes Jahr rd. 50 Milliarden Dollar illegal aus Afrika abfließen.[87] Unerwähnt bleibt, dass hierfür zum größten Teil afrikanische Kleptokraten in öffentlichen Ämtern verantwortlich zu machen sind.

Aber an problematischen Punkten bleibt die in dem Papier festgehaltene, offizielle Entwicklungsstrategie der Bundesregierung nebulös und führt geradezu in die Irre:

- Flucht und Migration werden auf »Bevölkerungsentwicklung, Kriege, Hunger, Klimaveränderung und Perspektivlosigkeit gerade für die junge Generation«[88] zurückgeführt. Dabei geht unter, wie stark sich die Verhältnisse verbessert haben, und es bleibt unerwähnt, dass vor allem die explosive Bevölkerungszunahme der Auslöser für die übrigen Übel ist. Die Klimaveränderung wurde offenbar aus Gründen der politischen Korrektheit erwähnt. Sie ist bisher in Afrika und dem westlichen Asien kein selbstständiger Faktor für Migration.
- Zur Globalisierung heißt es, sie »gerecht zu gestalten heißt, alle teilhaben zu lassen am Wachstum und Wohlstand und Rücksicht zu nehmen auf den Schutz der globalen Güter des Planeten«.[89] Dabei geht das Kernproblem unzureichender Entwicklung unter, nämlich die Unfähigkeit der betreffenden Länder, im Welthandel Waren und Dienste anzubieten, die für andere ausreichend attraktiv sind. Dem unterentwickelten Land wird also nichts weggenommen. Im Gegenteil – könnte Afrika seine Rohstoffe nicht am Weltmarkt anbieten, müsste es auf 90 % seiner Devisenerlöse verzichten. Auch das unterentwickelte, Rohstoffe exportierende Land wird also durch die Globalisierung reicher, als es andernfalls wäre.

- Die Senkung der hohen Geburtenzahlen und die dazu notwendige Geburtenkontrolle werden in dem Strategiepapier überhaupt nicht konkret angesprochen, obwohl jede wirkliche Hilfe hier beginnen muss. Nebulös ist vielmehr von »selbstbestimmter Familienplanung und Müttergesundheit« die Rede.[90] Es ist offenbar politisch inkorrekt, die Notwendigkeit sinkender Kinderzahlen in Afrika in der Entwicklungsstrategie der Bundesregierung konkret anzusprechen.
- Richtig wird erwähnt, dass die »wichtigste externe Finanzierungsquelle für nahezu alle Entwicklungsländer [...] Einkünfte aus dem Export von Gütern und Dienstleistungen« sind. Unerwähnt bleiben die Gründe für den Misserfolg der afrikanischen Länder im Außenhandel. Überwinden will man diesen Misserfolg durch mehr »Fairness« im Handel, ohne anzudeuten, wie das spezifisch afrikanische Unvermögen zu einer wettbewerbsfähigen Warenproduktion dadurch ausgeglichen werden könnte. Der für alle afrikanischen Staaten geforderte »zoll- und quotenfreie Zugang zum EU-Binnenmarkt« und der »Abbau von nicht tarifären Handelshemmnissen«[91] sind okay, gehen aber an den Ursachen der Probleme vorbei.

Kann ein »Marshallplan für Afrika« Fluchtursachen bekämpfen?

Der »Marshallplan für Afrika« war 2017 eine Idee des Bundesentwicklungsministers Gerd Müller. Im öffentlichen Gedächtnis Deutschlands ist auch nach 70 Jahren durchaus präsent, was die amerikanische Kapitalhilfe 1948 bis 1952 für Nachkriegseuropa getan hat. Deutschland bekam damals 1,4 Milliarden Dollar und konnte damit Rohstoffe auf den Weltmärkten kaufen, um seine Industrieproduktion wieder in Gang zu bringen. Aber das ist eben auch der Unterschied zum heutigen Afrika. Damals ging es um eine Anschubhilfe in eine zwar kriegszerstörte, grundsätzlich aber funktionierende und leistungsfähige Volkswirtschaft. In Afrika geht es darum, moderne Strukturen zu schaffen, die so noch nie existiert haben. Relativ zur Größe der Volkswirtschaften, ist übrigens Jahr für Jahr die Entwicklungshilfe für Afrika höher, als von 1948 bis 1952 die gesamte Marshallplan-Hilfe für Deutschland war. Deshalb geht die eingängige Marshallplan-Metapher in Bezug auf die Probleme Afrikas im Ansatz fehl.

In Afrika ist weniger der Mangel an Kapital das Problem als sein Missbrauch und seine Verschwendung. Trotzdem bleibt die Idee richtig, Afrika bei seiner Entwicklung zu unterstützen. Es ist eben nur viel komplexer und herausfordernder als die reine Kapitalhilfe begrenzten Umfangs, die der Marshallplan seinerzeit darstellte. Wie Thomas Mayer schreibt, fehlt es in Afrika nicht so sehr an Kapital wie nach dem Zweiten Weltkrieg in Europa, sondern »vor allem an einer Gesellschaftsordnung, in der die Herrschaft des Rechts die Bürger vor staatlicher Willkür schützt«.[92]

Abstrakter ausgedrückt, zielt die mit dem »Marshallplan für Afrika« unscharf angesprochene Hoffnung darauf ab, dass Afrikaner Auswanderungsabsichten zurückstellen, wenn sich die Perspektiven in ihrem Heimatland verbessern. Die empirische Evidenz geht aber dahin, dass die Neigung zur Auswanderung aus afrikanischen Ländern zunächst eher steigt, wenn das verfügbare Einkommen zunimmt, denn »höhere Einkommen machen die Reise nach Europa überhaupt erst erschwinglich«.[93]

Der Entwicklungsökonom Rainer Thiele hält nicht den Kapitalmangel für das größte Investitionshemmnis in Afrika, sondern die niedrige oder fehlende Qualifikation der lokalen Arbeitskräfte. Die Möglichkeit, mit den Instrumenten der Entwicklungshilfe Migration zu verhindern, hält er generell für begrenzt: »Man darf sich keinen Illusionen hingeben. Entwicklungshilfe ist immer nur ein kleiner Teil dessen, was Migration beeinflussen kann. Lokale Verhältnisse, insbesondere Sicherheit, spielen eine große Rolle. Wenn wir die Flüchtlingskrise betrachten: Da hätte Entwicklungshilfe überhaupt nichts gebracht, die Auslöser waren einfach kriegerische Konflikte und despotische Regime wie im Fall Eritreas.«[94]

Auch in Zukunft wird es auf dem großen afrikanischen Kontinent mit seinen Tausenden von Völkerschaften und vielen ungelösten Konflikten immer wieder Gewalt und kriegerische Verwicklungen geben. Mit 30 Millionen Quadratkilometern ist Afrika dreimal so groß wie Europa. Es verfügt über sehr günstige Klimazonen, über 60 % aller Böden auf der Welt, die für landwirtschaftliche Nutzung geeignet sind,[95] und über ungeheure Bodenschätze. Der Kontinent hat auch genügend Platz, um Kriegsflüchtlinge und Wirtschaftsmigranten auf eigenem Boden zu versorgen. Kurzum, Afrika hat die Ressourcen und die Kapazitäten, um seine eigenen Probleme selbst zu lösen. Hören wir auf, es zu bevormunden!

Zum Schluss dieses Kapitels lasse ich zwei afrikanische Stimmen zu Wort kommen:

Die Ökonomin *Axelle Kabou*, geboren 1955 in Kamerun, arbeitete viele Jahre bei Entwicklungsprojekten in Westafrika und beim Entwicklungsprogramm der Vereinten Nationen. 1991 veröffentlichte sie eine Streitschrift, in der sie auf die Selbstverantwortung Afrikas für seine Unterentwicklung hinwies: »Die Armut Afrikas ist paradox, denn dieser aufs Ganze gesehen unterbevölkerte Kontinent weist so viele Bodenschätze und Energiequellen auf, dass der natürliche Reichtum Afrikas ein ›geologischer Skandal‹ genannt wurde. Nehmen wir also der afrikanischen Jugend ihre Schuldgefühle gegenüber ›der Sache der Weißen‹; befreien wir sie aus den Fängen des enttäuschten Afrikanismus, der ihr lediglich als Aushängeschild für Identität dient. Es besteht gar kein Zweifel, dass die Auffassung von Kultur und Tradition, die sich in Afrika nach Erlangung der Unabhängigkeit durchgesetzt hat, ein Bremsklotz für die Entwicklung ist. Das Recht auf kulturelle Eigenart hat in Afrika lediglich Stillstand, Widerstand gegenüber der Moderne und intellektuelle Verkalkung legitimiert. Diesbezüglich harmonieren Politik und Gesellschaft bestens, auf dass der Status quo ja nicht angetastet werde. Jene afrikanischen Intellektuellen, die die geistige Unterentwicklung ihrer politischen Führungskräfte anprangern, müssen sich fragen, inwieweit sie selbst durch ihre Tendenz, afrikanische Traditionen heiligzusprechen und afrikanische Kulturen als gefährdete Denkmäler zu betrachten, zum Rückschritt ihres Kontinents beigetragen haben.«[96]

Die gegenteilige Position nimmt der Ökonom *Felwine Sarr* ein, geboren 1972 im Senegal. Er lehnt in Bezug auf Afrika Begriffe wie

»Entwicklung«, »wirtschaftlicher Durchbruch« oder »nachhaltige Entwicklung« ab und kritisiert sie als den Versuch, »die Mythen des Westens auf die Entwicklungsverläufe afrikanischer Gesellschaften zu projizieren. Diese Vokabeln haben es nicht vermocht, den Dynamiken des afrikanischen Kontinents gerecht zu werden oder die tiefgreifenden Veränderungen zu erfassen, die sich dort abspielen. Dazu bleiben sie zu sehr in einem westlichen Begriffskosmos verhaftet, der ihre Deutung der Wirklichkeit bestimmt. Indem sie die Entwicklung der afrikanischen Gesellschaften in eine Teleologie mit universalem Anspruch einschreiben, haben diese Kategorien [...] die besondere Kreativität Afrikas ebenso verleugnet wie dessen Fähigkeit, Metaphern des eigenen Zukunftspotenzials zu formulieren.«[97]

Sarr lehnt quantifizierbare Kategorien wie den bereits zitierten UNO-Index der menschlichen Entwicklung (HDI) ab, weil sie »nichts über das Leben selbst« aussagen, »also über die Qualität der gesellschaftlichen Beziehungen, ihre Intensität und Fruchtbarkeit, den Grad der sozialen Entfremdung, den Charakter des Beziehungslebens, des kulturellen und spirituellen Lebens usw.«[98]

Sarr weist also den westlichen Entwicklungsbegriff zurück, aber er setzt keinen anderen an seine Stelle. Er gibt keine Antwort auf die Frage, warum die Millionen Wirtschaftsmigranten, die Afrika so gerne Richtung Europa verlassen wollen, offenbar durch die »Qualität und Fruchtbarkeit des Beziehungslebens« nicht in ihren Heimatländern gehalten werden. Einen Vorschlag, wie mehr Bildung, Wohlstand und Gesundheit, wie sie im HDI gemessen werden, mit »afrikanischer Kultur« versöhnt werden können, so wie Felwine Sarr sie versteht, bleibt er schuldig. Stattdessen flüchtet er in Utopien: »Afrika muss gegenüber niemandem aufholen. Es hat nicht mehr auf jenen Pfaden zu laufen, die man ihm zuweist, sondern sollte zügig den Weg gehen, den es selbst gewählt hat. Sein Status als Erstgeborener der Menschheit verlangt von ihm, dass es sich aus der Konkurrenz zurückzieht, aus dem Wettstreit jenes Kindesalters, in dem Nationen sich verächtlich anschauen, um zu ermessen, wer am meisten Wohlstand angehäuft hat, am meisten technische Gadgets, die stärksten Gefühle und die ausgeprägteste Fähigkeit, die Güter und Freuden dieser Welt zu genießen, und sei es, dass dieses zügel- und verantwortungslose Vorgehen die gesellschaftlichen und ökologischen Voraussetzungen menschlichen Lebens aufs Spiel setzt.«[99]

Der ehemalige Präsident Nigerias, Olusegun Obasanjo, sagte 2017: »Die Leute reden über die Armut in Afrika. Gott hat Afrika nicht arm erschaffen. Die Armut in Afrika ist nicht von Gott geschaffen, sie ist menschengemacht. Wir haben Afrika durch unsere Politik arm gemacht und dadurch, wie wir sie durchgeführt haben, und dadurch, wie wir mit dem Markt und der Verarbeitung und Lagerung von Lebensmitteln umgehen.«[100] Die Völker und Staaten Afrikas sind erwachsene Mitglieder der Weltgemeinschaft. Ihren Weg in die Zukunft müssen sie selbst bestimmen. Aber sie müssen auch die Verantwortung für ihre Entscheidungen übernehmen. Dazu gehört es, dass sie die Probleme von Gesundheit, Wohlstand und Sicherheit für die Afrikaner in Afrika selbst lösen und nicht durch die Auswanderung einer armen überschüssigen Bevölkerung nach Europa weiterreichen. Aus der Sicht des Moralphilosophen Julian Nida-Rümelin braucht Afrika »faire wirtschaftliche Kooperation mit Europa, einen Zugang zum EU-Agrarmarkt, Joint-Ventures, Infrastruktur, Auslandsinvestitionen, neue Formen der Entwicklungszusammenarbeit, Ausbildungszentren, nicht mehr Auswanderung nach Europa«.[101]

Den klaren Einsichten aus politischer, philosophischer und entwicklungsökonomischer Perspektive stehen die Wünsche der Afrikaner entgegen. Sie haben es offenbar mehrheitlich aufgegeben oder auch nie vorgehabt, in ihren Ländern für bessere Verhältnisse zu sorgen, stattdessen wollen sie weg. Nach einer Untersuchung von Pew-Research würde rund die Hälfte der Einwohner in Subsahara-Afrika gerne auswandern. Besonders groß sind die Auswanderungswünsche in den relativ erfolgreicheren Ländern: 46 % der Senegalesen, 51 % der Südafrikaner, 54 % der Kenianer, 74 % der Nigerianer und 75 % der Ghanaer würden gerne auswandern, wenn sie die finanziellen Mittel und die Gelegenheit dazu hätten.[102] Das scheint widersinnig und stellt dem Aufbauwillen der Afrikaner kein gutes Zeugnis aus. Afrika hat auf dem eigenen Kontinent alle materiellen Ressourcen und Potenziale, um sich zu entwickeln. Gerade weil Afrika in vielerlei Hinsicht auch gut funktioniert, kann und sollte man es getrost sich selbst und den eigenen Heilungskräften überlassen und muss es nicht ständig durch allerlei »Rettungsmaßnahmen« – wozu auch die Masseneinwanderung nach Europa gehört – bevormunden.

Hier fehlt es offenbar auf europäischer Seite sowohl an Entschlusskraft als auch an klarer Ansage.

Kapitel 6
Wie sich Einwanderung steuern lässt

Die Kapitel 1 bis 5 lieferten das Rüstzeug für eine realistische Betrachtung der komplexen Fragen rund um die Einwanderung. Dabei wurde klar, dass Wunschdenken und Gesinnungsethik die größten Gefahren für den Realismus der Betrachtung und damit für den Erfolg einer wie immer definierten Einwanderungspolitik sind.

Die Ordnung der Welt beginnt immer im eigenen Kopf, von dort geht es weiter über die Herstellung kollektiver Mentalitäten und Grundeinstellungen zur Vorbereitung kollektiver Handlungen. Wo die Grundeinstellungen unklar, unentschlossen oder in sich widersprüchlich bzw. unrealistisch sind, kann sich auch kein entschlossenes, vernünftiges und damit Erfolg versprechendes Handeln ergeben. Das heißt nicht, dass man nicht ganz Unterschiedliches wollen kann. Aber es gibt nichts umsonst, und jeder Weg hat Folgen, die andere Möglichkeiten verschließen. Naive Illusionen über generell segensreiche Wirkungen von Einwanderung sollten jene verloren haben, die das Buch bis an diese Stelle gelesen haben.

Es gibt nur ein Thema, das die AfD groß gemacht hat, das war die Fluchtmigration seit 2015. Ohne dass man die Politik in dieser Hinsicht grundlegend ändert und dies auch kommuniziert, wird es den Volksparteien schwerfallen, den verlorenen Raum in der Wählergunst wiederzugewinnen. Aber nachdem sich die AfD einmal etabliert hat, wird sie durch eine andere Zuwanderungspolitik nicht einfach wieder verschwinden. Auch die zwei Millionen Fluchtmigranten, die seit 2015 zu uns gekommen sind, verschwinden nicht dadurch wieder, dass man künftig eine andere Politik macht. Die Fluchtmigranten, die bei uns sind, müssen langfristig integriert werden, und auch auf die AfD und vor allem für ihre Wähler muss man eine langfristige Antwort finden. Ignorieren und Beschwörungsformeln helfen in beiden Fällen nicht. Man kann ein Volk auch überfordern, indem man viele Fremde hereinlässt, ohne es zu fragen, und anschließend eine Diskussion darüber unterdrückt, indem man sie für moralisch unzulässig erklärt.

Kernerkenntnisse aus den Kapiteln 1 bis 5

Einwanderung prägt zwar die Menschheitsgeschichte, tatsächlich aber lebte der Mensch immer überwiegend sesshaft und territorial orientiert. Das galt auch für Nomaden, Jäger und Sammler, die sich durchweg auf ein bestimmtes Revier beschränkten. Historisch gesehen, waren große Wanderungsbewegungen immer die Ausnahme und nicht die Regel: Lange Phasen relativer Ruhe und getrennter Entwicklung, die oft viele Jahrhunderte oder gar Jahrtausende währten, wurden unterbrochen von kurzen, stürmischen und durchweg gewalttätigen Phasen mit größeren Einwanderungsströmen.

Diese hatten aber nie den Charakter eines unvermeidlichen Naturereignisses. Staaten, Völker und Gesellschaften waren bei der Abwehr unerwünschter und bedrohlicher Einwanderung oft auch sehr erfolgreich und konnten so die Stabilität ihrer Gesellschaften und Kulturen für Jahrhunderte oder gar Jahrtausende sichern. Einwanderung in besiedelte Räume war historisch gesehen überwiegend mit Eroberung und Gewalt verbunden. Sie war kaum je zum Vorteil der indigenen Bevölkerung, meist war das krasse Gegenteil der Fall – bis hin zur Auflösung und zum Untergang von Staaten, Gesellschaften und ihren Völkern.

In der gesamten Menschheitsgeschichte haben sich Stämme, Völker und ethnische Gruppen aneinander gerieben, um Territorium und Ressourcen gekämpft. Dabei sind zahllose Völker, Sprachen und Kulturen untergegangen, und neue haben sich durch Vermischung gebildet. Dieser *Ethnogenese* genannte Vorgang – die Entstehung neuer Völker, Gesellschaften und Kulturen durch Vermischung – dauert lange und misslingt häufig. Erfolgreiche Ethnogenese bemisst sich eher nach Jahrhunderten als nach Jahrzehnten und ist oft mit intensiven Spannungen verbunden. Sie erfolgt umso leichter, je ähnlicher die Völker, die sich vermischen sollen, einander in ethnischer, sprachlicher, kultureller und religiöser Hinsicht sind. Neben dem qualitativen ist auch das quantitative Element sehr wichtig. Wo die aufnehmende Bevölkerung in der Minderheit ist oder mit der Zeit in die Minderheit gerät, wird es ihr nur schwer gelingen, ihre Eigenart und Identität zur prägenden Grundlage des neu entstehenden Volkes zu machen.

In Europa hat es von 2800 v. Chr. (Zuwanderung der Indoeuropäer aus der zentralasiatischen Steppe) bis 1950 n. Chr. knapp 5000 Jahre lang überhaupt keine nennenswerte Zuwanderung von außerhalb Europas gegeben. Ausnahmen waren die Einbrüche der Hunnen in der Völkerwanderung (um 400 n. Chr.), der Einbruch der Araber auf die Iberische Halbinsel (um 750), der Mongolensturm (um 1250) und die türkische Eroberung des Balkans (um 1500). Der demografische Eintrag aus diesen Ereignissen war jedoch relativ zur indigenen Bevölkerung minimal. Er ist quantitativ sowohl relativ als auch absolut überhaupt nicht vergleichbar mit den Wanderungsbewegungen nach Europa, die seit 1960 aus dem Nahen und Mittleren Osten, aus Südasien und zunehmend auch aus Afrika stattgefunden haben und sich gegenwärtig weiter fortsetzen. Die Einwanderung der letzten 60 Jahre hat Deutschland und Europa ethnisch, religiös und kulturell diverser gemacht. Viele sehen das als eine Bereicherung an. Aber das ist eine Bewertung, für die es keine objektiven Maßstäbe gibt. Für die politische Stabilität hat die außereuropäische Einwanderung der letzten 60 Jahre eher negativ gewirkt, und der wirtschaftliche Wohlstand wurde dadurch nachweislich nicht gefördert, sondern gemessen am pro-Kopf-Einkommen tendenziell beeinträchtigt.

In Bezug auf die Gegenwart und für die künftige Entwicklung sind klare Wahlentscheidungen unverzichtbar, wenn man die kulturelle und ethnische Identität von Deutschland und Europa nicht völlig verändern will. In Kapitel 3 hatte ich dazu den niederländischen Soziologen Paul Scheffer zitiert: »Abkapselung als Mittel, ein soziales Gleichgewicht herzustellen, müssen wir vollkommen ernst nehmen. Die Geschichte lehrt, dass es nur selten zu einer spontanen Annäherung zwischen Alteingesessenen und Zugezogenen kommt.«[1] Die Bewahrung des europäischen Sozialstaats funktioniert nicht bei offenen Grenzen, so Scheffers Resümee. »Nicht jeder, der will, kann reinkommen.«[2]

Der renommierte britische Migrationsforscher Paul Collier sprach sich bereits 2013 für eine strikte Steuerung der Einwanderung nach Europa aus und bezog sich dabei explizit auf seine Erkenntnisse zu den Entwicklungshemmnissen in Afrika: »Das Wesen eines Landes besteht nicht einfach nur in seinem Territorium. Der grundlegende Einkommensunterschied zwischen reichen und armen Gesellschaften ist auf Unterschiede ihrer Sozialmodelle zurückzuführen. Hätte Mali ein ähnliches Sozialmodell wie Frankreich und behielte es dieses Modell über Jahrzehnte hinweg bei, hätte es auch ein ähnliches Einkommensniveau.«[3] Dabei stellt die Einwanderung aus dem islamischen Kulturkreis ein besonderes Problem dar wegen

- der kulturell bedingten, durchschnittlich eher niedrigen Bildungsleistung und kognitiven Kompetenz,
- der Neigung zur Abschottung und Entmischung, was erfolgreiche Integration erschwert und künftige Ethnogenese behindert oder gar verhindert,
- der frühen Heirat und überdurchschnittlichen Kinderzahl im islamischen Kulturkreis, was das islamische Bevölkerungselement immer und ohne Ausnahme auf längere Sicht auch zum demografisch dominierenden Bevölkerungselement macht.

Auf der ganzen Welt können Staaten, Völker und Gesellschaften bei einem mit Europa, den USA oder dem Fernen Osten vergleichbaren Sozialmodell grundsätzlich auch auf dem eigenen Territorium ohne größere Auswanderung und ohne fremde Hilfe einen den westlichen Industriestaaten vergleichbaren Wohlstand entwickeln. Sie haben es dabei sogar leichter als diese, weil sie sich beim Aufbau ihrer Gesellschaften aus dem über Jahrhunderte aufgebauten westlichen Wissensfundus frei bedienen können und diesen nicht erst neu erfinden müssen. Massenhafte Auswanderung aus diesen Ländern und Regionen und entsprechende Einwanderung in die westlichen Industriestaaten, darunter auch Deutschland und Europa, ist zur nachhaltigen

Verbesserung der Lebensverhältnisse im eigenen Land weder notwendig noch hinreichend. Der Migrationsdruck auf Deutschland und Europa speist sich überwiegend weder aus kriegerischen Verwicklungen noch aus materieller Not, sondern ist vor allem getrieben von dem Wunsch, durch individuelle Auswanderung in ein fremdes Land die eigene Lebenslage zu verbessern. Unter ethischen Aspekten ist Masseneinwanderung nach Deutschland und Europa weder zwingend noch sinnvoll. Es gibt keinen moralisch begründeten Anspruch auf Einreise in ein fremdes Land und ein Aufenthaltsrecht dort. Das war das klare Ergebnis von Kapitel 4. Humanitäre Hilfe kann und sollte nahe der Herkunftsregion geleistet werden, auch das Recht auf politisches Asyl muss gewährleistet bleiben.

Kapitel 5 befasste sich mit den Konsequenzen aus der anhaltenden Bevölkerungsexplosion und den Entwicklungsperspektiven in Afrika und im Nahen und Mittleren Osten. Aufgrund des Reichtums an Energie, Rohstoffen und landwirtschaftlich nutzbarem Boden haben Afrika und der Nahe und Mittlere Osten, was die materiellen Ressourcen angeht, alle Chancen für einen soliden Wohlstand und die Versorgung der eigenen Bevölkerung. Der Kern der Problematik liegt in inneren Modernisierungsdefiziten, für die die ungezügelte Bevölkerungsentwicklung der anschaulichste und bedrohlichste Ausdruck ist. Die Länder Afrikas und des Nahen und Mittleren Ostens haben es zum allergrößten Teil bis heute nicht geschafft, sich jenseits von Rohstoffexporten in die Weltwirtschaft einzubringen.

Die Mängel an Bildung und Wissen und an schierem Willen zu Modernität und Leistung sind durchweg bestürzend. Die Eliten zeigen generell mehr Interesse an der eigenen Bereicherung und an politischen Machtkämpfen als am Wohlergehen der Bevölkerung. Die Möglichkeiten, von außen einzugreifen, sind begrenzt. Die Kolonialgeschichte kann für die heutigen Mängel prinzipiell nicht rechtfertigend in Anspruch genommen werden. Die Entwicklungshilfe hat die in sie gesetzten Erwartungen in den letzten siebzig Jahren nicht erfüllt, sondern vielfach die Korruption noch gefördert. Hilfe kann nur aus der inneren Entwicklung kommen. Die Weltgemeinschaft muss dazu Hilfe zur Selbsthilfe geben. Schlagworte wie der »Marshallplan für Afrika« führen dabei geistig in die falsche Richtung, denn Kapitalmangel ist nicht das zentrale Entwicklungsproblem. Mehr Einwanderung nach Europa ist auch keine Lösung für die Probleme. Sie würde Europa kulturell und demografisch beschädigen, ohne den Herkunftsländern wirklich zu helfen.

Für Deutschland und Europa gibt es zur wirksamen Steuerung und Begrenzung der künftigen Einwanderung aus Afrika und dem Nahen und Mittleren Osten keine Alternative. Diese erfordert

- eine wirksame Grenzsicherung,
- einen strikten und pragmatischen Umgang mit dem Recht auf politisches Asyl und
- eine zügige und möglichst vollständige Rückführung der in Bezug auf Asyl- oder anderweitige Aufenthaltsrechte abgelehnten illegalen Einwanderer.

Zur Rolle mentaler Grundeinstellungen

Zu Beginn von Kapitel 4 zitierte ich David Hume zum Verhältnis von Vernunft und Moral: Vernunft, so David Hume, bewege sich in den Kategorien von wahr oder falsch, Moral dagegen in den Kategorien von gut oder böse. Darum könne man Moral auch nicht mit Vernunft begründen. Umgekehrt können vernunftgeprägte Überlegungen, soweit sie sich auf Tatsachen und objektive Zusammenhänge beziehen, nicht durch moralische Kategorien ausgehebelt oder delegitimiert werden.

Als sich am 18. Februar 2020 der schreckliche, fremdenfeindliche Massenmord in Hanau ereignete, waren die Medien über Tage hinweg völlig zu Recht voll von Aufrufen gegen Hasskriminalität. Intensiv wurde diskutiert, wie man hier besser vorbeugen könne. Einige öffentlich vernehmbare Stimmen waren so zu verstehen, dass schon die klare Benennung von Problemen rund um Demografie, Einwanderung, Kultur und Religion zu einem Klima des Hasses beitrage, und deshalb – so die zumeist unausgesprochene Schlussfolgerung –

eigentlich unterbunden werden müsse.[4] Der Politologe Peter Graf Kielmansegg warnte: »So entschieden der Kampf gegen Hass und Gewalt geführt werden muss, er darf nicht so geführt werden, dass er die demokratische Auseinandersetzung über Zuwanderung und ihre Folgen erstickt.«[5]

Der Verzicht auf Problembenennung ist nämlich der falsche Weg, um gesellschaftlichem Hass vorzubeugen. Wo kritische Tatsachen nicht benannt werden sollen, wo die Ursachen beobachtbarer Fehlentwicklungen nicht diskutiert werden dürfen, nimmt man den Menschen die Möglichkeit, ihre Befürchtungen und Vorbehalte an der Wirklichkeit zu spiegeln und ihre Präferenzen klar zu äußern. So entwickelt sich ein gesellschaftliches Klima, in dem Vorbehalte, Neurosen und unterdrückte Ängste umso besser gedeihen können. Aus Anlass der Untat von Hanau schrieb der Psychoanalytiker Rainer Matthias Holm-Hadulla zur Quelle des Hasses: »Wir können Veränderungsprozessen nicht ausweichen, wir müssen sie aktiv mitgestalten. Wenn das nicht möglich ist, resultieren daraus Depression und Rückzug oder Hass und Angriff. Die oft unbewusste Leitidee des destruktiv Handelnden lautet: Wenn ich schon das Gute nicht bewirken kann, so wenigstens das Böse.«[6]

Ich habe dieses Buch geschrieben, weil ich Veränderungsprozessen nicht ausweichen kann und auch nicht möchte, sie aber mit den mir zur Verfügung stehenden Mitteln – das ist die Analyse und die Publizistik – mitgestalten möchte. In diesem Kapitel unterbreite ich Vorschläge, wie man die Politik in Deutschland und Europa so ändern kann, dass aus zahlreichen folgenlosen Proklamationen zum Thema Einwanderung erfolgreiches praktisches Handeln wird. Die Benennung von Fakten und handlungsleitenden Normen ist – auch dann, wenn sie unangenehm sind – weder ein feindseliger Akt noch ein Aufruf zum Hass, sondern eine unerlässliche Voraussetzung für eine zutreffende Analyse und, darauf aufbauend, für eine erfolgreiche Politik:

Die Machtfrage stellen und beantworten

Wir, die staatlichen Organe und die Bevölkerung des aufnehmenden Landes, und nicht die Einwanderer bestimmen die Maßstäbe und Prinzipien, nach denen Einwanderer ausgewählt werden, und die rechtlichen und normativen Vorgaben, die bei uns zu beachten sind. Staatliche Macht ist auch dazu da, dieses umzusetzen und notfalls zu erzwingen.

Leitkultur propagieren und durchsetzen

Wir sind in Deutschland und Europa Teil einer über Jahrtausende gewachsenen Kultur, die unsere Eigenart ausmacht, aber auch den beispiellosen Erfolg der westlichen Lebensart im Hinblick auf bürgerliche Freiheitsrechte, religiöse Freiheit, wissenschaftliche Erkenntnis, technische Entwicklung und materiellen Wohlstand ermöglicht hat. Von den Einwanderern, die zu uns kommen, wird erwartet, dass sie sich in diese Leitkultur einfügen. Willkommen sind jene, die dies tun, und unwillkommen sind jene, die unsere Kultur ablehnen bzw. sie durch abweichendes Verhalten und andere Normen unterlaufen und letztlich aushöhlen. Das sind unsere klaren Erwartungen, und insofern fordern wir von den Einwanderern, die uns willkommen sein sollen, auch kulturelle Assimilation. Wer das nicht will, ist auch nicht willkommen.

Transparenz herstellen

- Wir möchten, dass Einwanderer in unser Land möglichst qualifiziert sind und ein hohes Bildungsniveau aufweisen.
- Wir möchten, dass sie eine hohe Erwerbsbeteiligung haben und nur in geringem Umfang vonTransferleistungen abhängig sind.
- Wir erwarten, dass die Kriminalitätsrate der Einwanderer im Durchschnitt nicht höher ist als diejenige der nach Alter und Geschlecht vergleichbaren Bevölkerung hierzulande.

- Wir möchten, dass sie die Rechte der Frauen achten und sexuelle Vielfalt akzeptieren.
- Wir möchten, dass sie schnell Deutsch lernen.
- Wir möchten, dass sie sich durch Heirat und andere private Bindungen möglichst schnell und möglichst weitgehend mit der aufnehmenden Bevölkerung vermischen. So soll für die Zukunft ein ethnischer und kultureller Flickenteppich in Deutschland vermieden werden.
- Wir möchten nicht, dass sich Einwanderer aus ethnischen und religiösen Gründen von der aufnehmenden Bevölkerung abschotten. Wir möchten nicht, dass sie sich mit äußeren Anzeichen der religiösen und kulturellen Absonderung gezielt von der aufnehmenden Bevölkerung distanzieren.

Selektive Einwanderungspolitik durchsetzen und langfristig betreiben

Die Erfahrungen der letzten 60 Jahre in Deutschland und Europa zeigen: Gemessen an den oben aufgestellten Normen gibt es unter den außereuropäischen Einwanderern nach Europa große gruppenbezogene Unterschiede. *Es ist keineswegs egal, wer zu uns kommt und bei uns lebt.* Diese Unterschiede werden zudem vielfach von Generation zu Generation weitergegeben. Es ist deshalb von großer Bedeutung, wie die Herkunftskultur und der religiöse Hintergrund jener Menschen aussehen, die gerne bei uns einwandern wollen. Darum brauchen wir eine selektive Einwanderungspolitik, die nach ihrer Konzeption und den mit ihrer Umsetzung verbundenen staatlichen Befugnissen so ausgestaltet ist, dass sie ihre Maßstäbe auch tatsächlich durchsetzen kann.

Asylrecht fokussieren und durchsetzen

Das im Grundgesetz verankerte Recht auf politisches Asyl ergab sich aus den schrecklichen Erfahrungen mit der nationalsozialistischen Gewaltherrschaft. Es muss unbeschränkt erhalten bleiben. Es muss allerdings strikt getrennt werden von der Fluchtmigration aufgrund von Kriegen und Bürgerkriegen und von der Migration aus wirtschaftlichen Gründen. Die Folgen der Fluchtmigration auf anderen Kontinenten müssen durch entsprechende regionale Vorsorge vor Ort aufgefangen werden. Migration aus wirtschaftlichen Gründen muss durch selektive Einwanderungspolitik reguliert werden.

Sichere und geschützte Grenzen mit wirksamer Einwanderungskontrolle

Um die obigen Normen und Ziele umsetzen zu können, sind sichere und wirksam geschützte Grenzen unverzichtbar. Sicher und wirksam geschützt bedeutet, dass grundsätzlich niemand diese Grenzen überschreiten kann, der nicht dazu von den staatlichen Organen des aufnehmenden Landes befugt ist. Der Grenzschutz umfasst alle Einrichtungen und Maßnahmen, die nötig und geboten sind, um das umzusetzen. Dazu zählt auch die Rückführung jener, die die Grenze illegal überschreiten.

Prioritäten formulieren und politisch umsetzen

Die Aufgabe von Einwanderungspolitik ist es, die oben niedergelegten Prinzipien in ein konsistentes und handlungsstarkes, zugleich nach innen und außen gut kommunizierbares Konzept umzusetzen. Damit befasst sich der weitere Verlauf dieses Kapitels.

Abwägung ernst nehmen und richtig durchführen

Wie im Verlauf des Buches immer wieder deutlich wurde, hat Einwanderung demografische, kulturelle und ökonomische Aspekte. Diese werden geformt durch die Herkunft, den kulturellen und religiösen Hintergrund, die Qualifikation und die kognitive Kompetenz der Einwanderer. Darum kann man auch nicht einfach »für« oder »gegen« Einwanderung sein. Es kommt vielmehr bei der Positionierung darauf an, wer in welcher Zahl, aus welchem Grund und mit welcher Zielsetzung wo zuwandert. Es ist unerlässlich, dass solch eine Abwägung immer wieder neu und in Bezug auf konkrete Situationen vorgenommen wird.

Zur Praxis der Grenzsicherung und Einwanderungspolitik in der Welt

Die Formulierung einer positiven Einwanderungspolitik anhand von Selektionskriterien kann nur dann in erfolgreiche praktische Politik münden, wenn es möglich ist, die Selektionskriterien auch im praktischen Handeln durchzusetzen. Das setzt die wirksame Kontrolle darüber voraus, wer einreisen darf, wer welche Aufenthaltsrechte hat und wer das Land nach welchen Maßstäben wieder verlassen muss. *Das bedeutet, dass es eine wirksame selektive Einwanderungspolitik ohne wirksamen Grenzschutz nicht geben kann.* Dies ist eigentlich eine politische und sachliche Selbstverständlichkeit. Aber sie schien für Deutschland im Herbst 2015 außer Kraft gesetzt worden zu sein, als die Bundeskanzlerin Angela Merkel öffentlich und quasi offiziös erklärte, Deutschland könne seine Grenzen nicht wirksam schützen und habe deshalb keine Wahl, als die damals gerade stattfindende Masseneinwanderung quasi hinzunehmen und das Beste daraus zu machen.

Mit den damit verbundenen Fragen sind alle jene Staaten in der Welt konfrontiert, die von außerhalb ihrer Grenzen Einwanderung anziehen. Das macht einen Blick auf die konkrete Praxis verschiedener Länder im Hinblick auf die Kombination von Einwanderungspolitik und Grenzschutz sinnvoll:

USA

Die USA verstehen sich traditionell als Einwanderungsland. Gleichwohl haben sie seit ihrer Gründung im Jahr 1776 in ihrer Einwanderungspolitik ganz unterschiedliche Akzente gesetzt und z.B. für die Zeit von 1925 bis 1965 Einwanderung weitgehend unterbunden. Theoretisch haben die USA ein striktes Einwanderungsregime. Praktisch wird dies seit einigen Jahrzehnten durch Einwanderung aus Mittel- und Südamerika, zumeist über Mexiko, weitgehend unterlaufen. Da innerhalb der USA keine Ausweispflicht besteht und es auch ein ökonomisches Interesse an billigen Arbeitskräften gibt, ist die Einwanderungspolitik der USA von starken inneren Widersprüchen gekennzeichnet. Illegale Einwanderer können weitgehend unbehelligt im Land leben und auch einer Erwerbstätigkeit nachgehen. So werden die strikten Regeln zur Einwanderung für jene, die es irgendwie ins Land geschafft haben, zur Farce. Immerhin sorgt das weitgehende Fehlen einer sozialstaatlichen Mindestsicherung im Unterschied zu Deutschland und den meisten Ländern Europas dafür, dass diejenigen, die kommen, für ihren Lebensunterhalt überwiegend selbst sorgen. Das erhöht im Vergleich zu Deutschland und Europa auch die Chancen für ihre Sozialisation und Integration.

Erst seit etwa 1990 bemühen sich amerikanische Regierungen, die Einwanderung in größerem Stil durch Grenzbefestigungen an der Grenze zu Mexiko zu kanalisieren und einzudämmen. Die eingeleiteten Maßnahmen sind politisch hochgradig kontrovers. Aber wo Grenzanlagen eingerichtet sind, ist ihr Abhaltewert durchaus nennenswert. Verstärkt bemüht sich die amerikanische Regierung um Vorfeldkontrolle durch entsprechende Einwirkungen auf die Regierungen Mexikos und der Staaten in Mittelamerika.[7]

Kanada

Kanada ist durch seine natürlichen Grenzen – im Süden die USA, im Westen der Pazifik, im Osten der Atlantik und im Norden die Arktis – nahezu perfekt gegen illegale Einwanderung geschützt. Gleichwohl ist es grundsätzlich sehr einwanderungsfreundlich, aber in Bezug auf die Auswahl der Einwanderer sehr selektiv. Das führt dazu, dass die kognitiven Kompetenzen und die Qualifikation der Einwanderer im Durchschnitt eher über als unter dem Niveau der Einheimischen liegen. Dies erleichtert die wirtschaftliche und kulturelle Integration und macht Einwanderung, jedenfalls in ökonomischer Hinsicht, in Kanada eher zu einer Erfolgsgeschichte.

Australien und Neuseeland

Auch Australien und Neuseeland betreiben eine sehr selektive Einwanderungspolitik, was durch ihre isolierte Insellage zwischen dem Indischen Ozean und dem Pazifik erleichtert wird. Flüchtlinge nimmt Australien nur nach einem sehr strengen Quotensystem auf und duldet keine illegale Einwanderung. Eine Zeit lang kamen illegale Einwanderer mit Booten von Indonesien nach Australien, vorwiegend handelte es sich dabei um Muslime. Diese dürfen aus den meisten islamischen Ländern visafrei nach Indonesien einreisen. So entwickelte sich ein Asyltourismus. Australien begegnet den Fehlanreizen, indem es Schiffe mit illegalen Einwanderern unmittelbar zurückschickt und dabei mit Staaten wie Indonesien, Malaysia und Sri Lanka kooperiert. Sofern illegale Einreisen gelingen, werden die entsprechenden Personen in einem Gefängnis auf der Weihnachtsinsel oder in einem vom australischen Staat betriebenen Internierungslanger auf der Insel Manus, die zu Papua-Neuguinea gehört, untergebracht.[8] Diese Maßnahmen haben die illegale Einwanderung nach Australien unattraktiv gemacht und nahezu vollständig unterbunden.

Singapur

Der Stadtstaat Singapur erfuhr seit seiner Gründung und Unabhängigkeit im Jahr 1965 ein beispielloses Wirtschaftswachstum, das ihn in wenigen Jahrzehnten von einem armen Land auf dem Niveau des westafrikanischen Ghana zum reichsten Land der Welt machte – gemessen am BIP pro Kopf. Singapur betreibt eine einwanderungsfreundliche Politik, die aber strikt und sehr tiefgreifend reguliert ist. 2017 waren ca. 47 % der Bevölkerung im Ausland geboren, was sich in ähnlicher Weise auch in der Erwerbsbeteiligung spiegelt. Die gesamte Einwanderung und Beschäftigung von Eingewanderten wird tiefgehend und vollständig vom »Ministry of Manpower« reguliert. Illegale Einwanderung und illegaler Aufenthalt sind praktisch unmöglich. Besonders qualifizierte Einwanderer (etwa 17 % der Bevölkerung) erhalten eine dauerhafte Aufenthaltsgenehmigung und können auch die Staatsbürgerschaft erwerben. Weniger qualifizierte Einwanderer (30 % der Bevölkerung) dürfen grundsätzlich nur eine begrenzte Zeit in Singapur arbeiten und können auch keine Staatsbürger werden. Auf die weniger qualifizierten Einwanderer erhebt der Staat eine von den Arbeitgebern zu entrichtende monatliche Abgabe, die sich auf etwa ein Viertel der Lohnkosten beläuft. Solche Einwanderer arbeiten insbesondere im häuslichen Sektor und in der Bauwirtschaft. Die Regulierung ist streng und mit erheblichen Eingriffen in die bürgerlichen Freiheitsrechte der Einwanderer und der Arbeitgeber verbunden. Die Steuerung der Einwanderung erfolgt weniger über Qualifikationsvorgaben o.ä. als über die Abgaben, die die Unternehmen für Gastarbeiter zu leisten haben. Sie müssen also wirklich prüfen, ob sich Einwanderung für sie rechnet und sie müssen auch die Krankenversicherung und die soziale Absicherung der Gastarbeiter sicherstellen.[9]

Japan

Japan hat sich bei aller Offenheit für Kultur, Wissenschaft und Technik immer als insulare Nation verstanden (vgl. Kapitel 1, »Das zentrale Asien und der Ferne Osten«). Dank der Insellage und der betriebenen Politik existiert praktisch keine illegale Einwanderung. Legale Einwanderung ist stark beschränkt. Japan hat die feste politische Absicht, auch die Probleme der demografischen Alterung weitgehend ohne Einwanderung zu bewältigen, und richtet seine Politik entsprechend aus.

Japan nimmt auch nur sehr wenige Flüchtlinge auf. Während die Zahl der Anträge auf Aufnahme 2017 einen Rekordstand von 19 628 erreichte, wurden nur 20 Anträge positiv beschieden. Weitere 48 Menschen wurden zwar nicht als Flüchtlinge anerkannt, erhielten aber ein Bleiberecht aus humanitären Gründen.[10] Japan leistet einen vergleichsweise hohen finanziellen Beitrag zum UNHCR-Budget. Mit einem Beitrag von 120 Millionen US-Dollar lag es 2018 unter den staatlichen Spendern an fünfter Stelle.[11]

China

Eine massenhafte Einwanderung nach China gibt es nicht. Zwar ist es schwierig, die langen Grenzen zur Mongolei, zu Russland und zu Nordkorea lückenlos zu überwachen, und es gibt im Einzelfall immer wieder erfolgreiche Fluchten aus Nordkorea über China. Aber innerhalb Chinas gibt es ein ausgeprägtes Überwachungssystem und es werden auch die Reisebewegungen, z.B. mit der Bahn oder per Flugzeug, so intensiv kontrolliert, dass es extrem schwierig bzw. fast unmöglich ist, als illegaler Einwanderer in China auf längere Zeit unentdeckt zu bleiben.

China konzentriert seine Visa und Aufenthaltsgenehmigungen auf »ausländische Unternehmer, Investoren sowie technische und Management-Spezialisten«. Nach chinesischen Angaben wurden in den letzten Jahren 133 000 entsprechende Genehmigungen erteilt.

Auch Anträge auf Daueraufenthalt für »hochrangige ausländische Talente, einschließlich Ausländer mit Doktorgrad und solche, die bedeutende Beiträge zum Land geleistet haben«, werden von der chinesischen Politik positiv gesehen.[12] Kurzum, die aktuelle chinesische Einwanderungspolitik ist extrem selektiv und restriktiv und setzt diesen Kurs auch erfolgreich um.

Italien

Italien ist Teil des Schengen-Raums und zugleich wegen der räumlichen Nähe zu Afrika eine bevorzugte Anlaufstelle für Flüchtlinge und illegale Einwanderer über das Mittelmeer. Rund um die italienische Insel Lampedusa haben sich seit 2011 die ungelösten Probleme und Inkonsistenzen der europäischen Grenzpolitik sowie der Flüchtlings- und Einwanderungspolitik anschaulich und teilweise dramatisch gezeigt. Hier nahm der faktische Zusammenbruch des Dublin-Systems seinen Ausgang, denn Italien verzichtete weitgehend auf die Registrierung der Flüchtlinge und illegalen Einwanderer. Die italienischen Behörden ließen sie vielmehr nach erfolgter Einwanderung bzw. Seenotrettung weitgehend ungehindert nach Norden ziehen, sodass die Mehrheit der Einwanderer, die diese Route nahmen, alsbald in den Staaten Mittel- oder Nordeuropas auftauchte und dort um Asyl nachsuchte.[13]

Die ungelösten Probleme der Zuwanderung über die zentrale Mittelmeeroute trugen maßgeblich zum Erfolg der Lega und der Fünf-Sterne-Bewegung in Italien bei. In der Amtszeit des Innenministers Matteo Salvini (Lega) vom Juni 2018 bis September 2019 unternahm die italienische Politik den Versuch, Anlandungen von Flüchtlingen und illegalen Einwanderern generell zu unterbinden. Die entsprechenden Verordnungen blieben auch in Kraft, als die Lega aus der Regierung ausgeschieden war. Die Probleme sind weiterhin ungelöst und bestimmen auch zum Zeitpunkt der Fertigstellung des Manuskripts zu diesem Buch (März 2020) maßgeblich die innenpolitische Debatte in Italien. Immerhin gelang es der verhärteten italienischen Politik, die Zahl der Erstanträge auf Asyl von rund 127 000 im Jahr 2017 auf rund 35 000 im Jahr 2019 abzusenken.[14]

Griechenland

Das griechische Staatsgebiet liegt bei einigen Inseln der Ägäis sehr nahe an der Türkei und hat in Nordgriechenland auch eine gemeinsame Grenze zum europäischen Staatsgebiet der Türkei. In Griechenland begann 2015 die sogenannte Balkanroute, auf der von Frühling 2015 bis März 2016 der weitaus größte Teil der Flüchtlinge und illegalen Einwanderer nach Europa und insbesondere nach Deutschland kam.

Griechenland war dem Schengen-Raum im Jahr 2000 beigetreten. Seine Grenze zur Türkei war dabei von Anfang an eine Schwachstelle und ein bevorzugter Anlaufpunkt für illegale Einwanderung. Im Jahr 2011 reagierte Griechenland mit dem Bau eines Grenzzauns an der Landgrenze zur Türkei in Thrakien. Unmittelbar danach sank die illegale Einwanderung über diesen Grenzabschnitt um 95 %. Auch Bulgarien baute 2013 einen Grenzzaun, weil es zur bevorzugten Ausweichroute der Migranten geworden war. Beide Grenzzäune stießen auf das Missfallen der Europäischen Kommission. Die zuständige Kommissarin Cecilia Malmström lehnte es ab, den Bau des Zauns mit Mitteln der EU zu unterstützen. Solch ein Vorgehen, so die Begründung, stelle keine Lösung des Problems der illegalen Einwanderung in der Region dar.[15]

Insgesamt erwies sich Griechenland seit seinem Beitritt zum Schengen-Raum sowohl unfähig als auch offenbar unwillig, die ihm nach dem Schengen-Abkommen und den darauf aufbauenden Dublin-Verordnungen obliegenden Pflichten zu erfüllen. Diese Quasi-Verweigerung galt sowohl für den Geist als auch für den Buchstaben der Bestimmungen. Als in der Flüchtlingskrise 2015/16 das Weiterschieben der Flüchtlinge und illegalen Einwanderer auf der Balkanroute durch den ungarischen Grenzzaun und in der Folge durch eine restriktivere Politik der übrigen Länder auf der Balkanroute unterbunden wurde, entwickelte sich in Griechenland ein Rückstau. Aus ihm erwuchs im März 2016 das Abkommen zwischen der Türkei und der EU, das im Wesentlichen von Bundeskanzlerin Merkel und Präsident Erdoğan ausgehandelt worden war. Es sah vor, dass die EU die Türkei bei der Versorgung der syrischen Flüchtlinge materiell mit 6 Milliarden Euro unterstützt und dass die Türkei jene Flüchtlinge von Griechenland zurücknimmt, die dort ein Asylverfahren nicht erfolgreich durchlaufen.[16]

Seit dem Abschluss dieses Abkommens war die türkische Grenzpolizei restriktiver bei der Ausreise von Flüchtlingen von ihrem Staatsgebiet nach Griechenland und Bulgarien. Griechenland dagegen schaffte es auch von März 2016 bis März 2020 nicht, ein funktionierendes Asylverfahren zu etablieren. Entsprechend konnten auch kaum Flüchtlinge in die Türkei zurückgeführt werden.[17]

Die Erscheinungsformen und Folgen des so entstehenden Flüchtlingsstaus insbesondere auf der Insel Lesbos beschäftigten im Winter 2019 mit dem Anschein immer größerer Dringlichkeit Politik und Medien. Im Jahr 2019 wurden in Griechenland rund 75 000 Erstanträge auf Asyl gestellt, weit über dem Niveau des Jahres 2015, als die Erstanträge in Griechenland bei rund 11 500 lagen.[18] Auf den griechischen Inseln in der Ägäis gab es 2019 rund 45 000 irreguläre Einwanderer, davon waren zuletzt 73 % Afghanen, 5 % Somalis und nur 12 % Syrer. Unter den Afghanen dominierten junge Männer, darunter auch unbegleitete Jugendliche. Diese werden oft von ihren Familien mit Geld ausgestattet und auf die Reise geschickt, um dann andere Mitglieder der Familie nachzuholen.[19]

Im März 2020 erhöhte die Türkei den Druck noch zusätzlich, indem sie Flüchtlinge, die sich in der Türkei aufhielten, in die Nähe der griechischen Grenze ließ und sie quasi zur illegalen Einwanderung nach Europa ermunterte. Die griechische Regierung versuchte, sich mit Sperrmaßnahmen an der Grenze zu wehren und rief die EU-Grenzagentur Frontex zu Hilfe. Mit dem Ausbruch der Coronakrise sperrte die Türkei am 19. März 2020 ihre Grenze zu Griechenland. Auch die Bemühungen, Migranten aus Griechenland in anderen EU-Staaten unterzubringen, scheiterten im Wesentlichen an der Uneinigkeit innerhalb der EU. Selbst für eine eher symbolische Aufnahme einer geringen Zahl von unbegleiteten Kindern und Jugendlichen gab es im März 2020 keine Einigung.[20] Die Hoffnungen richten sich auf ein erneuertes Abkommen zwischen der EU und der Türkei. Damit dieses funktioniert, müsste die Türkei weiterhin Migranten an der Überfahrt zu den griechischen Inseln hindern. Griechenland wiederum müsste endlich ausreichende Kapazitäten für die zügige Bearbeitung von Asylanträgen bereitstellen.[21]

Israel

Der Staat Israel entstand im Verlauf des 20. Jahrhunderts durch die Einwanderung von Juden aus aller Welt nach Palästina, die sich dort in einem feindlichen Umfeld behaupteten, durchsetzten und schließlich 1948 einen Staat gründeten. Zu den vielfältigen Erfolgsfaktoren dieses Staates zählen auch eine Politik der militärischen Stärke sowie der strikten Kontrolle von Einwanderungsbewegungen. Und es zählt dazu der gezielte, jeweils an die Problemlage angepasste Bau und Betrieb von befestigten Grenzanlagen.[22] Diese erfüllen durchweg den ihnen zugedachten Zweck:

- Undurchdringlich ist die Grenze zu Syrien auf den Golanhöhen. Auch anlässlich der durch den syrischen Bürgerkrieg ausgelösten Flüchtlingswellen ließ Israel dort niemanden passieren, leistete aber gelegentlich Hilfe auf syrischem Gebiet.[23]
- Noch nicht vollständig vollendet sind die Grenzbefestigungen zwischen dem israelischen Staatsgebiet und den palästinensischen Gebieten westlich des Jordans. Umstritten ist, inwieweit es diesen Grenzbefestigungen zu verdanken ist, dass die Zahl der Selbstmordattentate in Israel deutlich zurückging.
- Stark ausgebaut sind die Grenzbefestigungen zwischen Israel und dem Gazastreifen. Hier mischen sich politische und militärische Fragen. Auch der Schutz gegen Raketen aus dem Gaza-Streifen (Iron Dome) zählt dazu.

- Über die Grenze zwischen Israel und Ägypten auf der Sinai-Halbinsel hatte Israel einige Jahre lang illegale Einwanderung insbesondere aus Afrika erfahren. Durch den Ausbau der Grenzbefestigungen konnte diese illegale Einwanderung praktisch vollständig unterbunden werden.

Israel zeigt, dass auch ein kleines Land in feindlichem Umfeld seine Grenzen sehr wohl schützen und illegale Einwanderung weitestgehend unterbinden kann, wenn es den politischen Willen dazu hat und diesen Willen in praktische Politik umsetzt.

Türkei

Die Türkei ist als Nationalstaat ein später Staat. Er entstand nach dem Ersten Weltkrieg in Anatolien auf den Trümmern des Osmanischen Reichs und betrieb, wie schon das späte Osmanische Reich, viele Jahrzehnte lang eine Politik der ethnischen Bereinigung. Dazu zählen der Völkermord an den Armeniern und die Vertreibung der Griechen vom anatolischen Festland. Diese hatten dort schon gesiedelt, als die türkischen Völker in Zentralasien noch gar nicht entstanden waren. Zu den Bereinigungsversuchen im Sinne eines türkischen Nationalstaats zählen auch das strikte Vorgehen gegen die große kurdische Minderheit in der Türkei und die Mordaktionen an der religiösen Minderheit der Aleviten in den Zwanziger- und Dreißigerjahren des vergangenen Jahrhunderts.

Die Türkei hat eine lange gemeinsame Grenze mit Syrien. Die türkische Regierung sympathisierte in der Frühphase des syrischen Bürgerkriegs längere Zeit mit sunnitischen aufständischen Gruppen gegen die Herrschaft Assads. Sie leistete den Aufständischen teilweise militärischen und logistischen Beistand und ermöglichte über viele Jahre auch die Einreise islamistischer Fundamentalisten aus Europa in die Bürgerkriegsgebiete.

Als sich im Bürgerkrieg das Kriegsglück zuungunsten der Aufständischen wendete, nahm die Türkei ca. dreieinhalb Millionen

Flüchtlinge aus Syrien auf. Seit Frühjahr 2014 errichtete die Türkei eine Mauer an der Südgrenze nach Syrien.[24] Diese wurde mittlerweile zu einem weitgehend undurchdringlichen Hindernis zwischen der Türkei und Syrien und wird auch militärisch intensiv überwacht.[25] Den in der syrischen Provinz Idlib zusammengedrängten Aufständischen und der ihnen zugeordneten Bevölkerung, zusammen etwa eine Million Menschen (Stand März 2020), ist durch die türkische Grenzbefestigung die Flucht in die Türkei versperrt.

Weitgehend ungesichert ist dagegen die schwer zugängliche ca. 500 Kilometer lange Grenze zwischen der Türkei und dem Iran. Die irreguläre Einwanderung über diese Grenze wächst stark an. 2013 hatte die Türkei hier 40 000 irreguläre Migranten aufgegriffen, 2019 war diese Zahl auf 455 000 gestiegen, darunter 201 000 Afghanen und 71 000 Pakistaner. Die meisten von ihnen wollten weiter nach Europa, sie stellten den Löwenanteil jener, die sich im März 2020 an der Grenze zu Griechenland sammelten.[26]

Die türkische Regierung zürnte im März 2020 über die aus ihrer Sicht unzureichende Unterstützung durch die NATO und die Länder der EU. Die Ende Februar 2020 erfolgte Öffnung der türkischen Grenze gegenüber Griechenland für den Übertritt von Flüchtlingen ist sachlich mit der Situation an der Grenze zwischen der Türkei und Syrien überhaupt nicht verbunden. Die politische Verbindung wurde durch die türkische Regierung hergestellt. Sie versuchte, mit der Flüchtlingsdrohung ein erwünschtes politisches Verhalten der Nato und der EU zu erpressen. Hier zeigt sich nicht nur, dass der im März 2016 zwischen der Türkei und der EU abgeschlossene Flüchtlingspakt seine Grenzen hat. Es zeigt sich vielmehr auch, dass es in eine sachliche und politische Sackgasse führen kann, wenn man den Schutz der eigenen Grenzen an Nachbarn delegiert, die ihre eigenen und oftmals divergierenden Interessen verfolgen. Die Migrationskrise zwischen der Türkei einerseits und der EU sowie Griechenland andererseits wurde Ende März 2020 überholt durch die Coronakrise und in deren Folge die Schließung der Grenzen zwischen der Türkei und der EU.

Ungarn

Das ungarische Nationalbewusstsein ist durch die Erfahrungen der Geschichte traumatisiert. Die Unabhängigkeit Ungarns endete, als das Land 1526 unter osmanische Herrschaft fiel. Vom türkischen Joch wurde es 1686 durch das habsburgische Österreich befreit, aber erst 1867 gewann es in der österreichisch-ungarischen Doppelmonarchie seine Staatlichkeit zurück. Nach dem Ersten Weltkrieg verlor Ungarn mehr als die Hälfte seines Staatsgebiets und seiner Bevölkerung und nach dem Zweiten Weltkrieg wurde es dem kommunistischen Machtblock einverleibt.

Diese Erfahrungen prägen die Einstellungen der Ungarn zu fremder Herrschaft und kulturfremder Einwanderung. Als die ungarische Regierung im Herbst 2015 auf den Zug der Flüchtlinge über den Balkan mit der Errichtung eines Grenzzauns reagierte[27] und schließlich die Balkanroute sperrte, soweit sie über Ungarn führte, geschah dies mit breiter Zustimmung der Bevölkerung. Das Verhalten Ungarns löste eine Kettenreaktion aus, die schließlich zu einer weitgehenden Sperrung der Balkanroute führte. Das Verhalten Ungarns, und nicht die Vereinbarung Angela Merkels mit Erdoğan, war im März 2016 entscheidend für die Unterbrechung der Balkanroute und das Abebben des Flüchtlingsstroms.

Ungarn lässt die Einreise von Flüchtlingen und Migranten nach Ungarn grundsätzlich nicht zu. Asylbewerber wurden bis Mai 2020 in Transitzonen untergebracht und mussten dort verbleiben, bis eine Entscheidung über den Asylantrag erfolgt war. Die Anerkennungsquote war gering. Im Jahr 2019 erkannte Ungarn lediglich 60 Asylbewerber an. [28] In Deutschland wurden dagegen im gleichen Jahr 116 230 und in Österreich 13 730 Asylbewerber anerkannt. Es ist umstritten, ob das Vorgehen Ungarns mit dem Völkerrecht und dem europäischen Recht vereinbar war. Aber es war jedenfalls wirksam.[29] Am 14. Mai 2020 entschied der Europäische Gerichtshof gegen Ungarn, dass es unzulässig sei, Asylbewerber in einer Transitzone unmittelbar an der serbischen Grenze festzuhalten. Dies sei vielmehr einer Haft gleichzusetzen, weil Serbien die Rücknahme der Asylbewerber verweigert.[30] Ungarn entschied daraufhin, dass Asylgesuche generell nicht mehr an der Grenze, sondern nur noch in den ungarischen Auslandsvertretungen gestellt werden können.[31] Diese Reaktion zeigt: Ungarn hat die Kontrolle über seine Grenzen und über die Einwanderung und übt sie auch aus.

Mit der harschen Reaktion der EU auf die Grenzöffnung der Türkei gegen Griechenland ist die europäische Politik im März 2020 grundsätzlich bei jener Haltung angelangt, die Ungarns Ministerpräsident Viktor Orbán schon 2015 vertrat. Boris Kálnoky schreibt dazu: »Die EU steht in seiner Schuld. Orbán lag richtig. Das wird man ihm nie verzeihen.«[32]

Spanien

Spanien besitzt in Nordafrika seit 1497 bzw. 1580 die beiden Exklaven Melilla und Ceuta. Auch liegen die spanischen Kanarischen Inseln relativ nahe am afrikanischen Festland. Spanien war wegen dieser regionalen Nähe schon vor der Errichtung des Schengen-Raums immer wieder mit Versuchen illegaler Einwanderung konfrontiert. Schon früh entwickelte es mit afrikanischen Ländern, insbesondere mit Marokko, eine enge Kooperation bei der Bekämpfung illegaler Einwanderung, die mal mehr und mal weniger erfolgreich war.

Seit dem Beitritt Spaniens zum Schengen-Abkommen im Jahr 1991 verstärkte sich der Druck auf die beiden Exklaven Ceuta und Melilla. Diese sind mittlerweile durch stark ausgebaute Grenzbefestigungen geschützt. Für die Abhaltewirkung der Grenzanlagen ist allerdings auch die enge Zusammenarbeit mit Marokko notwendig. Nur so kann verhindert werden, dass sich eine Übermacht gewaltbereiter Grenzbrecher an den Grenzanlagen in Ceuta und Melilla massiert, denn ab einer bestimmten Übermacht haben Durchbrüche auch Erfolg. Das Ziel der illegalen Einwanderer ist die erfolgreiche, ruhig auch gewaltsame Einreise auf spanisches Staatsgebiet. Das langwierige spanische Asylverfahren wird zumeist nicht abgewartet, die Weiterreise nach Mitteleuropa, insbesondere nach Deutschland, ist das

Ziel, und im offenen Schengen-Raum ist das durchweg auch möglich.[33]

Am 13. Februar 2020 urteilte der Europäische Gerichtshof für Menschenrechte in Straßburg, dass es nicht gegen die Europäische Menschenrechtskonvention verstößt, wenn Spanien in seinen Exklaven in Ceuta und Melilla illegale Einwanderer, die die Grenze gewaltsam überwunden haben, ohne Einleitung eines Asylverfahrens umgehend wieder nach Marokko zurückweist. Geklagt hatten zwei Männer aus Mali und der Elfenbeinküste. Der EGMR argumentierte, die beiden Männer hätten sich selbst in eine rechtswidrige Situation gebracht, indem sie über den Grenzzaun kletterten und bewusst nicht auf einem legalen Weg eingereist seien.[34] Gegen das Urteil ist eine Berufung nicht möglich, als Rechtsprechung der höchsten Instanz kann es bei weiter steigendem Druck auf die europäischen Außengrenzen noch eine wegweisende Wirkung haben.

Großbritannien

Großbritannien verblieb während seiner EU-Mitgliedschaft außerhalb des Schengen-Raums. Dieser Umstand und seine Insellage schützten es weitgehend vor illegaler Einwanderung von außerhalb Europas und vor einem Ansturm von Asylbewerbern. Großbritannien ist jedoch ein sehr attraktives Einwanderungsziel, da der Arbeitsmarkt stark ist, im Inland keine Ausweispflicht besteht und die englische Sprache vieles erleichtert. Ausdruck der damit verbundenen Spannungen sind die regelmäßigen Tumulte rund um den Eingang zum Euro-Tunnel in der französischen Hafenstadt Calais.

Innerhalb Großbritanniens wurde die Einwanderungsdebatte in den letzten Jahren vor allem durch die legale Zuwanderung aus Osteuropa geprägt. Außerdem machte der im Jahr 2015 offenkundige Kontrollverlust im Schengen-Raum einen tiefen Eindruck auf die Bevölkerung in Großbritannien. So kam es im Juni 2016 zum positiven Ausgang des Brexit-Referendums und schließlich zu dessen Vollzug Ende Januar 2020. Die Zahl der erstmaligen Asylbewerber ist in

Großbritannien seit Jahren auf einem im Vergleich zu Deutschland oder Frankreich relativ niedrigen Niveau stabil. Sie lag 2019 bei rund 38 500.[35]

Nach dem Austritt aus der EU plant Großbritannien ein neues Einwanderungsrecht, das nach kanadischem bzw. australischem Vorbild eine gezielte Steuerung der Einwanderung insbesondere nach der Qualifikation und dem Bedarf am Arbeitsmarkt vorsieht.[36]

Schweden und Dänemark

Schweden hatte viele Jahre lang eine sehr liberale Einwanderungspolitik mit ideologischen Untertönen, die zu einer stark wachsenden und großenteils schlecht integrierten, muslimischen Minderheit vorwiegend aus arabischen Ländern führte. Die damit verbundenen Probleme teilte und teilt es mit Dänemark und Norwegen. Ein großer Anreiz war dabei auch der skandinavische Sozialstaat, der durch die komfortable materielle Ausstattung der Einwanderer letztlich deren kulturelle Integration behinderte. Dies führte zu einem starken Anwachsen der rechtspopulistischen Partei der Schwedendemokraten. Bei der Flüchtlingswelle 2015 wurde Schweden neben Deutschland zu einem bevorzugten Ziel. Die innenpolitische Situation drohte unhaltbar zu werden. Ende 2015 erließ Schweden einen Einreisestopp für den weiteren Zuzug von Fluchtmigranten.

Auch Dänemark schloss daraufhin seine Grenzen und erließ zudem eine Verordnung, dass das gesamte Vermögen der Flüchtlinge ab 1000 Euro zu konfiszieren sei.[37] Dänemark hatte seit 2005 nach den Mohammed-Karikaturen eine beispiellose Welle islamistischer Gewalt erlebt. Integrationsprobleme von Muslimen wurden im Land sehr offen diskutiert. Die rechtspopulistische Dänische Volkspartei erzielte 2015 bei den Parlamentswahlen einen Stimmenanteil von 21 %. Bei der Wahl zum Folketing im Juni 2019 wurden die dänischen Sozialdemokraten unter Leitung von Mette Fredriksen zur größten Partei und bildeten eine Minderheitsregierung der linken Parteien. Maßgebend für den Wahlerfolg war die einwanderungskritische Haltung der Sozialdemokraten, die der Dänischen Volkspartei das Wasser abgrub, sodass sich deren Stimmenanteil mehr als halbierte. Der Kampf gegen Parallelgesellschaften wird verstärkt, der Familiennachzug erschwert, der Druck auf Arbeitsaufnahme erhöht.[38] Die Einreisesperre und das gesamte Maßnahmenpaket der sozialdemokratisch geführten Regierung machten Dänemark für Asylbewerber nicht mehr attraktiv. Im gesamten Jahr 2019 gab es nur rund 2600 Anträge auf Asyl.[39]

Österreich

Die Probleme in Österreich hinsichtlich Demografie, Einwanderung, Integration und Asyl sind jenen in Deutschland in vielerlei Hinsicht sehr ähnlich. Bei der Flüchtlingskrise 2015 lag Österreich am Ende der Balkanroute und war praktisch die letzte Durchzugsstation vor der Ankunft in Deutschland. Über die Öffnung der deutschen Grenze entschied Bundeskanzlerin Angela Merkel am 4. September 2015 nach einem Telefonat mit dem damaligen österreichischen Bundeskanzler Werner Faymann.

Die Wirren um die Flüchtlingskrise beförderten in Österreich den Aufstieg der FPÖ und – nach einem Regierungswechsel im Dezember 2017 zu einer ÖVP/FPÖ-Koalition – eine restriktivere Haltung Österreichs bezüglich Migration und Asyl. Diese veränderte politische Linie blieb grundsätzlich auch erhalten, nachdem die ÖVP unter Bundeskanzler Sebastian Kurz seit Januar 2020 zusammen mit den Grünen regiert.

In der schriftlichen Koalitionsvereinbarung zwischen ÖVP und Grünen vom Januar 2020 sind bei Migration und Asyl nennenswerte Unterschiede zu Deutschland nicht erkennbar.[40] Die Unterschiede bestehen in erster Linie in Auftreten, Stil und Wortwahl der politisch Verantwortlichen. ÖVP und Grüne haben vereinbart, dass sie einander in ihre Zuständigkeiten grundsätzlich nicht hineinreden. Praktisch stimmt sich Österreich in der Migrations- und Asylpolitik weitaus enger als Deutschland mit den Ländern Osteuropas ab und unterstützt deren harte Haltung, was z.B. die Ablehnung eines verbindlichen Verteilmechanismus für Asylbewerber in Europa angeht. 2019 hatte Österreich 11 000 erstmalige Asylbewerber und konnte damit die Zahl von 2017 halbieren.

Frankreich

Frankreich hat mit seinen migrantischen Minderheiten schon seit einigen Jahrzehnten deutlich größere Probleme als z.B. Deutschland. Die ethnischen und religiösen Ballungen in bestimmten Vorortvierteln führen immer häufiger zu Spannungen. Konservative Ausprägungen des Islam verstärken sich immer mehr, das Problem des Terrorismus war zeitweilig sehr ausgeprägt. In Frankreich macht man sich wachsende Sorgen darum, dass Salafisten in mehr und mehr Vorstädten die gesellschaftliche Kontrolle übernehmen und die Richtung einer Islamisierung der Gesellschaft nicht nur angeben, sondern auch durchsetzen.[41] Exemplarisch wurde dies deutlich, als die öffentlich geäußerte Islamkritik einer 16-jährigen Schülerin zu Todesdrohungen im Internet führte, die sogar von einem Mitglied des offiziösen Islamrates gerechtfertigt wurden, und selbst die Justizministerin schloss sich zunächst der Kritik der Muslime an der Schülerin an.[42] Präsident Macron zog die Notbremse und kündigte im Februar 2020 als Kontrastprogramm einen Aktionsplan zur Rückeroberung der Republik und gegen den muslimischen Separatismus an.[43]

Diese innenpolitischen Probleme haben bislang aber nicht dazu geführt, dass Frankreich in Fragen der Migrations- und Asylpolitik einen grundsätzlich anderen Kurs als Deutschland einschlägt. Anlässlich der Krise an der Grenze zwischen Türkei und Griechenland zeigte sich jedoch im März 2020, dass Frankreich bei der Sicherung der Außengrenzen einen deutlich härteren Kurs als Deutschland einschlägt und z.B. den Motiven und Handlungsweisen der Türkei mit weitaus größerem Misstrauen gegenübertritt.[44]

Deutschland

Im August 2015 entschied Bundeskanzlerin Angela Merkel, die Anwendung der Dublin-Verordnung für Deutschland auszusetzen und den Flüchtlingen, die über andere EU-Länder nach Deutschland kamen, ein Bleiberecht zu geben. Sie rechtfertigte ihre Politik am 31. August 2015 vor der Bundespressekonferenz mit einer berühmt gewordenen Sentenz: »Deutschland ist ein starkes Land. Das Motiv, mit dem wir an diese Dinge herangehen, muss sein: Wir haben so vieles geschafft – wir schaffen das.«[45]

Das wurde zu einem geflügelten Wort. Die auf ihm beruhende, deutsche Politik der Grenzöffnung veränderte in den folgenden Monaten Deutschland und Europa. Paul Collier weist darauf hin, dass die so auf den Punkt gebrachte deutsche Willkommenskultur das Kalkül der Migranten maßgeblich beeinflusste und den Drang über den Balkan nach Mitteleuropa erst richtig befeuerte.[46] Wenige Wochen später, am 7. Oktober 2015, versuchte Angela Merkel im Interview mit Anne Will, sich von den Folgen ihrer Politik zu distanzieren, indem sie behauptete, es liege nicht in der Macht Deutschlands zu entscheiden, wie viele Flüchtlinge und Migranten zu uns kommen. Deutschlands Außengrenzen von 3000 Kilometern könne man nicht durch einen Zaun schützen. »Wir konnten in Ungarn besichtigen, was dabei herauskommt, wenn man einen Zaun baut. Dann werden die Menschen sich andere Wege suchen, dann werden sie über die grüne Grenze überall herüberkommen, das wird nicht klappen.«[47]

Fast schon resignativ heißt es im Koalitionsvertrag der gegenwärtig regierenden Großen Koalition vom Januar 2018 zum Thema Zuwanderer, »dass sie basierend auf den Erfahrungen der letzten 20 Jahre sowie mit Blick auf die vereinbarten Maßnahmen und den unmittelbar steuerbaren Teil der Zuwanderung die Spanne von jährlich 180 000 bis 220 000 nicht übersteigen werden«.[48] Das Sein, das Sollen und die Prognose werden in diesem verschwurbelten Satz so miteinander vermischt, dass eine klare politische Richtung nicht erkennbar ist. Das ist keine Basis für eine handlungsorientierte, vorausschauende Politik.

Die deutsche Politik weicht der Erkenntnis aus, dass eine wirksame Steuerung und Gestaltung von Einwanderung nur bei einer wirksamen Kontrolle von Grenzübertritten und der tatsächlichen Durchsetzung von Aufenthaltsrechten möglich ist. In Deutschland ist der Status des Asylbewerbers nach wie vor das Scheunentor zur Einwanderung. Weit über 90 % der Asylbewerber in Deutschland bleiben tatsächlich dauerhaft im Land, weitgehend unabhängig davon, ob der Asylantrag Erfolg hat oder nicht. Nur rund 1 % der Asylbewerber in Deutschland erhält schließlich nach Abschluss des Rechtswegs vor den deutschen Verwaltungsgerichten einen Anspruch auf politisches Asyl.

Das *Fachkräfteeinwanderungsgesetz* vom 1. März 2020, mit dem die Einwanderung nach Deutschland in erwünschte Bahnen gesteuert werden soll, enthält zweifellos viele gute Absichten und entsprechende Ansatzpunkte.[49] Manche Akzente würde ich zwar anders setzen als in dem vorliegenden Gesetz, das ist aber ziemlich irrelevant, denn das tatsächliche Einwanderungsgeschehen in Deutschland wird nicht durch das Fachkräfteeinwanderungsgesetz bestimmt, sondern erstens durch die Freizügigkeit in der EU, zweitens durch den Zustrom der Asylbewerber und drittens durch die Abwanderung von Deutschen aus Deutschland. Im Jahr 2018 war die Nettozuwanderung nach Deutschland mit rund 400 000 tatsächlich doppelt so hoch wie in der Koalitionsvereinbarung avisiert. Sie setzte sich wie folgt zusammen: Rund 200 000 Ausländer kamen aus der EU, 260 000 kamen aus dem übrigen (zumeist außereuropäischen) Ausland, und 60 000 Deutsche verließen Deutschland (vgl. die Übersicht zur Struktur der Nettozuwanderung auf S. 211)

Europäische Union

In der gesamten EU und natürlich ohnehin im gesamten Schengen-Raum gelten die Genfer Flüchtlingskonvention und die Europäische Menschenrechtskonvention. Aber die Zahl der Asylbewerber verteilt sich, gemessen an der Bevölkerung, sehr ungleichmäßig auf die Länder der EU (vgl. Tabellen 6.1 und 6.2.)

Tabelle 6.1 Erstmalige Asylbewerber 2010 bis 2018 in der EU für ausgewählte Länder[50]

	Anzahl in 1000	Anteil in Prozent
Insgesamt	**5379**	**100**
darunter:		
Deutschland	1953	33,2
Frankreich	620	11,5
Italien	537	10,0
Spanien	129	2,4
Griechenland	212	3,9
Österreich	182	3,4
Ungarn	264	4,9
Polen	78	1,5
Schweden	475	8,8
Dänemark	67	1,2
Großbritannien	291	5,4

Tabelle 6.2 Erstmalige Asylbewerber 2019 in der EU für ausgewählte Länder[51]

	Anzahl	Anteil in Prozent	
		an den Asylbewerbern	an der Bevölkerung
Insgesamt	**608.665**	**100**	**100**
darunter:			
Deutschland	142.450	23,4	18,6
Frankreich	119.915	19,7	15,0
Italien	34.885	5,7	13,5
Spanien	115.170	18,9	10,5
Griechenland	74.940	12,3	2,4
Österreich	11.580	1,9	1,9
Ungarn	465	0,0	2,2
Polen	2.765	0,5	8,5
Schweden	23.030	3,8	2,3
Dänemark	2.600	0,4	1,3

Seit 2010 wurde von den rund 6 Millionen Erstanträgen auf Asyl in der EU rund ein Drittel in Deutschland gestellt, und weitere knapp 9 % entfielen auf das kleine Schweden. Frankreich empfing 11 % der Asylanträge, Italien 10 %, Großbritannien dagegen nur 5 %. In Ungarn und Polen war die Haltung immer restriktiv und wurde in den letzten Jahren noch restriktiver, offenbar mit Erfolg. Auch ein reiches Land wie Dänemark verstand es durchaus, sich einer besonderen Belastung durch Asylbewerber zu entziehen.

Bezogen auf das gesamte europäische Asylgeschehen haben Deutschland und Schweden in den letzten zehn Jahren erhebliche Vorleistungen erbracht, während ein großes Land wie Großbritannien von der Asylfrage nur marginal belastet war. Die unterschiedlichen Zahlen der Asylbewerber zeigen, dass es offenbar durchaus nationale Spielräume gab und gibt, die auch genutzt wurden und werden.

Konzeptionell und praktisch völlig ungelöst ist leider die für die europäische Zukunft zentrale Frage, wie im gemeinsamen Schengen-Raum bei Freizügigkeit und grundsätzlich ohne innere Grenzkontrollen eine stimmige und aufeinander abgestimmte europäische Einwanderungs- und Asylpolitik überhaupt umgesetzt werden kann.

Ein wirksamer europäischer Grenzschutz ist auch 35 Jahre nach dem ersten Schengen-Abkommen nicht vorhanden. Die gemeinsame Grenzschutzorganisation Frontex hat im Wesentlichen die Aufgabe, nationale Behörden zu koordinieren. Bei kritischen Situationen, wie sie im März 2020 an der Grenze der Türkei zu Griechenland und Bulgarien auftraten, kommen die Möglichkeiten von Frontex schnell an die Grenze der Überforderung.[52]

Die offenkundige Unfähigkeit Europas zum Schutz seiner Grenzen bzw. auch der Unwille dazu, wie er in den wiederholten einschlägigen Äußerungen Angela Merkels zum Ausdruck kam, spiegelt keine prinzipiellen Unmöglichkeiten wider, sondern ist das Resultat der in Europa herrschenden mentalen Grundeinstellungen, die Weltsicht und Verhalten in Politik und Medien bestimmen.

Als die Türkei im März 2020 ihre Grenzen zu Griechenland öffnete und Flüchtlinge auf ihrem Boden ganz offiziell zur illegalen Einwanderung nach Europa ermunterte, verschob sich der politische Fokus in Europa stärker in Richtung Grenzsicherung. Der Türkei wollte man ihre Erpressung nicht durchgehen lassen, stellte aber letztlich auf europäischer Ebene doch ein neues Abkommen, das eine stärkere materielle Unterstützung der Türkei bei der Unterbringung und Versorgung von Flüchtlingen vorsieht, in Aussicht. Zu dem Abkommen kam es aber zunächst nicht, weil die Türkei wegen des Coronavirus am 18. März 2020 ihre Grenzen schloss.

Ebenen und Methoden der Steuerung

Fluchtursachen bekämpfen

Der beste – und einzig nachhaltige – Weg zur Steuerung und Mäßigung von Wanderungsvorgängen ist die Schaffung stabiler, möglichst auch demokratischer Verhältnisse in den Herkunftsländern – verbunden mit einer allmählichen Schließung der Wohlstandslücke zwischen den entwickelten und den weniger entwickelten Ländern.

Die Möglichkeit und die sehr engen Grenzen einer Unterstützung durch die sogenannte Entwicklungshilfe habe ich in Kapitel 5 diskutiert. Richtig konzipierte Entwicklungshilfe ist schon deshalb nötig und geboten, weil es keine sinnvolle Alternative dazu gibt. Sie kann allerdings niemals, das wurde deutlich, die Selbstorganisation und die Eigenanstrengungen der betroffenen Länder ersetzen. Zentral ist der Transfer von Mentalitäten, Wissen und Methoden. Er funktioniert aber nur, wenn er in den Ländern, um die es geht, auch innerlich angenommen wird. Wo dies funktioniert, ist die Entwicklungshilfe paradoxerweise nicht mehr wesentlich. Und wo dies nicht funktioniert, kann Entwicklungshilfe die internen Defizite auch nicht ausgleichen. Sie kann sogar schädlich sein, wenn sie der Selbstbereicherung der herrschenden Schichten dient. Im Sinn von »Fluchtursachen bekämpfen« gab es in den letzten Jahren vermehrt Anstrengungen, die Entwicklungshilfe auf sogenannte fragile Staaten zu konzentrieren. Dies ist jedoch als genereller Ansatz wenig erfolgversprechend, da die Ursachen für Fragilität ganz unterschiedlich sind – getreu dem Wort von Leo Tolstoi, dass alle glücklichen Familien einander gleichen, die unglücklichen jedoch alle verschieden sind.[53]

So bleibt die Versuchung, in die staatliche und gesellschaftliche Ordnung der betroffenen Länder einzugreifen, indem man z.B. in

Bürgerkriegen aufseiten der »Guten« Partei ergreift, indem man bei der Bekämpfung von Terroristen und Aufständischen hilft, oder indem man sich an der Absetzung von Unrechtsregimen versucht. Jede Intervention empfängt ihren Antrieb aus der wahrgenommenen Unordnung bzw. Bedrohlichkeit der örtlichen Verhältnisse und nimmt schnell einen militärischen Charakter an. Seit dem Ende der Kolonialzeit gab es allerdings aus Europa keine militärischen Interventionen mehr auf dem amerikanischen Kontinent und auch keine Interventionen in Südasien und im Fernen Osten. Gelegentliche Interventionen der USA beschränkten sich in Amerika auf den eigenen regionalen Vorhof. Die amerikanische Intervention in Vietnam führte ebenso zu einem katastrophalen Fehlschlag wie die Intervention der Sowjetunion 1979 in Afghanistan und die spätere, erneute Intervention der USA und verschiedener Natostaaten nach dem Terroranschlag am 11. September 2001 in New York.

Zahlreiche Interventionen vor allem der USA aber auch von Großbritannien und Frankreich gab es in Afrika und im Nahen und Mittleren Osten. An einigen Interventionen – gegenwärtig in Afghanistan, Irak und Mali – war bzw. ist auch Deutschland beteiligt. Insgesamt betrachtet haben die militärischen Interventionen des Westens in Afrika und dem Nahen und Mittleren Osten (einschließlich Afghanistan), die seit dem Ende der Kolonialzeit stattfanden, niemals ihre Ziele erreicht. Seit Beginn der Neunzigerjahre gilt dies insbesondere für Somalia, Afghanistan, Irak, Syrien und Libyen. Auch der gegenwärtig noch laufenden, militärischen Intervention Frankreichs (mit deutscher Unterstützung) in Mali und seinen Nachbarstaaten wird kein Erfolg beschieden sein. Für Afghanistan besiegelt das im März 2020 abgeschlossene Abkommen zwischen den USA und den afghanischen Taliban über den amerikanischen Rückzug das westliche Scheitern. Trotz vieler Milliarden Dollar für das Militär und für den zivilen Aufbau in Afghanistan gelang dem Westen in einem 19 Jahre währenden Engagement weder die militärische Befriedung Afghanistans noch die Errichtung eines stabilen demokratischen Systems.

Der Kampf gegen den islamistischen Terror kann erfolgreich nur von den betroffenen Staaten und ihren Nachbarn geführt werden.

Wer militärisch von außen eingreift, wird unvermeidlich zur Partei. Er wird mitschuldig oder als mitschuldig wahrgenommen. Man hätte es den Autokraten wie Erdoğan, den Diktatoren wie Assad, Saddam Hussein und Gaddafi, den Monarchen auf der arabischen Halbinsel, den Ajatollahs im Iran, den anderen Machthabern in Nordafrika und dem Nahen und Mittleren Osten überlassen sollen, ihre Angelegenheiten unter sich zu regeln. Libyen, Irak, Syrien, so schlimm es dort war, wären heute ohne die westlichen Interventionen der vergangenen drei Jahrzehnte für die dort lebenden Menschen ein besserer Ort. Viel Fluchtmigration wäre gar nicht erst entstanden. Das Gewirr der Interessen, Traditionen, Feindschaften und machtpolitischen Beziehungen, das Nordafrika und den Nahen und Mittleren Osten überzieht, wird nur zu oft mit westlichem Auge nicht genau überschaut und kann schon gar nicht durch westliche Interventionen sinnvoll aufgelöst werden.[54] Eingriffe des Westens ohne wirklich genauen Überblick und präzise Abschätzung der direkten und indirekten Folgen haben in den letzten Jahrzehnten weitaus mehr Schaden angerichtet, als sie Nutzen gestiftet haben.

Das Flüchtlingsregime neu konzipieren

Von den 7,8 Milliarden Menschen auf der Welt waren 2019 knapp 62 Millionen auf der Flucht, davon sind rund zwei Drittel Binnenvertriebene, die in ihrem Heimatland geblieben sind, und rund ein Drittel, also rund 20 Millionen Flüchtlinge, die die Staatsgrenzen überschritten haben. Von ihnen entfallen knapp 60 % auf nur drei Länder, nämlich Syrien, Afghanistan und Südsudan. 80 % der Flüchtlinge leben in den Nachbarländern ihrer Heimatstaaten. 3,5 Millionen Menschen unter den Flüchtlingen suchen nach Asyl.[55] Relativ gesehen bestehen 2,6 $^{0}/_{000}$ der Weltbevölkerung aus Flüchtlingen. Bezogen auf die Größe und das starke Wachstum der Weltbevölkerung ist dies nicht sehr viel und wahrscheinlich nicht mehr als in vielen anderen Phasen der Menschheitsgeschichte. Abrüsten sollte man deshalb in Bezug auf Flüchtlinge beim sorglosen Katastrophengerede.

Historisch gesehen hat sich die internationale Flüchtlingspolitik aus den Verwerfungen gebildet, die sich als Folge des Ersten und Zweiten Weltkriegs ergeben hatten:

- Nach dem Ersten Weltkrieg produzierten die Russische Revolution und der nachfolgende Bürgerkrieg eine große Zahl staatenloser Flüchtlinge, und der Konflikt zwischen Griechenland und der Türkei nach dem Zusammenbruch des Osmanischen Reichs wurde durch Vertreibungen und ethnische Bereinigungen mittels Umsiedlungen in großem Stil gelöst.
- Als Folge des Zweiten Weltkriegs gab es in Europa Millionen von Vertriebenen, Flüchtlingen und *Displaced Persons*. Ein großer Teil von ihnen kam aus dem nunmehr kommunistisch beherrschten Osteuropa, in das eine Rückkehr aus westlicher Sicht nicht mehr zumutbar erschien.

Um diesen Menschen zu helfen, wurde in den späten 1940er-Jahren das heutige Flüchtlingssystem entwickelt. Es wurde 1951 in der Genfer Flüchtlingskonvention vertraglich kodifiziert, und das Amt des Hohen Flüchtlingskommissars der Vereinten Nationen (UNHCR) wurde geschaffen. Seine Zielsetzung war und ist primär humanitär. Die Unterzeichnerstaaten verpflichteten sich, Menschen, die vor Verfolgung flohen, einreisen zu lassen. Im Rahmen dieser Intention wurde ein Flüchtling rechtlich als eine Person definiert, die sich aus »begründeter Furcht vor Verfolgung wegen ihrer Rasse, Religion, Staatsangehörigkeit, Zugehörigkeit zu einer bestimmten sozialen Gruppe oder wegen ihrer politischen Überzeugung außerhalb ihres Heimatlandes befindet und die den Schutz dieses Landes nicht annehmen kann oder wegen dieser Befürchtungen nicht in Anspruch nehmen will«.[56]

Von ihrer Intention her war die Genfer Flüchtlingskonvention klar abgestellt auf Europa und auf Flüchtlinge aus dem kommunistischen Machtbereich. Sie war also auch ein Produkt des Kalten Kriegs. Ihre 1967 erfolgte Ausdehnung auf die ganze Welt folgte einer eurozentrischen Perspektive. Es ist bezeichnend, dass ein Staat wie die

Türkei diese Ausdehnung nicht vollzog. Zwar hat die Türkei gegenwärtig die größte Zahl von Flüchtlingen aus Syrien in ihrem Staatsgebiet. Aber dies war eben Ausdruck einer politischen Entscheidung, ebenso wie die im Verlauf des syrischen Bürgerkriegs getroffene Entscheidung, sich vor dem weiteren Zustrom aus Syrien durch eine nur schwer zu überwindende Grenzbefestigung zu schützen.

Historisch gesehen, lag bei der UN-Flüchtlingshilfe der Fokus auf der unmittelbaren humanitären Unterstützung mit Nahrung, Kleidung und Unterbringung und sodann auf der baldigen Rückkehr der Flüchtlinge ins Herkunftsland bzw. auf ihrer dauerhaften Ansiedlung in einem neuen Land. Als sich aber in Afrika, in Afghanistan und im Nahen und Mittleren Osten die massenhafte Flucht von Menschen entwickelte, die nicht zurückkehren konnten oder wollten, geriet der rein humanitäre Ansatz in eine Sackgasse. Zudem änderten sich die Fluchtgründe. Es gab Massenflucht wegen der Angst um Leib und Leben in blutigen Bürgerkriegen, politische Verfolgung im engeren Sinne war dies zumeist nicht. Der Ausdruck dieser veränderten Lage waren wachsende Flüchtlingslager zumeist in benachbarten Ländern, in denen die Menschen zwar vom UNHCR versorgt werden, aber nicht arbeiten können und wegen fehlender oder ungewisser Rückkehrmöglichkeiten auch keinerlei Perspektive haben, sodass sie und ihre Kinder und Kindeskinder über Jahrzehnte bzw. ganze Generationen hinweg als heimatlose Fremdlinge verharren müssen.

Das globale Flüchtlingsproblem ist einerseits viel größer, andererseits aber auch ganz anders gelagert, als es aus europäischer Sicht erscheint: »Fast 90 % der Flüchtlinge weltweit haben in Entwicklungsländern Zuflucht gefunden, und nur zehn dieser Länder beherbergen etwa 60 % der Flüchtlinge in dieser Welt. Mehrere dieser Gastländer, wie etwa der Iran, Äthiopien oder Jordanien, haben im Verlauf von Jahrzehnten mehrfach große Mengen Flüchtlinge aufgenommen. Das liegt nicht daran, dass diese Länder gastfreundlicher wären, sie liegen einfach nur in einer ›rauen Nachbarschaft‹.«[57]

Der UNHCR steht diesem Problem hilflos gegenüber. Er beherrscht nur eine humanitär orientierte Unterstützungs- und Aufbewahrungspolitik, deren Ausdruck die großen Lager sind, in denen den Menschen die Perspektive fehlt.[58] Für weniger als 2% der Flüchtlinge wurde 2015 eine dauerhafte Lösung gefunden.[59] Auch die Weiterleitung von Flüchtlingen nach Europa ist keine Lösung:

– Zum einen ist sie unwirtschaftlich. Die Versorgung eines Flüchtlings in Europa muss den dortigen Kosten und Standards folgen und ist 135-mal so teuer wie die ortsnahe Unterbringung und Versorgung von Flüchtlingen aus Entwicklungsländern.
– Zum anderen setzt ein massenhafter Zustrom von ethnisch und kulturell fremden Flüchtlingen nach Europa dort die politischen und gesellschaftlichen Systeme unter einen gefährlichen Druck, wie sich u.a. europaweit in den Zugewinnen rechtspopulistischer Parteien zeigt.
– Zum dritten wagen vor allem jene unter den Flüchtlingen aus den Zufluchtsländern die Weiterreise nach Europa, die in Bezug auf ihre materielle Lebenslage und ihre Bildung über dem Durchschnitt ihrer Bevölkerungsgruppe liegen. Unter den Flüchtlingen ziehen also tendenziell die Eliten weiter nach Europa. Das macht die Lage für den verbleibenden Rest noch ungünstiger und erschwert auch den späteren Wiederaufbau ihrer Heimatländer, falls irgendwann eine Rückkehr möglich wird.[60]

Alexander Betts und Paul Collier haben zur Ausrichtung der Flüchtlingspolitik insbesondere unter den Flüchtlingen und in den Flüchtlingslagern in Jordanien, dem Libanon und der Türkei, aber auch in Uganda, Kenia, Südafrika und Tansania intensive Untersuchungen durchgeführt:

– Sie zeigen, dass es grundsätzlich vorzuziehen sei, die Flüchtlinge möglichst nahe ihrer Heimat unterzubringen. Das erleichtert und fördert die spätere Rückkehr und ist für die allermeisten Flüchtlinge auch sprachlich und kulturell wesentlich einfacher. Zudem ist es auch von den Kosten der humanitären Versorgung her weitaus wirtschaftlicher.

- Die günstigsten wirtschaftlichen und sozialen Perspektiven ergeben sich für die Flüchtlinge dann, wenn sie im Land der Unterbringung arbeiten und unternehmerisch tätig sein können. Dabei ist zunächst einmal sekundär, ob dies im formellen oder informellen Sektor geschieht. Sofern dies Spannungen mit der einheimischen Bevölkerung verursacht, sollte man versuchen, durch geeignete Unterstützungsangebote im Rahmen der Flüchtlingspolitik, aber auch der Entwicklungshilfe die Lasten zu erleichtern und möglichst eine Win-win-Situation herzustellen. Es kommt also darauf an, die Flüchtlingspolitik aus ihrem überwiegend humanitären Ansatz zu lösen und zu einem entwicklungspolitischen Ansatz überzugehen.[61]
- Dort, wo aus innenpolitischen Gründen an der regionalen Isolierung von Flüchtlingen festgehalten wird und das Arbeitsverbot nicht aufgehoben werden kann, soll man sich um die Schaffung von Sonderwirtschaftszonen für die Beschäftigung von Flüchtlingen bemühen. Dabei muss man auch die Unterstützung investitionsbereiter internationaler und nationaler Unternehmen suchen. Vergünstigungen für diese sind auch rein finanziell, aber in jedem Fall gesellschaftlich, weitaus günstiger als die humanitäre Unterstützung von Flüchtlingslagern, in denen die wirtschaftlichen Aktivitäten von Flüchtlingen unterbunden werden.

Solche Vorschläge sind sicher nicht leicht umsetzbar. Aber sie bringen immerhin inhaltliche Bewegung in die Frage, wie man mit der Masse der Flüchtlinge in der Welt zielführend umgeht. Die in Bezug auf die Einwanderung nach Europa wichtigsten Punkte benenne ich noch einmal abschließend:

- Ortsnahe Unterbringung ist nicht nur aus der Sicht der Flüchtlinge vorzuziehen. Sie erleichtert auch Probleme der kulturellen Anpassung sowie die spätere Rückkehr, und sie bewirkt zudem, dass die Kosten der humanitären Hilfe sinken.
- Dies erleichtert es auch finanziell, Flüchtlinge möglichst schnell in Arbeit zu bringen und sie in das Wirtschaftsleben ihrer Gastlän-

der zu integrieren. Die Gastländer brauchen dazu entsprechende materielle Kompensationen und Anreize.

– Die Anreize für Flüchtlinge, aus ihren Aufnahmeländern nach Europa weiterzuziehen, müssen möglichst minimiert werden. Durch die Weiterwanderung nach Europa wird nämlich die Gemeinschaft der Flüchtlinge ihrer Bildungseliten beraubt. Das erschwert ihre Integration ins jeweilige Gastland und den Wiederaufbau nach einer Rückkehr ins Herkunftsland.

Wirksames Grenzregime

Kaum ein Schiff ist vollständig frei von Lecks. Im untersten Raum eines Schiffs, der Bilge, sammelt sich deshalb das sogenannte Bilgenwasser. Es wird durch die Bilgenpumpe aus dem Schiff entfernt. Wenn die Bilgenpunpe ausfällt, z.B. weil sie verstopft ist, oder wenn der Wassereinbruch durch Lecks größer ist als die Kapazität der Bilgenpumpe, können problematische, existenzbedrohende Situationen entstehen, die möglicherweise zum Untergang des Schiffes führen. Als am Abend des 14. April 1912 ein Eisberg den Rumpf der Titanic gestreift hatte, besichtigte der mitreisende Konstrukteur des Schiffs, Thomas Andrews, gemeinsam mit dem Kapitän Edward John Smith das entstandene Leck und berechnete aus der Differenz von Wassereinbruch und Pumpenleistung den genauen Zeitpunkt des Untergangs.

Auch eine sehr gut gesicherte und bewachte Grenze ist niemals völlig undurchlässig. Sie ist Teil eines Systems zum Grenzschutz. Wo nur wenige eine Grenze illegal überschreiten, wird ihre Funktion nicht nachhaltig beeinträchtigt. Wo es sich um größere Zahlen handelt, müssen die illegalen Einwanderer zum überwiegenden Teil gefunden und festgesetzt werden, und es muss möglich sein, die Betreffenden wieder auf die andere Seite der Grenze zu verbringen. Die Analogie zur Bilgenpumpe auf einem Schiff trägt hier durchaus.

Angela Merkel lag im Oktober 2015 richtig mit der Feststellung, dass Grenzen lückenhaft sind. Sie lag falsch mit der Unterstellung, dass sie sinnlos sind, weil sie sowieso nicht funktionieren. Angela Merkel hat an vielen Stellen deutlich gemacht, dass sie offene Grenzen bevorzugt, Grenzkontrollen und Einreisesperren dagegen verabscheut. Ihre Wertungen, die ich unter dem Gesichtspunkt deutscher Interessen aus der Sicht einer Bundeskanzlerin für verderblich halte, sollen ihr an dieser Stelle unbenommen bleiben. Es sind schließlich Wertungen. Zum Widerspruch fordert aber ihre Tatsachenbehauptung heraus, es gebe gar keine Möglichkeit, die Einwanderung über Grenzen wirksam zu kontrollieren. Das ist, nach allen Erfahrungen der Geschichte und der Gegenwart, sachlich schlichtweg falsch, und es ist äußerst bedenklich, wenn die höchste deutsche Amtsträgerin sich in Argumentationsnot auf sachlich falsche Behauptungen zurückzieht.

Ehe man entscheidet, was man will, ist es immer gut zu klären, was man kann. Die tatsächlichen Optionen in der Wirklichkeit beziehen sich immer zuerst auf den Handlungsraum des Könnens, aus dem man dann für das politische Wollen eine Auswahl trifft. Wenn man den Raum des tatsächlichen Vermögens durch unzutreffende Analysen sachfremd und inhaltlich verfehlt beschränkt, so wird auch die Entscheidungsbasis für das politische Wollen in sachlich unzuträglicher Weise verzerrt.

An dieser Stelle ist es notwendig, kurz über die Natur einer Grenze zu reflektieren:

- Sie hat einen physischen Aspekt, etwa eine Farbmarkierung, Hecke, Mauer, Tür oder einen Zaun.
- Sie hat einen legalen Aspekt, indem sie einen Rechts- und Zuständigkeitsraum, etwa eine Gemeinde im Verhältnis zur Nachbargemeinde, einen Staat im Verhältnis zum Nachbarstaat oder einen privaten Grundstückseigentümer im Verhältnis zum öffentlichen Eigentum von einem anderen abgrenzt und beide unterschiedlichen rechtlichen Sphären zuschlägt.
- Eine Grenze kann einen virtuellen Charakter annehmen, der als rechtliche Vorschrift, als soziale Konvention oder als religiöses Gebot fingiert ist.

Zu Letzterem kann z.B. ein Vorhang zählen, der in einem Tempel das Allerheiligste abgrenzt, oder eine Schranke, die Gläubige und Priester trennt. Auch der Transitbereich in einem Flughafen ist solch eine virtuelle Grenze. Der international Reisende steigt aus einem Flugzeug und geht über eine endlos scheinende Flucht von Rolltreppen, Gängen und Hallen, bis er schließlich am Grenzkontrollpunkt ist. Darf er diesen nicht überschreiten, etwa weil ein Visum fehlt oder der Pass ungültig ist, so gilt er als nicht eingereist. Diese legale Fiktion trägt, obwohl der Flughafen Frankfurt, auf dem er gelandet ist, sicher in deutschem Boden verankert und rundum auf viele Kilometer von Deutschland umgeben ist. Es kann ihm dann passieren, dass er als unerwünschter Ausländer mit dem nächsten Flug zurückgeschickt wird, ohne, legal gesehen, je in Deutschland eingereist zu sein.

Transitbereiche an den Grenzen sind unabhängig von Flughäfen eine generelle Möglichkeit, vor die wirksame Einreise in ein Land nach dem Grenzübertritt noch eine Zwischenzone zu legen. Ich werde darauf zurückkommen.

Grenzanlagen und Methoden der Überwachung

Die Europäische Union bzw. der Schengen-Raum hat in erster Linie Seegrenzen. Diese können durch Satellitenbeobachtung aber auch durch das Radar moderner Kriegsschiffe grundsätzlich lückenlos überwacht werden, sodass kein Boot unentdeckt bleibt. Grundsätzlich Gleiches gilt für den Luftraum. Landgrenzen hat die EU auf dem Balkan zur Türkei und in Osteuropa zur Ukraine, zu Weißrussland und Russland. Letztere sind aber gerade nicht jene Grenzen, die im Zentrum des europäischen Migrationsgeschehens stehen. Ihre lückenlose Überwachung, wenn dies geboten erscheint, ist gleichwohl mit modernen technischen Mitteln bei vertretbarem Aufwand möglich.

Der Politikwissenschaftler Martin Wagener, der an der Hochschule des Bundes für öffentliche Verwaltung Internationale Politik mit dem Schwerpunkt Sicherheitspolitik unterrichtet, hat für den Fall einer theoretischen Rückkehr zu einer nationalen Grenzüberwachung die Investitionskosten für eine moderne Grenzanlage in Deutschland ausgerechnet. Er legt dabei internationale Erfahrungswerte zugrunde und kommt je nach den zugrunde gelegten Sicherheitsstandards auf Gesamtkosten von 5 bis 19 Milliarden Euro.[62] Dieser sehr hohe Betrag relativiert sich, wenn man ins Kalkül nimmt, dass die *jährlichen* Kosten für die Fluchtmigranten in Deutschland gegenwärtig bei rund 25 Milliarden Euro liegen und mit der weiteren Zuwanderung von Asylbewerbern und dem Familiennachzug sowie mit der Familiengründung in Deutschland auch künftig weiter steigen werden.

Nachdem Angela Merkel am 4. September 2015 die Grenze für Fluchtmigranten vorübergehend geöffnet hatte, hatte die Bundespolizei für Freitag den 11. September 2015 an der Grenze zu Österreich alles für eine Grenzschließung vorbereitet. Die Bundeskanzlerin lehnte aber eine Schließung ab, der Bundesinnenminister Thomas de Maizière fügte sich. Die folgenden Monate mit dem millionenfachen Zustrom wären also auch mit den damaligen Mitteln der Bundespolizei durchaus vermeidbar gewesen. Der Effekt trat dann im März 2016 ohne deutsches Zutun durch die stufenweise Schließung der Balkanroute ein.

Personalbedarf

Grenzanlagen ohne Personal sind sinnlos. Die wirksame Überwachung einer Grenze bindet deutlich mehr Personal, als in den meisten Ländern der EU für Aufgaben des Grenzschutzes zur Verfügung steht. Für Deutschland hat Martin Wagener bei einer theoretischen Rückkehr zu nationalen Grenzen einen Personalbedarf von 89 000 ausgerechnet.[63] Auf diesen Bedarf wäre das zu diesem Zweck eingesetzte Personal von Bundespolizei (gegenwärtig rund 49 000 Mitarbeiter, darunter rund 41 000 Polizeivollzugsbeamte[64]) und der Bundeswehr (rd. 184 000 Soldaten und 80 000 zivile Mitarbeiter[65]) anzurechnen.

Eine bessere Lösung als die Rückkehr zu nationalen Grenzen wäre es sicherlich, den Grenzschutz an den Grenzen des Schengen-Raums auszubauen. Dazu müsste neben den nationalen Anstrengungen der betroffenen Länder die europäische Grenzschutzorganisation Frontex zu einer schlagkräftigen Organisation fortentwickelt werden, die bei krisenhaften Entwicklungen kurzfristig erhebliche örtliche Verstärkungen organisieren kann. Davon ist Frontex weit entfernt. Die 2004 gegründete Agentur der Europäischen Union mit Sitz in Warschau hat vor allem koordinierende Aufgaben. Sie soll Risikoanalysen fertigen, zusätzliche Unterstützung an Außengrenzen koordinieren und in Krisensituationen, wie z.B. im März 2020 an der griechischen Grenze zur Türkei, die Entsendung europäischer Grenzschutzteams organisieren. Frontex verfügt lediglich über 315 Beschäftigte und hatte 2019 ein Budget von 250 Millionen Euro.[66]

Frontex ist nicht als klassische Grenztruppe aufgestellt. Die 1700 Mitarbeiter, die 2017 zum Schutz der Außengrenzen eingesetzt waren, wurden von nationalen Behörden bereitgestellt. Außerdem gibt es eine Verstärkungsgruppe, der 1500 Mitarbeiter zugewiesen sind. Dass damit Überwachung und Schutz der 44 000 Kilometer äußerer Seegrenzen und 9000 Kilometer äußerer Landgrenzen des Schengen-Raums nicht möglich sind, liegt auf der Hand.[67]

Die eigentliche Last tragen damit letztlich doch die nationalen Kräfte des Grenzschutzes. Diese sind aber an zahlreichen Stellen der Außengrenzen in unterschiedlicher Weise überfordert. Es bleibt abzuwarten, ob der Schock über die Ereignisse des März 2020 an der griechisch-türkischen Grenze schnell verfliegt oder zu einer nachhaltigen Verstärkung der Anstrengungen für einen europäischen Grenzschutz führt.

Grenzschutz im Hinterland

Im Hinterland der Grenze, möglichst aber im gesamten Bundesgebiet, sollte ein gewisser Kontrolldruck bei Ausweispapieren aufrechterhalten werden. Beim gegenwärtigen System besteht ein erheblicher Pull-Faktor darin, dass die Belohnungen sehr hoch sind, die einem Fluchtmigranten bzw. illegalen Einwanderer winken, wenn er die Grenze nach Deutschland einmal überwunden hat. Die wesentliche Belohnung ist, dass der deutsche Staat nicht nur seine Sicherheit gewährleistet, sondern ihn grundsätzlich auch in die Leistungen der staatlichen Grundsicherung in Deutschland einschließlich Krankenversicherung, Wohnung und Kindergeld einbezieht. Das wird sich für

Migranten mit gesichertem Aufenthaltsstatus im deutschen System auch nicht ohne Weiteres ändern lassen

Diese Leistungen sollten aber grundsätzlich auf Migranten mit einem gesicherten und auf Echtheit geprüften Identitätsnachweis beschränkt werden. Wer keine Ausweispapiere hat oder einen gefälschten Identitätsnachweis vorlegt, sollte auch keinen Anspruch auf ein Verfahren als Asylbewerber haben, sondern unverzüglich in sein Herkunftsland oder in das Land, aus dem er in die EU eingereist ist, abgeschoben werden. Bis dahin ist ein Aufenthalt in dafür eingerichteten Lagern verbindlich. Dort erfolgt die Versorgung in Naturalien oder Gutscheinen, Bargeld gibt es nicht.

Für all jene, die keine legalen Ausweispapiere besitzen bzw. diese weggeworfen haben, um die Feststellung ihrer Identität zu behindern, ist auf diese Art die Attraktivität der Einwanderung nach Deutschland stark abgesenkt. Paradoxerweise besitzen die weitaus meisten Fluchtmigranten ein Smartphone. Bei einigem gutem Willen wäre es anlässlich des Aufbruchs aus der Heimat ohne Weiteres möglich gewesen, damit alle relevanten Ausweispapiere für den Fall eines Verlustes fotografisch festzuhalten.

Grenzschutz im Vorfeld

Der wichtigste Grenzschutz liegt in der Vorfeldarbeit. Wo Fluchtursachen wirksam bekämpft werden, fehlt der Anlass für den Aufbruch in die Fremde. Wo für Flüchtlinge Aufenthaltsräume in der Nähe ihrer Heimat geschaffen werden, in denen sie auch versorgt werden, entfällt die Notwendigkeit, das Land, die Region oder gar den Kontinent zu verlassen.

Der größte Teil der Migration nach Europa ist aber gar nicht von Not und Kriegen bestimmt, sondern entspringt dem Wunsch, das eigene Los durch Migration zu verbessern. Hier ist zunächst gezielte Öffentlichkeitsarbeit in den Herkunftsländern nötig, die die Menschen vor Illusionen bewahrt. Außerdem muss immer auf die Möglichkeiten der legalen Einreise und Arbeitsaufnahme hingewiesen werden, die Länder der EU je nach nationalem Recht für Arbeitsmigranten anbieten.

Vor allem aber muss man die Interessen der Herkunftsländer und ihrer Führungsschichten realistisch einschätzen und auf sie gezielt einwirken. Die Auswanderung nach Europa schafft für diese Länder demografische Entlastung, sie bringt die unruhige und potenziell aufrührerische Jugend teilweise aus dem Land, und sie stärkt die Zahlungsbilanz durch die Geldüberweisungen der Migranten an ihre Familien in der Heimat. In vielen Herkunftsländern ist dies die wichtigste Devisenquelle.

Deshalb muss die gesamte Entwicklungshilfe, aber auch die Handelspolitik, genau an diesem Punkt ansetzen. Für alle Länder in Afrika und im Nahen und Mittleren Osten muss vollständig klar sein, dass sie Leistungen der Entwicklungshilfe nur noch erhalten, wenn sie Landsleute, die aus den Ländern der EU abgeschoben werden, unverzüglich zurücknehmen und auch bei der Verifizierung von Identitäten konstruktive Unterstützung leisten.

Schon über die Handelspolitik hat die EU erhebliche Hebel in der Hand, z.B. gegenüber Marokko: »Wenn Brüssel wollte, könnte es erheblichen Druck auf den afrikanischen Staat ausüben. Marokko wickelte 2017 insgesamt 54,9 % seines Handels mit der EU ab, der Exportanteil lag sogar bei 64,4 %. Zudem dürfte bereits ein geringfügiger europäischer Beitrag zur Erhöhung des Verteidigungshaushalts ausreichen, um die Motivation Rabats zu stärken, Migranten den Zugang nach Ceuta und Melilla zu verwehren und Schleuserbanden im Küstenbereich zu bekämpfen.«[68]

Zum Grenzschutz im Vorfeld gehört auch, dass man Anrainerstaaten der EU – wie Marokko, Tunesien, Libyen oder die Türkei – bei deren Grenzschutzmaßnahmen, die Wanderungsrouten zu blockieren, gezielt unterstützt. Dazu gehören Hilfen bei Schulung und Ausrüstung und Hilfen bei der Unterbringung und Versorgung gestrandeter Migranten. Dazu kann aber auch gehören, dass man solche Länder, die quasi Funktionen eines Türwächters für Europa einnehmen, durch finanzielle Zuwendungen gezielt unterstützt. In diese Kategorie gehören z.B. die sechs Milliarden Euro, die die EU der Türkei aufgrund des Abkommens vom März 2016 für ihre Kooperation in der Frage der Flüchtlinge an der Grenze zu Griechenland zahlt. Bei solchen Zahlungen sollte man nicht zu besserwisserisch und moralisierend vorgehen, entscheidend ist vor allem, dass die nachhaltige Kooperation für die betreffenden Länder attraktiv ist.

So ist es z.B. durchaus sinnvoll und auch unbedingt geboten, mit der Türkei und dem Iran zu kooperieren, um die illegale Zuwanderung von Afghanen und Pakistanern im Vorfeld zu unterbinden. Wenn die Türkei keine Hoffnung haben kann, die bei ihr zugewanderten Afghanen und Pakistaner weiter nach Europa zu schieben, wird sie auch ihre Bemühungen um eine bessere Kontrolle der Grenze zwischen Iran und der Türkei verstärken. Beim Bau einer Grenzanlage zum Iran und bei deren Überwachung könnte man die Türkei durch die EU durchaus auch materiell unterstützen.

Solch eine Kooperation darf aber nie so weit führen, dass man den Schutz der eigenen Grenzen vertrauensvoll quasi in fremde Hände gibt. Dann kann man zum Objekt von Erpressungen werden, wie sie z.B. die Türkei gegenüber der EU im März 2020 versuchte.

Man muss den betroffenen Ländern klarmachen, dass man ihre Kooperation wünscht. Man muss aber auch zum wirksamen Grenzschutz in der Lage sein, wenn diese Kooperation verweigert wird. Europäische Schwäche in Einwanderungs- und Grenzschutzfragen wird sensibel gespürt und dann, wenn es interessenmäßig passt, brutal ausgenutzt.

Konsequente Abschiebung von Nicht-Aufenthaltsberechtigten

Wenn sich jemand ohne Aufenthaltsrecht auf meinem Privatgrundstück befindet und dieses trotz Aufforderung nicht verlässt, rufe ich die Polizei und lasse die betreffende Person abführen. Wo der Staat das private Hausrecht nicht durchsetzen kann oder will und beispielsweise wilde Besetzungen duldet, entstehen rechtsfreie Räume, die das Vertrauen in staatliches Handeln aushöhlen und letztlich die Staatsautorität schwächen. So wird der gesetzestreue Bürger bestraft und der Gesetzesbrecher belohnt. Bei beiden sinkt dadurch das Vertrauen in den Rechtsstaat und die Bereitschaft, seinen Gesetzen zu folgen.

Analog dazu besteht die Notwendigkeit, dass illegale Einwanderer oder Asylbewerber, die keinen Aufenthaltstitel und auch keine Duldung haben, Deutschland bzw. den Schengen-Raum unverzüglich verlassen müssen, wenn sie ausreisepflichtig sind. Dieses durchzusetzen gelingt Deutschland seit Jahren nicht. Ende 2018 waren 192 000 abgelehnte Asylbewerber ausreisepflichtig, aber es wurden 2019 nur 22 100 Abschiebungen vollzogen. Diese Zahl stagniert seit Jahren mit sinkender Tendenz, während die Zahl der abgelehnten Asylbewerber von Jahr zu Jahr steigt.[69] Insgesamt fehlt es in Deutschland bei der Abschiebungsfrage schlicht an ausreichender politischer und administrativer Energie sowohl bei Rechtsfragen als auch bei der Umsetzung.

Müssten abgelehnte Asylbewerber und andere illegale Einwanderer nach einem zügig durchgeführten Asylverfahren konsequent und schnell wieder Deutschland und Europa verlassen, so würden sich die Pull-Faktoren des Migrationsgeschehens erheblich verringern und außer für die wirklich von Verfolgung Betroffenen auf null sinken. Wenn dieses breit in den Herkunftsländern kommuniziert wird, ist mit einer deutlichen Verminderung des Aufbruchs nach Europa in eine ungewisse Zukunft zu rechnen.

Mithilfe einer DNA-Analyse ist es heute grundsätzlich möglich, auch die regionale Herkunft von Menschen, die ohne Ausweis nach Deutschland kommen, sehr präzise zu bestimmen. Herkunftsstaaten, die ihre abzuschiebenden Bürger freiwillig zurücknehmen, müssen – ruhig auch materiell – belohnt werden. Verweigern sie aber die Rücknahme in offenbar böswilliger Absicht, muss man alle wirtschaftlichen und finanziellen Hebel für ihre Sanktionierung in Bewegung setzen. Abzuschiebende können auch gegen ihren Willen an die Grenze ihres Herkunftslandes verbracht werden. Das Herkunftsland wird für eigene Bürger, die an der Grenze stehen, die Aufnahme letztlich nicht verweigern können.

Migration durch den Versuch illegaler Einwanderung ist aus der Sicht der Menschen in den Herkunftsländern, die sich für diesen Weg entscheiden, einer Investition in die Zukunft gleichzusetzen. Gelingt beispielsweise einem Migranten aus Westafrika die Einwanderung nach Frankreich oder Deutschland und gelingt es ihm, einer Abschiebung zu entgehen, so kann die Familie davon ausgehen, dass sich die Investition in die Reise, die Bezahlung der Schlepper etc. irgendwann in Form regelmäßiger Geldüberweisungen aus Deutschland oder Frankreich auszahlt. Ist aber die Wahrscheinlichkeit hoch, dass der Versuch der illegalen Einreise in einer Abschiebung endet, so ändert sich das Investitionskalkül. Natürlich muss die Abschiebung auf humanitäre Weise geschehen. Für Migranten muss »das Risiko steigen, nach einer glaubhaft angekündigten und vollzogenen Rückführung in das Herkunftsland materiell schlechter gestellt zu sein als zuvor«. Das Ziel, so Konrad Ott, »sollte also der Verlust der monetären Investition und die gleichzeitige Unversehrtheit des Migranten sein«.[70]

Solch eine Politik wird am besten einheitlich für den ganzen Schengen-Raum konzipiert und auch einheitlich durchgeführt.

Problematik des Schengen-Raums

Der Schengen-Raum ist der klassische Fall einer Idee, die gut angedacht, aber schlecht durchgeführt wurde. Als das erste Schengen-Abkommen 1985 abgeschlossen wurde, gab es noch die Sowjetunion, den Ostblock und die Mauer. Das baldige Ende dieser Nachkriegsordnung kam niemandem in den Sinn, und größere Migrantenströme aus Afrika und dem Nahen und Mittleren Osten waren jenseits des allgemeinen Vorstellungsvermögens.

Nun ist der Schengen-Raum weitaus größer geworden, als man sich das damals vorgestellt hatte, und seine Außengrenzen sind poröser als jemals gedacht.[71] Damit der Schengen-Raum wirklich funktioniert, muss das gesamte Einwanderungs-, Asyl- und Aufenthaltsrecht nicht nur in seinen wesentlichen Zügen einheitlich sein, sondern auch einheitlich angewandt werden. Auch dürfte es keine sozialpolitischen Anreize geben, die Wanderungsströme einseitig in bestimmte Regionen des Schengen-Raums lenken. Die Kontrolle an den Grenzen müsste durchgängig sein. Die Identifikation aller Einreisenden und bereits Eingereisten müsste eindeutig sein. Es müsste ein europäisches Ausländerzentralregister geben, auf das alle nationalen Behörden in Europa einen einheitlichen Zugriff haben. Durch fälschungssichere Ausweise, konsistente und vollständige Datenbanken und durch zusätzliche Identifikationsmerkmale wie DNA und Iris müsste die klare Identifikation eines jeden möglich sein. Auch müsste im System klar hinterlegt sein, wo und in welchem Land bzw. welcher Behörde welcher Einwanderer welche Transferleistungen bezieht und wie sein Aufenthaltsstatus ist.

Davon ist Europa noch weit entfernt. Der Schutz der Außengrenzen vor unerwünschter Einwanderung wackelt deshalb schon aus konzeptionellen Gründen. Es kommt aber noch hinzu, dass die Qualität der Behörden ganz unterschiedlich ist. Standards, Motivation und Korruptionsanfälligkeit des durchschnittlichen Grenzbeamten in Palermo oder auf Lesbos entsprechen nicht den Verhältnissen der deutschen Bundespolizei oder der schwedischen Reichspolizei.

Im Koalitionsvertrag der Berliner Großen Koalition vom Januar 2018 heißt es zum Schengen-Raum und zur Einwanderungspolitik lapidar: »Wir wollen die Zusammenarbeit mit UNHCR, IOM, Herkunfts- und Transitstaaten weiter ausbauen. Zur Sicherung der Freizügigkeit innerhalb Europas gehört ein sicherer Schutz der Außengrenzen. Dazu wollen wir Frontex zu einer echten Grenzschutzpolizei weiterentwickeln. Bis der Schutz der EU-Außengrenzen effektiv funktioniert, sind Binnengrenzkontrollen vertretbar.«[72] Dazu bemerkt Martin Wagener trocken: »Ersteres wird nach allen Erfahrungen der letzten Jahre nicht gelingen, letzteres ist unzureichend. Somit hat die Bundesregierung keinen Plan zur Lösung des Problems.«

Für Wagener sind die »führenden Entscheidungsträger [...] gefangen in tradierten Denkmustern und deshalb lediglich zu kosmetischen Maßnahmen in der Lage«.[73] Leider hat er recht mit seiner Analyse, dass Deutschland »seine Außengrenzen durch Souveränitätstransfers an ein nicht funktionierendes europäisches System gegenseitiger Solidarität geschwächt« hat.[74] Aber das kann ohne Zerstörung des Schengen-Raums jetzt auch nicht mehr geändert werden. Bis zum Beweis des Gegenteils muss man nach vorne gehen, auch wenn zum Optimismus kein Anlass besteht.

Auch für den Schengen-Raum als Ganzes gilt: Der beste Grenzschutz ist eine durchgehende Überwachung der Einreisenden und eine strikte Behandlung der illegal Eingereisten. So wird ein illegaler

Aufenthalt unattraktiv, und das wiederum erleichtert Schutz und Kontrolle der Grenzen.

Realistische Asylpolitik

Es gehört zu den Eigentümlichkeiten der Debatten rund um Einwanderung und Asyl, dass Maßnahmen und Ansatzpunkte zur Lösung umso einvernehmlicher sind und umso begeisterter begrüßt werden, je geringer ihr absehbarer Lösungsbeitrag anzusetzen ist, und umgekehrt:

- So finden es wahrscheinlich an die 100 % aller Meinungsbildner und Entscheider gut, dass man sich bemüht, der unerwünschten Migration durch Bekämpfung von Fluchtursachen zu begegnen. Das Problem ist nur, dass dies eine Leerformel ohne Lösungsbeitrag ist.
- 90 % finden es sicherlich gut, dass man die Entwicklungshilfe verstärkt in den Dienst der Bekämpfung von Fluchtursachen stellen will. Das Problem ist nur, dass an der Wirksamkeit von Entwicklungshilfe große Zweifel bestehen. Weiter bestehen Zweifel daran, dass die Migrationsneigung sinkt, wenn die absolute Armut überwunden wird.
- Um die 90 % finden es sicherlich auch gut, die Demokratie in den Herkunftsländern zu stärken. Das Problem ist nur, dass das Funktionieren von Demokratie auf inneren Voraussetzungen einer Gesellschaft oder eines Staates beruht, die von außen nicht künstlich geschaffen oder gesteuert werden können.
- Genauso verhält es sich auch bei anderen inneren Faktoren, die den Erfolg einer Gesellschaft ausmachen. Sie müssen sich offenbar von innen entwickeln und können ihr nicht von außen aufgepfropft werden. Das zeigte zuletzt das spektakuläre Scheitern des Westens in Afghanistan.
- Kontrovers wird dagegen nahezu jeder Vorschlag diskutiert, der mehr Grenzbefestigungen und Grenzkontrollen vorsieht. Dabei

steht nicht die sachliche Frage der Wirksamkeit gegen illegale Einwanderung, sondern die gefühlsgesteuerte Abneigung gegen sogenannte Abschottung im Mittelpunkt.

- Auf große Abneigung stößt auch die Entfernung von Ausländern ohne Aufenthaltsrecht durch Abschiebung.
- Absolut kontrovers sind alle Versuche zur Kanalisierung und Beschränkung des Rechts auf Asyl.

Die letzten drei Maßnahmenkategorien sind aber die wirksamsten bzw. die einzig wirksamen bei der Steuerung und Begrenzung von Einwanderung und Asyl. Die damit kurz umrissene Richtung der öffentlichen Debatte geht leider an den Sorgen der Bürger weitgehend vorbei. Der Migrationsforscher Paul Collier meint dazu: »Aus fast allen Meinungsumfragen und sozialpsychologischen Untersuchungen geht hervor, dass es bei der öffentlichen Besorgnis über Asylsuchende nicht um bloße Zahlen geht. Vielmehr geht es um einen *gefühlten* Kontrollverlust. Dieser Trend weckt Zweifel, ob die Gewährung von Asyl für spontan ankommende Flüchtlinge in entwickelten Weltregionen eine praktikable langfristige Lösung sein kann.«[75] Die Angst vor Kontrollverlust ist zu einer psychologischen Realität geworden: »Die Kontrolle der Grenzen ist für einen Staat […] konstitutiv und damit eine zentrale Norm. Diese kollidiert spätestens seit 2015 mit dem Anspruch auf Asyl. Die in Artikel 16a des Grundgesetzes enthaltene Norm wird bis heute jenseits ihres ursprünglichen Geltungsbereichs ausgelegt. So stehen zwei Grundsätze in einem Spannungsfeld zueinander, das zu Lasten der Staatlichkeit geht. Mit negativen Folgen: Der liberale Rechtsstaat hat durch die Überhöhung einer Einzelnorm in Krisenzeiten eine selbstzerstörerische Kraft offenbart, indem er im ›Namen‹ des Rechts eine unkontrollierte Masseneinwanderung ermöglichte.«[76]

Der Verfassungsrichter Udo Di Fabio merkte dazu auf dem Höhepunkt der Flüchtlingskrise kritisch an: »Es unterliegt einem Missverständnis, wer glaubt, dass die Menschenrechte wegen ihrer universellen Geltung die staatliche oder supranationale Rechtsordnung suspendieren oder gar derogieren könnten.«[77] Wie Paul Collier 2017 im Rückblick auf die Flüchtlingskrise konstatierte, ist »das Flüchtlingsrecht [...] nicht mehr effektiv und wird von den Staaten zunehmend ignoriert«.[78] Generell gilt, dass Staaten sich offenbar nur dann an das Völkerrecht halten, wenn es in der Summe ihren Interessen ausreichend entspricht. Eine schöne Illustration dazu war, dass Griechenland mit Unterstützung der EU-Kommission Anfang März 2020 das Recht, in Griechenland Asyl zu beantragen, für einen Monat suspendierte, als die türkische Grenzöffnung den Druck der Einlass begehrenden Migranten steigerte.

Ich halte es für dringlich, dass wir in Deutschland und Europa unsere Interessen klar definieren: In Deutschland müssen wir hinsichtlich des Rechts auf politisches Asyl wieder auf den Geist des Artikel 16 GG zum Zeitpunkt seiner Einfügung ins Grundgesetz rekurrieren. Helmut Schmidt schrieb dazu bereits 1993: »... einen Zustrom von Hunderttausenden, von denen viele nur vortäuschen, zu Hause politisch verfolgt zu werden, hat damals niemand für möglich gehalten.« Er stellte kritisch fest: »Der Artikel 16 verlangt keineswegs, dass wir pro Jahr Hunderttausende von Asylbewerbern aufnehmen. Er verlangt keineswegs, dass wir jeden Bewerber ohne Prüfung in seinem Heimatland als politisch verfolgt anerkennen. Er verlangt keineswegs, dass die Asyl-Anerkennungsverfahren Monate und Jahre dauern.«[79] Ein Zeichen für einen massiven Missbrauch des Asylrechts ist es, dass sich 71,6 % der Asylbewerber 2016 in Deutschland ohne Ausweispapiere aufhielten.[80] Grundsätzlich haben wir das moralische Recht, Asylgesuche abzulehnen und einen unberechtigten Aufenthalt von Asylbewerbern zu unterbinden. Konrad Ott zitiert hierzu Immanuel Kant: »Das Recht ist mit der Befugnis zu zwingen verbunden.«[81]

Von der Einreise bis zur endgültigen Entscheidung über einen Asylantrag können in Deutschland durchaus drei bis vier Jahre vergehen. Werden Rechtsmittel ausgeschöpft, können die Zeiten auch deutlich länger sein. So kann es geschehen, dass ein Asylbewerber, der tatsächlich ein Wirtschaftsflüchtling ist und seinen Pass angeblich verloren hat, sich mit falschen Herkunftsangaben viele Jahre lang in Deutschland aufhalten kann, indem er in unterschiedlichsten Verfahrensstufen immer wieder die Gerichte anruft, dabei in Deutschland

Sozialleistungen bezieht, nebenbei kriminell tätig ist, seinen Aufenthaltsstatus durch Familiengründung oder Zeugung unehelicher Kinder weiter verfestigt, damit wiederum seinen Sozialleistungsanspruch erhöht etc. etc.

Auf diese Art entsteht ein nahezu unendlicher Kreislauf. Er beginnt mit der zeitweiligen Überforderung des Bundesamts für Migration (BAMF) bei der Registrierung des angeblichen Flüchtlings oder Asylbewerbers mit der Folge jahrelanger Wartezeiten, setzt sich fort mit lange dauernden Einspruchs-, Widerspruchs- und Berufungsverfahren vor den Verwaltungsgerichten, ggf. auch vor dem Bundesverfassungsgericht oder dem Europäischen Gerichtshof für Menschenrechte. Wird dann der Aufenthaltstitel verwehrt, kann immer noch eine Duldung ausgesprochen werden, was in der Mehrzahl der Fälle auch geschieht. Zur Abschiebung oder zu einer freiwilligen Ausreise kommt es nur in einer Minderzahl von Fällen. Sozialverbände, Gutachter, Wissenschaftler, Pressure-Groups, Parlamentarier, Innenminister, Sozialdezernenten, Verwaltungsrichter und nicht zuletzt die Medien verfolgen dabei jeweils ihre eigene Agenda. So entsteht der berechtigte Eindruck einer allgemeinen Lähmung verbunden mit einem unerträglichen Gefühl von Vergeblichkeit und Widersprüchlichkeit. Transparent ist das alles nur noch wenigen Experten. Diese wiederum lassen nur selten die Öffentlichkeit an der ganzen Breite ihres Wissens teilhaben, sondern benutzen ihre Erkenntnisse zur Stärkung oder Bekämpfung bestimmter Standpunkte je nach den eigenen Abneigungen und Wunschvorstellungen. So tragen sie zur allgemeinen Verwirrung bei und steigern den Missmut breiter Schichten unter den Bürgern. Bei alledem gerät konsistentes und klares Handeln in einer zentralen Existenzfrage der deutschen Zukunft sowohl konzeptionell als auch verfahrensmäßig unter die Räder. Wer grundsätzlich oder auch im Detail etwas ändern möchte, endet schnell in den Verschlingungen der Machtverhältnisse und der Komplexität der Rechtslage.

2016 habe ich mir die Mühe gemacht, alle Entscheidungen über Asylanträge von 2007 bis Mitte 2016 auszuwerten. Von 1,07 Millionen Entscheidungen über Asylanträge in dieser Zeit wurde lediglich in 9166 Fällen dem Antragsteller das Recht auf politisches Asyl (gem.

Art. 16a GG) zugesprochen. Das waren weniger als 1 % aller Fälle.[82] Das ist auch bis heute weiter der Fall.

In Deutschland halten sich gegenwärtig (März 2020) etwa 2,2 Millionen Schutzsuchende auf. Nach dem Stand von Ende 2018 hatten rund 15 % der Schutzsuchenden einen unbefristeten Aufenthaltsstatus, bei 72 % war er befristet. 192 000 Schutzsuchende waren ausreisepflichtig, aber nur 23 600 Asylbewerber wurden abgeschoben (vgl. Kapitel 3 »Einwanderung als europäische Herausforderung« / Die Folgen, S. 207).

Für weit über 90 % der Asylbewerber gilt: Einmal im Land, bleiben sie auch da, unabhängig davon, wie ihr Antrag letztendlich entschieden wird, und ein großer Teil von ihnen holt irgendwann Familienmitglieder nach. Damit hat sich die Praxis des deutschen Asylrechts von den Intentionen des deutschen Grundgesetzes weit entfernt. Für über 99 % der Asylbewerber geht es nicht um die Gewährung politischen Asyls, sondern um die Verbesserung ihrer Lebensverhältnisse durch die Einwanderung nach Deutschland. Ein Teil von ihnen hat ein schweres Schicksal als Flüchtling hinter sich. Aber um ihre Sicherheit mussten sie schon längst nicht mehr fürchten, als sie die deutschen Grenzen erreichten.

De facto ist das deutsche Asylrecht das zentrale Einfallstor für ungeregelte Masseneinwanderung geworden. Auch eine nationale Gesetzgebung zur gezielten Steuerung von Einwanderung wie das Anfang 2020 in Deutschland in Kraft getretene Fachkräfteeinwanderungsgesetz läuft weitgehend leer, solange unerwünschte Einwanderung nicht verhindert werden kann. Welchen Sinn sollen z.B. Punktwerte für die Steuerung der Einwanderung von Ingenieuren aus Indien oder China machen, wenn via Asyl das Tor für eine unqualifizierte Masseneinwanderung aus Afrika und dem Nahen Osten sperrangelweit offen bleibt? Diese Einwanderung wird auch in Zukunft nicht zu stoppen sein, solange ein nennenswerter (im Augenblick sogar der größte) Teil derer, die Deutschland irgendwie erreichen, darauf hoffen kann, dauerhaft in Deutschland zu bleiben.

Die große Mehrheit jener zig Millionen Flüchtlinge und Wanderwilligen, die Deutschland nie erreichen, und die winzige Minderheit jener, denen es gelingt, den Fuß auf deutschen Boden zu setzen, werden extrem ungleich behandelt. Sobald die Letzteren das Wort Asyl ausgesprochen haben, erwerben sie nicht nur Anspruch auf Unterhalt durch den deutschen Sozialstaat, sondern sie können auch alle Verfahrenswege und Prozeduren des deutschen Rechtsmittelstaats ausschöpfen und ernähren zugleich Tausende von Anwälten, die sich darauf spezialisiert haben, sie zu unterstützen. So wird notfalls viele Jahre um den Aufenthalt gekämpft, auch in Fällen, die von Anfang an aussichtslos sind, und schließlich dienen ärztliche Atteste dazu, die Abschiebung zu vermeiden oder möglichst lang hinauszuzögern. Der statistische Erfolg gibt jenen recht, die alle Mittel einsetzen, um nach Deutschland einzureisen und hier bleiben zu können. Mittlerweile arbeitet gut die Hälfte der rund 2000 Verwaltungsrichter in Deutschland nur noch für Asylverfahren. Ihre zumeist sicherlich sehr pflichtbewusste Arbeit ist am Ende sowieso vergeblich, weil auch die abgelehnten Asylbewerber größtenteils bleiben können.

Das ganze System verschlingt in Deutschland jährlich zweistellige Milliardenbeträge, die Jahr für Jahr steil anwachsen und doch keinen Beitrag zu mehr Gerechtigkeit leisten. Wer es als Asylbewerber nach Deutschland geschafft hat, hat praktisch das große Los in einer weltweiten Lotterie gezogen. An den ungeordneten Verhältnissen und dem niedrigen Lebensstandard in ihren Heimatländern ändert sich dadurch nichts, und die Ursachen ihrer Rückständigkeit werden damit schon gar nicht bekämpft. Im besten Fall leisten die aus deutschen Sozialkassen stammenden Überweisungen der Glücklichen, die es nach Europa geschafft haben, einen Beitrag zum Lebensunterhalt der Daheimgebliebenen. Damit wird eine Empfängermentalität gezüchtet, aber die Ursachen der Probleme – ausbeuterische Eliten, Korruption, niedrige Bildung und hohe Geburtenraten – werden damit auch nicht im Ansatz beseitigt.

Alle Versuche, die Asylverfahren in Deutschland effizienter zu gestalten und dadurch zu beschleunigen, falsche materielle Anreize abzubauen, schneller abzuschieben, die Sprachkenntnisse der Asylbewerber zu verbessern und die Integration zu forcieren, sind zu begrüßen. Ihnen ist jeder Erfolg zu wünschen.

Solche systemimmanenten Verbesserungsversuche werden aber nicht wirklich erfolgreich sein, wenn der grundlegende Fehler bestehen bleibt, der Deutschland in diese Situation gebracht hat. Er besteht in der Veränderung der Rechtsstellung, die der Einwanderer oder Flüchtling in dem Augenblick erfährt, in dem er deutschen Boden erreicht hat und das Wort Asyl ausspricht: Damit wird er zu einem Subjekt des deutschen Rechts mit Ansprüchen an den deutschen Sozialstaat, mit einem Anspruch auf Prüfung seines Asylantrags und mit dem Recht, die Rechtswege der deutschen Verwaltungs- und Sozialgerichte umfassend zu beschreiten.

Solange das nicht geändert wird, werden die falschen Anreize bestehen bleiben. Der Druck aus Afrika und dem Nahen Osten auf die europäischen und deutschen Grenzen wird ebenfalls fortbestehen, und die Schlepper werden sich weiterhin eine goldene Nase verdienen. Es wird auf die Dauer auch nicht ausreichen, neben Erdoğans Türkei noch weitere Diktaturen oder Regime von fragwürdiger Legitimation mit der Bewachung der europäischen (und damit deutschen) Grenzen zu betrauen. Der Drang nach Europa, insbesondere Deutschland, wird erst dann nachlassen, wenn im fernsten afrikanischen Dorf klar ist, dass eine erfolgreiche Ankunft in Deutschland nicht mehr automatisch zum Bleiberecht führt, wenn die Voraussetzungen für politisches Asyl nicht gegeben sind.

Um dieses zu erreichen, sind zwei grundlegende rechtliche Änderungen notwendig. Europäische oder nationale Regelungen sind entsprechend anzupassen, soweit sie diesen Änderungen entgegenstehen. Zweifellos handelt es sich dabei um erhebliche Eingriffe in das geltende Recht. Aber rechtliche Regelungen sind Instrumente zur Gestaltung des menschlichen Zusammenlebens – gemacht von Menschen für Menschen. Entsprechend müssen sie sich aufgrund ihrer Akzeptanz und ihren Wirkungen bewähren:

1. Die 1954 in Kraft getretene Genfer Flüchtlingskonvention galt ursprünglich nur für Europa. Erst 1967 wurde sie durch das ergänzende »Protokoll über die Rechtsstellung der Flüchtlinge« auf die ganze Welt ausgedehnt (interessanterweise ist die Türkei dem ergänzenden Protokoll nicht beigetreten.) Es erscheint unbedingt

sinnvoll, dass für Flüchtlinge möglichst nah an den ursprünglichen Siedlungsgebieten gesorgt wird. Entsprechend sollte die Genfer Flüchtlingskonvention geändert werden. Es bestünde dann noch eine Pflicht für europäische Staaten, die Unterbringung und Versorgung der Flüchtlinge anderer Kontinente mitzufinanzieren, nicht aber, sie auf dem eigenen Gebiet aufzunehmen.

2. Ansprüche eines nach Deutschland Eingereisten auf Leistungen des deutschen Staates und die Möglichkeit, hinsichtlich des Aufenthaltsstatus vor deutschen Gerichten zu klagen, dürfen erst zu dem Zeitpunkt aufleben, zu dem der Betroffene einen legalen Aufenthaltsstatus erhält. Davor muss er rechtlich gesehen als nicht eingereist gelten, er hält sich also quasi in einer virtuellen Transitzone auf. Einen vorläufigen Aufenthaltsstatus erhält er erst dann, wenn eine innerhalb von 30 Tagen vorzunehmende Vorprüfung ergeben hat, dass die Aussichten auf die Gewährung politischen Asyls gem. Art. 16a GG sehr gut sind.[83] Bis zu einem positiven Ergebnis der Vorprüfung gibt es keinen Anspruch auf Freizügigkeit.

Auf dieser Grundlage sollte der idealtypische Ablauf wie folgt aussehen:

- Alle Zuständigkeiten zur Identitätsprüfung, Antragsprüfung und Entscheidung über das Aufenthaltsrecht werden bei einer Stelle konzentriert. Diese Stelle entscheidet in maximal 30 Tagen und es gibt eine Beschwerdeinstanz. Ein weiterer Rechtsweg über die ordentliche Gerichtsbarkeit ist ausgeschlossen.
- Anwälte, die als Rechtsbeistand arbeiten, müssen bei der zentralen Stelle zugelassen sein. Ihre Vergütung erfolgt in Form einer Fallpauschale. Die Kosten werden von der zentralen Stelle übernommen.
- Bis zur Entscheidung gilt der Antragsteller als nicht eingereist, der Aufenthalt in einer Transitzone ist Pflicht. Durch Verlassen der Transitzone oder illegale Einwanderung wird der Aufenthaltsanspruch verwirkt.

- Während der Wartephase auf eine Entscheidung in der Transitzone wird der Unterhalt so bemessen und in solch einer Form gewährleistet, dass finanzielle Transfers in die Herkunftsländer ausgeschlossen sind. Außerhalb der Transitzone wird Unterhalt nicht gewährt.
- Alle illegalen Einwanderer, Flüchtlinge und Asylbewerber werden in einer zentralen Datei erfasst. In dieser Datei werden neben den Angaben zur Person die DNA, die Fingerabdrücke und ein Abbild der Iris gespeichert. Auf diese Datei haben alle Polizei- und Meldebehörden des gesamten Schengen-Raums Zugriff. So können Doppel- und Fehlerfassungen vermieden und Betrugsversuche aufgespürt werden. Insbesondere an der DNA können auch die Herkunftsangaben überprüft werden.
- Abgelehnte Asylbewerber haben keinen legalen Aufenthaltsstatus und deshalb keine Möglichkeit zur Klage vor deutschen Verwaltungsgerichten. Abgelehnte Asylbewerber haben keinen Anspruch auf Sozialleistungen und müssen sich bis zu ihrer Rückführung in dazu vorgesehenen Einrichtungen aufhalten.
- Alle illegal Eingewanderten sowie alle Flüchtlinge und Asylbewerber, deren Aufenthaltsbegehren abgelehnt wurde, werden unverzüglich und ausnahmslos abgeschoben. Die Abschiebung erfolgt in das Herkunftsland oder in das Land des letzten Aufenthalts vor dem Übertritt in die EU.
- Sofern Boote mit Flüchtlingen und illegalen Einwanderern auf See aufgebracht bzw. aus Seenot gerettet werden, werden diese nach gegebenenfalls notwendiger medizinischer Versorgung und nach Registrierung in der zentralen Datei unverzüglich wieder an den Ausgangspunkt ihrer Seereise verbracht.
- Verweigert ein Herkunftsland die Aufnahme, so werden die Betreffenden gleichwohl grundsätzlich dorthin verbracht, notfalls unter militärischem Schutz.

Die obigen Vorschläge haben keinen abschließenden oder endgültigen Charakter. Sie sind für Modifikationen offen, sofern dabei das zugrunde liegende Prinzip gewahrt oder gestärkt wird: Alle betroffenen Rechtsmaterien und auf ihnen gründenden Verfahren müssen ein zentrales Kriterium erfüllen: Sie müssen geeignet sein, unerwünschte Zuwanderung von außerhalb der Europäischen Union wirksam zu unterbinden. Erst so wird der Weg frei für eine selektive gezielte Einwanderungspolitik, sofern sie von den betreffenden Staaten aus wirtschaftlichen oder demografischen Gründen gewünscht wird.

Demografie, Einwanderung und Bevölkerungsaustausch

Im 90. Psalm der Bibel heißt es zur Vergänglichkeit des Menschen: »Denn tausend Jahre sind vor dir wie ein Tag, der gestern vergangen ist, und wie eine Nachtwache. Du lässest sie dahinfahren wie einen Strom; sie sind wie ein Schlaf, gleichwie ein Gras, das doch bald welk wird. […] Unser Leben währet siebzig Jahre, und wenn's hoch kommt, so sind's achtzig Jahre, und wenn's köstlich gewesen, so ist es Mühe und Arbeit gewesen; denn es fähret schnell dahin, als flögen wir davon.«[84]

Die darin liegende Weisheit und Fügung ins Unvermeidliche werden im Drang des Lebens leicht vergessen. Selbst wenn die Lebenserwartung des Menschen seit biblischen Zeiten deutlich gestiegen ist, bedeutet seine Sterblichkeit letztlich doch, dass sich *jede Bevölkerung bzw. jedes Staatsvolk, welche Abgrenzung man auch immer wählt, im Laufe von achtzig bis neunzig Jahren auch ganz ohne Wanderungen vollständig ausgetauscht hat.* Der Unterschied besteht darin, ob sich dieser Austausch überwiegend auf natürlichem Weg in der eigenen Ethnie und Kultur oder durch kulturfremde Einwanderung vollzieht. Im letzteren Fall stirbt nicht nur der Mensch, sondern auch sein Volk. Der Austausch vollzieht sich in jedem Fall aufgrund der menschlichen Sterblichkeit als kontinuierlicher Prozess, sei es durch Tod und Geburt, sei es – sofern es Wanderungsbewegungen gibt – durch Ein- und Auswanderung.

Zu früheren Zeiten war dieses Werden und Vergehen ein Stück weit wie der Kreislauf der Natur, denn die zyklischen Änderungen des Klimas und der allmähliche Druck der Evolution wirkten nur sehr langsam. Aber der menschliche Erfindungsgeist hat über die Ebenen der genetischen und ethnischen Ausdifferenzierung die Schichten von Religion, Kultur und Zivilisation gelegt. Und seit einigen hundert Jahren ist der rasante und sich immer noch beschleunigende technische Fortschritt hinzugetreten.

Viele Änderungen sehen die meisten Menschen mit Unbehagen. Sie schätzen eine Kontinuität, die sie die eigene Sterblichkeit vergessen bzw. ertragen lässt und ihnen das Gefühl gibt, Teil eines größeren Ganzen zu sein, das über sie selbst hinausweist. Hier spielen Religion, Kunst, Wissenschaft, aber auch die eigene kulturelle und ethnische Identität eine Rolle. Man möchte auch über den eigenen Tod hinaus das nicht gefährdet sehen, was man liebt. Dazu gehören neben der eigenen Familie auch die eigene Gesellschaft, das eigene Volk, der eigene Staat und deren künftiges Wohlergehen.

Der im Wandlungsprozess sich vollziehende Bevölkerungsaustausch findet kontinuierlich in kleinen Schritten statt. Er ist, was seine wichtigste Komponente, die Sterblichkeit, angeht, weitgehend unaufhebbar. Schauen wir uns am Beispiel des Jahres 2018 seine Elemente anhand der Übersicht auf S. 204 (»Der Einschnitt von 2015«) im Einzelnen an:

- Im Jahr 2018 gab es in Deutschland rund 955 000 Sterbefälle. Daran lässt sich grundsätzlich nicht viel ändern. Die Lebenserwartung könnte in Zukunft weiter steigen, aber die jährliche Wirkung daraus ist quantitativ unbedeutend. Auch Grippewellen oder Ereignisse wie das Coronavirus könnten die Sterblichkeit vorübergehend beeinflussen, aber die quantitative Wirkung ist sehr begrenzt.
- Ein Nettosaldo von 60 000 Deutschen ist ausgewandert, teils um anderswo bessere Erwerbschancen zu finden, teils um den Ruhestand in der Sonne zu genießen.
- 788 000 Menschen, die erstmals deutschen Boden betraten, nahmen den Weg durch den Kreißsaal. Rund 470 000 der Neugeborenen hatten deutsche Eltern, rund 320 000 hatten Eltern mit Migrationshintergrund.

- 202 000 Menschen sind netto aus der Europäischen Union zugewandert. Das ist Ausdruck der Freizügigkeit in der EU. Wirtschaftskonjunktur und Erwerbschancen spielen dabei eine Rolle. Beeinflussbar ist das kaum oder gar nicht.
- Rund 260 000 Menschen wanderten netto von außerhalb der EU zu. Unter ihnen befinden sich auch die eingereisten Asylbewerber und deren Familiennachzug. Dieser Teil der Einwanderung lässt sich beeinflussen, wenn man dies politisch möchte. Die Wege dazu habe ich in diesem Kapitel beschrieben.

Durch Geburt und den Nettosaldo der Einwanderung sind also im Jahr 2018 rund 410 000 Deutsche und 780 000 Nichtdeutsche nach Deutschland gekommen. Das ist wohlgemerkt nur eine Jahresscheibe in einem kontinuierlichen Prozess, der sich Jahr für Jahr mit etwas anderen Zahlen wiederholt. Dabei sinkt der deutsche Anteil von Jahr zu Jahr kontinuierlich, während der nicht deutsche Anteil von Jahr zu Jahr ebenso kontinuierlich steigt. Sofern man Deutschland ethnisch und demografisch definiert, ist seine Abschaffung also in vollem Gang.

Was kann man tun:

- Die Deutschen, insbesondere die Klügeren und Gebildeten unter ihnen, könnten sich dazu entscheiden, wieder mehr Kinder zu bekommen. Darauf hofft man schon seit dem Pillenknick vor 50 Jahren vergeblich, und es bleibt weiterhin unwahrscheinlich.
- Man kann versuchen, die künftige Migration durch wirksamen Grenzschutz und eine selektive Einwanderungspolitik besser zu steuern. Das war ein Thema dieses Buches. Dazu habe ich Vorschläge unterbreitet. Die künftig hier einzuschlagende Richtung liegt in den Händen von Politik und Gesellschaft.
- Man kann versuchen, über die gesellschaftliche Sozialisation und das Bildungswesen möglichst viel von der Volkskultur, der intellektuellen Kapazität und der Leistungsmotivation in Deutschland auf die Einwanderer und ihre Kinder zu übertragen. Das wird umso leichter gelingen, je selektiver die Einwanderungspolitik ist.

Bei den Fluchtmigranten der letzten Jahre sind die diesbezüglichen Perspektiven eher schwierig, denn bei ihrer durchschnittlichen kognitiven Kompetenz ist die Ausgangslage ungünstig. Deshalb müssen trotz ungewisser Erfolgsaussichten die auf ihre Förderung verwendeten Anstrengungen umso größer sein.

Schlussbetrachtung: Warum Geburtenbeschränkung und Einwanderungsbegrenzung dem Wohl der Menschheit dienen

Ein Masterplan oder ein Konzept zum Umgang mit Einwanderung ist in Deutschland kaum vorhanden. Gefühligkeit und Vorurteile dominieren. Solide historische Kenntnisse scheinen in Politik und Medien weitgehend zu fehlen. Auch bei demografischen, wirtschaftlichen und kulturellen Wirkungen von Einwanderung wird die öffentliche Debatte, aber auch die Willensbildung in der Politik, von Wissenslücken und Vorurteilen beherrscht.

In Politik und Medien gibt es eine zunehmende Tendenz, einen kritischen Blick auf Einwanderung ins Illegitime zu verschieben. So wird ein offener gesellschaftlicher Diskurs über das, was wir als Volk, Nation und Gesellschaft eigentlich wollen, behindert und durch die stramme Haltung einer dem Zeitgeist verhafteten politischen Korrektheit ersetzt.

Anstöße für menschliche Wanderungen ergaben sich historisch gesehen in erster Linie daraus, dass das örtliche Bevölkerungswachstum mit den örtlich vorhandenen Ressourcen in Konflikt geriet. So suchten die betroffenen menschlichen Gruppen nach einer Expansion ihres Lebensraums und gerieten dort in kriegerische Auseinandersetzungen mit Nachbarn, wo man welche hatte. Daneben wurden Wanderungsbewegungen auch durch menschliche Abenteuerlust, durch Machtstreben oder die Gier nach den materiellen Gütern der Nachbarn beflügelt.

Diese Zusammenhänge gelten bis in die Gegenwart hinein. Die westliche Aufklärung und die aus ihr geborene Säkularisierung, Technisierung und Industrialisierung haben bewirkt, dass sich in den entwickelten Ländern nach dem sogenannten demografischen Übergang die Geburtenraten zurückentwickelten und mittlerweile in vielen Ländern das Bestandserhaltungsniveau unterschreiten.

In vielen sogenannten Entwicklungsländern fand dagegen der demografische Übergang bis heute nicht statt. Die Errungenschaften der modernen Medizin und die Erträge moderner Landwirtschaftstechnik sorgten zwar für sinkende Sterblichkeit und eine größere Ernährungsbasis, aber aufgrund vormoderner Einstellungen blieb ein Rückgang der Kinderzahlen bis heute weitgehend aus. Die Folge ist die beispiellose Bevölkerungsexplosion in Afrika und im Nahen und Mittleren Osten, die ich in Kapitel 5 im Einzelnen analysiert habe. Diese Bevölkerungsexplosion hält zusammen mit der fehlenden Modernisierung der Gesellschaften die größten Teile Afrikas und des Nahen und Mittleren Ostens in einer Armutsfalle, die wiederum die Migration in die westlichen Länder treibt. Im Laufe meiner Argumentation habe ich gezeigt, dass die Migration die Probleme der Herkunftsländer nicht löst, gleichzeitig aber in den Zielländern des industrialisierten Westens neue Probleme schafft.

Alle Herkunftsländer haben grundsätzlich die Möglichkeit, ohne größere Wanderungsbewegungen den Wohlstand der westlichen Industriestaaten zu erreichen, wenn sie ihre gesellschaftlichen Mentalitäten sowie die Sozialisation, die Bildungsleistung und die Arbeitsethik ihrer Bevölkerungen entsprechend entwickeln. Größere Auswanderung, die häufig gerade die besonders Wendigen und Aktiven dem Aufbau im eigenen Land entzieht, ist dazu weder notwendig noch hinreichend.

In Zeiten einer wachsenden Diskussion und Besorgnis über die Ursachen und Folgen des Klimawandels kommt eine weitere Überlegung hinzu: Deutschland hat heute kaum mehr Einwohner als 1950 (abzüglich der Einwanderung hat die Einwohnerzahl sogar deutlich abgenommen). Wäre die übrige Welt in demografischer Hinsicht seit 1950 dem deutschen Beispiel gefolgt, so gäbe es jetzt statt knapp 8 Milliarden nur 2,5 Milliarden Menschen auf der Welt.

Bereits im World Population Report der UNO aus dem Jahr 2009 wird in großer Klarheit darauf hingewiesen, dass eine wirksame Beschränkung des weltweiten Bevölkerungszuwachses einen weitaus größeren Beitrag zur Bekämpfung der Risiken des Klimawandels leisten könnte als umfangreiche und ihrer Höhe nach irreale Investitionsprogramme zur Energieeinsparung.[1] Solche Erkenntnisse dringen auch deshalb in der öffentlichen Wahrnehmung kaum durch, weil es für viele als politisch inkorrekt und irgendwie taktlos gilt, die Bevölkerungsexplosion in weniger entwickelten Ländern mit dem Klimawandel in Zusammenhang zu bringen.

Speziell in Afrika und im westlichen Asien gäbe es bei einer Bevölkerungsentwicklung wie in Deutschland heute statt 1,52 Milliarden nur 180 Millionen Menschen. Es liegt auf der Hand, dass bei einer so viel geringeren Menschenzahl nicht nur der Lebensstandard viel höher sein könnte, als er tatsächlich ist. Auch die Umweltbelastungen auf der Welt, einschließlich des Ausstoßes an CO_2, wären weitaus geringer. Selbst wenn sich eine Welt mit 2,5 Milliarden Einwohnern den pro-Kopf CO_2-Ausstoß wie gegenwärtig Deutschland leisten würde (ein ganz irrealer Fall), wäre die CO_2-Belastung in der Welt um ein Drittel geringer, als sie heute tatsächlich ist, und die Potenziale zur künftigen CO_2-Absenkung würden nicht in wirtschaftlichen Aufholprozessen verbraucht werden, wie es in den kommenden Jahren und Jahrzehnten teilweise unvermeidlich ist. Auch die sogenannten Klimaflüchtlinge, die manche für die Zukunft befürchten, ergeben sich ursächlich aus der Bevölkerungsexplosion, mit anderen Worten aus einem Ereignis, für das die betreffenden Entwicklungsländer und nicht die entwickelte Welt die Verantwortung tragen.

Kurzum: Die Welt ohne die Bevölkerungsexplosion der letzten 60 Jahre wäre auch in Bezug auf den Klimawandel ein weitaus besserer Ort als gegenwärtig. Es berührt merkwürdig, dass das Bevölkerungswachstum als Ursache des Klimawandels in der öffentlichen Debatte kaum stattfindet.

Das Manuskript dieses Buches fand seinen Abschluss mitten in der durch das Coronavirus ausgelösten, weltweiten Pandemie. Gegenwärtig ist unklar, wie lange die Entwicklung der Menschheit dadurch belastet wird bzw. ob und wann ein für alle wirksamer Impfstoff gefunden werden kann. Jedes Menschenleben ist des Schutzes wert. Aber wenn (was ich hoffe) die Pandemie in naher Zukunft bewältigt werden kann, werden die mit der ungezügelten Bevölkerungsentwicklung verbundenen Menschheitsprobleme mit umso stärkerer

Wucht in das öffentliche Bewusstsein zurückkehren. Die notwendige Begrenzung des künftigen Bevölkerungswachstums kann nur vor Ort, in den jeweiligen Völkern, Gesellschaften und Nationalstaaten stattfinden. Die Verantwortung dafür darf man nicht anderen zuschieben, und schon gar nicht darf man den eigenen unbewältigten Bevölkerungsüberschuss in fremden Ländern abladen. Verdrängen, Vergessen und Schönreden helfen hier nicht und sollten in der gesellschaftlich notwendigen Debatte auch nicht geduldet werden.

Dank

Dem Langen Müller Verlag danke ich für offene Gespräche und konstruktive Zusammenarbeit bei der Vorbereitung der Veröffentlichung.

Annalisa Viviani danke ich für ein gründliches und präzises Lektorat.

Meiner Frau Ursula Sarrazin danke ich für ihre Geduld während der Arbeit an diesem Manuskript. Sie las es bei seiner Entstehung mit. Ihr Rat war mir wertvoll.

Anhang

Anmerkungen

Einleitung

1 Helmut Schmidt: *Außer Dienst. Eine Bilanz,* München 2008, S. 236.

2 Das Ausländerzentralregister weist für den 31.12. 2008 6,73 und für den 31.12.2018 10,92 Mio. Ausländer aus. Das ist ein Zuwachs von 4,2 Mio. Die Zuwanderung im Verlauf des Jahres 2019 tritt hinzu, sodass sich insgesamt eine Zunahme von rund 4,5 Mio. ergibt. Zu den Zahlen bis 2018 vgl. Statistisches Bundesamt: Genesis-Online Datenbank https://www-genesis.destatis.de/genesis/online/data?operation=abruftabelleBearbeiten&levelindex=1&levelid=1581675355528&auswahloperation=abruftabelleAuspraegungAuswaehlen&auswahlverzeichnis=ordnungsstruktur&auswahlziel=werteabruf&code=12521-0001&auswahltext=&nummer=4&variable=4&name=GES&werteabruf=Werteabruf
Menschen mit doppelter Staatsangehörigkeit werden nicht im Ausländerzentralregister erfasst. Laut Mikrozensus 2018 handelt es sich dabei um 2,01 Mio. Menschen. Das Statistische Bundesamt weist jedoch darauf hin, dass diese Zahl im Mikrozensus tendenziell deutlich unterschätzt wird. https://www.destatis.de/DE/Themen/Gesellschaft-Umwelt/Bevoelkerung/_FAQ/doppelte-staatsbuergerschaft.html

3 Vgl. *Deutschland schafft sich ab,* München 2010, S. 358ff.

4 Bundespräsident Frank-Walter Steinmeier warnte am 13. Februar 2020 anlässlich einer Gedenkrede zur Zerstörung Dresdens vor einer »Zerstörung der Demokratie von innen« und meinte damit den Aufstieg der AfD. Er überging den Umstand, dass dieser Aufstieg ohne die Einwanderungspolitik der Bundesregierung so gar nicht stattgefunden hätte. Vgl. »Steinmeier warnt vor ›Zerstörung der Demokratie von innen‹«, *FAZ* vom 14.02.2020, S. 1. Zu den Zahlen vgl. Statistisches Bundesamt, Genesis-Online Datenbank.

5 U.a. führt dies dazu, dass der Anteil kinderloser Frauen stark mit der Berufstätigkeit korreliert: Im Mikrozensus 2012 betrug der Anteil kinderloser Frauen zwischen 35 und 49 Jahren in der Gruppe Reinigung und Entsorgung 7 %, bei Verkaufspersonal 15 %, bei Ärztinnen und Apothekerinnen 33 % und bei künstlerischen Berufen 47 %. In allen Geburtsjahrgängen der Mütter von 1940 bis 1970 ist in der Bundesrepublik die Kinderzahl umso niedriger, je höher der Bildungsstand ist. Vgl. Herwig Birg: »Die Gretchenfrage der Deutschen Demografiepolitik: Erneuerung der Gesellschaft durch Geburten im Inland oder durch Zuwanderung aus dem Ausland?«, in: *Zeitschrift für Staats-und Europawissenschaften* 3/2016, S. 360f.

6 Der Bevölkerungswissenschaftler Herwig Birg, der sich viele Jahrzehnte mit den strukturellen Folgen des Mitte der Sechzigerjahre des vergangenen Jahrhunderts einsetzenden Geburtenrückgangs befasst hatte, resümierte 2018 am Ende eines langen Forscherlebens: »Die Nicht-Kommunikation, Nicht-Diskussion und verantwortungslose Desinformation über ein existenziell wichtiges Zukunftsproblem Deutschlands führte zu einer gewaltigen Konfusion des öffentlichen Bewusstseins und der öffentlichen Meinung. Dies hätte verhindert werden können, wenn eine ausreichende Zahl von Personen ihre Aufklärungspflicht sich selbst und der Öffentlichkeit gegenüber wahrgenommen hätte. [...] Die Leistung der Politik besteht im Verdrängen.« Herwig Birg: »Die demographische Alterung in Deutschland«, in: *Die Neue Ordnung* 4/2018, S. 250.

7 So zeigte Holger Bonin vom Zentrum für Europäische Wirtschaftsforschung 2014, dass die Generationenbilanz für Ausländer in Deutschland über alle Altersgruppen gerechnet weitaus negativer ist als für Deutsche. »Gewichtet man die Kohortensalden der lebenden Generationen mit der jeweiligen Altersstruktur der beiden Bevölkerungsgruppen, verschlechtert die deutsche Bevölkerung des Jahres 2012 das intertemporale Staatsbudget pro Kopf um durchschnittlich 3100 Euro, die ausländische Bevölkerung pro Kopf um 79 100 Euro.« Holger Bonin: »Der Beitrag von Ausländern und künftiger Zuwanderung zum deutschen Staatshaushalt«. Studie im Auftrag der Bertelsmann Stiftung 2014, S. 36. Siehe dort auch Tabelle 4 https://www.bertelsmannstiftung.de/fileadmin/files/user_upload/Bonin_Beitrag_Zuwanderung_zum_dt_Staatshaushalt_141204_nm.pdf

8 http://www.spiegel.de/politik/deutschland/horst-seehofer-laut-medienberichten-mutter-aller-probleme-ist-die-migration-a-1226724.html

9 Jasper von Altenbockum: »Nach Chemnitz«, *FAZ* vom 13.09.2018, S. 1.

10 Vgl. Timo Frasch: »Auf der Suche nach der wirklichen Wirklichkeit«, *FAZ* vom 13.09.2018, S. 2.

11 »Und morgen das ganze Land? Warum die AfD so erfolgreich ist,« in: *Der Spiegel* Nr. 37 vom 08. 09.2018.

12 Vgl. Samuel P. Huntington: *Kampf der Kulturen, Die Neugestaltung der Weltpolitik im 21. Jahrhundert*, Hamburg 2006.

13 Vgl. Walter Laqueur: *Die letzten Tage von Europa. Ein Kontinent verändert sein Gesicht*, Berlin 2006.

14 Vgl. Paul Scheffer: *Die Eingewanderten. Toleranz in einer grenzenlosen Welt*, München 2007.

15 Vgl. Christopher Caldwell: *Reflections on the Revolution in Europe. Immigration, Islam and the West*, New York 2009.

16 Vgl. David Goodhart: *The British Dream. Successes and Failures of Postwar Immigration*, London 2013.

17 Stephen Smith: *The Scramble for Europe*, London 2019.

18 Vgl. Rolf Peter Sieferle: *Das Migrationsproblem. Über die Unvereinbarkeit von Sozialstaat und Masseneinwanderung*, Berlin 2017.

19 Maßgeblich verantwortlich dafür war ein verleumderischer Artikel von Jan Grossarth in der *FAZ*, in dem u.a. der Grund für Sieferles Selbstmord falsch dargestellt wurde. Vgl. Jan Grossarth: »Am Ende rechts«, *FAZ* vom 12.05.2017.

20 Vgl. Douglas Murray: *Der Selbstmord Europas. Immigration, Identität, Islam*, München 2019.

21 Vgl. Renaud Camus: *Revolte gegen den Großen Austausch*, Schnellroda 2016.

22 So gingen die deutsche Politik und die deutschen Medien viele Jahrzehnte mit dem Demografiethema um und haben damit bis heute nicht aufgehört. Vgl. Herwig Birg: *Die demographische Alterung*, a.a.O., S. 242ff.

23 Vgl. Vereinte Nationen A/Conf.231/3, Generalversammlung: Zwischenstaatliche Konferenz zur Annahme des Globalen Paktes für eine sichere, geordnete und reguläre Migration, Marrakesch 10. und 11. Dezember 2018.

Kapitel 1
Zur Weltgeschichte der Einwanderung

1 Helmuth Plessner: »Conditio Humana«, in: *Propyläen Weltgeschichte*, hrsg. von Golo Mann und Alfred Heuß. Erster Band, Berlin 1961, S. 36f.

2 Umberto Eco: »Die Migrationen des dritten Jahrtausends«, in: Ders.: *Der ewige Faschismus*, München 2020, S. 49.

3 Ebenda, S. 50f.

4 Ebenda, S. 50.

5 Der letzte gemeinsame Vorfahre des *Homo sapiens*, unseres nächsten Verwandten und des Schimpansen lebte vor ca. 5 Millionen Jahren in Afrika. Dort entwickelten sich unterschiedliche Vorläufer und Nebenlinien des *Homo sapiens*. Ein früher Mensch, der *Homo erectus* (der sich später zum Peking-Menschen weiterentwickelte) verließ vor 1,8 Millionen Jahren Afrika und breitete sich in Europa und Asien aus. Vor 600 000 Jahren lebte der letzte gemeinsame Vorfahre vom modernen Menschen, Neandertaler und Denisovaner in Afrika. Vor 500 000 Jahren wanderte der letzte gemeinsame Vorfahre von Neandertaler und Denisovaner nach Europa ein. Der Neandertaler breitete sich in Europa aus. Spuren des Denisovaner wurden südlich des Ural gefunden. Vgl. Johannes Krause (mit Thomas Trappe): *Die Reise unserer Gene*, Berlin 2019, S. 11ff., insbesondere S. 12f. und S. 43.

6 Vgl. Nicolas Wade: *Before the Dawn. Recovering the Lost History of Our Ancestors*. New York 2007, S. 30. Auf S. 13ff. findet sich eine sehr konzise Beschreibung der allmählichen Entwicklung der verschiedenen Menschenarten aus den Primaten bis zum heutigen modernen Menschen.

7 Vgl. Johannes Krause: *Die Reise unserer Gene*, a.a.O.

8 Ebenda S. 45.

9 Die Ureinwohner von Australien und Papua-Neuguinea sind sogar zu 7 % Nachfahren des Neandertalers und des Denisovaners. Vgl. ebenda S. 44.

10 Die Lebensweise der Jäger und Sammler ähnelte in mancher Hinsicht dem nächsten tierischen Verwandten des Menschen, dem Schimpansen: Bei den

Schimpansen gibt es innerhalb der sozialen Gruppe neben ausgeprägten Rangordnungskämpfen auch Mitgefühl, Solidarität, und Hilfsbereitschaft, außerdem einen ausgeprägten Sinn für Reziprozität. Außerhalb der Gruppe finden aber erhebliche Revierkämpfe statt, verbunden mit der Bereitschaft, den Feind zu töten, obwohl oder weil er zur eigenen Gattung gehört. Vgl. Nicolas Wade: *Before the Dawn*, a.a.O., S. 139ff. Dort gibt es instruktive Beispiele, die aus der reichhaltig zitierten anthropologischen Literatur belegt werden. Ebenso bei Steven Pinker: *The Blank Slate. The Modern Denial of Human Nature*, New York 2002, S 56ff.

11 95 % aller Sprint-Weltrekorde werden von Sportlern gehalten, deren genetischer Ursprung in Westafrika liegt. In mittleren Distanzen werden die weitaus meisten weltweiten Rekorde von Sportlern gehalten, die aus dem Volksstamm der Nandi in Kenia kommen. Vgl. Nicalas Wade: *Before the Dawn*, a.a.O., S. 195f.

12 Im Englischen sagt man dazu *race*. Der analoge deutsche Begriff ist historisch belastet und heute verpönt, man sagt lieber Ethnie statt Rasse, was aber nicht dasselbe ist. Diese Großgruppen lassen sich nach dem Ursprungskontinent der Menschen einteilen:
Afrikaner, deren ursprüngliche Vorfahren kamen aus Subsahara-Afrika. Dazu zählen auch die Schwarzen in den USA oder der Karibik.
Kaukasier, dazu zählen die Menschen aus Europa, aus Nordafrika und dem westlichen Asien sowie dem indischen Subkontinent.
Asiaten, das sind Menschen aus dem östlichen Asien (China, Japan, Indochina, den Philippinen und Sibirien).
Pazifische Inselbewohner, das sind australische Ureinwohner, Menschen aus Neu Guinea, Melanesien und Mikronesien.
Indianer, die ursprünglichen Einwohner von Nord- und Südamerika.
Diese Großgruppen oder Rassen lassen sich anhand genetischer Marker unterscheiden. Innerhalb der Großgruppen gibt es Abstufungen nach der Helligkeit der Haut oder anderen genetischen Eigenschaften. Wo solche Großgruppen regional aufeinandertrafen, z.B. in Ostafrika mit der arabischen Welt, gibt es Beimischungen. Solche gibt es auch unter den Schwarzen in den USA. Bedingt durch die Sklaverei und spätere Verbindungen zwischen den Rassen haben die amerikanischen Schwarzen eine kaukasische Beimischung von durchschnittlich 17 %. Vgl. Nicolas Wade: *Before the Dawn*, a.a.O., S. 181ff.

13 Vgl. Johannes Krause: *Die Reise unserer Gene*, a.a.O., S. 63.

14 Vgl. Nicolas Wade: *Before the Dawn*, a.a.O, S. 12 ff., Johannes Krause: *Die Reise unserer Gene*, a.a.O., S. 79ff.

15 Vgl. ebenda S. 83ff.

16 Vgl. ebenda S. 101f.

17 So noch Nicolas Wade: *Before the Dawn*, a.a.O., S. 133.

18 Johannes Krause: *Die Reise unserer Gene*, a.a.O., S. 84.

19 Vgl. ebenda S. 97.

20 Vgl. ebenda, S. 10 f.

21 Vgl. ebenda, S. 104f.

22 Das Leben als Viehnomaden ergab sich aus den Bedingungen der Steppe, die für den Ackerbau nicht geeignet war. Vgl. Harald Haarmann: *Die Indoeuropäer. Herkunft, Sprachen, Kulturen*, München 2012, S. 24ff.

23 Vgl. Johannes Krause: *Die Reise unserer Gene*, a.a.O., S. 122f.

24 Vgl. ebenda S. 121f.

25 Vgl. ebenda, S. 120.

26 Vgl. ebenda. S. 148.

27 John A. Wilson: »Ägypten«, in: *Propyläen Weltgeschichte*, Erster Band, a.a.O., S. 330.

28 Vgl. ebenda. S. 338.

29 Ebenda, S. 342f.

30 Ebenda, S. 390.

31 In einem fürstlichen Unterweisungsbuch dieser Zeit heißt es: »Siehe die elenden Asiaten – schlecht ist es um die Gegend bestellt, wo er ist: vom Wasser befallen, unzugänglich wegen der vielen Bäume, und die Wege beschwerlich wegen der Berge. Es lebt nicht an einem Ort, seine Beine sind dazu da, in die Irre zu gehen. Er hat gefochten seit den Zeiten des Horus, aber er erobert nicht ... Mache dir keinen Kummer seinetwegen: er ist ein Asiate, an seiner eigenen Küste verachtet. Er kann einen Einzelnen berauben, nicht gegen eine Stadt mit vielen Bürgern kämpfen.« Ebenda, S. 394.

32 Vgl. ebenda, S. 406f.

33 Ebenda, S. 420.

34 Vgl. ebenda S. 423ff.

35 Vgl. ebenda S. 501ff.

36 Vgl. ebenda, S. 512ff.

37 Auch die Geschichte des heutigen Israel lässt sich in diesem Kontext lesen, ist aber nicht Gegenstand dieses Buches.

38 In assyrischen Texten werden die Aramäer seit dem 14. Jahrhundert v. Chr. erwähnt. Vgl. Harald Haarmann: *Lexikon der untergegangenen Völker. Von Akkader bis Zimbern*, München 2012, S. 50f.

39 Vgl. Hans-Joachim Kraus: »Israel«, in: *Propyläen Weltgeschichte*, a.a.O., Zweiter Band, Berlin 1963, S. 244.

40 Das Alte Testament bezeugt, dass es bei dieser Einwanderung durchaus blutig und brutal zuging: Wenn sich Völker oder Städte gegen die Eroberung wehrten, so wurden die Städte vollständig zerstört und mindestens die Männer, häufig auch Frauen und Kinder, sämtlich umgebracht. Das folgende biblische Zitat zur Eroberung der Stadt Ui steht für viele andere Beschreibungen gleichen Inhalts bei der Eroberung anderer Städte: »Und da Israel alle Einwohner zu Ui erwürgt hatte auf dem Felde und in der Wüste, die ihnen nachgejagt hatten, und alle durch die Schärfe des Schwertes fielen, bis dass sie alle umkamen, da kehrte sich ganz Israel gegen Ui und schlugen es mit der Schärfe des Schwertes. Und alle, die des Tages fielen, beide, Männer und Weiber, der waren 12 000, alles Leute von Ui. ... Und Joshua brannte Ui aus und machte einen

Haufen daraus ewiglich, der noch heute daliegt, und ließ den König von Ui an einen Baum hängen bis zum Abend. Da aber die Sonne war untergegangen, gebot er, dass man seinen Leichnam vom Baum täte, und sie warfen ihn unter der Stadt Tor und machten einen großen Steinhaufen auf ihn, der bis zu diesem Tag da ist.« Joshua 8, Verse 24, 25, 28 und 29. Die Bibel oder die ganze Heilige Schrift des Alten u. Neuen Testaments nach der deutschen Übersetzung D. Martin Luthers. Neu durchgesehen nach dem vom Deutschen Evangelischen Kirchenausschuss genehmigten Text. Stuttgart 1952, S. 196f.

41 Vgl. Hans-Joachim Kraus: »Israel«, a.a.O., S. 291ff.

42 Vgl. ebenda, S. 317ff.

43 Ebenda, S. 341.

44 Vgl. ebenda, S. 348f.

45 Vgl. Fritz Schachermeyr: »Ursprung und Hintergrund der griechischen Geschichte«, in: *Propyläen Weltgeschichte*, a.a.O., Dritter Band, Berlin 1962, S. 33ff.

46 Ebenda S. 36.

47 Ebenda S. 37.

48 Alfred Heuß: »Hellas«. *Propyläen Weltgeschichte*, Dritter Band, a.a.O., S. 73.

49 Vgl. ebenda, S. 74.

50 Vgl. ebenda S. 102ff.

51 Vgl. ebenda S. 132.

52 Ebenda S. 110.

53 Vgl. ebenda. S. 369ff.

54 C. Bradford Welles: »Die hellenistische Welt«, in: *Propyläen Weltgeschichte*, Dritter Band, a.a.O. S. 433.

55 Ebenda, S. 453.

56 Ebenda S. 521.

57 Vgl. ebenda S. 521ff.

58 Vgl. Harald Haarmann: *Lexikon der untergegangenen Völker*, a.a.O., S. 173f.

59 Alfred Heuß: »Rom. Die römische Welt«, in: *Propyläen Weltgeschichte*, Vierter Band, Berlin 1963, S. 14.

60 Vgl. Harald Haarmann: *Lexikon der untergegangenen Völker*, a.a.O., S. 231f.

61 Vgl. zu den Hintergründen und zur Einordnung Hans-Georg Pflaum: »Das Römische Kaiserreich«, in: *Propyläen Weltgeschichte*, Vierter Band, a.a.O., S. 401.

62 Vgl. Jochen Bleicken: »Rom und Italien«, in: *Propyläen Weltgeschichte*, Vierter Band, a.a.O., S. 60ff.

63 Zitiert bei Andreas Kilb: »Eine gut organisierte Beutegemeinschaft«, *FAZ* vom 22.10.2019, S. 10.

64 Vgl. Wilhelm Hofmann: »Roms Aufstieg zur Weltherrschaft«, in: *Propyläen Weltgeschichte*, Vierter Band, a.a.O., S. 168ff.

65 Die Kelten waren schon im 6. Jahrhundert v. Chr. »aus ihrer vermutlichen Heimat, dem Gebiet der oberen Donau und der Rheingegend, nach Westen gezogen. Im Verlauf des 6. und 5. Jahrhunderts wurden ganz Frankreich, Britannien

und Irland von ihnen erobert und besiedelt. … Seit etwa 400 strömten die Kelten auch auf die Apenninen-Halbinsel.« Jochen Bleicken, »Rom und Italien«, a.a.O., S. 57.

66 Vgl. ebenda, S. 58.

67 Vgl. ebenda., S. 94ff.

68 Wilhelm Hoffmann: »Roms Aufstieg zur Weltherrschaft«, in: *Propyläen Weltgeschichte*, Vierter Band, a.a.O., S. 173.

69 Interview mit Christian Meier, in: *FAZ* vom 16.02.2019, S. 11.

70 Für den Sieg mit entscheidend war die durch den Konsul und Feldherrn Gaius Marius 104–102 v. Chr. durchgeführte Heeresreform, die grundsätzlich auf eine Armee von Freiwilligen mit langer Dienstzeit und intensivem Training umstellte und maßgebend für die Schlagkraft des römischen Heeres in den nachfolgenden Jahrhunderten wurde. Vgl. Alfred Heuß, »Das Zeitalter der Revolution«, in: *Propyläen Weltgeschichte*, Vierter Band, a.a.O., S. 203ff.

71 Gaius Julius Caesar: *Der Gallische Krieg*, übersetzt u. hrsg. von Marieluise Deißmann, Stuttgart 1980, S. 5.

72 Ebenda, S. 45.

73 Vgl. ebenda, S. 47.

74 Vgl. ebenda, S. 191f.

75 Vgl. ebenda. S. 133.

76 Vgl. ebenda. S. 408.

77 Marieluise Deißmann: Nachwort zu *Der Gallische Krieg*, a.a.O., S. 629f.

78 Hans-Georg Pflaum: »Das Römische Kaiserreich«, in: *Propyläen Weltgeschichte*, Vierter Band, a.a.O., S. 355.

79 Ebenda S. 356.

80 Der Bau des Hadrianswalls im heutigen Northumberland wurde im Jahr 122 n. Chr. nach einer Ortsbesichtigung durch Kaiser Hadrian persönlich angeordnet. Die 118 Kilometer lange und vier bis fünf Meter hohe Mauer wurde in nur sechs Jahren errichtet und erstmals nach 240 Jahren im Jahre 367 durchbrochen. Sie war Teil eines Systems von Kastellen und Stützpunkten. Vgl. Volker Mehnert: »Das Leben der Legionäre war nie lustig«, *FAZ* vom 13.02.2020, R3.

81 Hans-Georg Pflaum: »Das Römische Kaiserreich«, in: *Propyläen Weltgeschichte*, Vierter Band, a.a.O., S. 406.

82 Vgl. ebenda, S. 377ff.

83 Ebenda, S. 383.

84 Ebenda, S. 385.

85 Ebenda.

86 Vgl. ebenda.

87 Ebenda, S. 415.

88 Tacitus: *Germania*, übertragen und erläutert von Arno Mauersberger, Köln 2009, S. 113.

89 Herwig Wolfram resümiert: »Die Germanen haben die römische Welt weder zerstört noch erneuert, sie haben sich in ihr eingerichtet, wie das die Gallier und Illyrer getan hatten.« *Das Reich und die Germanen. Zwischen Antike und*

Mittelalter, Berlin 1990, S. 440. Allerdings führten das Ausmaß ihrer Wanderzüge und Staatsgründungen zwingend dazu, dass der weströmische Staatenverband zerfiel und seine Funktionsfähigkeit verlor.

90 Vgl. William Seston: »Der Verfall des Römischen Reiches im Westen«, in: *Propyläen Weltgeschichte*, Vierter Band, a.a.O., S. 519ff.

91 Zitiert bei ebenda S. 524f.

92 Ebenda S. 525.

93 Vgl. ebenda, S. 572ff.

94 Leopold von Ranke: *Römische Geschichte. Vom Beginn bis zum Untergang*. Ausgewählt und herausgegeben von Helmut Werner, Hamburg 2012, S. 638f.

95 Vgl. ebenda S. 637.

96 Vgl. Peter Heather: *The Fall of the Roman Empire. A New History*, London 2005.

97 So auch in seiner über 1500-seitigen Geschichte der Völkerwanderung. Mischa Meier: *Geschichte der Völkerwanderung. Europa, Asien und Afrika vom 3. bis zum 8. Jahrhundert n. Chr.*, München 2019.

98 Meier kritisiert an der Beschreibung der Völkerwanderung in Grimms Wörterbuch als der »groszen bewegung der germanischen völker am ausgang des alterthums« eine verengte deutsche Sichtweise des 19. Jahrhunderts: »Im Zuge des Nationsbildungsprozesses suchte man auch in Deutschland nach vermeintlichen historischen Anknüpfungspunkten für eine kollektive Geschichte, fündig wurde man in der Vorstellung einer Überwindung des *Imperium Romanum* durch germanische Stämme, worin man eine erste identitätsstiftende Großtat der frühen Deutschen sah.« Mischa Meier: »Die ›Völkerwanderung‹«, in: *Aus Politik und Zeitgeschehen*, 66. Jahrgang 27.06.2016, S. 10.

99 Ebenda, S. 10.

100 Vgl. Bryan Ward-Perkins: *The Fall of Rome and the End of Civilization*, Oxford 2005, S. 176.

101 Die Untersuchung von Ward-Perkins ist empirisch sehr dicht. Die Fülle und Qualität der dazu im Buch ausgewerteten und aufbereiteten Belege ist beeindruckend.

102 Vgl. Harald Haarmann: *Lexikon der untergegangenen Völker*, a.a.O., S. 113ff.

103 Die Kultur der indoeuropäischen Gruppen der Kelten, Germanen und Slawen war lange Zeit schriftlos:

- Die Kelten hatten keine Schrift, bis unter römischem Einfluss das lateinische Alphabet in den von den Römern eroberten Gebieten Verbreitung fand.
- Die germanischen Runen wurden wohl im zweiten Jahrhundert nach Christus entwickelt und fanden nur begrenzte Verbreitung.
- Die kyrillische Schrift für die Slawen wurde erst im Zuge der Christianisierung entwickelt.

Neben archäologischen Zeugnissen und mündlicher Überlieferung ist man also für die Kultur und Geschichte des nördlichen Europas im Wesentlichen auf die schriftlichen Bekundungen der römischen Geschichtsschreibung angewiesen.

104 Vgl. Harald Haarmann: *Lexikon der untergegangenen Völker*, a.a.O., S. 116ff.
105 Vgl. ebenda, S. 118ff.
106 Vgl. ebenda, S. 120f.
107 Vgl. ebenda, S. 74f.
108 Vgl. ebenda, S. 249.
109 Vgl. ebenda, S. 267f.
110 Vgl. ebenda, S. 37f.
111 Vgl. ebenda, S. 105ff.
112 Vgl. ebenda S. 171ff.
113 Vgl. ebenda S. 238.
114 Vgl. ebenda, S. 47.
115 Vgl. ebenda, S. 48f.
116 Die umfassende Stichprobe wurde bei dieser sehr aufwendigen Untersuchung so angelegt, dass nur solche Briten für die Genanalyse ausgewählt wurden, bei denen die Großeltern nicht weiter als 80 Kilometer vom Geburtsort entfernt geboren worden waren. So wurde tatsächlich das Bild eines Vereinigten Königreichs untersucht, wie es vor den großen Wanderungsbewegungen der letzten Jahrzehnte bestanden hatte. Bedauerlicherweise fehlen in der Studie Angaben über die mütterliche und väterliche genetische Herkunft. Wenn z.B. die Eroberer vorwiegend Männer waren, die sich einheimische Frauen nahmen, vielleicht sogar mehrere, und die einheimischen Männer von der Fortpflanzung ausschlossen, so wurde das genetische Erbe der ursprünglichen Bevölkerung im Wesentlichen durch die Frauen bewahrt, die Kinder von den Eroberern empfingen. In der Studie heißt es wörtlich: »Two separate analyses […] show clear evidence in modern England of the Saxon migration, but each limits the proportion of Saxon ancestry, clearly excluding the possibility of long-term Saxon replacement. We estimate the proportion of Saxon ancestry in *Centr./S.England* as very likely to be under 50%, and most likely in the range of 10-40%.« Stephen Leslie u.a.: »The fine-scale genetic structure of the British population«, in: *Nature*, Bd. 519, 19. März 2015, S. 313.
117 Vgl. hierzu und zu den nachfolgenden Textpassagen Hubert Houben: *Die Normannen*, München 2012, S. 10ff.
118 Vgl. Dominik Waßenhoven: *1066. Englands Eroberung durch die Normannen*, München 2016, S. 15ff.
119 Vgl. Hubert Houben: *Die Normannen*, a.a.O. S. 14f.
120 Vgl. Dominik Waßenhoven: *1066*, a.a.O. S. 106ff.
121 Ebenda, S. 109.
122 Vgl. ebenda S. 110f.
123 Die feinen Unterschiede brachte mir mein Englischlehrer mit folgendem Merksatz bei: »Horses sweat, women glow, men perspire.«
124 Vgl. Dominik Waßenhoven: *1066*, a.a.O. S. 113f.
125 Vgl. Hubert Houben: *Die Normannen*, a.a.O. S. 121.
126 Vgl. Timo Stickler: *Die Hunnen*, München 2007, S. 116ff.
127 Vgl. ebenda S. 21ff.

128 Vgl. ebenda, S. 29ff.

129 Vgl. ebenda, S. 45ff.

130 Vgl. ebenda, S. 99f.

131 Berthold Rubin: »Das Römische Reich im Osten«, in: *Propyläen Weltgeschichte*, Vierter Band, a.a.O. S. 658.

132 Vgl. zur Darstellung dieses Abschnitts Lutz Berger: *Die Entstehung des Islam. Die ersten hundert Jahre von Mohammed bis zum Weltreich der Kalifen*, München 2016.

133 Ebenda, S. 267.

134 Ebenda, S. 269.

135 Vgl. Bryan Ward-Perkins: *The Fall of Rome and the End of Civilization*, a.a.O.

136 Vgl. zur nachfolgenden Darstellung Claude Cahen: »Der Islam I vom Ursprung bis zu den Anfängen des Osmanenreiches«, in: *Fischer Weltgeschichte*, Band 14, Frankfurt a.M. 1968; Gustave Edmund von Grunebaum: »Der Islam«, in: *Propyläen Weltgeschichte*, Fünfter Band, S. 21ff.

137 Gustave Edmund von Grunebaum: »Der Islam«, a.a.O., S. 173.

138 Ebenda, S. 176.

139 Ebenda, S. 177.

140 Vgl. Karénina Kollmar-Paulenz: *Die Mongolen. Von Dschingis-Khan bis heute*, München 2011, S. 50f.

141 Gustav Edmund von Grunebaum: »Der Islam«, a.a.O, S. 179.

142 Im 9. Jahrhundert stellte der Kalif Al-Mu´tasim eine stehende Armee von 100 000 Militärsklaven auf. Allein die Aufrechterhaltung einer Sklavenarmee in diesem Umfang erforderte eine Einfuhr von 600 000 Sklaven im Verlauf eines Jahrhunderts. Vgl. Egon Flaig: *Weltgeschichte der Sklaverei*, München 3. Aufl. 2018, S. 87.

143 Ebenda, S. 85.

144 Ebenda S. 214.

145 Vgl. die intensive Diskussion der Zahlen, ebenda S. 149.

146 Vgl. ebenda S. 194.

147 Vgl. Karénina Kollmar-Paulenz: *Die Mongolen*, a.a.O., S. 14f.

148 Vgl. ebenda *Die Mongolen*, a.a.O., S. 13.

149 Die Mongolen des 12. Jahrhunderts sahen den Himmel und die Natur bevölkert von Göttern und Geistern. Den Kontakt zu ihnen stellten die Schamanen her. Vgl. ebenda, S. 18f.

150 Der »Gelbe Kaiser« Qin Shihuangdi (259–210 v.Chr.) ließ erstmals vorhandene Befestigungen zu einer landesweiten Mauer zusammenfügen. Die heutige Mauer stammt aus der Ming-Zeit, sie wurde vom 15. bis zum 17. Jahrhundert systematisch ausgebaut. Vgl. Johnny Erling: »Touristen lassen die Chinesische Mauer bröckeln«, in: *Die Welt* vom 16. 07. 2015, https://www.welt.de/vermischtes/article144082818/Touristen-lassen-die-Chinesische-Mauer-broeckeln.html

151 Karénina Kollmar-Paulenz: *Die Mongolen*, a.a.O., S. 32.

152 Ebenda, S. 31.

153 Vgl. ebenda, S. 34.
154 Vgl. ebenda, S. 45ff.
155 Vgl. zur Darstellung in diesem Abschnitt Michael Witzel: *Das alte Indien*, München 2010, S. 9ff.
156 Vgl. ebenda, S. 18ff.
157 Vgl. zur Einwanderung der Indoarier Harald Haarmann: *Die Indoeuropäer* a.a.O., S. 85ff.
158 Vgl. Michael Witzel: *Das alte Indien*, a.a.O., S. 13ff.
159 Vgl. ebenda, S. 58ff.
160 Vgl. ebenda, S. 51.
161 Vgl. ebenda, S. 72ff.
162 Vgl. ebenda, S. 76ff.
163 Ebenda, S. 117.
164 Vgl. Dietmar Rothermund: *Geschichte Indiens. Vom Mittelalter bis zur Gegenwart*, München 2018, S. 17f.
165 Ebenda, S. 24.
166 Zur Geschichte des Islam und der islamischen Eroberungen in Indien vgl. Gustave Edmund von Grunebaum: »Der Islam II. Die islamischen Reiche nach dem Fall von Konstantinopel«, in: *Fischer Weltgeschichte* Band 15, Frankfurt 1971, S. 226ff.
167 Vgl. Dietmar Rothermund: *Die Geschichte Indiens*, a.a.O., S. 24ff.
168 Vgl. ebenda S. 26ff.
169 Vgl. ebenda, S. 28ff.
170 Tara Chand, in: *Maulana Abul Kalam Azad. A memorial volume*, hrsg. von Humayun Kabir, Bombay 1959, S. 238. Zitiert bei Gustav Edmund von Grunebaum: »Der Islam II«, a.a.O., S. 232 f.
171 Zur Herkunft und Geschichte der türkischen Völker vgl. Carter Vaughn Findley: *The Turks in World History*, Oxford 2005, S. 21ff.
172 Vgl. ebenda S. 48ff.
173 Vgl. ebenda S. 72ff.
174 Zur Geschichte des Osmanischen Reichs und der Türkei bis 1970 vgl. Gustav Edmund von Grunebaum: »Der Islam II«, a.a.O., S. 24ff.
175 Ebenda, S. 278.
176 Vgl. ebenda S. 43ff.
177 Vgl. ebenda S. 329.
178 Vgl. ebenda, S. 118f.
179 Vgl. ebenda, S. 392ff.
180 Vgl. ebenda, S. 325ff.
181 Vgl. ebenda S. 342ff.
182 Vgl. Eduard Mühle: *Die Slawen*, München 2017, S. 11ff.
183 Vgl. ebenda, S. 39ff.
184 Vgl. ebenda S. 66ff.
185 Vgl. ebenda, S. 69ff.
186 Vgl. ebenda, S. 41ff.

187 Vgl. zum Deutschen Ritterorden: Hartmut Boockmann: *Stauferzeit und spätes Mittelalter. Deutschland 1124–1517*, Berlin 1987, S. 300ff.

188 Hans K. Schulze: *Hegemoniales Kaisertum. Ottonen und Salier*, Berlin 1991, S. 233f.

189 Ebenda, S. 33.

190 Ebenda, S. 44.

191 In der Urkunde von Papst Coelestin III. wird die »Ecclesia Theutonicorum Ultrasilvanorum«, die Kirche der Transsilvanischen Deutschen, angesprochen. Vgl. Wilhelm Andreas Baumgärtner: *Der vergessene Weg. Wie die Sachsen nach Siebenbürgen kamen*, Hermannstadt 2017, S. 40. Das Buch gibt einen detaillierten und kenntnisreichen Überblick über die Vermutungen und Forschungen zur Herkunft der Siebenbürger Sachsen.

192 Vgl. Erhard Mühle: *Die Slawen*, a.a.O., S. 94ff.

193 Elf Millionen Deutsche aus den Ostgebieten in den Grenzen von 1937, dreieinhalb Millionen Sudetendeutsche, 500 000 Deutsche aus anderen Siedlungsgebieten.

194 Zu den wissenschaftlichen und technischen Voraussetzungen der Entdeckungsfahrten vgl. Richard Konetzke: »Überseeische Entdeckungen und Eroberungen«, in: *Propyläen Weltgeschichte*, Sechster Band, Berlin 1964, S. 540ff.

195 Zitiert in ebenda, S. 540.

196 Ebenda, S. 633f.

197 Zu einem Überblick über die Daten und Fakten der portugiesischen Kolonialgeschichte vgl. https://de.wikipedia.org/wiki/Portugiesische_Kolonialgeschichte

198 Vgl. Richard Konetzke: »Überseeische Entdeckungen und Eroberungen«, a.a.O., 619ff.

199 Zu einem Überblick über die Daten und Fakten der spanischen Kolonialgeschichte vgl. https://de.wikipedia.org/wiki/Spanisches_Kolonialreich

200 Das zeigen Berechnungen eines Forscherteams um Alexander Koch vom Londoner University College, die sich insbesondere auf die Veränderung der Bewaldung stützen. Vgl. Otto Wöhrbach: »Klimawandel nach Kolumbus«, in: *Der Tagesspiegel* vom 11.03.2019, S. 21.

201 https://de.wikipedia.org/wiki/Castle_of_Good_Hope

202 https://de.wikipedia.org/wiki/Haiti#Demografie

203 https://de.wikipedia.org/wiki/Französische_Kolonien

204 Zur Problematik und zum Schicksal der Algerien-Franzosen vgl. Josef Müller-Marein: »Was kann aus den Algerien-Franzosen werden?«, in: *Die Zeit* vom 30.06.1961, https://www.zeit.de/1961/27/was-kann-aus-den-algerien-franzosen-werden

205 Zum Kampf um die Vorherrschaft zwischen Mogulreich und Ostindien-Kompanie vgl. Hermann Kulke, Dietmar Rotermund: *Geschichte Indiens von der Induskultur bis heute*, München 2018, S. 283ff.

206 Vgl. ebenda, S. 50.

207 Vgl. ebenda, S. 86ff.

208 Die indischen Eisenbahnen hatten Anfang des 20. Jahrhunderts ein Streckennetz von ca. 40 000 Kilometern und transportierten darauf 1914 87 Millionen Tonnen Fracht und 458 Millionen Passagiere.

209 Vgl. Ann Ewing: »The Indian Civil Service«, https://www.britishempire.co.uk/maproom/india/ics.htm

210 Vgl. Hermann Kulke, Dietmar Rotermund: *Geschichte Indiens von der Induskultur bis heute*, a.a.O., S. 323.

211 Zur Geschichte Australiens vgl. https://de.wikipedia.org/wiki/Australien

212 Zur Geschichte Neuseelands vgl. https://de.wikipedia.org/wiki/Neuseeland#Entdeckung_und_frühe_Besiedlung_durch_Europäer

213 Joseph Conrad gründete seine berühmte Novelle *Das Herz der Finsternis* (1899) auf die schrecklichen Vorgänge zur Zeit des Kongo-Freistaats.

214 Zum Zeitpunkt der Unabhängigkeit besaßen weniger als 30 Kongolesen einen Universitätsabschluss, und unter den 4500 höchsten Staatsbeamten der Kolonie gab es nur drei Kongolesen. Vgl. dazu https://de.wikipedia.org/wiki/Geschichte_der_Demokratischen_Republik_Kongo#Kongo-Freistaat

215 Hierfür waren nicht nur die militärischen Fähigkeiten des deutschen Befehlshabers Paul von Lettow-Vorbeck verantwortlich, sondern auch ein Führungsstil, der auf den Stolz und die Bedürfnisse der einheimischen Kolonial-Soldaten erfolgreich einging. Vgl. Robert Focken: »Der Löwe von Afrika«, in: *FAZ* vom 04.03.2019, S. 6.

216 Bei der Zusammenstellung dieser Zahlen habe ich mich auf unterschiedliche Quellen gestützt, insbesondere auf das Länderinformationsportal der GIZ https://www.liportal.de

217 So gibt es in Brasilien bis heute keinen schwarzen Politiker in herausragender Funktion. »Dafür führen sie sämtliche Statistiken zu Armut und Gewalt an. Rund 70 % der jährlich 60 000 ermordeten Brasilianer sind junge Schwarze.« Thomas Milz: »Viel Wut unter dem Turban«, in: NZZ vom 08.04.2017 https://www.nzz.ch/international/rassismus-diskussion-in-brasilien-viel-wut-unter-dem-turban-ld.848691

218 Vgl. Carsten Hefeker: »Lateinamerika zwischen Populismus und Washington Consensus«, ifo-Schnelldienst 24/2019 vom 19.12.2019, S. 3ff. Siehe insb. die Zusammenstellung von Kennzahlen in Tabelle 2 auf S. 5.

219 Wo sich deutsche Namen finden, sind sie durchweg sehr weit oben in der bildungsmäßigen, finanziellen und wirtschaftlichen Hierarchie dieser Länder. So ist die sehr leistungsfähige Vieh- und Milchwirtschaft des südlichen Chiles, die auch zu einer wesentlichen Exportstütze des Landes geworden ist, auf die Einwanderung von wenigen Tausend Deutschen in der Mitte des 19. Jahrhunderts in eine damals noch unberührte südchilenische Wildnis zurückzuführen.

220 Vgl. George R. Milner, George Chaplin: »Eastern North American Population at ca. A.D. 1500« in: *American Antiquity*, Bd. 75, Nr. 4, Oktober 2010, S. 707ff.

221 Vgl. Karen R. Humes, Nicholas A. Jones, Roberto R. Ramirez: »Overview of Race and Hispanic Origin«. 2010 Census Briefs, März 2011, S. 4, https://www.census.gov/prod/cen2010/briefs/c2010br-02.pdf

222 Vgl. Egon Flaig; *Weltgeschichte der Sklaverei*, a.a.O., Tabelle 2, S. 196f.

223 Hinsichtlich der Qualität der Beziehungen zwischen den Rassen ist im Verlauf der letzten 50 bis 60 Jahre nur wenig Fortschritt erkennbar. Zwar gibt es mittlerweile eine schwarze Mittelklasse. Aber die Mehrheit der Afroamerikaner ist weiterhin abgehängt. Sie hat weniger Bildung, eine kürzere Lebenserwartung und eine deutlich höhere Kriminalitätsbelastung als der amerikanische Durchschnitt. Konzepte zur Überbrückung der Lücke gibt es nicht. Der Korrespondent der *FAZ* in Washington, Majid Sattar, schrieb zu den weiteren Perspektiven: »Auf Washington sollte keiner hoffen. Politische Führung gibt es derzeit nicht. Amerika befindet sich tatsächlich in seiner schwersten Krise seit den Sechzigerjahren.« Majid Sattar: »Angst, Wut, Gewalt«, in: *FAZ* vom 02.06.2020, S. 1.

224 Vgl. https://de.wikipedia.org/wiki/Australien#Indigene

225 Vgl. https://de.wikipedia.org/wiki/Neuseeland#Ethnische_Zusammensetzung

226 Vgl. Nicolas Wade: *Before the Dawn*, a.a.O., S. 27.

227 Vgl. ebenda, S. 81ff.

228 Auf einer längeren Chinareise im November 2019 lernte ich, dass die Chinesen Europäer gern als »Langnasen« bezeichnen.

229 Vgl. Nicolas Wade: *Before the Dawn*, a.a.O., S. 120.

230 Vgl. ebenda, S. 121f.

231 Zur räumlichen Gliederung Chinas und zu den Ursprüngen der chinesischen Kultur vgl. Kai Vogelsang: *Geschichte Chinas*, Stuttgart 2013, S. 13ff.

232 Ebenda, S. 21.

233 Ebenda, S. 21f.

234 Ebenda, S. 38.

235 Ebenda, S. 39.

236 Helwig Schmidt-Glintzer: *Das alte China. Von den Anfängen bis ins 19. Jahrhundert*, München 2018, S. 11.

237 Kai Vogelsang: *Geschichte Chinas*, a.a.O., S. 130.

238 Ebenda, S. 132,

239 Vgl. ebenda, S. 133ff.

240 Vgl. James A. Millward: *The Silk Road: A very short introduction*, Oxford 2013, S. 7ff.

241 Der britische Historiker Edward Gibbon schrieb mit der unerschrockenen Urteilsfreudigkeit des 18. Jahrhunderts über die barbarischen Reiternomaden: »The uniform stability of their manners is the natural consequence of the imperfection of their facililties. Reduced to a similar situation, their wants, their desires, their enjoyments still continue the same; and the influence of food or climate, which, in a more improved statee of society is suspended or subdued by so many moral causes, most powerfully contributes to form and to maintain the national character of barbarians.« Zitiert bei James A. Millward: *The Silk Road*, a.a.O, S. 11.

242 Vgl. Kai Vogelsang: *Geschichte Chinas*, a.a.O., S. 144ff.

243 Vgl. ebenda, S. 151ff.

244 Helwig Schmidt-Glintzer: *Das alte China*, a.a.O., S. 64.

245 Kai Vogelsang: *Geschichte Chinas,* a.a.O., S. 248.
246 Vgl. Helwig- Schmidt-Glintzer: *Das alte China,* a.a.O., S. 87.
247 Vgl. Kai Vogelsang: *Geschichte Chinas,* S. 308f.
248 Vgl. ebenda, S. 328.
249 Vgl. Helwig Schmidt-Glintzer: *Das alte China,* a.a.O., S. 104f.
250 Vgl. Kai Vogelsang: *Geschichte Chinas* a.a.O., S. 332ff.
251 Ebenda, S. 350.
252 Ebenda, S. 354.
253 Ebenda, S. 373.
254 Vgl. Helwig Schmidt-Glintzer: *Das alte China,* a.a.O., S. 25f.
255 Vgl. »Geschichte Chinas«, https://de.wikipedia.org/wiki/Geschichte_Chinas#Yuan-Dynastie_(1279–1368)
256 Vgl. Helwig Schmidt-Glintzer: *Das alte China,* a.a.O., S. 119f.
257 Ebenda, S. 120.
258 Kai Vogelsang: *Geschichte Chinas,* a.a.O., S. 410.
259 Ebenda, S. 411.
260 Ebenda, S. 415.
261 Vgl. ebenda, S. 442ff.
262 Zitiert bei ebenda, S. 489.
263 Ebenda, S. 490.
264 Zur Geschichte der Chinesischen Mauer vgl. ebenda, S. 133ff.
265 Vgl. Carter Vaughn Findley: *The Turks in World History,* Oxford 2005, S. 16.
266 Zur japanischen Einwanderungsgeschichte vgl. Yayoi-Zeit, https://de.wikipedia.org/wiki/Yayoi-Zeit
267 Vgl. Mongoleninvasionen in Japan, https://de.wikipedia.org/wiki/Mongoleninvasionen_in_Japan
268 Vgl. Frank Böckelmann: *Die Gelben, die Schwarzen, die Weißen,* Berlin 2018, S. 84f.
269 Vgl. ebenda, S. 87f.
270 Vgl. ebenda, S. 113.
271 Vgl. Johan Rochel: »Mein Stresstest in Tokio«, in: *Die Zeit* Nr 28/2017.
272 Vgl. Mordechai Kedar: »The Land without Muslims«, in: *The Jewish Press* vom 19.05.2013, https://www.jewishpress.com/indepth/opinions/the-land-without-muslims/2013/05/19/
273 Vgl. Matthias Messmer, Hsin-Mei Chuang: *China an seinen Grenzen. Erkundungen am Rand eines Weltreichs,* Stuttgart 2019.
274 Vgl. Françoise Hauser und Volker Häring: *China. Das riesige Reich der Mitte in 151 Momentaufnahmen,* Neuss 2019, S. 150f.
275 »Die Schweizer haben große Weisheit und einen guten Sinn für Humor«, Interview mit Geng Wenbing, in: *Die Weltwoche* vom 27.09.2018, S.25.
276 Matthias Messmer, Hsin-Mei Chuang: *China an seinen Grenzen,* a.a.O., S. 253.
277 Ebenda, S. 254.
278 Ebenda.

279 Vgl. Massaker in Indonesien 1965–1966https://de.wikipedia.org/wiki/Massaker_in_Indonesien_1965–1966.

280 Vgl. Kevin Kwan: *Crazy Rich Asians*, New York 2013; *China Rich Girlfriend*, New York 2015, *Rich People Problems*, New York 2017.

281 Matthias Messmer, Hsin-Mei Chuang: *China an seinen Grenzen*, a.a.O., S. 257.

282 Vgl. Eric Kaufmann: *Whiteshift. Populism, Immigration and the Future of White Majorities*, London 2018, S. 66ff.

283 Vgl. Michael Asderis: *Das Tor zur Glückseligkeit. Migration, Heimat, Vertreibung – die Geschichte einer Istanbuler Familie*, Berlin 2019, S. 13.

284 Vgl. Rainer Burger: »Der lange Schatten der Vergangenheit«, in: *FAZ* vom 08.01.2020, S. 3.

285 Vgl. Carter Vaughn Findley: *The Turks*, a.a.O., S. 48ff.

286 Vgl. Tom. W. Rice, Jan L. Feldman: »Civic Culture and Democracy from Europe to America«, in: *The Journal of Politics*, Band 59, Nr. 4 vom November 1997, S. 1143ff.

287 Vgl. Joachim Wagner: »Zum Frömmigkeitstest«, in: *Der Spiegel* Nr. 6 vom 01.02.2020, S. 52f.

Kapitel 2
Ethnogenese und Identität am Beispiel Deutschlands und Europas

1 Den Begriff habe ich von Steven Pinker übernommen. Dieser setzte sich im gleichnamigen Buch 2002 intensiv mit der modischen Auffassung auseinander, dass die Menschen beliebig formbar auf die Welt kommen. Er belegte im Detail das große Gewicht genetischer und kultureller Prägungen. Vgl. Steven Pinker: *The Blank Slate. The Modern Denial of Human Nature*, New York 2002.

2 Johannes Fried: *Die Anfänge der Deutschen. Der Weg in die Geschichte*, Berlin 2015.

3 Ebenda, S. 31f.

4 Vgl. ebenda, S. 64.

5 Caroline Sommerfeld: »Wer gehört zu uns?«, in: *Sezession* 88, Februar 2019, S. 33f.

6 Oskar Loerke; Einleitung zu *Deutscher Geist. Ein Lesebuch aus zwei Jahrhunderten*, 2. erw. Auflage, Frankfurt a.M. 1953, S. 10.

7 Peter Suhrkamp: Vorwort zur 2. erweiterten Auflage, ebenda, S. 16.

8 Die besondere Rolle nationaler Mythen in Deutschland führt der Politologe Herfried Münkler auf die lange Zeit bestehende politische Deutungshoheit des Bildungsbürgertums und auf die verspätete Staatsbildung zurück. Letzteres hatte zur Folge, dass bis 1871 »die nationalen Erwartungen und Anstrengungen in Deutschland auf das Feld des Symbolischen verwiesen waren«. Herfried Münkler: *Die Deutschen und ihre Mythen*, Hamburg 2010, S. 17.

9 Ebenda, S. 151.

10 Tacitus: *Germania*, a.a.O., S. 30.

11 Vgl. ebenda, S. 63.
12 Vgl. ebenda, S. 83.
13 Ebenda, S. 33.
14 Johannes Fried: *Die Anfänge der Deutschen*, a.a.O., S. 98f.
15 2017 wurden 7900 Bücher aus dem Deutschen und 9800 Bücher ins Deutsche übersetzt. In der Belletristik wurden 24-mal so viele Werke aus dem Englischen ins Deutsche übersetzt wie aus dem Deutschen ins Englische. Bei den belletristischen Übersetzungen aus dem Französischen ins Deutsche bzw. umgekehrt war das Verhältnis 4:1. Vgl. Tabellenkompendium zur Wirtschaftspressekonferenz des Börsenvereins des Deutschen Buchhandels e.V. am 07.06.1918, Tabellen 7 und 8.
16 Dieter Borchmeyer: *Was ist deutsch? Die Suche einer Nation nach sich selbst*, Berlin 2017, 196f.
17 Ebenda, S. 198.
18 Vgl. Herfried Münkler: *Der Dreißigjährige Krieg. Europäische Katastrophe, deutsches Trauma 1618–1648*, Berlin 2017, S. 789ff.
19 Friedrich Schiller: *Xenien* Nr. 95, 96 in: Sämtliche Werke, Erster Band, München 1958, S. 267.
20 Heinrich Heine: *Deutschland – Ein Wintermärchen*, in: Werke in fünf Bänden, Zweiter Band, Berlin und Weimar 1972, S. 110.
21 Friedrich Nietzsche: *Jenseits von Gut und Böse*, in: Werke in sechs Bänden, Vierter Band, München 1980, S. 705f.
22 Ebenda, S. 709.
23 Helmut Plessner: *Die verspätete Nation. Über die politische Verführbarkeit des bürgerlichen Geistes*, Frankfurt a.M. 1988, S. 82. Zitiert nach Dieter Borchmeyer: *Was ist deutsch?*, a.a.O., S. 205.
24 Vgl. Peter Watson: *Der deutsche Genius. Eine Geistes- und Kulturgeschichte von Bach bis Benedikt XVI.*, München 2010.
25 Thomas Mann: »Deutschland und die Deutschen«, *Essays*, Band 5, Frankfurt a.M. 1996, S. 279f.
26 Ebenda, S. 280f.
27 Mark Mazower: *Die Welt regieren. Eine Idee und ihre Geschichte*, München 2013, S. 430.
28 Ebenda, S. 428.
29 Die baden-württembergische Landtagspräsidentin Muhterem Aras sieht die Basis in den gemeinsamen Werten, wie sie im Grundgesetz verankert sind, und lehnt die Aussage der früheren Staatsministerin im Kanzleramt Aydan Özoğuz, jenseits der Sprache gebe es keine deutsche Kultur, eindeutig ab. »Der Begriff Leitkultur ist verbraucht.« Interview mit Muhterem Aras, in: *FAZ* vom 18.10.2018, S. 4.
30 Bei der innereuropäischen Zuwanderung gibt es im Wesentlichen drei Probleme:

1. Die Roma, die aus dem Balkan zuwandern, bringen in die Aufnahmeländer genau jene Schwierigkeiten bei sozialer Anpassung und Bildungsleistung

mit, die schon seit Jahrhunderten ihre Integration in den Herkunftsländern behindern.

2. Aus den EU-Ländern des Balkans und Osteuropas wandern gerade die Jungen und besonders Qualifizierten in großer Zahl in Länder mit höheren Realeinkommen aus. Die Entwicklungsfähigkeit der Herkunftsländer kann so empfindlich beeinträchtigt werden.
3. Die als übermäßig empfundene Zuwanderung aus Osteuropa war ein maßgeblicher Grund dafür, dass der Brexit in Großbritannien eine Mehrheit fand.

31 Friedrich Nietzsche: *Jenseits von Gut und Böse*, a.a.O., S. 724.

32 Nietzsche führt diesen Gedankengang noch weiter: Bei der Menge der angepassten Europäer sieht er die Verbreitung einer sklavenähnlichen Mentalität voraus. Umgekehrt findet der starke Charakter besondere Entfaltungsmöglichkeiten, »dank der Vorurteilslosigkeit unserer Schulung, dank der ungeheuren Vielfältigkeit von Übung, Kunst und Maske. Ich wollte sagen: die Demokratisierung Europas ist zugleich eine unfreiwillige Veranstaltung zur Züchtung von *Tyrannen* – das Wort in jedem Sinne verstanden, auch im geistigsten.« Ebenda, S. 707f. Die hierin liegenden Risiken zu vertiefen und Parallelen zur aktuellen europäischen Entwicklung zu ziehen wäre sehr reizvoll, ist aber nicht Gegenstand dieses Buches.

33 Vgl. David Goodhart; *The Road to Somewhere*, London 2017.

34 Rainer Hank: »Das neue Stammesdenken. Über die offene Gesellschaft in Zeiten des Populismus«, in: *Frankfurter Allgemeine Sonntagszeitung* vom 09.06.2019, S. 18.

Kapitel 3
Einwanderung als europäische Herausforderung

1 Das Staatliche Museum für Archäologie in Chemnitz titelte im Mai 2019 zu einer Ausstellung über die Herkunft der Europäer: »Aus archäologischer Sicht sind alle Menschen Migrant*innen.« Der Genderstern passt zur schwachsinnigen Banalität dieser Aussage. Die *Sächsische Zeitung* setzte in ihrem Bericht zur Ausstellung noch eins drauf und gab ihm die Überschrift: »Die ›Umvolkung‹ hat längst stattgefunden«, *Sächsische Zeitung* vom 02.05.2019.

2 Vgl. Samuel P. Huntington: *Kampf der Kulturen. Die Neugestaltung der Weltpolitik im 20. Jahrhundert*, a.a.O.

3 Vgl. ebenda, S. 318.

4 Vgl. ebenda, S. 319ff.

5 Ebenda, S. 323.

6 Ebenda, S. 326f.

7 Ebenda, S. 327.

8 Vgl. Gunnar Heinsohn: *Söhne und Weltmacht. Terror im Aufstieg und Fall der Nationen*, Zürich 2003.

9 Herwig Birg: *Die alternde Republik und das Versagen der Politik*, Münster 2015, S. 125.

10 Helmut Schmidt: *Außer Dienst. Eine Bilanz*, München 2008, S. 236.
11 Walter Laqueur: *Die letzten Tage von Europa. Ein Kontinent verändert sein Gesicht*, Berlin 2006.
12 Ebenda, S. 16f.
13 Ebenda, S. 17.
14 Ebenda, S. 62.
15 Ebenda, S. 63.
16 Ebenda, S.186.
17 Vgl. ebenda, S. 188ff.
18 Ebenda, S. 242.
19 Ebenda, S. 243.
20 Vgl. Paul Scheffer: *Die Eingewanderten. Toleranz in einer grenzenlosen Welt*, München 2008.
21 Ebenda, S. 12.
22 Ebenda, S. 13.
23 Ebenda.
24 Ebenda, S. 14.
25 Ebenda, S. 18.
26 Ebenda, S. 19.
27 Ebenda, S. 20.
28 Ebenda, S. 473.
29 Paul Collier: *Exodus. Warum wir Einwanderung neu regeln müssen*, München 2014, S. 11.
30 Ebenda, S. 261
31 Vgl. David Goodhart: *The British Dream. Successes and Failures of Post-war Immigration*, London 2013.
32 Erich Weede: »Arm und Reich in der Welt«, in: *FAZ* vom 06.06.2014, S. 16.
33 Vgl. Hans-Peter Schwarz: *Die neue Völkerwanderung nach Europa. Über den Verlust politischer Kontrolle und moralischer Gewissheiten*, München 2017.
34 Ebenda, S. 74.
35 Vgl. Robin Alexander: *Die Getriebenen: Merkel und die Flüchtlingspolitik. Report aus dem Innern der Macht*, München 2017.
36 Herfried Münkler: »Mehr Führung wagen«, in: *FAZ* vom 27.05.2019, S. 8.
37 Vgl. Manuel Bewarder: »Krise ohne Erklärung. Das Schweigen des Bundeskanzleramts«, in: *Die Welt* vom 10.03.2020.
38 Vgl. Statistisches Bundesamt: Fachserie 1, Reihe 2.4. Schutzsuchende. Ergebnisse des Ausländerzentralregisters 2018, Wiesbaden 2019, S.28.
39 Vgl. Bundeszentrale für politische Bildung: Abschiebungen in Deutschland vom 12.3.2019 https://www.bpb.de/gesellschaft/migration/flucht/zahlen-zu-asyl/265765/abschiebungen-in-deutschland
40 Vgl. Statistisches Bundesamt: Schutzsuchende a.a.O., S. 22 und 28.
41 Vgl. ebenda, S. 166.
42 Berechnet aus den Daten bei ebenda, S. 166ff.
43 Vgl. Bundesagentur für Arbeit: Fluchtmigration, Juni 2019, S. 5f.

44 Im April 2019 lag die Zahl der sozialversicherungspflichtig Beschäftigten aus den Hauptherkunftsländern der Geflüchteten bei 312 000. Davon absolvierten 44 000 eine sozialversicherungspflichtige Berufsausbildung. Vgl. ebenda, S. 11f.

45 Vgl. ebenda, S. 13.

46 Vgl. Bundesagentur für Arbeit: Auswirkungen der Migration auf den Arbeitsmarkt Deutschland, Januar 2020, S. 11.

47 Vgl. ebenda, S. 14.

48 Vgl. Statistisches Bundesamt: Asylbewerberleistungen, Pressemitteilung vom 16. September 2019 https://www.destatis.de/DE/Themen/Gesellschaft-Umwelt/Soziales/Asylbewerberleistungen/_inhalt.html

49 Siehe beispielsweise Britta Berger: »Jeder zweite Flüchtling hat Arbeit«, in: *FAZ* vom 05.02.2020, S. 15.

50 Vgl. Bundesagentur für Arbeit: Auswirkungen der Migration auf den Arbeitsmarkt a.a.O., S. 19.

51 Wie Untersuchungen zeigen, liegen die kognitiven Kompetenzen der seit 2015 nach Deutschland gekommenen Flüchtlinge deutlich (nämlich um 1,2 Standardabweichungen) *unter* der deutschen Referenznorm. Besonders groß ist der Unterschied bei sprachfreien numerischen Aufgaben. Bei textgebundenen Aufgaben besteht auch in der jeweiligen Muttersprache ein erheblicher Abstand zur deutschen Referenznorm. Vgl. Andreas Fintrup/M. Spengler: »Berufliche Orientierung für Flüchtlinge und Migranten: psychologische Kompetenzanalyse und Berufsprofiling mit CAIDANCE-R«, in: Andreas Fintrup (Hrsg.): Berufliche Integration von Flüchtlingen und Migranten, Heidelberg 2017, S. 15ff.

52 Für Ghana und Kenia – zwei relativ weit fortgeschrittene Länder in Subsahara-Afrika – zeigt die Untersuchung der kognitiven Kompetenzen der 15- bis 40-Jährigen in der städtischen Bevölkerung, dass rund 90 % in einem so niedrigen Kompetenzbereich liegen, dass sie für halbwegs qualifizierte Tätigkeiten in Europa nicht infrage kommen. Im Bereich der Hochqualilizierten gibt es praktisch kein nennenswertes Angebot. Für halbwegs qualifizierte Arbeit können also Lücken im europäischen Arbeitsangebot nicht durch Einwanderung aus Subsahara-Afrika ausgefüllt werden. Wenn man sich bei der zugelassenen Einwanderung auf die besonders Qualifizierten konzentriert, beraubt man die betroffenen Länder ihrer sehr dünn besetzten kognitiven Führungsgruppe und behindert damit ihre künftige wirtschaftliche Entwicklung. Da es sich bei Ghana und Kenia um zwei vergleichsweise gut entwickelte afrikanische Länder handelt und die Stichproben nur aus der städtischen Bevölkerung gezogen wurden, ist das so gewonnene Bild, bezogen auf die kognitive Gesamtsituation in Subsahara-Afrika, eher zu positiv. Vgl. Andreas Backhaus: »Skills in African Labor Markets and Implications for Migration to Europe«. Kieler Institut für Weltwirtschaft, Kiel Working Paper Nr. 2150, April 2020.

53 Berechnen kann man dies mit der Methodik der sog. Generationenbilanzen: Der Freiburger Finanzwissenschaftler Bernd Raffelhüschen, der die Methode der Generationenbilanzen in Deutschland eingeführt hat, errechnete 2016, dass ein eingewanderter Flüchtling den Staat in seiner Lebenszeit per Saldo

450 000 Euro kosten werde. Er schätzt, dass sich durch die Zuwanderung von Asylbewerbern die langfristige Nachhaltigkeitslücke der deutschen Staatsfinanzen um fast 900 Mrd. Euro erhöht. Auch langfristig schließt er eine fiskalische Dividende der Zuwanderung aus. Vgl. Bernd Raffelhüschen, Stefan Moog: »Zur fiskalischen Dividende der Flüchtlingskrise. Eine Generationenbilanz«, *ifo Schnelldienst* 4/2016 vom 25.02.2016, S. 24ff.

54 Vgl. dazu Thilo Sarrazin: *Feindliche Übernahme. Wie der Islam den Fortschritt behindert und die Gesellschaft bedroht*, München 2018.

55 Vgl. die Auswertung der polizeilichen Kriminalstatistik (PKS) 2016 in ebenda, S. 299ff.

56 Vgl. Alexander Fröhlich: »›Internationale Metropole‹. Mehr Gewalt und Sexualstraftaten, weniger Aufklärung: was die Kriminalstatistik über Berlin sagt«, in: *Der Tagesspiegel* vom 10.03.2020, S. 8.

57 Die Prozentzahlen wurden errechnet aus den Daten der Polizeilichen Kriminalstatistik 2019. Vgl. Bundesministerium des Innern, für Bau und Heimat: »Polizeiliche Kriminalstatistik 2019. Ausgewählte Zahlen im Überblick«, Berlin März 2020, S. 13f.

58 Stefan Meining: *Geheimakte Asyl. Wie die Politik in der Flüchtlingsfrage Deutschlands Sicherheit gefährdet. Ein Insiderbericht*, München 2019, S. 296

59 Vgl. Statistisches Bundesamt, Pressemitteilung vom 16.07.2019.

60 Berechnet aus Statistisches Bundesamt: Wanderungen zwischen Deutschland und dem Ausland nach Staatsangehörigkeit 2018, Tabelle 12711-0006 in der GENESIS-Online Datenbank https://www.destatis.de/DE/Presse/Pressemitteilungen/2019/07/PD19_271_12411.html

61 Vgl. Statistisches Bundesamt: Bevölkerung und Erwerbstätigkeit. Zusammenfassende Übersichten. Eheschließungen, Geborene und Gestorbene. Erschienen am 24.1.2020, S. 2. Der Anteil mit Migrationshintergrund ist berechnet aus Statistisches Bundesamt: Bevölkerung und Erwerbstätigkeit, Fachserie 1 Reihe 2.2. Bevölkerung mit Migrationshintergrund – Ergebnisse des Mikrozensus 2018. Erschienen am 21.08.2019, S. 63ff.

62 Nach dem Stand vom 28.05.2019 habe ich dazu zusammengezählt die Fraktionen EKR, ENF und EFDD, Vgl. Statistik in der *FAZ* vom 28.05.2019, S. 5.

63 Ebenda, S. 3f.

64 Carsten Jensen: »Vergiftete Politikerseelen«, in: *FAZ* vom 04.06.2019, S. 9.

65 Vgl. Matthias Wyssuwa: »Platz für alle, die wollen?«, in: *FAZ* vom 05.06.2019, S. 3.

66 Das habe ich in meinem 2018 erschienenen Buch *Feindliche Übernahme* im Detail belegt. Das zeigt aber auch die Islamwissenschaftlerin Susanne Schröter in ihrem 2019 erschienenen Buch: *Politischer Islam. Stresstest für Deutschland*, München 2019, sowie der Migrationsforscher Ruud Koopmans in seinem 2020 erschienenen Buch: *Das verfallene Haus des Islam. Die religiösen Ursachen von Unfreiheit, Stagnation und Gewalt*, München 2020.

67 Vgl. Thilo Sarrazin: *Wunschdenken. Europa. Währung, Bildung, Einwanderung – warum Politik so häufig scheitert*, München 2016, S. 282ff.

68 Vgl. Martin Beznoska: »Die Verteilung von Steuern, Sozialabgaben und Transfereinkommen der privaten Haushalte«, IW-Report 2/2020 Köln 12.02.2020. In dieser sehr innovativen und gut absicherten Berechnung sind die Umverteilungseffekte aus der Grundsicherung noch gar nicht enthalten.

69 Der Entwicklungspsychologe Bruno Klauk von der Hochschule Harz untersuchte 2017/18 die kognitive Leistungsfähigkeit von Migrantinnen und Migranten anhand einer repräsentativen Stichprobe, die aus den Kursteilnehmern bei elf Bildungsträgern gezogen wurde. Die Teilnahme war freiwillig. Die Freiwilligkeit wurde schriftlich dokumentiert. Die kognitive Leistungsfähigkeit korrelierte u.a. mit der Herkunftsregion, dem Status im Heimatland, dem Alter, dem Kursniveau und der Anzahl der Schuljahre im Heimatland. Das regionale Gefälle der Ergebnisse war auffällig. Besonders ungünstig waren die Ergebnisse der Probanden aus Subsahara-Afrika. Über dem Durchschnitt der Stichprobe lagen die Ergebnisse der Probanden aus Südosteuropa und Osteuropa. Die Testergebnisse der Probanden entsprachen den Testergebnissen in ihren jeweiligen Herkunftsregionen. Klauk äußerte die abschließende Einschätzung: »Die von Ex-Daimler-Chef Dieter Zetsche geäußerte Vorstellung, die Einwanderung könne ›eine Grundlage für das neue deutsche Wirtschaftswunder werden‹, sieht der Autor nicht. Man muss konstatieren, dass die nach Deutschland migrierten Personen sich im Durchschnitt auf einem intellektuellen Niveau bewegen, dass in etwa dem von Hauptschülern entspricht. Dabei dürfte es sich noch um eine Überschätzung handeln, da nur Migranten in Schulungsmaßnahmen erfasst werden konnten. Im Zeitalter der ›Industrie 4.0‹ sind durch das oft unzureichende kognitive Niveau den beruflichen Integrationsmöglichkeiten Grenzen gesetzt.« Bruno Klauk: »Intelligenzdiagnostik bei überwiegend Nicht-EU-Migrantinnen und -Migranten. Ergebnis einer empirischen Studie mit einem kulturfairen Messverfahren«, in: *Wirtschaftspsychologie* Heft 4/2019, S. 55ff. Das Zitat findet sich auf S. 66.

70 Paul Collier: *Exodus*, a.a.O., S. 31.

71 »Ich werde keine Scheinlösungen vorschlagen«, Interview mit Angela Merkel, in: *FAZ* vom 18.10.2015.

72 So äußerte sich der französische Präsident Emmanuel Macron am 05.02.2019 in einer Diskussion mit Bürgermeistern und ehrenamtlichen Helfern aus der Banlieue, Michaela Wiegel: »Schmisse im Fleisch des Präsidenten«, in: *FAZ* vom 06.02.2019, S. 3.

73 Interview von Annegret Kramp-Karrenbauer mit den ARD-Tagesthemen am 11.02.2019, https://www.tagesschau.de/inland/akk-cdu-werkstattgespraech-101.html

74 Christopher Caldwell: *Reflections on the Revolution in Europe* a.a.O., S. 330.

75 Paul Collier: *Exodus*, a.a.O., S. 39.

76 Ebenda, S. 40.

77 Ebenda, S. 41.

78 Ebenda, S. 49.

79 Ebenda, S. 30.

80 »Es ist tragisch, junge Afrikaner zur Migration zu verlocken«, Interview mit Paul Collier, in: *FAZ* vom 03.09.2018, S. 15.

81 Vgl. Douglas Murray: *The Strange Death of Europe – Immigration, Identity, Islam*, London 2017, S. 3.

82 Vgl. ebenda, S. 59.

83 Vgl. ebenda, S. 309.

84 Vgl. ebenda, S. 312.

85 Vgl. Eric Kaufmann: *Whiteshift. Populism, Immigration and the Future of White Majorities*, London 2018.

86 Stephen Smith verbrachte 30 Jahre als Korrespondent für französische Zeitungen in Afrika und lehrt gegenwärtig Afrikanische Studien an der Duke University in Durham, North Carolina.

87 Vgl. Stephen Smith: *The Scramble for Europe. Young Africa on its Way to the Old Continent*, a.a.O., S. 167f.

88 Vgl. ebenda, S. 169.

89 Vgl. ebenda, S. 171ff.

90 Vgl. ebenda, S. 17 f.

91 Vgl. Christopher Caldwell: »Einwanderung in die Sozialsysteme«, in: *FAZ* vom 07.12.2009, S. 12.

92 Paul Collier: *Exodus*, a.a.O., S. 32.

93 Vgl. Andrea Dernbach: »Moderne Antigone. Die Kapitänin der ›Sea-Watch-3‹ deckt die Schwächen des EU-Migrationsrechts auf«, in: *Der Tagesspiegel* vom 28.06.2019, S. 6.

94 Vgl. Vereinte Nationen: Zwischenstaatliche Konferenz zur Annahme des Globalen Paktes für eine sichere, geordnete und reguläre Migration am 10./11.12.2018 in Marrakesch (Marokko) A/CONF.231/3.

95 Ebenda, S. 3.

96 Ralf Schuler: *Lasst uns Populisten sein. Zehn Thesen für eine neue Streitkultur*. Freiburg 2019, S. 176.

97 Ebenda, S. 190.

98 Jasper von Altenbockum: »Unantastbar«, in: FAZ vom 22.11.2018, S. 1.

Kapitel 4
Ethische Fragen der Einwanderungspolitik

1 Vgl. Christopher Caldwell: *Reflections on the Revolution in Europe, Immigration, Islam and the West*. London 2009, S. 330.

2 Max Weber: »Der Beruf zur Politik«, in: *Soziologie. Weltgeschichtliche Analysen. Politik*, hrsg. und erläutert von Johannes Winckelmann, 4., erneut durchgesehene und verbesserte Aufl., Stuttgart 1968, S. 175f. Hervorhebung im Original.

3 Ebenda, S. 176.

4 »Liebe Deinen Nächsten wie dich selbst«, Interview mit Bischof Heinrich Bedford-Strohm, in: *Frankfurter Allgemeine Sonntagszeitung* vom 26.04.2015.

5 Peter Graf Kielmansegg: »Was Empörung ignoriert«, in: *FAZ* vom 29.04.2015, http://www.faz.net/aktuell/feuilleton/debatten/fluechtlingspolitik-was-die-empoerung-ignoriert-13564355.html.

6 Bedford-Strohm kritisiert Salvini, in: *FAZ* vom 04.06.2019, S. 4.

7 Vgl. Matthias Rüb: »Kapitänin«, in: *FAZ* vom 29.06.2019, S. 8.

8 Vgl. Thomas L. Friedman: *Die Welt ist flach. Eine kurze Geschichte des 21. Jahrhunderts*, Berlin 2009.

9 Samuel P. Huntington: *Kampf der Kulturen. Die Neugestaltung der Weltpolitik im 21. Jahrhundert*, a.a.O., S. 20.

10 David Hume: *Traktat über die menschliche Natur*. Vollständige neu bearbeitete Ausgabe der Übersetzung von Theodor Lipps, Berlin 2004, S. 457.

11 Ebenda, S.461.

12 Ebenda, S. 419.

13 Ebenda, S. 282.

14 Vgl. zur Geschichte des Werkes und seine Einordnung in Humes Denken die Einführung von Ernest C. Mossner zur englischen Ausgabe *A Treatise of Human Nature*, London 1986.

15 Vgl. Karl Popper: *Logik der Forschung*, 4., verbesserte Auflage, Tübingen 1971, Vorwort zur englischen Ausgabe 1959, S. XVIff., und Kapitel 1, Grundprobleme der Erkenntnislogik, S. 3ff.

16 Vgl. Jonathan Haidt: *The Righteous Mind. Why Good People Are Divided by Politics and Religion*, New York 2012, S. XIV.

17 Der tief eingewurzelte menschliche Egoismus ist oft unbewusst und wirkt auch indirekt, etwa indem man Minderheitenrechte für andere Gruppen befürwortet, weil man selbst als Minderheit auf einem ganz anderen Gebiet ebenfalls Sonderrechte beansprucht. Vgl. Jacob Weeden und Robert Kurzban: *The Hidden Agenda of the Political Mind*, Princeton 2014, und Patrick Bernau: »Alles Egoisten! Altruistische Politik ist nur ein Schein«, in: *FAZ* vom 29.12.2014, S. 18.

18 Vgl. Jonathan Haidt: *The Righteous Mind*, a.a.O., S. 189–220.

19 Vgl. dazu ebenda, S. 213ff. Zur Illustration, wie schnell sich Evolution vollziehen kann, erwähnt Haidt die Studie des sowjetischen Wissenschaftlers Dmitri Belyaev. Dieser war 1948 degradiert worden, weil er an die mendelsche Genetik glaubte. An einem sibirischen Forschungsinstitut arbeitete er dann mit Füchsen, aber statt sie in Bezug auf die Pelzqualität zu selektieren, selektierte er nach sozialen Eigenschaften. Bereits nach neun Generationen wurden die Füchse zahmer, auch änderte sich ihre Gestalt, und nach 30 Generationen wurden sie so zahm, dass man sie als menschliche Spielgefährten halten konnte, lernbegierig und darauf aus zu gefallen.

20 Charles Darwin: *Die Abstammung des Menschen*, Frankfurt a.M. 2009, S. 165f.

21 Vgl. dazu Haidt: *The Righteous Mind*, a.a.O., S. 195, dort auch Fußnote 18.

22 Vgl. ebenda, S. 129ff.

23 Vgl. ebenda, S. 297.

24 Vgl. ebenda, S. 302.

25 Vgl. ebenda, S. 306.

26 Wer sich klar auf der konservativen Seite positioniert, macht sich bei der Erfüllung dieser Aufgabe meistens wenig Freunde. Das erfuhr auch der ungarische Ministerpräsident Viktor Orbán, als er im Mai 2014 einen Besuch in Berlin nutzte, um auf einer Konferenz des Auswärtigen Amts die Prinzipien seiner Regierung darzulegen: keine kulturfremde Einwanderung, Pflege nationaler Identität, klassisches Familienbild, finanzielle Eigenverantwortung der EU-Staaten. Die *FAZ* notierte, die Rede sei im Auswärtigen Amt »nur mit verhaltenem Applaus bedacht« worden. Sie wirkte schockierend, weil sie der wohltätigen Unschärfe entbehrte, ohne polemisch zu sein. Und es verunsicherte, dass man offenbar in Europa mit solchen Ansichten noch Wahlen gewinnen kann. Vgl. »Orbán: Europa sollte Entwicklung in Ungarn studieren«, in: *FAZ* vom 09.05.2014, S. 2.

27 Vgl. Steven Pinker: *The Better Angels of Our Nature*, New York 2011 S. 622ff.

28 Vgl. ebenda, S. 658ff.

29 Paul Collier: *Exodus*, a.a.O. S.19.

30 Zitiert in Dirk Schümer: »Ein einziger, großer Krankheitsfall«, in: *FAZ* vom 29.03.2014, http://www.faz.net/aktuell/feuilleton/debatten/gier-psychoanalytisch-betrachtet-erich-fromms-diagnosen-12869035-p2.html.

31 »Weil wir Anarchiker waren«, Interview mit Christian Meier, in: *FAZ* vom 16.02.2019, S. 13.

32 »Es gibt keine Mutter Natur«, Interview mit Axel Meyer, in: *Frankfurter Allgemeine Sonntagszeitung*, 13.01.2019, S. 51.

33 Vgl. »Europe's other migration crisis«, in: *The Economist* vom 06.04.2019.

34 Vgl. Rainer Faus, Simon Storks: »Das pragmatische Einwanderungsland. Was die Deutschen über Migration denken«, Friedrich-Ebert-Stiftung, Bonn 2019.

35 Vgl. ebenda, S. 2.

36 Ernst-Wilhelm Böckenförde: *Staat, Gesellschaft, Freiheit*, Frankfurt a.M. 1976, S. 60.

37 Egon Flaig: *Gegen den Strom. Für eine säkulare Republik Europa*, Springe 2013, S.127.

38 Vgl. Thomas Mayer: »Weltbürger gegen Provinzler«, in: *Frankfurter Allgemeine Sonntagszeitung* vom 27.01.2019, S. 32.

39 Vgl. Liav Orgad: *The Cultural Defense of Nations. A Liberal Theory of Majority Rights*, Oxford 2015.

40 Vgl. ebenda, S. 36ff.

41 Vgl. ebenda, S. 46f.

42 »Die Schweizer haben große Weisheit und einen guten Sinn für Humor«, Interview mit Geng Wenbing, in: *Die Weltwoche*, China-Extra vom 26. September 2018, S. 25.

43 »Meuterei gegen die Eliten«, Interview mit Paul Collier, *IPG-Mitteilungen* vom 26.02.2019, https://www.ipg-journal.de/interviews/artikel/meuterei-gegen-die-eliten-3282/

44 Vgl. Francis Fukuyama: *Identity. Contemporary Identity Politics and ths Struggle for Recognition*, London 2018, S. 165ff.

45 Frank Böckelmann: *Die Gelben, die Schwarzen und die Weißen*, Berlin 2018, S. 536

46 Vgl. Ruud Koopmans: »Cultural Rights of Native Majorities between Universalism and Minority Rights«, WZB Discussion Paper SP VI 2018-106, Dezember 2018.

47 Das wird durch unterschiedliche Studien belegt, wie Collier zeigt. Auch die Zuwanderung vieler junger Syrer nach Deutschland könnte langfristig für den Wiederaufbau Syriens nachteilig sein. Vgl. Alexander Betts, Paul Collier: *Gestrandet. Warum unsere Flüchtlingspolitik allen schadet – und was jetzt zu tun ist*, München 2017, S. 165f.

48 Vgl. John Lancaster: *The Wall*, New York/London 2019.

49 Konrad Ott: *Zuwanderung und Moral*, Stuttgart 2016, S. 48.

50 Ebenda, S. 57.

51 »Afrika braucht nicht noch mehr Auswanderung nach Europa«, Interview mit Julian Nida-Rümelin, *IPG-Journal* vom 10.07.2018, https://www.ipg-journal.de/interviews/artikel/afrika-braucht-nicht-noch-mehr-auswanderung-nach-europa-2844/

52 Joseph H. Carens: »Ein Plädoyer für offene Grenzen«, in: Frank Dietrich (Hrsg.): *Ethik der Migration*, Frankfurt a.M. 2017, S. 167f.

53 Vgl. ebenda, S. 169ff.

54 Ebenda S. 211.

55 Julian Nida-Rümelin: *Über Grenzen denken. Eine Ethik der Migration*, Hamburg 2017, S. 163.

56 »Afrika braucht nicht noch mehr Auswanderung nach Europa«, Interview mit Julian Nida-Rümelin, a.a.O.

57 Herwig Birg: »Die Gretchenfrage der deutschen Demografiepolitik: Erneuerung der Gesellschaft durch Geburten im Inland oder durch Zuwanderungen aus dem Ausland?«, in: *Zeitschrift für Staats- und Europawissenschaften* 3/2016, S. 371.

58 Auf einen entsprechenden Kommentar der Journalistin Melya Kiyak in der *Berliner Zeitung* antwortete der grüne Oberbürgermeister von Tübingen, Boris Palmer, am 05.03.2020 auf Facebook: »Das Schicksal jedes einzelnen leidenden Kindes berührt mich als Mensch zutiefst. Ich weiß aber, dass die Kindersterblichkeit in weiten Teilen Afrikas immer noch fast 10 % erreicht und viele Millionen Menschen sterben, weil sie nicht den Zugang zu elementarer Versorgung der modernen Zivilisation haben. Wir sind daran mit schuld, denn die Welt hätte die Mittel, dieses Leid zu vermeiden. Sie tut es aber nicht. Genauer: Es dauert viele Generationen und der Fortschritt ist eine Schnecke.

Das Leid eines Kindes oder gar sein früher Tod wird nicht erst zu einem moralischen Problem, wenn die Eltern es geschafft haben, nach Lesbos zu gelangen oder an die griechische Grenze. Die Menschenrechte gelten universell, nicht erst auf europäischem Boden. Nur das Leid wahrzunehmen, das uns erreicht,

ist keine höhere oder auch nur schlüssige Moral. Solange das die Welt ist, wie sie ist, können wir nur mehr oder wenig schuldig sein. Moralisch rein ist niemand von uns. Kein Staat und kein Mensch.
Es bleibt uns nur, die Welt jeden Tag ein Stück besser zu machen.
Ihre These, nur wer ihrer Moral folge und jetzt alle Flüchtlinge »rein« lasse, folge ethischen Prinzipien, ist daher falsch und totalitär. Sie wollen Ihre Weltsicht als allgemein gültig etablieren und jede Abwägung und jeden Widerspruch von vornherein als unmoralisch ausschließen. Als gäbe es nur eine Wahrheit und keine Zielkonflikte.
Ich entgegne Ihnen: Wir sind mehr. Alle 27 EU-Innenminister unterstützen Griechenland darin, die Außengrenze zu sichern und Migranten und Flüchtlinge – es sind nicht nur Syrer, die Einlass begehren – abzuweisen. Eine überwältigende Mehrheit der Menschen in Europa lehnt es ab, die Grenzen erneut zu öffnen. Auch in Deutschland will eine Mehrheit nicht, dass sich 2015 wiederholt. Und im Bundestag hat sogar der Antrag, das von Ihnen verspottete Kontingent von 5000 Menschen zu bewilligen, eine breite Ablehnung erfahren.«

59 »Es ist eine Frage der Ehre und Würde Europas«, Interview mit Heinrich Bedford-Strohm, in: *FAZ* vom 09.07.2019, S. 2.

60 »Der Staat darf nicht barmherzig sein«, Interview mit Richard Schröder, in: *Neue Zürcher Zeitung* vom 30.08.2019, S. 7.

61 Konrad Ott: *Zuwanderung und Moral*, a.a.O., S. 59.

62 »Es ist tragisch, junge Afrikaner zur Migration zu verlocken«, Interview mit Paul Collier, in: *FAZ* vom 03.09.2018, S. 15.

Kapitel 5
Die Ursachen von Migrationsdruck und die Wege zu seiner Bekämpfung

1 Die demografischen Zahlen in diesem Kapitel entstammen, wenn keine andere Quelle genannt wird, der Bevölkerungsstatistik der UNO. Das gilt für alle Daten der Tabellen 5.1 bis 5.15. Sofern es sich um Prognosedaten handelt, entstammen sie der mittleren Variante der UN-Prognose. Vgl. United Nations Population Division: World Population Prospects 2019, https://population.un.org/wpp/DataQuery/. Sofern ich Relationsziffern verwende, wurden sie von mir aus den Grunddaten der UN-Database errechnet, wenn sie dort nicht unmittelbar enthalten sind.

2 Bundeskanzlerin Angela Merkel kritisierte in ihrer Rede auf der UNO-Klimakonferenz in New York am 23. September 2019, dass auf Deutschland, wo nur 1 % der Weltbevölkerung leben, 2 % der weltweiten CO_2-Emissionen entfallen. Im Unterschied zur Weltbevölkerung ist aber die Zahl der autochthonen Deutschen seit 1950 von damals 70 Millionen auf allenfalls 60 Millionen gefallen (der Rest der Bevölkerung in Deutschland sind Einwanderer und ihre Nachfahren), während sich die Weltbevölkerung mehr als verdreifachte. Eine

Weltbevölkerung von 2,5 Milliarden Menschen wie im Jahr 1950 könnte sich heute ohne Gefahr für das Weltklima einen deutschen Lebensstandard und die mit ihm verbundenen CO_2-Emissionen pro Kopf leisten. Das eigentliche Problem auch für den Klimawandel liegt also im beispiellosen Wachstum der Weltbevölkerung.

3 Volker Seitz: »Fällt die Bevölkerungsexplosion aus?«, in: *Tichys Einblick* vom 20.07.2019.

4 Vgl. Thilo Thielke: »Die Gewalt weitet sich aus«, in: *FAZ* vom 06.09. 2019, S. 6.

5 Vgl. Philip Plickert: »Fast 40 % der Afrikaner denken ans Auswandern«, in: *FAZ* vom 29.03.2019, https://www.faz.net/aktuell/wirtschaft/fast-40-prozent-der-afrikaner-denken-ans-auswandern-16113117.html
Für den Senegal schätzt die Soziologin und Afrikaexpertin Daniela Roth aufgrund der Erfahrungen, die sie 2016 bei einem Projekt in Dakar gewann, dass die Hälfte der Senegalesen zwischen 15 und 20 Jahren auswandern möchte. Zitiert bei Volker Seitz: »Willkommenspolitik«, in: *Tichys Einblick* 5/2019, S. 15.

6 Bei der repräsentativen Umfrage »Big BBC News Arabic Survey«, die im Juni 2019 veröffentlich wurde, waren die Auswanderungswünsche im Vergleich zur Befragung drei Jahre zuvor um 10 % gestiegen. Vgl. Pierre Heumann: »Nichts wie weg!«, in: *Die Weltwoche* vom 03.07.2019, S. 10.

7 https://population.un.org/wpp/DataQuery/

8 Für einen empirisch fundierten, differenzierten und aufgeklärten Blick auf die gewaltigen Wirkungen des menschlichen Fortschritts vgl. Steven Pinker: *Enlightment Now. The Case for Reason, Science, Humanism, and Progress*, New York 2018. Pinker nimmt dabei die Wirkungen der westlichen Aufklärung und des dadurch ausgelösten wissenschaftlich-technischen Fortschritts in den Blick. Diese ist ein Legat des Abendlandes für die ganze Welt. Nicht allen, die dem Westen und dem Abendland gerne die Schuld an allerlei Übeln auf der Welt geben, ist diese Botschaft willkommen. Das war der Resonanz auf das großartige Werk teilweise anzumerken.

9 Der schwedische Mediziner und Gesundheitsökonom Hans Rosling hat viele Jahre mit der Verbesserung des Gesundheitswesens afrikanischer Länder zugebracht und war darüber hinaus ein sehr guter Statistiker und Wissenschaftler. 2018 erschien posthum sein Buch (mit Anna Rosling-Rönnlund und Ola Rosling): *Factfulness. Wie wir lernen, die Welt zu sehen, wie sie wirklich ist*, Berlin 2018. Dort zeigt er anhand grafisch aufbereiteter Statistiken über ein breites Band von Fakten, dass uns instinktive Sichtweisen, Gefühle und Standpunkte den Blick auf die Wirklichkeit häufig versperren. Seine lebenslange Beschäftigung mit dem Gesundheitswesen und seine intensive Kenntnis vieler Länder Afrikas bewirkte schlagende Beispiele gerade aus dem Bereich des Gesundheitswesens und der Entwicklungspolitik.

10 Bundesministerium der Verteidigung: Weißbuch 2016 zur Sicherheitspolitik und zur Zukunft der Bundeswehr, Berlin Juli 2016, S. 42.

11 Ebenda, S. 44.

12 Vgl. United Nations Development Programs: Human Development Indices and Indicators. 2018 Statistical Update, New York 2018, http://hdr.undp.org/sites/default/files/2018_human_development_statistical_update.pdf

13 In den letzten Jahren traten ergänzende Indikatoren zu Armut, Ungleichheit und Gleichberechtigung der Geschlechter hinzu.

14 Vgl. UNDP: Human Development Index. 2018 Statistical Update.

15 Vgl. den Ausweis der durchschnittlichen Wachstumsraten des HDI nach Ländern und regionalen Gruppen, Statistical Update a.a.O., S. 29.

16 Datenquelle World Development Indicators Database Country Profile Egypt, https://databank.worldbank.org/views/reports/reportwidget.aspx?Report_Name=CountryProfile&Id=b450fd57&tbar=y&dd=y&inf=n&zm=n&country=EGY

17 Datenquelle ebenda, Country Profile Tunisia.

18 Vgl. ebenda, Country Profile Morocco.

19 Vgl. ebenda, Country Profile Niger.

20 Vgl. Helene Bubrowski: »Drei Tage in der Savanne. Die Kanzlerin besucht die Sahelzone, die ein Schwerpunkt der Außenpolitik geworden ist«, in: *FAZ* vom 02.05.2019, S. 2.

21 Vgl. Weltbank, Country Profile Senegal.

22 Vgl. ebenda, Country Profile Ghana.

23 Vgl. ebenda, Country Profile Democratic Republic Congo.

24 Vgl. Thilo Thielke: »Angst vor Wiederholung. Vor 25 Jahren begann in Ruanda der Völkermord«, in: *FAZ* vom 06.04.2019, S. 8.

25 Vgl. Weltbank: Country Profile Ruanda.

26 Vgl. ebenda, Country Profile Eritrea.

27 Vgl. Volker Seitz: »Friedensnobelpreis an Abiy Ahmed: Ein Porträt«, in: *Achse des Guten* vom 11.10.2019, https://www.achgut.com/artikel/friedensnobelpreis_an__fuer_abiy_ahmed_ein_portrait

28 Vgl. Philip Plickert: »Der Kaffee, der den Regenwald rettet«, in: *FAZ* vom 29.05.2018, S. 18.

29 Vgl. Weltbank: Country Profile Ethiopia.

30 Die 485 km lange Strecke kostete 3,2 Mrd. Dollar, zusammen mit einer 120 km langen Verlängerung Richtung Uganda 4,7 Mrd. Dollar. Die Strecke wurde von chinesischen Firmen gebaut und wird von einer chinesischen Betreibergesellschaft, die überwiegend dem chinesischen Staat behört, betrieben. Die Strecke ist defizitär. Jährlichen Betriebskosten von 120 Mio. Dollar stehen lediglich Einnahmen von 57 Mio. Dollar gegenüber. Vgl. Thilo Thielke: »Geht ein Zug nach Nirgendwo«, in: *FAZ* vom 22.10.2019, S. 7.

31 Vgl. Weltbank: Country Profile Kenya.

32 Vgl. »Millionen Simbabwern droht die Hungersnot«, in: *FAZ* vom 24.10.2019, S. 17.

33 Vgl. Weltbank: Country Profile Simbabwe.

34 Vgl. ebenda, Country Profile Botswana.

35 Vgl. ebenda, Country Profile South Africa.

36 Vgl. zur Situation in Syrien Gil Kepel: *Chaos. Die Krisen in Nordafrika und im Nahen Osten verstehen*, München 2019, S. 265ff.

37 Vgl. Weltbank: Country Profile Syria.

38 Vgl. ebenda, Country Profile Iraq.

39 Allein 2019 wurden in der Türkei 201 000 irregulär über den Iran eingewanderte Afghanen aufgegriffen. Vgl. Rainer Hermann: »Das große Einfallstor«, in: *FAZ* vom 16.03.2020, S. 8.

40 Vgl. Weltbank: Country Profile Afghanistan.

41 Vgl. Rainer Hermann: »Leben in der Festung«, in: *FAZ* vom 10.07.2019, S. 3.

42 Für einen Überblick über die unterschiedlichen Entwicklungstheorien vgl. Rainer Tetzlaff: *Afrika. Eine Einführung in Geschichte, Politik und Gesellschaft*, Wiesbaden 2018, S. 19ff.

43 Vgl. *The Economist*, »Intelligence Unit: Democracy Index 2018: Me too? Political participation, protest and democracy«, https://www.eiu.com/topic/democracy-index

44 »Vergiss nie, wer du bist«, Interview mit Tidjane Thiam, in: *Die Weltwoche* 30/31 vom 24.07.2019, S. 26.

45 »Doing Business 2019. Training for Reform. A World Bank Group Flagship Report«, 16th Edition, Washington 2019.

46 https://www.doingbusiness.org/en/rankings?incomeGroup=high-income

47 https://www.doingbusiness.org/en/rankings?region=sub-saharan-africa

48 https://www.transparency.de/cpi/cpi-2018

49 Vgl. Klaus Gründler, Niklas Potrafke, Timo Wochner: »Korruption und Wirtschaftswachstum«, in: *ifo Schnelldienst* 18/2019 vom 26.09.2019, S. 27ff.

50 Andreas Schleicher und Ludger Schulknecht: »Bildung, Ausbildung, Fortbildung: Herausforderungen aus internationaler Perspektive«, in: *ifo-Schnelldienst* 15/2019 vom 08.08.2019, S. 20ff.

51 Vgl. Eric H. Hanushek. Ludger Woessmann: *The Knowledge Capital of Nations. Education and the Economics of Growth*, Cambridge (Mass.) 2015, S. 110ff., insb. Abbildung 5.2 und die Erläuterungen dazu.

52 Vgl. ebenda die Werte für die entsprechenden Länder in Abbildung 5.2.

53 Erich Weede: »Arm und Reich in der Welt«, in: *FAZ* vom 06.06.2014, S. 16.

54 Vgl. »Africa has plenty of land. Why is it so hard to make a living of it?«, in: *The Economist* vom 28.04.2018.

55 Vgl. »Cultivating Success«, in Oxford Business Group: *The Report*, Agriculture in Africa 2019, S. 6ff.

56 Vgl. »Bureaucratic herbicide. Africa's farmers need better seeds. Governments are getting in their way«, in: *The Economist* vom 28.09.2019.

57 Vgl. Volker Seitz: »Tödliche Konflikte zwischen Ackerbauern und Viehzüchtern«, in: *Achse des Guten* vom 02.06.2018, https://www.achgut.com/artikel/toedliche_konflikte_zwischen_ackerbauern_und_viehzuechtern

58 Vgl. Wim Plaizier: »2 truths about Africa´s agriculture«, World Economic Forum vom 22.01.2016, https://www.weforum.org/agenda/2016/01/how-africa-can-feed-the-world/

59 Vgl. UNCTAD. World Investment Report 2019, Key Messages and Overview, S. 9, https://unctad.org/en/PublicationsLibrary/wir2019_overview_en.pdf

60 Die Daten stammen aus der Statistik des IWF im World Economic Outlook von April 2019, https://www.imf.org/external/pubs/ft/weo/2019/01/weodata/weorept.aspx?pr.x=54&pr.y=8&sy=2018&ey=2018&scsm=1&ssd=1&sort=country&ds=.&br=1&c=001%2C406%2C603&s=NID_NGDP%2CNGSD_NGDP%2CBM%2CBX&grp=1&a=1

61 Hans Stoisser: *Der schwarze Tiger*. München 2015; Andreas Sieren, Frank Sieren: *Der Afrika-Boom. Die große Überraschung des 21. Jahrhunderts*, München 2015.

62 Jan Grossarth: »Was wir von Afrika lernen können«, in: *Frankfurter Allgemeine Sonntagszeitung* vom 02.09.2018, S. 10.

63 Vgl. »Word Trade Organisation«, in: *World Trade Statistical Review* 2018, S. 78, https://www.wto.org/english/res_e/statis_e/wts2018_e/wts2018_e.pdf https://www.wto.org/english/res_e/statis_e/wts2018_e/wts2018_e.pdf

64 Vgl. Eva Schmieg: »Afrikas Stellung im globalen Handel«, Hintergrundpapier der Gesellschaft zum Studium strukturpolitischer Fragen e.V. Berlin 2016, S. 2, https://www.swp-berlin.org/fileadmin/contents/products/projekt_papiere/Afrika_Globalisierung.pdf

65 Vgl. »Armut trotz Reichtums in Algerien«, in: *FAZ* vom 16.03.2019, S. 20.

66 Vgl. »World Trade Statistical Review«, a.a.O., S. 87.

67 Vgl. ebenda, S. 7.1

68 Vgl. ebenda, S. 75.

69 Vgl. Helmut Asche: »Afrikas Freihandelszone als Wendepunkt?«, in: *FAZ* vom 24.06.2019, S. 16.

70 Vgl. Statistisches Bundesamt, Fachserie 7, Reihe 1 2017, S. 52. Aus den dort genannten absoluten Werten habe ich Quoten berechnet.

71 Dazu zählen:

Axelle Kabou. *Weder arm noch ohnmächtig. Eine Streitschrift gegen schwarze Eliten und weiße Helfer*, Basel 1993.

Dambisa Moyo: *Dead Aid. Why Aid Makes Things Worse and How There is Another Way for Africa*, London 2010.

Wilfried Speitkamp: *Kleine Geschichte Afrikas*, Stuttgart 2009.

Bartholomäus Grill: *Ach, Afrika. Berichte aus dem Inneren eines Kontinents*, München 2012.

Paul Collier: *Exodus. Warum wir Einwanderung neu regeln müssen*, a.a.O.

Hans Stoisser: *Der schwarze Tiger. Was wir von Afrika lernen können*, München 2015.

Andreas Sieren, Frank Sieren: *Der Afrika-Boom. Die große Überraschung des 21. Jahrhunderts*, München 2014.

Arno Sonderegger: *Kurze Geschichte des Alten Afrika. Von den Anfängen bis 600*. Wiesbaden 2017.

Alex Perry: *In Afrika. Reise in die Zukunft*, Frankfurt a.M. 2018.

Asfa-Wossen Asserate: *Die neue Völkerwanderung. Wer Europa bewahren will, muss Afrika retten*, Berlin 2018.

Rainer Tetzlaff: *Afrika. Eine Einführung in Geschichte, Politik und Gesellschaft*, Wiesbaden 2018.

Volker Seitz: *Afrika wird armregiert oder Wie man Afrika wirklich helfen kann*, München 2018.

Stephen Smith: *The Scramble for Europe. Young Africa on its Way to the Old Continent*, Cambridge 2019.

Felwine Sarr: *Afrotopia*, Berlin 2019.

72 Vgl. Andreas Kilb: »Leitfaden zum Vergessen. Der Postkolonialismus ist eine Form von Ideologie«, in: *FAZ* vom 03.07.2019, S. 9.

73 So musste der Afrikabeauftragte der Bundesregierung, Günter Nooke, scharfe Angriffe erdulden, weil er in einem Interview auf die Frage, inwieweit die Missstände in Afrika Folge der Kolonialzeit seien, geantwortet hatte: »Es gab schon Nachwirkungen. Schlimm waren die Sklaventransporte nach Nordamerika. Auf der anderen Seite hat die Kolonialzeit dazu beigetragen, den Kontinent aus archaischen Strukturen zu lösen. Experten, auch Afrikaner, sagen: Der Kalte Krieg hat Afrika mehr geschadet als die Kolonialzeit.«

Vgl. »Afrikabeauftragter in der Kritik«, in: *FAZ* vom 24.10.2018, S. 4.

74 Vgl. Alex Perry: *In Afrika*, a.a.O., S. 535ff.

75 Alle Zahlen in diesem Abschnitt entstammen der Ausarbeitung der OECD: »Development Aid at a Glance Statistics by Region«, 2. Africa 2018 edition, https://www.oecd.org/dac/financing-sustainable-development/development-finance-data/Africa-Development-Aid-at-a-Glance-2018.pdf

76 Vgl. die Schilderung eines sowohl günstigen als auch gelungenen Projektes und die dabei angewandten einfachen Prinzipien, die auf Nachdenken, Praxisbezug und Eigenanstrengung zielten. Ullrich Drechsel: »Kein Geld – ein Glücksfall. Bekenntnisse eines Entwicklungshelfers«, in: *Achse des Guten* vom 28.07.2019, https://www.achgut.com/artikel/kein_geld_ein_gluecksfall_bekenntnisse_eines_entwicklungshelfers

77 Vgl. »Entwicklungshilfe landet in Steueroasen«, in: *FAZ* vom 19.02.2020, S. 19.

78 Vgl. Dambisa Moyo: *Dead Aid*, New York 2009, S. 152.

79 Erich Weede: »Unbegrenzte Willkommenskultur gefährdet die Freiheit«, in: *FAZ* vom 17.09.2018, S. 16.

80 Zitiert bei Philip Plickert: »Steigender Migrationsdruck«, in: *FAZ* vom 04.02.2019, S. 15.

81 Vgl. Philip Plickert: »Migration bremsen, aber richtig«, in: *Frankfurter Allgemeine Sonntagszeitung* vom 16.02.2020, S. 18.

82 Zitiert bei Thilo Thielke und Philip Plickert: »Afrika helfen – mit weniger Entwicklungshilfe«, in: *FAZ* vom 25.09.2018, S. 16.

83 Exemplarisch deutlich wird dies im Falle Sambias, bei dem Großbritannien und der IWF wegen der Korruption im Herbst 2018 sogar die Entwicklungs-

hilfe einstellten. Nur Deutschland zahlte fleißig weiter. Vgl. Thilo Thielke und Philip Plickert: »Afrika helfen – mit weniger Entwicklungshilfe«, in: *FAZ* vom 25.09.2018, S. 16.

84 Vgl. Bundesministerium für wirtschaftliche Zusammenarbeit und Entwicklung: Entwicklungspolitik 2030. Neue Herausforderungen – Neue Antworten. BMZ Strategiepapier, Berlin November 2018, S. 5.

85 Vgl. ebenda, S. 11.

86 Vgl. ebenda, S. 15ff.

87 Vgl. ebenda, S. 20.

88 Ebenda, S. 4.

89 Ebenda, S. 13.

90 Ebenda, S. 16.

91 Ebenda, S. 19.

92 Thomas Mayer: »Keine Almosen für Afrika«, in: *Frankfurter Allgemeine Sonntagszeitung* vom 28.07.2019, S. 29.

93 Ebenda.

94 »Entwicklungshilfe ist nur ein kleiner Teil dessen, was Migration beeinflussen kann«, Interview mit Rainer Thiele, »Aus Politik und Zeitgeschichte«, Beilage zur Wochenzeitung *Das Parlament* 43-45/2018 vom 22.10.2018, S. 6f.

95 Vgl. https://www.growafrica.com/news/60-arable-land-africa-and-it-has-billions-investment-potential

96 Axelle Kabou: *Weder arm noch ohnmächtig*, a.a.O., S. 180.

97 Felwine Sarr: *Afrotopia*, a.a.O., S. 17.

98 Ebenda, S. 18f.

99 Ebenda, S. 158.

100 Zitiert bei Volker Seitz: »Fällt die Bevölkerungsexplosion aus?«, in: *Tichys Einblick* vom 20.07.2019, https://www.tichyseinblick.de/daili-es-sentials/faellt-die-bevoelkerungsexplosion-aus/

101 »Afrika braucht nicht noch mehr Auswanderung nach Europa«, Interview mit Julian Nida-Rümelin, a.a.O.

102 Vgl. Phillip Conor: »At least a Million Sub-Saharan-Africans moved to Europe since 2010«, Pew Research Center, März 2018, S. 8, https://www.pewresearch.org/global/wp-content/uploads/sites/2/2018/03/Africa-Migration-March-22-FULL-REPORT.pdf

Kapitel 6
Wie sich Einwanderung steuern lässt

1 Paul Scheffer: *Die Eingewanderten. Toleranz in einer grenzenlosen Welt*, a.a.O., S. 20

2 Ebenda, S. 473.

3 Paul Collier: *Exodus*, a.a.O., S. 261.

4 Der Publizist Jakob Augstein twitterte wenige Stunden nach der Tat: »Die Wegbereiter der Gewalt haben Namen und Adresse: Sarrazin, Broder, Tichy,

und andere, die die Verrohung des Diskurses vorangetrieben haben. Zuerst kommen die Worte, dann die Taten. Das ist bei den Rechtsterroristen so, wie bei den Islamisten.« Das heißt, Augstein beschuldigte mich, mitschuldig an der Untat von Hanau zu sein, weil ich mich in meinen Büchern kritisch mit Einwanderung und Islam auseinandersetze.

5 Leserbrief in der *FAZ* vom 04.03.2020, S. 6.

6 Rainer Matthias Holm-Hadulla: »Kulturelle Verwandlung«, in: *FAZ* vom 22.02.2020, S. 9.

7 Wie aktuelle Untersuchungen zeigen, reduziert der Bau des Grenzzauns zwischen Mexiko und den USA die Migration von Mexiko in die USA signifikant und senkt auf mittlere Sicht die Zahl der nicht dokumentierten Migranten in den USA. Besonders deutlich sind die Wirkungen bei Migranten mit niedriger Qualifikation. Vgl. Benjamin Feigenberg: »Fenced Out: The Impact of Border Construction on US-Mexico Migration«, in: *American Economic Journal: Applied Economics* 2020, 12(3), S. 106–139, https://doi.org/10.1257/app.20170231. Vgl. ferner Martin Wagener: Deutschlands unsichere Grenze. Plädoyer für einen neuen Schutzwall, München 2019, S. 237ff.

8 Vgl. Martin Klingst: »An den Grenzen der Humanität«, in: *Die Zeit* vom 29.10.2015, https://www.zeit.de/2015/44/zaeune-grenzen-fluechtlinge

9 Vgl. Alex Nowrasteh: »Singapore´s Immigration System: Past, Present and Future«, *Cato Working Paper*, Washington, D.C., 23.10.2018.

10 Vgl. Jan Knüsel: »2017 nahm Japan 20 Flüchtlinge auf«, *Asienspiegel* vom 15.02.2018, https://asienspiegel.ch/2018/02/nahm-japan-20-fluechtlinge-auf

11 An der Spitze lagen 2018 die USA mit 1,59 Mrd. Dollar, es folgte die EU mit 480 Mio. Dollar, Deutschland mit 396 Mio. Dollar, Schweden mit 143 Mio. Dollar und sodann Japan mit 120 Mio. Dollar. Vgl. UNHCR: Donors, Stand 21.03.2019, https://www.unhcr.org/pages/49c3646c26c.html

12 »China wird Einwanderung, Ein- und Ausreise für Ausländer weiter erleichtern«, *Fenster zu China* vom 19.07.2019, http://german.xinhuanet.com/2019-07/19/c_138240780.htm

13 Vgl. Alexander Betts, Paul Collier: *Gestrandet*, a.a.O., S. 101ff.

14 Vgl. Eurostat: Asylbewerberstatistik, Stand vom 3.03.2020, https://appsso.eurostat.ec.europa.eu/nui/submitViewTableAction.do

15 Vgl. Michael Martens: »Neuer Druck auf alte Zäune. Wie Griechenland schon vor neun Jahren Europas Außengrenze gesichert hat«, in: *FAZ* vom 10.03.2020, S. 8.

16 Vgl. Alexander Betts, Paul Collier: *Gestrandet*, a.a.O., S. 115ff.

17 In einem Newsletter der Europäischen Stabilitätsinitiative (ESI) wird berichtet, dass von März 2016 bis September 2019 144 000 Migranten auf die griechischen Inseln gekommen seien, aber nur 2001 von ihnen nach den Regeln des EU-Türkei-Abkommens in die Türkei zurückkehrten. »Evacuate the islands – EU-Turkey 2.0«, https://www.esiweb.org/proposals/evacuate-islands-eu-turkey-20

18 Vgl. Eurostat: Asylbewerberstatistik, Stand vom 03.03.2020, https://appsso.eurostat.ec.europa.eu/nui/submitViewTableAction.do

19 So berichtet es Panagiotis Nikas, der Gründer und Direktor der Organisation »Zeuxis«, die sich in Griechenland um unbegleitete Minderjährige kümmert. Vgl. Helen Bubrowski, Michael Martens: »Wer darf kommen?«, in: *FAZ* vom 11.03.2020, S. 6.

20 Vgl. Christian Kerl: EU einigt sich nicht auf Aufnahme von Flüchtlingen, *WAZ* vom 04.03.2020, https://www.waz.de/politik/eu-einigt-sich-nicht-auf-aufnahme-von-fluechtlingen-id228617741.html

21 Die »Europäische Stabilitätsinitiative» (ESI) mit ihrem Gründer und Chef Gerald Knaus, wirbt in Newslettern und sonstigen Verlautbarungen seit Jahren unermüdlich für die Umsetzung eines Konzepts mit folgenden Elementen: Überführung der vorhandenen Migranten von den griechischen Inseln auf das griechische Festland, Aufbau ausreichender Kapazitäten für die Bearbeitung von Asylanträgen in Griechenland, Verteilung von anerkannten Asylbewerbern aus Griechenland auf die Länder der EU, Unterstützung der Türkei beim Unterhalt von Migranten in der Türkei. Vgl. A Mitsotakis Plan – who needs to act, ESI newsletter 4/2020 vom 03.04.2020, https://www.esiweb.org/sites/default/files/newsletter/pdf/ESI%20-%20A%20Mitsotakis%20Plan%20-%203%20April%202020.pdf

22 Vgl. Martin Wagener: *Deutschlands unsichere Grenze*, a.a.O., S. 274ff.

23 Vgl. Alexander Betts, Paul Collier: *Gestrandet*, a.a.O., S. 107.

24 Vgl. Martin Wagener: *Deutschlands unsichere Grenze*, a.a.O., S. 234ff.

25 Vgl. Rainer Hermann: »Nomaden des Krieges«, in: *FAZ* vom 25.02.2020, S. 3.

26 Vgl. Rainer Hermann: »Das große Einfallstor«, in: *FAZ* vom 16.03.2020, S. 8.

27 Der Grenzzaun umfasste schließlich die gesamte Grenze nach Serbien und Kroatien. Auch in den Folgejahren wurden die Grenzbefestigungen systematisch ausgebaut. Vgl. Martin Wagener: *Deutschlands unsichere Grenze*, a.a.O., S. 172ff.

28 Vgl. Christoph B. Schlitz, Martin Leubecher: »60 anerkannte Asylbewerber in Ungarn – 70 000 in Deutschland«, in: *Die Welt* vom 21.02.2020, https://www.welt.de/politik/ausland/plus206022429/Asyl-in-EU-Das-Fluechtlings-Paradox.html.

29 Eurostat, Pressemitteilung 70/2020 vom 27.04.2020.

30 Europäischer Gerichtshof, Pressemitteilung 60/20 vom 14. Mai 2020 https://curia.europa.eu/jcms/upload/docs/application/pdf/2020-05/cp200060de.pdf

31 Vgl. Stephan Löwenstein: »Kein Schritt nach vorn«, in: *FAZ* vom 22.05.2020, S. 2.

32 Boris Kálnoky: »Die EU steht in Orbáns Schuld«, in: *Kleine Zeitung* vom 07.03. 2020.

33 Vgl. Martin Wagener: *Deutschlands unsichere Grenze*, a.a.O., S. 291ff.

34 EGMR: »Spanien darf weiter umgehend nach Marokko abschieben«, *beck-aktuell Nachrichten* vom 14.02.2020, https://rsw.beck.de/aktuell/meldung/egmr-spanien-darf-weiter-umgehend-nach-marokko-abschieben

35 Vgl. Eurostat: Asylbewerberstatistik, Stand vom 03.03.2020, https://appsso.eurostat.ec.europa.eu/nui/submitViewTableAction.do

36 Vgl. »Points mean prizes. The post-Brexit immigration rules worry business«, in: *The Economist* vom 22.02.2020.

37 Vgl. Alexander Betts, Paul Collier: *Gestrandet*, a.a.O., S. 127ff.

38 Vgl. Hans Monath: »Das Erfolgsrezept der dänischen Sozialdemokraten: Hart gegen Reiche und Migranten«, in: *Der Tagesspiegel* vom 04.12.2019.

39 Vgl. Eurostat: Asylbewerberstatistik, Stand vom 03.03.2020, https://appsso.eurostat.ec.europa.eu/nui/submitViewTableAction.do

40 Vgl. »Die neue Volkspartei, Die Grünen. Die grüne Alternative«: Aus Verantwortung für Österreich. Regierungsprogramm 2020–2024, Kurzfassung, Wien Januar 2020, S. 25f.

41 Vgl. Michaela Wiegel: »Eroberte Territorien«, in: *FAZ* vom 30.01.2020, S. 3.

42 Vgl. Michaela Wiegel: »Wie viel Kritik am Islam ist erlaubt? Schülerin bedroht«, in: *FAZ* vom 01.02.2020, S. 6.

43 Vgl. Martina Meister: »Macrons Plan zur Rückeroberung der Republik«, in: *Die Welt* vom 18.02.2020.

44 Vgl. Michaela Wiegel: »Schutzherr Europa. Macron empfängt General Haftar«, in: *FAZ* vom 10.03.2020, S. 3.

45 Protokoll der Bundespressekonferenz vom 31.08.2015.

46 Vgl. Alexander Betts, Paul Collier: *Gestrandet*, a.a.O., S. 121f.

47 Interview mit Anne Will in der ARD am 07.10.2015.

48 CDU, CSU, SPD: Koalitionsvertrag vom 12.03.2018: Ein neuer Aufbruch für Europa. Eine neue Dynamik für Deutschland, S. 15.

49 Vgl. Entwurf eines Fachkräfteeinwanderungsgesetzes, Deutscher Bundestag. 19. Wahlperiode, Drucksache 19/8285 vom 13.03.2019. Ferner Bundesministerium des Innern: Fragen und Antworten rund um das Fachkräfteeinwanderungsgesetz, https://www.bmi.bund.de/SharedDocs/faqs/DE/themen/migration/fachkraefteeinwanderung/faqs-fachkraefteeinwanderungsgesetz.html

50 Eurostat: Asylbewerber und erstmalige Asylbewerber nach Staatsangehörigkeit, Alter und Geschlecht. Stand 03.03.2020, http://appsso.eurostat.ec.europa.eu

51 Eurostat: Asylbewerber und erstmalige Asylbewerber nach Staatsangehörigkeit, Alter und Geschlecht. Stand 03.03.2020, http://appsso.eurostat.ec.europa.eu

52 Erst ab 2021verfügt Frontex über einen eigenen Pool von Einsatzkräften, zunächst 700. Bis dahin kann Frontex nur auf Bereitschaftskräfte der EU-Staaten zugreifen, maximal 1500. Diese sollen mitsamt Ausrüstung in fünf bis zehn Tagen an den jeweiligen Krisenpunkt verlegt werden können. Frontex kann dies aber nicht anweisen, sondern hängt von den freiwilligen Zusagen der Schengen-Staaten ab. Vgl. Thomas Gutschker, Rainer Hermann: »Erdoğans Millionen«, in: *FAZ* vom 03.03.2020, S. 2.

53 Schematische Interventionen in fragilen Staaten können sogar schädlich sein, wenn sie auf diese Unterschiedlichkeit nicht abstellen. Vgl. Alexander Betts, Paul Collier: *Gestrandet*, a.a.O. S. 53f.

54 Das ist jedenfalls meine Schlussfolgerung aus den Erfahrungen der letzten Jahrzehnte. Sie wird eindrucksvoll bestätigt durch die dichte Analyse von Gilles

Kepel: *Chaos. Die Krisen im Nahen Osten und in Nordafrika verstehen*, München 2019.

55 Zu den Zahlen vgl. https://www.unhcr.org/dach/de/services/statistiken

56 Zur Definition des Flüchtlings vgl. Artikel 1 A.2. des Abkommens über die Rechtsstellung der Flüchtlinge vom 28.07.1951 und des Protokolls über die Rechtsstellung der Flüchtlinge vom 31.01.1967, https://www.unhcr.org/dach/wpcotent/uploads/sites/27/2017/03/Genfer_Fluechtlingskonvention_und_New_Yorker_Protokoll.pdf

57 Alexander Betts, Paul Collier: *Gestrandet*, a.a.O., S. 14.

58 Vgl. ebenda, S. 110ff.

59 Vgl. ebenda, S. 22.

60 Bezogen auf die deutsche Flüchtlingspolitik merken Betts und Collier kritisch an: »Der durch Angela Merkels Großzügigkeit ausgelöste Exodus junger Syrer könnte der armen Mehrheit der Landsleute, deren Überleben von der langfristigen Entwicklung Syriens abhängt, ungewollt erheblichen Schaden zugefügt haben.« Ebenda, S. 166.

61 Vgl. ebenda, S. 240f.

62 Vgl. Martin Wagener: *Deutschlands unsichere Grenze*, a.a.O., S. 326ff.

63 Vgl. ebenda, S. 338ff.

64 Vgl. Bundespolizei. Zahlen, Daten, Fakten, https://www.bundespolizei.de/Web/DE/05Die-Bundespolizei/07Daten-Fakten/Daten-Fakten_node.html

65 Vgl. Personalzahlen der Bundeswehr, Stand Januar 2020, https://www.bundeswehr.de/de/ueber-die-bundeswehr/zahlen-daten-fakten/personalzahlen-bundeswehr

66 https://frontex.europa.eu/language/de/

67 Vgl. Martin Wagener: *Deutschlands unsichere Grenze*, a.a.O., S. 39f.

68 Ebenda, S. 300.

69 Das liegt auch an der großzügigen Praxis, mit der in Deutschland Duldungen für abgelehnte Asylbewerber ausgesprochen werden. Im Jahr 2019 lag der Grund für 57 % der gescheiterten Abschiebungen darin, dass sie von den Behörden storniert wurden. 36 % der Abschiebungen scheiterten, weil man die Abzuschiebenden beim Vollzugsversuch nicht antraf. 5,5 % scheiterten wegen Widerstandshandlungen der Betroffenen. 1,9 % scheiterten, weil die Fluggesellschaft den Transport verweigerte, und nur 0,5 % scheiterten, weil der Zielstaat die Aufnahme der Abzuschiebenden verweigerte. Vgl. Viktoria Rietig, Mona Lou Gunnewig: »Deutsche Rückkehrpolitik und Abschiebungen. Zehn Wege aus der Dauerkrise«, DGAP-Analyse Nr. 3, hrsg. von der Deutschen Gesellschaft für Auswärtige Politik, Berlin Mai 2020, S. 24ff.

70 Konrad Ott: *Zuwanderung und Moral*, a.a.O., S. 75ff.

71 Zu den Mängeln und Funktionsbedingungen des Schengen-Raums vgl. Thilo Sarrazin: »Eine Atempause für Europa«, in: *FAZ* vom 07.03.2016; *Wunschdenken. Europa, Währung, Bildung, Einwanderung – warum Politik so häufig scheitert*, München 2016, S. 205ff.

72 CDU, CSU, SPD; Koalitionsvertrag, a.a.O., S. 104.
73 Martin Wagener: *Deutschlands unsichere Grenze*, a.a.O., S. 22.
74 Ebenda, S. 40.
75 Alexander Betts, Paul Collier: *Gestrandet*, a.a.O., S. 184.
76 Martin Wagener: *Deutschlands unsichere Grenze*, a.a.O., S. 30.
77 Udo Di Fabio: »Migrationskrise als föderales Verfassungsproblem«, Gutachten im Auftrag des Freistaats Bayern, Bonn, 08.01.2016, S. 103.
78 Alexander Betts, Paul Collier: *Gestrandet*, a.a.O., S. 276.
79 Helmut Schmidt: *Handeln für Deutschland. Wege aus der Krise*, Berlin 1993, S. 49.
80 Martin Wagener: *Deutschlands unsichere Grenze*, a.a.O., S. 100.
81 Zitiert bei Konrad Ott: *Zuwanderung und Moral*, a.a.O., S. 64 (Zitat aus: Immanuel Kant: *Metaphysik der Sitten*, Erster Teil, Einleitung in die Rechtslehre, § D).
82 Vgl. Thilo Sarrazin: »Die Grenzen schließen«, in: *FAZ* vom 20.08.2016, S. 8.
83 Um klarzustellen, dass es sich beim Recht auf politisches Asyl um eine politische Zielsetzung handelt, schlägt Ulrich Vosgerau vor, Artikel 16a des Grundgesetzes aufzuheben und durch einen neuen Artikel zu ersetzen, der nicht im Grundrechtsteil des Grundgesetzes stehen soll: »Der Staat gewährt politisch Verfolgen, die im Ausland mit friedlichen Mitteln für die Werte des Grundgesetzes eingetreten sind, nach Maßgabe der Gesetze Asyl.« Ulrich Vosgerau: *Die Herrschaft des Unrechts*, Rottenburg 2018, S. 72f.
84 *Das Alte Testament* nach der deutschen Übersetzung Martin Luthers. Neu durchgesehen nach dem vom Deutschen Evangelischen Kirchenausschuss genehmigten Text, Stuttgart 1952, S. 496f.

Schlussbetrachtung

1 Wenn bis 2050 die niedrige, statt der mittleren Bevölkerungsvariante der UNO-Prognose von 2009 realisiert würde, so wären dies in Bezug auf das Jahr 2050 auf der Erde rund eine Milliarde Menschen weniger (8 Mrd. statt 9 Mrd. Menschen). Dies würde so viel CO_2 einsparen wie die Umstellung aller Gebäude der Welt auf einen Niedrig-Energie-Standard (ein völlig irreales und auch finanziell unerreichbares Ziel). Vgl. Robert Engelman u.a.: *The State of World Population 2009*. United Nations Population Funds, New York 2009, S. 24ff.

Register

Abbasiden 87, 105
Abd al-Malik 86
Aberglauben 13, 342
Abodriten 113
Abschiebung 206, 404ff., 409, 411, 413, 416, 445, 463
Ackerbauern, Ausbreitung in Europa 32ff., 40, 98
AfD 17f., 213ff., 246, 253, 257, 301, 359, 427f.
Afghanistan 36, 81, 85, 97ff., 171, 208f., 287, 289, 292, 294, 298, 312, 323, 348, 391f., 394, 408, 456
Afrika 10f., 15, 19ff., 25, 29f., 66, 90ff., 119, 121f., 124ff., 130, 132, 139, 159, 179, 196, 198f., 204, 207, 211, 217, 219, 222f., 227ff., 238, 251f., 260f., 266f., 270, 273, 280f., 284–304, 308f., 311ff., 315f., 319, 326, 329–344, 346–357, 362ff., 374, 378, 391, 394, 403, 406, 412, 414, 422f., 429f., 434, 439, 446, 448f., 452, 456ff.
Ägypten 37ff., 41, 48f., 53, 55, 84, 87f., 103, 105, 108f., 195, 227, 258, 288, 291, 294, 297, 312ff., 328, 378, 431
Akadien 126
Alarich, König 54, 65, 69
Aleviten 164, 378
Alexander der Große 40f., 47ff., 84f., 99, 168
Alexander, Robin 207, 445
Algerien 109, 126, 228, 309, 338, 438, 457
Ali, Schwiegersohn Mohammeds 87
Allah 84, 89, 92, 106
Altenbockum, Jasper von 17, 236, 428, 449
Alterung 15, 199, 216, 267, 373, 428
Altmaier, Peter 211
Ambrosius 65
Anywheres 193, 257, 261f.
Apartheid 131, 139, 321
Araber 70, 83ff., 92, 118, 126, 159, 168, 195f., 227f., 248, 300, 361
Aragoneser 118
Aras, Muhterem 443
Arianertum 82
Arier 34, 36
  Indoarier 98f., 437
  Redarier 111
Ariovist 71
Aristoteles 88, 263, 304
Armenier 160
Armut 20, 161, 224, 270, 280f., 285, 302f., 314, 319, 321f., 324f., 334, 349, 354, 356, 408, 439, 455, 457
Asche, Helmut 457
Asderis, Michel 442
Asfa-Wossen, Asserate 458
Asien 10, 19, 29, 49, 97ff., 138ff., 165, 199, 258, 281, 285, 290, 292f., 295–304, 311f., 329ff., 337, 339, 343, 346, 348f., 351, 373, 423, 430, 434
Assad, Baschar al- 348, 378, 392
Assuan, Staudamm 37
Assyrer 39, 41
Asyl, Asylbewerber, Asylpolitik 198, 205ff., 211, 215, 223f., 237, 251, 253, 271, 279, 363f., 368, 371, 374–392, 400, 402, 404f., 408–419, 445ff., 460ff.
Asylrecht 206, 223f., 368, 410, 412
Asylverfahren 376, 381, 405, 413
Atatürk, Kemal 105
Athen 47, 56, 263, 308
Äthiopien 29, 39, 287f., 291, 294, 297, 312f., 318f., 394
Attila, Hunnenkönig 81
Attischer Seebund 47, 308

Atuatucer 59
Aufklärung 14f., 160, 181, 421, 454
Augstein, Jakob 460
Augustinus 304
Augustus, Kaiser 52, 60, 67
Ausbildung 199, 208, 236, 251, 267, 346, 456
Auserwähltheit 185f.
Außenhandel 125, 315f., 334ff., 339, 352
Australien 29f., 129, 137f., 141, 230, 249, 309, 371, 429, 439f.
Awaren 83, 110

Babur, Mogul 101
Babylonier 39, 41
Babylonisches Reich 41
Backhaus, Andreas 446
BAMF (Bundesamt für Migration und Flüchtlinge) 411
Bedford-Strohm, Heinrich 238, 279ff., 449f., 453
Belger 58
Belyaev, Dmitri 450
Bergbau 122, 129, 317, 320
Berger, Lutz 436
Berliner Mauer 197, 204, 275, 406
Berlusconi, Silvio 214
Bernau, Patrick 450
Betts, Alexander 395, 452, 460ff.
Bevölkerung, indigene bzw. autochthone 26ff., 36, 50, 88, 163, 221, 227f., 249ff., 255, 260f., 265, 453
Bevölkerungsaustausch, Großer Austausch 32, 35f., 161, 165f., 195, 417ff.
Bevölkerungsexplosion 15, 226, 247, 273, 281, 283, 303, 324, 331, 363, 422f., 454, 459
Bevölkerungsstatistik 296ff., 453
Bewarder, Manuel 445
Beznoska, Martin 448
Bildungsniveau 217, 283, 340, 344, 366
Bildungswesen 108, 139, 330f., 419
Birg, Herwig 199, 427ff., 444, 452
Blegen, Carl 43
Bleicken, Jochen 432f.
Böckelmann, Frank 265, 441, 452
Böckenförde, Ernst-Wolfgang 255f., 451
Bodenschätze 12, 315f., 320, 333, 354
Bolesław I., Herzog von Polen 112
Bonin, Holger 428
Boockmann, Hartmut 436
Borchmeyer, Dieter 185f., 443
Botswana 312, 321, 329f., 455
Brain Drain 203, 212
Brasilien 121f., 134f., 137, 439
Brexit 17, 213, 259, 382, 444, 462
Bronzeverarbeitung 35
Bubrowski, Helene 455, 461
Buddhismus 97, 154
Bundesanstalt für Arbeit 209
Bündnis 90/Die Grünen, 212, 277
Burger, Rainer 442
Bürgerkriege 15
Bürgerrecht, römisches 51
Byzantinisches Reich 94, 103
Byzanz 82, 84, 104, 151, 168

Cäcilius Metellus 64
Cahen, Claude 436
Caldwell, Christopher 18, 219, 237, 428, 448f.
Camus, Renaud 18, 429
Caracalla, Kaiser 51
Carens, Joseph 274f., 452
Cäsar 52, 57ff., 67, 71
CDU 10, 17, 212, 218, 236, 253, 448, 462, 464
CDU/CSU 10, 214f.
Ceuta 121, 124, 275, 381f., 403
CFTA (kontinentale Freihandelszone) 339
China 16, 81, 88, 95ff.,103, 129, 140–159, 166, 171, 182, 197, 221, 230,

263, 273f., 277, 284, 306f., 309, 319f., 332, 334–339, 373, 412, 430, 440
Chinesische Dynastien
Jin-Dynastie 95, 146
Mandschu-Dynastie 148
Ming-Dynastie 147f., 153, 158
Qin-Dynastie 142f., 147f.
Qing-Dynastie 148ff., 153f., 158
Song-Dynastie 146
Tang-Dynastie 145
Yuan-Dynastie 147
Chinesische Mauer 27, 95, 148, 151f., 436
Chinesisch-Vietnamesischer Krieg 158
Chlodwig, König 73
Choresm-Schah 95
Christen 85, 107f., 118, 161, 170, 172, 250
Christianisierung 111f., 122, 434
Chuang, Hsin-Mei 441f.
Clusters 219ff.
Collier, Paul 203, 218f., 221f., 224, 246, 263, 268, 281, 362, 386, 395, 409, 445, 448f., 451ff., 457, 460ff.
Commitments 225, 229f.
Conor, Phillip 459
Constitutio Antoniniana 51
Cook, James 129
Corona-Pandemie 9f., 209, 253, 376, 379, 423
Cortés, Hernán 122
CSU 17, 339, 462, 464

Daker 61
Dänemark 75f., 214f., 230, 383f., 388f.
Dänische Volkspartei 214f., 383
Darwin, Charles 243, 248, 450
David, König 41
de Gaulle, Charles 231
Deißmann, Marieluise 60, 433
Demografie 20, 156, 199, 216, 232, 263, 281, 300, 331, 335, 364, 384, 417ff., 438
Demografischer Übergang 283, 287, 290, 295, 421f.
Demografischer Wandel in Deutschland 211f.
Denisovaner 29, 429
Deportationen, islamische 93
Dernbach, Andrea 449
Deutsche Ostsiedlung 110ff.
Deutscher Bund 181
Deutscher Geist 183–191
Deutscher Ritterorden 113f., 250, 438
Deutscher Zollverein 181, 187
Deutsch-Französischer Krieg 181f.
Deutschland 10–18, 21f., 35, 57, 72, 116f., 127, 132, 155, 170–191, 193f., 199, 202, 205–221, 224f., 230, 231, 233, 236f., 246, 251ff., 257, 260, 262f., 266f., 278ff., 285–293, 296–307, 312, 346, 352f., 361–370, 375, 380f., 383–402, 405ff., 410–415, 418f., 421ff.
Identität 13
moralische Standards 13
Deutsch-Ostafrika 132f.
Deutsch-Südwest 132f.
Dhimmis (Schutzbefohlene) 85
Di Fabio, Udo 409, 464
Diaspora 41f., 234
Die Linke 212
Diokletian, Kaiser 63
Diskriminierung, rassistische 134, 233
Displaced Persons 393
DNA-Analyse 33, 75, 405, 407, 416, 435
Domesday Book 77f.
Domitian, Kaiser 60f.
Donauschwaben 116
Dörpfeld, Wilhelm 43
Drechsel, Ullrich 458
Dreißigjähriger Krieg 177, 180, 186, 250
Drittes Reich *siehe* Nationalsozialismus
Dschihad 84, 91f.

Dschingis Khan 89, 95ff., 146, 436
Dublin-Verordnungen, -Abkommen
205, 231, 374f., 386
Dürer, Albrecht 305

Eco, Umberto 27f., 429
Einkommensniveau, Einkommenskluft
138, 204, 219ff., 331, 362
Einwanderung
aus Afrika 10f., 19f., 21f.
aus dem Nahen und Mittleren
Osten 10f.,19f., 21f.
Beschränkung 21, 262, 421f.
Bildungsleistung und wirtschaftlicher Beitrag 25
Einwanderungsdruck 21
ethische Fragen 21
ethnische Nähe oder Distanz 25
europäische Herausforderung 195–206
Fertilität 25
in der Menschheitsgeschichte 21, 23–172
in westliche Industriestaaten 21
Integration und Assimilation 25
jüdische 200
Kontrolle 138, 276, 368
kulturelle Nähe oder Ferne 25
kulturelles und zivilisatorisches
Gefälle 24
militärische Eroberungen 161ff.
muslimische 198, 201
nach Deutschland 10, 12, 16f., 21
nach Europa 12, 15, 17–22, 25ff.,31ff., 62, 82, 90ff., 98, 105, 114, 118f., 123, 127, 135, 138, 144, 151, 154, 156, 159ff., 165, 170f., 176, 181ff., 191–201, 204, 207, 210, 212, 217f., 220, 223, 227ff., 237ff., 247ff., 255, 260, 262f., 266f., 269f., 272f., 276, 278ff., 284–289, 291–306, 315, 328, 334, 336, 339, 342, 348–357, 361–370, 375f., 378f., 384, 386, 389, 391, 393, 395ff., 402ff., 410, 413f., 451, 453
Perspektiven und Sichtweisen 23–28
qualitative und quantitative Steuerung und Begrenzung 21
soziales Gefälle 24
sozialstaatliche Unterstützung 24
Steuerung 10,16, 21f., 151,160, 166f., 194., 197, 203, 220, 262, 359ff., 364, 372, 383, 387, 390, 409, 412, 419, 459
Einwanderungspolitik 20f., 138, 156, 159, 172, 191, 211, 213ff., 218f., 221f., 226, 231,237, 239, 359, 367–371, 374, 383, 407, 417, 419, 427
Eliten 18, 96, 221f., 259f., 263, 306, 347, 363, 395, 413, 451, 457, 459
Engelman, Robert 464
Entscheidungen, Mechanismen 27, 55, 65, 151f., 156, 203, 207, 219, 235, 238, 241f., 263, 283, 300, 327, 356, 361, 394, 398, 410f., 415f.
Entwicklung, wirtschaftliche 22, 198f., 330f., 347, 446
Entwicklungshemmnisse 340ff.
Entwicklungshilfe 223, 307, 314–323, 339f., 346ff., 350, 353, 363, 390, 396, 403, 408, 458f.
Entwicklungsniveau der Auswandererländer 136, 156, 281, 310–325
Entwicklungspolitik 302f., 345f., 350ff., 454, 459
Erdoğan, Recep Tayyip 376, 380, 392, 414
Erfolgsfaktoren 325–340
Eritrea 208f., 268, 287f., 291, 294, 297f., 312, 318, 353, 455
Erwerbsquote 217
ESI (Europäische Stabilitätsinitiative) 460f.
Ethnische Herkunft (*race*) 136f., 171ff., 257ff.

Ethnogenese 21, 27f., 42, 50, 75, 95, 102, 134, 137, 157, 162, 169f., 173ff., 216, 360ff., 442
Etrusker 45, 50, 54
Eurasischer Steppengürtel 144
Europäische Union 11, 167, 205f., 209, 213, 215, 231, 238, 252, 279, 334, 352, 356, 375ff., 379, 381ff., 385, 387f., 399f., 402ff., 407, 416, 419, 444, 448f., 460ff.
Eurostat (Asylbewerberstatistik) 460ff.
EU-Türkei-Abkommen 379, 460

Fachkräfteeinwanderungsgesetz 387, 412, 462
Familie und Stamm 13f., 251, 283, 296, 329, 341f., 376, 405, 418
Faus, Rainer 451
FDP 212
Fehlanreize 251, 279
Feigenberg, Benjamin 460
Ferner Osten 81, 138, 140, 284, 308f., 326, 362, 391
Fintrup, Andreas 446
Flaig, Egon 256f., 436, 440, 451
Flavius Aetius 67
Flavius Valens, Kaiser 65
Flucht 232, 253, 280, 296, 351, 379, 392, 394, 445
Flüchtlingskrise 2015/16 17, 204ff., 212, 218, 229, 237, 254, 353, 375, 384, 409f., 447
Fluchtursachen und -bekämpfung 22, 280, 302, 324, 352, 390, 402, 408
Forza Italia 214
Framing 252, 254
Fränkisches Reich 82, 112, 114, 184
  Ostfränkisches Reich 111f., 174, 179
  Westfränkisches Reich 77, 111
Frankreich 46, 57, 66, 70, 72f., 78f., 92, 109, 125f., 132, 171, 175, 178, 180f., 186, 191, 200, 202, 204, 214, 250, 304, 348, 362, 383, 385, 388, 391, 405f.
Französische Revolution 118, 123, 180f.
Französisch-Indochina 126
Fratelli d'Italia 214
Frederiksen, Mette 215
Fried, Johannes 174f., 184, 442f.
Frieden, Sicherung 12
Friedman, Thomas 240, 450
Friedrich-Ebert-Stiftung 252ff., 261f.
Fröhlich, Alexander 447
Front National 301
Frontex, Grenzschutzorganisation 376, 389, 400f., 407, 462f.
Fruchtbarer Halbmond 31f., 98
Fukuyama, Francis 264, 452
Fundamentalismus 342
Fünf-Sterne-Bewegung (M5S) 214, 374

Gaddafi, Muammar al- 392
Gallier 54, 57, 433
Gallischer Krieg (De bello gallico) 57
Gastarbeiter 161, 202, 372
Geburtenbeschränkung 421ff.
Geburtenzahlen, schrumpfende 15, 199, 249, 285, 331, 352
Gefahrenabwehr, gemeinsame 12
Geiserich, König 66, 72
Gelbe 157, 263, 265, 441, 452
Genderpolitik 264
Generationenbilanz für Ausländer 428
Genetische Marker 31, 439
Genfer Flüchtlingskonvention 207, 387, 393, 414f., 463
Geng Wenbing 157, 263, 441, 451
Gepiden 63
Gerichtshof für Menschenrechte (EGMR) 264
Germanen 57f., 61–80
  Alanen 65, 71f.
  Alemannen 63ff., 72f., 80, 169, 174, 176

Angeln 74f., 227
Angelsachsen 75, 80, 164f.
Asdingen 71f.
Bayern 73, 169, 174
Burgunder 65, 70f., 73, 79
Elbgermanen 73f.
Franken 63, 65, 70ff., 80, 169, 176
Goten 54, 65f., 69ff., 79, 82, 85
Ostgoten 65, 70, 79, 82
Westgoten 54, 65f., 69ff.,79, 82, 85
Jüten 75, 79
Kimbern 57, 64f.
Langobarden 73f., 79, 110
Normannen 76ff., 175, 435
Sachsen 64, 74f., 79, 116f., 174, 176, 227, 438
Silingen 71f.
Sueben 65f., 71
Teutonen 57, 59, 65
Vandalen 63, 65f., 71f., 79, 82
Wikinger 75ff.
Germania (Tacitus) 57, 74, 174, 433, 442
Germanien, drei 177
Germanische Bedrohung 57–64
Gero, Markgraf 113
Gesellschaften, dysfunktionale 19
Gesinnungsethik 237ff., 255, 272, 279f., 359
Gesundheit, Gesundheitspolitik 123, 133, 293, 302, 310, 324, 331, 346, 351, 355f., 454
Getreide 32, 46, 66, 75, 119, 141, 308, 332
Gewürze 119, 124, 135, 308
Ghana 138, 287f., 291, 294, 297, 303, 312, 315, 330, 341, 372, 446, 455
Ghaznawiden-Dynastie 100
Ghettos, *gated communities* 272
Gibbon, Edward 440
Globalisierung 10, 17, 202, 212, 229, 240, 247, 259, 303f., 309f., 338, 351f.
Goethe, Johann Caspar 305
Goethe, Johann Wolfgang von 186f., 189, 192
Gold, Goldhandel 119, 122, 129f. 135, 308
Goodhart, David 18, 193, 204, 261, 428, 444f.
Gratian, Kaiser 65
Grenzanlagen 276, 370, 377, 381, 399f.
Grenzen (nationale, religiöse, offene, geschlossene) 9ff., 16, 17ff., 37, 54f., 57, 61ff., 67f., 95, 151f., 156f., 162, 166, 171, 180, 184f., 195, 203, 205f., 218f., 223f., 236f., 240, 242, 259, 263, 265, 271–281, 339, 341, 349, 362, 368ff., 373, 378f., 381, 383, 389f., 397ff., 404, 406, 408f., 412, 414, 441f., 448, 452f., 460, 464
Grenzregime, wirksames 16, 61, 397–408
Grenzschutz 61, 150, 368ff., 389, 397, 400–407
Grenzsicherung 111, 151, 364, 369–390
Grenzüberwachung 373, 399ff., 404, 407
Griechenland 43–50, 55, 83, 110, 206f., 257, 328f., 342, 375ff., 381, 385, 388f., 393, 403, 410, 453, 460
Grill, Bartholomäus 457
Grossarth, Jan 335, 429, 457
Großbritannien 17, 35, 109, 124–132, 159, 167, 171, 178, 213, 222, 246, 259, 270, 301, 308, 346, 382ff., 388f., 391
Grundeinstellungen, mentale u. politische 241, 244f., 359, 364, 389
Gründler, Klaus 456
Grunebaum, Gustave Edmund von 89, 436f.
Gruppensolidarität 14
Guanchen 119

Gunnewig, Mona Lou 463
Gupta-Reich 100
Gutenberg, Johannes 108
Gutschker, Thomas 462

Haarmann, Harald 431f., 434f., 437
Hadithen 88, 106
Hadrian, Kaiser 61f.
Hadrianswall 61, 258, 433
Haidt, Jonathan 242f., 245, 254, 450
Handel 45f., 53, 110, 116, 119, 121, 124, 128, 142, 154, 195, 304ff., 347, 352, 457
Händel, Georg Friedrich 306
Handelswege Europa/Orient 119
Hank, Rainer 194, 444
Hanse 116, 119, 308
Hanushek, Eric H. 456
Häring, Volker 441
Harold, engl. König 77
Hauser, Françoise 441
HDI (*Human Development Index*) 310ff., 331, 355, 455
Heather, Peter 67, 434
Hefeker, Carsten 439
Hegel, Friedrich 188
Heiliges Römisches Reich Deutscher Nation 112, 174, 179f., 180
Heine, Heinrich 187, 192, 306, 443
Heinemann, Gustav 184
Heinrich I., König 111
Heinsohn, Gunnar 199, 296, 444
Hellenismus, Ausbreitung 47ff.
Helvetier 58
Herakleios, Kaiser 83
Hereros 133
Herkunftsländer 20, 93, 203, 208, 218f., 226, 230, 232, 235, 251, 254f., 260, 267ff., 270, 279f., 287, 302, 324, 364, 402f., 405, 408, 416, 422
Hermann der Cherusker (Arminius) 60
Hermann, Rainer 456, 461f.
Herrschaft des Rechts (*rule of law*) 257, 327, 340, 353
Heterogene Gesellschaft 172, 265
Heumann, Pierre 454
Heuß, Alfred 44, 50, 429, 432f.
Hinduismus 102
Hindus 101f., 120, 128, 164, 171f.
Hitler, Adolf 189
Hochkulturen, Frühe 37–43
Hölderlin, Friedrich 189
Hoffmann, Wilhelm 432f.
Holm-Hadulla, Rainer Matthias 365, 460
Homo erectus 29, 141, 429
Homo sapiens 29f., 98, 141, 165, 168, 247, 429
Homogenität, ethnische u. kulturelle 156, 171, 255, 265
Hongkong 129, 158, 338
Honorius, Kaiser 67
Horn von Afrika 126
Houben, Hubert 435
Hsin-Mei Chuang 441f.
Hugenotten 179, 202, 250
Hülägü, Enkel von Dschingis Khan 89
Hume, David 241f., 254, 364, 450
Hunnen 64f., 69f., 80ff., 94, 100, 103, 110, 123, 144, 151, 163, 179, 196, 248, 361, 435
Huntington, Samuel 18, 196, 198, 240, 428, 444, 450
Hussain, Sohn von Ali 87
Hyksos 39

Iberische Halbinsel 31, 55, 79, 85, 119, 196, 361
Identität
- Gruppenidentität 173, 264
- jüdische 41f.
- kulturelle und nationale 13, 21, 42f., 171, 173, 188, 216, 222, 240, 249, 257, 259, 263ff., 300, 354, 361, 418, 429, 442, 451

Identitätsprüfung 33, 405ff., 415f.
Idi Amin Dada 341
Illyrer 44, 433
Immigration 27f., 179, 202, 428f., 442, 445, 449, 460, 462
Indien 36, 88, 91f., 97ff., 105, 119ff., 124f., 127f., 131, 138, 159, 161, 164f., 171, 221, 227, 230, 273, 284, 308, 338, 412, 436f.
Individualisierung 14f.
Indoeuropäer 36, 43, 69, 103, 144, 361, 431, 437
Indogermanen 151, 165, 168, 195
Indogermanische Sprachen
  Albanisch, Griechisch, Armenisch 36
  Germanisch 36
  Keltisch 36
  Slawisch 36
  Italisch 36
Induskultur 98, 438f.
Industrielle Revolution 154, 187, 247
Information 16, 232, 247, 252, 270, 439
Innovationsbereitschaft 12
Institutionen, stabile 12, 326f., 346
Integration 10, 16f., 21, 25, 28, 55, 75, 78, 108, 118, 155, 160, 182, 200f., 203f., 207f., 210, 220f., 251, 253, 260, 303, 362, 370f., 383f., 397, 413, 444, 446
Integrationsdefizite 201
Internationalismus 189f.
Internetnutzung 16, 280, 314–323, 385
Interventionen, militärische 348f.
Investitionen 307ff., 333ff., 340, 342
IOM (Internationale Organisation für Migration) 407
Irak 49, 84, 87, 105, 109, 208f., 287, 289, 292, 294, 298, 312, 322, 348, 391f.
Iran 31, 34, 36, 48f., 83, 87, 95, 98ff., 103, 105, 208f., 284, 289f., 292, 294, 298, 379, 392, 394, 404
Islam 21, 83f., 86ff., 90ff., 97, 100, 103f., 106ff., 118, 124, 168, 171f., 189, 195, 197, 216, 221f., 253, 263f., 385, 428f., 436f., 447, 449
Islamische Welt 80–109
Israel 31, 40ff., 165, 227, 262, 289, 292, 294, 298, 377f., 431
Italien 36, 45f., 50ff., 62, 65f., 69f., 73f., 79ff., 87, 92, 109f., 119, 123, 153, 174f., 191, 206, 213f., 220, 231, 237f., 257f., 304f., 318, 328, 342, 374f., 388
Italischer Bund 54

Jäger und Sammler 30ff., 130, 138, 165, 360, 429
Jahwe 40
Jamnaja-Kultur 34
Janitscharen 108
Japan 140, 153ff., 166, 178, 221, 306, 338, 373, 430, 441, 460
Jensen, Carsten 214, 447
Jordanien 31, 394f.
Juden 40ff., 83, 85f., 107f., 165, 169, 200, 202, 228, 377
Judenverfolgungen 83
Jungsteinzeit 34
Jurchen 95, 146, 148

Kabou, Axelle 354, 457, 459
Kahler, Erich 185
Kaledonier 61
Kalifat der Abbasiden 105
Kalifat, islamisches 84ff., 103
Kálnoky, Boris 381, 461
Kanada 127, 136 222, 371
Kant, Immanuel 188, 240, 242, 280, 410, 464
Kapitalismus 344f.
Karl der Große, König 73f., 111, 174, 259
Karl III., König 77
Karl IV., Kaiser 112
Karluken 145

Karolinger 184
Karpen 63
Kaufmann, Eric 222, 442, 449
Kedar, Mordechai 441
Kelten 54, 165, 177f., 432ff.
Kenia 131, 309, 312, 319f., 328, 395
Kepel, Gilles 456, 463
Kerl, Christian 461
Khanate
Caghatei 97
der Goldenen Horde 97
der Il-Khane 97
Kielmansegg, Peter Graf 450
Kilb, Andreas 432, 458
Kindersterblichkeit in Krisenländern 287, 290, 292f., 295, 302, 324, 331, 452
Kitan 145f.
Kiyak, Melya 452
Klauk Bruno 448
Klimawandel 12, 345, 423, 438, 454
Klingst, Martin 460
Knüsel, Jan 460
Koch, Alexander 438
Kollmar-Paulenz, Karénina 96, 436
Koloniale Prägungen 133–139
Kolonialherrschaft, westliche 101, 109, 120, 123, 127, 136f., 333, 343ff.
Kolonialismus, europäischer 118–139
Kolonisation, griechische 45f.
Kolumbus, Christoph 119, 123, 135
Kommunikation 16, 203, 324
Konetzke, Richard 120, 438
Kongo 132, 288, 291, 294, 297f., 312, 316f., 341, 439
Konrad I. von Masowien, Herzog 113, 250
Konstantin der Große, Kaiser 63
Konstantinopel 64f., 76, 81ff., 104, 118
Kontrollverlust 383, 409
Kooperation, internationale 12
Koopmans, Ruud 447, 452
Koran 87f., 90, 106
Korea 140, 148, 154f.
Korruption 135, 226, 316, 322, 327ff., 340, 342, 346f., 350, 363, 423, 456, 459
Kramp-Karrenbauer, Annegret 218f., 448
Krankheiten, Bekämpfung 12
Kraus, Hans-Joachim 431f., 434f., 437
Krause, Johannes 36, 429ff.
Kriminalität 134f., 137, 156, 203, 210, 217, 252, 327, 366
Kriminalstatistik, polizeiliche 210
Kuba 123, 136
Kublai Khan 146f., 149
Kulke, Hermann 438f.
Kultur, eigene 12f.
Kurzban, Robert 450
Kwan, Kevin 158, 442
Kyros II., König 41

Lancaster, John 270, 452
Laqueur, Walter 18, 199ff., 428, 445
Lateinamerika 134ff., 139, 159f., 337, 439
Latiner 50
Le Pen, Marine 214
Lebenserwartung 15, 137, 155, 193, 247, 266, 285, 287, 292ff., 302, 310, 324, 331, 417f., 440
Lebensstandard 12, 68, 149, 156, 162, 220, 251, 261, 267ff., 272f., 283ff., 295, 303, 310, 320, 324, 413, 423, 454
Lega 213f., 301, 374
Leo III., Papst 73, 179
Lernwille 12
Leslie, Stephen 435
Leubecher, Martin 461
Libanon 31, 105, 109, 126, 395
Liberals 244f.
Libertarians 244
Libyen 39, 46, 49, 55, 85, 109, 278f., 348, 391f., 403
Limes 16, 27, 61, 63, 66, 72, 150f., 177
Limitanei (Grenzsoldaten) 61

Lodi, Ibrahim, Sultan von Delhi 101
Loerke, Oskar 183, 442
Löwenstein, Stephan 461

Maastricht-Kriterien 231
Macron, Emmanuel 214, 218, 385, 448, 462
Magellan, Ferdinand 120
Mahmud II., Sultan 108
Mahmud von Ghazni, Herrscher 100f.
Maizière, Thomas de 211, 400
Makedonier 39
Malaiische Halbinsel 88, 129
Mali 203, 272, 288, 291, 294, 297, 314, 348, 362, 382, 391
Mameluken 103
Mandschu (Mandschuren) 148, 150
Mann, Golo 429
Mann, Thomas 188ff., 193, 443
Maori 130
Mark Aurel 62
Marken 112
Marokko 20, 121, 202, 225, 300, 312, 314, 328ff., 381f., 403, 449, 461
Marshallplan für Afrika 353ff.
Martens, Michael 460f.
Marx, Karl 188, 306
Masseneinwanderung 17f., 21, 24, 67, 156, 160, 172, 197, 199, 219, 221, 224f., 260, 277f., 280, 309, 357, 363, 369, 409, 412, 428
Mau-Mau-Aufstände 131
Mayer, Thomas 257, 353, 451, 459
Mazower, Mark 190, 443
Meier, Christian 56, 246, 433, 451
Meier, Mischa 67, 434
Meiji-Restauration 155
Meining, Stefan 211, 447
Meinungsführerschaft 252ff.
Melilla 124, 381f., 403
Menschenrechte219, 264ff., 409, 411, 452
Mentalität 251, 273, 342, 444
Mercatores *siehe* Sklavenhändler
Merkel, Angela 10, 17, 20, 68, 189, 211, 218f., 221, 225, 229, 234, 236, 263, 369, 376, 384, 386, 397f., 400, 445, 453, 463
Mesopotamien 41, 62, 81, 83, 96ff., 103f.
Messmer, Matthias 441f.
Mestizen 134
Mexiko 122, 134, 275, 370
Meyer, Axel 451
Migration 17ff., 27f., 56, 196ff., 201ff., 211, 215f., 219, 224–236, 244ff., 252f., 262f., 274, 276, 285, 300, 315, 351, 353, 368, 384, 402, 405, 408, 419, 422, 429, 442, 446, 449, 451ff., 458f., 462
  Anreize 198, 203, 231, 285, 301, 397, 406
  Nachteile 27, 268f.
  Vorteile 199, 228, 230, 234, 266ff., 274
Migration und Evolution 246ff.
Migrationsdruck 221, 226, 283ff., 298, 302, 350, 363, 458
Migrationsethik 216
Migrationswelle *siehe* Flüchtlingskrise
Milz, Thomas 439
Minderheiten 157f., 176, 222, 385
Minderwertigkeitskomplex, nationaler 185
Mitsotakis, Kyriakos 461
Mobutu, Sese Seko 341
Mohammed 84ff., 90, 106
Mohammed-Karikaturen 383
Monath, Hans 462
Möngke Khan 146
Mongolen 87, 89, 94ff., 100, 102f., 123, 144, 146ff., 151, 154, 157, 163, 196, 227, 248, 361, 436, 441
Mongolensturm 94ff., 146
Moog, Stefan 447
Moyo, Dambisa 347, 457f.
Mugabe, Robert 341

Mühle, Eduard 437f.
Mulatten 125, 134
Müller, Gerd 339, 352
Multikulturalismus 201, 264
Münkler, Herfried 207, 442f., 445
Murray, Douglas 18, 221f., 429, 449
Muslime 11, 25, 86, 88, 102, 105f., 128, 155, 160f., 164, 170f., 198f., 230, 261f., 371, 383, 385
Mythen, wirkmächtige 183f., 355, 442

Naher und Mittlerer Osten 10f., 15, 19ff., 172, 198, 204, 207, 217, 219, 226ff., 252, 260f., 266f., 270, 330, 361, 363f., 391f., 394, 403, 406, 422
Namibia *siehe* Deutsch-Südwest
Napoleon I. 125, 180f., 187, 192
Napoleonische Kriege 123
Nasser, Gamal Abdel 37
Nationalbewusstsein 175, 186, 204, 380
Nationalsozialismus 118, 184, 192
Nationalstaaten 10, 190, 265, 271, 346, 424
Neandertaler 29f., 165, 429
Nebukadnezar, König 41
Nettoreproduktionsrate 290 ff.
Netzwerke 159, 258, 305
Neu-Amsterdam (New York) 125f.
Neufrankreich 125f.
Neufundland 126
Neuseeland 129f., 137f., 249, 309, 371, 439f.
NGOs 229
Nida-Rümelin, Julian 274ff., 354, 452, 459
Nietzsche, Friedrich 187, 189, 192f., 443f.
Niger 288, 291, 294, 297f., 312, 314, 323, 345, 455
Nigeria 130, 208f., 287f., 291, 294, 297f., 303, 312f., 316, 328, 348, 356
Nikas, Panagiotis 461
Nilkatarakte 37
Nkrumah, Kwame 341
No-borders-Bewegung 272
Nooke, Günter 458
Nordamerika 126, 135ff., 154, 160, 165, 222f., 228, 247, 267, 458
Norddeutscher Bund 181
Norman Style (Romanik) 78
Nowrasteh, Alex 460
Nutzenbilanz, ökonomische 217
Nyerere, Julius 341

Obasanjo, Olusegun 356
Odoaker 66
Oghusen 103
Ögödei, Sohn von Dschingis Khan 146
Ökologischer Fußabdruck 284f.
Omaijaden 87
Orbán, Viktor 237, 381, 451, 461
Ordnung, dysfunktionale lokale 19
Orgad, Liav 262f., 451
Orient 80–109
Orientierung, politische 13, 254
Osmanen 101, 104f., 118, 196, 248
Osmanisches Reich 105, 108f., 126, 170, 343, 378, 393, 437
Österreich 112, 170f., 180f., 380, 384f., 388, 400, 462
Ostindien-Kompanie, britische 127ff., 438
Ostindien-Kompanie, niederländische 124
Oströmisches Reich 64, 66, 81f., 85, 87, 195
Ostsiedlung, deutsche 110–118
Ott, Konrad 272, 406, 410, 452f., 463f.
Otto I. der Große 111f., 174
Özoğuz, Aydan 443

Pakistan 81, 99, 102, 128, 138, 161, 208f., 230, 273
Palästina 39ff., 61, 105, 109, 163, 199, 228, 377
Palmer, Boris 452
Papirius Carbo, Konsul 64

Parsen 85
Partito Democratico (PD) 214
Pax Romana 52, 60ff., 195
Peloponnesischer Krieg 47
Perry, Alex 458
Perser 39
Perserkriege 45, 47
Persisches Reich 166
Pest 34, 36, 85, 114, 250
Pflaum, Hans-Georg 62, 432f.
Pham Von Dong 158
Pharao 39
Philipp II., König 47
Philippinen 88, 120, 123f., 157f., 171, 430
Pinker, Steven 245, 430, 442, 451, 454
Pizarro, Francisco 122
Plaizier, Wim 457
Plantagenwirtschaft 121f., 134, 136
Platon 46, 88, 304
Plebejer 51
Plessner, Helmuth 23, 188, 429, 443
Plickert, Philip 454f., 458f.
Pogrome 76, 83, 160f.
Polis (Stadtstaat) 44
Politikversagen 221, 281
Polybios 56
Pompeius, Feldherr 42
Pontische Steppe 34ff., 195
Popper, Karl 242, 450
Portugal 121f., 124, 308
Potrafke, Niklas 456
Produktion von Wissen und Gütern 16f.
Produktivität 25f., 89, 135, 156, 217, 220, 248, 332, 334, 338, 340
Prutzen 113f., 250
Ptolemäer 41, 49, 53, 55
Punische Kriege 55
Pyrrhus 55

Quotenpolitik 264

Rackete, Carola 238
Raffelhüschen, Bernd 446f.
Rama VI., König 157
Ranke, Leopold von 66, 120, 434
Rasse, Ethnie (*race*) 164f., 233, 393, 417, 430, 439
Rassemblement National (RN) 214
Rechtspopulistische Parteien 301
Reformation 113, 117, 180, 185
Religionsfreiheit 41
Renaissance 15, 49, 185, 193, 304f.
Renaissance (Wahlplattform) 214
Rhodes, Cecil 131
Rhodesien *siehe* Simbabwe
Rietig, Viktoria 463
Rochel, Johan 441
Rohingyas 161
Rom 42, 50f., 53ff., 59, 62, 64ff., 70, 72, 79, 140, 174, 305, 308, 432f.
Romanisierung 51, 53, 60
Römer 50–68
Römisches Reich 49ff., 56ff., 63, 66f., 91, 150f., 153, 166, 168, 195
Rompler von Löwenhalt, Jesaias 186
Romulus Augustus (Augustulus), Kaiser 66
Rosling, Hans 454
Rotermund, Dietmar 438f.
Ruanda 132, 312, 317, 328, 455
Rüb, Matthias 450
Rubin, Berthold 83, 436
Russische Revolution 393

Saddam Hussein 392
Saka 99
Salomo, König 41
Salvini, Matteo 214, 237f., 374, 450
Sarr, Felwine 354f., 458f.
Sarrazin, Philibert 177
Sarrazin, Stammbaum 177f.
Sarrazin, Thilo 11, 54, 171, 177, 205, 216, 222, 427, 447, 460, 463f.
Sassaniden 82ff.
Satrapen 41

Schachermeyr, Fritz 432
Scharia 91, 106
Scheffer, Paul 18, 201f., 361, 428, 445, 459
Schengen-Raum, -Abkommen 167, 205, 213, 374f., 381f., 387, 389, 399ff., 405ff., 416, 462f.
Schiiten 106, 165,322
Schiller, Friedrich 186f., 443
Schisma 53, 106
Schlacht auf den Katalaunischen Feldern 70, 82
Schlacht bei Kerbela 87
Schlacht bei Plassey 127
Schlacht bei Tannenberg 113
Schlacht von Adrianopel 65
Schlacht von Panipat 101
Schlacht von Tours und Poitiers 85
Schleicher, Andreas 456
Schliemann, Heinrich 43
Schlitz, Christoph B. 461
Schmidt, Helmut 10f., 19, 410, 427, 445, 464
Schmidt-Glintzer, Helwig 142, 440f.
Schmieg, Eva 457
Schriftreligionen 85f.
Schröder, Richard 280, 453
Schröter, Susanne 447
Schuldzuweisungen 343ff.
Schuler, Ralf 234, 236449
Schulknecht, Ludger 456
Schulze, Hans K. 113, 438
Schümer, Dirk 451
Schutz des eigenen Territoriums 12
Schutzsuchende 207 ff.
Schwarz, Hans-Peter 445
Schwarze 92, 125, 131, 133f., 137, 222, 265, 298, 322, 430, 441, 452
Schweden 12, 75, 113, 140, 180, 231, 383, 388f., 460
Schwedendemokraten 301, 383
Sea-Watch 3 238, 449
Seefahrer 66, 72, 119f., 154, 166
Seehofer, Horst 17
Seide 119
Seitz, Volker 295, 454ff., 458f.
Selbstbereicherung 342, 390
Selbstverortung 21
Seldschuken, Seldschukenreich 103f.
Selektion, Kriterien, Mechanismen 242f., 369
Seleukiden 41, 49, 53, 55, 99
Senegal 268, 285, 287f., 291, 294, 297f., 312, 315, 354, 454f.
Sexualmoral 14
Siebenbürger Sachsen 116f.
Siebenjähriger Krieg 126
Siedlungsinseln 116f.
Sieferle, Rolf Peter 18, 428
Sieren, Andreas 457
Sieren, Frank 457
Simbabwe (früher Rhodesien) 131, 274, 288, 291, 294, 297f., 309, 312, 319f., 332, 341, 455
Singapur 129, 138, 277, 315, 338, 372
Sklaven, Sklavenhandel 51, 55f., 59, 62, 90ff., 103, 119, 121f., 125, 130, 134, 137, 436
Skythen 144
Slawen 74, 110ff., 171, 177f., 434, 437f.
Elbslawen 112
Slawenkriege 111ff.
Smith, Stephen 18, 222f., 428, 449, 458
Soft Laws 230
Solidarität 14, 206, 235, 407, 430
Somalia 12, 208f., 287f., 291, 294, 297f., 319, 391
Somaliland 126
Somewheres 193, 257, 261f.
Sommerfeld, Caroline 178f., 442
Sonderegger, Arno 458
Souveränität, staatliche 129, 180, 182, 186, 229f., 271, 275
Sozialstaat 18, 24, 223f., 251, 254f., 261, 276, 383, 413f., 428
Sozialtransfers 217, 267

Spanien 35, 55, 63, 66, 70f., 79, 87, 119ff., 122ff., 140, 159, 180, 186, 227, 308, 381f., 388
SPD 10, 16f., 184, 214f., 253, 462, 464
Speitkamp, Wilfried 457
Sprachen
Alemannisch 72
Griechisch 49, 53
Langobardisch 74
Latein 50, 53
Stabilitätspakt 231
Stadtgründungen 115
Stalin, Josef 189
Steinmeier, Frank-Walter 427
Steppennomaden 143–150
Steuern, Steuerkraft 217, 261, 272
Steuerung von Einwanderung 20, 151, 167, 203, 262, 362, 364, 372, 383, 387, 390, 409, 412
Stickler, Timo 81, 435
Stilicho 67
Stoiber, Edmund 10
Stoisser, Hans 457
Storks, Simon 451
Streitaxtkultur 35
Subsahara-Afrika 25, 91ff., 139, 159, 233, 273, 285–293, 297, 311, 321, 327–338, 356, 430, 446, 448
Südafrika 12, 131, 139, 164, 249, 274, 288, 291, 294, 297f., 309f., 312, 319, 321ff., 328ff., 332, 339, 395
Südafrikanische Union 131
Suhrkamp, Peter 183, 442
Suleiman der Prächtige 106
Sultane, Sultanat 90, 101, 103, 105ff.
Sun Yat-sen 149
Sunniten 89, 106, 165, 322, 378
Swift, Jonathan 230
Syagrius, Feldherr 73
Syrien 31, 39, 41f., 49, 53, 55, 61, 84, 87, 104f., 108f., 126, 171, 208f., 257, 287, 289, 292, 294, 298, 311f., 322, 348, 377ff., 391ff., 452, 456
Syrischer Bürgerkrieg 377f., 394

Tacitus 57, 64, 74, 184, 433, 442
Taizong, Kaiser 145
Taliban 171, 323, 348, 391
Tanganjika *siehe* Deutsch-Ostafrika
Tencterer 59
Terroranschlag vom 11. September 2001 391
Tetzlaff, Rainer 456, 458
Theodosius, General 64
Thiele, Rainer 353, 459
Thielke, Thilo 454f., 458f.
Thutmosis III. 39
Tibet 97, 140, 148, 150, 157
Titus Flavius Vespasianus 42
Tolstoi, Leo 390
Trajan, Kaiser 61, 64
Transferleistungen 209f., 217, 407
Translatio imperii 186
Transparenz 327, 350, 366
Trends
Bevölkerungsexplosion, weltweit 15
Individualisierung der Lebensentwürfe 15
Industrialisierung 15
Lebenserwartung, steigende 15
Naturwissenschaften und technisches Wissen 15
säkulare 15
Sterblichkeit, sinkende 15
Wohlstand 15
Trichterbecher-Kultur 33
Trump, Donald 159
Tunesien 55, 79, 104, 109, 308, 312f., 329f., 403
Türkei 43, 46, 104f., 159, 161, 172, 202, 206f., 209, 211, 284, 289f., 292, 294, 298, 375–381, 385, 389f., 393ff., 399, 401, 403f., 414, 437, 456, 460f.

Uiguren 88, 103, 145, 157, 171
Ungarn 62, 70, 74, 104, 110, 116f., 206, 237, 380f., 386, 388f., 451, 461

UNHCR (Hoher Flüchtlingskommissar der Vereinten Nationen) 373, 393f., 407, 461, 463
Universalisten 173, 239
UN-Menschenrechtskommission 230
UN-Migrationspakt 20, 189, 225ff., 229–236, 252, 264
Unordnung, soziale 15
Urbevölkerung 119, 123, 250
USA 25, 124f., 127, 136f., 159f., 164, 170, 197f., 222f., 230, 267, 275, 323, 332, 346, 362, 370f., 391, 430, 460
Usipeter 59

Valens, Kaiser 65
Valentinian I., Kaiser 64
Valentinian III., Kaiser 67
Vasco da Gama 119
Verantwortung, Übernahme von 246, 276, 283, 296, 343, 356, 423f.
Verantwortungsethik 223, 237ff., 278ff.
Vereinte Nationen (UNO) 20, 189, 228, 290, 298f., 310ff., 330, 332, 355, 422, 429, 449, 453, 464
Vertrag von Versailles 182
Vertreibungen 118, 160f., 393
Viehwirtschaft 35, 40, 98
Vietnam 126, 140, 157f., 338, 391
Vogelsang, Kai 141, 440f.
Völkerrecht 229, 271, 380, 410
Völkerwanderung
- germanische 52ff., 57, 64ff., 68, 73, 76, 79ff., 81f., 84, 87, 94, 110, 114, 176ff., 195, 248, 308, 361, 434
- neue 44, 445

Wade, Nicolas 429f.
Wagener, Martin 399f., 407, 460f., 463f.
Wagner, Richard 187, 192
Wanderung
- von Wissen und Ideen 309
- von Wissen und Waren 10
Wanderungsbewegungen 16, 21, 23, 28, 48, 90, 94, 120f., 155, 159ff., 162, 167, 196, 306, 360f., 417, 421f., 435
- der Gegenwart 159ff.
Ward-Perkins, Bryan 68, 434, 436
Waßenhoven, Dominik 435
Weber, Max 237, 278, 449
Weede, Erich 204, 331, 349, 445, 456, 458
Weeden, Jacob 450
Weiße 125, 131, 134, 164, 222, 249, 321, 457, 459
Welles, Bradford 48, 432
Weltbürger 257, 259ff., 451
Welthandel 155, 337f., 345, 351
Weltwirtschaft, Integration in 120, 138, 155, 303, 310, 363, 446
Werte 135, 170, 189, 201, 204, 210, 243ff., 255, 263, 456
Westfälischer Frieden 180, 186
Westliche Industriestaaten 15
Weströmisches Reich 49, 52ff., 64ff., 70, 81f., 84, 195, 258, 308
Widukind, Mönch 114
Wiedervereinigung, deutsche 182f., 285, 287
Wiegel, Michaela 448, 462
Wiener Kongress 181
Wildbeuter 33
Wilhelm I. der Eroberer 77
Will, Anne 462
Wirtschaftsfreundlichkeit 135, 327f.
Wirtschaftsmigranten 349f., 354f.
Wirtschaftswachstum 139, 255, 296, 330, 334ff., 372, 456
Wirtschaftswunder 184, 448
Wissensniveau 16
Wissenstransfer, -austausch, -gewinnung 9f, 12, 16f., 154f.
Witzel, Michael 437

Wochner, Timo 456
Woessmann, Ludger 456
Wohlstand vor Ort 12, 19
Wohlstandswanderung 203
Wöhrbach, Otto 438
Wolfram, Herwig 433
Wolgadeutsche 116
Wyssuwa, Matthias 447

Xinjiang 88, 98, 140, 144f., 150, 157, 171
Xiongnu, Steppennomaden 81, 102f., 143ff., 151

Yangdi, Kaiser 145
Yazid, Kalif 87

Zhu Yuanzhang (Hongwu) 147
Zuckerrohr 119, 122, 125f.
Zuständigkeiten, Respekt von 12
Zuwanderung 10f.
Zweistromland *siehe* Mesopotamien